아동의 행복을 지향하는

아동권리와 복지

머리말

©세이브더칠드런

21세기, 오늘날에 아동을 둘러싼 사건과 사고가 이어지면서 아동의 입지는 흔들리고 있다.

1919년 1차 세계대전 이후 굶주리고 고통에 쌓인 패전국의 아이들을 돕기 위해 탄생한 국제 구호 개발 NGO '세이브더칠드런'은, 지난 2019년 창립 100주년 기념으로 "아동에 대한 전쟁을 멈춰라(Stop the War on Children)"라는 글로벌 캠페인을 시작하였다. 최근 5년 동안 분쟁으로 사망한 아동의 숫자는 87만 명이라고 한다. 이는 같은 기간 사망한 전투원 숫자의 5배 이상이다. 아동의 교육과 안전은 전쟁 기간에도 최우선으로 보장받아야 할 권리이지만, 아동을 전쟁 도구로 이용하는 반인도주의 범죄행위가 일어나고 있는 분쟁지역의 아동 안전과 교육 보장에 대한 행위 규범 준수를 촉구하는 캠페인이다.

하지만 아동에 대한 불안전한 환경은 분쟁지역뿐만 아니라, 아동과 가장 밀접한 관계에 있는 가정에서의 부모도 해당된다. 세이브더칠드런코리아는 아동을 온전한 인격체가 아닌 부모의 소유물로 보는 시선을 바로 잡고자 '아이들에게 상처주는 말 100가지'를 선정하고 그 말을 들을 때 아이들이 느끼는 감정을 그림으로 표현해 아이들의 마음과 마주하는 자리를 만들었다. 부모의 무심한 한 마디가 아이의 자존감을 낮추고, 긴장감과 불안감을 키우며, 자립심과 용기를 잃게 한다는 것 등을 알 수 있는 시간이 되었다.

오늘날 우리 사회는 아동기의 관심과 아동의 권리에 대한 인식이 높아졌다고 생각하나, 여전히 아동의 권리가 보장받지 못하는 어려운 실정이다. 그러한 가운데 사회는 급변하여 제조업과 정보통신이 결합하고 인공지능을 활용하여 자동화된 4차 산업혁명의 시대로 더욱 발전할 것으로 기대하는 것과 더불어 아동을 둘러싼 환경도 다양화될 것이다. 따라서 급속한 사회변화를 예측하여 아동 정책을 수립하고 전달과정에 적절하고 유연하게 적응할 수 있는 실천기술이 요구된다. 특히 아동을 보살펴야 하는 교사와 아동복지를 실천하는 사회복지사 같은 관계자는 아동의 권리와 복지 전반에 관한 폭넓은 지식을 습득하여, 전문적이고 책임감 있는 사고의 유연성을 갖고 아동을 대해야 한다.

이러한 관점 아래 저자 모두는 아동과 아동복지, 사회복지, 영유아보육, 유아교육 전공자는 물론 아동에게 관심 있는 전문가들을 위해 사용하는 것에 집필 목적을 두었다.

이 책은 제1부 아동권리와 복지 기초, 제2부 아동복지 실천영역으로 구성하였다. 제1부는 5개 장으로 각각 아동권리, 아동복지, 아동복지발달, 아동복지법과 제도, 아동복지 실천방법에 대해 살펴보았고, 제2부는 8개 장으로 나누어 보육, 빈곤, 장애, 학대, 입양, 사회적 보호아동과 다양한 가족유형(다문화, 한부모, 조손)의 보호서비스에 대한 개념 및 현황, 그리고 각 지원기관과 복지서비스를 살펴보고, 마지막으로 아동권리와 복지의 미래에 대한 전망과 과제를 다루었다.

특히 이 책을 통해 학습한 내용이 사회현상과 어떤 관계가 있는지를 이해할 수 있도록 각 단원의 처음과 마무리 지점에 '생각수업1'과 '생각수업2'를 마련하였다. 또 각 단원의 마지막 부분에 '추천 영화 및 도서'를 소개하여 각 단원에서 배운 이론적 개념을 아동권리와 복지 관점에서 관찰할 수 있도록 전문 역량과 기술 습득의 기회로 이어지게 하였다.

아울러 아동을 둘러싼 환경을 이해하며, 아동의 행복을 추구하기 위한 끊임 없는 노력의 중요성이 이 책을 통해 알 수 있으리라 생각한다. 그럼에도 여전히 미흡한 부분이 있겠지만 이 책을 접한 모든 학습자에게 아동에 대한 보다 명확한 밑그림을 그릴 수 있기를 기대해 본다.

이 책이 나오기까지 성실한 인내심으로 기다려주신 김재광 상무님과 파워북 사장님 그리고 편집진의 노고에도 감사의 인사를 드립니다.

저자 일동

차례

PART

1

아동권리와 복지 기초

Chapter 01 아동권리의 이해 | Chapter 02 아동복지의 이해 | Chapter 03 아동복지발달
Chapter 04 아동복지법과 제도 | Chapter 05 아동복지실천방법

Chapter

01

아동권리의 이해

3살 아이 아일란크루드 (Aylan kurdi)

출처: www.naver.com

출처:유엔난민기구

2015년 9월 2일 터키 보드룸 해안가에서 세 살배기 시리아 난민 아이 '아일란 쿠르디'의 싸늘한 주검이 떠올라 전 세계가 경악했다. 쿠르디의 아버지 압둘라 쿠르디는 터키 보드룸의 한 영안실 밖에서 어린 아들의 시신을 기다리며 오열을 토했다. 평화와 자유 그리고 인권을 외치는 유엔을 비롯하여 소위 잘 산다는 서방 선진국들의 난민 수용소를 거부한 비극이다. 쿠르디가 바다를 건너던 2015년, 100만 명이 넘는 사람들이 자국에서의 분쟁과 폭력, 박해, 갈등에서 벗어나기 위해 바닷길을 통해 유럽으로 이동했고, 이들 중 절반 이상이 시리아, 아프가니스탄, 에리트레아 등 분쟁국 출신이었다.

쿠르디의 죽음 이후 유럽은 난민 수용에 더 전향적인 자세를 보였다. 난민 발생의 근본적인 문제인 시리아 내전을 끝내고 IS를 발본색원하기 위해 공습도 강화했다. 유엔난민기구의 통계에 따르면 2017년 8월 기준, 지중해를 건너 이동한 난민과 이주민의 수는 올 한 해 동안만 13만 명이 넘고 이들 중 약 2,400명이 실종되거나 목숨을 잃었다. 2017년 통계에 따르면 바다를 건너 피난을 떠나는 난민 중 어린이와 여성이 차지하는 비율은 약 29%로, 이미 수개월, 수년간의 피난으로 심신이 취약해져 있는 어린 난민들에게, 낯선 사람들과 함께 비좁은 공간에서 충분한 음식이나 물도 없이, 고된 여정이 아닐 수 없다. 더 안타까운 소식은 이와 같은 힘겨운 해상 피난 여정을 아무런 보호자도 없이 홀로 이어가고 있는 아이들이 많다는 사실이다. 2017년 상반기 이탈리아에 도착한 사람들 중 11,400명은 보호자 없는 아이들이었고, 이들 중 많은 수가 피난과정 중 성폭행과 인신매매의 위험에 노출되었다.

출처 : 유엔난민기구, 시리아 난민 아일란 쿠르디를 기억하며.

◆ 난민 문제에 대해 생각해 보며 우리나라의 난민 보호 또는 거부 입장에 대해 생각해 봅시다.

Chapter 01

권리란 인간의 여러 가지 욕구에 대한 사회적 표명이다. 권리의 내용은 욕구로 간주하며 이는 나이, 인종, 성별, 종교, 국적 등에 관계없이 누구에게나 주어진 기본적인 자유를 의미한다. 아동의 권리 역시 모든 아동들이 보장받아야 할 기본 권리를 말하며 아동은 자유와 존엄 속에서 사회적, 정서적으로 성장할 권리가 있으며, 신체적 또는 정신적 결함이 있는 경우에는 치료와 보호를 받을 권리가 있다. 이러한 아동의 권리보장은 아동복지의 중요한 과제가 된다.

오늘날 아동복지의 중요한 개념으로 인식되기 시작한 아동권리에 대해 본 장에서는 아동권리가 어떠한 의미가 있는지, 아동권리사상이 어떻게 발달해 왔는가에 대해 이해한다. 이를 위해 아동권리개념과 아동권리사상의 발전과정을 알아보고, 아동권리에 관한 유엔과 한국의 아동권리협약 등에 대해 살펴보도록 한다.

1. 아동과 아동권리의 개념

1) 아동의 개념

일반적으로 영유아기를 지나 초등교육 대상자가 되면 '아동'으로, 중·고등학생은 '청소년', 그리고 대학생 이후부터는 '청년' 또는 '성인'으로 간주하고 있다. 그 가운데 아동兒童을 지칭할 때는 어린이 또는 어린아이로 불린다.

어린이라는 용어는 한글이 처음 창제된 15세기 무렵 '어리–'에서 시작되었는데, 주로 '어리석다'는 의미로 사용되었고, 16세기 이후에는 '나이가 어리다'는 의미로, 17세기에는 나이가 어린 사람을 뜻하는 '어린이'라는 표현이 일상화되었으며 이는 18세기까지 이어졌다. 이후 소파 방정환 선생이 "젊은 사람을 젊은이라고 하듯이 나이가 어린 사람도 어린이라고 불러야 한다"고 주장하며 '어린이'라는 용어가 널리 보급되었다(노명희, 윤은종, 이재경 외, 2014).

아동의 연령적 구분에 따른 배경 아래 현대사회의 아동에 대한 개념은 다음 세 가지, 즉 발달심리학적, 교육학적, 법률적 관점에서 규정하는 것이 일반적이지만, 본 장에서는 아동복지적 관점의 보호아동과 일반아동을 아동개념에 더하여 4가지로 나누어 살펴본다.

(1) 발달심리학적 관점

아동은 일반적으로 언어능력이나 운동능력, 정신적·정서적인 대처능력이 부족하여 의식주를 포함한 인지적·정신적·사회적·도덕적 발달과정을 성인들에게 의존하는 보편적인 욕구와 특성을 가진 존재로 본다. 따라서 발달심리학적 측면의 아동에 대한 개념은 아동기의 의존성과 욕구를 중심으로 정의하고 있다.

(2) 교육학적 관점

교육학적 측면에서는 아동을 교육의 대상자로 정의한다. 교육법에 의하면 만 6~12세까지를 초등학교 의무교육을 받아야 할 학령아동으로 규정하고 있다.

과거보다 아동교육의 연령이 낮아지고 각 나라별 초등교육 기간의 차이가 있는 점을 고려하면 아동기의 보편적 개념은 한계가 있다고 할 수 있다.

아동기 교육은 초등교육 취학 이전의 시기는 영유아기로 규정하고, 초등교육과정의 시기는 아동기6~12세로 보고 있다. 아동기는 신체적 · 사회적 · 정서적 · 지적 발달의 속도가 매우 현저하므로 이를 다시 아동 전기와 아동 후기로 나누기도 한다. 즉, 6~8세까지를 아동 전기, 9~12세까지를 아동 후기로 하여 발달단계를 구분한다. 아동기 이후는 청소년 전기12~14세라고 한다네이버 두산백과.

(3) 법률학적 관점

법적 측면의 아동개념은 다소 상이하게 규정하고 있다. 용어 사용에 있어서는 유아, 아동, 소년, 연소자, 미성년자, 청소년 등 다양하게 혼재되어 있어 아동복지정책을 통합적으로 실시하는 데 어려움이 따른다. 또한 국제법의 경우 아동을 만 18세 미만으로 명확하게 규정하고 있는데, 국내의 경우는 실정법마다 각각 달라 법률적 규정에서는 해당법률에 따라 다소 차이를 보이고 있어 그에 따라 권리와 의무에도 많은 차이를 나타내고 있다(윤매자, 신혜경, 주정현, 2016).

표 1-1은 우리나라 아동 · 청소년의 법률적 용어정의와 연령범주를 나타낸 것이다. 관계법에 따른 다양한 연령기준은 아동청소년의 개발 및 육성 등을 위해서는 연령의 최상위까지 지원하고자 함이며, 규범 및 규제 등의 경우는 최소연령부터 보호하겠다는 의미를 함의한다 할 수 있다.

아동복지의 근간이 되는 「아동복지법」에서 아동의 연령은 '18세 미만'으로 규정하고 있으며, 「한부모가족지원법」이나 「입양촉진 및 절차에 관한 특례법」 등도 「아동복지법」 규정을 따르고 있다. 「근로기준법」에서는 '15~18세 미만인 자'는 근로자가 될 수 없지만, 고용노동부장관이 발급한 취직인허증 소지자는 예외로 한다. 여자와 소년의 근로는 특별하게 보호되어 임신 중이거나 산후 1년이 지나지 않은 여성임산부과 '18세 미만의 자'는 도덕상 또는 보건상 유해 · 위험한 사업에 종사하지 못한다고 규정하고 있다. 「장애아동 복지지원법」에서도 장애아동을 '만 18세 미만의 사람 중 등록장애인'으로 규정하고 있다. 청소년의 보호와 규제를 목적으로 하는 「소년법」과 「청소년 보호법」은 19세 미만으로 하고, 「청소년 기본법」 등은 9세 이상 24세 이하를 청소년이라 규정하고 있다.

표 1-1 아동 · 청소년의 법률적 용어정의와 연령범주

법률	용어 구분	연령범주	관계부처
아동복지법	아동	18세 미만	보건복지부
영유아보육법	영유아	6세 미만의 취학 전 아동	보건복지부
유아교육법	유아	만 3세부터 초등학교 취학 전 유아	교육부
한부모가족지원법, 입양촉진 및 절차에 관한 특례법	아동	18세 미만*	여성가족부
청소년 기본법, 청소년복지 지원법, 청소년활동 진흥법	청소년	9세이상 24세 이하 (24세 포함)	여성가족부
청소년 보호법	청소년	19세 미만(연 나이)**	여성가족부
아동 · 청소년의 성보호에 관한 법률 (약칭 : 청소년 성보호법, 속칭 : 아청법)	아동 · 청소년	19세 미만	여성가족부
소년법	소년	19세 미만	법무부
민법	미성년자	19세 미만	법무부
형법	형사미성년	14세 미만	법무부
근로기준법	근로연소자	15~18세 미만	고용노동부
실종아동 등의 보호 및 지원에 관한 법률 (약칭 : 실종아동법)	아동(실종아동 등)	실종 당시 18세 미만	보건복지부
아이돌봄 지원법	아동	만 12세 이하	여성가족부

* 「한부모가족지원법」: 취학 중인 경우 22세 미만
** 「청소년 보호법」은 만 19세가 되는 해의 1월 1일을 맞이한 사람은 제외함
출처 : 국가법령정보센터, http://law.go.kr

(4) 아동복지적 관점

아동복지적 관점의 아동은 요보호아동과 일반아동으로 나뉜다.

첫째, 요보호아동은 '보호자가 없거나 보호자로부터 이탈된 아동, 또는 보호자가 아동을 학대하는 경우 등 그 보호자가 아동을 양육하기에 부적당하거나 양육할 능력이 없는 경우의 아동'으로 규정하고 있다「아동복지법」 제2조 제2항. 양육환경상 보호가 필요한 아동은 보호자가 없거나 혹은 있더라도 보호자의 무관심, 방임, 빈곤, 질병, 노동 등에 의하여 필요한 의식주 및 보호를 받지 못하는 아동이

해당된다. 장애아동의 경우는 신체장애, 정신장애, 정서장애, 정신지체장애 등 심신의 결함으로 일상생활 및 사회활동에 제약이 따르는 아동을 의미한다. 특별보호가 필요한 아동은 학대, 유기 등에 의해 아동의 권리를 침해받는 아동이다. 학자에 따라 요보호아동을 분류하는 기준에는 차이가 있으나, 공통적으로 장애나 문제를 가진 아동과 기본적 욕구를 충족시킬 수 없는 조건 및 환경 속에 있는 아동이 요보호 대상이 됨을 알 수 있다.

둘째, 일반아동은 사회의 특별한 보호를 받지 않고 아동이 속한 가정에서 양육과 보호를 받으며 생활할 수 있는 아동을 의미한다. 일반아동복지서비스는 요보호아동, 청소년을 포함한 모든 아동을 위한 서비스를 말한다.

2) 아동권리의 개념

19세기까지만 하여도 아동과 관련된 사업 등이 아동 권리보장을 위한 것이 아닌 자선사업으로 간주하는 경향이었다고 한다면, 20세기는 아동을 독립된 인격체로 받아들이기 시작하였다. 아동권리에 대한 중요성이 강조되기 시작한 것은 최근의 일이다. 아동은 일정 기간에 스스로 생존을 보장하기 어려운 특징을 가지고 있지만, 아동 개개인의 특별한 권리를 가지고 있다는 인식이 필요하다(구혜영, 염경혜 외, 2018). 아동권리는 아동의 견해, 경험, 희망은 어른들과 다르다는 것을 인식해야 하며 아동이 부모의 소유물이 아닌 완벽하게 독립된 주체로서 권리를 가지는 한 인간임을 인식해야 한다.

1989년 국제연합에서 아동권리협약을 만장일치로 채택하면서 아동의 권리가 법적으로 보장받고, 권리의 주체로 인식되기 시작하였다는 점에서 의의가 크다. 아동권리협약에 따르면 “아동기는 특별한 보호와 원조를 받을 권리가 있으며 사회에서 한 개인으로서의 삶을 영위할 수 있도록 충분히 준비되어야 하고 가족 안에서 감당할 수 있도록 필요한 보호와 원조가 부여되어야 한다”고 강조하였다. 우리나라는 1991년에 비준하여 협약의 당사국이 되면서 아동이 권리의 적극적인 주체자라는 것에 대한 개념이 정책과 교육·홍보 등을 통해 확대되고 있다.

3) 아동권리주의

아동의 권리는 아동 자신이 그것을 행사하는 권리의 주체자로서의 수동적 권리와 능동적 권리로 구분된다. 그리고 생리적 · 인격적 욕구충족과 보장으로서의 권리를 나타내는 장인협(2002)의 '3P의 개념'이 있다. 각각의 내용은 다음과 같다(이순자, 나성식 외, 2015 ; 배화옥, 2010 ; 오정수, 정익중, 2008).

(1) 수동적 권리

아동은 수동기라는 발달단계의 특성으로 인해 부모와 다른 성인, 지역사회, 국가 등이 아동을 지키고 보호할 의무가 있으며, 양육주체로부터 보호와 양육을 제공받을 권리가 있는데, 이를 수동적 권리라고 한다. 수동적 권리에는 학대, 빈곤, 노동력 착취, 양육시설의 아동 등에 대한 아동복지서비스의 질을 충분히 보장하는 것이며 과거 아동권리의 보장은 수동적 권리보장이 대부분이었다.

(2) 능동적 권리

능동적 권리는 아동이 권리의 주체로서 자신의 삶에 영향을 미치는 사안에 대하여 의견을 표현하고, 주장하며 삶의 방법을 결정하고 참여할 수 있는 권리를 의미한다. 오늘날 아동권리는 아동을 보호의 대상으로 보는 수동적 권리를 기반으로 아동을 권리의 주체로 인식하는 능동적 권리보장이 요구되며, 능동적 권리에는 이용자의 의사를 존중한 서비스 전달체계, 정보 제공, 정보 개시, 옴부즈맨제도 등이 있다.

(3) 제공 · 보호 · 참여의 3P 권리

첫째, 제공Provision의 권리는 아동이 필요로 하는 인적 · 물적 자원의 제공과 이것을 사용할 권리이다. 예를 들어, 이름, 국적, 보건, 교육, 여가 및 놀이를 즐길 권리 등이 포함된다. 둘째, 보호Protection의 권리는 아동이 위해한 행위로부터 보호받아야 한다는 것이다. 예를 들어, 문제를 지닌 부모로부터의 격리 및 성적 학대, 육체적·정신적 학대로부터 보호받을 권리 등이 포함된다. 셋째, 참여 Participation의 권리는 아동이 자신의 인생에 중요한 영향을 미치는 결정에 대하여 알 권리를 의미한다. 아동은 성장과 더불어 책임 있는 성년기에 대한 준비로서 사회활동에 참여할 기회를 많이 가져야 한다(전남련, 김재환, 이효수 외, 2014).

2. 아동권리의 역사

아동권리의 선구는 1922년 영국의 국제아동기금단체연합이 발표한 세계아동헌장으로서, 이 땅에 생명을 부여받은 모든 아동이 신체적·심리적·정신적 행복을 위해 필요한 요소를 부여받아야 함을 세계로 향해 제시되면서부터이다.

1) 서구사회의 아동권리사상

인간의 핵심가치 중 가장 중요하다고 할 수 있는 것은 존엄성에 대한 존중이다. 이는 인간이기 때문에 마땅히 지켜져야 할 가치이다. 존엄성은 라틴어 '디그니타스dignitas'에서 유례하며 그 뜻은 가치 있음으로 해석된다. 따라서 인간은 그 존재 자체가 가치 있으며 존중이 요구된다. 진정한 아동복지는 아동의 권리가 보장될 때 가능하다. 그러나 아동은 오랜 시간 동안 권리의 주체로 인식되지 못했다. 모든 아동은 고유한 존엄성과 가치가 보장되어야 함에도 불구하고 아동의 가치와 존엄성에 대한 인식은 매우 낮았다. 많은 사회에서 아동은 부모의 소유로 간주되거나 아동 스스로의 권리보장이 미흡하였고 병약하거나 장애가 있는 아동은 유기되거나 살해되기도 하였다. 그러다가 20세기에 들어서면서 아동은 독립된 인간으로서 기본적 권리의 주체가 되어야 한다는 아동권리사상이 대두되기 시작하였다. 본문에서 소개하는 영국의 에글렌타인 젭Englantyne Jebb과 폴란드의 야누슈 코르착Janusz Korczak은 선구자적인 노력으로 아동권리를 존중하는 국제규범을 탄생시킨 서구사회의 아동권리사상가라고 할 수 있다.

(1) 에글렌타인 젭의 아동권리선언

서구사회의 아동권리사상은 1923년 아동권리선언에서 발전하게 된다.

'아동권리선언'은 세이브더칠드런Save the Children의 창립자인 에글런타인 젭Englantyne jebb, 1876~1928에 의해 최초로 작성되었으며 이는 현재 유엔아동권리협약의 모태가 되었다. 이듬해인 1924년 9월 26일 국제연맹League of Nations은 젭이 작성한 아동권리선언Declaration of the Rights of the Child을 아동권리에 관한 '제네바선언'으로 채택하였다. 제네바선언 5개 항은 1948년 7개 조문으로 개정되었다(한성심, 송주미, 2015).

1924년의 제네바선언 5개항은 아동의 발달보장, 요보호아동의 보호, 아동구제의 우선성, 착취로부터의 보호, 아동육성의 목표달성에 노력해야 할 것을 강조했다. 이후 제2차 세계대전이 발발하게 되어 많은 아동이 굶주림과 버림을 받게 되는 사회적 배경 아래 차별을 받지 않을 권리와 안정된 가정환경에서 보호받을 권리를 2개항 추가하여 1948년 7개 조항으로 개정되었다(사회복지용어대백과사전).

1950년대에는 한국전쟁 구호사업을 비롯해 아시아와 아프리카 지역 구호에 적극적으로 나섰다. 1953년에는 세이브더칠드런 한국지부가 결성됐다.

제네바 5개 조항

1. 어린이는 신체적 · 정신적으로 발달을 위해 요구되는 모든 수단을 강구해야 한다.
2. 굶주린 어린이에게 먹을 것을, 병든 어린이에게 치료의 혜택을, 지능발달이 늦은 어린이에게는 도움을, 불량한 어린이에게는 감화를, 고아와 부랑아에게는 주거를 마련하여 보호해 주어야 한다.
3. 위기에 직면하였을 때 최우선적으로 어린이를 구해야 한다.
4. 어린이에게 장래 설계를 세울 수 있는 지위로 이끌며, 모든 종류의 착취에서 보호를 받을 수 있어야 한다.
5. 어린이에게 자기의 능력은 인류 동포에게 봉사하기 위한 것이라는 자각을 주며 교육을 해야 한다.

그림 1-1 에글렌타인 젭

그림 1-2 1919년 5월 19일 로열 앨버트 홀에서 '세이브더칠드런' 출범

아동권리의 핵심 가치는 존엄성
에글렌타인 젭은 그녀의 '아동권리선언'을 통해 유엔아동권리협약의 모태가 되는 직접적인 기여를 했으며, 야누슈 코르착은 아동은 '인간'으로 발전하는 존재가 아니라 그 자체가 이미 인간이며 동시대의 분명한 '시민'이라고 주장하여 유엔아동권리협약의 핵심 가치에 간접적 기여를 하였다.

한편, 세이브더칠드런은 굶주린 적국의 아이들을 돕기 위한 활동이었는데, 당시 전 유럽은 제1차 세계대전으로 수많은 아이들이 빈곤에 내몰리게 되었다. 에글렌타인 젭이 설립 당시에는 '적국敵國의 아이들을 돕는 배신자'라는 비난을 받았고 실제로 세이브더칠드런을 런던에 세우려 할 때 이들에게 던질 썩은 사과를 가지고 몰려 왔다는 일화도 있다. 뿐만 아니라 젭은 독일과 오스트리아의 어린이들을 돕기 위해 전단을 뿌린 혐의로 런던 법원으로부터 유죄 판결을 받았으나 젭의 운동 취지에 공감한 판사는 그녀에게 상징적으로 벌금 5파운드**한화 약 1만원 전후**만을 물리는 판결을 내렸다. 이처럼 어렵게 세워진 세이브더칠드런은 오늘날 국제적 네트워크를 운영하며 120여 개국 이상에서 '국제세이브더칠드런연맹'이라는 이름으로 빈곤아동을 돕는 국제적 비정부기구NGO가 되었다. 이는 1977년 스위스 제네바에 본부를 세웠다가 1997년 런던으로 옮겨졌다(네이버 기관단체사전 ; 종합, 2016).

제네바선언 7개 조항(1948년 개정)

1. 어린이는 인종, 국적 및 종교적 신조의 문제를 초월하여 보호되어야 한다.
2. 어린이는 하나의 실체로서의 가정을 존중하며 보호를 받아야 한다.
3. 어린이는 물질적, 도덕적, 정신적으로 정상적인 발달을 위해 필요한 조건이 충족되어야 한다.
4. 굶주린 어린이는 먹여야 하고, 병든 어린이는 간호를 받아야 하며, 신체적으로 정신적으로 장애가 있는 어린이는 도움을 받아야 하고, 부적응 어린이는 재교육을 받아야 하며, 고아나 부랑하는 수용보호되어야 한다.
5. 어린이는 위험을 당했을 때 제일 먼저 구조되어야 한다.
6. 어린이는 사회복지사나 사회보장의 혜택을 받아야 하고 적절한 시기에 생계를 세울 수 있는 훈련을 받아야 하며 모든 형태의 착취로부터 보호를 받아야 한다.
7. 어린이는 그의 능력을 동포를 위해 봉사해야 한다는 자각 속에서 양육되어야 한다.

(2) 야누슈 코르착의 세계아동의 해

야누슈 코르착Janusz Korczak, 1878~1942은 1878년 폴란드의 부유한 가정에서 태어난 유대계인으로서 의사이자 저술가, 아동인권운동가이다. 그의 아버지는 변호사였으나 나중에 정신질환을 앓았고 코르착은 그의 질환이 유전될 것을 염려하여 결혼은 하지 않았지만 버려진 고아들을 돌보며 평생을 보냈다. 1909년에 유태인 단체인 '고아원조援助협회Pomoc dla Sierot'에 가입하였는데, 이 단체는 몇 년 후에 '고아들의 집Dom Sierot'을 설립하여 코르착에게 원장직을 맡겼다. 코르착은 존 듀이John Dewey의 진보주의 교육이론과 데크롤리Decroly, 몬테소리Montessori, 초기 교육학자인 페스탈로치Pestalozzi, 스펜서Spencer 프뢰벨Fröbel의 연구를 통해 영감을 얻었으며, 또한 톨스토이의 교육사상도 잘 알고 있었다. 코르착은 어린이 인권보장을 강조하며 어린이들이 자율과 권리, 자유를 보장받아야 한다고 했다. 그는 "어린이가 있어야 할 곳은 집이 아닌 또래 친구들 사이여야

그림 1-3 야누슈 코르착

그림 1-4 야드바셈 기념관에 전시되어 있는 야누슈 코르착 조각물(큰 손과 얼굴이 아이들을 포근하게 감싸고 있다)

한다"고 주장했다. 이러한 코르착의 아동인권보장에 대한 끊임없는 주장은 그의 말에 잘 나타나 있다. 그는 언제나 "어린이는 없다, 다만 사람들이 있을 뿐이다", "아동은 '인간'으로서 발전하는 존재가 아니라 그 자체가 이미 인간이며 동시대의 분명한 '시민'이다"라고 주장하였다. 그는 실제로 의사이자 작가로서 장애아에 대한 연구도 많이 하였으며 바르샤바에서 '고아의 집' 등의 시설을 운영하면서 독자적인 교육체계를 실천하였다. 그러나 1942년 8월 제2차 세계대전 중 '고아의 집' 어린이 200명과 함께 트레블링카Treblinka 수용소의 가스실에서 나치스에게 학살되었다(위키백과사전, 2016).

이러한 야누슈 코르착의 희생정신을 기리기 위해 유엔은 그의 탄생 100주년을 기념하여 1979년 '세계 아동의 해'를 선포함으로써 아동에 대한 전 세계의 관심을 불러일으켰다. 그리고 그로부터 10년 후 야누슈의 모국 폴란드가 발의한 아동권리협약어린이 · 청소년에 관한 국제조약이 '세계 아동의 해' 기념 10주년이 되는 1989년에 제정되었다.

2) 한국사회의 아동권리사상

(1) 소파 방정환의 아동권리옹호사상

우리나라는 아동을 존중하고 인격체로 대할 것을 주장한 소파 방정환方定煥, 1899~1931에서 아동권리사상을 찾을 수 있다.

지금으로부터 100여 년 전 어린이를 하나의 인격체로 여기지 않던 시대가 있었다. 아이들은 자신의 이름보다도 '애녀석', '어린 놈'과 같은 천대어로 불리는 게 익숙했다. 하나의 인격체가 아닌 아동권리가 발달하기 이전의 서구사회와 마찬가지로 한국도 부모의 소유개념으로 간주되었기 때문이다. 이러한 아이들에게 '어린이'라는 이름을 처음으로 붙여준 사람이 소파 방정환이다.

- 1921년 '어린이' 용어 처음 사용
- 1946년 5월 5일 어린이날 결정
- 1961년 '5월 5일 어린이날' 공식 지정
- 1975년 어린이날이 법정 공휴일로 제정

에글렌타인 젭이 아동권리선언을 작성한 1923년에 한국의 소파 방정환은 소년운동의 기초 조건이라는 제목의 글을 통해 아동권리공약 3장을 선언했다**1923년 5월 1일 '조선소년운동협의회 소년운동선언' 중.**

일부에서는 인권의 역사를 서구의 역사로만 생각하는 경향이 있지만 소파 방정환의 업적을 보면 동양문화에서도 같은 시기 아동의 인권존중사상이 태동되기 시작했다는 것을 알 수 있다. 당시 일본에게 주권을 빼앗긴 우리나라는 아동을 사랑하고 바르게 키우기 위해 '색동회' 중심으로 1923년 5월 1일 서울에서 어린이날 첫 번째 기념식을 거행하였다. 이후 1927년 5월 첫 번째 일요일로 어린

아동권리공약 3장(1923년)

1. 어린이는 재래의 윤리적 압박으로부터 해방하여 그들에 대해 완전한 인격적 예우를 허(許)한다.
2. 어린이를 재래의 경제적 압박으로부터 해방하여 만 14세 이하의 그들에 대한 무상 또는 유상의 노동을 폐(廢)하라.
3. 어린이에게 그들이 고요히 배우고 즐거이 놀 만한 각양의 가정 또는 사회적 시설을 행(行)하라.

그림 1-5 소파 방정환

어린이

그림 1-6 〈어린이〉 창간호 (1923. 3. 20)

이날을 변경하였으나 1945년 광복 이후에는 5월 5일로 정하고 1961년「아동복지법」에서는 '어린이날'을 5월 5일로 공식 지정하였다. 1973년에는 기념일로 하다가 1975년부터는 법정 공휴일로 제정하였다(한국민족문화대백과, 한국학중앙연구원).

어린이를 위한 노력은 이뿐만이 아니었다. 한국 최초 아동잡지인 〈어린이〉를 창간해 동화 문학 장르를 개척했고, 소년운동협회, 색동회, 소년지도자대회 등 소년단체를 통한 교육운동을 했다. 어린이는 예술 속에서 균형 있게 성장해야 한다는 생각에서 한국 최초로 세계아동예술전람회 등 예술문화운동도 전개했다. 그러나 이러한 운동은 일제의 탄압과 재정난이 이어지는 시기 1931년 7월 23일 33세의 나이로 방정환이 별세하면서 실효를 거두지 못하였다. "어린이를 두고 가니 잘 부탁합니다"가 방정환이 남긴 마지막 말이었다.

어린이날의 약속

우리들의 희망은 오직 한 가지 어린이를 잘 키우는 데 있을 뿐입니다.

다 같이 내일을 살기 위하여 이 몇 가지를 실행합시다.

어린이는 어른보다 더 새로운 사람입니다. 내 아들놈, 내 딸년 하고 자기의 물건같이 여기지 말고, 자기보다 한결 더 새로운 시대의 새 인물인 것을 알아야 합니다.

어린이를 어른보다 더 높게 대접하십시오. 어른은 뿌리라면 어린이는 싹입니다. 뿌리가 근본이고 위에 올라앉아서 싹을 내리누르면 그 나무는 죽어버립니다. 뿌리가 원칙상 그 싹을 위해야 그 나무는 뻗쳐 나갈 것입니다.

어린이에게 결코 윽박지르지 마십시오. 조선의 부모는 대개가 가정교육은 엄해야 한다는 잘못된 생각으로 그 자녀의 인생을 망쳐 놓습니다. 윽박지를 때마다 뻗어가는 어린이의 기운은 바짝바짝 줄어듭니다. 그렇게 길러온 사람은 공부를 아무리 많이 해도 크게 자라서 뛰어난 인물이 못 되고 남에게 꿀리고 뒤지는 샌님이 되고 맙니다.

어린이의 생활을 항상 즐겁게 해 주십시오. 심심하게 기쁨 없이 자라는 것처럼 자라가는 어린 사람에게 해로운 일이 또 없습니다. 항상 즐겁게 기쁘게 해 주어야 그 마음과 몸이 활짝 커 가는 것입니다.

어린이는 항상 칭찬해 가며 기르십시오. 칭찬을 하면 주제넘어진다고 생각하는 것은 큰 잘못입니다. 잘한 일에는 반드시 칭찬과 독려를 해 주어야 그 어린이의 용기와 자신하는 힘이 늘어가는 것입니다.

어린이의 몸을 자주 주의해 보십시오. 집안의 어린이가 무엇을 즐기나, 몸과 마음이 어떻게 변해가나, 이런 것을 항상 주의해 보아 주십시오. 평상시에 그냥 내버려 두었다가 잘못된 뒤에 야단을 하거나 후회하는 것은 부모들의 큰 잘못입니다.

어린이에게 잡지를 자주 읽히십시오. 어린이에게는 되도록 다달이 나는 소년잡지를 읽히십시오. 그래야 생각이 넓고 커짐은 물론이요, 또한 부드럽고도 고상한 인격을 가지게 됩니다. 돈이나 과자를 사 주지 말고 반드시 잡지를 사 주도록 하십시오.

출처 : 한국방정환재단(1922~1923년). 어린이날 선언문 중.

우리나라의 소파 방정환, 영국의 에글렌타인 젭과 폴란드의 야누슈 코르착이 아동권리를 바라보던 시각에는 매우 중요한 공통점이 있다.
그것은 바로 아동을 가치 있고 존엄한 인격체로 존중한 것이다.
인종, 성별, 언어, 종교, 정치적 의견, 민족적 · 인종적 · 사회적 출신, 재산, 장애, 태생, 신분 등과 상관없이 아동이라면 누구나 그 존재가 귀한 것이다. 이는 유엔아동권리협약 전반에 내포된 핵심가치이기도 하다.

(2) 대한민국 어린이헌장

1924년 제네바선언Declaration of Geneva과 유엔 아동권리선언UN Declaration on the Rights of the Child, 미국의 백악관선언 등을 참조해 한국도 1957년 5월 5일 어린이 헌장을 제정선포했다. 그 후 1988년 보건사회부는 '어린이헌장'이 제정된 지 30여 년이 넘었고 시대에 맞지 않는다 하여 전문가 30여 명이 참석한 가운데 헌장을 개정하여 1988년 제66회 어린이날을 맞아 전문과 11개 조항을 공포하였다(한국민족문화대백과, 2016).

9개 조항의 어린이헌장(제정 1957년)

1. 어린이는 인간으로서 존중하여야 하며 사회의 한 사람으로서 올바르게 키워야 한다.
2. 어린이는 튼튼하게 낳아 가정과 사회에서 참된 애정으로 교육하여야 한다.
3. 어린이에게는 마음껏 놀고 공부할 수 있는 시설과 환경을 마련해 주어야 한다.
4. 어린이는 공부나 일이 몸과 마음에 짐이 되지 않아야 한다.
5. 어린이는 위험한 때에 맨 먼저 구출하여야 한다.
6. 어린이는 어떠한 경우에라도 악용의 대상이 되어서는 아니 된다.
7. 굶주린 어린이는 먹어야 한다. 병든 어린이는 치료해 주어야 하고 신체와 정신에 결함이 있는 어린이는 도와주어야 한다. 불량아는 교화하여야 하고 고아와 부랑아는 구호하여야 한다.
8. 어린이는 자연과 예술을 사랑하고 과학을 탐구하여 도의를 존중하도록 이끌어야 한다.
9. 어린이는 좋은 국민으로서 인류의 자유와 평화와 문화발전에 공헌할 수 있도록 키워야 한다.

어린이헌장은 어린이를 미래의 민족 · 국가의 주체로 보고 그들의 교육과 건강을 보살피고자 하는 목적에 의해 제정된 것으로 국가수준에서 매우 의의가 크다. 새로운 시대의 주인공이 될 어린이에 대한 사회적 희망을 바탕으로 그들의 건전한 성장과 미래를 축복하는 뜻에서 제정한 것이 '어린이날'이라고 본다면 이날 하루뿐만이 아닌 항상 관심을 가지고 보살피도록 제정한 것이 어린이헌장이라고 할 수 있다(한국민족문화대백과, 한국학중앙연구원, 2016).

어린이들이 어른과 구별되어 국가와 사회의 보호를 받고 성장 · 발전할 수 있도록 하며 보호만 받는 것이 아닌 자신의 행동에 책임을 갖고 인류에 기여할 수 있도록 교육되어야 한다고 하였다. 9개 조항의 어린이헌장 주요 내용은 어린이에 대한 존중과 건전한 가정환경 및 능력과 소질이 잘 개발될 수 있는 교육시설 환경 정비, 놀이와 오락에 관한 기본적 권리 등이 강조되고 있으나, 개정된 11개 조항에는 학대와 장애아동, 노동으로부터의 보호 등에 대한 내용이 포함되었다.

11개 조항의 어린이헌장(개정 1988년)

대한민국 어린이헌장은 어린이날의 참뜻을 바탕으로 하여, 모든 어린이가 차별 없이 인간으로서 존엄성을 지니고 나라의 앞날을 이어나갈 새사람으로 존중되며, 바르고 아름답고 씩씩하게 자라도록 함을 길잡이로 삼는다.

1. 어린이는 건전하게 태어나 따뜻한 가정에서 사랑 속에 자라야 한다.
2. 어린이는 고른 영양을 취하고 질병의 예방과 치료를 받으며, 맑고 깨끗한 환경에서 살아야 한다.
3. 어린이는 좋은 교육시설에서 개인의 능력과 소질에 따라 교육을 받아야 한다.
4. 어린이는 빛나는 우리 문화를 이어받아 새롭게 창조하고 널리 펴 나가는 힘을 길러야 한다.
5. 어린이는 즐겁고 유익한 놀이와 오락을 위한 시설과 공간을 제공받아야 한다.
6. 어린이는 예절과 질서를 지키며, 한겨레로서 서로 돕고 스스로를 이기며 책임을 다하는 민주시민으로서 자라야 한다.
7. 어린이는 자연과 예술을 사랑하고 과학을 탐구하는 마음과 태도를 길러야 한다.
8. 어린이는 해로운 사회환경과 위험으로부터 먼저 보호되어야 한다.
9. 어린이는 학대를 받거나 버림을 당해서는 안 되고, 나쁜 일과 힘겨운 노동에 이용되지 말아야 한다.
10. 몸이나 마음에 장애를 가진 어린이는 필요한 교육과 치료를 받아야 하고 빗나간 어린이는 선도되어야 한다.
11. 어린이는 우리의 내일이며 소망이다. 나라의 앞날을 짊어질 한국인으로 인류의 평화에 이바지할 수 있는 세계인으로 자라야 한다.

(3) 청소년헌장

청소년헌장은 1990년 5월 12일 처음 제정 공포되었다. 헌장은 청소년의 문제에 대한 사회적 관심을 모아 청소년을 올바르게 선도 보호함으로써 바람직한 청소년상을 구현하기 위해 제정되었다. 그리고 1998년 10월 청소년의 주체적 삶과 자율성을 강조하는 새로운 내용으로 개정 선포되었다(정미현, 김태동, 박주현, 전영록, 2015).

청소년헌장(1998년)

청소년은 자기 삶의 주인이다. 청소년은 인격체로서 존중받을 권리와 시민으로서 미래를 열어갈 권리를 가진다. 청소년은 스스로 생각하고 선택하며 활동하는 삶의 주체로서 자율과 참여의 기회를 누린다. 청소년은 생명의 가치를 존중하며 정의로운 공동체의 성원으로 책임 있는 삶을 살아간다. 가정, 학교, 사회 그리고 국가는 위의 정신에 따라 청소년의 인간다운 삶을 보장하고 청소년 스스로 행복을 가꾸며 살아갈 수 있도록 여건과 환경을 조성한다.

청소년의 권리

청소년은 생존에 필요한 기본적인 영양, 주거 · 의료 · 교육 등을 보장받아 정신적 · 신체적으로 균형 있게 성장할 권리를 가진다.
청소년은 출신 · 성별 · 종교 · 학교 · 연령 · 지역 등의 차이와 신체적 · 정신적 장애 등을 이유로 차별받지 않을 권리를 가진다.
청소년은 물리적 폭력뿐만 아니라 공포와 억압을 포함하는 정신적인 폭력으로부터 보호받을 권리를 가진다.

1. 청소년은 사적인 삶의 영역을 침해받지 않을 권리를 가진다.
1. 청소년은 자유로운 의사에 따라 건전한 모임을 만들고 올바른 신념에 따라 활동할 권리를 가진다.
1. 청소년은 배움을 통해 진리를 추구하고 자아를 실현해 갈 권리를 가진다.
1. 청소년은 일할 권리와 직업을 선택할 권리를 가진다.
1. 청소년은 여가를 누릴 권리를 가진다.
1. 청소년은 건전하고 다양한 문화 · 예술 · 활동에 자유롭게 참여할 권리를 가진다.
1. 청소년은 다양한 매체를 통하여 자신의 삶에 필요한 정보에 접근할 권리를 가진다.
1. 청소년은 자신의 삶과 관련된 정책결정과정에 민주적 절차에 따라 참여할 권리를 가진다.

청소년의 책임

1. 청소년은 자신의 삶을 소중히 여기며 자신이 선택한 삶에 책임을 진다.
1. 청소년은 앞 세대가 물려준 지혜를 시대에 맞게 되살려 다음 세대에 물려줄 책임이 있다.
1. 청소년은 가정 · 학교 · 사회 · 국가 · 인류공동체의 성원으로서 자기와 다른 삶의 방식도 존중할 줄 알아야 한다.
1. 청소년은 삶의 터전인 자연을 소중히 여기고 모든 생명들과 더불어 살아간다.
1. 청소년은 통일 시대의 주역으로서 평화롭게 공존하는 방법을 익힌다.
1. 청소년은 남녀평등의 가치를 배우고 이를 모든 생활에서 실천한다.
1. 청소년은 가정에서 책임을 다하며 조화롭고 평등한 가족문화를 만들어 간다.
1. 청소년은 서로에게 정신적 · 신체적 폭력을 행사하지 않는다.
1. 청소년은 장애인을 비롯한 소외받기 쉬운 사람들과 더불어 살아간다.

(4) 아동권리헌장

2016년 5월 2일 아동의 권리와 어른들의 책임을 규정한 아동권리헌장이 만들어졌다[「아동학대 방지대책」 아동권리헌장 제정 명시(아동정책조정위원회, 2016.3.29)]. 우리나라는 1991년 유엔아동권리협약을 비준하였으나 아동의 '삶의 만족도'는 OECD 최하위이며, 아동권리에 관한 인식 수준도 낮은 실정이다. 특히, 최근 일련의 아동학대 사망사건은 부모, 가족으로부터도 안전이 보장되지 않은 사회적 약자로서 우리나라 아동의 현실을 보여준 것이다.

어린이헌장(1957년 제정, 1988년 개정) 및 청소년헌장(1990년 제정, 1998년 개정)은 유엔아동권리협약의 이념과 내용을 충분히 반영하지 못하고, 아동을 독립된 권리의 주체로 보지 않고 성인 중심의 아동 양육 시각이 남아 있으며 권리의 범위도 제한적으로 보고 있다. 따라서 2016년 만들어진 아동권리헌장은 전문과 9개 조항으로 이루어졌으며, 한국의 현실에 기반하여 아동의 눈높이에 맞추어 만들어진 것이다. 우리의 아동권리헌장은 아동 스스로 자신의 권리를 알고 지킬 수 있고, 어른도 아동의 권리를 이해하고 존중하여야 하는 것을 약속한 것이다(보건복지부, 2016).

아동권리헌장의 법적 효력은 없으나 아동이 스스로 자신의 권리를 알고 지킬 수 있도록 하고, 어른도 아동의 권리를 이해하고 존중하는 인식을 확립할 필요가 있다[「아동학대 방지대책」 아동권리헌장 제정 명시(아동정책조정위원회, 2016.3.29)].

아동권리헌장

모든 아동은 독립된 인격체로 존중받고 차별받지 않아야 한다. 또한 생명을 존중받고, 보호받으며, 발달하고 참여할 수 있는 고유한 권리가 있다. 부모와 사회, 국가와 지방자치단체는 아동의 이익을 최우선적으로 고려해야 하며, 다음과 같은 아동의 권리를 확인하고 실현할 책임이 있다.

① 아동은 생명을 존중받아야 하며 부모와 가족의 보살핌을 받을 권리가 있다.
② 아동은 모든 형태의 학대와 방임, 폭력과 착취로부터 보호받을 권리가 있다.
③ 아동은 출신, 성별, 언어, 인종, 종교, 사회·경제적 배경, 학력, 연령, 장애 등의 이유로 차별받지 않을 권리가 있다.
④ 아동은 개인적인 생활이 부당하게 공개되지 않고 보호받을 권리가 있다.
⑤ 아동은 신체적·정신적·사회적으로 건강하게 성장하고 발달하는 데 필요한 기본적인 영양, 주거, 의료 등을 지원받을 권리가 있다.
⑥ 아동은 자신이 살아가는 데 필요한 지식과 정보를 알 권리가 있다.
⑦ 아동은 자유롭게 상상하고 도전하며 창의적으로 활동하고 자신의 능력과 소질에 따라 교육받을 권리가 있다.
⑧ 아동은 휴식과 여가를 누리며 다양한 놀이와 오락, 문화·예술 활동에 자유롭고 즐겁게 참여할 권리가 있다.
⑨ 아동은 자신의 생각이나 느낌을 자유롭게 표현할 수 있으며, 자신에게 영향을 주는 결정에 대해 의견을 말하고 이를 존중받을 권리가 있다.

2016년 5월 2일

3. 아동권리협약

1) 유엔 아동권리협약

(1) 유엔 아동권리협약 의의

아동권리선언 40주년과 세계 아동의 해 10주년을 기념으로 전문 및 54개조로 구성된 유엔 아동권리협약Convention on the Rights of Child은 1989년 11월 20일 유엔 총회에서 만장일치로 채택되었다. 가장 최근에는 소말리아가 포함되어 2016년 현재 미국을 제외한 196개국의 비준을 받음으로써 전 세계적으로 가장 많은 국가의 비준을 받은 국제법이다. 모든 협약 비준국은 당사국의 법과 제도에 따라서 협약의 정신을 준수하고 권리실현을 위해 노력할 의무를 지닌다. 비준국가는 아동권리 이행 상황에 대해 유엔 아동권리위원회에 보고해야 한다. 협약의 이행 상황을 처음 비준하고 난 2년 후부터는 매 5년마다 보고서를 제출할 의무가 있다동 협약 제44조. 유엔 아동권리위원회는 국가보고서를 심의하여 어린이인권보장의 장애요인을 분석하고 대안을 해당국 정부와 모색한다.

아동권리협약은 아동을 보는 시각을 '보호의 대상'에서 '권리의 주체'로 내세운 것과 사회권 · 자유권을 폭넓게 규정하고 있다는 점에서 의의를 둔다. 협약은 인권의 중요한 일부로 인식되고 있는 시민권, 정치권, 경제권 그리고 문화권을 포함시켰다. 또한 아동의 권리보장은 단순한 도덕적 차원이 아닌 법적 의무로 이행할 책임을 지니게 되었다.

'협약'이란 세계 여러 나라가 어떤 문제에 대해 서로 협의한 뒤 맺는 약정이다. 한 나라의 정부가 협약을 '비준'하면 협약을 지킨다고 약속하는 것을 의미한다.

소말리아가 그동안 비준하지 못했던 것은 오랜 내전 때문이었다. 내전이 종결되면 협약을 비준하기로 문서상 약속한 상태에서 내전은 아직 끝나지 않았으나 조약은 비준하였다(2015년 비준).

미국이 비준하지 못하는 이유는 독립적인 주가 연합한 형태의 국가로 연방법과 주법이 충돌하면 주법을 우선시한다는 단서조항이 많기 때문이다. 비준에 가장 큰 문제는 '청소년 사형제도'로 이것이 아동인권협약과 상충되기 때문이다.

(2) 유엔 아동권리협약 내용

유엔 아동권리협약은 아동을 인간으로서의 존엄성을 지닌 존재로 보고 아동의 발달적 특별함을 고려해야 할 권리의 주체자로서 인식하는 데 기여했다. 아동권리협약은 1989년 11월 20일 유엔총회에서 채택된 국제적인 인권조약으로 1990년 9월 2일 발효하였다. 협약이 발효되면서 1990년 9월 29~30일 유엔본부에서는 최초로 '아동을 위한 세계정상회담'이 개최되었다. 아동권리협약은 전문, 제3부, 본문 54개 조항으로 구성되었다. 또한 4가지 권리 영역과 4가지 주요 원칙이 있다(주수길, 성상곤, 주명국, 2016 ; 신선인, 박영준, 2014).

① 3부 구성 내용

아동권리협약은 3부로 구성되어 있다. 제1부는 아동의 권리와 가입국의 아동보호의무 규정, 제2부는 협약의 이행 조치 규정, 제3부는 부칙 규정이다.

- **제1부 : 아동권리와 가입국 아동보호의무 규정**

제1부는 제1~41조까지이며 아동권리에 대한 포괄적인 내용을 포함하고 있다. 생명권, 국적권, 신분 보존권, 의사표시권, 사상 · 양심 · 종교 · 집회 · 결사의 자유, 사생활의 권리 등 시민적 권리는 물론, 가족 동거권, 양육받을 권리, 건강의료에 대한 권리, 사회보장, 교육권, 장애아동의 보호, 문화활동권 등의 사회적 · 경제적 · 문화적 권리를 담고 있으며, 마약, 인신매매, 무력분쟁으로부터의 보호도 규정되어 있다.

- **제2부 : 협약의 이행 조치 규정**

제2부는 제42~45조까지이며 협약 내용을 알릴 의무 및 협약의 구체적인 실시 조치로 국가보고제도와 유엔 아동권리위원회에 관하여 규정하고 있다. 당사국은 협약 발표 후 2년 이내 그리고 그 후 5년마다 보고서를 유엔사무총장을 통하여 유엔 아동권리위원회에 제출해야 한다.

- **제3부 : 부칙 규정**

제3부는 제46~54조까지이며 비준 또는 가입협약 시의 기탁 등에 관한 내용이다. 서명, 가입, 비준서 기탁, 개정 절차, 유보, 폐기, 원본 등에 관하여 규정하고 있다.

② 4가지 권리 영역

4개의 권리 영역은 생존권, 보호권, 발달권, 참여권의 영역을 의미한다.

- **생존권**

생존권survival right은 생명을 유지하고 최상의 건강과 의료혜택을 받을 권리를 말한다. 즉, 적절한 생활 수준을 누리고 안전한 주거지에서 살아갈 권리, 충분한 영양과 기본적인 보건서비스를 받을 권리 등 기본적인 삶을 누리는 데 필요한 권리이다.

* 관련 조항 : 제6, 7, 8, 9, 20, 21, 23, 24, 26, 27, 30, 32, 33, 34, 35, 38조

• 보호권

보호권protection right은 차별로부터의 보호, 학대와 방임으로부터의 보호, 고아들과 난민아동의 보호받을 권리, 응급 상황으로부터의 보호를 말한다. 즉, 모든 형태의 학대와 차별, 폭력, 고문, 부당한 형사처벌, 과도한 노동, 약물과 성폭력 등 어린이에게 유해한 것으로부터 보호받을 권리이다.

* 관련 조항 : 제2, 7, 10, 11, 16, 19, 20, 21, 23, 25, 32, 33, 34, 35, 36, 37, 39, 40조

• 발달권

발달권development rignt은 정규직, 비정규적인 교육을 포함하여 모든 종류의 교육을 받을 권리와 아동이 신체적, 사회적, 정서적, 도덕적으로 성장하는 데 필요한 평균 수준의 생활을 누릴 권리를 말한다. 즉, 잠재능력을 최대한 발휘할 권리, 여가를 즐길 권리, 문화생활을 하고 정보를 얻을 권리, 종교의 자유를 누릴 권리 등이다.

* 관련 조항 : 제5, 6, 9, 10, 11, 12, 13, 14, 15, 17, 24, 28, 29, 31조

• 참여권

참여권participation right은 아동이 자신과 관련된 모든 일에 대하여 알고 자신의 의사를 자유롭게 표현할 권리를 의미한다. 즉, 자신의 나라와 지역사회 활동에 적극적으로 참가할 수 있는 권리로 자신의 의견을 표현하고 문제에 대한 발언권을 지니며, 단체에 가입하거나 평화적인 집회에 참여할 수 있다.

* 관련 조항 : 제12, 13, 15, 17, 18조

③ 4가지 주요 원칙

유엔 아동권리협약은 일반 원칙으로 아동차별금지의 원칙, 아동의 이익최우선의 원칙, 아동의 생존 및 발달의 원칙, 아동의 의사존중의 원칙의 4대 원칙이 바탕을 이루고 있다. 각각의 내용은 다음과 같다(주수길, 신상곤, 주명국, 2016).

• **아동차별금지의 원칙**(non-discrimination, **제2조**)

협약 제2조 제1항은 '당사국은 자국의 관할권 안에서 아동 또는 그의 부모나 후견인의 인종, 피부색, 성별, 언어, 종교, 정치적 또는 기타의 의견, 민족적, 인종적 또는 사회적 출신, 재산, 장애, 출생 또는 기타의 신분에 관계없이 그리고 어떠한 종류의 차별 없이 협약에 따라 아동의 권리를 존중하고 보장하여야 한다'고 규정하고 있다. 제2항은 '당사국은 아동이 부모나 후견인, 가족구성원의 신분, 활동, 의견 또는 신분을 이유로 하는 모든 형태의 차별이나 처벌로부터 보호되도록 보장하는 조치를 취하여야 한다'고 명시하고 있다.

유엔아동권리협약의 조항들은 차별받기 쉬운 아동들을 위한 규정을 마련해 놓았는데, 제22조의 아동난민과 제23조의 장애아동에 관한 내용이 그 예이다. 차별은 아동을 착취하는 다양한 형태의 근원이기 때문에 아동을 보호하기 위한 다른 조항들은 차별에 도전하는 행동을 취하길 요청한다. 제2조 제2항은 아동의 부모나 가까운 사람이 자기의 지위를 이용하거나 업무로 인해서 발생할 수 있는 모든 형태의 차별이나 처벌로부터 아동들을 보호해야 함을 규정하고 있다.

• **아동의 이익최우선의 원칙**(devotion to best interests of the child, **제3조**)

협약 제3조 제1항은 '아동과 관련된 모든 활동에 있어 공공 또는 민간 사회복지기관은 물론 국가의 입법과 사법 그리고 행정기관 등은 아동의 최상의 이익 the best interests of the child이 최우선적으로 고려되어야 한다'는 것을 규정하고 있다. 제2항에서는 '국가가 아동복지에 필요한 사항을 실현하기 위하여 입법적·행정적 조치를 취해야 한다'는 것을 규정하고 있다. 제3항에서는 '국가가 아동의 보호 등을 담당하는 시설이 안전과 위생, 직원 수 및 적격성 등 일정한 기준에 따르도록 준수시켜야 한다'고 규정하고 있다.

유엔아동권리협약 중 아동에 관한 사안에 대해 '아동이익 최우선의 원칙'에 의해 다루어져야 함에 이의를 표하는 사람은 없다. 그러나 대개의 경우 아동이익 최우선의 원칙은 성인의 상황에 따라 간과되어 버리기 쉽다. 즉, 아동권익에 반하거나 경제적 제약에 제동이 걸리는 사례 등이다. 따라서 법적 개념으로서의 무엇이 아동에게 최선의 이익인가를 판단할 수 있는 기준이 필요하다.

• **아동의 생존 및 발달의 원칙**(the right to life, survival and development, 제6조)

협약 제6조 제1항은 '당사국은 모든 아동이 생명에 관한 고유의 권리를 가지고 있음을 인정한다' 그리고 제2항에서는 '당사국은 가능한 한 최대한도로 아동의 생존과 발달을 보장하여야 한다'고 규정하고 있다.

유엔 아동권리협약위원회는 발달을 총체적인 개념으로 보고 있으며, 협약의 많은 조항은 발달의 목표를 구체적으로 언급하고 있다. 다른 조항들은 아동발달에서 부모와 가족의 역할과 국가의 지원의무를 강조하고 있다. 아동을 폭력과 착취로부터 보호하는 일은 최대한도의 생존과 발달에 절대적으로 필요하다.

• **아동의 의사존중의 원칙**(respect for the view of the child, 제12조)

협약 제12조 제1항은 '당사국은 자신의 견해를 형성할 능력이 있는 아동에 대하여 스스로에게 미치는 모든 문제에 있어서 자신의 견해를 자유롭게 표시할 권리를 보장하고, 그 견해에 대하여는 아동의 연령과 성숙도에 따라 정당한 비중이 부여되어야 한다'고 명시하고 있다. 제2항은 이러한 목적을 위하여 '아동에게 영향을 미치는 사법적 · 행정적 절차에 있어서도 직접 또는 대표자나 적절한 기관을 진술할 기회가 국내 법적 절차에 합치되는 방법으로 주어져야 한다'고 명시하고 있다.

유엔아동권리위원회는 아동이 권리의 적극적인 주체자이고 협약의 주요 목적은 인권을 아동에게 적용시키는 것임을 강조해오고 있다. 특히, 전통적인 관습과 문화 또는 태도를 아동인권의 방해요소로 보았으며 아동들의 문제에 대해 성인들이 시혜를 베푸는 '온정주의적 접근'을 거부해왔다. 따라서 아동에게 영향을 미치는 법적 절차에 대해서 스스로 자신의 의견을 표현할 권리가 있다고 하는 것이다. 광범위한 법원의 심리와 아동에게 영향을 끼치는 공적인 의사결정의 예를 들면 교육, 건강, 환경 등에 관한 내용이 포함된다.

2) 한국 아동권리협약

(1) 아동권리협약 이행과정

국제사회가 아동을 독립된 인격체이며 권리의 주체자로 인정하고자 1989년 11월 20일 유엔총회에서 만장일치로 유엔아동권리협약Convention on the Rights of the Child을 채택하자 한국도 부처 간의 협의조정을 거쳐 1990년 서명하고 1991년 11월에 비준하여 협약의 당사국이 되었다. 협약에 가입한 국가는 협약의 내용을 준수할 의무를 가지며 가입 후 2년 내에 이행사항에 대한 보고서를 통해 세계에 알릴 필요성을 갖게 된다.

표 1-2 유엔아동권리협약 가입 및 이후 동향

<table>
<tr><th>연도</th><th>제출 및 심의</th><th>주요 권고 내용</th></tr>
<tr><td>1989년 11월 20일</td><td colspan="2">유엔아동권리협약 가입</td></tr>
<tr><td>1994년</td><td>1차 보고서</td><td rowspan="2">○ 차별금지 포함 32개항 권고
차별 금지, 아동의 최선의 이익, 아동의 의사 존중 등을 포함한 협약의 원칙과 조항에 충분히 부합되도록 할 것 등</td></tr>
<tr><td>1996년</td><td>유엔아동권리위원회 권고사항</td></tr>
<tr><td>2000년</td><td>2차 보고서</td><td rowspan="2">○ 체벌금지 포함 63개항 권고
국내법이 협약의 원칙과 조항에 완전히 부응하도록 모든 필요한 조치를 취할 것 등</td></tr>
<tr><td>2003년</td><td>유엔아동권리위원회 권고사항</td></tr>
<tr><td>2008년</td><td>한국 3차, 4차 보고서</td><td rowspan="2">○ 청소년 이익 포함 148개 권고
협약의 전반적인 조항을 이행하는 국내 법규가 불충분하고 당사국 법원이 협약을 직접 적용하는 경우가 매우 드물다는 사실을 우려, 청소년 미혼모가 안전하게 낙태할 수 있도록 할 것을 권고, 관련 법이 협약의 최선의 이익에 부합하도록 개정되어야 할 것을 촉구 등</td></tr>
<tr><td>2011년</td><td>유엔아동권리위원회 권고사항</td></tr>
<tr><td>2017년</td><td>한국 5차, 6차 보고서</td><td rowspan="2">○ 아동권리 예산 증액 포함 50여 개
아동 관련 예산 규모가 국내 총생산(GDP)에 비해 낮으며, 높은 아동 자살율과 가정 내 아동 학대 발생과 경쟁을 부추기는 교육 환경 등 권고</td></tr>
<tr><td>2019년</td><td>유엔아동권리위원회 권고사항</td></tr>
<tr><td>2024년 12월</td><td colspan="2">한국 7차 보고서 예정</td></tr>
</table>

출처: 정부24시 https://www.gov.kr

그 후 5년마다 제출해야 하는 연구보고서는 1994년과 2000년에 각 1차, 2차 국가보고서를 제출하였다. 이후 3차 보고서는 2004년에 제출해야 했지만 '유엔 아동권리위원회'는 자체 심사 일정 등을 고려하여 예외적으로 제3·4차 통합 보고서 형태로 2008년 12월에 제출하도록 하였다(아동·청소년백서, 2008). 2003년에 실시된 2차 보고서 심의에 의하면 「가정폭력범죄의 처벌 등에 관한 특례법」 제정1997, 「청소년 보호법」 제정2000, 국가인권위원회 설립2001 등의 노력을 높이 평가하였으나, 상설 아동권리조정기구의 미설립, 아동권리협약의 홍보 미흡 등 1차 보고서의 심의에서 지적된 권고사항의 이행 미흡에 대해 우려를 표명하기도 하였다(유엔 아동권리위원회 심의, 2011.10.). 3차, 4차 보고서 심의 결과에 따른 권고는 더욱 늘어났으며, 국가위원회 산하 아동권리소위원회 설립, 포괄적인 체벌 금지, 아동의 학업에 대한 스트레스 줄이기 위한 교육정책 제고를 비롯하여, 입양 시 반드시 청소년 미혼모의 동의를 얻도록 권고하는 내용 등 다양하다. 한국은 협약에 따라 이러한 권고사항이 이행될 수 있도록 적절한 조치를 취하고, 제5, 6차 통합정기보고서를 제출하였다. 심의결과 난민법 제정(2012), 아동학대처벌법 제정(2014), 아동수당 도입(2018) 등에 대해 긍정적 평가를 받았다. 그러면서도 우리나라의 아동 관련 예산 규모가 국내총생산GDP에 비해 여전히 낮은 점을 지적하였고, 높은 아동 자살률, 아동학대 발생률, 지나치게 경쟁을 부추키는 교육환경 등의 우려를 표하였다. 이에 아동 관련 예산의 증액, 차별금지법의 제정, 아동 자살의 근본원인을 제거하기 위한 노력 강화, 아동의 이민자 수용소 구금 금지, 성매매 연관 아동에 대한 보호처분 폐지 및 피해자 대우 등을 권고하였다(보건복지부, 2019).

2019년 9월 스위스 제네바 유엔본부에서 한국 아동권리협약 이행 상황이 심의되었다.

(2) 아동권리협약 이행 권고사항

① 제1차 유엔아동권리위원회 권고사항(1996년)

1994년 제출한 보고서에 대한 유엔아동권리위원회 권고사항은 차별금지를 포함하여 32개 항의 권고사항이 있다. 권고사항 내용을 대략 살펴보면, 협약의 원칙 및 이해와 관련한 인식 제고를 위해 대국민 홍보와 교육을 제안하고 아동 관련 업무 종사자들에게 국제 협약에 대해 교육시킬 것을 권고하였다. 또한 협약을 잘 이해하기 위해 정보 수집 체계를 개선하거나 아동 불평등을 검토하는 옴부즈맨 제도 설립과 무차별 및 아동 이익이 우선되고 아동의 의사존중 원칙을 입법 과정과 교육 정책에 반영하도록 하였다.

그 외 아동의 유기와 학대 및 가정폭력을 방지하고, 아동의 의견뿐만 아니라 표현 및 결사의 자유 등 기본자유를 보장하고 아동 노동 관련된 법제도의 개선 등을 권고하였다. 그리고 이러한 권고사항을 받아들이는 노력을 공적으로 보이는 조치로 국가보고서, 심의요약보고서, 유엔아동권리위원회의 권고사항 등의 기록을 배포할 것을 제안한다고 하였다.

② 제2차 보고서와 유엔아동권리위원회 권고사항(2003년)

2000년 제출한 보고서에 대한 유엔아동권리위원회 권고사항은 체벌금지를 포함하여 63개 항의 권고사항이 있다. 2차 보고서에 대해 유엔은 우리나라가 제정한 '가정폭력특별법'과 '청소년의 성보호에 관한 법률' 등의 입법 및 취업 최저 연령을 15세로 높인 것에 대해서는 바람직하고 환영한다는 긍정적인 평가를 하였다. 권고사항 내용을 살펴보면, 1차 보고서 권고가 아직 이행되지 않거나 유보된 항목을 이행할 것을 촉구하였으며, 아동권리에 대한 원칙이 모든 정치적, 사법적, 행정적 결정과 사업에 적용되기를 권고하였다.

그리고 국가인권위원회에 최소 1인 이상의 아동권리 전문가를 위원으로 두고 아동권리에 대한 소권리위원회를 설립하도록 권고하였다. 또한 아동, 특별히 소외계층 아동의 경제적 · 사회적 · 문화적 권리 이행을 보장할 수 있도록 예산을 최대한 우선적으로 배려하고, 일반 국민과 아동 대상의 아동권리 홍보 캠페인을 실시하며, 아동 관련 전문가, 특별히 교사, 판사, 사법 집행 관련 공무원, 일반공무원, 지방자치단체 공무원, 아동수용시설 종사자 및 보건의료 종사자, 사회복지사를 대상으로 아동권 협약에 대한 체계적인 교육훈련을 실시할 것 등을 권고하였다.

③ 제3, 4차 유엔아동권리위원회 권고사항(2011년)

2008년에 제출한 3, 4차 보고서에 대한 권고사항은 청소년 이익을 포함하여 148개 항의 권고사항이 있다. 권고사항 내용을 대략 살펴보면, 중앙입양정보원이 효율적으로 그 역할과 기능을 수행할 수 있도록 안전·기술적·재정적 자원을 보충하고 권한을 명확하게 규정하며 입양시 반드시 청소년 미혼모의 동의를 얻도록 권고하였다.

아동·청소년 정책이 개별 부처별로 진행되어 조정과 협력이 필요한 상황이므로, 아동정책조정위원회를 다시 복구하고 인전·기술적·재정적 자원을 갖출 것을 권고하였다. 또한, 우리나라는 2009년 OECD 가족 데이터베이스에 따르면, 당시 26개 회원국 중 최하위 수준이므로 지자체별로 재정자원을 증가하고 보완할 것을 권고하였다. 그리고 학교에서의 따돌림을 포함하여 아동 학대와 방임을 보고할 신고 의무자의 법적 의무를 강화하고, 아동의 흡연율과 음주율이 계속해서 상승하고 인터넷 중독도 심각한 문제가 있으므로 이에 대한 정보와 교육을 실시할 것을 권고하였다.

④ 제5, 6차 유엔아동권리위원회 권고사항(2019년)

2017년에 제출한 5, 6차 보고서에 대한 권고사항은 아동권리 예산 증액을 포함하여 50여 개의 권고사항이 있다. 위원회는 아동 관련 예산의 증액, 차별금지법의 제정, 아동 자살의 근본 원인을 제거하기 위한 노력 강화, 모든 체벌의 명시적 금지, 형사 미성년자 연령의 만 14세 미만 유지 등을 권고했다.

또한, 가습기 살균제 피해자들을 위한 충분한 구제·비상, 보편적 아동등록제의 도입, 베이비박스 금지와 그 대안으로 익명 출산제 검토, 성매매 연관 아동에 대한 보호 처분 폐지 및 피해자 대우, 아동의 이민자 수용소 구금 금지, 이주아동에 대한 자료 수집 및 지원 강화도 권고하였다.

4. 아동권리보장원

아동권리보장원National Center for the Rights of the Child(이하 보장원)은 2019년 7월 16일 출범하였다. 그동안 민간에 흩어져 수행되었던 8개 사업의 중앙조직을 통합하여 아동정책을 총괄 지원한다(보건복지부, 2019). 설립과정에서 보장원이

아동권리보장원 설립 추진과정

- 2018.12.27. '아동권리보장원' 설립에 대한 「아동복지법」 국회 통과
- 2019.1.15. '아동권리보장원' 설립내용의 「아동복지법」 개정 법률 공포
- 2019.2.7. '아동권리보장원 설립추진단' 설치
- 2019.3.12. '아동권리보장원 설립위원회' 발족
- 2019.5.23. 포용국가 아동정책 '아동에 대한 국가 책임 확대' 선언
- 2019.6.28. '아동권리보장원' 창립(발기인)총회 개최
- 2019.7.16. '아동권리보장원' 출범, 4개 기관 통합(드림스타트사업지원단, 아동자립지원단, 중앙입양원, 실종아동전문기관)
- 2020.1.1. 4개 기관 통합(디딤씨앗사업지원단, 중앙가정위탁지원센터, 중앙아동보호전문기관, 지역아동센터중앙지원단)

출처 : 아동권리보장원 http://www.ncrc.or.kr

출범하면서 4개 기관을 먼저 통합하고, 이듬해 2020년 4개 기관이 추가되었다.

2019년 개정된 아동복지법에 따라 아동권리보장원에서 아동정책에 대한 종합적인 수행과 아동복지 관련 사업의 효과적인 추진을 위해 필요한 정책의 수립을 지원하고 사업평가 등의 업무를 수행할 수 있게 되었다(아동복지법 제10조2). 지역에 있는 지역가정위탁지원센터, 지역아동보호전문기관의 명칭은 '지역' 단어 없이 '가정위탁센터', '아동보호전문기관'으로 명칭이 변경되었다. 보장원의 임원은 원장을 포함한 15인 이내의 이사와 1명의 감사로 한다(보건복지부, 2019).

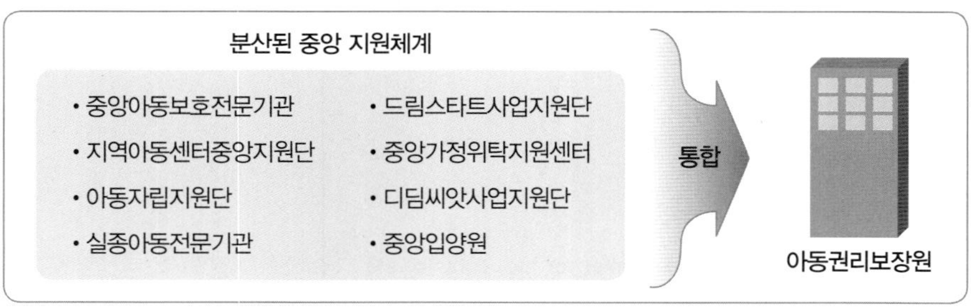

그림 1-7 아동권리보장원 출범 전후 아동지원체계 비교

출처: 보건복지부 보도자료(2019.12.13.).

2020년 개정된 아동복지법에서 보장원의 주요 업무는 아동정책에 관한 자료 개발 및 분석, 아동학대의 경우는 예방과 방지, 입양은 사후관리에 중점을 두고 있다. 또한 입양아동을 비롯하여 가족정보 및 친가족 찾기 위한 통합데이터베이스를 운영·구축을 하며 국내외 정책 등을 조사·연구하고, 아동 관련 교육과 홍보 등 아동보호서비스를 더욱 체계화시키는 것이다.

아동권리보장원의 주요 업무

1. 아동정책 수립을 위한 자료 개발 및 정책 분석
2. 제7조의 기본계획 수립 및 제8조제2항의 시행계획 평가 지원
3. 제10조의 위원회 운영 지원
4. 제11조의2의 아동정책영향평가 지원
5. 제15조, 제15조의2, 제15조의3, 제16조, 제16조의2의 아동보호서비스에 대한 기술지원
6. 아동학대의 예방과 방지를 위한 제22조제6항 각 호의 업무
7. 가정위탁사업 활성화 등을 위한 제48조제6항 각 호의 업무
8. 지역 아동복지사업 및 아동복지시설의 원활한 운영을 위한 지원
9. 「입양특례법」에 따른 국내 입양 활성화 및 입양 사후관리를 위한 다음 각 호의 업무
   가. 입양아동·가족정보 및 친가족 찾기에 필요한 통합데이터베이스 운영
   나. 입양아동의 데이터베이스 구축 및 연계
   다. 국내외 입양정책 및 서비스에 관한 조사·연구
   라. 입양 관련 국제협력 업무
10. 아동 관련 조사 및 통계 구축
11. 아동 관련 교육 및 홍보
12. 아동 관련 해외정책 조사 및 사례분석
13. 그 밖에 이 법 또는 다른 법령에 따라 보건복지부장관, 국가 또는 지방자치단체로부터 위탁받은 업무

출처 : 아동복지법 10조의2(보장원 업무) 2020.4.7. 개정

5. 한국 아동인권지표

키즈라이츠재단의 아동인권지표는 네덜란드 에라스무스대학과 협력해 개발됐다. 유엔 회원국 가운데 유엔아동인권협약을 비준하고 평가에 필요한 충분한 데이터가 있는 182개국을 대상으로 했다(연합뉴스, 2020).

그림 1-8 키즈라이츠재단 로고

출처: 보건복지부 보도자료(2019.12.13.).

네덜란드 아동 인권단체인 키즈라이츠재단KidsRights Foundation이 조사한 아동인권 평가에서 한국이 13위(북한 111위)를 차지하고 있다. 유엔 회원국 가운데 평가에 필요한 충분한 데이터가 있는 182개국을 대상으로 한 것이다. 키즈라이츠재단의 보고서에 의하면 '아동인권지표 2020'은 어린이들을 중심으로 교육받을 권리, 보호받을 권리, 생존권, 건강권, 교육받을 권리, 보호받을 권리, 인권 환경 등 5개 분야를 기준으로 평가했다.

한국은 아동 생존권 항목에서 10위(0.976), 건강권에서 3위(0.993), 교육권에서 27위(0.839)로 높은 평가를 받았다. 다만 보호받을 권리 부문에선 순위와 점수가 매겨지지 않았고, 인권 환경 부문에선 31~37위(0.750)를 차지했다(연합뉴스, 2020). 지난해 한국의 전체 순위는 70위였는데, 당시 저조한 인권 환경 부문이 개선되면서 13위까지 오른 것으로 본다. 인권 환경은 비차별, 아동의 견해와 참여 존중, 최대한 가용한 예산, 아동 관련 입법 활성화, 아동 인권을 위한 국가와 민간의 협력 등을 지표로 점수가 매겨진다. 이번 조사에서 1위는 아이슬란드, 2위 스위스, 3위 핀란드, 4위 일본, 중국은 109위 순위를 보인다(복지로, 2020; 서울연합뉴스, 2020).

추천 영화 및 도서

영화

가버나움

감독 : 나딘 라바키

주연 : 자인 알 라피아(자인), 요르다노스 시프로우(라힐)

개봉 : 2019. 1.

줄거리 : 나를 세상에 태어나게 한 "부모님을 고소하고 싶어요…" -출생기록조차 없이 살아온 어쩌면 12살 소년 '자인'으로부터.

우리들

감독 : 윤가은

주연 : 최수인(선), 설혜인(지아), 이서연(보라)

개봉 : 2016. 6.

줄거리 : 그 여름, 나에게도 친구가 생겼다… "내 마음이 들리니"
언제나 혼자인 외톨이 선은 모두가 떠나고 홀로 교실에 남아있던 방학식 날, 전학생 지아를 만난다.

스포트라이트

감독 : 토마스 맥카시

주연 : 마크 러팔로(마이크 레젠데스), 레이첼 맥아담스(샤샤 파이퍼)

개봉 : 2016. 2.

줄거리 : 미국의 3대 일간지 중 하나인 보스턴 글로브 내 '스포트라이트' 팀은 가톨릭 보스턴 교구 사제들의 아동 성추행 사건을 취재한다. 하지만 사건을 파헤치려 할수록 더욱 굳건히 닫히는 진실의 장벽.

도서

두소녀의 용기

지은이 : 이규희

출판사 : 답게

출간일 : 2019. 4.

줄거리 : 내가 당한 일을 침묵 속에 묻어두는 건 또 다른 피해자를 만드는 길이다. 용기 내어 말하는 순간, 나는 혼자가 아니었다. 정의의 이름으로 내 손을 잡아준 수 많은 친구가 있으니까.

우리들의 이정표

지은이 : 원유순

출판사 : 답게

출간일 : 2019. 4.

줄거리 : 면 단위 중학교 3학년인 이나, 연재, 수호는 모두 부모에게 버림받은 아이들이다. 곧 다가올 할머니에 대한 부양, 대학은커녕 당장 고등학교 진학도 걱정이지만.

도망치는 아이

지은이 : 핌 판 헤스트, 아론 데이크스트라/역자 김경희

출판사 : 길벗어린이

출간일 : 2020. 3.

줄거리 : 전쟁이 일어난 마을에서 공포에 질린 아이의 목소리부터 새로운 나라에서 느끼는 기쁨과 슬픔, 그리고 낯섦과 안도가 공존하는 목소리까지 담아내고 있다. 인형을 안고, 벽에 조그맣게 낙서를 하기도.

본 장을 정리하며 : 생각수업 2

세이브더칠드런 아동권리영화제

출처: www.google.com

세이브더칠드런 아동권리영화제는 2015년 1회를 시작으로 2019년 5회가 개최되었다. 제1회 아동권리영화제는 이화여자대학교 ECC 아트하우스 모모(11월 21~21일)에서 진행되었다. 당해연도에 따라 영화 콘텐츠는 다르지만, 아동권리 영화제는 아동을 대하는 방식에 변화를 이끌어 내는 대중 참여 프로그램이다. 지난해 제5회 아동권리영화제는 세이브더칠드런 100주년을 맞이하여 〈전쟁과 아동〉 특별전이 기획되었다.

세이브더칠드런(Save the Children)은 1919년 제1차 세계대전 당시 설립되어 지금까지 아동의 권리를 위해 활동하는 NGO단체이며, 세이브더칠드런코리아는 1953년 영국, 미국, 캐나다, 스웨덴 등 세이브더칠드런 4개 회원국의 한국 내 구호활동을 기반으로 출발했다. 1953년 이들 회원국의 지부가 설립되어 전쟁고아 등 아동 구호활동을 시작했다. 1980년에 세이브더칠드런 영국, 미국, 캐나다의 한국지부를 통합하여 사단법인 한국지역사회복리회를 설립했는데, 이 법인은 2002년 사회복지법인 한국세이브더칠드런으로 법인명을 변경하였고, 2004년 한국어린이보호재단과 합병하여 사회복지법인 세이브더칠드런코리아로 개명했다(다음백과,2020). 한국전쟁 당시 지부가 설립되었으며, 회원국중 8번째 규모를 자랑하는 세이브더칠드런 코리아가 되었다.

출처 : 세이브더칠드런(www.sc.or.kr)

◆ 세이브더칠드런 아동권리영화제 제1회부터 제5회까지의 내용을 검색하여 콘텐츠 전개과정을 확인해 보며, 이후 어떠한 내용의 아동권리 콘텐츠가 있어야 하는지에 대해 생각해 봅시다.

참고문헌

뉴스체인지(2019.9.18.). 인구구조 비상...저출산에 생산인구 확충위해 고령자 고용연장-외국 인력 유치 확대.

보건복지부 보도자료(2019.7.8.). 아동권리보장원 출범(7.16.)에 맞춰 아동권리보장원에서 수행할 사업 등 규정.

보건복지부 보도참고자료(2019.10.4.). 유엔, 제5 · 6차 국가 노고서에 대한 최종견해 전달.

복지로(2020). 복지뉴스 · 이슈: 아동인권 조사서 한국 70 → 13위 껑충… 북한은 111위.

아동권리위원회(2019). 대한민국 제5 · 6차 국가보고서에 대한 최종견해, 유엔 아동권리 협약.

연합뉴스(2020.6.4). 아동인권 조사서 한국 70 → 13위 껑충… 북한은 111위. https://www.yna.co.k

한스경제(2018.9.27). 서울시교육청 '두발자유화' 선언… "두발 자율은 '기본권' 문제". http://www.sporbiz.co.kr

국가법령정보센터 http://www.law.go.kr

다음백과 https://100.daum.net

통계청 http://kostat.go.kr

http://www.kccr.or.kr/bbs/board.php?bo_table=info&wr_id=7&page=2(검색일: 2022.1.7., 1차 권고사항)

http://www.kccr.or.kr/bbs/board.php?bo_table=info&wr_id=11(검색일: 2022.1.7., 2차 권고사항)

http://www.hrecenter-dl.org/321/(검색일: 2022.1.7., 3, 4차 권고사항)

https://news.kbs.co.kr/news/view.do?ncd=4325864(검색일: 2022.1.7., 5, 6차 권고사항)

Chapter

02

아동복지의 이해

우리나라의 출산정책

1960

많이 낳아 고생말고 적게 낳아 잘 키우자

덮어놓고 낳다 보면 거지꼴을 못 면한다

1970

딸, 아들 구별말고 둘만 낳아 잘 기르자

내 힘으로 피임하여 자랑스런 부모되자

1980

둘도 많다 하나씩만 낳아도 삼천리는 초만원

1990

젊은 꿈을 아름답게 이성교제 건전하게

사랑으로 낳은 자식 아들, 딸로 판단 말자

2000

자녀에게 물려줄 최고의 유산은 형제입니다

아빠! 혼자는 싫어요

엄마! 저도 동생을 갖고 싶어요

◆ 1960년대부터 시행된 출산율 정책 변화에 대해 생각해 봅시다.

Chapter 02

오늘날 아동을 둘러싼 가족의 구조와 기능은 아동의 생존과 건전육성발달에 영향을 미치는 사회적 위험에 대처하지 못할 만큼 약화되었다. 특히, 가족해체 및 가족 내 아동의 권리가 보장되어 있지 않아 아동보호와 양육의 기능이 저하되고 있다. 이러한 배경 아래 아동복지실천현장에는 심리적 · 정서적 · 사회적으로 불안전한 환경에 처해 있는 아동이 많다.

아동복지는 아동 개인의 기본적인 생활보장으로 특수한 보호를 필요로 하는 보호아동뿐만 아니라 가족 및 일반아동이 건강하고 행복하게 살기 위해 필요한 모든 정책적 · 제도적 지원과 실천적 서비스 활동을 포함한다. 본 장에서는 아동복지개념을 정의하고, 아동복지의 특성으로 아동복지 대상, 기능 등에 대해 이해하며, 아동복지환경을 통해 아동복지서비스의 원칙과 서비스 분류 등 사회적 지원체계 분야에 대해 살펴보도록 한다.

1. 아동복지의 기본개념

1) 어원적 배경

아동복지兒童福祉, child welfare 용어는 '아동'과 '복지'의 합성어이며, '복지'라는 용어는 영국의 대주교인 윌리엄 템플William Temple이 처음으로 사용한 사회복지 social welfare라는 말에서 비롯되었다. 어원적으로 아동복지child welfare의 welfare는 well평안히, 잘 또는 충분히이란 부사와 fare지내다, 살아가다, 공정하다라는 동사의 합성어로 '아동이 편안하고 행복하게 잘 지내는 상태'여야 한다는 의미를 지니고 있다.

학문적 관점의 아동복지는 사회복지社會福祉, social welfare의 한 분야이다. 특히, 아동에 대한 문제와 심리적인 측면 등을 현상학적으로만 연구하는 순수과학純粹科學, basic science이 아닌, 아동을 둘러싼 사회환경 및 조건과의 관계 속에서 아동의 문제해결방법을 찾아 도움을 주고자 하는 응용과학應用科學,applied science이다. 따라서 아동복지란 응용과학의 기초로 사회복지와 사회사업은 물론 유아교육학, 보육학, 사회학, 심리학, 교육학, 문화인류학, 철학, 의학, 생물학 등의 다양한 지식을 필요로 하는 종합과학綜合科學, synthesis science이라 할 수 있다(학문명백과 사회과학).

2) 아동복지의 개념

「아동복지법」 제3조에 의하면 '아동복지'란 아동이 행복한 삶을 누릴 수 있는 기본적인 여건을 조성하고 조화롭게 성장발달할 수 있도록 하기 위한 경제적·사회적·정서적 지원으로 규정하고 있다. 이러한 아동복지에 대한 개념적 정의는 시대적 흐름에 따라 국가나 사회가 처한 상황의 이념 차이로 다양하다. 아동복지는 아동의 권리 및 복지 증진을 위한 사회제도이며 아동을 위한 이념적 목표인 아동의 복지 증진과 그것을 향한 실천적 서비스 활동을 포함하는 개념으로 사용된다. 사회복지의 하위체계인 아동복지는 아동 스스로의 자질과 능력을 충분히 발현시켜 하나의 인격체로서 잘 성장해 나갈 수 있도록 사회적으로 공평한 기회와 환경을 조성해 주는 것이다(신선인, 박영준, 2014).

사회복지의 하위체계로 볼 때 아동복지도 잔여적 관점과 제도적 관점으로 구분될 수 있다. 잔여적 관점선별주의은 자녀에 대한 부모의 역할 수행에 어려움을 겪고 있는 가정의 기능 및 아동에게 복지서비스를 제공하는 것이다. 이러한 관점은 아동복지를 좁은 의미로 해석하여 보호가 필요한 아동을 위한 제반활동으로 비교적 개인이나 민간단체를 중심으로 이루어지는 활동이다. 제도적 관점보편주의은 잔여적 관점을 포함한 넓은 의미의 아동복지로 해석하여 보호아동과 가족은 물론 일반 아동을 위해 지역사회와 국가에서 이루어지는 포괄적이고 체계적인 활동을 전개하는 것이다(최순옥 외, 2015 ; 신선인, 박영준, 2014). 여기에서 일반아동이란 특별한 문제나 욕구가 있는 아동에 대응되는 대상이나 실제적으로는 이러한 아동을 포함한 모든 아동이란 의미로 사용되고 있다.

한편, 오늘날 아동을 포함한 모든 국민의 복지보장이 하나의 권리로 인식되고, 복지의 주체를 국가로 간주하고 있기 때문에 대부분의 나라에서는 넓은 의미의 아동복지 정의를 수용하고 있는 편이다(윤매자, 신혜경, 주정현, 2016). 우리나라도 예외는 아니며 현재 사용되고 있는 아동복지에 대한 정의를 국내와 국외로 정리하면 다음과 같다.

(1) 국내 아동복지의 정의

우리나라의 아동복지에 대한 정의는 미국의 아동학자 카두신Kadushin, 1974에 의한 내용이 오랫동안 사용되고 있으며, 그 외 프리들랜드1980, 메이어1985 및 미국사회사업연감Social Work Year Book 등이 알려져 있다. 앞서 언급된 바와 같이 국내의 경우는 「아동복지법」, 사회복지사전 또는 유아교육사전, 사회사업 백과사전 등에서 인용되고 있다표 2-1.

표 2-1 우리나라의 아동복지 관련 정의

구분	내용
아동복지법	아동이 행복한 삶을 누릴 수 있는 기본적인 여건을 조성하고, 조화롭게 성장 · 발달할 수 있도록 경제적 · 사회적 · 정서적 지원을 하는 것

구분	내용
사회복지사전	특수한 장애를 가진 아동을 포함해 모든 아동과 그의 가족들이 사회의 한 구성원으로서 신체적 · 정신적으로 건전하게 성장 · 발달할 수 있도록 지역사회나 사회복지서비스 분야의 공사단체나 기관들이 협력하여 아동복지에 필요한 사업을 수립하여 실제로 시행하는 모든 조직적인 활동을 의미함
유아교육사전	아동이 건강하게 출생하여 가족 및 사회의 일원으로서 신체적 · 정신적 · 사회적으로 건전하게 성장 · 발달할 수 있도록 지역사회나 사회복지서비스 분야에 관계되어 있는 공사단체 또는 기관들이 협력하여 아동권리에 필요한 사업을 계획하고 실행에 옮기는 조직적인 활동을 의미함
사회사업 백과사전	전체 아동들에 관심을 두지만, 특히 최상의 아동발달을 가로막는 그 가족이나 지역사회의 조건에서 자라는 아동들에게 초점을 두고, 가족생활, 부모의 보호, 적절한 가정경제와 주거, 건강과 의료보호, 교육, 유희나 교우, 윤리적 표준, 이념과 가치, 교육적 · 직업적 지도, 법적 보호 등으로 정의함

(2) 국외 아동복지의 정의

우리나라에서 잘 알려진 서구사회의 아동복지 정의는 카두신을 비롯하여 프리들랜드, 메이어, 미국사회사업연감 등이다. 표 2-2는 카두신 외 서구사회 관점의 아동복지의 정의를 정리한 것이다.

각각의 개념에서 카두신은 아동을 보호하기 위한 일차적 수단을 가정의 기능 강화로 보고 이를 실현하기 위해 부모의 역할 수행능력의 중요성을 강조하였다. 반면, 프리들랜드는 보호를 필요로 하는 아동이 현재 처해진 환경에 적응하지 못하고 있는 것을 위험적 요소로 보았는데, 이는 아동의 눈높이가 중시된 관점이라 할 수 있다. 메이어의 경우는 아동복지의 정의를 지속적인 사회제도로 받아들여 전문직 분야의 중요성을 강조하였다. 그리고 미국의 사회사업연감은 아동의 잠재능력을 성장 · 발달시키는 것에 초점을 두었다 할 수 있다. 이처럼 사회 · 문화적 환경이 다른 서구사회를 비롯하여 우리나라에서 사용되고 있는 아동복지의 다양한 개념들을 살펴보면 그 배경에는 잔여적인 서비스가 있었다(문선화, 2009). 그러나 그 내용은 광범위하게 서비스, 제도, 가족, 아동복지의 영역을 포함하고 있으며 오늘날 아동복지의 일반적인 발전과 일치하고 있다는 것을 알 수 있다.

아동복지에서 사용되어 왔던 요보호아동은 낙인의 우려를 염려하여 보호아동으로 용어가 순화되어 사용되고 있다.

표 2-2 서구사회의 아동복지 관련 정의

구분	내용
카두신(Kadusin)의 아동복지서비스(1974)	• 특수한 욕구를 가진 아동과 가족을 대상으로 사회복지기관을 비롯한 특정기관에서 제공하는 서비스이다. • 부모가 아동양육의 책임을 담당할 수 없거나 또는 그 지역사회가 아동과 가족이 요구하는 보호와 자원을 제공할 수 없을 때 아동에게 제공하는 사회적 서비스로, 부모들이 그 역할 수행에 어려움을 겪고 있는 기능을 지지하거나(support), 보완(supplement) 및 대리(substitute)하는 것을 말한다.
카두신(Kadusin) & 마틴(Martin)(1988)	특별한 문제 및 욕구가 있는 아동은 물론 모든 아동이 잠재력을 개발하고 가족 및 사회의 일원으로 건강하고 건전하게 성장할 수 있도록 개인, 민간, 국가가 서로 협력하여 벌이는 전문적 복지활동
프리들랜드(Friedlander)의 사회복지입문(1980)	• 아동복지는 단지 빈곤, 방치, 유기, 질병, 결함 등을 지닌 아동이나 환경에 적응하지 못한 아동들뿐 아니라, 모든 아동이 신체적 · 지적 · 정서적 발달에 있어서 안전하고 행복할 수 있도록 위험으로부터 지키는 것이다. • 이는 공공과 민간의 기관에서 실시하는 사회적 · 경제적 · 보건적 제반활동으로 한다.
메이어(Meyer)의 아동복지핸드북(1985)	지속적인 사회체계의 하나로 아동복지 증진을 위한 사회제도이며, 사회사업 전문직의 한 분야로 강조한다.
미국사회사업연감의 Social Work Year Book(1960)	아동들이 행복하게 살며 그들의 생활에서 잠재능력을 최대한 발휘할 수 있고, 건강하며 건전한 개인들로 성장발달할 수 있도록 하는 것을 목적으로 하는 광범위한 노력이 내포된다.

출처: 구혜영, 염경애, 이은화, 한주빈(2018). 필자 재구성.

3) 아동복지 관련 개념

(1) 아동복지 대상

아동복지의 대상은 「아동복지법」에 근거하여 18세 미만의 아동은 모두 해당된다. 특수아동은 물론 요보호아동과 일반아동까지 포함된다. 아동복지 대상의 변천과정을 살펴보면 어느 국가에서나 초기에는 부모가 없는 아동고아이 대상이 되었으나, 이후 빈곤가정의 아동, 신체상의 장애아동 순으로 발달하여 현대사회에 와서는 특수한 장애를 가진 아동은 물론 모든 아동을 그 대상으로 하고 있다.

아동복지 대상의 구분방법으로는 아동의 연령이나 문제에 따라 구분할 수 있고, 사회복지의 제도적 관점과 잔여적 관점에 따라 구분할 수 있다. 제도적 관점보편주의에 의거할 경우, 아동복지의 대상체계는 아동과 부모, 가족이라 할 수 있으며, 낙인의 문제를 최소화하고 사회통합을 극대화할 수 있다는 장점이 있다. 잔여적 관점선별주의에 의거할 경우, 자신의 욕구를 충족시키기 어려운 한계집단에게 급여가 제공되는 것으로 대상은 요보호아동과 그 가족이 된다. 이는 보호가 필요한 대상자를 우선적으로 서비스를 제공함으로써 공적 자원을 효율적으로 활용할 수 있다는 장점이 있다(윤매자, 신혜경, 주정현, 2016).

「아동복지법」에는 "아동이 건전하게 출생하여 행복하고 건강하게 육성되도록 그 복지를 보장함을 목적으로 한다"고 했으며 아동은 일반 모든 아동을 포함하였다. 이에 따라 여기서는 아동복지의 대상체계를 크게 보호 대상 아동, 지원 대상 아동, 일반 아동으로 구분하여 살펴보고자 한다.

① 보호 대상 아동

「아동복지법」 제3조에 따르면 '보호 대상 아동'이란 "보호자가 없거나 보호자로부터 이탈된 아동 또는 보호자가 아동을 학대하는 경우 등 그 보호자가 아동을 양육하기에 적당하지 아니하거나 양육할 능력이 없는 경우의 아동"으로 규정하고 있다.

보호 대상 아동의 용어는 이전에 사용하였던 '요보호아동'을 의미한다. 대상아동의 구체적인 내용은 기아나 미아, 미혼모・부의 아동, 혼외자의 아동, 비행・가출・부랑아동, 학대아동, 부모의 빈곤아동, 부모의 질병아동, 부모의 이혼 등의 사유로 보호자가 없거나, 아동양육시설아동, 일시보호소아동, 장애아동, 시설아동, 공동생활가정 아동, 소년소녀가정아동, 가정위탁아동, 입양아동 등이 해당된다.

② 지원 대상 아동

「아동복지법」 제3조에 따르면 '지원 대상 아동'이란 "아동이 조화롭고 건강하게 성장하는 데에 필요한 기초적인 조건이 갖추어지지 아니하여 사회적・경제적・정서적 지원이 필요한 아동"으로 규정하고 있다.

지원 대상 아동과 빈곤아동에 대해 살펴보면 지원 대상 아동에 대한 개념이 명확해질 것이다. 즉, 「아동의 빈곤 예방 및 지원 등에 관한 법률」 제3조에 의하면 "빈곤아동이란 생활여건과 자원의 결핍으로 인한 복지 · 교육 · 문화 등의 격차를 해소하기 위하여 지원이 필요한 아동"으로 규정되고 있다. 동법 시행령에 의하면 제2조에서 지원이 필요한 아동은 「아동복지법」 제3조 제4호 및 제5호에 따른 보호 대상 아동 및 지원 대상 아동, 「국민기초생활 보장법」 제2조 제2호에 따른 수급자인 아동, 「한부모가족지원법」 제4조 제2호에 따른 한부모가족 및 「다문화가족지원법」 제2조 제1호에 따른 다문화가족의 아동 등 복지 · 교육 · 문화 등의 격차를 해소하기 위하여 사회적 · 경제적 · 문화적 지원이 필요하다고 보건복지부장관이 인정하는 아동으로 규정하고 있다.

따라서 지원 대상 아동이란 빈곤아동 중 보호 대상 아동과 수급자인 아동을 제외한 빈곤한 아동을 의미한다고 할 수 있으며, 일반아동 중에서는 차상위계층 등 정책에 의해 보호를 하고 있는 대상 아동도 지원 대상 아동에 포함된다고 볼 수 있다(주수길, 성상곤, 주명국, 2016).

③ 일반아동

일반아동이란 가정에서 보호받고 있는 것 이외에 다른 특별한 보호를 받지 않아도 되는 아동을 의미한다. 즉, 보호 대상 아동과는 명확히 구분되는 아동의 경우를 일반아동이라고 하며 최근에는 모든 아동을 일컫는 의미로 쓰이고 있다.

일반아동의 경우 현재 보호를 받아야 하는 문제가 없다는 것이지, 보호 대상 아동이 경험하는 문제의 예방 차원에서의 아동복지서비스가 필요한 대상이다. 또한 그들의 기본적인 욕구와 현재보다 더 나은 상태를 위한 욕구를 지니고 있는 대상인 만큼 아동복지서비스는 다양한 욕구를 충족시켜 주어야 할 것이다(주수길, 성상곤, 주명국, 2016).

(2) 아동복지 관련 용어

「아동복지법」은 아동이 건강하게 출생하여 행복하고 안전하게 자랄 수 있도록 아동의 복지를 보장하는 것을 목적으로 한다「아동복지법」 제1조. 「아동복지법」에 정의된 아동복지 관련 용어에 대해 정리하면 표 2-3과 같다「아동복지법」 제3조.

표 2-3 아동복지 관련 용어 및 정의

용어	정의
아동	18세 미만인 사람을 말한다.
아동복지	아동이 행복한 삶을 누릴 수 있는 기본적인 여건을 조성하고 조화롭게 성장발달할 수 있도록 하기 위한 경제적 · 사회적 · 정서적 지원을 말한다.
보호자	친권자, 후견인, 아동을 보호 · 양육 · 교육하거나 그러한 의무가 있는 자 또는 업무 · 고용 등의 관계로 사실상 아동을 보호 · 감독하는 자를 말한다.
보호 대상 아동	보호자가 없거나 보호자로부터 이탈된 아동 또는 보호자가 아동을 학대하는 경우 등 그 보호자가 아동을 양육하기에 적당하지 아니하거나 양육할 능력이 없는 경우의 아동을 말한다.
지원 대상 아동	아동이 조화롭고 건강하게 성장하는 데 필요한 기초적인 조건이 갖추어지지 아니하여 사회적 · 경제적 · 정서적 지원이 필요한 아동을 말한다.
가정위탁	보호 대상 아동의 보호를 위하여 성범죄, 가정폭력, 아동학대, 정신질환 등의 전력이 없는 보건복지부령으로 정하는 기준에 적합한 가정에 보호 대상 아동을 일정 기간 위탁하는 것을 말한다.
아동학대	보호자를 포함한 성인이 아동의 건강 또는 복지를 해치거나 정상적 발달을 저해할 수 있는 신체적 · 정신적 · 성적 폭력이나 가혹행위를 하는 것과 아동의 보호자가 아동을 유기하거나 방임하는 것을 말한다.
아동학대 관련 범죄	※ 아래 2가지 중 어느 하나에 해당하는 죄를 말한다. • 「아동학대범죄의 처벌 등에 관한 특례법」 제2조 제4호에 다른 아동학대범죄 • 아동에 대한 「형법」 제2편 제24장 살인의 죄 중 제250~255조까지의 죄
피해아동	아동학대로 인하여 피해를 입은 아동을 말한다.
아동복지 전담공무원 (제13조)	• 사회복지사의 자격을 가진 사람으로 하고 그 임용 등에 필요한 사항은 해당 시 · 도 및 시 · 군 · 구의 조례로 정한다. • 아동에 대한 상담 및 보호조치, 가정환경에 대한 조사, 아동복지시설에 대한 지도 · 감독, 아동범죄 예방을 위한 현장 확인 및 지도 · 감독 등 지역 단위에서 아동의 복지증진을 위한 업무를 수행한다. • 특별시 · 광역시 · 도 및 시 · 군 · 구에 각각 아동복지전담공무원을 둘 수 있다.
아동위원 (제14조)	• 각 시 · 군 · 구에 아동위원을 둔다. • 아동위원은 그 관할 구역의 아동에 대하여 항상 그 생활상태 및 가정환경을 상세히 파악하고 아동복지에 필요한 원조와 지도를 행하며 전담공무원 및 관계 행정기관과 협력하여야 한다. • 아동위원은 명예직으로 하되, 아동위원에 대하여는 수당을 지급할 수 있다.
아동정책조정위원회 (제10조)	아동의 권리증진과 건강한 출생 및 성장을 위하여 종합적인 아동정책을 수립하고 관계 부처의 의견을 조정하며 그 정책의 이행을 감독하고 평가하며 국무총리 소속이다.
아동복지심의위원회 제12조	시 · 도지사, 시장 · 군수 · 구청장(자치구의 구청장을 말한다. 이하 같다)은 다음 각 호의 사항을 심의하기 위하여 그 소속으로 아동복지심의위원회(이하 "심의위원회"라 한다)를 각각 둔다.
아동권리 보장원 제10조2	보건복지부장관은 아동정책에 대한 종합적인 수행과 아동복지 관련 사업의 효과적인 추진을 위하여 필요한 정책의 수립을 지원하고 사업평가 등의 업무를 수행할 수 있도록 아동권리보장원(이하 "보장원"이라 한다)을 설립한다.

출처 : 아동복지법(2020). 필자 재구성.

2. 아동복지의 특성

아동복지가 실현되기 위한 아동복지의 특성은 아동의 권리선언 및 법제도에 따라 제시되고 있다. 아동 개인의 입장에서 살펴보면 기본적 생활보장이 가장 우선시되어야 할 것이다. 그러나 현대사회에 와서 사회구조의 변화 및 여러 가지 가치 변화로 인해 아동의 기본권 생활보장이 불안정해졌다. 따라서 국가와 사회는 아동이 안심하고 건전하게 살아갈 수 있는 복지환경을 만들어 주어야 하며, 아동을 둘러싼 여러 가지 사회문제 발생을 미연에 방지하기 위한 예방적 아동복지가 실현될 수 있도록 대응할 필요가 있다.

1) 아동복지의 이념

아동복지의 이념은 아동의 본질에 대한 견해나 사고방식에 대해 어른이 어린이의 세계를 어떻게 보느냐 하는 그 시대와 사회의 아동관과 밀접한 관계가 있다. 과거에는 아동을 성인으로부터 보호받는 존재로 간주해왔다. 그러나 20세기 들어서 아동이 건강하게 출생하여 행복하고 안전하게 자라도록 국가와 사회가 아동의 복지를 보장해 주어야 하며, 아동을 권리의 대상이 아닌 권리의 주체로 인정하여 참여권을 강화해 주는 것으로 발전하였다. 이러한 아동복지의 이념은 각 시대적 상황에 처해진 아동들의 생활상태에 대하여 개선을 강조해 온 많은 사상 속에서 찾아볼 수 있다. 특히, 루소J. J. Rousseau, 페스탈로치J. Pestalozzi, 케이E. Key 등의 아동에 관한 사상이 그 대표적인 예이다. 그들의 사상은 아동 중심적이고, 아동인권사상에 기초를 두었으며 아동도 권리의 주체임을 강조하였다. 또한 1957년에 제정한 우리나라의 '어린이헌장'이나 1959년 국제연합UN의 '아동권리선언'에도 아동복지의 이념이 명확히 담겨져 있다.

(1) 우리나라의 아동복지 이념

우리나라에서는 「헌법」 제9조 및 제32조 제1항, 「아동복지법」 제1조와 제3조 어린이헌장에서 아동복지 이념을 규정하고 있다. 구체적으로 살펴보면 다음과 같다.

표 2-4 우리나라의 아동복지 이념

구분	내용
헌법 제9조	모든 국민은 인간으로서의 존엄과 가치를 가지며 행복을 추구할 권리를 가진다. 국가는 개인이 가지는 불가침의 기본적 인권을 확인하고 이를 보장할 의무를 진다.
헌법 제32조 제1항	모든 국민은 인간다운 생활을 할 권리를 가진다.
아동복지법 제1조	아동이 건전하게 출생하여 행복하고 안전하게 자라도록 그 복지를 보장함을 목적으로 한다.
아동복지법 제2조	• 아동은 자신 또는 부모의 성별, 연령, 종교, 사회적 신분, 재산, 장애 유무, 출생 지역, 인종 등에 따른 어떠한 종류의 차별도 받지 아니하고 자라나야 한다. • 아동은 조화로운 인격발달을 위하여 안정된 가정환경에서 행복하게 자라나야 한다. • 아동에 관한 모든 활동에서 아동의 이익이 최우선적으로 고려되어야 한다고 명시하고 있다. • 아동은 아동의 권리보장과 복지 증진을 위하여 이 법에 따른 보호와 지원을 받을 권리를 가진다.
대한민국 어린이헌장	모든 어린이가 차별 없이 인간으로서 존엄성을 지니고, 겨레의 앞날을 이어나갈 새 사람으로서의 존엄성을 지니며, 바르고 아름답게, 씩씩하게 자라나야 한다.

첫째, 우리나라 「헌법」 제9조와 「헌법」 제32조 제1항에 언급되고 있는 '모든 국민'에는 아동들도 당연히 권리를 갖게 된다는 것을 나타낸다고 할 수 있다.

둘째, 「아동복지법」 제1조에는 "아동이 건전하게 출생하여 행복하고 안전하게 자라도록 그 복지를 보장함을 목적으로 한다"고 명시하고 있으며, 「아동복지법」 기본 이념제2조에는 아동의 특성과 아동을 둘러싼 가정환경 등이 고려된 다음 4가지 관점이 언급되고 있다표 2-4.

셋째, 대한민국 어린이헌장 본문에서는 어린이들을 가정, 보건, 교육, 문화, 오락, 민주시민으로서의 육성, 과학의 탐구, 위험으로부터의 우선보호, 장애아들의 재활, 학대와 노동착취에서의 탈피 및 세계인으로서의 육성 등으로 바람직한 어린이상을 정립하고 있어 아동복지의 이념구조가 명시되어 있다.

(2) 하딩의 아동복지 이념

하딩Harding, 1991은 아동복지의 이념을 국가-가족-아동 간의 관계 특성을 기준으로 자유방임주의, 국가부권주의, 가족 중심주의, 아동권리주의로 구분하였다(최순옥 외, 2010).

① 자유방임주의 : 19세기

자유방임주의Laissez-faire는 아동복지에 대한 국가의 역할을 최소화하는 것이다. 즉, 가정은 사적인 영역이므로 국가의 관여는 개인의 자유에 대한 억압으로 국가에 의한 어떠한 조치도 구속이나 통제로 가정하고 있다. 국가는 아동의 직접적 부모가 아니므로 아동보호의 일차적 책임을 부모에게 두고 있다. 이 관점은 부모의 권리를 중시하는 것으로 자연스럽게 가부장제를 강화시킨다.

② 국가부권주의 : 19세기 말~20세기 초

국가부권주의State Paternalism에서는 아동보호에 관해 광범위한 국가의 개입을 정당화한다. 이 이념에서는 부모-자녀 간의 생물학적 관계를 크게 강조하지 않으며, 부모의 양육이 부적절하다고 판단되면 국가는 가족과 아동에게 적극적으로 개입할 수 있다고 보는 관점이다. 이는 부모보다는 아동의 권리에 초점을 두기 때문이다. 이 관점에서는 입양이나 위탁보호 등의 대리보호에 대해 긍정적이며, 입양을 아동보호를 위해 최선의 해결책으로 보는 경향이 있다.

③ 가족 중심주의 : 제2차 세계대전 이후

가족 중심주의pro-family/defence of the birth family는 가족은 아동과 부모 모두에게 중요하다고 보는 관점이다. 따라서 국가의 개입은 아동이 가족으로부터 분리되어야 하는 경우에도 아동의 출생 가정을 유지하고 보호하는 지지적 형태에서 정당화한다. 예를 들어, 아동이 불가피하게 가정 외 보호를 받더라도 원 가정으로 돌아갈 수 있는 국가의 다양한 서비스 제공을 중요시한다. 또한 국가는 아동의 보호를 위하여 가족을 계급, 빈곤, 장애, 박탈 등의 장애로부터 보호해야 한다.

④ 아동권리 : 현대사회

아동권리children's right에 대한 관점은 위 세 가지 관점에 비해 아동보호의 입법이나 정책으로 정당화하는 것으로 최근 그 영향이 확대 되는 추세를 보인다. 아동권리의 관점은 아동을 하나의 주체로서 성인과 동일한 자유와 자율권을 지닌 독립된 존재로 보고 그 권리를 옹호한다. 즉, 아동은 타인의 선택과 행위의 객체가 아닌 결정능력을 가진 주체이며, 국가는 부모나 다른 성인으로부터 아동이 자유를 얻게 되도록 보장한다.

표 2-5 하딩의 아동복지 이념

구분	자유방임주의	국가부권주의	가족 중심주의	아동권리주의
시기	19세기	20세기 초	제2차 세계대전 이후	현대사회
아동관	의존적 존재	보호 대상	의존적, 미성숙	성인과 같은 존재
가족구조	핵가족 우선	친부모와 무관, 대안가족 우선	확대가족 우선	아동의 선택, 대안가족 우선
아동복지	부모-자녀 안정적	부모-자녀 무관 아동이익 최우선	생물학적 친자 중시 가족 자체가 복지	시민의 권리부여 아동자유의 극대화
아동보호의 문제 원인	부모의 심리적 결함	부모의 심리적 결함	빈곤, 자원의 결여 사회 · 환경적 조건	성인의 부당한 대우
가족구조	혈연보다는 핵가족 우선	양부모 등 대안 핵가족 우선	혈연 중시, 확대가족 우선	대안적 가족 또는 지역사회보호 선호
국가 개입 수준	최소한 개입 (불간섭주의)	최대한 개입 (간섭주의)	광범위 개입 (예방 · 지지적)	최소한 개입 (아동권리 증진 역점)
개입방식	미시적 실천, 심리치료, 원조기능 강조	대리적 서비스 (입양, 위탁보호 등)	예방적, 지지적	권리 증진, 권리 부여
권리개념	부모권리 강조	양육과 보호의 아동권리 강조	친권강조	아동자기결정권 강조

출처 : 윤매자, 신혜경, 주정헌(2016). 필자 재구성(2020).

1909년 미국의 루스벨트 대통령에 의하여 소집된 제1차 백악관 회의에서 아동보호에 관한 정립을 제창하였는데, 그 후 1924년 국제연합이 발표한 아동의 권리헌장(제네바헌장) 및 1959년 국제연합의 제네바선언에 대치하는 '아동권리선언' 등이 아동복지 이념에 대한 세계적 경향이 되었다.

2) 아동복지의 전제조건

아동복지는 아동의 다양한 욕구를 충족시킬 수 있도록 지원하는 것이며 아동복지사업을 전개하는 과정에는 고려해야 할 기본적인 몇 가지 사항이 있다. 특히, 이미 앞에서 언급된 1924년 유엔 '아동권리헌장'과 1959년 '아동권리에 관한 권리선언'을 비롯하여, 대한민국 '어린이헌장'에 명시된 것 등을 종합하여 아동복지의 전제조건을 제시해보면 다음과 같다. 건강한 가정과 부모, 경제적 안정, 교육받을 권리, 건강과 안전, 놀이와 여가활동, 아동의 노동보호, 특수한 욕구를 가진 아동의 보호 등을 들 수 있다.

(1) 건강한 가정과 부모

건강한 가정은 아동발달에 중요한 전제조건이 된다. 아동에게 일차적인 사회적 경험은 가정에서의 부모와 가족관계에서 시작되기 때문이다. 가정이 없는 아동에게 생존의 욕구부터 인간관계에 필요한 다양한 사회화의 기초가 형성되는 가정을 만들어 주는 것은 아동복지에서 매우 중요한 과제이다. 따라서 국가와 사회는 아동에게 안정적인 가정 및 부모역할을 수행할 수 있는 다양한 서비스 프로그램으로 아동의 건강한 성장과 발달을 도모해야 한다.

(2) 경제적 안정

가정생활의 경제적 안정은 아동의 건강한 성장과 발달에 중요한 전제조건이 된다. 빈곤가정의 경우 경제적 불안정으로 가족이 해체되거나 의식주도 해결하기 어려울 수 있다. 그러한 가정에서 아동은 영양실조에 걸리거나 질병에 걸릴 경우 적절한 시기에 치료를 받지 못하여 신체발달을 저해하기도 한다. 또한 부모의 자녀교육에 대한 관심 부족으로 지능발달이나 학업 성취도가 저조할 수 있다. 따라서 국가와 사회는 공적 부조, 사회보험, 아동수당제도 등을 통하여 경제적 안정에 도움이 되도록 지원하고 부모의 취업훈련과 취업알선을 통하여 고용의 기회를 확대해야 한다.

(3) 교육받을 권리

우리나라 「헌법」 제27조에는 "모든 국민은 능력에 따라 균등하게 교육을 받을 권리를 가진다"고 명시했다. 따라서 모든 아동은 그들의 타고난 능력이 최대한 계발되고 발휘될 수 있도록 교육을 받을 권리가 있다고 할 수 있다. 아동발달에 필요한 교육의 기회가 박탈되는 경우 교육을 받을 수 있는 아동의 기본적 권리뿐만 아니라, 사회적으로는 능력 있고 자질을 갖출 수 있는 인적자원이 부족하게 된다. 따라서 국가와 사회는 모든 아동에게 공교육서비스를 받을 수 있도록 하여 아동의 잠재적 능력 향상을 도모해야 한다(장인협, 오정수, 2000 ; 공계순 외, 2013 ; 정미현 외, 2015).

(4) 건강과 안전

건강과 안전은 아동의 건강한 출생과 안전한 성장발달로 이어진다는 점에서 아동복지의 중요한 전제조건이 된다. 또한 아동의 건강은 부모의 영양, 질병, 심리정서상태에 따라 영향을 받게 된다. 특히, 아동의 출생을 위해서는 태아기 때부터 모자보건을 위한 다양한 프로그램 등이 개발되어야 한다. 따라서 국가와 사회는 부모의 신체 및 정신건강과 임산부 모자보건을 위한 다양한 대책 마련으로 아동의 건강과 안전을 도모해야 한다.

(5) 놀이와 여가활동

아동의 놀이와 여가활동은 아동이 지닌 잠재능력을 발달시킬 수 있다는 점에서 아동복지의 중요한 전제조건이 된다. 아동은 놀이를 통해 추상적이고 자유롭게 사고할 수 있는 경험을 하게 된다. 신체적 놀이는 각 신체기관이 조화롭게 발달할 수 있게 한다. 그러므로 아동에게 신체적 · 지적 · 사회적 · 정신적 관심을 추구할 수 있는 다양한 놀이의 기회를 제공해야 한다. 따라서 국가와 사회는 모든 아동에게 체계화된 놀이와 문화활동 프로그램을 지원하여 아동의 건전한 성장을 도모해야 한다.

(6) 아동의 노동보호

아동의 노동은 교육권이나 놀이와 여가문화활동의 권리를 침해하기 때문에 아동의 노동보호는 매우 중요하다. 2020년 개정된 근로기준법에 따르면 15세 미만인 사람「초·중등교육법」에 따른 중학교에 재학 중인 18세 미만인 사람 포함은 근로자로 사용하지 못한다고 되어 있다. 다만, 대통령령으로 정하는 기준에 따라 고용노동부장관이 발급한 취직인허증就職認許證을 지닌 사람은 근로자로 사용할 수 있다. 또한, 임신 중이거나 산후 1년이 지나지 않은 여성이하 "임산부"과 18세 미만자를 도덕상 또는 보건상 유해·위험한 사업에 사용하지 못한다65조라고 되어 있다.

근로시간의 경우 15세 이상 18세 미만인 사람은 하루 7시간이며, 1주에 35시간을 초과하지 못한다. 다만, 당사자 사이의 합의에 따라 1일에 1시간, 1주에 5시간을 한도로 연장할 수는 있다69조. 2002년부터 매년 6월 12일은 '세계 아동노동 반대의 날'이다(국제노동기구 ILO, 2002). 전 세계에서 5~14살의 어린이 2억 5,000만 명이 노동에 종사하고 있다. 아동노동이 이처럼 많은 이유는 부모의 빚을 갚아야 하거나 저임금에 대한 불합리성에 저항할 힘이 약하기 때문으로 언급되고 있다(네이버, 2020). 따라서 국가와 사회는 경제 성장 발전은 물론 아동노동의 유해성에 대한 인식 개선 프로그램 등을 적극적으로 도입하여 아동의 노동착취 및 노동 근절을 위해서 적극적이어야 할 것이다.

(7) 특수한 욕구를 가진 아동의 보호

특수한 욕구를 가진 아동보호 역시 중요한 아동복지 전제조건이 된다. 아동복지가 모든 아동의 복지를 실현하는 것이므로 특수한 욕구를 가진 아동에게 그에 적합한 보호서비스가 제공되어야 할 것이다. 아동에게 일어날 수 있는 모든 신체·정신·심리·행동장애에 대한 예방 및 조기발견과 치료의 기회가 있어야 하며, 빈곤소외계층 또는 북한이탈가족, 다문화가족의 아동에 대해서 특별한 고려가 있어야 한다. 따라서 국가와 사회는 특수한 욕구를 가진 아동에게 관심을 확대해야 함을 강조하고, 다양한 아동복지적 대책을 제공하여 사회 적응을 도모해야 한다.

3) 아동복지서비스의 원칙

아동의 시기는 인간의 생활주기에서 가장 특별한 보호와 지도를 필요로 하는 시기이며, 이들의 건전한 성장과 발달을 위해서는 다양한 사회복지정책과 프로그램 및 서비스가 요구된다. 아동복지정책과 아동복지서비스가 효과성과 목적을 달성하기 위해서는 기본적인 원칙이 필요하다.

이에 대해 장인협 · 오정수2001는 권리와 책임의 원칙, 보편성과 선별성의 원칙, 개발성의 원칙, 포괄성의 원칙, 전문성의 원칙 등 다섯 가지로 제시하고 있으며, 김성경2009은 다섯 가지 원칙에 '예방성과 치료성'을 추가하여 제시하였다.

(1) 권리와 책임의 원칙

아동복지에 있어 권리와 책임의 원칙은 어느 한 주체에서만 책임을 지는 것이 아니라, 아동, 가정, 국가사회 각각의 세 가지 관점에서 권리와 책임이 정의되고 있다. 아동에게는 부모와는 상관없이 독자적 권리와 책임을 부여하고, 부모에게는 자녀에게 재정적 지원, 신체적 보호, 정서적 교양보호, 기타 광범위하게 부모의 권리와 책임이 부여된다. 국가와 사회는 사회생활의 질서 유지 및 아동복지 증진을 시키기 위한 권리와 책임을 진다(윤매자, 신혜경, 주정현, 2016). 이들 세 가지 관점에 대해 좀 더 상세히 살펴보면 다음과 같다.

① 아동책임과 권리의 원칙

아동복지의 주체로서 아동에게도 일련의 책임이 있다는 원칙이다. 비록 아동이라 할지라도 단순히 성인의 보호만을 필요로 하는 의존적 · 수동적 존재가 아닌 독립된 개체로서 자신의 삶을 능동적으로 받아들이고 행동해야 한다는 것을 의미한다(문선화, 2009). 예를 들면, 자신의 발달에 책임을 질 수 있는 연령이라는 발달적 관점이 전제되어 있는「청소년 기본법」1991에서 청소년은 자신의 개발과 건전한 가치관 확립에 힘쓰고, 가정, 사회, 국가구성원으로서의 책임을 다하도록 힘써야 한다고 명시하고 있다.

② 부모의 권리와 책임의 원칙

아동의 보호와 양육의 일차적인 책임이 부모에게 있다는 원칙이다. 아동의 삶의 모습을 결정하는 중요한 요소이기도 하다. 부모의 양육책임범위는 매우 광범위하지만, 적어도 기본적인 사회생활이 유지 가능해야 할 것이다. 예를 들면, 「아동복지법」 제3조제2항에서는 모든 보호자는 아동을 건전하게 육성할 책임을 진다고 명시하고 있으며, 「아동복지법」 제4조책임제2항에는 "아동의 보호자는 아동을 가정 안에서 그의 성장 시기에 맞추어 건강하고 안전하게 양육하여야 한다"고 명시되어 있다. 「민법」 제837조의2 제1항에서는 부모는 책임뿐만 아니라 부모 된 자로서의 권리도 지니고 있다고 했다.

③ 사회 및 국가권리와 책임의 원칙

부모의 역할을 지지하거나 보충하는 입장에 서며, 책임의 정도도 최저한도의 생활보장을 기본선으로 각종 보험 및 공공부조제도를 통하여 아동복지를 증진시킬 권리와 책임을 갖는다. 예를 들면, 「아동복지법」에서는 모든 국민은 아동을 보호양육하고 사회생활에 적응하도록 육성할 책임을 지며, 또 국가와 지방자치단체는 보호자와 더불어 아동을 건전하게 육성할 책임을 명시하고, 「청소년 육성법」에서는 국가는 청소년이 올바른 국가관과 건전한 가치관을 가지고 나라와 겨레의 앞날을 이어갈 훌륭한 국민이 되도록 청소년의 육성에 대한 책임을 진다고 명시하고 있는 데서 알 수 있다.

(2) 보편성과 선별성의 원칙

보편성의 원칙이란 모든 아동을 대상으로 하여 급여나 서비스를 동일한 수준에서 제공하는 것으로 총괄적이고 기회균등적인 개념에 기반을 둔 것이다. 사례로는 아동수당, 무상 의무교육 등이 있다. 선별성의 원칙이란 아동에 대한 복지를 추구하는 데 조건이나 기준을 정하고 이에 따라 아동복지의 대상과 사업을 제한하는 원칙을 말한다. 원칙에 의한 급여와 서비스는 그 성격에 있어 시혜적이고 일시적, 보충적, 잔여적 성격이 강하다. 그 사례로는 특수교육 대상자에 대한 무상교육, 저소득층 맞벌이 부부의 자녀를 위한 무료탁아 등이 해당한다. 그러나 향후 아동에 대한 복지서비스 원칙은 선별성은 물론 예방과 치료를 모두 고려한 보다 광범위한 차원의 보편적 아동복지가 이루어져야 할 것이다.

(3) 개발성의 원칙

개발성의 원칙이란 아동의 능력과 잠재력을 최대한 발휘하도록 지원하여 아동의 발달을 극대화하여야 한다는 것이다. 이를 통하여 아동의 정상적인 발달을 지지하고 자립과 사회통합의 가치를 실천할 수 있다. 이 원칙에는 아동의 사회적 자립과 함께 사회적 기여의 창출이라는 관점이 내포되어 있으며 경제적 이익도 관련된다.

(4) 포괄성의 원칙

포괄성의 원칙이란 아동을 위한 복지서비스를 제공할 때 아동이 지니고 있는 다양한 욕구와 문제의 유형뿐만 아니라, 그 우선순위까지 연관지어 고려해야 한다는 원칙이다. 즉, 아동이 처해 있는 상황이나 당면하그 있는 문제들은 아동의 주변 환경과 복잡하게 연계되어 있으므로 이들에 대한 종합적인 접근이 필요하다. 따라서 건강한 가정생활, 경제적 안정, 교육, 보건, 노동, 오락 및 특수보호 등에 대한 프로그램이나 서비스가 포괄적으로 제공되어야 함을 말한다.

(5) 개별성의 원칙

개별성의 원칙은 아동 개개인의 발달 및 환경에 차이가 있음을 고려하여 개입이 이루어져야 한다는 원칙이다. 서비스를 제공함에 있어서는 아동복지 전문가들은 아동을 둘러싼 환경을 개념적 관점에서 진단할 수 있어야 한다. 아동 개인의 문제는 가정환경을 비롯하여 사회와의 유기적 관계 속에서 보다 다양하게 접근해야 한다.

(6) 전문성의 원칙

전문성의 원칙이란 아동과 그 가정의 문제는 다양하고 복잡하게 나타나므로 아동의 건전한 성장과 발달을 추구하기 위해서는 여러 가지 전문적인 분석과 접근, 기술이 필요함을 의미한다. 즉, 아동의 문제와 욕구는 점점 다루기가 어려워지고 있으므로 아동의 건전한 발달을 위해서는 아동 및 인간발달을 이해하는 전문적 인력이 요청되며 아동 관련 프로그램을 직접 기획하고 실천할 수 있는 숙련된 전문가가 필요하다.

(7) 예방성과 치료성의 원칙

예방성의 원칙이란 아동의 문제를 사전에 방지하고 가능한 한 문제가 발생하지 않도록 하는 것을 중요시하는 것으로 아동복지에서 가장 바람직하다고 할 수 있다. 치료성의 원칙은 문제 발생에 따른 조치를 말하는 것으로 일단 확인된 문제는 해결이 가능하다고 하는 전제 속에서 출발한다. 다만, 조기 발견은 조기치료가 가능하다고 하는 의미에서 보다 세심히 배려되어야 할 것이다. 향후 예방조치와 함께 문제를 조기에 확인하고 진단하며 치료할 수 있는 아동복지실천체계의 구축이 필요하다.

4) 아동복지서비스 분류

(1) 서비스 제공 장소에 따른 분류

① 재가서비스

가족의 구조적 결손으로 심각한 스트레스나 역기능의 위험요소가 있을 때 제공하는 서비스이다. 예를 들어, 한부모가정이나 조손가정 및 소년소녀가정의 아동이 양육과 발달에 어려운 환경에 놓여 있는 경우에 제공한다. 또한 아동발달에 있어 일차적인 책임을 가정이라고 감안할 때, 결핍된 부분을 지지・보완해줌으로써 원가정의 해체나 붕괴를 막아주는 기능을 수행한다.

② 가정 외 서비스

아동이 원가정을 떠나 일정 기간 또는 영구적으로 시설이나 위탁가정 등에서 생활을 하면서 양육 및 보호서비스를 제공받는 것이다. 또한 원가정에서 생활하지만 특정 시간 동안 가정 외 시설이나 기관에서 양육과 보호 및 교육을 받는 경우이다. 예를 들면, 맞벌이 가정의 경우 부모 모두가 직장생활을 하는 동안 어린이집이나 양육시설에서 서비스를 제공받는 것을 말한다.

(2) 3S기능과 방어선 위치에 의한 분류

카두신Kadusin, 1974은 아동복지의 서비스 기능을 지지적 서비스, 보충적 서비스, 대리적 서비스로 구분하였다. 이 분류는 영문 머리 글자를 인용해서 '3S 모형'이라고 한다. 내용은 아동양육의 일차적인 책임이 부모와 가정에 있다는 것을 전제로 하고 있다. 그리고 주커만Zuckerman,1983은 아동의 안녕 유지를 위해 3가지 방어선을 제시하였다. 1차 방어선은 가정 내 서비스, 2차 방어선은 대리가정서비스, 3차 방어선은 시설보호서비스가 해당된다(김미영, 2016). 각각의 방어선은 카두신의 3S 모형과 유사한 맥락에서 이해 가능하다그림 2-2 참조.

① 지지적 서비스

지지적 서비스supportive service는 부모와 아동이 그들 각자의 책임을 다할 수 있도록 개인의 능력을 지원하고 강화시키고자 하는 서비스이다. 지지적 서비스가 제공되는 경우는 부모역할에 만족을 하지 못하여 자녀양육에 어려움을 겪거나 적극적이지 않은 경우를 말한다. 또한 부모가 자녀의 교우관계 및 학교생활에 문제가 있다고 여겨 보호적 개입을 원하거나 가정이 화목하지 않거나, 부부관계로 인하여 자녀에게 영향을 미치는 것 등을 의미한다.

서비스 방법은 아동이 거주하는 가정에 살면서 받을 수 있는 서비스가 대부분이다. 지지적 서비스 기관은 가정복지기관과 아동상담소 등이 있다. 가정복지기관은 주로 부모에 대한 서비스를 통하여 가정에서의 자녀양육 등의 문제에 개입하는 것이며, 아동상담소는 아동에 대한 문제에 개입하는 것을 특징으로 하는 상담서비스이다. 일반적으로 이때 서비스를 제공하는 아동복지기관은 부모나 아동의 역할 수행을 전적으로 대행하기보다는 외부에서 부분적으로 역할기능이 제대로 수행되도록 원조한다.

지지적 서비스 프로그램으로는 집단 프로그램, 가족치료 프로그램, 지역사회 정신건강 상담 프로그램 등이 있다.

② 보충적 서비스

보충적 서비스supplementary service는 부모역할의 일부를 보조하는 서비스로 부모의 자녀보호 및 양육의 질이 부적절하거나 제약이 있을 때 이를 보완할 수 있도록 제공되는 서비스이다. 즉, 부모역할이 일시적 또는 영구적으로 수행하기 힘들 때 제공될 수 없어 일정부분 대신 수행하는 서비스로 주커만의 아동복지 2차 방어선이 이에 해당된다(공계순 외, 2008 ; 윤매자, 신혜경, 주정현, 2016).

서비스 방법은 가정 내부에서 가족의 형태는 그대로 유지된다. 서비스 유형으로는 소득보충서비스사회보험제도, 공적 부조 : 소득유지, 가정봉사원 파견서비스아동보호, 가사 유지, 보육서비스, 장애아동복지서비스 등이 있다.

보충적 서비스 프로그램은 아동복지의 2차 방어선으로 아동이 일정 기간 동안 타인에 의해 보호되는 보육서비스와 유기나 학대받은 아동을 위하여 도움을

지지적 서비스	보충적 서비스	대리적 서비스
아동의 욕구를 충족시키기 위한 부모의 능력지지 및 강화	부적절하거나 제한된 부모의 보호를 보상하거나, 아동이 받아야 할 보호를 보충함	아동의 개별적 욕구에 따라 부모의 보호를 부분 또는 전체로 대신
↓	↓	↓
• 아동상담소, 가족상담소, 지역사회복지관에서 제공하는 상담서비스 • 부모교육서비스 • 학대 · 방임아동을 위한 서비스 • 미혼부모 · 한부모를 위한 서비스	• 소득보충서비스(사회보험제도, 공적부조) • 가정봉사원 파견 • 부모 부재에 대응하는 서비스 • 보육, 장애아동, 비행아동을 위한 복지서비스	• 입양서비스 • 가정위탁서비스 • 시설보호서비스(긴급피난처, 쉼터, 그룹홈, 아동양육시설, 아동치료보호시설)

그림 2-1 카두신의 아동복지서비스 유형 분류

출처 : 윤매자, 신혜경, 주정현(2016).

제공하는 강제보호서비스protective service가 있다.

③ 대리적 서비스

대리적 서비스substitute service는 부모역할과 가정의 기능이 상실되거나 존재하지 않아 이를 제삼자가 대리하여 주는 서비스이다. 즉, 아동이 속한 원가정이 해체되어 일시적 또는 영구적으로 아동에 대한 보호 및 양육 등이 수행되지 못하는 경우에 제3의 가정이나 시설이 기능을 대신하는 서비스를 제공하는 것이다.

서비스 방법은 아동의 특성 및 사회 여건에 달려 있는데, 이는 아동을 다른 가정이나 시설에 있게 하여 아동을 보호하는 것이다. 서비스 유형으로는 입양완전한 가정을 마련, 가정위탁보호일정한 기간 동안 타인의 가정에 위탁, 긴급피난 및 보호시설집단적으로 아동을 보호 등이 있다.

대리적 서비스 프로그램에는 위탁가정보호서비스, 입양서비스, 시설보호서비스 등이 포함된다. 입양서비스는 법적 · 사회적 관계에 따라 영원한 친자관계를 맺는 것이며, 가정위탁서비스는 원가정이나 시설보호가 어려울 때 일정 기간 동안 타인의 가정에서 제공하는 대리보호를 의미하며 계획된 기간이 지나면 다시 친부모가 있는 가정으로 되돌아갈 수 있는 것이다. 시설보호서비스는 집단적 양육서비스를 아동에게 제공하며 소규모 및 대규모 양육시설에 이르는 다양한 형태를 가지고 있다. 단, 주커만은 위탁가정보호와 입양서비스는 2차 방어선으로, 그리고 시설보호는 3차 방어선으로 분류하였다. 즉, 일반가정은 물론 대리가정에서도 아동양육이 어려운 경우는 시설보호가 주어져야 한다고 했는데, 이 부

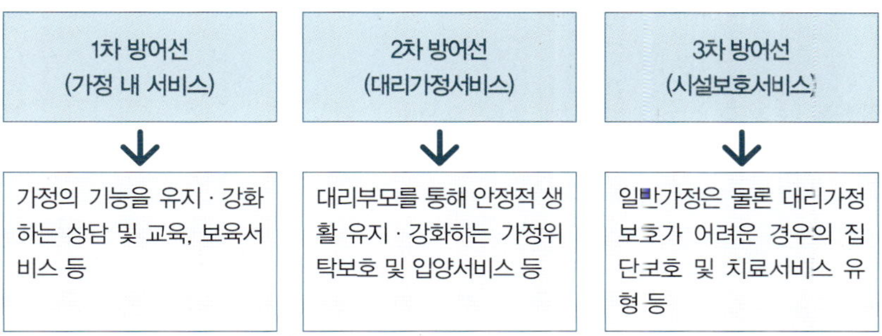

그림 2-2 주커만의 방어선 위치에 의한 분류

분이 카두신과 분류기준이 다르다고 할 수 있다.

대리적 서비스 프로그램으로는 아동이 받을 수 있는 최후의 긴급피난처, 쉼터, 그룹홈, 아동양육시설, 아동치료보호시설 등이 있다.

3. 아동복지 환경

1) 인구 변화

(1) 아동 인구 감소

아동 인구는 아동복지법 제3조제1호에서 규정하고 있는 18세 미만인 사람을 뜻한다. 아동 인구 현황 조사는 전체 아동 인구의 전반적인 추이를 나타내는 통계 자료로써, 최근에는 수년간의 아동 인구수 변화를 연도별 · 시도별 등으로 구분하여 아동수당뿐만 아니라 다양한 정책 방향의 기본자료로 활용된다.

아동 인구수는 1970년대 정점을 기록한 이후 계속 감소하고 있는 추세이다. 1970년대에는 약 1,600만 명으로 전체 인구의 49%를 차지하였으며, 1980년대는 1,568만 명(전체 인구의 41%)이며, 2000년대 들어서 꾸준히 줄었다(통계청, 2020). 이후 약 10년이 지난 2019년대는 793만 명(15%)으로 감소하고 있다. 이러한 아동 인구 감소는 중단기적으로 학령기 아동의 감소 등 교육분야를 중심으로 고용 및 주거, 산업 등 여러 부분에 영향을 미칠 것이라 예상된다. 장기적으로는 노인 부양 부담 증가 등 심각성이 전망된다.

표 2-6 총인구 중 아동(0~17세) 인구 구성비

(단위: 명, %)

구분	2015	2016	2017	2018	2019
총인구수	51,529,338	51,696,216	51,778,544	51,826,059	51,849,861
아동 인구수	8,961,805	8,736,051	8,480,447	8,176,335	7,928,907
비율(구성비)	17	17	16	16	15

출처: 통계청(2020). 아동인구현황.

(2) 저출산의 심각화

아동 인구가 줄어들고 있다는 것은 우리나라의 합계출산율과 관계가 깊다. 한국은 2000년대 진입 이후 홍콩과 마카오 등을 제외하고 세계적으로 가장 낮은 수준의 합계출산율을 유지하고 있다.

통계청 자료에 의하면 1984년부터 합계출산율total fertility rate, TFR 2.1명 이후, 2001년부터 1.3명 이하로 떨어지고 있다. 정부는 출산대책으로 2004년 출산·고령화 문제를 국가 아젠다로 설정하여 2005년 「출산·고령사회기본법」을 제정했다. 이후 제1차 출산·고령사회기본계획(2006~2010), 제2차 출산·고령사회기본계획(2011~2015), 제3차 출산·고령사회기본계획(2016~2020)을 추진하고 있다(민인식, 윤혜림, 2020).

시기	제1차(2006~2010년)	제2차(2011~2015년)	제3차(2016~2020년)
정책 방향	저소득층 대상으로 보육 지원	맞벌이 가정의 보육 부담 완화 추가	간혼(晩婚)·비혼(非婚) 해결 추가

그림 2-3 저출산대책(2006~2020년)

출처: 와이드뉴스(2016).

그러나 저출산대책은 아무런 영향을 주지 못하고 있다는 것을 표 2-7에서 알 수 있다. 1995년 합계출산율이 1.63명이었으나, 2005년(1.09명)으로 감소하여 이후 오름세를 보였지만, 2019년은 전년(2018, 0.98명)보다 0.06명 감소한 0.92명으로 2년 연속 1명 미만을 기록하고 있다(통계청, 2020).

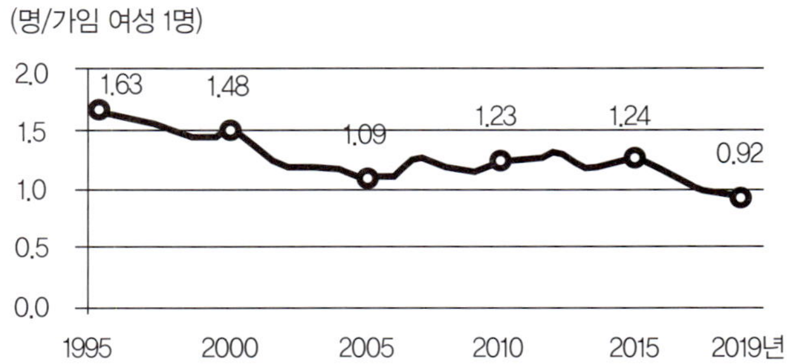

그림 2-4 우리나라 합계출산율 추이

출처: 통계청(2020). 2019 한국의 지표 「인구동향조사」.

OECD 수치를 비교하면 2018년 OECD 국가의 합계출산율 평균은 1.65명이 된다. 그러나 우리나라는 일본(1.41명)보다 낮은 0.98명으로, 가장 낮은 수치를 기록하고 있다.

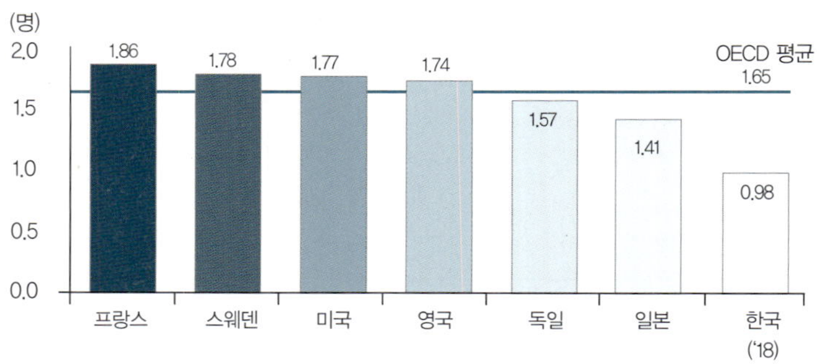

그림 2-5 OECD 주요국가별 합계출산율

출처: 뉴스체인지(2019.9.18). www.m.newschange.co.kr

이러한 출산율 감소 현상은 생산인구의 감소를 우려하고 나아가서는 한국사회의 미래를 위협하는 주요한 요인으로 들고 있다. 특히, 저출산은 높은 청년실업률과 이중dual 노동시장 구조에 영향을 받고 있으며, 높은 청년실업은 결혼이 늦어지고, 결혼해도 만혼으로 출산율은 낮아질 수밖에 없는 현실이다(이태규, 2019).

(3) 출산지원 정책의 방향 전환

기존 제3차 출산 · 고령사회기본계획(2016~2020)에서 설정하였던 '출산율 1.5' 목표는 국가 중심 출산장려정책이고, 현실적 문제를 제대로 반영하지 못한다는 점에서 많은 지적이 있었다.

이에 정부는 2019년 제3차 저출산 기본계획의 수정안을 제시하였다. 이번에 새롭게 제시한 정책목표는 20 · 40세대에게 결혼과 출산을 선택하더라도 삶의 질이 떨어지지 않고 행복할 수 있다는 희망을 주는 것이다. 또한, 일터와 가정이 양성 평등한 사회가 되도록 하는 데 중점을 두었다. 그리고 저출산과 고령사회 진행을 완화하는 노력과 함께, 인구 변화에 맞게 사회시스템을 개혁하는 등을 주요 목표로 설정하였다.

새롭게 설정된 목표의 성공적인 실천을 위한 정부의 '3대 분야, 12대 과제'는 다음과 같다(저출산 · 고령사회, 2018).

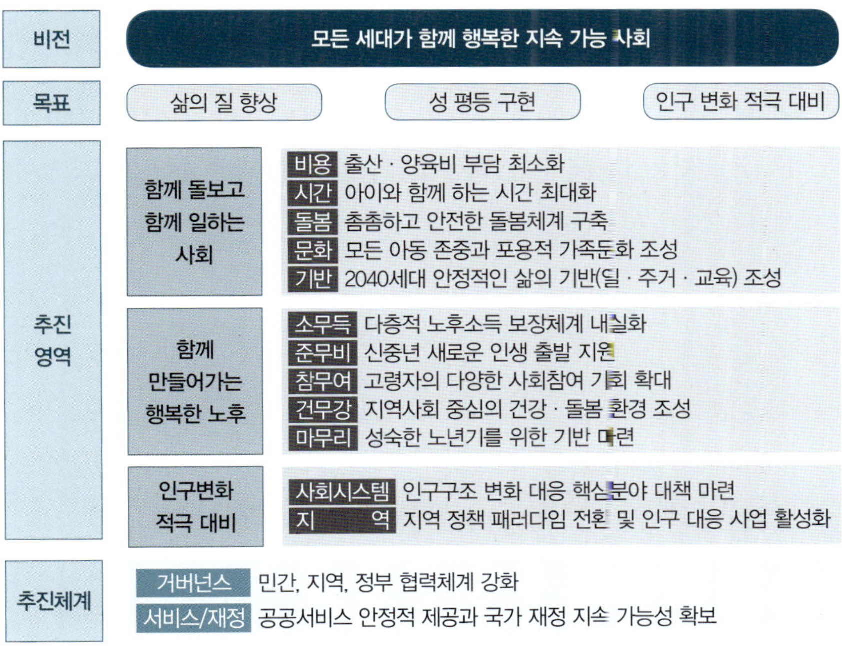

그림 2-6 3대 분야, 12대 과제

출처: 브릿지플랜 2020(2019.2.).

수정안은 3차 계획의 패러다임을 구체화하여 기존 과제를 정비하여 핵심과제를 발굴하고, 4차 계획(2021~2025)의 수립을 위해 제시되었다(저출산 · 고령사회위원회, 2019).

인구대응정책은 인구 변화로 야기되는 제반 사회적, 경제적 문제의 해결을 위하여 개인 삶의 질적 수준을 향상시키는 것을 궁극적인 목적으로 하고 있다. 이는 국가가 가지고 있는 포용성과 연관되며 노동시간, 주거지원, 양성 평등 가치관 변화 등 인구의 질적 향상을 도모하고 인구와 관련되는 사회문제에 대처하는 정책이다. 인구대응정책은 출산율 증감보다는 근로자 권리, 개인의 여가, 출산과 양육환경, 일과 육아의 균형을 찾는데 집중함으로써 부부가 출산을 선택할 수 있는 환경을 조성하고자 한다(감사원연구원 · 감사원, 2019).

2) 양육환경의 변화

(1) 20 · 30세대의 결혼관

2019년 혼인건수는 전년보다 7.2% 감소한 23만 9,000건으로 2011년 이후 계속 감소하고 있다(통계청, 2019). 그림 2-7을 보면 2018년 첫 자녀를 출산한 모(母)의 평균 연령은 31.9세이며, 초혼 연령이 높아짐에 따라 출산 연령도 높아지는 추세임을 알 수 있다.

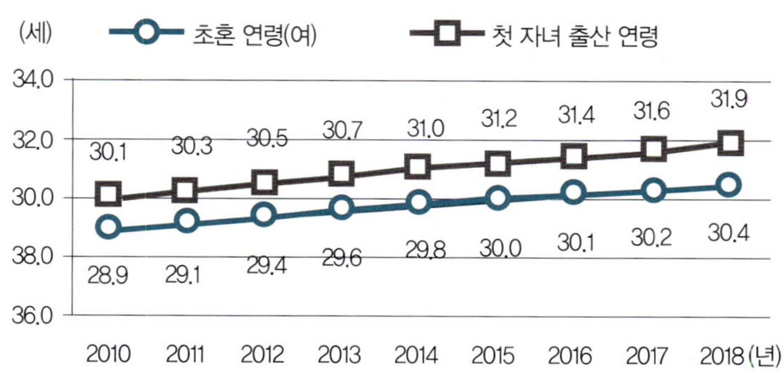

그림 2-7 혼인 및 출산 연령

출처: 통계청(2020). 2019 한국의 지표「인구동향조사」.

신조어

- N포 세대 : 결혼은 해도 좋고 안 해도 좋다.
- 3포 세대 : 연애, 결혼, 출산 포기
- 5포 세대 : 3포 세대 + 내 집 마련, 인간관계
- 7포 세대 : 5포 세대 + 꿈, 희망에서 더 나아가 포기해야 할 특정 숫자가 정해지지 않고 여러 가지를 포기해야 하는 세대라는 뜻에서 나온 말이다.
- N세대 : 베이비붐 세대와 X 세대를 잇는 세대로, '인터넷이 구성하는 가상 공간을 삶의 중요한 무대로 인식하고 있는 디지털 삶을 영위하는 세대'로 규정한다.
- MZ 세대: 집단보다는 개인의 행복을, 소유보다는 공유(렌털이나 중고 시장 이용)를, 상품보다는 경험을 중시하는 소비 특징을 보이며, 단순히 물건을 구매하는 데에서 그치지 않고 사회적 가치나 특별한 메세지를 담은 물건을 구매함으로써 자신의 신념을 표출하는 '미닝아웃' 소비를 하기도 한다.

※ N은 net의 약자로 1998년 미국의 사회학자 돈 텝스콧(Don Tapscott)이 쓴 저서 《Growing Up Digital : Net Generation》 이후 확산되었다.

출처 : 네이버 지식백과; 시사상식사전.

2014년 여러 신조어(N포 세대, 5포 세대, 7포 세대) 중 20 · 30세대 결혼 적령기에 놓인 20대 후반(70.8%)과 30대 초반(68.4%)이 '삼포 세대'라는 말에 크게 공감했다. 전체 응답자의 10명 중 6명(56.9%)은 '요즘 연애, 결혼, 출산을 포기하는 지인들을 종종 보며(59.4%), 주변 친구들을 보면 '삼포 세대'라는 말에 공감한다고 응답했다(베이비뉴스, 2014).

하지만 약 6년이 지난 2020년 우리나라의 20 · 30세대의 결혼관이 크게 달라지지 않았다는 것을 최근 조사를 통해 알 수 있다(취업포털 인크루트와 바로면접 알바앱 알바콜, 2020). 조사 결과에 의하면 20 · 30세대 절반 이상이 결혼은 필수가 아닌 선택이라고 생각하는 응답자가 많았으며, 결혼에 대한 비용부담으로 '비혼'을 선호하기도 했다. 그림 2-4에서 확인하면 결혼을 필수(14.7%)로 보기보다는 선택(85.3%)이라고 하는 비율이 월등히 높았으며, 성별로는 남성(72.1%)과 여성(92.4%)의 차이를 보인다(베이비타임즈, 2020). 그리고, 혼인계획이 없는 응답자들에게서 가장 많은 선택을 받은 항목은 '결혼비용'(23.3%)이

5월 21일 부부의 날은 5월에 둘(2)이 하나(1)가 된다는 뜻

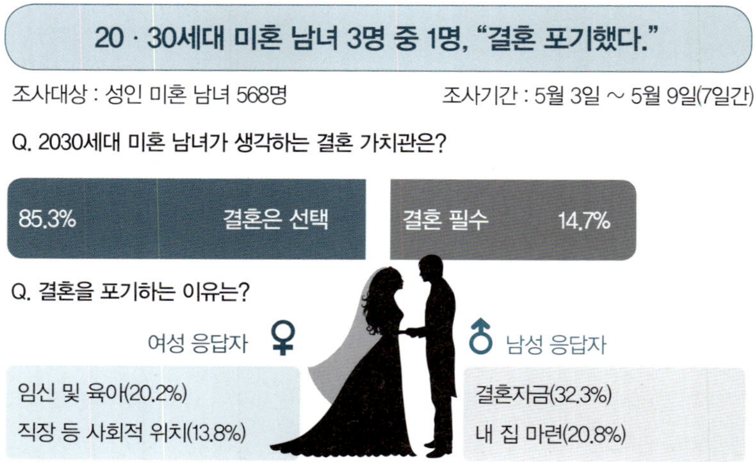

그림 2-8 20 · 30세대 결혼관

출처: 베이비타임즈(2020.5.21). http://www.babytimes.co.kr/,

었다. 미혼 남녀 4명 중 1명은 결혼비용을 가장 큰 이유로 비혼을 선택했다. 결혼을 포기하는 이유는 남녀 응답자의 차이가 있다. 즉, 여성은 '가사 및 직장일' 부담이 있으며, 남성은 '결혼자금 및 내 집 마련'이라는 경제적 문제에 관심이 높다는 것을 추정할 수 있다.

20 · 30세대의 결혼에 대한 가치관에는 사회문화의 변화가 많은 영향을 미치고 있다고 할 수 있으며 결혼과 출산에 부정적인 인식을 완화할 수 있는 정책이 필요하다. 즉, 배우자와 자녀로 구성된 자신의 가족을 만들고 그 가족을 통해 얻는 기쁨이 소중한 가치라는 생활문화가 강조되어야 할 것이다. '가족의 가치'를 확산시키고 이 가치가 실현될 수 있는 다양한 정책적 지원이 이루어져야 할 것이다(이태규, 2019).

(2) 저하된 가족기능

우리나라는 급격한 사회적 변화와 맞물려 가족구조에도 많은 변화를 가져왔다. 그 가운데 전통사회의 대가족 중심의 가족은 핵가족으로 바뀌었으나, 오늘날은 1인 가구가 늘어나는 추세이다.

통계청(2019)이 발표한 '2018 인구주택총조사(등록센서스 방식 집계결과)'에 따르면 지난해 1인 가구는 584만 9,000가구로 전체 가구의 29.3%를 차지했다. 지난 2017년 28.6%보다 0.7%p 증가했다. 1인 가구 비중은 2000년 15.5%에서 18년 동안 두 배로 늘어났다(그림 2-9). 2018년 전국 2,050만 가구 기준으로 본다면 10곳 중 3곳은 1인 가구인 것으로 추정된다.

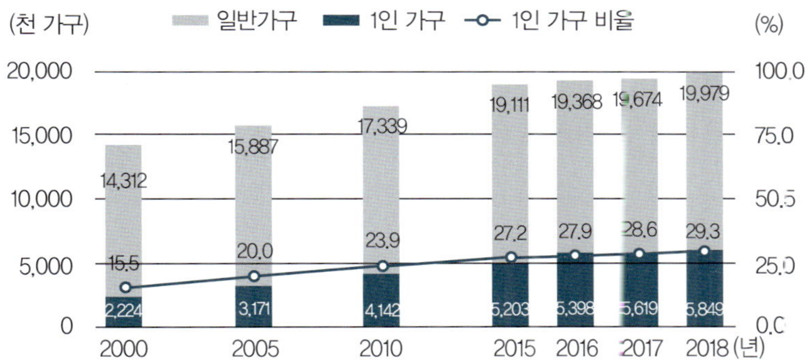

그림 2-9 연도별 1인 가구 규모(2000~2018)

출처: 통계청 인구통계조사(2019.8.)

그림 2-10은 2000년부터 2019년까지의 가구원 수 규모이다. 2000년도 4인 가구가 가장 높은 비율(31.1%)을 나타냈지만, 10년이 지난 2019년도에는 1인 가구가 29.8% 증가했다는 것을 알 수 있다. 1인 가구 및 2인 가구(19.1%에서 27.5%로 상승)의 비중은 커지고, 3인 이상 가구의 비중은 줄어들고 있다.

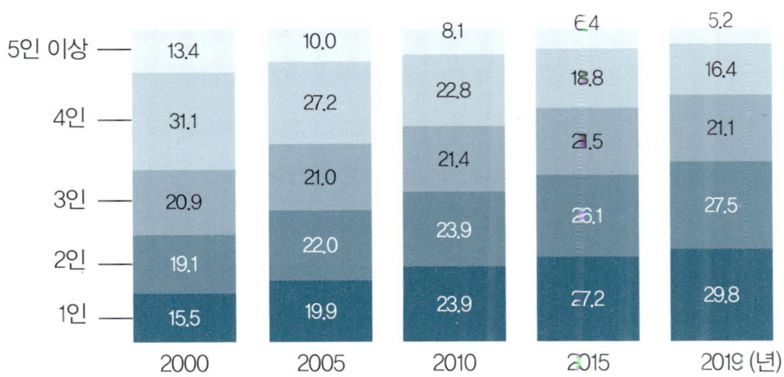

그림 2-10 가구원 수 규모 추이(2000~2019)

출처: 조선비즈(2020). https://biz.chosun.com

문제는 이러한 핵가족 또는 1인 가구 아동을 둘러싼 환경이 아동의 성장과 발달에 어려움을 초래하는 원인이 될 수 있다는 것이다. 특히, 자녀 수의 감소로 아동은 형제 간의 정서적 유대관계가 없어질 뿐만 아니라 부모의 무조건적인 관심을 받고 있는 대상이 되고 있기 때문이다.

따라서 부모교육을 통해서 핵가족 또는 1인 가구의 아동발달의 원리와 자녀와의 의사소통기술 등에 대한 내용을 학습하도록 한다. 그로 인해 아동문제의 원인이 되는 부모의 지나친 가치관과 태도 및 행동특성 등을 수정할 수 있는 기회를 갖는다(김미영, 2016). 아울러 이와 같은 부모에 대한 교육이 아동은 물론 부모 자신의 성장에도 도움을 줄 수 있으나, 가정에서의 노력뿐 아니라 지역사회의 노력과 국가 차원에서 지원이 요구된다.

(3) 취약한 육아문화

육아정책연구소(2019)가 전국 20~40대 남녀 1,000명을 대상으로 실시한 설문조사 결과에 따르면 '현재 우리 사회가 자녀를 양육하기에 좋은 환경이라고 생각하는지'에 대해 4점 기준으로 해서 응답 평균은 2.2점으로 '대체로 좋지 않은 환경'(2점)에 가까운 점수다. 응답 평균을 중심으로 그림 2-11을 살펴보면 부정

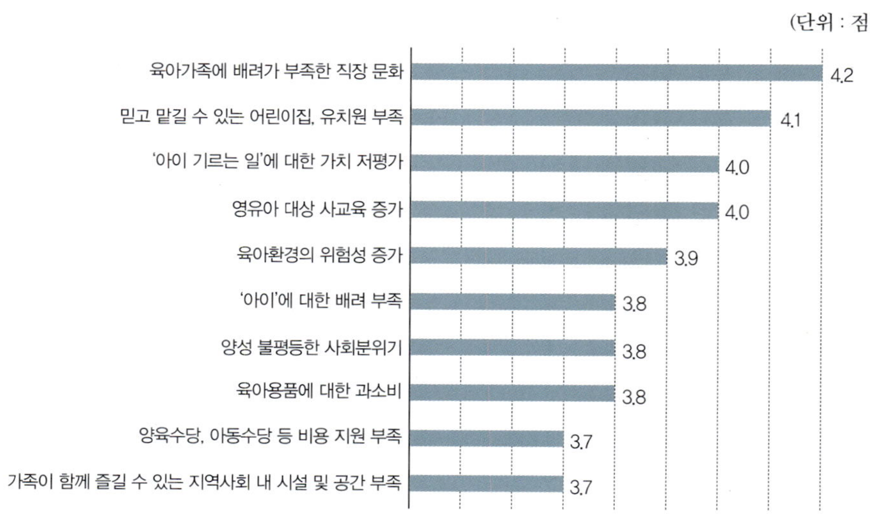

그림 2-11 육아를 힘들게 하는 요소

출처: 육아정책연구소(2019).

적 요소 중 '아이를 키우는 구성원에 대한 배려가 부족한 직장문화'에 대한 동의가 4.2점으로 가장 높았다. 이어서 '믿고 맡길 수 있는 어린이집, 유치원 부족'이 4.1점, 그리고 '아이 기르는 일에 대한 가치 저평가'와 '영유아 대상 사교육 증가'가 각각 4점이 나왔다(권미경, 2019).

그 외 4점 미만의 내용도 새롭지 않은 것이지만 3번째로 높게 나타난 '아이 기르는 일'에 대한 가치가 저평가된다는 것은 놀라운 결과이다. 자녀 양육에 대한 우리 사회의 인식이 상당히 부정적인 위치에 있다는 것이다. 자녀를 양육하는 가정을 응원하고 존중하는 문화가 확산하여야 할 것이다.

그림 2-12는 우리 사회의 육아 문화에 대한 긍정적 요소와 부정적 요소를 나타낸 것이다. 그림에서 긍정적 요소만 살펴보면 다음과 같다. 가족의 정서적 지지, 아이가 주는 기쁨과 아이의 존재 자체, 가족의 양육 지원, 신뢰로운 교육 · 보육기관, 일 · 가정 양립제도, 비교적 안전한 사회, 보육 · 교육서비스에 대한 국가 지원 등을 들 수 있다(권미경, 2019).

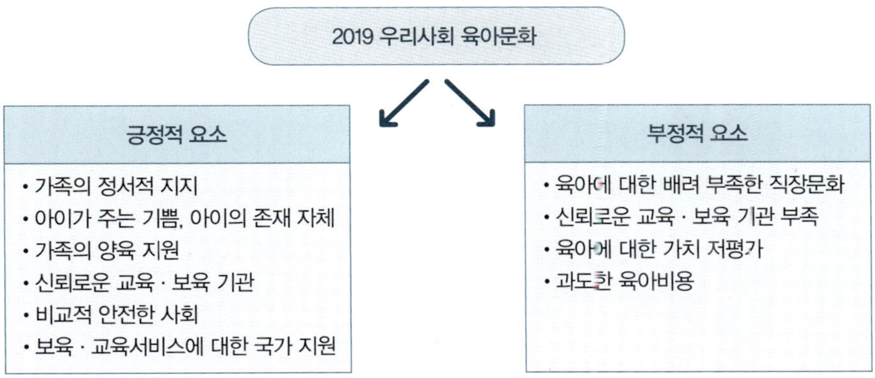

그림 2-12 육아에 대한 긍정과 부정

출처: 육아정책연구소(2019).

이와 같은 긍정적인 자녀양육에 대한 문화가 형성되기 위해서는 정부 정책과 제도 마련도 중요하지만, 정책의 방향 설정에서 사회적 합의를 이끌어낼 수 있는 노력이 필요하다.

(4) 낮은 아동의 행복감

그림 2-13은 2018년 '아동종합실태조사'에서 아동 삶의 만족도와 함께 삶의 중요한 영역들에 대한 만족도를 조사한 일부이다(보건사회연구원, 2019). 먼저 OECD 국가 대상 아동행복도 평균과 비교 분석하면(OECD, 2015), 10점 만점에서 우리나라 아동의 삶의 만족도는 6.57점으로 OECD 평균(7.6점)보다 낮으며, OECD 27개국 중 하위권을 기록하고 있다. '아동의 영역별 삶의 만족도' 조사는 "왜 우리 아이들의 삶의 만족도는 여전히 OECD와 유럽국가들보다 낮은가?"에 대한 보다 구체적인 결과이다. 아동들은 '건강'과 '관계'에 대한 만족도는 높은 수준이라 할 수 있지만, 그 외 안전을 비롯하여 동네, 성취, 미래 안정성, 생활 수준은 낮게 나타났다.

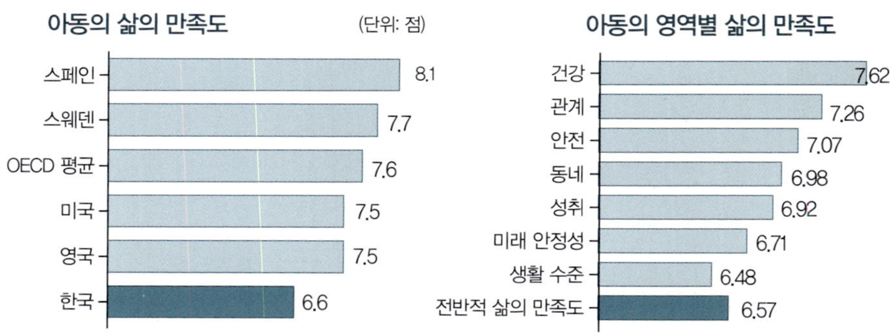

그림 2-13 OECD 주요국 아동의 삶 만족도

출처: 헤럴드경제(2019). http://biz.heraldcorp.com

우리나라는 유엔 '아동권리협약'을 1991년 비준하고 1996년, 2003년, 2011년에 이어 2019년 네 번째로 심의를 받았다. 유엔 아동권리협약 제5, 6차 최종심의 결과에서 위원회는 우리나라가 경제 성장에도 불구하고 국민 개개인의 행복도가 낮은 편이며, 아동의 삶의 만족도도 OECD와 비교하여 최하위권이라 지적하였다. 이는 아동권리 인식의 지체, 과도한 학업 경쟁, 사회경제적 격차가 지속하고 있다는 것에 원인이 있다고 했다(아동권리위원회, 2019). 이와 관련하여 정부는 아동기의 낮은 행복감이 성인기로 연결되어 개인 전체의 삶과 연결되며 나아가 사회국가발전에 부정적 영향을 미친다는 점에서 개선이 필요하다고 하여, '제2차 아동정책기본계획(2020~2024)'을 마련했다.

우리나라 아동들의 평균적인 삶의 수준이 개선되고 있지만 국제적 시각에서는 여전히 낮은 수준인 것으로 나타나고 있다는 것에 관심을 둘 필요가 있다. 사회경제적 격차가 행복의 순위에 영향을 미치고 있으나, 사회구조는 단순히 물질적으로 많고 적음뿐만 아니라, 그로 인한 차별과 기회 박탈도 관련이 있을 수 있으므로 이에 대한 아동정책은 더욱 면밀히 이루어져야 할 것이다.

3) 아동복지 예산

(1) 중앙정부와 지방정부 간의 사회복지 분권화

2003년 국고보조사업을 지방으로 이양하면서 사회복지사업에 대한 중앙과 지방정부 간 책임 분담 문제가 불거지기 시작하였다.

2010년 이후에는 보편적 복지정책에 따라 무상보육 확대와 기초연금 도입 등 국고보조사업이 늘어나면서, 재정 분담에 대한 문제가 누리과정 예산 책임을 둘러싼 정치적 공방으로까지 확대되었다. 그런데, 최근 들어 현금성 복지논쟁 등으로 중앙과 지방정부 간의 사회복지 사업을 둘러싼 갈등이 반복되었다. 갈등 발생 원인은 다양하지만, 그 가운데 첫째, 최근 복지정책의 확대로 사회복지 지출이 현재의 재정구조에서 감당하기 부담스러울 정도로 증가하였고, 이에 따른 사회복지사업에 대한 재정 책임의 공방이 발생하였다. 둘째, 사회복지 사무와 재정에 대한 중앙정부와 지방정부 간의 책임 분담을 명확하게 하지 못하는 구조적 한계와 실질적인 역할 분담이 확립되지 못하는 것을 들 수 있다(김승연, 하석철, 2020).

특히, 새 정부가 들어선 이후 복지의 확대는 지속해서 늘어나고 있다. 대표적으로 2018년부터 만 0~5세 아동이 있는 가구에게 지급되었던 월 10만 원의 아동수당이 2020년부터 만 7세 미만의 아동에게 지급되고, 기초연금도 2020년부터 대상이 확대소득하위 40%되어 급여의 증액월 최대 30만 원이 이루어지고 있다(보건복지부, 2020a; 2020b). 긍정적 관점에서 이러한 제도가 한국의 복지 수준을 높일 수 있다고 하지만, 반면 해당 정책을 위한 예산 비용을 정부가 어떤 방식으로 부담할 것인가에 대한 염려 또한 간과할 수 없게 한다(김승연, 하석철, 2020). 오늘날 복지에 대한 욕구가 다양해지고 그 수준이 높아지면서 서구 · 유럽의 아동복지에 관한 관심이 높아지고 있다. 복지에 대한 관점을 넓히는 것도 필요하지만 우리 사회의 현실적 문제를 고려한 복지정책은 더욱 중요하다 할 것이다.

(2) 아동 · 청소년 복지 예산

아동 · 청소년 복지 관련 예산은 보건복지부, 교육부, 여성가족부 등으로 분산되어 있으나, 여기서는 보건복지부의 예산을 중심으로 살펴보도록 한다.

표 2-7은 2020년 보건복지부 총지출과 사회 복지 예산, 보건 예산이다. 2020년 보건복지부 소관 예산 중 아동 · 청소년 복지 예산(보육 관련 예산을 제외)은 일반 회계로 운용되는 아동 · 청소년 복지 예산(2조 5,998억 원)과 국민건강증진기금에서 운용되는 아동 · 청소년 보건의료 예산(374억 원), 총 2조 6,372억 원이다. 이는 전체 사회복지 예산 69조 8,464억 원 대비 3.8%에 해당하며 2019년 4.0%에 비해 감소한 수치이다.

표 2-7 2020년 보건복지부 총지출과 사회복지 예산, 보건 예산 (단위: 백만 원, %)

구분			2019년 예산	2020년 예산안	증감	증감율
보건복지부	총 지출(A)		72,788,570	82,820,291	10,031,721	13.8
	사회복지(B)		61,178,432	69,846,400	8,667,968	14.2
아동 · 청소년 복지	금액(D)		2,460,592	2,637,225	176,633	7.2
	비중	D/(A + C)	3.4	3.2		
		D/(B + C)	4.0	3.8		

출처: 김진석(2019).

표 2-8은 2020년 보건복지부 아동 · 청소년 복지 예산안이다. 2020년 아동 · 청소년 복지 예산을 살펴보면 아동 보호 관련 업무를 통합적으로 지원하는 아동권리보장원의 설립과 운영에 따라 「실종아동보호지원사업 등 아동 보호 영역의

분야별 예산」이 전액 또는 대폭 삭감된 점이 특징적이다. 이에 비해 방과 후 돌봄사업에 해당하는 「다함께돌봄사업」의 확대(기존 167개소에서 717개소로 확대 예정)에 따라 관련 예산이 대폭 늘어났다.

표 2-8 2020년 보건복지부 아동 · 청소년 복지 예산안

구분	2019년 예산	2020년 예산안	증감	증감률(%)
〈아동 · 청소년 복지 예산 총계〉 (1)+(2)	2,460,592	2,637,225	176,633	7.2
〈국민건강증진기금〉 (1)	37,494	37,460	-34	-0.1
모자보건사업	27,383	28,834	1,451	5.3
영유아 사전예방적 건강관리	10,111	8,626	-1,485	-14.7
〈일반회계〉 (2)	2,423,098	2,599,765	176,667	7.3
가정위탁 지원 · 운영	1,500	1,044	-456	-30.4
중앙입양원 및 입양단체 등 사후관리지원	6,220	2,083	-4,137	-66.5
지역아동센터 지원	177,027	180,492	3,465	4.3
실종아동보호 및 지원	1,432	0	-1,432	-100.0
아동안전사고예방사업	538	543	5	0.9
아동정책조정 및 인권증진	2,018	2,654	636	31.5
아동발달지원계좌(보조)	20,929	24,744	3,815	18.2
아동권리보장원 운영 지원	0	19,009	19,009	순증
보호종료아동 자립수당 지급	9,858	21,323	11,965	121.4
요보호아동 자립 지원	3,218	3,028	-190	-5.9
아동수당 지급	2,162,729	2,283,374	120,645	5.6
다함께 돌봄 사업	10,635	33,845	23,210	218.2
저출산 고령사회 대비 국민인식개선	2,052	2,050	-2	-0.1
저출산 고령사회위원회 사무처지원	4,843	4,910	67	1.4
저출산 고령사회정책개발 및 관리체계구축	1,468	1,312	-156	-10.6
인구개발국제부담금(ODA)	198	385	187	94.4
인구교육추진지원	1,009	1,045	36	3.6
저소득층 기저귀 · 조제분유 지원	17,424	17,424	0	0.0

출처: 김진석(2019).

아동 보호와 아동 돌봄 관련 예산 내용을 상세히 살펴보면 다음과 같다. 아동 보호 관련 사업은 요보호아동 자립 지원, 보호종료아동 자립수당, 아동권리보장원 운영 지원을 중심으로, 아동 돌봄 관련 사업은 지역아동센터지원, 아동수당 중심으로 살펴보면 다음과 같다(김진석, 2019).

① 요보호아동 자립 지원

요보호아동 자립 지원 예산은 2019년 대비 5.9% 감소한 30억 원이다. 아동권리보장원 출범으로 아동권리보장원 예산으로 이관되었고, 경계선 지능아동 자립지원 사업 예산도 감소하였다. 보호종료아동이 사회 진출 후 겪는 주거 문제 해결을 위해 공공 주거를 제공하고 전문 사례 관리를 지원하는 보호종료아동 주거 지원 통합서비스 예산은 8억 원 증가했다. 공공 주거 제공 주거 환경 조성비(1억 4,400만 원), 임대료 지원(5억 1,900만 원), 사례 관리비 등(7억 600만 원)으로 책정되어 있는데, 임대료의 경우 지역별 임대료를 고려한 평균 금액인 월 15만 원으로 책정되었다.

② 보호종료아동 자립수당 지급

국가의 보호가 종료된 아동에게 최소한의 경제적 지원을 하는 자립수당 지급 예산은 2019년 99억 원에서 121.4% 증가한 218억 원이 책정되었다.

③ 아동권리보장원 운영 지원

아동권리보장원은 그동안 분절적으로 수행되던 요보호아동 지원, 요보호아동 자립 지원, 아동 돌봄, 아동학대 대응 및 예방, 아동 실종 대응 등의 업무를 통합하여 수행하며, 아동권리보장원 운영 지원 예산으로 190억 원 편성되었다. 아동학대의 예방과 방지 예산 1억 원 증가, 가정위탁사업 활성화 예산 5억 원 증가, 아동정책영향평가 지원 1억 원 증가, 아동 자립 지원 4억 5000만 원 증가 외 다른 세부 사업별 예산은 2019년도와 같다.

④ 지역아동센터 지원

지역아동센터지원 사업의 경우 2019년 1,731억 원에서 2020년 1,804억 원으로 2.0% 증액되었다. 지원 개소 수는 4,148개소로 13개소 증가했고 지원 단가도 7.6% 증가한 월 569만 원이다. 현재 아동복지교사 인건비 단가는 월 1,210천 원으로 일자리의 질과 이용자에게 제공되는 서비스의 질을 담보하기 어려운 수준이다.

⑤ 다함께돌봄사업

초등 돌봄 사각지대 해소를 위한 다함께돌봄사업은 2018년 시범 사업에 이어 2019년 본격적으로 시행되었다. 2022년까지 다함께돌봄센터 1,800개소 확충 목표에 맞춰 사업 예산은 2019년 106억 원에서 2020년 232억 원으로 218.2% 증액되었다. 그러나 돌봄교사 1인의 인건비가 2019년 103만 원에서 6만 원 증가한 109만 원이 책정되었다.

⑥ 아동수당

아동수당법 개정으로 2019년 9월부터 만 7세 미만 므든 아동 263만 명으로 대상 연령 확대 시행됨에 따라 2020년 2조 2,834억 원의 예산이 편성되었다. 상위 10%의 아동을 제외한 선별적 형태로 아동수당이 도입되었으나, 소득 수준과 관계없이 모든 아동에게 아동수당을 지급한다는 점에서 긍정적인 측면이 크다.

추천 영화 및 도서

영화

빌리 엘리어트

감독 : 스티븐 달드리
주연 : 제이미 벨, 줄리 워터스
개봉 : 2001. 2.(2017. 1. 재개봉)
줄거리 : 탄광촌에 사는 11살 소년 빌리. 우연히 발레수업을 보고 아버지 몰래 춤을 추게 되면서 전개되는 이야기이다.

씨 인사이드

- 감독 : 알레한드로 아메나바르
- 주연 : 하비에르 바르뎀, 벨렌 루에다
- 개봉 : 2007. 3.
- 줄거리 : 26년 전 수심을 알 수 없는 바다에서 다이빙을 하다 전신마비된 남자에 대한 가족들의 사랑과 안락사로 세상을 떠나기를 원하는 남자의 이야기이다.

스텝맘

- 감독 : 크리스 콜럼버스
- 주연 : 줄리아 로버츠, 수잔 서랜든
- 개봉 : 1999. 1.
- 줄거리 : 계모를 비롯하여 새로운 가족의 구성원이 어떻게 하나가 되는지를 볼 수 있는 공동체로서 가족의 의미를 살펴보는 이야기이다.

도서

나는 멋지고 아름답다

지은이 : 이승복, 김세진, 이상묵 외
출판사 : 도서출판 부키
출간일 : 2010. 1.
줄거리 : 장애를 딛고 미국 병원의사가 되고, 서울대 교수가 되는 등 자신에게 닥친 장애를 딛고 각 분야에서 성공한 24명의 꿈을 찾아낸 사람들의 이야기이다.

슈퍼파파 가이드북

지은이 : 벵자맹 페리에(이세진 역)
출판사 : 책앤
출간일 : 2016. 10.
줄거리 : 유럽출산율 1위 숨은 조력자 프랑스 아빠가 전하는 현명한 남편으로 행복한 출산을 맞는 이야기이다. 다양한 고통으로 힘든 삶을 살아가는 아이들을 통해 보는 어른들의 부끄러운 모습을 그렸다.

흔들리고 있는 소녀를 보거든

- 지은이 : 캐서린 라이언 하이드(김지현 역)
- 출판사 : 레드스톤
- 출간일 : 2016. 3.
- 줄거리 : 다양한 고통으로 힘든 삶을 살아가는 아이들을 통해 보는 어른들의 부끄러운 모습을 그린 이야기이다.

본 장을 정리하며 : 생각수업 2

아동안전지킴이

• 아동안전지킴이

2008년 경기도 안양시에서 발생한 초등학생 유괴 · 살인 사건 이후 아동을 대상으로 한 강력범죄가 연달아 발생하면서, 지역사회와 경찰이 함께하는 아동안전지킴이를 도입 시행하게 되었다.

출처: http://www.safe182.go.kr/cont/homeLogContents.do?contentsNm=182_keeper_use

• 아동안전지킴이 선발방법

지역에 살면서 학교 주변 지리를 잘 알아야 한다. 경찰, 군인, 교사 등 관련 분야에 종사한 경험을 갖고 있는 60세 이상 75세 미만 할아버지, 할머니를 대상으로 범죄경력 확인 등 엄격한 심사를 통해 선발한다.

• 아동안전지킴이 복장

아동들이 쉽게 발견하기 위해 야광 점퍼 또는 조끼를 입고 있으며, 머리에는 아동안전지킴이 글과 경찰 참수리 마크가 있는 모자를 착용한다. 수첩과 신분증을 발급해 근무 시 항상 휴대하도록 한다. 초록색 야광점퍼 또는 조끼를 입고 있는 경우는 초등학교 주변 통학로 등 아동을 대상으로 한 범죄 예방을 위해 순찰활동을 하고 하교길 지도 및 여성 대상 범죄 예방활동 등 치안 보조역할을 수행하며 2인 1조로 활동한다.

• 아동안전지킴이집

학교 주변, 통학로, 공원 주변의 문구점, 편의점, 약국 등을 아동안전지킴이집으로 지정하여 위험에 처한 아동을 임시 보호하고 경찰에 인계하는 곳이다.

• 아동안전수호천사

신뢰성 있는 업체의 외근 사원을 수호천사로 위촉하여 외근활동 중 아동보호활동을 하며, 현재 야쿠르트 아줌마, 집배원, 태권도 사범, 모범택시운전자회, 학원차량기사 등이 활동 중이다.

출처: 대한민국 경찰청(https://polinlove.tistory.com);, 정부24(https://www.gov.kr);
안전Dream 아동여성장애인경찰지원센터(http://www.safe182.go.kr)

◆ 아동을 둘러싼 환경에서 안전이 확보되지 않은 곳에 대해 생각해 봅시다.

참고문헌

권미경(2019). 2019 육아문화 분석과 과제, 이슈페이퍼 2020-1, 육아정책연구소.

김승연, 하석철(2020). 사회복지분권화를 위한 중앙정부와 지방정부 간 역할 재정립 방안, **한국지역사회복지학 Journal of Community Welfare**, Vol.73, pp. 1-29.

김진석(2019), 2020년 보건복지예산안 분석 -아동청소년복지분야-, 참여연대 정책자료.

민인식, 윤혜림(2020), 출산량과 출산지연 효과가 출생아 수에 미치는 기여도 분해: Das Gupta 분해를 중심으로, **통계연구, 25**(2), pp.24-48.

박서연(2019). 신혼부부의 출산계획에 향을 미치는 요인에 한 연구: HLM을 활용한 신혼부부의 주거특성과 지역특성을 중심으로, **지역연구, 35**(1), 59-72.

배효종, 천재영(2018). 출산후 휴가 육아휴직 활용가능성이 출산에 미치는 영향, **여성연구, 96**, 79-118.

보건사회연구원(2019). 2018년 아동 종합실태조사, 보건복지부.

원종욱, 이소(2017). 출산 정책의 효과성 분석, 한국보건사회연구원.

이태규(2019). 저출산정책에 대한 단상(斷想), **한국경제연구원 KERI컬럼**, p.1-2.

한국지방재정학회(2019). 주요국의 저출산 대응 정책의 비교 연구, 감사연구원.

Amato, P.R.(1993). Famaily Structure, Family Process, and Family Ideology. *Joural of Marriage and the Family, 55*(1), p.51-54.

대한민국 정책브리핑(2018.12.7.). 아동, 2040 세대, 은퇴세대의 더 나은 삶 보장에 역량 집중(여성가족부) http://www.korea.kr/main.do. 2020.03.11. 인출

대한민국 정책브리핑(2018), 저출산 대책. http://www.korea.kr/main.do.

와이드뉴스(2016.10.12.), 알쏭달쏭 저출산 정책, 부부의 눈길을 끈 것은?

저출산고령사회위원회(2020). https://www.betterfuture.go.kr/

통계청(2019.8.28.). 2018 인구주택총조사 〈등록센서스 방식 집계결과〉 보도자료.

헤럴드경제(2019.5.23.). OECD 최저 '아동 삶의 질 높이기 '총력 초등교실 놀이공간 5년간 5000억 투입. http://biz.heraldcorp.com

ChosunBiz10 years(2020.7.7). '혼자 사는 사람들' 현황 파악한 통계 새로 만든다.

메모

chapter

03

아동복지발달

2000년 역사 복지제도 '환과고독'

'환과고독鰥寡孤獨'. 늙고 배우자가 없는 홀아비 · 과부, 어리고 부모 없는 사람, 늙고 자식이 없는 사람, 즉 일할 능력이나 의지할 데가 없는 늙은이와 어린이를 일컫는 한자성어이다.

출처 : http://webzine.lh.or.kr/Contents.asp?BN=7203&Etc1=6&SQC=161214210901623328 LH 웹진

우리나라에서 '환과고독'에 대한 지원은 삼국시대에서부터 시작되었다. 《삼국사기》 신라본기에 유리왕이 전국을 다니며 '환과고독'에게 생존에 필요한 것을 공급해주었음이 기록에 있다. 고구려시대는 고국천왕 때 왕명에 의하여 '환과고독'을 위한 구제가 이루어졌고, 백제 역시 비류왕 9년에 각 지역을 순회하는 특사를 통해 환과와 부양가족이 없는 백성에게 관곡을 지급하는 등의 구제활동을 펼친 것을 찾아볼 수 있다. 고려시대로 넘어가서도 '환과고독'은 이어져서 외롭고 힘없는 백성을 우선 보호 대상자로 지정하여 곡식을 주거나 각종 세금을 면제해 주었다.

오늘날에 들어서도 이들 환과고독을 배려한 정책은 계속 이어져, 기사 속에서는 경기도 연천군에서 노인의 안정적인 노후생활 보장을 위해 일자리 제공 및 혼자가 된 노인들을 대상으로 한 '노인 돌보미 서비스'를 확대 추진하는 복지서비스를 제공하고 있음을 보여 주고 있다. 최근 들어 이혼과 가출 등으로 가족해체가 증가하면서 저소득 가정 아동들이 방치되고 있는 경우가 많은데, 지역 공공기관에서 이들 취약계층 아동과 가족에게 다양한 복지서비스를 제공하고 있으며 방과후 돌봄서비스 기관과 연계시켜 지원을 해 오고 있음이 기사 속에 나타나 있다.

현대사회에서 위의 '환과고독'에 해당되는 사람들을 사회적 취약계층으로 인식하여 다양한 복지정책과 서비스를 제공하고 있는데, 위의 기사를 통해 살펴보면, 이는 현대에 와서 복지가 갑자기 시작된 것이 아니라 먼 옛날 과거에서부터 역사 속에서 이러한 복지에 대한 인식과 정책, 실제 지원이 있었음을 짐작해 볼 수 있다.

출처 : 경인일보(2014.3.4). http://www.kyeongin.com/main/view.php?key=814866

◆ 위의 기사 내용을 읽고 현대사회 속의 다양한 아동복지정책과 서비스들이 어디서부터 출발되었는지에 대해 함께 이야기 나누어 보고 생각해 봅시다.

Chapter 03

아동복지발달은 그 나라의 아동에 대한 관심, 아동관과 아동복지를 위한 그 동안의 정책활동의 역사 및 변천과정으로 이해할 수 있다. 아동복지발달은 각 나라의 시대적 아동의 위치와 아동에 대한 인식의 흐름을 반영하며, 이는 각 시대의 지배적인 사회적 가치와 사상, 사회 · 경제적 환경 및 변화 등과 밀접하게 관련되어 역사로 진행되어 왔다. 아동복지의 발달을 잘 이해하기 위해서는 그 나라의 각 시대적 · 사회적 배경을 잘 고려해야 할 것이다.

이 장에서는 아동복지의 발달과 변천과정을 국가별로 살펴보려고 한다. 먼저, 한국의 아동복지가 어떤 과정을 거쳐 발달해 왔는지를 살펴보고, 이어서 주요 선진국인 영국, 미국, 스웨덴, 일본 등의 외국의 아동복지발달사를 알아보고자 한다. 각 나라의 아동복지 역사를 이해함으로써 그 나라의 중요한 아동복지정책들의 형성 및 발달과정, 또한 현재의 아동복지제도가 나아가고 있는 방향에 대해서도 이해할 수 있음에 목적을 둔다.

1. 한국 아동복지발달

1) 근대 이전 한국의 아동복지(전통사회) : 구제 중심 아동복지

고대 전통사회의 우리나라 아동복지는 아동의 권리나 인격을 위한 복지라기보다는 고아나 기아 등과 같은 어려운 형편의 아동들에 대한 구제 차원의 성격이었다.

(1) 삼국시대

《삼국사기》에 의하면, 신라 제3대 유리왕 때에 '환과고독노병鰥寡孤獨老病'이라고 하여 홀아비, 홀어미, 고아, 아들 없는 이, 늙은이, 병든 이 등과 같이 자활하기 어려운 자들을 요보호 대상자로 정해, 왕명으로 관가에서 무료급식과 왕육을 시행하였다. 백제 온조왕 33년과 고구려 태조왕 56년에는 아동을 포함하여 재해를 당한 사람들에게 관곡을 배급하였다고 기록되어 있다.

(2) 고려시대

고려시대에서는 불교가 융성함에 따라, 천재지변이나 흉년, 질병 등으로 인해 부모에 의해 양육 · 보호가 어려워진 고아, 기아, 빈곤아동들을, 불교의 기본 정신인 자비사상에 입각하여 종교적인 차원에서 사찰에서 위탁하거나 수용, 양육하여 승려로 양성하였으며, 민가에서도 이러한 아동들 양육한 후에 양자녀나 노비로 삼기도 하였다. 고려시대는 신분 차별이 있는 계급사회였으므로 고아를 데려다 노비로 삼는 경우도 있었으며, 민가에서 수양을 빙자로 고아에 대해 인신매매나 약탈과 같은 폐해가 있기도 하였다.

성종 13년에는 왕명에 의해 돌봐줄 친척이나 가족이 없는 나이 어린 고아를 10세까지는 관官에서 수용하되, 10세 이후에는 본인의 희망에 따라 거주할 곳을 정하도록 하였는데, 이는 관에서 수용 · 보호하는 시설구제의 형태가 최초로 시작되었다고 볼 수 있다(하상락, 1989). 충목왕 3년에는 우리나라 최초 관립 영아

원인 해아도감을 설치하여 요보호 유아들을 보호, 양육하였다.

(3) 조선시대

조선시대에는 고아, 기아, 빈곤아동에 대한 법령이 만들어지는데, 조선 후기 22대 정조 7년에 '자휼전칙字恤典則'이라는 대표적인 아동보호법령이 제정되었다. 자휼전칙은 '흉년을 당하여 걸식하거나 버려진 아이들의 구호방법을 규정한 법령'(곽효문, 2001 : 60)으로, 서울이나 지방에서 흉년을 당하여 기근이 심할 때, 10세 이하의 아동들이 걸식하거나 버림받아 굶주리므로, 이런 부랑 걸식 아동들이 부모나 친척 등 의지할 곳을 찾을 때까지 관가에서 구호하는 구휼법이다(곽효문, 2001).

자휼전칙의 세부 내용을 살펴보면, 행걸아는 진휼청에서 구호하여 병의 치료 외에 옷과 정해진 분량의 식량을 지급하였으며, 또한 유기아는 유모를 정하여 젖을 먹이고 유모나 거두어 기른 사람에게도 정해진 분량의 식량을 지급하였다. 행걸아나 유기아를 수양하고자 하는 자가 있을 시에는 진휼청을 거쳐 자녀나 노비로 삼을 수 있게 하였다(한국정신문화연구원, 1999 ; 곽효문, 2001 재인용). 자휼전칙은 유기 및 부랑 걸식아동 등과 같은 요보호아동의 보호에 있어 국가의 책임과 역할을 인정하고 이런 요보호아동들의 수용 · 보호를 최초로 제도화했다는 점에서 의의를 지닌다.

2) 근대 한국의 아동복지 : 조선시대 말~일제강점기, 광복 이전

> 이 시기 우리나라 아동복지의 특징은 외국의 종교기관 또는 단체가 아동복지사업을 주도하였고, 이들을 통해 진행된 수용시설보호제도가 우리나라에 도입 및 시작되었다고 볼 수 있다.

조선시대 말에는 서양 선교사들의 포교활동의 일환으로 자선사업활동이 활발하였으며, 갑오개혁 이후 외국 종교단체가 대거 입국하여 아동구호와 육아사업 및 의료사업을 실시하였다.

1880년 프랑스 장 블랑Jean Blanc 신부에 의해 양로원과 고아원이 한양에 처음 개설되었고, 1886년에는 미국 선교사 언더우드가 고아들을 모아 예수학당과 구세학당을 설립하여 운영하였다. 1906년에는 한국인에 의한 최초의 고아원인 경성고아원이 이필화에 의해 설립되었다.

1910~1945년의 한국은 일제점령기에 있었고, 따라서 모든 복지제도는 일본의 속국으로서의 지위에서 이루어졌다. 일제강점기의 아동복지는 아동은 미래의 병력 또는 노동력으로 취급당해 최소한의 보호와 구제만을 제공받았다. 1921년 조선총독부는 경성고아원을 인수하여 제생원이라는 수용시설을 설립하여 각종 구호사업을 지휘, 감독하였고, 1930년대에는 각 지방에 보육원 및 사회복지시설을 설립하였다.

총독부 시기에는 우리나라 천도교에서 민간 차원의 소년운동이 일어났는데, 소파 방정환을 주축으로 조선소년운동협회를 조직하여 1923년에는 소년운동선언을 발표하였고, 이는 아동의 인권을 보호하고자 한 우리나라 최초의 아동권리 선언이라 할 수 있다(박정란, 서홍란, 2001 ; 한미현 외 2013 재인용). 또한 '어린이'라는 순 한국말을 만들어 보급하고, '어린이날'을 제정하는 등 아동문화를 확산시키고 교육·계몽 등의 목적을 가진 아동보호운동을 하였으며, 이러한 소년운동은 민족독립운동의 성격을 띤 사회운동의 의미도 지니고 있었다.

일본은 1944년에 조선구호령을 제정하는데, 이는 우리나라 본국의 구호법(1929)을 기초로 하여 「모자보호법」과 「의료보호법」을 부분적으로 부가, 종합하여 제정, 실시한(박희숙 외, 2015) 공공부조제도이자 법률이다. 조선구호령은 생활이 빈곤한 임산부, 65세 이상자 및 신체장애인, 그리고 13세 이하의 아동을 대상으로, 거택구호를 원칙으로 하며, 거택구호가 불가능한 경우에는 개인 가정에 위탁하거나 구호시설에 수용할 수 있도록 조치하였다. 조선구호령 제정의 실상은 구빈 목적이라기보다 명목적인 것에 불과하였으며, 아동복지보다는 식민지 통치를 보다 강화하고 주민 통제의 목적을 달성하고자 실시되었다고 볼 수 있다(도미향 외, 2015).

3) 현대 한국의 아동복지

(1) 1945~1960년 : 사회구호 차원의 아동복지

1945년 광복 이후 혼란한 사회정세 속에서, 많은 빈곤아동들이 발생되는데, 이 문제를 국가 재정으로 감당하기 어려워 자선활동에 의한 사회사업을 권장하였고, 그 여파로 아동들을 위한 수용, 보호시설이 증가하게 되었다. 1946년에는 이우선에 의해 한국인이 최초로 세운 고아원이 설립되었고, 1946년에 아동노동법규가 공포되어 14세 미만의 어린이 노동에 대한 보호법규가 제정되었다.

1948년 대한민국 건국 당시, 우리나라는 수많은 귀환동포와 세계 최빈국으로서 빈곤문제가 대단히 심각하였으며, 그럼에도 불구하고 그 당시의 산업화수준과 국가능력 등에서 볼 때, 체계적인 복지정책이 제정되고 집행될 수 있는 국가여건들이 마련되어 있지 않았으며, 따라서 이 시기 복지정책은 일제가 1944년에 공포한 조선구호령과 미군정청이 실시했던 사회구호사업을 답습하는 수준에 머물러 있을 수밖에 없었다(양재진, 2008).

해방 이후 미군정시대에는 절대적 빈곤을 극복하기 위한 구호사업이 주를 이루었고, 곧 이은 1950년대 한국전쟁 이후에는 가족을 잃은 수많은 전쟁고아, 기아 및 부랑아와 같은, 요보호아동들에 대한 복지수요가 폭증하였으나, 전쟁과 그에 관한 수습만으로도 당시 정부는 역량 부족이었다(양재진, 2008). 이 시기에 아동복지정책의 대부분은 전쟁고아, 피난민, 이재민을 위한 시설수용과 보호중심의 구호사업이 주를 이루었는데, 그들을 위한 응급처치와 임시구호가 본격화되면서 정부의 서비스와 제도적 장치가 미비하자, 외국의 각종 원조단체들이 크게 지원하였다. 한국전쟁 이후 시기의 한국의 아동복지의 재원과 서비스는 국가 주도하의 복지가 아닌, 주로 외원이나 민간 차원의 원조와 서비스에 의존한, 요보호아동을 위한 잔여적 사회구호적 차원과 형태에 머물렀다. '1959년의 경우, 아동복지시설의 운영재원은 국고보조 22.9%, 외원 41.5%, 자체 수입 21.5%, 기타 14.1%로 구성'되어 있었는데, 이러한 외원 중심의 아동복지시설의 운영은 1960년대까지 지속되었다(도미향 외, 2015 : 101).

다수의 외국기관이 국내에 들어와 활동하면서 아동후원사업을 전개하였고, 이들 외국기관 및 민간 독지가들을 중심으로 전쟁고아의 보호, 수양, 해외입양 등을 위해 설립된 수용시설 중심의 아동보호사업은 1950년대에 급속히 증가해 1960년대에 아동복지시설은 그 당시 전체 사회복지시설의 80%에 달하였다(이혜경, 1992). 또한 이 시기 아동복지시설의 주요 사업은 전쟁고아에 대한 해외입양사업, 시설보호 중심의 아동복지, 아동후원사업 등이 전개되었으며, 이러한 아동복지사업은 1970년대까지 외국의 원조기관에 의해 추진되었다.

(2) 1961~1980년 : 선별적 아동복지

이 시기의 아동복지는 요보호아동을 대상으로 한 선별주의적 아동복지사업이었다. 1961년에 「아동복리법」과 「생활보호법」이 제정되면서 요보호아동에 대한 국가적 책임이 법제화되었으며, 1970년대에도 국가 개입을 최소화하는 잔여적 복지정책이 지속되었으나, 외원기관의 점진적인 철수와 지원의 감소로 인해, 요보호아동에 대한 국가의 역할이 더 늘어나게 되었다. 아동복지시설 운영에 국가의 개입이 불가피해짐에 따라 아동보호정책도 점차 국가 중심 체제로 전환되었고, 선별주의 원칙에 입각한 복지서비스를 제공하던 시기였다.

1960년대 초의 한국사회는 해방과 한국전쟁의 여파로 절대적 빈곤이 내내 지속되었으며 국민의 절반 가까이가 절대빈곤상태에 놓여 있었다. 박정희 정부는 경제성장만이 이러한 절대빈곤문제를 해결할 수 있다고 보고, 정부 주도의 경제성장정책을 추진해 나갔다(안상훈 외, 2010). 경제성장이 정부의 다른 어떤 가치들보다 최우선시되는 상황에서 보편적인 사회복지제도가 발전하기는 어려웠고, 이 시기의 제도들은 경제성장에 부정적인 영향을 주지 않도록 그 한계를 두고 있으며(장인협, 오정수, 2001), 따라서 공비부담의 극소화와 요보호아동에 대한 복지서비스의 제공을 통한 선별주의에 입각한 잔여적 형태의 아동복지서비스가 시행되었다(한미현 외, 2015). 이 시기의 사회보장제도는 실체적이라기보다는 형식적인 제도 마련이 중심이 되었으며, 투표를 의식한, 정책실현 가능성을 깊이 고려하지 않은 복지사업의 설정과 복지입법을 특징으로 하고 있다(안종범, 2011). 그럼에도 불구하고 이후 우리나라 사회보장제도의 기초를 제공하는 각종 법규가 입법화되었다는 긍정적 측면도 가지고 있다. 1961년 「생활보호법」, 「아동복리법」을 시작으로, 1961년 「고아입양특례법」, 1963년 「사회보장에 관한 법률」, 「산업재해보상보험법」, 1970년 「사회복지사업법」, 1976년 「입양특례법」 등의 법이 제정되었고, 사회복지의 측면에서 볼 때, 이러한 각종 복지 관련 법들의 제정은 우리 사회에 복지의 기초를 성립하였다(안상훈 외, 2010). 그러나 이러한 법률의 제정 배경에는 당시 군사 쿠데타로 집권한 정부의 정당성을 공고히

하려는 의도가 담겨 있어, 복지 자체가 목적이기보다는 정권의 유지를 위한 수단으로 이용되었다(한성심, 송주미, 2015 ; 윤매자 외, 2015 재인용).

1960~1970년대는 국내외 아동입양사업이 확대되었고, 1961년 「고아입양특례법」을 통해 한국전쟁으로 인한 고아와 유기아동의 해외 입양에 대한 요건과 절차가 법제화되었다. 국내 입양의 어려움으로 국내 입양 아동 수는 정체된 반면, 해외 입양은 계속 증가하였으나, 기아 또는 결손가정의 아동 등 요보호아동의 시설보호를 억제하고 국내의 가정에 입양되어 양육됨을 지향하는 「입양특례법」이 1976년에 제정되었다.

(3) 1980년대 이후~2000년 : 보편적 아동복지의 지향

1980~1990년대 한국의 아동복지는 아동복지의 대상을 요보호아동에서 일반아동을 포함하는 모든 아동으로 확대함으로써, 시설수용 및 시설입소 중심의 보호와 해외 입양사업에 치중되었으나 1990년대 이후부터 가정과 지역사회 중심의 보육서비스, 국내 입양, 가정위탁보호사업, 재가복지서비스로 확대 발전되었다(이순자 외, 2015).

1981년에 기존의 「아동복리법」을 개정하여, 새롭게 「아동복지법」이 제정되었고, 이를 근거로 아동복지서비스의 보호 대상이 요보호아동으로부터 18세 미만의 전체 아동으로 확대되어, 선별적 아동복지에서 보편적 아동복지서비스로의 인식의 전환과, 아동복지에 대한 국가의 역할 증대 및 아동복지서비스의 전문화와 다양화를 지향하기 시작하였다. 1990년의 아동복지시설의 운영비를 보면 정부 지원 65%, 자체 수입 15.8%, 민간보조 12%, 기타 7.3%로, 1950~1960년대의 외국 재원 중심의 운영에서 국가 중심의 운영체제로 전환되고 있음을 알 수 있다(도미향 외, 2015 : 103). 1990년대에는 산업화에 따른 여성의 취업증가로 맞벌이 가정이 늘어나고 가족구조가 핵가족화되면서 보육수요 또한 늘어나게 되었다. 보육사업 전문화의 필요성이 제기되었고, 이에 1991년 「영유아보육법」이 제정되었다. 「영유아보육법」을 통해 「아동복지법」 안에 있는 보육사업을 전문적으로 다루게 되었고(박희숙 외, 2015), 이는 모든 아동을 위한 보편적 보육서비스 제공의 기반을 마련하였다. 보육사업은 처음에는 저소득층을 대상으로 시작하였으나, 1990년대 이후에 이르러서는 점차 일반가정의 아동에게로 확대되었으며 우리 사회의 대표적인 가족보충사업이 되었다(한성심, 송주미, 2015).

1997년 외환 위기로 인한 IMF구제금융과 이로 인한 부모의 실직 및 경제적 어려움과 같은 사회적인 문제는 많은 아동복지적 요구를 발생시켰다. 이러한 시대적 요청에 대하여, 국가는 실직가정에 대한 결식아동 지원 및 학자금 지원 등과 경제적 원조를 제공하였으며, 빈곤아동의 방과 후 교실이 운영되었다(도미향 외, 2015). 1990년에는 '유엔 아동권리협약'에 가입함으로써, 우리나라 아동복지의 내용과 수준이 세계의 기본적인 아동권리 및 복지정책, 그리고 국제연합의 규약을 충족시켜 주는지에 대한, 국내법 검토 및 관련 부처 간의 협의를 지속적으로 실시해나가고 있다.

(4) 2000년대 이후~현재 : 보편적 아동복지

2000년대 이후 우리나라의 아동복지는, 요보호아동의 보호대책 외에 모든 아동의 인권과 권리, 안전에 대한 국가, 사회적 관심이 더욱 높아지고, 정책 차원의 예방과 개입이 강화되었으며, 보편적 보육의 강화와 더불어, 기존 잔여적 복지사업의 내실화 및 다양화 등의 특징을 보이고 있어 전반적으로 권리보장을 위한 보편적 아동복지로 나아가고 있다고 볼 수 있다(한성심, 송주미, 2015). 1990년대 외환 위기 이후 부모의 이혼, 가출, 경제적 빈곤 등의 이유로 가족 해체가 급증하여, 우리 사회에는 조손가정과 한부모가정이 지속적으로 증가하고 있는 추세이다. 또한 결혼이민자와 외국인 근로자의 증가로 다문화가정이 늘어나고 있다. 따라서 최근에는 아동학대, 청소년비행, 약물남용, 미혼모, 가족 해체 등과 같은, 가정 내 문제의 증가에 따른 가정보호서비스, 장애아동서비스, 학교사회사업서비스, 다문화가정아동서비스 등이 새롭게 부각되고 있다(도미향 외, 2015). 2000년 이후 우리나라 아동복지서비스는 아동보호전문기관, 가정위탁지원센터, 공동생활가정, 지역아동센터, 실종아동 전문기관 등에 대한 국가적 지원의 확대를 통하여 다양한 아동복지서비스가 활성화되고 있는데, 이는 아동이 가지는 다양한 문제에 대해 국가가 사후대처와 사전 예방을 함께 지향하는 정책방향으로 나아가고 있다고 볼 수 있다(이재연 외, 2015).

아동학대예방사업은 1990년에 들어와서야 사회적 관심을 갖게 되었고, 2000년에 「아동복지법」이 개정되어, 학대아동에 관한 법적 조치가 강구되었으며, 2001년에는 아동보호전문기관 17개소가 설치되고 전국 규모의 아동보호서비스

표 3-1 역대 정부의 주요 복지정책

정부별(대통령) / 정책기조	3, 4공화국 박정희 (1960~1980)	5공화국 전두환 (1981~1987)	6공화국 노태우 (1988~1992)	문민정부 김영삼 (1993~1997)	국민의 정부 김대중 (1998~2002) 생산적 복지	참여 정부 노무현 (2003~2007) 참여 복지	이명박 정부 (2008~2012) 능동적 복지	박근혜 정부 (2013~2017) 맞춤형 고용·복지
사회보험	산재보험(1964)			고용보험(1995)	산재/고용보험 확대(2000~05)			
	건강보험(1977)	건강보험 확대	전국민 건강보험(1989)		의약분업(2000), 건강보험 통합 (조직 2000, 재정 2003)		노인장기요양보험 (2008)	의료보장성 강화 (2013~), 장기요양 치매 특별등급 신설
	공무원연금 (1960), 군인연금(1963), 사학연금(1975)		국민연금(1988)	국민연금 확대	전국민 국민연금 기반 구축(1999)	「국민연금법」개정 (급여 인하 등, 2007)	「공무원연금법」 개정(2009)	
공공부조, 보훈	생활보호제도 (1962), 국가보훈(1962) 의료보호제도 (1977)	영세민종합대책 (1982), 사회복지전문요원(1987)	저소득층 영구 임대주택(1989)		경로연금(1998), 국민기초생활보장제도(2000)	「기초노령연금법」 (2007), 차상위계층지원(2004), 장애수당 확대 (2005)	기초노령연금 (2008), 장애인연금(2010)	기초연금(2014), 기초보장 맞춤형 급여(2014), 일을 통한 빈곤탈출(2013)
사회서비스	가족계획사업 (1962), 심신장애자종합대책(1978)	노인복지기반 마련(1981), 재가노인복지사업(1987)	장애인복지대책위원회(1989), 장애인등록제 (1988)	공중보건, 건강증진 확대(1995), 보육시설확충계획(1995)	장애인복지5개년 계획(1998)	보육확대(2004), 저출산 고령사회 본격대응(2005), 사회서비스일자리(2004), 다문화가족센터 (2006), 퇴직연금제도 도입(2005)	5세아 누리과정, 0~2세아 무상교육(2012), 적극적 노동시장정책(2008)	무상보육·무상교육 실현과 내실화(2013~), 보편적 주거복지, 경력단절여성 지원 등
교육 분야							든든학자금대출 (ICL, 2010), 맞춤형 국가 장학금(2012)	든든학자금 대출이자 인하, 반값등록금 지원 확대(2013)
조세지출							근로장려세제 (EITC, 2009)	EITC 확대

출처 : 최병호(2014).

체계가 구축되었다(윤매자 외, 2015). 또한 아동학대 신고의무와 절차 및 처벌조항이 강화되었다. 「아동복지법」은 2007년 성폭력 예방교육 및 성폭력 피해아동에 대한 지원 확대, 2008년 실종, 유괴 예방교육 실시, 2012년 아동종합실태조사와 아동정책기본계획의 수립, 2014년 「아동학대범죄의 처벌 등에 관한 특례법」 등으로 개정되어 오고 있다(도미향 외, 2015).

세계화에 따른 결혼이민자와 외국인 근로자가 우리 사회에 급속히 증가하고 있으며, 이런 추세에 대응하여, 다문화가족구성원의 안정적인 가족생활과 삶의 질 향상 및 사회통합을 목적으로 2008년에는 「다문화가족지원법」을 제정하여 다문화가정 아동들의 복지 증진을 위해 다양한 지원책을 마련하여 제공하고 있다. 또한 2007년 「장애인 등에 대한 특수교육법」을 제정하여, 유치원 및 고등학교과정 특수교육에 대한 의무교육의 법적 근거를 마련하였으며, 2010년부터 특수교육 대상자에 대해서는 만 5세 이상의 유치원에서 고등학교 과정까지를 의무교육으로 정하였고, 2012년부터는 유치원과정부터 만 17세 이하 고등학교과정까지를 특수교육의 의무교육기간으로 확대하였다. 2013년에는 장애아동양육과 교육 및 치료, 가족 지원에 대한 「장애아동 복지지원법」이 제정되었다.

2004년에 「영유아보육법」을 전면 개정하면서, 보육서비스의 질적 향상, 전문성 및 다양화, 보육의 공적 책임을 주요 내용으로 하여 보편주의적 보육 이념이 도입되었다. 기혼여성들의 일과 가정양립의 어려움으로 저출산율이 높아지고, 따라서 국가의 보육에 대한 사회적 책임의 중요성 인식이 확산되었으며, 양육부담의 경감을 위해 정부는 크게 자녀양육비용 지원과 육아 지원 인프라 확충을 중심으로 정책을 시행 중이다. 저소득층 자녀에 대한 보육 지원을 시행한 것을 시작으로 공공보육시설 확대, 차등보육료 지원 확대에서 자녀양육비용 지원 및 육아 인프라 확충을 위한 노력을 기울였다(안상훈 외, 2010). 2012년부터는 보육, 교육에 대한 지원을 확대하여 소득 하위 70%에만 지원하던 보육료 지원을, 부모의 경제력이나 소득에 관계없이 만 5세 모든 아동에게 지원하였다(이순형 외, 2015). 그 외에 정부는 가정에서 양육되는 영유아에게 일정액의 양육수당을 2013년부터 제공하고 있으며, 2013년부터는 만 3~4세 아동들에게까지 보육료 지원이 확대 시행되어, 보육, 교육에 대한 국가의 책임을 강화하고 만 3~5세에 대한 공통 유아교육과정누리과정을 도입하였다. 이는 우리나라의 모든 아동 중심의 교육, 보육서비스 확대를 통한 보편적이며 제도적인 아동복지를 실현하려는 노력으로 볼 수 있으며, 유아기에 대한 국가 책임이 강화되고, 가정경제의 부담을 덜어주며, 동일선상에서 생애 초기 교육을 시작하게 하려는 복지의 목적을 지닌다.

정부의 최근 유아교육 정책방향은 교육의 공공선 실현을 위해 유아교육의 국가 책임을 확대하고 국공립 유치원의 단계적 확충을 통한 학부모 부담 완화 및 양질의 교육 기회를 도모하며, 저소득층 · 다문화 · 특수유아 등 소외계층 유아에 대한 지원 확대, 사립유치원 공공성 강화, 학부모 참여프로그램 다양화 및 학부모가 안심할 수 있는 유아 교육환경 조성**학부모안심교육인증제 도입, 유아 안심알리미 실시 등**, 현장에 적합한 평가체계 마련 등이 있다(교육부, 2018). 특히, 2013년부터 시행된 공통 유아교육과정인 3~5세 누리과정을 2019년에 개정하여, 4차 산업혁명시대 인재양성을 위한 유아교육 패러다임 변화 요구**창의성, 문제해결능력, 협업능력, 도전정신, 호기심, 자발성 등**를 반영, 유아가 중심이 되는 교육방법 및 지도방법 개선을 추진하였다. 놀이 · 유아 중심의 누리과정 개정(2019)을 통해 이전의 교사 주도의 계획된 수업이나 지침서에서 탈피하여 개별 유아의 다양한 특성을 반영할 수 있는 놀이 · 유아 방식으로 교육과정 개편하고, 놀이 관찰과 기록, 교사–유아와의 질적 상호작용 등이 강조되고 있다(교육부, 2018).

표 3-2 2019 개정 누리과정 시행

구분	2018년	2019년	2020년	2021년
교육과정 개편	• 교육과정 개편 정책 연구(기초, 심화)	• 연구학교 운영 및 교육과정 개정 고시	교육과정 전면 시행 →	
지침서 개편	• 교육과정 지침서 개편	• 교육과정 지침서 개편에 따른 다양한 교육방법 등 운영사례 공유 • 교육과정 운영을 위한 놀이사례집 제작 및 배포 →		

출처: 교육부(2018).

2. 외국 아동복지발달

외국의 아동복지는 크게 '산업화 이전의 시기'고대, 중세사회와 산업혁명 이후의 자본주의사회가 발전하기 시작한 '산업화 이후의 시기'로 구분해서 생각해 볼 수 있다.

이는 산업화를 기점으로 그 시대 사회의 아동관이나 아동복지의 책임주체 및 서비스에 있어서 많은 변화가 있기 때문이다.

고대사회의 아동은 성인의 소유물로 취급받아, 풍속, 미신 등에 의해 생명을 희생당하기도 하는 무력한 존재였으며, 아동의 인간으로서의 존엄성을 인정받지 못했다. 종족보존이나 노동력 기여 여부가 영아 생존 판단의 기준이 되어, 몸이 약하거나 질병, 장애가 있는 아동 등은 사회나 가정에서 부담으로 여겼으며, 그러한 문제를 해결하는 방법으로 영아살해, 유기, 기아, 아동매매 등의 방법이 공공연히 이루어졌다(한미현 외, 2015).

중세사회는 봉건제도하의 엄격한 신분사회였으므로 부모의 지위와 신분계급에 따라 아동의 지위와 가치도 다르게 취급받았고 그 보호의 차원도 달라졌다. 신분이 높은 계급의 아동은 혈통의 계승자로, 낮은 신분 계급의 아동들은 농노로서 노동력 등을 착취당하였다. 한편, 중세는 기독교적인 종교의 영향력이 강했으므로, 생명을 죽이는 행위를 금하였으며, 낙태, 영아살해 등이 죄악시되었다. 아동유기나 살해에 대한 대안으로, 교회시설을 활용하여 가난하거나 갈 곳이 없는 아동들을 보호하였고, 시설보호가 시작되었다. 그러나 이 시기의 아동보호는 동정적인 감정에 근거를 둔 종교적 자선행위였고, 아동의 존엄성이나 권리를 위하는 현대적 의미의 전문적 아동복지사업은 아니었다(노명희 외, 2014).

근대사회는 상공업의 발달과 16세기 초 영국의 산업혁명의 영향으로 중세 봉건사회가 급격히 무너지면서 자본주의제도가 탄생한 시대이다. 봉건제사회의 붕괴로 대부분의 농노들은 도시에 일자리를 구하기 위해 몰려들었고 공장의 노동자가 되었다. 공장주들은 값싼 노동력을 얻기 위해 가난한 가정의 아동들을 모집해 노동을 시켰고, 장시간의 노동으로 인한 노동착취문제도 나타나게 되었다. 빈곤, 실업, 주택문제, 노사문제 등 다양한 사회문제가 생겨나게 되었으며 영국의 「엘리자베스 구빈법」(1601)의 제정은 이러한 문제들을 국가가 해결하기 위한 최초의 시도였으며, 보호가 필요한 아동에 대한 국가적 개입이라는 측면에서 아동복지제도의 출발점이라고 볼 수 있다(도미향 외, 2015).

19세기 중반까지 고아나 버려진 아동은 시설에 수용보호하는 것이 대부분이었으나, 수용소 생활은 열악했고, 수용보호를 받던 많은 아동들이 그 안에서 죽었으며, 아동의 집단적 수용보호에 대한 비판이 일기 시작했다. 이에 19세기 후반부터는 수용보호 중심의 아동보호에서 위탁가정운동이 전개되었다(이순자 외, 2015). 봉건제도가 붕괴되고 산업화로 인해 여성의 노동력이 필요함에 따라 여성의 사회진출이 늘어났고, 가족의 양육기능을 사회가 대체해야 하는 현상이 대두되면서, 아동복지의 필요성에 대한 인식 또한 생겨나게 되었다.

현대사회에 들어와 20세기는 프로이트, 에릭슨, 피아제 등과 같은 학자들에 의해 아동발달과 심리학 및 교육학적 연구가 활발하였으며, 이를 바탕으로 아동기의 중요성이 강조되었고 성인의 소유물이 아닌, 하나의 독립된 인격체를 지닌 존재로서 아동권리에 대한 인식이 확대된 시기이다. 미국의 루스벨트 대통령은 1909년 제1회 백악관회의를 주최하여 아동복지에 대한 정부의 책임을 처음으로 공식화했으며, 1959년 유엔이 아동권리선언을 선포하였다. 1989년에는 유엔총회에서 '아동의 권리에 관한 국제협약'이 채택되어, 아동을 독립적 기본 권리를 가지는 주체로 인정하고 아동과 관련된 모든 결정에 있어서 아동의 최선의 이익이 일차 기준이 되어야 함을 법적으로 명시하여 아동의 법적 지위를 높였다. 1991년 '아동의 권리에 관한 협약'이 국제법으로 공포되었으며 우리나라는 1990년에 유엔회원국으로서 이 협약에 서명하여 1991년 국회 동의를 거쳐 협약에 가입했다(이순자 외, 2015). 현대사회에 들어서면서, 요보호아동만이 아닌 모든 아동을 대상으로 하는 보편적 복지서비스 실현과 국가의 역할이 더욱 강조되고 있다. 또한 인종, 종교, 정치이념, 경제적 수준 등으로 차별받지 않고 가능한 한 모든 나라의 아동이 기본적인 복지를 보장받을 수 있도록 하기 위한 국제적 노력이 이루어지고 있다.

이상으로 고대, 근대, 현대사회를 거치면서 외국의 아동복지가 어떠한 흐름으로 발달하였는지 간략히 살펴보았고, 이어서 주요 선진국인 영국, 미국, 스웨덴, 일본의 아동복지에 대해 국가별로 알아보려고 한다.

1) 영국

(1) 영국 아동복지발달의 역사

영국의 아동복지는 「엘리자베스 구빈법」1601을 중심으로 전개되어 왔다고 볼 수 있다. 영국은 세계 최초로 국가에서 구빈법을 제정하여 빈민 구제에 대한 국가의 개입을 규정하였는데, 이는 이후 300여 년 이상 영국의 복지제도의 근간을 이루어 왔으며, 또한 여러 나라의 구빈사업의 기본법이 되어 큰 영향을 미쳤다. 「엘리자베스 구빈법」은 구제대상의 빈민을 총 세 부류로 구분하였는데, 노동 가능한 빈민, 노동 불가능한 빈민, 그리고 요보호아동이 포함되었다. 이는 성인뿐만이 아니라 요보호아동의 복지에 대한 국가적 개입과 책임을 최초로 규정하였다는 측면에서 아동복지제도의 시작점이라고 볼 수 있다(도미향 외, 2015).

1802년에는 「공장법」이 공포되어, 최초로 아동의 노동에 대한 보호가 제정되었는데, 연소자노동은 1일 12시간 이내로 제한되었으며, 1834년에 「구빈법」은 「신빈민법」으로 개정되어, 아동 근로기준이 강화되면서 9세 이하의 아동은 노동을 금하였고 13세 이하는 주 48시간으로 제한하였다. 1870년에는 세계 최초로 초등의무교육을 5세 아동부터 실시하였고, 1874년 출생신고 의무화가 이루어졌으며, 1889년에는 「아동학대방지법」이 제정되었다.

1945년에는 「가족수당법」을 제정하여 경제적 · 사회적 지위에 관계없이 한 가정에 자녀가 둘 이상일 경우, 16세 미만의 아동에 대해 수당을 지급하였다. 1974년에는 「가족수당법」의 개선책으로 「아동수당법」을 제정하여 모든 아동을 대상으로 아동수당을 지급하였다(도미향 외, 2015). 영국의 아동복지가 제도적으로 확립된 것은 1948년 「아동법Children's act」의 제정부터라고 볼 수 있다. 「아동법」은 가족 강화를 기본원리로 하여 아동에게 가장 좋은 환경은 가정이며, 고아, 유기아동, 부양능력이 없는 가정의 아동 등 가정이 결핍된 아동에 대한 부모의 역할을 지역사회와 공공단체가 담당하도록 하였다.

1989년에는 「아동법」이 입법화되고, 1991년에 효력발생하게 되었다. 이 법에서는 부모의 이혼에 따른 아동의 보호, 요보호아동과 가정에 대한 지원 등을 명시하고 있다. 부모는 자녀양육에 책임이 있으며, 법원이나 지방정부에서 아동보호를 담당하게 될 경우, 아동의 복지가 최우선적으로 고려되어야 하고, 아동은 자신의 가정에서 최선으로 양육될 수 있으며, 절대적으로 필요한 경우에만 가정에서 격리하도록 한다는 내용이 포함되어 있다. 아동이 가정에서 분리되어야 할 경우에는, 지방정부는 아동보호시설이 아닌 대리가정이나 위탁가정에서 보호될 수 있게 해야 한다는 '아동권리에 대한 국제협약'의 원칙을 포함하고 있다(한성심, 송주미, 2015 ; 김현용 외, 1997 재인용). 1991년에는 '부모헌장'을 제정하여 부모로서의 역할과 책임 등에 대한 내용을 포함하고 있다.

(2) 현대 영국의 아동복지

영국은 사회보장제도에 의한 가족 강화를 바탕으로, 아동을 정상적인 가정환경에서 양육하는 것을 최대목표로 하고 있으며, 이를 위해 국가가 여러 가지 서비스를 지원하고 있다. 1999년에는 취약 지역 및 취약집단의 가난하고 소외된 아동을 위한 복지정책으로, 영국에서 '슈어 스타트Sure Start' 프로그램(www.surestart.gov.uk)이 시행되었다. 이 프로그램은 0~14세의 아동 및 부모를 대상으로 아동 빈곤 해결 및 조기 교육 기회 제공을 목적으로 하며, 그 외에도 가족의 건강, 취업, 부모역할 지원서비스 등의 통합적인 성격의 프로그램이다(보건복지부, 2012). 1998년 250개 지역 프로그램으로 시작되어 2008년 2,900개소의 슈어스타트 센터Sure Start Children's Centres에서 227만 아동 및 가족을 지원하고 있다. 아동가족예산 중에서도 가장 많은 사업은 슈어 스타트 사업으로 전체의 69% 이상을 점하고 있으며, 2010~2011년 슈어 스타트 사업의 예산은 20억 4,900만 파운드한화 3조 7,000억 원에 이른다(김미숙 외, 2010).

영국은 전통적으로 자녀양육을 개인의 책임으로 보고 국가적 개입이 제한적이었지만, 1997년 신노동당 집권 이후 1998년 '국가보육전략'을 발표하면서 아동에 대한 투자를 3배로 늘렸다(최정은, 2010). 그리하여 1994년에 만 4세 아동의 무상교육을 실시하였고, 이후 2004년에는 만 3세로 확대되어 시행되었다. 3세 이후 유아들에게 연간 570시간의 무상보육주당 15시간 38주 기준이 제공되며, 맞벌이부모나 부모 휴직 및 병가 등으로 휴직 중이고 16시간 기준 최저임금 이상 소득이 있는 경우, 주당 30시간의 무상보육이 제공된다. 그러나 부모나 보호자의 연간 과세소득이 10만 파운드 이상인 경우에는 무상보육이 제공되지 않는다(고제이 외, 2017). 빈민 지역의 경우에는 만 2세까지 무상교육을 제공하고 있다. 영국의 보육비용은 매우 비싸고 지역별로 차이가 나타나는데, 일주일 내내 시설을 이용할 경우 주당 149파운드약 30만 원 정도가 소요된다. 영국 같은 경우, 부모의 비용부담은 70%로, 유럽 평균인 부모비용부담 30%와는 차이를 보이고 있으나, 약 10% 저소득가정에 대해서는 보육시설 이용비용의 80%를 국가가 보조해주고 있다(한국여성개발원, 2006).

영국의 가족을 대상으로 자녀양육 등을 지원하기 위한 국가의 대표적인 재정적 지원제도로는 근로세금공제Working Tax Credit와 아동세금공제Child Tax Credit가 있다(장혜경 외, 2006). 이전에 지급되었던 가족수당Family Credit 대신인 근로세금공제는 주당 16시간 이상을 일하는 저소득 가정을 대상으로 지급된다. 자격요건은 부양자녀가 있는 가구나 장애근로자로서 주당 16시간 이상 일하는 성인 독신 가구, 또는 부양자녀가 없거나 장애가 없는 근로자는 주당 30시간 이상의 근로가 필요하다. 근로세금공제를 신청하게 되면, 본인의 소득과 근로시간, 동거인의 소득과 근로시간, 수당수급 내역, 자녀의 연령과 수, 자녀양육으로 지출하는 액수 등을 고려하여 수급 여부 및 금액이 결정된다. 자녀양육요소는 보육시설 이용비용의 80%를 지급받을 수 있다(장혜경 외, 2006).

아동세금공제Child Tax Credit는 자녀를 양육하는 가정의 조세 부담의 경감을 위해 2003년에 새로 도입된 제도로, 자녀양육비 지원에 관한 여러 가지 제도를 통합하여 근로 여부와 상관없이 취학 전후의 자녀를 둔 부모나 보호자에게 주는 혜택제도이다. 기본적으로 가정당 연간 545파운드약 100만 원가 지급되며, 자녀 한 명당 연간 1,765파운드약 350만 원가 추가로 지급되고 장애인 자녀의 경우에는 지급액이 더 올라간다. 아동세금공제는 소득 대비 자산조사를 기반으로 한 수당이지만, 그 기준이 높아 대부분의 영국 내 가족이 수령하고 있다.

영국은 1945년 아동수당제도를 도입한 이후 현재는 16세 이하의 자녀에 대해 정액으로 아동수당을 지급한다. 아동이 첫째인 경우 한 주에 £20.70가 지급되어 월 13.0만 원(£101.4), 둘째 이상부터 아동당 한 주에 £13.70, 월 8.6만 원(월 £67.1) 정도가 추가 지급된다(김나영, 김아름, 2017).

표 3-3 영국의 아동수당 지급 대상 및 액수 *1파운드(£)=1,474.16원(2017.8.9 15:02 기준)

아동수당 시급 대상	액수(주당, weekly)
첫째 또는 외동(eldest or only child)	£20.70
이후 자녀(additional children)	£13.70(per child)

출처: 영국정부 홈페이지(http://www.gov.ok/child-benefit-rates(207.8.1. 인출); 김나영, 김아름(2017).

2) 미국

(1) 미국 아동복지발달의 역사

미국은 초기에 영국의 사회복지제도의 영향을 많이 받았다. 영국의 「구빈법」을 그대로 적용하며 구빈원에서 성인과 아동을 혼합 수용하는 원내 보호와 고용위탁제도 같은 원외 보호가 실시되었으나 많은 폐해가 있었다. 미국의 아동복지도 처음에는 종교단체가 시설보호를 설립하여 주도하였고, 1850년대 이후 시설보호가 아동들에게 적절하지 못하다는 비판을 받은 후, 점차 가정에서의 아동보호를 위한 위탁가정보호사업이 전개되었다. 1853년 뉴욕아동구호협회가 미국 최초로 빈곤가정아동을 위한 가정위탁사업을 실시하였다. 초기 미국의 위탁가정운동은 뉴욕의 위험계층의 아동들을 미국 서부의 기독교 농부의 가정에 위탁함으로써 뉴욕의 도시문제를 해결하고, 또한 위탁아동이 서부의 기독교 가정에서의 양육을 통해 근면을 배워 자립할 수 있다고 믿었다(이재연 외, 2015). 그러나 이러한 위탁가정보호사업은 단순히 아동을 위탁가정을 찾아 연결해 주는 데에만 신경을 썼고 그 이후의 사후관리나 위탁가정에 대한 충분한 사전조사가 미흡했으며, 또한 주로 위탁가정의 필요에 따라 위탁가정의 보호가 결정되는 등 아동의 의사는 반영되지 않았다는 점에서 비판을 받았다. 그럼에도 불구하고 이전의 구빈원 같은 수용보호에서 벗어나 위탁보호가 실시되었다는 점에서는 미국 아동복지에 있어 의미를 지닌다고 하겠다.

미국에 아동문제에 대해 전국적으로 관심이 확산된 것은 1909년에 실시된 제1회 백악관회의The White House Conference가 계기가 되었다. 연방정부가 주도하여 실시한 제1회 백악관회의에서 루스벨트 대통령은 아동을 위한 조치로, 가난하다는 이유로 요보호아동을 가정과 분리할 수 없으며 가정과 분리할 경우 최소한 가정과 비슷한 위탁가정으로(윤매자 외, 2015), 그리고 위탁가정보다는 원가정보호의 우선 강조를 주장하였다. 즉, 아동을 위한 부모의 역할과 가정생활의 중요성을 강조했으며, 이는 아동복지에 대한 국가의 책임을 강조하기 시작하였다고 볼 수 있다. 그리고 1912년에는 아동문제를 전담하는 아동국U.S. Children's Bureau이 신설되어 아동복지를 비롯한 발달, 비행 등 아동에 관한 전반적인 연구조사를 담당하고 실시하였다. 이후 백악관회의는 10년마다 대통령 주재로 열리고 있다.

1930년대 경제대공황으로 사회복지에 대한 국가의 개입이 필요하였는데, 미국의 아동복지사업은 1935년 「사회보장법Social Security Act」이 제정되면서 국가적인 체계를 갖추기 시작하였다. 여기에는 보호아동부조 프로그램ADCP : Aid to Dependent Children Program이 포함되어 있어, 보호를 요하는 아동이 그의 가정 또는 친척집에 머무를 수 있도록 주 정부에서 아동을 양육하는 가정에 제공하는 보조금 지원제도가 포함되어 있다. 1960년대 이후 미국은 경제성장을 바탕으로 도시빈민층 자녀에게 교육과 건강을 지원하기 위해 1964년 헤드 스타트Head Start 프로그램과 푸드 스탬프Food Stamp 프로그램을 실시하였다. 아동복지 관련 법으로서 1974년에는 「가출아동에 관한 소년법」, 「청소년 처우 및 비행예방법」, 「아동학대 예방 및 처우법」 등이 제정되었고, 1980년에는 입양 관련 법이 입법화되어 아동복지제도의 체계를 갖추게 되었다.

(2) 현대 미국의 아동복지

현대의 미국 아동복지는 모든 아동을 위한 보편적 복지제도의 확대보다는, 심각한 문제를 가지는 아동, 시설에서 생활하다가 가정으로 복귀한 아동, 현재 위기 상태는 아니지만 앞으로 위기가 예상되는 가정 및 청소년 등을 위한 가정보호서비스를 위주로 지향하고 있다(보건복지부, 2009).

1960년대 초반, 미국 내 빈곤에 대한 사회적 문제인식이 늘어나자, 존슨 대통령이 '빈곤과의 전쟁'을 시작하였고, 가난이 세습되는 것을 막기 위한 빈곤방지 대책으로 유아교육, 의료 등 다양한 분야의 전문가들로 구성된 헤드 스타트 계획위원회가 발족되었다(조은경 외, 2008). 그리하여, 1964년에 저소득층 미취학 아동과 그 가족에게 건강, 안전, 영양과 교통, 교육, 장애, 정신건강, 부모의 참여 등을 포함하는 종합적인 접근방법으로 서비스를 제공함을 목표로 하는 헤드 스타프 프로그램이 시작되었다(보건복지부, 2012). 빈곤아동은 일반아동에 비해 인지발달이나 건강상태 등에서 뒤떨어지는 경향이 있는데, 이는 나중에 청소년기의 학업 부진에도 영향을 미쳐 결국 성인이 되었을 때 가난이 되풀이되고 악순환된다는 것이다. 조금이라도 어렸을 때 일반아동과 빈곤아동 간의 격차를 줄이는 것이 빈곤 확산을 막는 최선의 방법이라는 관점에서 시행(보건복지부, 2012)되었으며, 이는 빈곤문제에 대한 국가의 예방적 정책이라는 의미를 지닌다고 볼 수 있다. 실제로 국가적인 차원에서도 어린 연령의 아동에 대한 자원투자는 교육성취, 취업, 소득 등과 같은, 아동 개인적인 성과뿐만이 아니라 미래사회의 범죄 감소 및 복지 예산 수요 축소 등과 같은 사회적인 성과가 발생한다(보건복지부, 2012). 1994년에는 0~3세 영아 대상 프로그램Early Head Start으로 확장되었고, 헤드 스타트 프로그램은 2006년까지 1,954개 센터가 운영되며 지금까지 미국의 대표적 · 종합적 복지서비스로 실시되고 있다. 헤드 스타트는 실질적으로 저소득층 아동들에게 교육적 혜택의 기회를 주었고 공립 고등학교의 수준을 높이는 데도 기여하였는데, 이는 기회균등의 제공이라는 미국 복지정책의 가치가 반영된 프로그램이라 할 수 있다.

현재 미국의 사회보장제도 및 정책들은 1935년에 제정된 「사회보장법Social Security Act」 아래의 세부정책들에 바탕을 두고 있다. 이 「사회보장법」은 1996년에 개정이 되었는데, '도움이 필요한 가정에 대한 한시적 보호Temporary Assistance for Needy Families : TANF' 프로그램에 대한 조항이 새롭게 개정되었다. 이전의 피부양아동가족부조AFDC에서 '요보호가족 한시적 지원TANF'으로 바뀌면서, 지원받을 수 있는 자격과 기간 등에서 보다 제한을 두었다.

또한 2003년 아동 및 가족안전법, 2011년 어린이 및 가족서비스 개선 및 혁신법 등의 제정을 통해 개별 가족구성원보다 가족 전체를 대상으로 지지 및 서비스를 강화하는 방향으로 변하고 있다.

미국의 아동 및 가족복지정책들은 연방정부, 주 정부, 지방정부 차원에서 계획, 실행되고 있으며 여러 분야에 걸쳐 이루어지고 있다. 미국의 복지정책은 중앙집권제가 아니라 각 주가 중심이 되어 마련되어 있으며, 아동 관련 복지도 주를 단위로 하여 독자적으로 발전되어 왔다. 주정부는 아동복지 관련프로그램들을 개발, 관리, 운영할 책임을 가진다. 아동복지사업과 관련해서 다양한 법과 규정, 정책과 과정 그리고 절차 등은 주마다 다를 뿐 아니라 다르게 운영된다(신혜령 외, 2015). 현재 미국의 육아휴직제도와 보육사업정책을 살펴보면, 먼저, 육아휴직제도 같은 경우, 1993년에 제정된 「육아휴직 및 병가에 관한 법The Family and Medical Leave Act」(1993)에 근거하여, 단지 12주의 무급휴가가 제공된다(조은경 외, 2008). 이 법에 의하면 50인 이상의 사업체에서는 1년 이상 근무한 자에 한해서, 출산 혹은 입양 시, 또는 돌봄이 필요한 사람아이 또는 부모이 아픈 상황에서, 해고의 우려 없이 12주간 무급휴가를 신청할 수 있다. 주 중에서 캘리포니아, 하와이, 뉴저지, 뉴욕, 로드 아일랜드 등의 예외적인 5개 주에서는 임신이나 출산으로 단기간 일을 못하게 되었을 때 대략 10~12주 정도의 유급휴직 혜택을 보장하고 있다(조은경 외, 2008).

미국은 만 5세 이상부터 받는 공교육은 무상교육이 이루어지고 있으나 취학 전 연령인 만 3~4세 아동들은 대부분 사립유아교육기관들을 이용하고, 교육비는 각 가정에서 부담한다. 다만, 연방정부가 저소득층 아동을 대상으로 지원하는 헤드 스타트 프로그램과 일부 주 정부가 저소득층이나 전체 대상으로 공・사립학교에 교육비를 지원하는 pre-K 프로그램이 있다(육아정책개발센터, 2008). 저소득층 0~3세 영유아들은 조기 헤드 스타트Early Head Start 프로그램을 통해 교육비를 지원하고 있다. 미국의 보육정책사업은 공적인 지원은 제한적이며, 민간의 의존성이 높고, 가족이 아동보육을 상당부분 책임지고 있는 형태이다. 이는 미국 초창기의 법이나 정책들이 영국을 바탕으로 만들어지다 보니, 각 가정의 육아문제를 사적인 영역으로 보는 영국 전통의 영향을 받아, 정책적 뒷받침에 대한 국가 차원의 노력이 적었다고 볼 수 있다(육아정책개발센터 2008). 미국은 대체로 주정부가 보육의 권한을 가지고 운영하고 있어, 연방정부가 지원하는 저소득층 자녀를 위한 '헤드 스타트 프로그램을 제외하고는 보육 또는 교육정책의 자세한 조건과 조항들교사의 자격, 시설 보조금, 평가 등이 주별로 다르다(최정은, 2010).

3) 스웨덴

스웨덴은 현대사회의 대표적으로 복지수준이 높은 국가로 알려져 있으며 국가의 아동복지가 나아가는 방향이 아동의 성장기에 부모가 아동과 함께 할 수 있는 시간을 최대한 확보할 수 있게 해 줌으로써 아동이 건강하게 성장할 수 있도록 제도적으로 지원하고 있다.

따라서 국가정책적으로 육아와 직장을 병행할 수 있는 사회적 환경을 조성하여 부모가 직장과 자녀양육을 효율적으로 양립할 수 있도록 지원하는 서비스가 발달되어 있다.

(1) 스웨덴 아동복지발달의 역사

현대 스웨덴의 아동복지정책과 서비스에 대해서 살펴보기 전에, 먼저 스웨덴의 아동복지발달의 변천과정에 대해 알아보도록 하겠다. 스웨덴의 초기 아동복지는 1763년에 제정된 「구빈법」에 의한 보호사업이 주를 이루었고, 영국의 구빈법의 영향을 많이 받았다. 1853년에 「구빈법」은 입법화되었고 이를 통해 구빈에 대한 국가의 책임이 법으로 명시되었다. 영국의 산업혁명 이후, 스웨덴에서도 산업화와 근대화로 인한 다양한 사회문제가 나타나게 되었는데, 1881년에 「노동금지법」이 제정되어 아동들을 노동력 착취로부터 보호할 수 있는 국가적 규정이 마련되었다. 1924년에 「아동복지법」이 비로소 제정되어 근대적 의미의 사회복지가 시작되었고 아동이 독립된 법규에 의하여 보호받게 되었다.

1930년대 세계 경제공황을 전후로 스웨덴의 아동복지는 저출산에 대한 대책으로, 아동과 모성, 학교급식에 대한 국가정책과 보조가 본격적으로 실시되었으며(노명희 외, 2014), 1938년에는 모자보건대책, 1948년에는 아동수당이 도입되었고, 1955년에는 출산수당이 도입되어 모든 임산부에게 지급되었다. 또한 장애아동을 위한 교육제도로서 「장애아학교법The School Act of Handicapped」이 1952년에 제정되어, 7~16세의 모든 아동에 대한 교육권을 보장받게 되었다. 1950년대 후반부터 스웨덴은 경제가 안정되고 거기에 따른 높은 국민소득을 바탕으로 아동복지제도가 많은 발전을 이루게 되었다.

(2) 현대 스웨덴의 아동복지

현대의 스웨덴 아동복지의 기본 이념과 가치관은 아이가 태어나면 사회가 책임을 가지고 돌본다는 보편주의에 입각하여 복지정책을 제정하고 실천해오고 있다. 여성의 약 80%남성은 84%가 유급 노동에 종사(권정윤, 한유미, 2005 ; Swedish Institute, 2004 재인용)하고 있을 만큼 여성의 사회 진출 비율이 높은 스웨덴은 1978년 합계출산율 1.61명에서 2008년 1.91명으로 출산율이 증가하고 있는데, 그 이유는 국가가 부모의 자녀양육과 교육에 대한 부담을 덜어주는 정책을 우선적으로 실행하고 있어서라고 볼 수 있다(이순희, 2015). 특히, 직장여성이 일과 자녀양육의 양립을 할 수 있는 환경을 만들어 주는 것을 중요하게 생각하는데, 그것들을 실행하기 위한 다양한 복지정책들이 실시되고 있다. 대표적으로 ① 보육시설의 확충과 발달을 통한 잘 정비된 보편적 공보육시설의 확대, ② 남녀양성평등의 실현, ③ 육아휴직출산휴가제도의 강화 및 아동수당제도를 통한 양육비 지원 등을 들 수 있다(이순희, 2015).

스웨덴의 보육서비스는 공보육시설이 대부분을 차지한다. 스웨덴 정부는 1990년 초부터 GDP 1% 이상을 매년 보육시설 확대와 유지 등에 투자하고 있다(배민환, 2007 ; 주태엽, 2010). 이는 국가의 공보육시설의 확충을 원활하게 한다. 1995년부터 스웨덴에서는 모든 시에서 1~6세의 아동들을 위한 가정탁아서비스의 제공 및 6~12세 아동들을 위한 방과 후 아동보육서비스를 제공할 것을 의무화하였고, 전체 해당연령 아동 중 38%가 가정탁아서비스를 받고 있다(윤매자 외, 2015). 부모의 보육비는 아동이 사용하는 보육시간 부모의 소득, 자녀 수에 따라 달라지는데, 대체로 전체 비용의 15%만을 부담한다. 스웨덴에서는 기본적으로 기관 이용비용을 중앙정부와 지방정부, 부모의 삼자 부담으로 이루어지는데, 보육료 상한제를 두어서 부모 부담금에 있어 상한게 금액 이상으로 수납하는 것을 금지하고 있다(최윤경 외, 2015). 18개월 이상에서 취학 전 연령 아동들에게 반일제 무상보육기본을 제공하고 있는데, 2002년브터 모든 3~6세 아동

표 3-4 스웨덴 출산장려정책

보육 지원정책 (보육서비스)	휴가 지원정책 (육아휴직제도-일 · 가정 양립제도)			경제적 지원정책 (수당제도)
	급여수준	일수	연령	
보편적 공보육서비스	소득의 약 80%	480일 (390일간 임금 80%, +90일간 €19.2)	8세	자녀수당 보편적(16세 미만) 아동수당 아동보호수당 아동연금 주택수당

출처 : 이순희(2015); OECD(2012) 재인용; 고제이 외(2017).

에게 주당 15시간연간 525시간씩 무상교육을 제공하고 있으며, 부모가 취업 또는 학업 중인 경우 대다수의 지방자치단체에서 시설을 주당 40시간까지 이용할 수 있게 해주고 있다(최윤경 외, 2015 ; 이혜원, 2013 재인용). 또한 방과 후에 자녀를 돌볼 수 없는 가정에서는 '방과 후 보호서비스'를 이용하는데, 6~12세의 학교에 다니는 아동들을 대상으로 한다. 방과 후나 휴일에도 여가활동센터에서 레크리에이션이나 다양한 프로그램을 이용하고 있으며, 간식이 제공되고 부모가 운영비를 부담한다(윤매자 외, 2015). 스웨덴의 보육시설비용은 가구 소득에 따라 책정되며저소득층 무상 월 €140을 초과하지 못하며(고제이 외, 2017), 개인의 사용시간에 따른 요금제에 기초하고 있다. 방과 후 프로그램도 요금제이므로 전적으로 국가에만 모든 비용을 의존하는 시스템이 아니라는 것을 알 수 있다.

스웨덴은 1974년에 출산과 육아휴직에 대한 제도가 제정되어 그 이후에 몇 번의 개정을 거쳤다. 출산휴가육아휴직는 일과 자녀양육의 부담을 줄이고 적극적 출산장려정책의 일환으로 지원되고 있는데, 현재는 유급으로 출산 전후로 7주씩 총 14주 사용이 가능하며 그중 2주를 남성이 의무적으로 사용하여야 한다. 이러한 육아휴직제도는 스웨덴의 육아정책 지원의 큰 특징으로 양성평등의 가치관을 바탕으로 부성휴가 및 부성육아휴직의 활성화와 부모 모두에게 자녀양육을 정책적으로 분담시키고자 함이다. 육아휴직에는 출산휴가와 배우자 휴가가 포함되는데, 자녀가 8세 때까지 합계 480일을 부모가 사용 가능하며 그중에 2개월60일은 남성이 사용하여야 했는데(이순희, 2015; Swedish Ministry of

Health and Social Affairs, 2003 재인용), 2016년부터 90일로 아버지 할당제가 연장되었다(주스웨덴 대사관, 2016). 육아휴직 시 급여는 소득의 약 80% 수준이다. 2008년부터는 양성평등 보너스제도Gender equality bonus가 생겨나서, 유급 육아휴직을 부부가 동등하게 나눠서 사용하는 등의 부성 육아휴직 시 세액공제의 추가 혜택을 주고 있다[자녀 1인당 연간 최대 181.4만 원(€1,443)을 추가 지급; 다태아의 경우 최대 지원 금액 증가(고제이 외, 2017)]. 또한 자녀가 초등 1학년 때까지 근로시간의 25%를 단축하는 것이 가능하고, 종일근무 외에 하루 1/2, 1/4, 1/8 시간제 근무 등과 같은 유연근무제 또한 적용 가능하며 급여는 근로시간만큼 받을 수 있다(최윤경 외, 2015).

스웨덴의 가정과 아동에게 지급되는 대표적 경제 지원으로는 자녀수당, 아동수당, 아동보호수당, 아동연금, 주택수당이 있다표 3-4. 이 중에서도 아동수당child allowance은 부모의 결혼 여부나 소득에 관계없이 16세 이하의 모든 아동에게 지급되는 보편적 아동복지제도로서, 1948년에 시작되었고 그 후 1974년에는 현실적인 양육비 보조를 위해 다가족수당, 연장아동수당, 아동수당으로 구성되었다. 스웨덴의 아동수당 지급은 자녀 1인당 월 1,050크로나 2015년 기준 한화 약 15만원를 지원해준다(육아정책연구소, 2015). 아동수당은 자녀 수에 비례하여 2자녀 이상 가구에 추가 수당을 지급하며, 연장아동수당은 16세가 지나서도 계속 의무교육을 받을 수 있다(이순희, 2015 ; 주태엽, 2010 재인용)

또한 이러한 보편적 지원체계에서도 저소득 취약계층을 위한 별도의 추가 지원이 이루어지고 있다. 아동연금Child Pension은 한쪽 부모 혹은 양쪽 부모 모두 사망한 경우에 아동에게 지급되는 재정 지원으로, 아동이 재학 중이거나 그 외 기본 교육을 이수 중에 있는 경우 18세 이상의 학생에게는 연장지급이 가능하다. 스웨덴은 이러한 적극적 육아지원정책 및 아동정책을 통해 여성이 직장생활을 하더라도 일 때문에 임신과 자녀양육을 포기하지 않게 하는 중요한 역할을 해주고 있으며, 또한 다양한 경제적 지원을 통해 가정의 일정한 삶의 질이 유지되어 아동들이 커나가는 것을 중요하게 인식한다. 이러한 국가적 투자 및 지원방향은 정권이 바뀌어도 큰 변화 없이 지원을 이어나간다.

4) 일본

(1) 일본 아동복지발달의 역사

일본은 비교적 우리나라와 유사한 문화를 가지고 있으나 우리나라에 비해 일찍 산업화됨으로써 아동보육 및 가족문제를 위한 복지제도가 우리보다 먼저 발달되어 왔다. 일본 아동복지의 역사적 변천과정전개과정을 살펴보면, 일본의 아동복지 초기는 6세기 불교 전래의 영향으로, 아스카시대593~710에는 불교 신자, 왕가 및 귀족 또는 불교사원에서의 빈민 및 고아를 수용, 구제하는 성격의 구제제도로 출발하였고, 이는 불교의 자비적인 자선사업의 성격을 띤 구제에 머물렀다. 그러나 명치유신으로 인해 봉건제도가 붕괴됨에 따라 근대 일본이 탄생되었으며 정치, 경제, 사회에 걸쳐 광범위한 변화와 개혁을 가져왔다. 특히, 경제면에서는 자본주의가 급속하게 발전하였으며, 이로 인해 빈부의 격차가 심해졌고, 빈곤계층에서는 어머니의 취업으로 인해 아동양육문제가 사회문제화되어 빈민구제와 아동보호의 필요성이 대두되었다(도미향 외, 2015).

일본의 국가 차원의 아동복지는 19세기 말 명치시대로부터 시작되었다. 명치 4년1871에 정부는 기아양육미급여방棄兒養育米給與方을 정하여 자녀를 3명 이상 출산한 빈곤가정의 어머니에게 정부가 쌀을 지급해주는 급여방을 실시하였다. 이후 전국적 규모의 빈민구제정책의 필요성에 따라 1874년 공적인 구빈법인 휼구규칙恤救規則이 제정되었다. 이 규칙은 친족 및 공동체에 의한 상호부조를 원칙으로 하지만, 공동체에 의한 상호부조가 여의치 않을 경우에는 국가가 구제함을 명시하였고, 구제 대상을 극빈자이되, 폐질환자, 노약자, 중병자와 13세 미만의 고아로 제한한 빈곤정책이었다(박희숙 외, 2015). 이 정책은 50여 년간 지속되었다.

명치시대 후기에는 산업발전과 더불어 선교사의 가세로 활발한 아동복지사업이 전개되었다. 1887년 일본에서 고아원이 처음 설립되었고, 1900년에 선교사들에 의해 빈곤가정아동을 돌보기 위해 현대의 보육소와 유사한 기능의 후다바 유아원을 설립하였다. 명치시대 후기에는 계속 민간 차원에서 복지시설이 생겨났으며, 민간독지가에 의해 보육소가 설립되었고, 1918년 이후에는 공립보육소가 설립되기 시작하였다.

1945년 제2차 세계대전에서 일본이 패한 후 경제부흥을 위해 여성들의 노동력 투입으로 과거에 비해 여성취업이 늘어나 그에 따른 보육소 수요도 급격하게 증가했다. 정부는 「아동복지법」을 1947년에 제정하였고, 1949년부터 보육소 운영비를 지급하였으며, 공적 자금의 지원이 이루어지게 되었다. 1971년에는 일본에 「아동수당법」이 만들어졌고, 1963년에는 「노인복지법」, 1973년에는 70세 이상 고령자에 대한 의료비 무료화제도 등이 차례로 제정, 실시되었다. 또한 1997년에는 「아동복지법」이 개정되어 아동권리, 자립 및 자녀양육 지원체계 등이 강화되었다.

(2) 현대 일본의 아동복지

최근 들어 일본의 아동인구는 급격히 감소, 이에 따른 급속한 노령화 사회의 도래로 출산율 증진이 일본사회의 최대 과제가 되고 있다. 일본 아동복지정책은 출산이나 양육을 원하는 이들을 위한 편리한 환경 조성에 힘쓰고 있다. 더불어 아동의 건전한 성장발달을 돕기 위한 정부의 지원책으로 자녀가 있는 가정에 대한 아동수당 및 아동부양수당이 지급되고 있으며, 아동복지시설의 다양화와 전문화가 활발히 진행되고 있다. 일본의 아동복지시설은 조산시설, 보육소**어린이집**, 유아원**영아원**, 양호시설, 허약아시설, 정신박약자시설, 심신장애아시설, 교호원 등 26개 유형으로 분류되며, 심신장애아시설의 경우도 14개 종류로 다양하다. 수탁료는 보호자 수입에 따라 결정하고 후생성이 운영기준을 만들어 중앙 및 지방정부의 지원을 받는다(이순형 외, 2015). 보육서비스 또한 이와 같은 사회의 흐름에 맞춰, 1980년 이후에는 다양한 보육서비스 유형이 설치되어 부모들의 다양한 욕구에 부응하는 서비스를 제공하고 있는데, 일반아동을 대상으로 하는 보육소**어린이집** 외에, 영아를 대상으로 하는 영아보육, 특수아동을 대상으로 하는 장애아보육, 근로여성의 자녀들을 대상으로 저녁 7시까지 보호하는 연장보육, 저녁 10시까지 보호하는 야간보육 및 아픈 자녀들을 위한 병가보육 등과 같은 일시보육과 벽지의 보육소 등이 있다(윤매자 외, 2015).

현재 일본의 아동복지 주관기관은 그림 3-1과 같다. 중앙정부 복지정책은 노

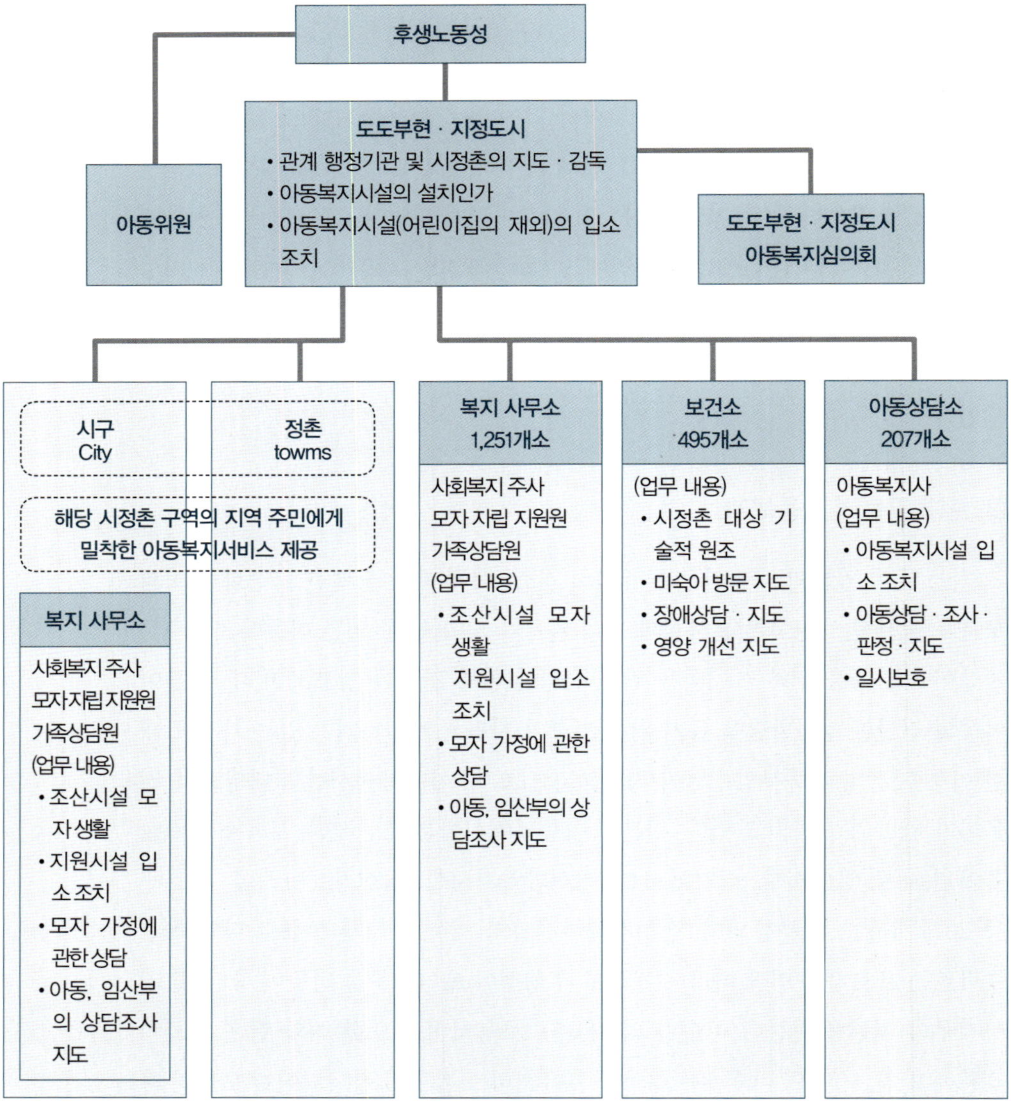

그림 3-1 일본의 아동복지 행정체계

출처 : 류정희 외, 한국보건사회연구원(2015) ; 아동미래재단(2014) 재인용.

동성과 후생성의 부처통합이 이루어져 후생노동성에서 담당하고, 중앙정부 복지정책의 시행은 기초자치단체격인 시정촌에서 이루어지고 있다.

일본의 아동복지행정의 전문기관으로 아동상담소와 복지사무소를 들 수 있다. 복지사무소는 원칙적으로 인구 10만 명에 1개소를 설치하되, 도도부현 및 지정도시, 시, 특별구에는 반드시 의무적으로 설치하게 되어 있다. 주요 기능에는 모자가정에 관한 상담 및 자립 지원, 아동과 임산부 상담, 조사 및 지도, 빈곤가정에 대한 재정 지원과 같은 생활보호, 아동복지 관련 업무, 조산시설 및 모자원 입소조치 등이 있다(한성심, 송주미, 2015). 아동상담소는 전국에 174개소가 있으며 도도부현과 지정도시에 의무적으로 설치하도록 하였고, 심리학자 및 의사 등 해당 분야 전문가와의 협력을 통한 아동 및 부모상담, 보호 대상 아동의 배치, 일시보호소의 운영 등의 업무를 담당하고 있다.

아동의 건전한 성장발달을 돕기 위한 일본 정부의 지원책으로 아동수당이 지급되고 있는데, 「아동수당법」은 1972년에 도입되어 세 번째 자녀부터 그 자녀가 의무교육을 수료하기 전까지 3,000엔한화 약 3만 원을 지급하는 제도였다(보건복지가족부, 2009). 그 후 아동수당은 1986년 개정되어, 지원이 차자녀로 확대되었으며 여러 번의 재정비를 거쳐, 가장 최근의 개정인 2012년 3월 이후, 현재 일본의 아동수당은 0~15세중학교 졸업까지의 아동을 양육하는 부모 또는 사람에게 지급되고 있다. 지급액은 0~3세 미만은 15,000엔약 15만 원, 3세~초등학교 졸업 전까지 첫째와 둘째 아이는 10,000엔약 10만 원, 셋째 아이부터는 15,000엔약 15만 원, 중학생은 10,000엔약 10만 원을 지급한다. 2자녀 4인 가구 기준 소득이 960만 엔약 1억 원 이상인 가정은 아동 1인당 5,000엔약 5만 원을 지급받는다(고제이 외, 2017). 아동수당은 자녀가 있는 일반가정을 포함하여, 장애아를 둔 가정을 위한 특별아동부양수당, 부모의 이혼 등으로 아버지 없이 생활하는 아동에 대한 아동부양수

표 3-5 일본의 아동수당 제도

*지급액수 및 환율은 2017. 8. 9. 기준

대상	내용
만 15세(중학생) 이하 아동	연령, 자녀수, 소득 수준별 차등 • 만 3세 미만 : 1.5만 엔(약 15만 원) • 만 3세 이상~초등학생 : 1만 엔(약 10만 원), 셋째 이상 1.5만 엔(약 15만 원) • 중학생 : 1만 엔(약 10만 원) • 일정 소득 이상(2자녀 4인 가구 기준 연 960만 엔)은 5천 엔(약 5만 원)

출처: 국회 보건복지위원회(2017). 아동복지법 일부개정법률안 검토보고 pp.17–18 수정 · 보완; 김나영, 김아름(2017) 재인용.

당 등이 함께 지급되고 있다. 아동수당은 소득 제한 한도액이 있어 전년의 소득액이 일정금액 이상이면 아동수당을 지급받을 수 없다.

현대 일본의 가장 큰 아동문제는 아동출생률의 급격한 감소이다. 1970년 일본의 노인인구율은 7%를 넘어 고령화사회라는 단어가 생겨나기 시작했고 1994년에는 노인인구율이 14%로 1970년대의 2배로 증가하게 된다. 출산율은 1970년부터 저하되어, 1989년에는 출생률이 1.57로 급저하되었으며 심각한 사회적 문제로 제기되었다(류정희 외, 2015). 2004년 일본의 합계출산율은 1.29명에 불과하다. 일본에서는 이러한 저출산율의 사회현상을 '소자화小子化현상'이라고 한다(이순희, 2015). 출생률의 감소는 앞으로 미래사회의 경제적 관점에서 노동인구를 감소시켜 생산성과 경제력의 저하가 우려되고 산업구조 및 사회구조에도 큰 위기와 영향을 미치므로, 저출산 극복을 위한 부모의 양육지원정책이 일본 아동복지의 중요과제가 된다.

'엔젤플랜Angel Plan'은 이러한 소자화 문제에 대한 일본정부의 저출산 대응 종합계획 및 대책으로 1994년 12월에 만들어진 자녀양육 지원정책이다. '문부, 후생, 노동, 건설 4장관 합의'하에 엔젤플랜은 보육서비스의 확대에 초점을 맞추었다.

엔젤플랜에 이어, 1999년에는 5개년 계획으로 신엔젤플랜이 소자화대책으로 발표되었고, 신엔젤플랜은 모자보건, 교육, 고용, 주택 지원 등으로 정책범위를 확대하였으며, 가정과 일터의 양립을 위한 직장문화의 조성에도 힘을 기울였다. 후생성에서 보육사업에 대규모 재정을 투입하며 보육사업 보조금 또한 증대되었다(강현구, 이순형, 2014).

2003년 '저출산 사회대책기본법'의 제정, 2009년에는 아동육아비전 및 아동육아 신시스템의 제정 및 2010년부터 2014년까지의 시행, 2014년 마을 · 사람 · 일자리 창생법과 같은 저출산으로 인한 지방소멸대비정책 실행, 2019년 유아 교육 · 보육 무상화 정책의 시행 등, 표 3-6에서 보는 바와 같이, 2010년대에 들어와서도 일본은 출산 · 육아 친화적 환경을 조성하기 위해 다양한 저출산 정책을 추진하고 있으며, 그럼에도 일본 사회의 저출산율은 계속되고 있다.

표 3-6 일본의 시기별 저출산 중점 분야 및 주요 정책

시기	중점 분야	주도 정책
1990년대	맞벌이부부를 대상으로 한 보육 서비스 확충 위주	엔젤플랜(1995~1999), 신엔젤플랜(2000~2004)
2000년대	전업주부 세대를 포함한 포괄적 육아지원, 남성의 육아 참여 촉진, 일하는 방식 검토, 청년층의 취업 지원 및 소득 보장	저출산대책 플러스원(2002), 신신엔젤플랜(2005~2009), 새로운 저출산대책(2006), 아동육아비전(2010~2014)
2010년대	결혼 · 임신 · 출산 · 양육의 단계별 빈틈없는 지원, 여성 경제활동 촉진 및 지원, 일 · 가정 양립을 위한 고용개혁, 저출산에 따른 지방 소멸 대비, 무상보육	저출산 위시 돌파를 위한 긴급대책(2013), 마을 · 사람 · 일자리 창생법(2014), 새로운 저출산사회대책대강(2015~2019), 일억총활약계획(2016), 자녀양육안심플랜(2017), 새로운 경제정책패키지(2017), 일하는 방식 개혁 법률(2018), 아동 · 육아지원법 개정으로 무상보육

출처: 강동수 외(2020).

저출산율과 더불어 현대 일본사회의 또 하나의 주요 사회문제는 학교부적응 아동의 등교거부문제, 이지메문제, 비행 및 청소년 범죄문제, 학대피해아동 등과 같은 다양한 문제를 겪고 있는 아동에 대한 복지적인 지원이다. 이러한 위기 아동들은 '곤란아동'이라는 명칭으로 불리기도 하는데, 이 안에 요보호아동사회적 보호 대상 아동 및 학대피해아동에서부터 은둔아동NEET · 히키코모리 · 등교거부아동, 자살우려아동, 범죄피해아동학교폭력 피해아동, 음란물 범죄 피해아동 등, 배려가 필요한 외국인 등 특별 배려 대상 아동, 비행 · 범법아동 등까지 포함되어 있다(류정희 외, 2015 재인용). 일본에서 은둔아동은 NEETNot in Education, Employment or Training 아동과 히키코모리, 그리고 등교거부아동 등 사회적 관계를 회피하는 아동으로, 이러한 아동 청소년들을 도움이 필요한 아동으로 정의하고 이들을 위한 적극적인 서비스를 지원하고 있다(류정희 외, 2015). NEET층은 15~34세 비노동인구 중 학교에 다니고 있는 것도 아니고 노동이나 취업연수, 가사 등에도 종사하지 않는 사람들을 칭하는데, 2002년에 크게 증가하여 2014년도 기준으로 그러한 15~19세 NEET 아동청소년의 수는 8만 명 수준인 것으로 나타났다. 2010년에 실시된 일본 내각부의 히키코모리에 관한 실태조사에 의하면, '보통 집에 있으나 근

처의 편의점에는 간다'와 '집 안' 또는 '자기 방에서 안 나간다'의 항목을 선택한 사람을 합치면 약 23.6만 명으로 추정되었다(류정희 외, 2015).

일본에서는 '곤란아동'이라는 명칭의 이러한 기타 위기아동에 대한 각종 지원이 이루어지고 있다. 먼저, 아동상담소, 가정아동상담실, 교육상담지원센터에서 아동 · 청년 상담업무가 이루어지며(류정희 외, 2015), '이지메' 문제와 '학교 부적응학생의 등교 거부' 문제 사안을 해결하기 위해 방과 후 학교시스템을 정책적으로 활용하기도 한다(이정림 외, 2013).

후생노동성은 히키코모리 상담업무를 위해 가이드라인을 제작하여 관련 기관에 배포하였고, 다양한 관련 기관과의 연계를 통해 지역의 잠재된 히키코모리 조기발견 및 가족에 대한 지원, 보건소 · 아동상담소를 통한 전문적 상담 등의 지원을 실시하고 있다(류정희 외, 2015).

추천 영화 및 도서

영화

올리버 트위스트

- 감독 : 로만 폴란스키
- 주연 : 벤 킹슬리, 바니 클락
- 개봉 : 2005. 12.
- 줄거리 : 영국의 작가 찰스 디킨스의 소설을 영화화한 것으로, 19세기(1830~1840년대) 영국의 산업혁명 때의 사회 모습을 비판적 시각과 함께 보여 준다. 주인공 올리버의 빈민구제소에서의 생활, 고아들의 구빈원, 근로의 집에서의 강제노동, 일거리를 찾아 도시로의 이동 등 여러 가지 내용을 담고 있다.

오! 마이파파

- 감독 : 박혁지
- 주연 : 소 알로이시오
- 개봉 : 2016. 11.
- 줄거리 : 1950년대 한국전쟁 직후의 아동복지를 보여 주는 영화로 외국인 신부에 의해 돌보아지던 전쟁고아들의 모습과 복지시설의 상황 등을 통해 그 당시 한국 시대상과 아동복지에 대한 내용을 담은 영화이다.

광해, 왕이 된 남자

- 감독 : 추창민
- 주연 : 이병헌, 류승룡, 한효주
- 개봉 : 2012. 9.
- 줄거리 : 광해군을 대신하여 조선의 왕이 되어버린 천민 하선이 왕을 대역하는 모습을 통해 보이는 그 당시 시대상과 나라의 곤궁한 백성들의 삶을 보살피는 왕의 모습을 엿볼 수 있는 영화이다.

도서

어린이 : 이탈리아 접근의 영아 보육

- 지은이 : 렐라 간디니, 캐롤린 폽 에드워즈(김미숙, 박숙영 공역)
- 출판사 : 창지사
- 출간일 : 2006. 12.
- 줄거리 : 이탈리아 영아보육의 이론, 실제, 정책 등에 대한 내용이며, 이탈리아의 부모, 가족, 지역 공동체가 아동복지에 함께 참여하는 과정들의 내용을 담고 있다.

일본정책연구 아동 · 육아비전(아동 · 저출산사회대책대강): 어린이의 웃음이 넘치는 사회를 위해

- 지은이 : 내각부(이청훈 역)
- 출판사 : 백서공방
- 출간일 : 2015.
- 줄거리 : 일본의 아동과 육아 지원에 대한 기본방침, 주요 시책 등에 대한 내용이며, 일본의 아동 및 육아 지원, 부모의 근무 형태 개선을 통해 저출산을 어떻게 대처해 나가는지에 대한 내용을 담고 있다.

한국, 일본, 스웨덴의 돌봄정책

- 지은이 : 박태영, 이진숙, 현진희, 박영준, 박진화, 이형진, 권정미, 황동진
- 출판사 : 양서원
- 출간일 : 2015. 8.
- 줄거리 : 한국, 일본, 스웨덴의 아동과 노인돌봄정책을 통해서 본 각 나라의 복지체계와 정책방향에 대한 이해를 돕고 있다.

본 장을 정리하며 : 생각수업 2

일제시대부터 내려온 낡은 제도 역사 속으로

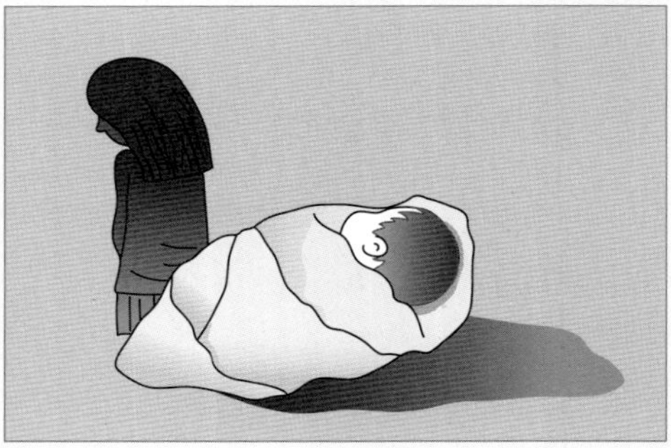

가족관계의 등록 등에 관한 법의 일부 개정법률안이 19대 국회 본회의를 통과하면서 인우보증 출생신고는 역사 속으로 사라졌다.

인우보증제도는 병원의 출생증명서가 없어도 성인 2명을 보증인으로 세워 출생신고를 할 수 있는 제도이다. 일제강점기 때 만들어진 제도로 알려져 있는데, 병원이 없거나 멀어 집에서 출산하는 이들의 편의를 위해 지금까지 유지됐다.

그러나 신고자가 허위신고를 해도 담당 공무원이 사실을 확인하기 어렵다는 점 때문에 영아 유기, 불법입양, 양육수당 부당취득, 외국인 불법국적 취득 등 각종 범죄에 악용되었다.

인우보증제도가 폐지되면서 이제 남의 아이를 자신의 아이처럼 허위 출생신고하는 일은 거의 불가능해졌다. 병원의 출생증명서가 없는 경우 가정법원의 확인을 받아야 출생신고를 할 수 있다. 그러나 허위 출생신고는 막을 수 있지만 출생신고를 아예 하지 않아 아동이 복지정책에서 누락되는 위험 상황에 놓이는 경우를 막지 못하기 때문에 아직 국제기준(유엔 아동권리협약 등)에는 부응하지 못한다. 지난 4월에는 광주에서 가정형편 등을 이유로 자녀 10명 중 4명을 태어난 지 10년이 지나도록 출생신고도 하지 않은 부부의 기사가 보도되기도 하였다.

전문가들은 외국처럼 출생통보제도를 도입해야 한다고 주장한다. 출생통보제도란 의료기관이 출생 사실을 행정기관에 통보하도록 하는 제도로, 출생신고가 누락되어 아이가 사회적 보호를 받지 못하는 피해를 막을 수 있다. 미국, 영국, 캐나다, 독일 등은 부모 외에 의료기관 등이 출생 사실을 정부기관에 통지하도록 의무를 부여하고 있다.

출처 : News1뉴스(2016.5.20). http://news1.kr/articles/?2668189

◆ 역사적 흐름 속에서 아동복지는 발달되고 변천되어 왔는데, 위의 기사처럼, 그 시대의 상황과 가치를 반영하여 기존의 정책이 유지 또는 소멸되거나 새롭게 생성되기도 한다. 세계 여러 나라와 우리나라의 아동복지가 점점 발달해나가고 있다고 생각하는가? 어떠한 점(또는 구체적인 사례, 예시)에서 그렇게 생각하는지에 대해 함께 토론해 봅시다.

참고문헌

강동수 외(2020). 저출산에 대응한 통합적 정책방안. 경제 · 인문사회연구회.

강현구, 이순형(2014). 한국과 일본 영유아 보육 제도 비교연구. **아시아리뷰, 4**(1), 139-167.

고제이, 김우철, 양미선, 최현수, 고경표(2017). 아동수당 도입 방안 및 효과성 분석. 보건복지부 · 한국보건사회연구원.

교육부(2018). 유아교육발전 기본 계획(2018~2022).

곽효문(2001). 조선조 자휼전칙의 복지행정사적 의의. **행정논총, 39**(3), 53-70. 서울대학교 한국행정연구소.

권정윤, 한유미(2005). 스웨덴 보육의 배경과 현황. **아동학회지, 26**(2), 175-191.

김나영, 김아름(2017). 육아지원을 위한 아동수당 도입 방안 연구. 육아정책연구소.

김미숙, 홍석표, 정재현, 김기현, 안수란(2010). 아동복지정책 유형과 효과성 국제비교. 한국보건사회연구원.

김성경, 김혜영, 최현미(2013). **아동복지론**. 양서원.

김현용 외(1997). **현대사회와 아동**. 소화.

내각부, 이청훈 역(2015). **일본정책연구 아동 · 육아비전(아동 · 저출산사회대책대강) 어린이의 웃음이 넘치는 사회를 위해**. 백서공방.

노명희, 윤은종, 이재경, 김광석, 최금희, 이상미(2014). **아동복지론**. 정민사.

도미향, 남연희, 이무영, 변미희(2015). **아동복지론**. 공동체.

렐라 간디니, 캐롤린 폽 에드워즈 저, 김미숙, 박숙영 공역(2006). **어린이 : 이탈리아 접근의 영아 보육**. 창지사.

류정희, 박세경, 이주연, 박지윤(2015). 저출산 극복을 위한 아동보호체계 국제비교연구. 한국보건사회연구원.

문무경(2007). **영국의 육아정책**. 육아정책개발센터.

박정란, 서홍란(2001). **아동복지론**. 양서원.

박태영, 이진숙, 박영준(2015). **한국, 일본, 스웨덴의 돌봄정책**. 양서원.

배민환(2007). 우리나라저출산의원인및출산장려방안에관한연구. 단국대학교 대학원 석사학위논문.

보건복지가족부(2009). 청소년 아동복지시설의 개선방안.

보건복지가족부(2009. 12). 아동복지청소년시설의 개선방향.

보건복지부 아동권리과(2012). 2012 드림스타트 국외연수 보고서.

보건복지부(2016). 제1차 아동정책 기본계획.

서보준, 김우호, 박선태, 이정미(2015). **아동복지론**. 공동체.

송주미(2006). **아동복지론**. 창지사.

신혜령 외(2015). 지역사회중심의 아동보호 전달체계 모형개발 연구. 보건복지부·한국아동복지학지.

아동미래재단(2014). 눈으로 보는 아동복지.

안상훈 외, 기획재정부(2010). 한국형 복지국가의 미래전망. 서울대학교 사회복지연구소.

안종범(2011). 저출산・고령화에 대비한 장기복지재정계획 수립방향 최종보고서.

양소남(2008). 영국의 가족지원(supporting families)정책에 관한 연구 : 신노동당 정부를 중심으로. **사회복지정책**, Vol. 33, 2008. 6. pp. 7−29.

양재진(2008). 한국복지정책 60년 : 발전주의 복지체제의 형성과 전환의 필요성. **한국행정학보, 42**(2)(2008 여름), 327−349.

오정수 외(2006). **세계의 아동복지 서비스 − 미국, 영국, 일본을 중심으로**. 나눔의 집.

오정수, 이혜원, 정익중(2006). **세계의 아동복지서비스**. 나눔의 집.

우경연(2013). 아동 관련 법과 아동복지법 변천사 연구. 초록우산어린이재단.

유해미, 유희정, 장경희(2011). 일본의 보육정책 동향(II). 육아정책연구소.

유현종(2014). 사회서비스 전달체계의 비교복지국가론적 분석 : 사회적 돌봄 서비스의 5가지 복지레짐 비교를 중심으로. **한국행정연구, 23**(1), 1−38.

유희정(2006). **일본 보육 정책 동향**. 육아정책개발센터.

육아정책개발센터(KICCE, 2006). **일본보육정책동향**. 유희정 편역.

육아정책연구소 이정림 외(2013). 다부처관련 정책 현황조사 : 아동돌봄서비스. 경제・인문사회연구회 미래사회협동연구총서(2013−08−02).

이선주, 박선영, 김은정(2006). 아동수당제도의 국제비교 및 도입방안에 관한 연구. 한국여성개발원.

이순희(2015. 7). OECD 주요국의 출산장려 정책 비교 연구 −프랑스, 스웨덴, 일본, 한국을 중심으로. 행정학회 소논문.

이혜경(1992). 권위주위적 자본주의 사회에서의 복지국가의 발달 : 한국의 경험. 복지국가의 현재와 미래. 사회복지 국제학술대회 자료집.

이혜원(2006). 한일 아동복지법의 내용에 관한 비교연구. *Korean Journal of Social Welfare*, Vol. 58, No. 2, pp. 167-195.

이혜원(2013). 보육정책의 효과와 개선방향. 한국조세재정연구원.

일본 내각부(2015). 아동 · 청소년백서, http://www8.cao.go.jp/youth/whitepaper/h27honpen/pdf_index.htm

일본 내각부(2015). 저출산사회백서, http://www8.cao.go.jp/shoushi/shoushika/whitepaper/

장인협, 오정수(2003). **아동 청소년복지론**. 서울대학교출판부.

장혜경 외(2006). **주요 선진국의 가족정책 비교연구 : 영국, 프랑스, 호주, 핀란드를 중심으로**. 한국청소년개발원.

정미라, 오미희(2004). 일본의 자녀양육 지원정책 추진과 현황. **아동권리**, 8(1), 1-22.

정익중, 박현선, 오승환, 임정기(2009). **아동 청소년 방과 후 서비스의 현황과 과제 - 지역아동센터를 중심으로**. 공동체.

조미숙(2006). 방과 후 교육제도에 관한 비교 연구 : 스웨덴, 독일, 미국, 일본. **인하교육연구, 12**, 35-77.

조성린(2014). **우리나라 복지 발달사**. 조은출판사.

조은경, 김은영(2008). **미국의 육아정책**. 육아정책개발센터.

주스웨덴 대사관(2016). 스웨덴의 아동양육정책.

주태엽(2010). 저출산 극복 관련 대응정책 현황 및 과제. 울산대학교 대학원 석사학위논문.

최병호(2014). 우리나라 복지정책의 변천과 과제. **예산정책연구** 제3권 제1호 2014. 5. pp. 89-129. [본 논문은 저자의 보고서「한국형 창조복지의 탐색을 위한 기초연구」(한국보건사회연구원, 2013)를 기초로 작성됨].

최성은 외(2011). 선진4국과 우리나라 사회보장체계 비교연구. 보건복지부 한국보건사회연구원.

최윤경, 김윤환, 이혜민(2015). **스웨덴의 육아정책(II) : 교사정책을 중심으로**. 육아정책연구소.

최정은(2010). 외국 보육정책의 시사점 세 가지. 새로운 사회를 여는 연구원.

최진희(2009). 일본 아동복지의 현황과 대응에 관한 내용 및 논의 - 2009년 아동복지법 개정내용을 중심으로. 보건복지포럼(2009. 8).

KDI(2009). 아동청소년 방과 후 돌봄 서비스 사업. 2008년도 재정사업 심층평가 보고서. 한국개발연구원.

하상락(1989). **한국사회복지사론**. 박영사.

한국정신문화연구원(1999). **한국민족문화대백과사전 19**. 한국정신문화연구원.

한미현, 문혁준, 강희경, 공인숙, 김상희, 안선희, 안효진, 양성은, 이경열, 이경옥, 이진숙, 천희영(2013). **아동복지**. 창지사.

한성심, 송주미(2015). **아동복지론**. 창지사.

한유미 외(2005). **스웨덴의 아동보육제도**. 학지사.

황성하, 남미경(2012). 일본 보육지원 정책의 변화과정 및 지역사회 맞춤형 보육지원.

Piachaud, D.(2005). 영국의 근로소득세액공제제도 : CTC와 WTC. 국제노동브리프. 한국노동연구원.

Swedish Institute(2004). Fact-Sheets on Sweden.

Swedish Ministry ofHealth and SocialAffairs(2003). Swedish family Policy. fatshee.

보건복지부 http://www.mohw.go.kr

한국여성정책연구원 http://www.kwdie.re.kr

● 메모

Chapter

04

아동복지법과 제도

큰딸 실종, 작은딸은 미취학, 아동복지법 위반 혐의수사 및 어머니 구속

출처 : http://www.etnews.com/news/article.html?id=20160213000049 전자신문

경남 고성경찰서는 두 딸을 교육적으로 방임한 혐의(「아동복지법」 위반)로 어머니 박모(42) 씨를 구속했다고 전했다. 어머니 박 씨는 사라진 큰 딸(12)의 실종신고를 하지 않았고 작은 딸(9)도 학교에 갈 나이지만 미취학상태로 학교도 보내지 않았다.

경찰에 따르면 남편과 이혼한 박 씨는 지난 2009년 1월 서울에서 살다가 두 딸을 데리고 가출해 친구집 등 여러 곳을 전전한 것으로 알려졌다. 이 과정에서 두 딸의 아버지가 고향인 경남 고성의 아이들 할머니 댁에 강제 전입신고를 했고, 이러한 실종 및 미취학 관련 사실은 교육부 장기결석 초등학생 전수조사과정에서 드러났다.

박 씨는 지난 1월 28일 충남 천안시의 한 공장숙직실에서 작은딸과 함께 생활하다 경찰에 붙잡혔다.

출처 : 전자신문(2016.2.13). http://www.etnews.com/news/article.html?id=20160213000049

✦ 위의 기사 속 사례 내용과 같이 현대 우리사회에서 「아동복지법」 속의 법률, 정책, 주요 행정 내용에는 어떤 것이 있는지 살펴보고, 이러한 「아동복지법」의 중요성에 대해 함께 이야기 나누어 봅시다.

Chapter 04

아동복지 법률 및 아동복지 관련 법들은 아동복지의 정책 및 정책적 활동을 계획하고 진행해 나가는 데 있어 중요한 근거와 바탕이 되며, 우리 사회는 「아동복지법」을 기본으로 한, 다양한 아동복지 관련 법들이 아동복지와 관련되어 다양한 복지정책과 활동을 규정한다. 아동복지정책은 아동복지서비스 등을 계획하고 진행, 관리하는 활동을 의미하며, 아동복지행정은 아동복지정책과 관련 법들이 원활히 집행될 수 있도록 재정예산 및 인력을 구성하고, 조직의 체계를 갖추는 것을 의미한다. 그리고 이러한 아동복지법률, 아동복지정책, 아동복지행정 전달체계는 서로 밀접히 연결되어 영향을 주고받는다.

이 장에서는 우리나라 아동복지법률 및 아동복지 관련 법, 그리고 아동복지정책과 아동복지행정 전달체계에 대해 알아보고자 한다.

1. 아동복지 법률(아동복지법과 관련 법 등)

우리나라 아동복지 관련 법 체계의 기초는 최상위 법인 헌법이다. 헌법에 근거하여 「사회보장기본법」, 「사회복지법」이 존재하고, 아동복지의 기본법인 「아동복지법」과 다양한 아동복지 관련 법이 존재한다. 아동복지와 관련된 법체계를 정리하면 그림 4-1과 같다.

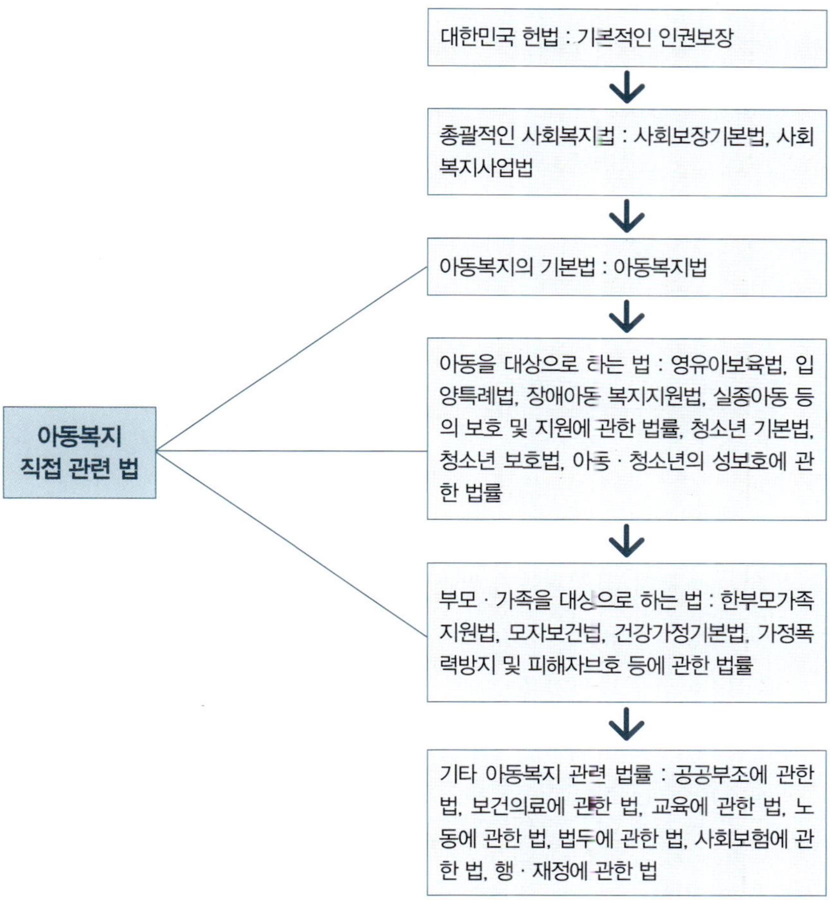

그림 4-1 우리나라 아동복지 관련 법 체계

출처 : 한성심, 송주미(2015).

표 4-1 아동복지 분야별 관련 법 체계

분류		법령
사회복지 일반		헌법, 사회보장기본법, 사회복지사업법, 국민연금법, 국민건강보험법
아동복지 일반		아동복지법, 청소년 기본법, 청소년복지 지원법
아동복지 분야	아동교육 및 보육	교육법, 유아교육법, 영유아보육법
	아동건강 및 영양	모자보건법, 지역보건법, 학교보건법, 학교급식법
	저소득층 및 한부모가정 아동	국민기초생활 보장법, 의료급여법, 한부모가족지원법, 아동의 빈곤예방 및 지원 등에 관한 법률
	장애아동	장애아동 복지지원법
	아동학대, 성폭력 및 실종	아동학대범죄의 처벌 등에 관한 특례법, 실종아동 등의 보호 및 지원에 관한 법률, 아동·청소년의 성보호에 관한 법률, 가정폭력방지 및 피해자보호 등에 관한 법률, 특정성폭력 범죄자에 대한 위치추적 전자장치 부착에 관한 법률
	비행 및 범죄 관련 아동	소년법, 보호소년 등의 처우에 관한 법, 보호관찰 등에 관한 법
	근로아동	근로기준법
	입양아동	입양특례법

출처 : 도미향 외(2015).

아동복지 관련 법은 아동 및 그 가족의 보호와 직접적, 간접적으로 관련이 있는 법을 의미하며, 아동을 직접 대상으로 하거나, 아동과 그 가족과 관련된 조항을 포함하는 법을 의미한다.

아동복지 관련 법 안에는 일반아동 대상의 전체 아동복지를 포함하는 「아동복지법」과 아동복지 및 사회복지 일반에 관한 법률, 「청소년 기본법」, 그리고 대상 아동의 특성을 바탕으로 한 아동복지 분야별 관련 법으로 분류해 볼 수 있으며, 이를 정리하면 표 4-1과 같다.

여기에서는 아동과 관련되는 법 중 「아동복지법」, 「영유아보육법」, 「한부모가족지원법」, 「모자보건법」, 「입양특례법」에 대해 자세히 살펴보고자 한다.

1) 아동복지법

「아동복지법」은 모든 아동들의 건강한 성장과 발달을 위해 부모는 물론 국가와 사회가 함께 책임을 진다는 사회적 책임 원칙의 대표적인 아동복지 관련 법률이다. 아동을 일차적 대상으로 한 가장 직접적인 아동 관련 법이기도 하다(한성심, 송주미, 2015).

1961년 「아동복리법」이 제정 · 공포되어, 한국전쟁으로 발생한 고아, 빈곤 및 부랑아동 등과 같은 요보호아동에 대한 아동복지정책의 바탕이 되었다. 1981년 전문 개정되면서 「아동복지법」으로 개칭되었다. 이후 산업화, 경제성장으로 인한 여성취업률 증가, 핵가족화, 가족해체 증가 등과 같은 사회 변화로 인해, 아동복지정책 대상을 요보호아동뿐만이 아니라, 일반아동으로 확대하여 모든 아동의 건강한 성장과 복지 증진을 국가와 사회가 정책적으로 도모하도록 하였다.

「아동복지법」은 18세 미만의 아동이 "건강하게 출생하여 행복하고 안전하게 자라나도록 그 복지를 보장함을 목적으로 한다"(「아동복지법」 제1조, 보건복지부, 2016). 「아동복지법」의 기본이념으로 "아동은 자신 또는 부모의 성별과 연령, 종교, 사회적 신분, 재산, 장애 유무, 출생 지역, 인종 등에 따른 어떠한 종류의 차별도 받지 않고 자라나야 하며, 안정된 가정환경에서 행복하게 자라나야 한다. 또한 아동에 관한 모든 활동에서 아동의 이익이 최우선적으로 고려되어야 하며, 아동은 아동의 권리보장과 복지 증진을 위하여 이 법에 따른 보호와 지원을 받을 권리를 가진다"(「아동복지법」 제2조, 보건복지부, 2016). 아동복지에 대한 국가와 지방자치단체의 책무 중에서 "국가는 아동의 보호자가 아동을 행복하고 안전하게 양육하기 위하여 필요한 교육을 지원해야 한다"제4조는 항목을 통해서도 「아동복지법」이 단순히 아동만 포함하는 복지법이 아닌, 포괄적이고 궁극적인 장기적 아동복지의 증진을 지향함을 알 수 있다.

「아동복지법」은 2001년 전면개정, 2005년 일부개정을 통해 아동복지시설의 전문화된 서비스 확충의 근거 마련 및 아동학대에 대한 정의, 학대아동의 보호와 지원, 신고의무 등을 규정하였다. 2007년 성폭력 예방교육 및 성폭력 피해아동에 대한 지원 확대, 2008년 실종, 유괴 예방교육 실시, 2012년 아동종합실태조사와 아동정책기본계획의 수립, 2014년 「아동학대범죄의 처벌 등에 관한 특례법」 등으로 개정되어 왔다(도미향 외, 2015). 2019년 이후에는 학대피해아동에 대한 지원(보조인 선임, 피해아동 보호계획 수립, 아동학대전담공무원 배치 등) 내용이 더욱 강화되었고, 초등학교 아동들을 위한 '방과 후 돌봄서비스 지원'이 새롭게 신설되어 정규교육 이외의 시간에 대해서도 아동의 보호와 필요한 프로그램의 제공에 대한 우리 사회의 지원 도모를 명시하고 있다.

아동복지법 속의 아동복지의 책임

1. 국가와 지방자치단체의 책무(제4조)

① 국가와 지방자치단체는 아동의 안전 · 건강 및 복지 증진을 위하여 아동과 그 보호자 및 가정을 지원하기 위한 정책을 수립 · 시행하여야 한다.

② 국가와 지방자치단체는 보호대상아동 및 지원대상아동의 권익을 증진하기 위한 정책을 수립 · 시행하여야 한다.

③ 국가와 지방자치단체는 아동이 태어난 가정에서 성장할 수 있도록 지원하고, 아동이 태어난 가정에서 성장할 수 없을 때에는 가정과 유사한 환경에서 성장할 수 있도록 조치하며, 아동을 가정에서 분리하여 보호할 경우에는 신속히 가정으로 복귀할 수 있도록 지원하여야 한다.

④ 국가와 지방자치단체는 장애아동의 권익을 보호하기 위하여 필요한 시책을 강구하여야 한다.

⑤ 국가와 지방자치단체는 아동이 자신 또는 부모의 성별, 연령, 종교, 사회적 신분, 재산, 장애유무, 출생지역 또는 인종 등에 따른 어떠한 종류의 차별도 받지 아니하도록 필요한 시책을 강구하여야 한다.

⑥ 국가와 지방자치단체는 「아동의 권리에 관한 협약」에서 규정한 아동의 권리 및 복지 증진 등을 위하여 필요한 시책을 수립 · 시행하고, 이에 필요한 교육과 홍보를 하여야 한다.

⑦ 국가와 지방자치단체는 아동의 보호자가 아동을 행복하고 안전하게 양육하기 위하여 필요한 교육을 지원하여야 한다.

2. 보호자 등의 책무(제5조)

① 아동의 보호자는 아동을 가정에서 그의 성장 시기에 맞추어 건강하고 안전하게 양육하여야 한다.

② 아동의 보호자는 아동에게 신체적 고통이나 폭언 등의 정신적 고통을 가하여서는 아니 된다.

③ 모든 국민은 아동의 권익과 안전을 존중하여야 하며, 아동을 건강하게 양육하여야 한다.

출처 : 보건복지부(2020).

아동복지법 속의 주요 내용

1. 아동복지정책의 수립 및 시행(제2장)

- 아동정책기본계획의 수립(제7조)
- 아동정책조정위원회(제10조)
- 아동복지심의위원회(제12조)
- 아동복지전담공무원(제13조)
- 아동위원(제14조)

2. 아동에 대한 보호서비스 및 아동학대의 예방 및 방지(제3장)

① 아동보호서비스(제1절)

- 보호조치(제15조)
- 사회보장정보시스템의 이용(제15조 제2항)
- 보호 대상 아동의 양육 상황 점검(제15조 제3항)
- 보호 대상 아동의 사후관리(제16조 제2항)
- 금지행위(제17조) : 누구든지 다음 각 호의 어느 하나에 해당하는 행위를 하여서는 아니 된다.
  - 아동을 매매하는 행위
  - 아동에게 음란한 행위를 시키거나 이를 매개하는 행위 또는 아동에게 성적 수치심을 주는 성희롱 등의 성적 학대행위
  - 아동의 신체에 손상을 주거나 신체의 건강 및 발달을 해치는 신체적 학대행위
  - 아동의 정신건강 및 발달에 해를 끼치는 정서적 학대행위
  - 자신의 보호 · 감독을 받는 아동을 유기하거나 의식주를 포함한 기본적 보호 · 양육 · 치료 및 교육을 소홀히 하는 방임행위
  - 장애를 가진 아동을 공중에 관람시키는 행위
  - 아동에게 구걸을 시키거나 아동을 이용하여 구걸하는 행위
  - 공중의 오락 또는 흥행을 목적으로 아동의 건강 또는 안전에 유해한 곡예를 시키는 행위 또는 이를 위하여 아동을 제3자에게 인도하는 행위
  - 정당한 권한을 가진 알선기관 외의 자가 아동의 양육을 알선하고 금품을 취득하거나 금품을 요구 또는 약속하는 행위
  - 아동을 위하여 증여 또는 급여된 금품을 그 목적 외의 용도로 사용하는 행위

- 친권상실 선고의 청구(제18조)
  - 시 · 도지사, 시장 · 군수 · 구청장 또는 검사는 아동의 친권자가 그 친권을 남용하거나 현저한 비행이나 아동학대, 그 밖에 친권을 행사할 수 없는 중대한 사유가 있는 것을 발견한 경우 아동의 복지를 위하여 필요하다고 인정할 때에는 법원에 친권행사의 제한 또는 친권상실의 선고를 청구하여야 한다.
  - 아동복지시설의 장 및 「초 · 중등교육법」에 따른 학교의 장은 제1항의 사유에 해당하는 경우 시 · 도지사, 시장 · 군수 · 구청장 또는 검사에게 법원에 친권행사의 제한 또는 친권상실의 선고를 청구하도록 요청할 수 있다.
  - 시 · 도지사, 시장 · 군수 · 구청장 또는 검사는 제1항 및 제2항에 따라 친권행사의 제한 또는 친권상실의 선고 청구를 할 경우 해당 아동의 의견을 존중하여야 한다.
- 아동의 후견인 선임(제20조)
- 보조인의 선임 등(제21조)
  - 법원의 심리과정에서 변호사, 법정대리인, 직계 친족, 형제자매, 보장원 또는 아동보호전문기관의 상담원은 학대아동사건의 심리에 있어서 보조인이 될 수 있다. 다만, 변호사가 아닌 경우에는 법원의 허가를 받아야 한다.

② 아동학대의 예방 및 방지(제2절)

- 아동학대의 예방과 방지 의무(제22조) : 국가와 지방자치단체는 아동학대의 예방과 방지를 위하여 다음 각 호의 조치를 취하여야 한다.
  - 아동학대의 예방과 방지를 위한 각종 정책의 수립 및 시행
  - 아동학대의 예방과 방지를 위한 연구 · 교육 · 홍보 및 아동학대 실태조사
  - 아동학대에 관한 신고체제의 구축 · 운영
  - 피해아동의 보호와 치료 및 피해아동의 가정에 대한 지원
  - 그 밖에 대통령령으로 정하는 아동학대의 예방과 방지를 위한 사항
    - ㄱ. 지방자치단체는 아동학대를 예방하고 수시로 신고를 받을 수 있도록 긴급전화를 설치하여야 한다. 이 경우 그 설치 · 운영 등에 필요한 사항은 대통령령으로 정한다.
    - ㄴ. 시 · 도지사 또는 시장 · 군수 · 구청장은 피해아동의 발견 및 보호 등을 위하여 다음 각 호의 업무를 수행하여야 한다.
      - * 아동학대 신고접수, 현장조사 및 응급보호

  * 피해아동, 피해아동의 가족 및 아동학대행위자에 대한 상담 · 조사
  * 그 밖에 대통령령으로 정하는 아동학대 관련 업무
- 시 · 도지사 또는 시장 · 군수 · 구청장은 제3항 각 호의 업무를 수행하기 위하여 아동학대전담공무원(이하 "아동학대전담공무원"이라 한다)을 두어야 한다.

• 피해아동보호계획의 수립 등(제22조의4)
  - 시 · 도지사 또는 시장 · 군수 · 구청장은 피해아동에 대한 조사를 한 후 다음 각 호의 사항이 포함된 피해아동보호계획(이하 "보호계획"이라 한다)을 수립하고 그 계획을 아동보호전문기관의 장에게 통보하여야 한다.
    ㄱ. 피해아동에 대한 제15조제1항에 따른 보호조치 여부
    ㄴ. 아동학대행위에 대한 고발 여부 등 아동학대행위에 대한 개입 방향 및 절차
    ㄷ. 피해아동 및 그 가족에 대한 지원 여부
    ㄹ. 그 밖에 대통령령으로 정하는 사항

• 아동학대사례전문위원회(제22조의5)

• 아동학대 신고의무자에 대한 교육(제26조)
  - 관계 중앙행정기관의 장은 「아동학대범죄의 처벌 등에 관한 특례법」 제10조제2항 각 호의 어느 하나에 해당하는 사람(이하 "아동학대 신고의무자"라 한다)의 자격 취득 과정이나 보수교육 과정에 아동학대 예방 및 신고의무와 관련된 교육 내용을 포함하도록 하여야 한다.
  - 관계 중앙행정기관의 장 및 시 · 도지사는 아동학대 신고의무자에게 본인이 아동학대 신고의무자라는 사실을 고지할 수 있고, 아등학대 예방 및 신고의무와 관련한 교육(이하 이 조에서 "신고의무 교육"이라 한다)을 실시할 수 있다.
  - 아동학대 신고의무자가 소속된 기관 · 시설 등의 장은 소속 아동학대 신고의무자에게 신고의무 교육을 실시하고, 그 결과를 관계 중앙행정기관의 장에게 제출하여야 한다.

• 아동학대 예방교육의 실시(제26조의2)
• 아동학대 등의 통보(제27조의2)
• 피해아동 응급조치에 대한 거부금지(제27조의3)
• 사후관리(제28조)
• 국가아동학대정보시스템(제28조제2항)
• 피해아동 및 그 가족 등에 대한 지원(제29조)
• 아동학대행위자에 대한 상담 · 교육 등의 권고(제29조제2항)

- 아동 관련 기관의 취업제한(제29조제3항)
- 아동학대 관련 범죄전력자 취업의 점검 · 확인(제29조제4항)

3. **아동에 대한 지원서비스(제4장)**

① 아동 안전 및 건강 지원(제1절)

- 안전기준의 설정(제30조)
- 아동의 안전에 대한 교육(제31조)
- 아동보호구역에서의 영상정보처리기기 설치(제32조)
- 아동안전 보호인력의 배치 등(제33조)
- 아동긴급보호소 지정 및 운영(제34조)

② 취약계층 아동 통합서비스 지원 및 자립 지원(제2절)

- 취약계층 아동에 대한 통합서비스 지원(제37조)
- 자립 지원(제38조)
- 자립 지원 전담기관의 설치 · 운영(제40조)

③ 방과 후 돌봄서비스 지원(제3절)

- 다함께돌봄센터(제44조의2)
  - 시 · 도지사 및 시장 · 군수 · 구청장은 초등학교의 정규교육 이외의 시간 동안 다음 각 호의 돌봄서비스(이하 "방과 후 돌봄서비스"라 한다)를 실시하기 위하여 다함께돌봄센터를 설치 · 운영할 수 있다.

    ㄱ. 아동의 안전한 보호

    ㄴ. 안전하고 균형 있는 급식 및 간식의 제공

    ㄷ. 등 · 하교 전후, 야간 또는 긴급상황 발생 시 돌봄서비스 제공

    ㄹ. 체험활동 등 교육 · 문화 · 예술 · 체육 프로그램의 연계 · 제공

    ㅁ. 돌봄 상담, 관련 정보의 제공 및 서비스의 연계

    ㅂ. 그 밖에 보건복지부령으로 정하는 방과 후 돌봄서비스의 제공

4. **아동복지시설(제5장)**

① 아동보호전문기관의 설치(제45조)

② 아동보호전문기관의 업무(제46조)

- 아동보호전문기관은 다음 각 호의 업무를 수행한다.
  - 피해아동, 피해아동의 가족 및 아동학대행위자를 위한 상담, 치료 및 교육
  - 아동학대예방 교육 및 홍보
  - 피해아동 가정의 사후관리

– 그 밖에 대통령령으로 정하는 아동학대예방사업과 관련된 업무

③ 가정위탁지원센터의 설치 등(제48조)

• 지방자치단체는 보호대상아동에 대한 가정위탁사업을 활성화하기 위하여 시 · 도 및 시 · 군 · 구에 가정위탁지원센터를 둔다.

④ 가정위탁지원센터의 업무(제49조)

⑤ 아동복지시설의 설치(제50조)

⑥ 아동전용시설의 설치(제53조)

⑦ 학대피해아동쉼터의 지정(제53조제2항)

⑧ 아동복지시설 종사자의 교육훈련(제55조)

⑨ 아동복지시설의 장의 의무(제57조)

출처 : 보건복지부(2020).

2) 영유아보육법

우리나라 보육사업은 해방 후 한국전쟁 전후에는 아동의 구호 · 보호를 주 목적으로 하는 형태를 지녔다. 1961년에는 「아동복리법」이 제정, 공포되어 제도화되었고, 그 후 1982년 「유아교육진흥법」으로 새로이 제정, 공포되었다. 1991년 보육사업의 체계화와 효율적인 추진을 위해 「영유아보육법」이 독립적으로 제정 실시되었고, 2004년 전면 개정 이후 여러 차례 개정을 거쳤다.

「영유아보육법」은 보육사업의 주 근거가 되는 법으로, 6세 미만의 취학 전 아동인 "영유아의 심신을 보호하고 건전하게 교육하여 건강한 사회구성원으로 육성함과 아울러 보호자의 경제적 · 사회적 활동이 원활하게 이루어지도록 함으로써 영유아 및 가정의 복지 증진에 이바지함을 목적으로 한다"(「영유아보육법」 제1조, 보건복지부). 즉, 보육사업이 더 이상 단순 탁아가 아닌, 보호 · 양육 · 교육을 통합한 보육으로 확대 실시됨으로써 아동에 대한 전반적인 보호**영양, 안전, 건강 등**와 교육과 더불어 부모에 대한 서비스 및 지역사회와의 연계까지 통합하는 서비스의 제공을 도모하고 있다.

「영유아보육법」에는 영유아보육의 목적 및 정의, 이념, 책임에 대한 내용뿐만 아니라, 어린이집의 설치, 보육교직원, 어린이집의 운영, 건강, 영양 및 안전, 비용지도 및 감독에 관한 기본사항을 정하고 있다. 2004년 「영유아보육법」 전면 개정 시 보편주의적 보육이념이 도입되고 보육의 국가 · 사회적 공적 책임이 강화되며, 보육의 전문성 및 보육서비스의 다양화에 대한 내용들이 개정되었다. 2013년 개정 시 보육정보센터 기능에 가정양육 지원기능을 추가하여 육아종합지원센터로 변경, 어린이집 보육료 등 운영과 관련된 정보 공시, 보육교사 자격취득을 위한 교육과정 강화 등을 공표하였다. 2015년에는 어린이집의 폐쇄회로 텔레비전의 설치, 관리, 영상정보 열람에 대한 내용들이 추가되어 영유아의 아동학대 방지 및 안전에 대한 내용들이 강화되었으며, 2019년 개정에서는 어린이집의 보육시간을 기본보육과 연장보육으로 구분하여 지원하므로 보호자의 다양한 요구에 따른 기본보육 이후 시간에 대한 연장보육의 제공 및 연장보육 전담교사의 배치 등이 포함되었다(2020년 시행).

영유아보육법 속의 주요 내용

보육 이념(제3조)

- 보육은 영유아의 이익을 최우선적으로 고려하여 제공되어야 한다.
- 보육은 영유아가 안전하고 쾌적한 환경에서 건강하게 성장할 수 있도록 하여야 한다.
- 영유아는 자신이나 보호자의 성, 연령, 종교, 사회적 신분, 재산, 장애, 인종 및 출생 지역 등에 따른 어떠한 종류의 차별도 받지 아니하고 보육되어야 한다.

책임(제4조)

- 모든 국민은 영유아를 건전하게 보육할 책임을 진다.
- 국가와 지방자치단체는 보호자와 더불어 영유아를 건전하게 보육할 책임을 지며, 이에 필요한 재원을 안정적으로 확보하도록 노력하여야 한다.
- 특별자치도지사 · 시장 · 군수 · 구청장은 영유아의 보육을 위한 적절한 어린이집을 확보하여야 한다.
- 국가와 지방자치단체는 보육교직원의 양성 및 근로여건 개선을 위하여 노력하여야 한다.

주요 내용

- 어린이집의 설치 관련(제2장)
  - 어린이집 설치기준(제15조)
  - 놀이터 설치(제15조제2항)
  - 비상재해대비시설(제15조제3항)
  - 폐쇄회로 텔레비전의 설치 등(제15조의4)
  - 영상정보의 열람금지 등(제15조의5)
  - 보육교직원 관련(제3장)
  - 어린이집의 원장 또는 보육교사의 자격(제21조)
  - 어린이집 원장의 보수교육(제23조)
  - 보육교사의 보수교육(제23조제2항)
- 어린이집의 운영 관련(제4장)
  - 어린이집의 운영기준(제24조)
  - 보육시간의 구분(제24조의2)
    - ㄱ. 기본보육 : 어린이집을 이용하는 모든 영유아에게 필수적으로 제공되는 과정으로, 보건복지부령으로 정하는 시간 이하의 보육
    - ㄴ. 연장보육 : 기본보육을 초과하여 보호자의 욕구 등에 따라 제공되는 보육
  - 어린이집운영위원회(제25조)
  - 부모모니터링단(제25조제2항)
  - 취약보육의 우선 실시(제26조)
  - 시간제보육 서비스(제26조의2)
  - 어린이집 이용 대상(제27조)
  - 보육의 우선 제공(제28조)
  - 보육과정(제29조)
  - 어린이집 평가인증(제30조)
- 어린이집의 건강 · 영양 및 안전 관련(제5장)
  - 건강관리 및 응급조치(제31조)
  - 어린이집 안전공제사업(제31조제2항)
  - 예방접종 여부의 확인(제31조의3)
  - 치료 및 예방조치(제32조)
  - 급식관리(제33조)

  - 어린이집 차량안전관리(제33조제2항)
- 어린이집의 비용 관련(제6장)
  - 무상보육(제34조)
  - 양육수당(제34조제2항)
  - 보육료 등의 수납(제38조)
- 어린이집의 지도 및 감독 관련(제7장)
  - 지도와 명령(제41조)
  - 보고와 검사(제42조)
  - 위법행위의 신고 및 신고자 보호(제42조제2항)
  - 어린이집에 대한 휴원명령(제43조제2항)
  - 어린이집의 폐쇄(제45조)
  - 어린이집의 원장 또는 보육교사의 자격취소(제48조)
  - 어린이집 정보의 공시(제49조제2항)

출처 : 보건복지부(2020).

3) 한부모가족지원법

「한부모가족지원법」은 "한부모가족이 건강하고 문화적인 생활을 영위할 수 있도록 함으로써 한부모가족의 생활 안정과 복지 증진에 이바지함을 목적으로 한다"(「한부모가족지원법」 제1조, 여성가족부, 2016). 한부모가족이란 모자가족 또는 부자가족을 말하며, 구체적인 지원법률 적용 대상자는 다음 어느 하나에 해당하는 자로서 아동인 자녀를 양육하는 자를 말한다제4조.

가. 배우자와 사별 또는 이혼하거나 배우자로부터 유기遺棄된 자
나. 정신이나 신체의 장애로 장기간 노동능력을 상실한 배우자를 가진 자
다. 교정시설 · 치료감호시설에 입소한 배우자 또는 병역복무 중인 배우자를 가진 사람
라. 미혼자(사실혼事實婚 관계에 있는 자는 제외한다.)
마. 가목부터 라목까지에 규정된 자에 준하는 자로서 여성가족부령으로 정하

는 자

1의2. "청소년 한부모"란 24세 이하의 모 또는 부를 말한다.

「모자복지법」이 1989년 제정이 되었고, 2003년 「모 · 부자복지법」으로 개정되었다가, 인적 자본이 취약한 한부모가족들의 경제적 문제, 건강문제, 자녀양육 및 사회, 심리적 문제 등에 종합적인 지원을 하기 위해 2007년 「한부모가족지원법」으로 개정되었으며 2008년부터 시행되었다. 지원 대상 또한 기존의 한부모가정에 부모의 사망이나 정신적 · 신체적 장애, 장기복역, 이혼 또는 유기 등의 이유로 65세 이상 조부 또는 조모와 손자녀로 구성되어 함께 살고 있는 조손가정 포함, 자녀가 취학 중인 경우 18세 미만에서 22세 미만으로 확대하여 계속 지원받을 수 있게 개정되었고, 한부모가족의 고용촉진을 위해 부모의 취업지원사업의 추진 및 다양한 가사서비스, 교육상담 등의 가족관계 증진서비스도 제공되고 있다.

한부모가족지원법의 주요 내용

복지의 내용과 실시(제2장)

- 복지 급여의 내용(제12조)
  - 생계비
  - 아동교육지원비
  - 아동양육비
  - 그 밖에 대통령령으로 정하는 비용
- 복지 자금의 대여(제13조)
  - 사업에 필요한 자금
  - 아동교육비
  - 의료비
  - 주택자금
  - 그 밖에 대통령령으로 정하는 한부모가족의 복지를 위하여 필요한 자금
- 고용의 촉진(제14조) : 국가 또는 지방자치단체는 한부모가족의 모 또는 부와 아동의 직업능력을 개발하기 위하여 능력 및 적성 등을 고려한 직업능력개발훈련을 실시하여야 한다.

- 가족지원서비스(제17조) : 국가나 지방자치단체는 한부모가족에게 다음 각 호의 가족지원서비스를 제공하도록 노력하여야 한다.
  - 아동의 양육 및 교육서비스
  - 장애인, 노인, 만성질환자 등의 부양서비스
  - 취사, 청소, 세탁 등 가사서비스
  - 교육 · 상담 등 가족관계 증진서비스
  - 인지청구 및 자녀양육비 청구 등을 위한 법률상담, 소송대리 등 법률구조서비스
  - 그 밖에 대통령령으로 정하는 한부모가족에 대한 가족지원서비스
- 청소년 한부모에 대한 교육 지원(제17조의2): 국가나 지방자치단체는 청소년 한부모가 학업을 할 수 있도록 청소년 한부모의 선택에 따라 다음 각 호의 어느 하나에 해당하는 지원을 할 수 있다.
  - 「초 · 중등교육법」 제2조에 따른 학교에서의 학적 유지를 위한 지원 및 교육비 지원 또는 검정고시 지원
  - 「평생교육법」 제31조제2항에 따른 학력인정 평생교육시설에 대한 교육비 지원
  - 「초 · 중등교육법」 제28조에 따른 교육 지원
  - 그 밖에 청소년 한부모의 교육 지원을 위하여 여성가족부령으로 정하는 사항
- 청소년 한부모의 자립 지원(제17조의4)
- 한부모가족복지시설(제3장)
- 한부모가족 상담전화의 설치(제18조의2)
- 한부모가족복지시설(제19조)

출처 : 여성가족부(2020).

4) 모자보건법

「모자보건법」은 "어머니의 생명과 건강을 보호하고 건전한 자녀의 출생과 양육을 도모함으로써 모자보건을 통한 국민보건의 향상에 이바지함을 목적으로 하고 있다"(「모자보건법」 제1조, 보건복지부, 2015). 대상은 임신 중이거나 분만 후 6개월 미만의 임산부와 가임기 여성, 영유아 등이 포함된다. 「모자보건법」은 국민보건 향상에 기여하기 위해 1973년에 제정되었고, 모자보건사업과 가족계획사업

의 연계를 통한 임산부와 영유아의 건강 증진 추진을 위해 1986년 개정되었다. 또한 2005년 개정에는 산후조리업 시설의 운영에 대하여 일정기준에 따른 인력시설과 감염 및 안전사고교육을 통해 예방을 도모하였다. 2012년 개정에는 불임이라는 용어를 난임으로 변경하고 인공임신중절 예방사업 또한 진행하고 있다. 2015년에는 지방자치단체의 산후조리원의 설치와 정부의 산후조리도우미 지원이 새롭게 추가되었고, 2019년 개정에는 산후조리원 내에 임산부와 영유아가 같은 공간에서 함께 지낼 수 있는 모자동실의 적정 제공 노력에 대한 내용도 포함되었다.

모자보건법의 주요 내용

용어의 정의 (제2조)

- "모자보건사업"이란 모성과 영유아에게 전문적인 보건의료서비스 및 그와 관련된 정보를 제공하고, 모성의 생식건강(生殖健康)관리와 임신 · 출산 · 양육 지원을 통하여 이들이 신체적 · 정신적 · 사회적으로 건강을 유지하게 하는 사업을 말한다.

주요 내용

- 모자보건기구의 설치(제7조)
- 임산부의 신고 등(제8조)
- 모자보건수첩의 발급(제9조)
- 미숙아등의 정보 기록 · 관리(제9조의2)
- 임산부 · 영유아 · 미숙아 등의 건강관리 등(제10조)
- 고위험 임산부와 신생아 집중치료시설 등의 지원(제10조의2)
- 다태아 임산부 등에 대한 지원(제10조의4)
- 산전 · 산후 우울증 검사 등 지원(제10조의5)
- 난임극복 지원사업(제11조)
- 난임시술 의료기관의 지정 등(제11조의3)
- 난임전문상담센터의 설치 · 운영 등(제11조의4)
- 인공임신중절 예방 등의 사업(제12조)
- 산후조리업의 신고(제15조)
- 결격사유(제15조의2)
- 산후조리업자의 준수사항(제15조의4)

- 감염 예방 등에 관한 교육(제15조의6)
- 보고 · 출입 · 검사 등(제15조의7)
- 산후조리원의 폐쇄 등(제15조의9)
- 지방자치단체의 산후조리원 설치(제15조의17)
- 산후조리도우미의 지원(제15조의18)
- 산후조리원 평가(제15조의19)
- 모자동실 운영(제15조의21)

출처 : 보건복지부(2020).

5) 입양특례법

「입양특례법」은 1961년 외국인의 전쟁고아 및 기아들의 해외입양에 대한 법적 근거를 도모하기 위하여 제정된 「고아입양특례법」으로 시작되었다. 그 후 1976년 「입양특례법」으로 개정되고, '고아'를 '보호시설에 보호받고 있는 자'로 용어 변경하여 고아가 아닌 아동의 입양을 도왔다(보건복지부). 1995년에는 「입양촉진 및 절차에 관한 특례법」으로 강화하고, 2011년 「입양특례법」으로 전면 개정하여 보호시설에서 보호 중인 아동의 입양이나 양자로 입양되는 자의 안전, 복지 및 입양 후 사후 서비스 등의 미비점을 보완하였다(박희숙 외, 2015).

「입양특례법」은 "요보호아동의 입양入養에 관한 요건 및 절차 등에 대한 특례와 지원에 필요한 사항을 정함으로써 양자養子가 되는 아동의 권익과 복지를 증진하는 것을 목적으로 한다"(제1조, 보건복지부, 2015). 아동입양 절차가 좀 더 아동의 복리 중심으로 이루어질 수 있도록 국가의 관리 및 감독을 강화하고, 국내 입양 우선 추진제7조과 국외 입양의 감축제8조을 통해 가정과 출신국가에서 양육되어야 하는 것이 최선이라는 생각을 바탕으로 국가 입양정책을 세우려고 도모하고 있다. 또한 2015년, 2019년 개정에서는 국외입양의 사후관리에 대한 내용 및 방법에 대해서도 구체적으로 명시되어 보완이 이루어졌다(입양아동의 입양된 국가의 취득여부 확인 및 보고, 2019 개정).

입양특례법의 주요 내용

입양 대상자

1. "아동"이란 용어는 18세 미만인 사람을 말한다(제2조).
2. 양자가 될 자격(제9조) : 양자가 될 사람은 요보호아동으로서 다음 각 호의 어느 하나에 해당하는 사람이어야 한다.
   - 보호자로부터 이탈된 사람으로서 특별시장 · 광역시장 · 도지사 및 특별자치도지사 또는 시장 · 군수 · 구청장이 부양의무자를 확인할 수 없어 「국민기초생활 보장법」에 따른 보장시설에 보호 의뢰한 사람
   - 부모 또는 후견인이 입양에 동의하여 보장시설 또는 제20조에 따른 입양기관에 보호 의뢰한 사람
   - 법원에 의하여 친권상실의 선고를 받은 사람의 자녀로서 보장시설에 보호 의뢰한 사람
   - 그 밖에 부양의무자를 알 수 없는 경우로서 시 · 도지사 또는 시장 · 군수 · 구청장이 보장시설에 보호 의뢰한 사람
3. 국가 등의 책무(제3조)
   - 모든 아동은 그가 태어난 가정에서 건강하게 자라야 한다.
   - 국가와 지방자치단체는 아동이 그가 태어난 가정에서 건강하게 자랄 수 있도록 지원하고 태어난 가정에서 자라기 곤란한 아동에게는 건강하게 자랄 수 있는 다른 가정을 제공하기 위하여 필요한 조치와 지원을 하여야 한다.

주요 내용

1. 총칙(제1장)
   - 입양의 원칙(제4조) : 이 법에 따른 입양은 아동의 이익이 최우선이 되도록 하여야 한다.
   - 국내 입양 우선 추진(제7조)
   - 국외 입양의 감축(제8조)
2. 입양의 요건 및 효력(제2장)
   - 양자가 될 자격(제9조)
   - 양친이 될 자격 등(제10조)
     - 이 법에 따라 양친이 될 사람은 다음 각 호의 요건을 모두 갖추어야 한다.
       - ※ 양자를 부양하기에 충분한 재산이 있을 것
       - ※ 양자에 대하여 종교의 자유를 인정하고 사회의 구성원으로서 그에 상응하는

양육과 교육을 할 수 있을 것

＊ 양친이 될 사람이 아동학대 · 가정폭력 · 성폭력 · 마약 등의 범죄나 알코올 등 약물중독의 경력이 없을 것

＊ 양친이 될 사람이 대한민국 국민이 아닌 경우 해당 국가의 법에 따라 양친이 될 수 있는 자격이 있을 것

＊ 그 밖에 양자가 될 사람의 복지를 위하여 보건복지부령으로 정하는 필요한 요건을 갖출 것

– 양친이 될 사람은 양자가 될 아동이 복리에 반하는 직업이나 그 밖에 인권침해의 우려가 있는 직업에 종사하지 아니하도록 하여야 한다.

– 양친이 되려는 사람은 입양의 성립 전에 입양기관 등으로부터 보건복지부령으로 정하는 소정의 교육을 마쳐야 한다.

＊ 가정법원의 허가(제11조)

＊ 입양의 동의(제12조)

＊ 입양의 효력 발생(제15조)

＊ 국내에서의 국외입양(제18조)

＊ 외국에서의 국외입양(제19조)

3. 입양기관(제3장)

- 입양기관(제20조)
- 입양기관의 의무(제21조)
- 사후서비스 제공(제25조)

4. 입양아동 등에 대한 복지 지원(제4장)

- 아동의 인도(제31조)
- 사회복지서비스(제34조)
- 양육보조금 등의 지급(제35조)

5. 입양아동 등에 대한 정보의 공개(5장)

- 입양정보의 공개 등(제36조)
- 비밀유지의 의무(제37조)

6. 지도 · 감독 등(제6장)

- 지도 · 감독 등(제38조)
- 허가의 취소 등(제39조)

출처 : 보건복지부(2020).

2. 아동복지정책(아동복지 관련 정책 등)

1) 아동복지정책의 개념

정책policy이란 "정부 또는 정치단체가 그들의 정치적 · 행정적 목적을 앞으로 실현하기 위해 마련한 방책이나 방침"(행정학사전, 2009) 또는 "공공문제를 해결하기 위하여 국가에 의하여 결정된 행동방침"(송정애, 2015 : 99)이라고 정의할 수 있다. 그런 의미에서 본다면, 아동복지정책이란 아동과 그 가족을 위한 국가나 공공기관 및 아동복지서비스에 관여하는 관련 기관의 구체적인 지침 또는 행동계획(노명희 외, 2014)이라고 할 수 있으며, 넓은 의미에서는 아동에게 미치는 모든 정책, 프로그램, 활동(Kadushin & Martin, 1998 ; 이순자 외, 2015 재인용)이라고 볼 수 있다.

또한 아동복지정책은 아동복지서비스가 제도화되는 과정이자 중요한 수단과 방법(한미현 외, 2015)이며, 그러므로 정책은 법률 · 정책 · 사업 · 사업계획 · 정부방침 · 정책지침 · 결의사항과 같이 여러 형태로 표현되고, 합법적 강제력을 수반하는 권위가 부여된다. 일반적으로 아동복지정책은 중앙정부 차원에서 이루어지는 경우가 많으며, 하부 정부조직으로 내려갈수록 정책적 기능보다는 정책을 수행, 실천하는 기능이 늘어난다. 아동복지정책은 한 국가가 가지는 가치나 이념들에 영향을 받는데, 그런 국가적 가치, 이념들이 아동복지 분야에서 어떻게 고려, 반영되는지에 따라 아동복지 전반에서 추구하고자 하는 정책 목표도 다르게 수립, 진행된다.

2) 아동복지정책에 대한 관점

아동복지사업은 서비스 수혜 대상자에 따라 요보호아동을 위한 서비스와 일반아동을 위한 서비스로 나눌 수 있다. 과거의 아동복지정책은 전체 아동이 아니라 사회적 취약계층 아동에게 국한되는 선별주의적 서비스의 경향이 많았으나, 최근에는 국가의 역할이 점차 증대되고 있으며, 그 대상 또한 모든 아동을 대상으로 하는 보편적 서비스로 확대되고 있다.

사회복지정책의 모형은 잔여적 복지모형과 제도적 복지모형으로 구분할 수 있다(Wilensky & Lebeaux, 1958). 잔여적 복지모형은 보충적 모형이라고도 하며, 사회복지정책의 정상적인 공급구조가족, 시장경제 등가 제 기능을 발휘하지 못해 개인의 욕구가 충족되지 않을 때, 국가가 보충적으로 개입하여 응급조치기능을 수행하는 모형이다(남기민, 2004 ; 한미현 외, 2015 재인용). 또한 전통적인 관점의 아동복지정책이라 볼 수 있으며, 도움이 가장 필요한 요보호아동 대상의 좁은 범위의 복지정책이라 볼 수 있다. 이에 반해, 제도적 복지모형은 제한된 대상에게 부분적인 복지서비스를 제공하는 것이 아니라, 전체 사회구성원모든 아동의 개인의 신체적 · 심리적 · 사회적 욕구충족과 이에 대한 문제점을 전반적으로 예방 및 해결하려는 모형이다.

우리나라의 아동복지는 현재 아동가족 전체를 대상으로 하는 보편주의적 관점에서의 아동의 삶과 질의 향상을 위한 제도적 복지모형을 지향하고 있다고 보이지만, 실질적으로는 사회적 보호가 필요한 빈곤, 결식아동, 입양, 가정위탁, 소년소녀가정, 학대받는 아동 등의 요보호아동을 대상으로 한 선별주의 원칙에 의한 보호를 주로 실시하고 있다(한미현 외, 2015).

3) 우리나라의 사회보장제도와 아동복지정책

사회보장제도란 공공부조, 사회보험, 사회수당 또는 서비스를 통하여 국민의 최저생활을 보장하고, 실업이나 질병, 노령 및 산업재해 등의 문제로 인한 소득의 상실을 보충하기 위해 실시되는 다양한 보장제도를 말한다(한성심, 송주미, 2015). 대부분의 국가에서 다양한 사회보장제도를 실시하고 있으며, 이는 한 국가의 복지정책의 방향과 현주소를 짐작할 수 있는 지표가 되기도 한다.

우리나라는 사회보장제도로서 공공부조, 사회보험, 사회복지서비스를 실시하고 있으며, 공공부조와 사회보험은 아동 개인을 직접적인 지원 대상으로 하기보다는, 아동을 포함한 가족을 지원 대상으로 실시하고 있으며, 다양한 아동복지서비스를 통해 직접적인 보호와 지원이 이루어지고 있다고 할 수 있다.

(1) 공공부조

공공부조는 빈민에 대한 현금급여 및 기타 서비스로, 대상은 생활 지원이 필요한 빈민에게 한정되고, 빈민 여부를 가리기 위해 자산조사가 이루어진다. 공공부조의 기본원리는 생활이 어려운 개인의 생존권을 실현하는 것을 국가의 책임으로 보는 '국가책임의 원리'와 수급자가 자신이 가진 모든 것을 최대한 활용하고 나서도 최저생활을 유지할 수 없을 때 최종적으로 그 부족분을 국가에서 보충하여 준다는 '보충성의 원리'가 적용되고 있다(한미현 외, 2015).

우리나라의 공공부조는 1961년 제정된 「생활보호법」을 중심으로 한 생활보호사업과 1977년 제정된 「의료보호법」을 중심으로 한 의료보호사업을 들 수 있다. 기존의 「생활보호법」은 2000년 10월 전면개정을 통해 「국민기초생활 보장법」으로 실시되고 있다. 국민기초생활보장제도는 최저생계비 이하의 저소득층에게 국가가 기초생활을 유지할 수 있도록 보장해 주는 제도이다. 이때 지급되는 보조금은 차액지급방식을 이용하며, 모든 수급자가 최저생계비 수준의 생활을 보장받고, 소득이 낮은 수급자에게 더 많은 혜택이 돌아가도록 하고 있다(박희숙, 2015). 「국민기초생활 보장법」에서는 생계급여, 주거급여, 의료급여, 교육급여, 해산급여, 장제급여, 자활급여를 보장하고 있다(보건복지부, 2016).

생활보장과 더불어 공공부조의 또 다른 하나는 의료보장이다. 우리나라의 의료보장은 「의료보호법」에 의거하여 실시되고 있는데, 의료보험과 달리, 자신의 질병치료를 위한 경제적 능력이 없는 사람들에게 지급되는 국가적 차원의 의료보호를 뜻한다.

(2) 사회보험

사회보험이란 "사회구성원의 경제적 생활을 보장하기 위해, 생활에 위협을 가져오는 사고가 발생할 경우 보험의 원리를 이용해 생활을 보장하고자 하는 사회보장정책의 하나"를 말한다(행정학사전, 2009). 다시 말해, 사회적 위험**사망, 노령, 장애, 질병 등**으로부터 국민들을 보호하기 위해 국가가 보험제도를 활용, 법에 의해 강제적 가입방식으로 진행되는 프로그램이며, 모든 가입자에게 최저한의 기초생활을 유지할 수 있을 정도의 소득을 보장해 주는 제도이다(박희숙 외, 2015). 자본주의 발전 초기의 사회보험제도는 저소득 노동자를 대상으로 하여 발달했으나, 오늘날에는 그 범위가 산업노동자 및 그 가족뿐만 아니라 전 국민을 대상으로 확대, 실시되고 있다(행정학사전, 2009).

우리나라의 사회보험은 국민연금, 의료보험, 고용보험, 산업재해보상보험이 있으며 이를 흔히 4대보험이라고 한다. 사회보험은 국민의 최저생활의 보장과 보편적 적용의 원리를 바탕으로, 가입을 법률로 강제하며, 전 국민을 대상으로 하고, 정부가 관장하거나 감독한다(한미현, 2015).

국민연금은 근로능력이 상실된 이후를 대비하여 국가가 가입자인 전 국민을 대상으로 보험금을 거두어, 가입자가 일정 연령 혹은 지급기준 상황에 처하였을 경우 지급하는 제도이다. 국민의 노령, 장애 또는 사망에 대하여 연금급여를 실시함으로써 국민의 생활안정과 복지 증진에 이바지하는 것을 목적으로 하고 있다(보건복지부, 2016).

건강보험은 전 국민을 대상으로 질병을 예방하고 질병 발생 시 경제적 부담 없이 효과적인 치료와 처치를 받을 수 있도록 국가가 보호하는 보험제도이며, 의료치료에 따른 가계의 부담에 국가적인 도움을 주는 제도이다.

고용보험은 개인의 실직, 실업으로 인한 소득 상실에 대비하고자, 보험비용을 사용자 부담으로 실시하고 있으며, 실직 이후 일정 기간 동안 생계보조를 받게 된다. 아동들에게 있어서는 부모의 실직으로 인한 빈곤, 교육 및 다양한 여건상의 문제 등에 있어 간접적인 지원 효과가 있는 제도이다.

산업재해보상보험은 노동자들의 근무 중 사고로 인한 질병, 장애, 사망 등에 대한 보호를 위한 보험제도이며, 사용자 부담 원칙에 입각하여 국가가 관리하는 보험제도이다. 산업재해를 당한 노동자가 받을 수 있는 급여의 종류로는 요양급여, 휴양급여, 휴업급여, 장해급여, 유족급여, 상병보상급여, 장의비, 특별급여 등이 있다.

(3) 아동복지서비스

아동복지서비스는 시설보호를 포함하여 아동 및 그 가족에 대한 상담, 문제

예방조사 및 교육, 취약아동가구의 지원 등 현금과 각종 현물 지원을 의미한다. 현대사회에서 아동복지서비스는 다양한 형태로 각종 서비스가 증가되고 있는 추세이다. 우리나라의 아동복지서비스는 시설아동, 입양아동, 가정위탁아동, 장애아동, 학대피해아동, 실종아동, 한부모가정아동, 소년소녀가장아동, 빈곤아동, 보육아동 등을 위한 서비스가 이루어지고 있으며, 이는 제2장 아동복지의 실천영역에서 대상아동별로 구체적으로 각각 다루어질 것이다.

3. 아동복지행정(아동복지 전달체계 등)

아동복지행정이란 아동복지와 관련된 법과 정책들을 구체적인 서비스로 전달하는 과정을 의미한다. 아동복지 관련 법과 정책에 따라 다양한 아동복지 조직들이 서비스를 아동과 그 가족들에게 효과적으로 전달하는 과정이며, 또한 아동복지행정은 아동복지실천의 전달체계로서 조직들과 복지전문요원들이 아동복지서비스를 효과적으로 계획, 실천, 평가하도록 지원하는 것을 의미한다.

아동복지서비스 전달체계는 아동복지서비스를 계획, 지시, 지원, 관리, 감독하는 '행정체계'와 아동복지서비스를 실제로 수급자(수혜자)에게 상호접촉을 통해 제공하는 '집행체계'로 기능상 구분할 수 있으며, 그림 4-2에서와 같이 중앙정부 행정조직인 보건복지부와 광역자치단체, 기초자치단체는 행정체계라고 볼 수 있으며, 읍·면·동과 아동 및 가정은 집행체계로 볼 수 있다(이순자 외, 2015).

또한 아동복지서비스 전달체계는 운영주체에 따라 '공적 전달체계'와 '사적

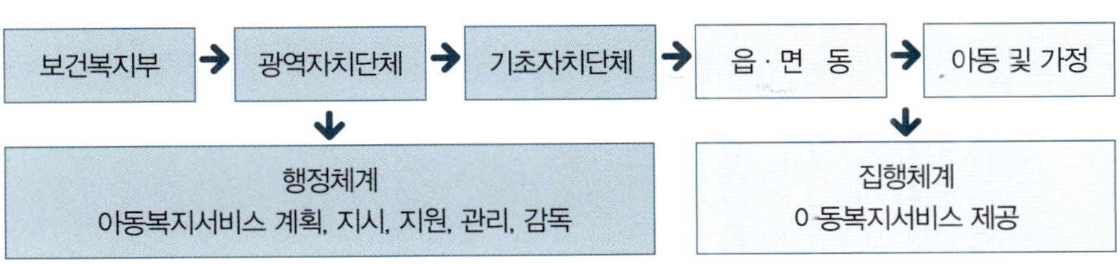

그림 4-2 아동복지서비스 전달체계

출처 : 노명희 외(2015).

전달체계'로 구분될 수 있다. 공적 전달체계는 정부중앙 및 지방나 공공기관이 직접 관리・운영하는 것을 말하고, 사적 전달체계는 민간또는 민간단체(예 : 자원봉사단체, 복지재단, 지역아동센터, 아동상담소 등)이 직접 관리・운영하는 것을 뜻한다.

1) 중앙정부의 공공 아동복지서비스 전달체계

우리나라에서 아동복지서비스를 주로 담당하는 중앙정부의 아동복지행정조직은 보건복지부를 들 수 있는데, 보건복지부를 위시하여, 여성가족부, 교육부, 노동부, 행정자치부 등 거의 모든 부서가 관여하고 있다.

그림 4-3에서 살펴보면, 보건복지부의 아동복지 관련 업무는 인구정책실의 인구아동정책관과 보육정책관에서 주로 담당하고 있다.

인구아동정책관의 아동복지 관련 세부업무

아동복지정책과 주요 업무 내용

- 아동복지에 관한 정책 총괄 및 종합계획의 수립 · 시행
- 아동복지법령 제정 · 개정에 관한 사항
- 아동정책조정위원회에 관한 사항
- 아동복지서비스 조사 · 연구 · 홍보 및 통계에 관한 사항
- 아동복지관련 업무의 중앙부처 및 지방자치단체 협의 · 조정
- 빈곤아동종합대책의 수립 및 조정
- 가정위탁, 소년소녀가정에 관한 사항
- 아동복지시설, 그룹홈 등 운영 · 지원에 관한 사항
- 입양특례법령 제정 · 개정에 관한 사항
- 국내외 입양 제도개선 및 활성화 종합대책 수립 · 시행에 관한 사항
- 아동발달지원계좌에 관한 사항
- 아동관련 법인 및 단체에 관한 사항
- 한국아동복지협회, 한국아동그룹홈협의회에 관한 사항

아동권리과 주요 업무 내용

- 아동권리증진 및 인권보호에 관한 사항

- 아동권리 관련 국제협약 및 국제협력에 관한 사항
- 아동학대 예방 및 보호에 관한 사항
- 아동건강관리에 관한 사항
- 결식아동 급식에 관한 사항
- 실종아동보호 및 지원에 관한 사항
- 실종아동 등의 보호 및 지원에 관한 법령 제정・개정에 관한 사항
- 아동에 대한 맞춤형 통합서비스 제공에 관한 사항
- 지역아동센터, 방과 후 돌봄서비스에 관한 사항
- 아동복지교사 파견 및 관리에 관한 사항
- 어린이날, 어린이 주간 등 아동행사에 관한 사항
- 아동안전에 관한 사항

아동학대 대응과 주요 업무내용

- 관계기관 협력을 통한 아동학대 예방 및 피해아동 보호대책의 수립 · 시행
- 아동학대 관련 법령에 관한 사항
- 아동학대 예방을 위한 중앙행정기관 및 지방자치단체와의 협력에 관한 사항
- 아동학대 관련 범죄전력자 취업제한제도 운영에 관한 사항
- 아동보호전문기관 및 학대피해아동쉼터의 설치 · 운영에 관한 사항
- 피해아동에 대한 의료 및 법률 서비스 지원에 관한 사항
- 아동학대 예방 관련 법인 및 단체에 대한 지원
- 아동학대 예방 및 피해아동 보호 실태에 관한 조사 · 연구게 관한 사항
- 아동학대 관련 통계의 생산 및 관리
- 위기아동 조기발견시스템의 운영 및 관계기관 간 정보연계에 관한 사항
- 국가아동학대정보시스템의 운영 및 아동학대 관련 정보제공에 관한 사항
- 아동학대예방주간 운영 등 아동학대 예방을 위한 대국민 홍보에 관한 사항
- 관계기관 협력을 통한 아동학대 신고의무자 교육 및 아동학대 예방교육에 관한 사항
- 아동학대 예방교육 프로그램의 개발 · 보급 및 전문강사 양성 · 관리
- 아동학대 현장점검 지원에 관한 사항
- 아동학대 관련 해외 사례 조사 및 지원에 관한 사항

출처 : 보건복지부(2020).

인구아동정책관은 인구정책총괄과, 출산정책과, 아동복지정책과, 아동권리과, 아동학대대응과로 구성되어 있는데, 그 안에서도 아동복지정책과, 아동권리과, 아동학대대응과에서 아동복지 관련 업무를 주로 담당하고 있으며, 위와 같은 아동복지 관련 세부업무를 담당하고 있다.

보건복지부 내에서 인구아동정책관과 함께 아동복지 관련 업무를 담당하고 있는 보육정책관은 보육정책과, 보육사업기획과, 보육기반과로 구성되어 있으며, 다음과 같은 보육업무를 담당하고 있다.

보육정책관의 보육업무

보육정책과 주요 업무 내용

- 중앙부처 및 지방자치단체의 영유아정책(유아교육정책은 제외한다. 이하 같다) 지원정책 협의 · 조정 · 총괄
- 영유아정책에 대한 조사 · 연구 · 평가 및 제도 개선
- 영유아정책에 관한 종합계획의 수립 및 연도별 시행계획의 총괄
- 보육정책위원회의 운영
- 보육 관련 법령의 관리 · 운영
- 보육재정의 중장기 투자계획 수립
- 보육예산의 편성 · 집행관리 및 정산 · 결산
- 보육서비스 이용권 제도(보육전자바우처)의 운영 및 관리
- 보육행정 전산화
- 지방자치단체 보육공무원 교육
- 보육교직원 처우 개선에 관한 사항
- 보육교직원의 양성 및 교육훈련의 지원
- 보육교직원의 경력 및 자격관리
- 「영유아보육법」에 따른 어린이집의 설치 · 인가 기준의 수립 및 관리
- 국공립어린이집 등 어린이집의 확충 및 지원계획 수립
- 직장보육서비스의 확충
- 육아종합지원센터의 확충 및 운영 · 관리

보육사업기획과 주요 업무 내용

- 영유아보육료의 지원
- 양육수당 지원에 관한 사항
- 표준보육비용에 관한 사항
- 영유아 및 부모 지원 보육서비스의 개발
- 영아 · 장애아 및 다문화가족 영유아 등 취약보육서비스 등 지원에 관한 사항
- 보육료 · 양육수당 지원 대상자 선정 및 적정관리에 관한 사항
- 보육료 · 양육수당 지원 대상자 소득기준액 결정에 관한 사항
- 부모교육 및 관련 정보 제공에 관한 사항
- 국공립어린이집 등의 인건비 지원
- 맞춤형 보육 자격기준 및 관리에 관한 사항
- 가정양육 지원에 관한 사항
- 보육지원체계 기획 · 연구 및 일시보육 지원

보육기반과 주요 업무 내용

- 어린이집의 설치 및 운영 지원
- 어린이집의 기능 보강 등 환경개선 지원
- 어린이집의 운영비 지원
- 어린이집에 대한 지도 · 점검
- 어린이집운영위원회의 설치 및 운영
- 보육아동의 건강 · 영양 · 안전 등의 관리
- 어린이집 평가인증 계획 수립 및 평가인증 제도 운영
- 표준보육과정 및 보육프로그램의 개발 · 보급
- 협동어린이집의 활성화
- 시간연장형, 종일형, 방과후 어린이집 등의 보육 서비스 지원에 관한 사항

출처 : 보건복지부(2020).

그림 4-3 보건복지부 조직도

출처 : 보건복지부(2020).

2) 지방자치단체의 아동복지서비스 전달체계

우리나라는 중앙정부에서 기본정책과 계획을 수립하여 이를 실행하기 위한 지침을 내리고, 특별시, 광역시, 도 등 광역자치단체와 시, 군, 구 등 기초자치단체는 중앙정부의 행정안전부가 수립한 기본정책과 계획, 지침업무를 수행하는 아동복지서비스 전달체계로 되어 있다.

아동복지정책을 담당하는 지방자치단체의 광역시, 시 · 도 단위에서는 여성가족국, 보건복지여성국, 여성가족정책실 등의 명칭으로 구성되어 보건복지부,

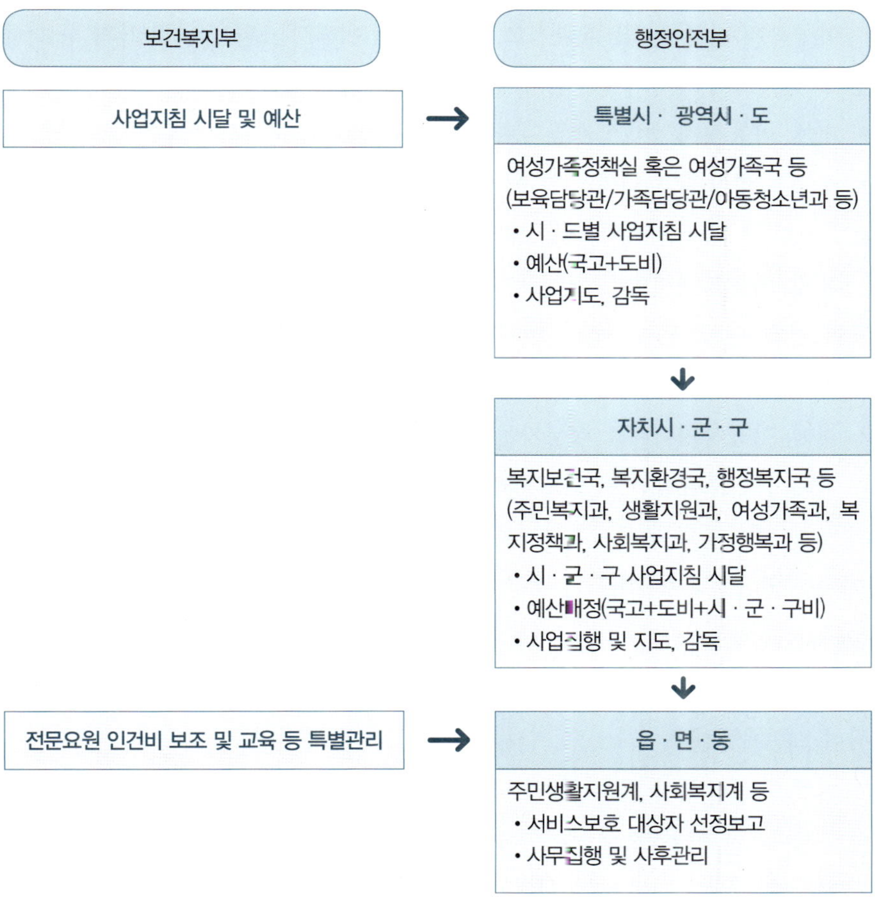

그림 4-4 지방정부의 아동복지서비스 전달체계

출처 : 이순형 외(2015) 재구성

여성가족부의 직무를 담당하고 있다. 또한 시·군·구 단위의 지방자치단체에서는 복지정책과, 생활지원과, 주민복지과, 사회복지과, 여성가족과, 가정복지과 등의 명칭으로 아동복지 관련 업무를 담당하고 있다.

중앙정부, 시·도, 시·군·구를 거친 대부분의 아동복지서비스는 일선 읍·면·동사무소의 사회복지 및 아동복지 관련 부서 행정담당 공무원과 민간 사회복지시설에 의해 아동 및 아동의 가정에 전달된다.

3) 아동복지서비스 전달체계의 주요 고려사항

아동복지 전달체계를 효과적으로 집행하기 위해서는 다음의 몇 가지 주요 사항 및 원칙들이 고려되어야 한다(이한우, 장정란, 2012).

첫째, 아동복지서비스 제공의 주요 업무는 반드시 분야의 전문가가 담당함으로써 '전문성이 확보'되어야 한다. 여러 분야의 전문가들**예 : 교사, 상담가, 영양사, 치료사, 의사 등**이 아동복지서비스 제공자로 참여하게 된다.

둘째, 아동복지서비스의 대상자에 따라 목표가 달라질 수 있고 재정적 지원 또한 연속적 보장을 장담하기 어려우므로 '서비스에 대한 적절성 측면을 고려'해야 한다.

셋째, 아동복지서비스 대상자들의 다양한 요구나 문제를 만족시키고 해결하기 위해서는 '포괄적인 서비스가 제공'되어야 한다.

넷째, 대상자의 문제해결과정에 맞는, 필요한 서비스의 종류와 수준에 따라 '지속적인 아동복지서비스가 제공'되어야 한다**관련 조직 간의 유기적인 연계 및 협력, 서로 다른 서비스 간의 연계성 등**.

다섯째, 대상자의 조건**성별, 연령, 종교, 지위 등**에 관계없이 모든 아동에게 평등한 서비스를 제공한다.

여섯째, 아동복지 전달체계는 국가나 사회가 인정한 복지서비스로, 대상자에 맞게 서비스가 효과적으로 제공되고 있는지 '전달의 책임을 가지고 집행'해야 한다.

일곱째, 대상자들이 쉽게 원하는 서비스를 요구하고 제공받을 수 있도록 '서비스에 대한 접근이 용이'해야 한다.

추천 영화 및 도서

영화

아이 엠 샘

- 감독 : 제시 넬슨
- 주연 : 숀 펜, 미셸 파이퍼, 다코타 패닝
- 개봉 : 2002. 10.
- 줄거리 : 지적장애로 7살 지능을 가진 샘이 혼자서 딸을 길러나가지만, 정부 사회복지기관에서 양육능력이 없다고 판단하여 딸은 시설에 맡겨지게 된다. 샘은 법정에서 딸을 되찾으려고 결심한다.

에블린

- 감독 : 브루스 베레스포드
- 주연 : 피어스 브로스넌, 에이단 퀸, 줄리애너 마굴리스
- 개봉 : 2003. 6.
- 줄거리 : 실화를 바탕으로 한 이 영화는 한 가장이 아내의 가출 후 경제활동 없이 자녀들을 키우는데, 아이들이 수녀원에 보내지게 되면서 친권 회복을 위해 아일랜드 역사상 처음으로 헌법을 개정하게 되는 스토리이다.

7번방의 선물

- 감독 : 이환경
- 주연 : 류승룡, 갈소원, 박신혜
- 개봉 : 2013. 1.
- 줄거리 : 지적 장애인이 억울한 누명으로 감옥에 수감되어 들어오게 되자 그런 아빠를 따라 몰래 7번방에 들어가는 딸의 이야기를 통해 우리 사회의 인권과 법에 대해 다시금 생각해보게 하는 이야기이다.

도서

우리 아이들 이렇게 키웁니다

- 지은이 : 한겨레신문, 초록우산어린이재단
- 출판사 : 한겨레신문사
- 출간일 : 2015. 5.
- 줄거리 : 2014년 전국 243개 지방자치단체의 아동정책 공약 실천 내용을 담고 있다. 또한 전문가가 바라본 우리나라 아동정책의 현황 및 주요 정당계획 내용도 담고 있다.

청소년을 위한 세계인권사

- 지은이 : 하승수
- 출판사 : 두리미디어
- 출간일 : 2014. 7.
- 줄거리 : 이 책은 인간의 역사 속에 존재했던 다양한 인권문제들을 살펴보고 우리 사회 속에서의 인권이 종교, 사회제도, 사상, 문화, 역사와 함께 발전되고 있음을 생각해 볼 수 있는 교양서적이다.

핀란드의 끝없는 도전

- 지은이 : 파시 살베르그 (이은진 역)
- 출판사 : 푸른숲
- 출간일 : 2016. 6.
- 줄거리 : 핀란드의 30년 교육개혁이 성공한 것은 교육정책과 기타 공공정책 및 복지제도가 연계되었기에 가능했다는 점에서 생각해보게 하는 내용이다.

본 장을 정리하며 : 생각수업 2

아동복지법 일부 개정안 시행

출처 : http://www.natv.go.kr

「아동복지법」의 개정안에는 보호자의 책무와 관련된 제5조에 아동의 보호자는 아동에게 신체적 고통이나 폭언 등의 정신적 고통을 가해서는 안 된다고 명시하고 있다. 이 개정안은 '학대' 대신에 '고통'이라는 표현을 써 아동보호의 범위를 넓혔다는 데 의미가 있다.

지난해 전국 아동학대 현황보고서에 따르면 아동학대의 가해자는 82%가 부모였으며, 친인척과 대리양육자까지 포함하면 97%가 피해아동과 밀접한 사람인 것으로 나타났다.

보건복지부는 이번 「아동복지법」 개정 법률은 단순 학대에서 나아가 아동의 신체적 · 정신적 고통이나 체벌이 훈육의 일환이라는 잘못된 인식을 개선해 아동학대를 사전에 막으려는 취지라고 하였다.

출처 : 복지tv뉴스(2015.9.8). http://www.welfarenews.net/news/articleView.html?idxno=53351

◆ 위의 기사를 읽고, 우리 사회에서 아동복지정책의 현재 관련 법 및 개선방향에 대한 생각과 의견들을 서로 모색하고 토론해 봅시다.

참고문헌

김성경, 김혜영, 최현미(2013). **아동복지론**. 양서원.

남기민(2004). **사회복지정책론**. 학지사.

노명희, 윤은종, 이재경, 김광석, 최금희, 이상미(2014). **아동복지론**. 정민사.

도미향, 남연희, 이무영, 변미희(2015). **아동복지론**. 공동체

박희숙, 유주희, 이광희(2015). **아동복지론**. 공동체.

보건복지부(2016). 제1차 아동정책 기본계획.

보건복지부(2020). 모자보건법.

보건복지부(2020). 아동복지법.

보건복지부(2020). 영유아보육법.

보건복지부(2020). 입양특례법.

서보준, 김우호, 박선태, 이정미(2015). **아동복지론**. 공동체

여성가족부(2016). 청소년기본법.

여성가족부(2020). 한부모가족지원법.

이순자, 나성식, 김현경, 이효숙(2015). **아동복지론**. 정민사

이순형 외(2015). **아동복지 : 이론과 실천**. 학지사.

이종수(2009). **행정학사전**. 대영문화사.

이한우, 장정란(2012). **아동복지론**. 양서원.

한미현, 문혁준, 강희경, 공인숙, 김상희, 안선희, 안효진, 양성은, 이경열, 이경옥, 이진숙, 천희영(2013). **아동복지**. 창지사.

한성심, 송주미(2015). **아동복지론**. 창지사.

Kadushin, A.(1980). *Child Welfare Service*. New York: Macmillan Publishing Co, Inc.

Kadushin, A., & Martin, J. A.(1998). *Child welfare services* (4th ed.). New York: Macmillan Publishing Co.

Wilensky, H., & Lebeaux, C. N.(1958). *Industrial society and social welfare*. New York: Free Press.

국가법령정보센터 http://www.law.go.kr

법제처 http://www.moleg.go.kr/main.html

보건복지부 http://mohw.go.kr

서울시청 http://www.seoul.go.kr/main/index.html

여성가족부 http://www.mogef.go.kr

한국여성정책연구원 http://www.kwdi.re.kr

행정자치부 http://www.moi.go.kr/frt/bbs/type001/commonSelectBoardArticle.do?bbsId=BBSMSTR_000000000014&nttId=46327

메모

Chapter

05

아동복지실천방법

본 장을 시작하며 : 생각수업 1

아이와 국민이 행복한 세상을 만들어요

‘국민행복카드’는 정부에서 지원하는 다양한 국가바우처를 간편하게 이용할 수 있도록 한 장의 카드로 만들어진 통합카드이다. 국민행복카드는 건강보험에 가입한 임산부의 임신 및 출산 진료비를 지원하는 ‘고운맘 카드’, 만 18세 이하의 청소년 산모의 임신 및 출산 진료비를 지원하는 ‘맘편한 카드’, 8대 사회서비스 사업을 지원하는 ‘희망 e든 카드’ 등 국가가 지원하는 국가바우처를 한 장의 카드로 통합하여 정부보조금을 지원받을 수 있는 카드이며, 임신 · 출산부터 보육료까지 17종의 사회 서비스를 지원받을 수 있다.

‘국민행복카드’는 누구나 발급이 가능하며 신용카드, 체크카드, 전용카드 중 한 가지를 선택할 수 있다. ‘국민행복카드’로 지원받을 수 있는 서비스는 건강보험 가입자 및 피부양자를 위한 임신 및 출산 진료비 지원, 만 19세이하 청소년 산모를 위한 임신 및 출산 의료비 지원, 9종의 사회서비스사업 지원(장애인활동지원, 산모 및 신생아 건강관리지원, 가사간병방문지원, 지역사회서비스투자, 발달재활서비스, 언어발달지원사, 발달장애인 부모상담지원사업, 발달장애인 주간활동 서비스, 청소년 발달장애학생 방과 후 활동 서비스), 중위소득 40%이하 저소득층 영아 가구를 위한 기저귀 및 조제분유 지원, 생계급여 또는 의료급여 수급자 중 노인, 영유아, 장애인, 임산부, 중증/희귀/중증난치질환자, 한부모가족, 소년소녀가정, 가정위탁보호 가구를 위한 에너지 바우처 지원, 취업한 부모 · 맞벌이가정 · 다자녀 가정 등 중위소득 150% 이하의 양육공백이 발생하는 가정을 위한 아이돌봄 서비스 지원, 생계 · 의료 · 주거 · 교육 급여 수급자, 법정차상위계층, 한부모가족지원대상자에 해당하는 9~24세(19~24세는 2022년 5월부터) 여성 청소년을 위한 생리대 바우처 지원, 어린이집을 이용하는 만 0~5세 보육료 지원, 국 · 공 · 사립 유치원에 다니는 만 3~5세 유아학비 지원 등 이다.

◆ 아동복지 실천현장에서는 ‘국민행복카드’ 외에 많은 법과 제도하에 아이가 행복한 세상을 만들기 위해 지속적인 노력들이 이루어지고 있다. 아동복지의 실천은 무엇을 위한 것이어야 할까? 그리고 아동복지의 구현을 위해서 우리는 무엇을 실천해야 할까?에 대해 생각해 봅시다.

Chapter 05

아동복지실천은 아동에 대한 이해, 아동의 권리 이해 및 아동을 위한 복지, 이를 위한 법률 및 제도 마련을 토대로 전문적이고 적법적이며 합리적으로 접근하여 실행에 옮겨야 할 일이다. 아동복지와 맥을 같이 하는 사회복지 분야에서는 사회복지실천방법들에 대한 논의와 접근과정 등이 학문적 · 실제적으로 체계화되어 소개되고 있으나 아동복지 분야에서는 아직까지 체계화되지 못한 실정이다. 이에 본 장에서는 본질적인 관점에서 아동복지실천방법을 접근하고자 하며, 「아동복지법」을 기반으로 구체적인 실천 접근 및 방안을 도출하고자 한다. 이 과정에서 우리는 아동복지실천의 법률적 범위와 기본전제, 아동복지실천 접근의 과정, 아동복지실천 분야 및 아동복지실천 종사자 등의 내용을 다루고자 하며 독자들은 아동복지의 실천이 무엇이고 아동복지 구현을 위해 각자가 무엇을 실천해야 하는지를 고민해 보는 계기가 되었으면 한다.

1. 아동복지실천 범위 및 전제

1) 아동복지실천의 법률적 범위

(1) 아동복지실천의 목적과 원칙

아동복지실천은 「아동복지법」 제1장 제1조목적와 제2조기본이념를 달성하기 위해 계획·시행되어야 하고, 아동이 건강하게 출생하여 행복하고 안전하게 자랄 수 있도록 아동복지를 보장할 수 있어야 한다. 이것이 아동복지실천의 분명한 목적이다. 또한 아동복지실천은 모든 조건으로부터의 무차별의 원칙, 행복한 가정환경보장의 원칙, 아동권익 최우선의 원칙, 아동의 권리와 복지 증진을 법에 의해 보호 및 지원받을 권리보장의 원칙 등에 의해 이루어져야 한다.

아동복지법 제1장 제1조(목적) 아동복지법은 아동이 건강하게 출생하여 행복하고 안전하게 자랄 수 있도록 아동의 복지를 보장하는 것을 목적으로 한다(아동복지실천의 목적).

아동복지법 제1장 제2조(기본이념) ① 아동은 자신 또는 부모의 성별, 연령, 종교, 사회적 신분, 재산, 장애 유무, 출생 지역, 인종 등에 따른 어떠한 종류의 차별도 받지 아니하고 자라나야 한다.

② 아동은 완전하고 조화로운 인격발달을 위하여 안정된 가정환경에서 행복하게 자라나야 한다.

③ 아동에 관한 모든 활동에 있어서 아동의 이익이 최우선적으로 고려되어야 한다.

④ 아동은 아동의 권리보장과 복지 증진을 위하여 이 법에 따른 보호와 지원을 받을 권리를 가진다(아동복지실천의 원칙).

(2) 아동복지실천의 법적 대상과 범위

「아동복지법」 제1장 제3조정의에 의하면, 아동복지실천의 법적 대상은 18세 미만의 모든 아동으로, 특히 「아동복지법」에서 규정하고 있는 보호 대상 아동, 지원 대상 아동이 아동복지실천의 대상에 포함되며, 보호 대상 아동에는 가정위탁아동, 아동학대 피해아동이 포함된다. 아동복지실천의 법적 범위는 법적 대상을 위한 행복한 삶의 여건 조성, 조화롭게 성장·발달할 수 있는 경제적·사회적·정서적 지원을 포함한다. 이에 우리는 첫째, 18세 미만의 모든 아동을 대상으로, 둘째, 주거 및 행복한 삶의 보장, 건강과 의료 보장, 교육 기회 및 복지서비스의 기회 평등, 유해노동과 환경, 학대로부터의 보호, 건전한 놀이문화 조성 등의 복지실천을 범위로 다루어야 한다.

아동복지법 제1장 제3조(정의) 중 일부

① "아동"이란 18세 미만인 사람을 말한다.
② "아동복지"란 아동이 행복한 삶을 누릴 수 있는 기본적인 여건을 조성하고 조화롭게 성장·발달할 수 있도록 하기 위한 경제적·사회적·정서적 지원을 말한다.
③ "보호 대상 아동"이란 보호자가 없거나 보호자로부터 이탈된 아동 또는 보호자가 아동을 학대하는 경우 등 그 보호자가 아동을 양육하기에 적당하지 아니하거나 양육할 능력이 없는 경우의 아동을 말한다.
④ "지원 대상 아동"이란 아동이 조화롭고 건강하게 성장하는 데에 필요한 기초적인 조건이 갖추어지지 아니하여 사회적·경제적·정서적 지원이 필요한 아동을 말한다.
⑤ "가정위탁"이란 보호 대상 아동의 보호를 위하여 성범죄, 가정폭력, 아동학대, 정신질환 등의 전력이 없는 보건복지부령으로 정하는 기준에 적합한 가정에 보호 대상 아동을 일정 기간 위탁하는 것을 말한다.
⑥ "아동학대"란 보호자를 포함한 성인이 아동의 건강 또는 복지를 해치거나 정상적 발달을 저해할 수 있는 신체적·정신적·성적 폭력이나 가혹행위를 하는 것과 아동의 보호자가 아동을 유기하거나 방임하는 것을 말한다(아동복지실천의 법적 대상과 범위).

(3) 아동복지실천의 법적 책무

아동복지실천의 법적 책무는 「아동복지법」 제1장 제4조**국가와 지방자치단체의 책무**와 제5조**보호자 등의 책무**에 잘 명시되어 있는데, 이 법에 의하면, 아동복지실천은 국가, 지방자치단체, 보호자가 책임을 갖고 실천해야 할 의무이다. 국가와 지방자치단체의 책무는 아동·보호자·가정을 위한 지원정책 수립 및 시행, 보호 대상 아동 및 지원 대상 아동의 권익을 위한 정책 수립 및 시행, 장애아동의 권익보호를 위한 시책 마련, 모든 조건으로부터 어떤 차별도 받지 않는 시책 마련, 아동 권리 및 복지 증진을 위한 시책 수립 · 시행과 교육 · 홍보, 보호자를 위한 아동 교육 지원 등이며, 보호자의 책무는 양육의 의무, 정신적 안녕 보장, 권익과 안전 존중 및 건강한 양육 등이다.

아동복지법 제1장 제4조(국가와 지방자치단체의 책무) ① 국가와 지방자치단체는 아동의 안전 · 건강 및 복지 증진을 위하여 아동과 그 보호자 및 가정을 지원하기 위한 정책을 수립 · 시행하여야 한다.

② 국가와 지방자치단체는 보호 대상 아동 및 지원 대상 아동의 권익을 증진하기 위한 정책을 수립 · 시행하여야 한다.

③ 국가와 지방자치단체는 아동이 태어난 가정에서 성장할 수 있도록 지원하고, 아동이 태어난 가정에서 성장할 수 없을 때에는 가정과 유사한 환경에서 성장할 수 있도록 조치하며, 아동을 가정에서 분리하여 보호할 경우에는 신속히 가정으로 복귀할 수 있도록 지원하여야 한다.

④ 국가와 지방자치단체는 장애아동의 권익을 보호하기 위하여 필요한 시책을 강구하여야 한다.

⑤ 국가와 지방자치단체는 아동이 자신 또는 부모의 성별, 연령, 종교, 사회적 신분, 재산, 장애 유무, 출생 지역 또는 인종 등에 따른 어떠한 종류의 차별도 받지 아니하도록 필요한 시책을 강구하여야 한다.

⑥ 국가와 지방자치단체는 「아동의 권리에 관한 협약」에서 규정한 아동의 권리 및 복지 증진 등을 위하여 필요한 시책을 수립 · 시행하고, 이에 필요한 교육과 홍보를 하여야 한다.

⑦ 국가와 지방자치단체는 아동의 보호자가 아동을 행복하고 안전하게 양육하기 위하여 필요한 교육을 지원하여야 한다.

아동복지법 제1장 제5조(보호자 등의 책무) ① 아동의 보호자는 아동을 가정에서 그의 성장 시기에 맞추어 건강하고 안전하게 양육하여야 한다.

② 아동의 보호자는 아동에게 신체적 고통이나 폭언 등의 정신적 고통을 가하여서는 아니 된다.

③ 모든 국민은 아동의 권익과 안전을 존중하여야 하며, 아동을 건강하게 양육하여야 한다.

(4) 아동복지실천의 법적 서비스 내용

아동복지실천의 서비스 내용은 「아동복지법」 제3장**아동에 대한 보호서비스 및 아동학대의 예방 및 방지**와 제4장**아동에 대한 지원서비스**에 잘 명시되어 있으며, 이 법에 의하면, 아동복지실천의 서비스 범위는 아동에 대한 보호서비스, 아동학대의 예방 및 방지, 아동에 대한 지원서비스로 구분된다.

① 아동보호서비스

아동보호서비스의 구체적인 실천 내용은 「아동복지법」 제15조**보호조치**에 잘 명시되어 있으며, 이를 요약하면 다음과 같다.

- 시 · 도지사 또는 시장 · 군수 · 구청장은 아동의 최상의 이익을 위하여 전담공무원 또는 아동위원으로 하여금 보호대상아동 또는 그 보호자에 대한 상담 · 지도를 수행하게 하고, 보호자 또는 대리양육을 원하는 연고자에 대하여 그 가정에서 아동을 보호 · 양육할 수 있도록 보호 조치
- 시 · 도지사 또는 시장 · 군수 · 구청장은 아동의 보호를 희망하는 사람에게 가정위탁하거나 보호조치에 적합한 아동복지시설에 입소시키거나, 약물 및 알콜 중독, 정서 · 행동 · 발달 장애, 성폭력 · 아동학대 피해 등으로 특수한 치료나 요양 등의 보호를 필요로 하는 아동을 전문치료기관 또는 요양소에 입원 또는 입소 조치
- 시 · 도지사 또는 시장 · 군수 · 구청장은 「입양특례법」에 따라 입양과 관련하여 보호조치
- 시 · 도지사 또는 시장 · 군수 · 구청장은 보호조치를 하기 전에 보호대상아동에 대한 상담, 건강검진, 심리검사 및 가정환경에 대한 조사를 실시하고, 보호조치 할 경우에는 보호대상아동의 개별 보호 · 관리 계획을 세워 보호
- 시 · 도지사 또는 시장 · 군수 · 구청장은 보호대상아동의 의사를 존중하여야 하며, 보호자가 있을 때에는 그 의견을 청취하되, 아동의 보호자가 아동학대행위자인 경우에는 예외
- 시 · 도지사 또는 시장 · 군수 · 구청장은 필요하면 아동일시보호시설에 보호대상아동을 입소시켜 보호하거나, 적합한 위탁가정 또는 적당하다고 인

정되는 자에게 일시 위탁 보호

- 시 · 도지사 또는 시장 · 군수 · 구청장은 약물 및 알콜 중독, 정서 · 행동 · 발달 장애 등의 문제를 일으킬 가능성이 있는 아동의 가정에 대하여 예방 차원의 적절한 조치
- 시 · 도지사 또는 시장 · 군수 · 구청장은 아동의 가정위탁보호를 희망하는 사람에 대하여 범죄경력을 확인하며, 아동권리보장원의 장 또는 가정위탁지원센터의 장이 요청한 위탁아동, 가정위탁보호를 희망하는 사람, 위탁아동의 부모 등 신원확인 등의 조치

② 아동학대의 예방 및 방지

아동학대의 예방 및 방지서비스를 위한 구체적인 실천 내용은 「아동복지법」 제22조**아동학대의 예방과 방지의무**, 제26조**아동학대 신고의무자에 대한 교육**, 그리고 제29조**피해아동 및 그 가족 등에 대한 지원**에 잘 명시되어 있다. 각 조에 명시된 서비스 내용을 요약하면 다음과 같다.

- 국가와 지방자치단체는 아동학대의 예방과 방지를 위한 각종 정책의 수립 및 시행, 연구 · 교육 · 홍보 및 아동학대 실태조사, 아동학대에 관한 신고체제의 구축 · 운영, 피해아동의 보호와 치료 및 피해아동의 가정에 대한 지원
- 지방자치단체는 수시로 신고를 받을 수 있도록 긴급전화 설치
- 시 · 도지사 또는 시장 · 군수 · 구청장은 피해아동의 발견 및 보호 등을 위하여 아동학대 신고접수, 현장조사 및 응급보호, 피해아동, 피해아동의 가족 및 아동학대행위자에 대한 상담 · 조사
- 시 · 도지사 또는 시장 · 군수 · 구청장은 사회복지사의 자격을 갖춘 자로 아동학대전담공무원 배치
- 아동학대예방사업의 활성화 등을 위하여 아동권리보장원을 설치하며, 아동보호전문기관에 대한 지원, 아동학대예방사업과 관련된 연구 및 자료 발간, 효율적인 아동학대예방사업을 위한 연계체계 구축, 아동학대예방사업을 위한 프로그램 개발 및 평가, 아동보호전문기관 · 학대피해아동쉼터 직

원 및 아동학대전담공무원 직무교육, 아동학대예방 관련 교육 및 홍보, 아동보호전문기관 전산시스템 구축 및 운영 등 관련 업무 수행

- 시 · 도지사 또는 시장 · 군수 · 구청장, 아동권리보장원의 장 또는 아동보호전문기관의 장은 국가아동학대정보시스템을 통해 아동학대 관련 정보 또는 자료 활용
- 국가와 지방자치단체는 「유아교육법」에 따른 유치원의 유아 및 「초 · 중등교육법」에 따른 학교의 학생에 대한 아동학대의 조기발견체계 및 아동보호전문기관 등 관련 기관과의 연계체계 구축 및 학대피해 학생 등이 유치원 또는 학교에 안정적으로 적응할 수 있도록 지원
- 교육부장관은 아동학대의 조기발견과 신속한 보호조치를 위하여 장기결석 학생 등의 정보 등을 보건복지부장관과 공유
- 시 · 도지사 또는 시장 · 군수 · 구청장은 피해아동에 대한 조사 후 피해아동보호계획을 수립(보호조치여부, 아동학대행위에 대한 개입 방향 및 절차, 피해아동 및 그 가족에 대한 지원 여부 등)하고 그 계획을 아동보호전문기관의 장에게 통보
- 시 · 도지사 또는 시장 · 군수 · 구청장은 필요한 경우에는 아동학대사례 전문위원회의 의견을 들어 의학적 · 법률적 판단 등 전문적인 판단의 보호계획 수립
- 보호계획을 통보받은 아동보호전문기관의 장은 아동학대 재발 가능성 등 위험도를 고려하여 피해아동 및 그 가족, 아동학대행위자를 대상으로 치료 · 교육 · 상담 프로그램 등이 포함된 피해아동사례관리계획을 수립하여 시행하고, 그 결과를 시 · 도지사 또는 시장 · 군수 · 구청장에게 보고
- 관계 중앙행정기관의 장 및 시 · 도지사는 아동학대 신고의무자에게 본인이 아동학대 신고의무자라는 사실을 고지하고, 아동학대 예방 및 신고의무와 관련한 교육을 실시하며, 아동학대 신고의무자가 소속된 기관 · 시설 등의 장은 그 결과를 관계 중앙행정기관의 장에게 제출
- 아동권리보장원의 장 또는 아동보호전문기관의 장은 아동의 안전 확보와 재학대 방지, 건전한 가정기능의 유지 등을 위하여 피해아동 및 보호자를

포함한 피해아동의 가족에게 상담, 교육 및 의료적·심리적 치료 등의 필요한 지원을 제공하되, 지원 여부의 결정 및 지원의 제공 등 모든 과정에서 피해아동의 이익을 최우선으로 고려

- 국가와 지방자치단체는 「초·중등교육법」에 의거, 학교에 재학 중인 피해아동 및 피해아동의 가족이 주소지 외의 지역에서 취학(입학·재입학·전학·편입학 등)할 필요가 있을 때에는 그 취학이 원활하게 이루어 질 수 있도록 지원
- 아동권리보장원의 장 또는 아동보호전문기관의 장은 아동학대행위자에 대하여 상담·교육 및 심리적 치료 등 필요한 지원을 받을 것을 권고할 수 있으며, 아동학대행위자는 상담·교육 및 심리적 치료 등에 성실히 참여

③ 아동에 대한 지원서비스

아동에 대한 지원서비스를 위한 구체적인 실천 내용은 「아동복지법」 제4장**아동에 대한 지원서비스** 제1절**아동 안전 및 건강 지원**과 제2절**취약계층 아동 통합서비스 지원 및 자립지원 등**에 잘 명시되어 있다. '아동 안전 및 건강 지원'의 서비스 내용은 제31조**아동의 안전에 대한 교육**, 제33조**아동안전 보호인력의 배치 등**, 제34조**아동긴급보호소 지정 및 운영**, 제35조**건강한 심신의 보존**, 제36조**보건소** 등의 지원을 포함하고 있다. 각 조에 명시된 아동복지실천서비스 내용을 요약하면 다음과 같다.

- 아동복지시설의 장, 어린이집의 원장, 유치원의 원장, 초·중등학교의 장은 성폭력 및 아동학대 예방, 실종·유괴의 예방교육, 감염병 및 약물의 오남용 예방 등 보건위생관리, 재난대비 안전, 교통안전 등에 대한 교육을 계획·수립·실시
- 국가와 지방자치단체는 실종 및 유괴 등 아동에 대한 범죄의 예방을 위하여 순찰활동 및 아동지도업무 등을 수행하는 아동안전보호인력의 배치·활용
- 경찰청장은 유괴 등의 위험에 처한 아동을 보호하기 위하여 아동긴급보호소의 지정·운영
- 국가와 지방자치단체는 신체적·정서적 문제를 미리 발견하여 아동이 제

때에 상담과 치료를 받을 수 있는 기반 마련
- 보건소는 아동의 전염병 예방조치, 건강상담, 신체검사와 보건위생에 관한 지도, 영양개선 등의 업무 수행

'취약계층 아동 통합서비스 지원 및 자립 지원 등'의 서비스 내용은 제37조취약계층 아동에 대한 통합서비스 지원, 제38조자립 지원, 제39조자립 지원계획의 수립 등, 제40조자립 지원 관련 업무의 위탁, 제42조자산 형성 지원사업, 그리고 제43조자산 형성 지원사업 관련 업무 등을 포함하고 있다. 각 조에 명시된 아동복지실천서비스 내용을 요약하면 다음과 같다.

- 국가와 지방자치단체는 지원 대상 아동과 가족을 대상으로 보건 · 복지 · 보호 · 교육 · 치료 등을 종합적으로 지원하는 통합서비스 실시
- 국가와 지방자치단체는 보호 대상 아동의 위탁보호 종료 또는 아동복지시설 퇴소 이후 자립에 필요한 주거 · 생활 · 교육 · 취업 등의 지원, 자립에 필요한 자산의 형성 및 관리 지원, 자립에 관한 실태조사 및 연구, 사후관리체계 구축 및 운영 등의 자립 지원
- 아동권리보장원의 장, 가정위탁지원센터의 장 및 아동복지시설의 장은 15세 이상의 아동을 대상으로 매년 개별 아동에 대한 자립지원계획을 수립하고, 종사자를 대상으로 자립지원 교육 실시
- 국가와 지방자치단체는 자립지원 관련 데이터베이스 구축 및 운영, 자립지원 프로그램 개발 및 보급, 사례관리 등의 업무를 법인에 위탁
- 국가와 지방자치단체는 아동이 건전한 사회인으로 성장 · 발전할 수 있도록 자산 형성 지원사업 수행
- 보건복지부장관은 자산 형성 지원사업을 효율적으로 추진하기 위해 자산 형성 지원사업 대상 아동의 권리, 자산 형성 지원사업의 후원자 발굴 및 관리, 자산 형성 지원사업에 관한 교육 및 홍보, 자산 형성 지원사업에 관한 조사 · 연구 · 평가, 자산 형성 지원사업을 위한 금융상품의 개발 및 관리, 자산 형성 지원사업을 위한 금융상품의 운영에 관한 사항 등의 운영업무와 금융자산관리업무 수행

(5) 아동복지실천의 법적 아동복지시설

아동복지실천을 위한 아동복지시설은 「아동복지법」 제5장아동복지시설에 잘 명시되어 있으며, 제45조아동보호전문기관의 설치 등, 제48조가정위탁지원센터의 설치 등, 제50조아동복지시설의 설치, 제52조아동복지시설의 종류, 제53조아동전용시설의 설치, 제53조의 2학대피해아동쉼터의 지정를 포함하고 있다. 각 조에 명시된 아동복지시설의 종류를 열거해보면 아동양육시설, 아동일시보호시설, 아동보호치료시설, 공동생활가정, 자립지원시설, 아동상담소, 아동전용시설어린이공원, 어린이놀이터, 아동회관, 체육 · 연극 · 영화 · 과학실험전시시설, 아동휴게숙박시설, 야영장 등, 지역아동센터, 아동보호전문기관중앙아동보호전문기관, 지역아동보호전문기관, 가정위탁지원센터중앙가정위탁지원센터, 지역가정위탁지원센터, 학대피해아동쉼터, 아동권리보장원 등이 있다.

2) 아동복지실천의 기본 전제

지금까지 우리는 「아동복지법」에 기초하여 아동복지실천의 법률적 범위를 살펴보았다. 법률적 범위에서 아동복지를 실천함에 있어 우선적으로 점검해보아야 할 기본 전제가 있는데, 아동복지실천은 통합적 관점에서 접근해야 한다는 점과 아동복지실천을 위한 실제적 접근이 필요하다는 점이다. 이에 통합적 접근은 문제해결모델, 6체계이론, 생활모델로 구분하여 살펴보고, 실제적 접근은 아동복지실천을 위한 관계형성, 의사소통, 면접기술 등으로 구분하여 살펴보고자 한다.

(1) 아동복지실천의 통합적 접근

① 문제해결모델

> 문제해결모델은 '여기-지금'을 강조하고 '진단적 사정'을 적용한다.

문제해결모델은 진단주의학파 입장에서 기능주의학파의 입장을 접목한 절충주의적 접근이다. 문제해결모델에서는 '여기-지금here-and-now'을 강조하고, 아동복지사의 열정적 준비와 신뢰 및 온정적 관계를 강조하며, 문제에 대처하고자 하는 동기 활용과 복잡한 문제를 작고 구체적인 문제로 관리할 수 있는 능력을 강조한다. 또한 아동복지 대상인 클라이언트의 사회적 안전문제, 인간관계의 문제, 사회적 기능의 문제 등을 해결하기 위해 물질적 · 심리적 · 사회적 지원을 제공한다. 이 모델에서는 클라이언트가 문제에 대처하고자 하는 동기가 부족하고, 문제에 대한 대처능력이 결여되어 있으며, 문제에 직면하여 이를 경감시킬 기회도 부족하다는 사실을 가정한다. 이 가정하에 문제해결모델에서는 진단적 사정diagnostic assessment을 적용하는데, 진단적 사정의 핵심은 MMotivation, 문제를 해결하고자 하는 동기, CCapacity, 문제를 해결하기 위한 능력, OOpportunity, 표현된 문제를 해결할 수 있는 활용 가능한 지원의 기회이다(길귀숙 외, 2012).

문제해결모델에서는 인간을 사회적 상황과 끊임없이 교류하며 발전하고 성장하는 존재이며, 복잡한 환경과 지속적으로 교류하는 생리심리학적 존재로 인식하여, 총체적으로 클라이언트를 이해해야 한다고 주장한다.

② 6체계이론

6체계이론은, 클라이언트체계, 변화매개체계, 표적체계, 행동체계, 전문가체계, 의뢰-응답체계를 분석하여 지원을 위한 의사결정을 한다.

6체계이론은 핀커스Pincus와 미나한Minahan이 1973년 사회복지실천의 4가지 체계인 클라이언트체계, 변화매개체계, 표적체계, 행동체계에 1990년 콤튼Compton과 갤러웨이Gallaway가 제시한 전문가체계와 의뢰-응답체계를 합한 체계이다(길귀숙 외, 2012). 6체계이론에서는 아동복지실천을 위해 6체계모델에 입각하여 체계를 분석하여 지원을 위한 의사결정이 이루어진다(길귀숙 외, 2012). 여섯 가지 체계에 대해 간략히 살펴보면 다음과 같다.

- 클라이언트체계 : 이 체계는 원조를 받는 데 동의하고 스스로 참여하는 실제 클라이언트와 아동복지사가 관여하고 싶어 하는 사람들이나 복지적 도움을 필요로 하는 모든 지역주민을 포함하는 잠재적 클라이언트로 나눌 수 있다. 클라이언트체계에는 개인, 가족, 집단, 기관, 지역사회 등 다양한 수준의 체계가 포함된다.
- 변화매개체계 : 이 체계는 아동복지문제와 관련된 여러 체계들을 확인하고 그 체계들과 함께 할 계획을 수립하며 이를 실천에 옮기기 위해 노력하는 변화매개인을 뜻한다. 주로 아동복지사와 아동복지사가 소속된 조직을 포함한다.
- 표적체계 : 이 체계는 변화매개체계가 목적달성을 위해 변화시킬 대상, 즉

클라이언트의 문제해결이나 욕구충족을 위해 변화되어야 할 대상으로 지목된 체계이다. 대부분의 경우는 비자발적이며, 클라이언트 삶의 질 향상에 장애가 되는 경우가 많아 아동복지사는 표적체계와 협력관계를 이루는 것이 필요하다.

- 행동체계 : 이 체계는 변화매개체계가 목적달성을 위해 함께 일하는 사람들을 뜻한다. 복지 · 보건 · 의료 · 심리 · 교육 · 주거 등의 서비스를 제공하는 전문가와 가족 · 친구 · 교사 · 또래 등의 원조자들을 포함한다.
- 전문가체계 : 이 체계는 협회나 학회 등의 전문가 연합체나 학술연구단체를 뜻한다. 아동복지실천을 직 · 간접적으로 지원하고 환경을 조성해 주는 역할을 한다.
- 의뢰-응답체계 : 이 체계는 아동복지실천서비스를 의뢰 · 요청하고, 이를 수용하는 관계에서 나타나는 체계를 뜻하며, 의뢰체계서비스를 요청한 사람이나 조직와 응답체계의뢰를 받아 강제로 오게 된 사람로 구분된다.

③ 생활모델

생활모델은 생태학적 관점을 이론적 틀로 하는 접근이다. 개인과 환경에 초점을 둔 생태학적 개념의 준거 틀에 개인, 가족, 집단, 지역사회, 문화적 맥락에 적용되는 원칙과 기술을 통합한 통합모델의 실천방법이다. 생활모델에 의한 아동복지실천은 개인과 환경 간의 교류를 증진하고 인간의 욕구와 환경적 자원 간에 최적합 상태를 촉진하는 데 그 목적이 있으며, 생활의 변화, 환경의 압력, 부적응적인 대인관계의 과정 등에서 발생하는 스트레스 등의 생활상의 문제를 다룬다. 생활모델에서 교사는 문제해결 대처능력을 교육하거나 안내하고, 촉진자는 의사결정과 실천을 격려하며, 최적합 상태를 가능하게 하는 사람은 동기를 강화하고 장애가 되는 감정을 처리하며 자존감을 개발한다(길귀숙 외, 2012). 생활모델의 실천과정은 크게 세 단계로 구분된다.

> 생활모델은 생활의 변화, 환경의 압력, 부적응적 대인관계에서 나타나는 생활상의 문제를 다룬다.

- 초기단계 : 초기단계에서는 관여, 탐색, 계약의 과정이 이루어진다. 이 과정에서 아동복지사는 클라이언트의 생태학적 맥락에서 역동적인 힘의 상호작용을 사정하고 문제의 성격과 관련된 적절성, 욕구와 생활 상황 등 개별화가

이루어지며, 계약을 통해 협력과 역할을 규정하고 문제정의, 탐색 및 사정, 우선순위 설정 및 초기 전략계획에 참여한다.

- 진행단계 : 진행단계에서는 클라이언트를 도와 생활의 변화, 환경적인 압력, 부적응문제와 연관된 대처과업과 서비스를 실천한다. 이 단계에서 아동복지사가 생활변천이나 부적응적인 대인관계의 문제를 다룰 경우에는 조력자, 교사, 촉진자의 역할을 수행하지만, 환경적인 문제를 다룰 경우에는 중재자, 옹호자, 조직자의 역할을 수행한다.
- 종결단계 : 종결단계에서는 클라이언트의 경험을 이해하고 적절하게 다루며, 실천의 성과를 평가한다. 이때 아동복지사는 클라이언트가 경험하는 감정의 특성을 이해하고, 인내와 관심, 지지와 격려, 감정이입적 노력을 통해 성공적인 종결을 수행한다(길귀숙 외, 2012).

(2) 아동복지실천의 실제적 접근

① 관계형성

> 관계형성은 둘 이상의 사람이 어떤 방면이나 영역에서 관계를 맺는 것으로, 클라이언트와 아동복지사의 관계는 전문적 원조관계이다.

아동복지실천에서 클라이언트와 아동복지사의 관계는 매우 중요한데, 특히 바람직하고 좋은 관계로 발전시키는 것은 필수적인 요건이다. 둘의 관계는 평등하지만 아동복지사는 원조를 제공하는 사람이고, 클라이언트는 원조를 제공받는 사람이기 때문에 전문적 원조관계이다. 전문적 원조관계는 첫째, 보다 나은 적응과 문제해결을 위해 서로 합의된 의도적인 목적을 공유한다. 둘째, 클라이언트와 구체적인 기한을 갖고 관계를 형성한다. 셋째, 아동복지사는 타인의 욕구에 대한 객관성과 자아인식을 토대로 관계를 형성한다. 넷째, 아동복지사는 특화된 지식과 기술, 전문적 윤리강령의 권위를 지녀야 한다. 다섯째, 객관적이고, 자신의 감정이나 반응 및 열망을 자각하며, 책임을 지는 통제된 관계를 포함한다. 책임 있는 전문적 원조관계를 위해 아동복지실천에서는 다음의 여섯 가지 기본 요소들을 포함해야 한다(길귀숙 외, 2012 ; 이영실 외, 2011).

- 타인에 대한 관심 : 책임감, 배려, 존중, 조건 없는 긍정적 인정, 진심 어린 관심, 감정과의 교류를 포함한다.

• 헌신과 의무 : 클라이언트와의 전문적 관계, 상호 의존적 교류관계를 위해 헌신과 신뢰관계를 형성할 의무가 있다.

• 권위와 권한 : 아동복지사는 관련 지식과 경험을 보유해야 하며, 제도적인 측면, 지식 및 기술적인 측면, 안전과 보호를 기반으로 한 심리적인 측면의 권위와 권한을 겸비해야 한다.

• 진실성과 일치성 : 일관성 있고 정직한 개방성, 일치성, 전문가로서의 자아와 가치체계의 일체성을 갖추어야 한다.

• 수용과 기대 : 비심판적이고 무비판적인 태도, 클라이언트의 감정에 대한 존중과 헌신적인 믿음, 클라이언트의 상황과 감정을 이해하려는 자세를 갖추어야 한다.

• 감정이입 : 적극적인 경청, 지속적인 주의집중, 민감성을 토대로 클라이언트의 상태를 관찰하여 그가 어떻게 느끼는지를 확인해야 하며, 문제 자체와 그 해결 가능성까지 객관적으로 분석하고 대처해야 한다.

감정이입은 아동복지사가 자신의 관점을 유지하면서 클라이언트의 입장에서 보고 느낄 수 있는 능력을 의미한다.

아동복지실천 관계의 기본 원칙을 클라이언트의 욕구와 관련지어 표로 제시하면 표 5-1과 같다(길귀숙 외, 2012 재인용 ; 이영실 외, 2011).

표 5-1 클라이언트의 욕구와 아동복지실천관계의 기본 원칙

클라이언트의 욕구	실천관계의 기본 원칙
독특한 특성을 가진 한 개인으로 처우받으려는 욕구	개별화
자신의 감정을 자유롭게 표현하고자 하는 욕구	의도적인 감정표현
문제에 대한 공감적 반응을 얻으려는 욕구	통제된 정서적 관여
가치 있는 인간으로 인정받고자 하는 욕구	수용
판단받고 싶지 않은 욕구	비심판적 태도
자기 스스로 결정하려는 욕구	클라이언트의 자기결정
자기 비밀을 간직하고 싶은 욕구	비밀보장

② 의사소통

의사소통은 언어와 비언어적 상징 등을 동원하여 감정, 태도, 신념, 생각, 사실 등을 전달하는 과정이다.

의사소통은 두 사람 이상의 사이에서 감정, 태도, 신념, 생각, 사실 등을 전달

하는 과정이며, 언어 및 비언어적 상징과 신호 등의 모든 방법을 동원하여 서로에게 영향을 주고 서로를 이해해 가는 과정이다. 아동복지실천에서 의사소통은 중요한 핵심적 요소이며, 클라이언트를 이해시키는 수단으로 특히 중요하다. 아동복지실천에서 의사소통이 효율적으로 이루어져야 하는 이유를 살펴보면 다음과 같다(길귀숙 외, 2012).

- 복지 지원을 위한 필요 정보를 수집하기 위해서 필요하다.
- 사고, 감정, 욕구 충족, 문제해결을 위해서 필요하다.
- 감정과 사고를 표현하기 위해서 필요하다.
- 행동체계를 구조화하기 위해서 필요하다.
- 정보 제공, 충고, 격려, 방향 제시 등을 위해서 필요하다.

아동복지실천과정에서 효율적인 의사소통을 위한 메시지는 다음과 같은 성격을 지녀야 한다(길귀숙 외, 2012).

- 언어적, 비언어적으로 일치된 메시지여야 한다.
- 단순하고 이해가 가능한 메시지여야 한다.
- 화자의 의미를 청자가 이해할 수 있는 메시지여야 한다.
- 중요한 내용은 반복적 전달을 통해 충분히 이해할 수 있는 메시지여야 한다.

아동복지사가 몸에 체득해야 할 효과적인 의사소통의 방법에는 관심 기울이기, 경청하기, 반영하기, 명료화하기, 요약하기, 해석하기, 질문하기, 연결 짓기, 직면하기, 재진술하기, 정보 제공하기, 조언하기, 마음으로 지지해주기, 행동 제한하기, 촉진하기, 피드백 주고받기, 자기 노출하기, 강화해주기, 저항의 처리, 전이의 취급, 역전이 현상의 취급, 적시성에 유의하기 등이 포함되는데, 이중에 가장 기본적인 의사소통의 기술은 경청하기, 반영하기, 명료화하기, 요약하기, 행동 제한하기라 할 수 있다. 여기에서는 소극적 경청, 반영적 경청, 나전달법에 관해 간략히 소개하고자 한다(길귀숙 외, 2012).

- 소극적 경청 : 의사소통의 시작단계에서 주로 사용하는 방법으로, 클라이

언트의 이야기를 침묵으로 들어주는 경우에 해당한다. 이는 강력한 비언어적 메시지이다. 대화 도중에 잠시 끊어질 때 잘 경청하고 있음을 알리는 언어적·비언어적 신호도 여기에 속한다. 예를 들면, "아~, 그렇군요"하거나 고개를 끄덕여 주는 것 등을 들 수 있다. 클라이언트가 마음의 문을 열 수 있도록 도움을 주는 표현도 소극적 경청에 해당한다. 예를 들면, "○○가 어떻게 느끼는지 궁금한데요?" 등이다.

- 반영적 경청 : 심리적 불균형 상태에서 심리적 균형을 유지할 수 있도록 도와주는 기술로, 클라이언트로 하여금 감정의 기저에 있는 것을 거울에 비춰주어 자신의 감정이 내포하고 있던 밑마음을 깨닫고 이를 객관적으로 파악하게 하여 문제를 스스로 정리하게 해준다. 이는 클라이언트가 내면세계의 균형을 회복하도록 내적 치유의 힘을 얻게 해준다.
- 나 전달법I-message : 개인의 감정을 밝히고 피드백을 주고받는 과정에서 클라이언트의 행동 변화를 유도하는 효과적인 의사소통의 기술이다. '나' 메시지는 '나'를 주어로 감정을 밝히고, 감정의 원인에 대해 설명하며, 다른 사람이 '나'에게 미친 영향에 대해 설명하는 부분으로 이루어진다. 이 기술은 다른 사람의 권리에 대한 침해 없이 '나'의 권리를 주장하고 긍정적인 대안을 제공하며, 협상의 기술을 배우게 한다.

③ 면접기술

아동복지실천에서 면접기술은 개입의 중요한 도구이며, 클라이언트에 관한 정보수집에서 변화단계까지 여러 수준에서 요구되는 실천기술이다. 면접기술은 문제 상황에 대한 정보를 수집하여 도움을 주고, 그 상황에 대해 충분히 이해함으로써 문제를 효과적으로 해결하는 데 그 목적이 있다. 면접기술은 전문적인 대화로, 관찰과 경청, 질문과 응답으로 이루어지며, 면접을 통한 클라이언트와의 교감을 통해 클라이언트의 욕구나 문제를 확인한다. 그래서 면접은 아동복지실천의 시작과 마무리 단계에서 활용되는 실천기술이다. 아동복지실천을 위한 면접기술은 크게 세 가지, 즉 정보수집면접, 사정면접, 치료적 면접으로 구분되는데, 각각에 대해 설명하면 다음과 같다(길귀숙 외, 2012 ; 이영실 외, 2011).

> 면접기술은 관찰과 경청, 질문과 응답으로 이루어지며 클라이언트의 욕구나 문제를 확인하는 전문적인 대화기술이다.

- 정보수집면접 : 사회조사라고도 한다. 이 면접에서는 클라이언트의 인구사회학적 배경나이, 성별, 학력, 가족상태, 경제상태, 거주지 등, 현재 문제현재 문제상황, 현재 문제와 관련된 과거력 등, 가족력부모관계, 형제자매관계, 유전적 질병 등, 개인력아동기 성장과정, 발달단계상의 문제, 학교생활, 교우관계 등 등에 관한 정보를 수집한다.
- 사정면접 : 구체적 서비스에 대한 의사결정을 위한 것으로, 자료를 해석하고 클라이언트의 문제 상황, 개입목표, 개입방법을 선택하기 위해 정보를 얻는 면접기술이다. 면접기술에는 '그렇군요', '그래서요?' 등의 정보 노출을 이끌어 내는 반응, 말을 바꿔서 하는 기법, 개방적 · 폐쇄적 질문하기, 구체적 표현을 추구하는 기법, 요약하기, 초점 제공과 유지하기 기법 등이 있다.
- 치료적 면접 : 클라이언트가 변할 수 있도록 돕는 기술이며, 클라이언트가 더 나은 사회적 기능을 수행할 수 있도록 환경의 변화를 돕는 면접기술이다. 클라이언트의 변화를 돕기 위해서는 클라이언트의 자신감, 자기효율성 강화, 필요한 기술훈련, 문제해결능력 증가 등이 필요하다.

면접과정에서 '클라이언트가 중요한 존재'라는 점과 '함께 작업하는 것이 중요하다'는 점을 전달하기 위해서는 면접기술에 대한 세심한 계획과 준비가 필요하다. 또한 면접기술이 효과적으로 진행되기 위해서는 앞서 언급한 의사소통의 기술이 필수적이다.

2. 아동복지실천 접근과정

지금까지 우리는 「아동복지법」에 기초한 아동복지실천의 범위와 기본 전제를 살펴보았다. 「아동복지법」에 의하면, 아동복지는 18세 미만의 모든 아동에게 행복한 삶의 여건 조성과 조화롭게 성장 · 발달할 수 있도록 경제적 · 사회적 · 정서적 지원을 제공하는 것이다. 아동복지실천을 위해 우리는 기본생활보장의 사회보장제도가 필요하고, 주거 및 의료보장이 제도화되어야 하며, 기본권을 위해

교육과 아동학대로부터의 보호, 복지환경과 놀이문화를 위한 여건 마련도 시급히 이루어져야 한다.

경제적 · 사회적 · 정서적 지원은 접근의 단위가 개별적 · 집단적 접근에 의해 제공될 수 있으며, 사회적 보장제도 마련, 교육 · 연구 · 홍보 지원, 보호 및 양육조치, 상담 및 지도, 위탁제도, 아동복지시설 입소, 예방 및 방지, 보건 및 의료보호, 사례관리 등의 지원이 이루어져야 한다.

1) 접근 단위 중심의 아동복지실천과정

아동복지실천과정은 전문적이고 체계적인 실천방법을 활용하고, 개별적 · 집단적 아동복지실천 접근을 통해 아동복지 관련 문제를 미연에 예방하고 방지해야 한다.

(1) 개별 아동복지실천 접근

핵가족화, 맞벌이 가정, 결손가정, 다문화가정 등 현대의 가정은 많은 문제를 안고 있다. 특히, 정서적 · 심리적 · 사회관계적 문제는 여러 다양한 문제행동이나 사회부적응 문제와 부정적 행동을 야기시키고 있으며, 빈곤가정이나 불우한 환경에 처한 아동, 장애를 가지고 있는 아동, 법적 보호가 필요한 아동 등 국가적 · 사회적으로 여러 가지 문제들을 증가시키고 있다. 여러 아동의 문제를 해결하기 위해서는 아동복지실천 접근 중 개별적 조치나 지도가 불가피하며 건전한 발달과 성장이 이루어질 수 있는 기반을 마련해야 한다. 또한 개별 아동과 그 가족들에게 필요한 복지서비스를 제공, 즉 문제를 조기에 발견하고, 보호 · 지도 · 치료 등의 서비스를 제공하여 건강한 사회인으로 성장할 수 있도륵 도움을 주어야 한다.

개별아동복지실천의 접근과정은 사안에 따라 약간의 차이는 있으나, 대개는 접수**인테이크** 단계, 사례조사단계, 진단단계, 치료단계로 이루어진다(김윤재 외, 2015).

- 접수단계 : 도움이 필요한 아동이나 가족을 첫 대면하여 도움을 줄 수 있는 기관을 결정하는 단계이다. 인테이크 단계에서는 아동이나 가족의 문제를 명확히 하고, 문제의 중요성과 원인을 확인하며, 지금까지 애써온 노력이나 방법, 기대 정도 등을 파악하여, 무엇을 도와야 하는지, 어떤 절차를 거쳐야 하는지 등을 안내하고 이에 적합한 기관을 알선한다.
- 사례조사단계 : 정확한 진단과 치료를 위해 선행되어야 할 일은 사례에 대한 조사이다. 이 단계에서는 문제의 성격, 문제를 지닌 아동이나 가족에 대한 충분하고 정확한 정보를 수집한다.
- 진단단계 : 접수단계와 사례조사단계에서 수집한 자료에 기초하여 문제의 원인을 종합적으로 분석하고 문제해결방법을 결정하며, 이를 달성하기 위한 계획을 세우는 과정으로, 치료를 위해 구체적으로 사전계획을 하는 단계이다. 이 단계에서는 의미 있는 사실을 도출하고, 문제를 일으킨 요인 간의 역동적 · 원인론적 관계를 확인하며, 이를 유형화하는 일련의 과정을 거친다.
- 치료단계 : 문제해결을 위해 계획된 일련의 과정 중 마지막 단계이다. 이 단계에서는 구체적인 방법이나 기법, 특정한 기술 적용을 통하여 적절한 변화를 일으켜 아동이나 가족을 회복시키고, 보다 나은 사회적 관계와 기능을 수행하도록 돕는다.

(2) 집단 아동복지실천 접근

집단 아동복지실천은 사회적 기능을 회복해야 하거나 강화해야 하는 아동을 대상으로 이루어지는데, 아동집단의 역동성과 응집력이 중요하다. 집단아동복지실천을 위해 아동복지전문가는 집단 내 아동의 개인적 특성을 파악하고 집단 내에서의 상호작용이 잘 이루어질 수 있도록 기관의 기능을 활용하는 기술, 감정을 소통하는 기술, 현실을 활용하는 기술, 집단관계를 격려하고 이용하는 기술, 개인의 변화를 시도하는 기술 등의 실천기술을 활용해야 한다. 집단아동복지실천을 위해 아동복지사는 집단을 유형화해야 하는데, 크게 다섯 가지 유형으로 구분해 볼 수 있다(김윤재 외, 2015 재인용).

- 지지집단 : 이혼한 부부의 자녀로 구성된 집단, 한부모집단 등이 이에 속하며, 가정문제에 적절히 대처할 수 있는 능력을 향상시킬 수 있는 지원이 필요하다.
- 교육집단 : 청소년 성교육집단, 부모역할 훈련집단, 위탁부모집단 등이 이에 속하며, 자기 자신과 자신이 속한 사회를 잘 이해할 수 있도록 교육적 지원이 필요하다.
- 성장집단 : 참 만남 집단, 잠재력개발 집단 등이 이에 속하며, 자기인식 증진과 사고의 변화를 위한 지원 및 사회 · 정서적 안녕을 위한 지원이 필요하다.
- 치유집단 : 외래환자를 대상으로 한 정신치료집단, 금연집단, 약물중독집단 등이 이에 속하며, 집단구성원의 행동변화와 개인적인 문제의 완화 및 제거를 위한 적극적인 지원이 필요하다.
- 사회화집단 : ADHD 아동집단, 퇴원한 정신장애인을 위한 사교집단 등이 이에 속하며, 사회적 기술을 습득하고 사회생활에서 효과적으로 적응하기 위한 지원이 필요하다.

집단 아동복지실천의 접근과정은 대개 여섯 단계로 구분되는데, 사전단계, 초기단계, 사정단계, 중간단계, 종결단계, 평가단계로 이루어진다(김윤재 외, 2015).

- 사전단계 : 집단지도전문가와 집단참여자가 특정집단으로 만나기 이전의 단계로, 집단아동복지실천을 위한 계획단계이다. 이 단계에서는 집단의 목표 설정, 후원기관의 사정, 집단에 참여할 구성원의 모집, 집단 소개 및 설명, 계약, 집단계획서 작성 등의 업무가 진행된다.
- 초기단계 : 집단참여자가 집단에 처음 오게 되면 초기단계가 시작된다. 집단지도전문가는 참여자들을 서로 소개하도록 하고, 집단의 목적에 따라 공유해야 할 주요 정보를 안내하며 집단의 목표와 집단 내에서 자신의 역할과 기능에 대해 언급한다. 경우에 따라 참여자들에게 집단의 목표나 집단 회합의 목표를 토론할 기회를 줄 수 있다.

- 사정단계 : 집단의 형태에 따라 집단지도전문가의 개입 내용과 정도가 다르며 사정의 초점도 달라진다. 사정단계에서는 자료를 수집하고 수집자료를 체계적 방식으로 조직화하며 문제에 대한 개입방법, 대처방법, 완화방법 등을 결정한다.
- 중간단계 : 이 단계는 크게 두 기간으로 나뉘는데, 전반부는 집단참여자의 갈등, 참여자 간의 관계를 조정하는 기간이다. 이 기간 동안 계약을 재협상하고 집단참여자의 지위를 설정하며 후원조직과의 관계를 설정한다. 후반부에는 집단참여자와 집단지도전문가가 집단적으로 문제해결 및 상황 종료를 위해 노력하는 기간이다. 집단지도전문가는 집단회합 준비, 집단의 구조화, 집단참여자의 목표 달성을 위한 지원, 집단역동에 대해 평가한다.
- 종결단계 : 이 단계는 매우 중요한데, 그 이유는 이 단계에서 활용하는 전문기술이 전체 집단지도의 성패를 결정짓기 때문이다. 성공적인 종결은 집단참여자가 성취감과 높은 자아존중감을 획득하는 것이다.
- 평가단계 : 집단 아동복지실천이 성공적이고 효과적인지를 판단하는 단계이다. 평가단계는 크게 두 가지 관점에서 이루어지는데, 과정에 대한 평가와 결과에 대한 평가로 나뉜다. 과정평가는 집단의 유용성이나 프로그램 진행에 대한 평가이고, 결과평가는 초기단계에서 설정한 집단의 목표에 대한 성취 정도를 판단하는 평가이다. 목표달성이 미흡할 경우에는 후속 프로그램을 개발한다.

2) 접근의 성격에 따른 아동복지실천과정

아동복지사는 사회적 보장제도 마련, 교육 · 연구 · 홍보 지원, 보호 및 양육 지원, 상담 및 지도, 위탁 및 아동복지시설 입소, 예방 및 방지, 보건 및 의료보호, 사례관리 등 아동복지실천접근의 성격에 따라 지속적으로 경제적 · 사회적 · 정서적 지원을 해야 한다.

(1) 사회적 보장제도 마련

가장 보편화된 사회적 보장제도로 국민기초생활보장제도를 들 수 있다. 국민기초생활보장제도란 국가가 생활이 어려운 빈곤계층에 최저생계비를 지원하는 공적부조제도로, 생계급여, 주거급여, 의료급여, 교육급여, 해산급여, 장제급여, 자활급여 등이 포함된다. 빈곤아동이란 빈곤가정에서 생활하는 18세 미만의 아동으로, 국가적 차원에서 실천해야 할 복지 대상이다. 빈곤은 신체적 · 인지적 · 정서적 · 사회적 발달상의 문제와 학습부진 및 학교부적응, 비행 등을 초래할 수 있다(김순옥 외, 2014).

국민기초생활보장제도는 국가가 생활이 어려운 빈곤계층에게 최저생계비를 지원하는 공적부조제도이다.

(2) 교육 · 연구 · 홍보 지원

교육받을 권리는 중요한 생존권 중의 하나이며, 생활적 기본권이자 사회적 기본권에 해당한다. 현재 우리는 급변하는 사회와 가족의 요구에 따라 조기무상교육이 초등학교에 입학하기 이전부터 제공되고 있으며 특수장애를 가진 유아에 대해서도 조기교육의 기회가 동등하게 주어지고 있으나(김순옥 외, 2014), 지원수준과 분야가 미약하여 아동복지 관련 연구와 홍보가 지속적으로 요구된다.

(3) 보호 및 양육 지원

저출산 고령화사회에 접어들면서 우리 사회는 임신과 출산교육, 결혼 전 준비교육, 아동양육 및 발달에 대한 부모교육 등의 모자보건교육은 물론 가장 보편화된 실천 분야로 영유아를 위한 돌봄과 양육적 지원의 보육사업을 강화하고 있다. 보육사업은 영유아의 보호, 부모의 일할 권리를 보호하는 차원에서 영유아의 양육, 영양, 건강, 안정 등의 영유아 안전을 위한 최우선 서비스이다(김호년 외, 2011).

(4) 상담 및 지도

아동상담은 개별 아동복지 실천기술에 속하며, 아동복지사업의 한 분야이다. 아동상담은 전문상담기관을 통해 이루어지며, 주로 가정생활의 위기, 부모의 능력 부족으로 인한 위기, 정신적 · 신체적 · 행동적 문제를 안고 있는 아동, 지역사회 해체와 가족 및 아동의 욕구 불만으로 생긴 위기 등의 문제를 다룬다.

(5) 위탁 및 아동복지시설 입소

가정위탁은 친가정이 아닌 다른 가정에 의해 주어지는 보호를 의미한다.

가정위탁은 사회기관에서 마련한 보호로, 법이 정하는 기준에 적합한 가정에 보호 대상 아동을 일정기간 위탁하는 것인데, 가정위탁에는 일반가정위탁, 대리양육 가정위탁, 친인척 가정위탁이 있다. 한편, 아동복지시설은 여러 가지 이유로 양육자가 없거나 있다 하더라도 직접 양육하지 못할 때 하루 24시간 집단보호를 제공하는 서비스로, 완전한 대리보호사업이다. 아동복지시설에는 아동양육시설, 아동일시보호시설, 아동보호치료시설, 공동생활가정, 자립지원시설, 아동상담소, 아동전용시설, 지역아동센터 등이 있다(김순옥 외, 2014).

(6) 예방 및 방지

아동의 성장발육 증진과 질병의 조기발견을 위해서는 충분한 음식 공급과 건강검진 및 예방접종이 이루어져야 하는데, 학대아동 보호서비스는 이러한 치료와 예방을 포함하는 아동보호서비스이다. 특히, 아동보호서비스는 아동학대와 방임의 예방 및 치료에 목적을 두고 있으며, 전문적인 개입을 통해 아동의 안전과 복리를 제공한다. 피해아동에 대한 치료와 상담 및 격리보호는 물론 가해자, 피해부모와 가족 전체에 대한 치료 및 상담, 교육, 물질적 지원, 법적 지원 등이 제공된다(김순옥 외, 2014).

(7) 보건 및 의료보호

아동복지의 기본은 아동의 건강이며, 아동의 건강은 모체의 건강으로부터 시작되므로, 경제적 어려움은 물론 산모의 연령 · 미혼모 · 약물오용 등과 같은 임산부의 경제적 · 사회적 상황에 대한 특별한 대책이 필요하다. 특히, 학교나 보육시설에는 영양공급을 위한 시설과 위생 및 보건시설을 갖추어야 하며 건강유지와 영양공급은 물론 예방 차원에서 의료보건서비스도 이루어져야 한다. 최근 들어 정신건강의 중요성이 대두되고 있으며, 아동기의 불안, 우울, 위축, 외로움 등의 문제와 공격성, 파괴적 행동, 도벽 등의 정서적 · 행동적 문제가 청소년 비행으로 전이될 수 있으므로, 이에 대한 조기발견과 적절한 전문적 개입이 필요하다(김순옥 외, 2014).

(8) 사례관리

사례관리는 클라이언트의 욕구를 사정하고 욕구를 충족시킬 수 있는 포괄적인 서비스 계획을 세운 후, 적절하고 효과적인 서비스를 제공하며, 제공된 서비스 제공에 대해 점검하고 평가하는 실천방법이다.

3. 아동복지실천 분야 및 종사자

1) 아동복지실천 분야

아동복지실천 분야 및 실천 영역에 대한 국내의 관심은 학자마다 다르다. 김호년 등(2011)은 보육사업, 아동학대, 장애아동과 빈곤아동, 가정위탁과 입양, 한부모가족 아동과 다문화가족 아동으로 구분하였고, 김주아 등(2014)은 보육아동을 위한 아동복지, 장애아동가정을 위한 아동복지, 빈곤가정 아동을 위한 아동복지, 다문화가정 아동을 위한 아동복지, 조손가정 아동을 위한 아동복지, 소년소녀가정의 아동을 위한 아동복지, 한부모가족의 아동을 위한 아동복지, 재혼가정 아동을 위한 아동복지, 비행아동을 위한 아동복지, 학대아동을 위한 아동복지, 입양가정 아동을 위한 아동복지, 가정위탁 아동을 위한 아동복지, 시설보호 아동을 위한 아동복지 등으로 구분하였다. 박인전 등(2015)은 아동복지의 실천 분야를 저출산시대의 아동을 위한 복지, 따돌림아동을 위한 복지, 장애아동을 위한 복지, 이혼가정의 아동을 위한 복지, 빈곤가정의 아동을 위한 복지, 비행아동을 위한 복지, 방임 및 학대받는 아동을 위한 복지, 가정위탁을 위한 복지, 입양아동을 위한 복지, 시설보호아동을 위한 복지 등으로 구분하여 제시하였고,

이순형 등(2011)은 보육사업, 장애아동사업, 아동학대와 아동보호사업, 입양사업, 가정위탁보호사업, 소년소녀가정지원사업, 시설보호사업 및 공동생활가정사업, 학교사회복지 등으로 구분한 바 있다. 또한 이상욱 등(2016)은 아동복지의 실천 분야를 부모와 가정 대리 서비스부모와 가정이 필요한 아동을 위한 서비스인 가정위탁보호서비스와 입양서비스, 시설보호서비스, 부모와 가정기능 후원서비스학대받는 아동보호서비스, 빈곤가정의 아동을 위한 서비스, 다양한 가족의 아동을 위한 서비스인 한부모가족 아동복지와 다문화가족 아동복지 및 새터민가족 아동복지, 부모와 가정의 기능보충서비스영유아를 위한 보육서비스, 장애를 가진 아동을 위한 복지서비스 등으로 구분하였다.

이 책에서는 아동복지실천을 위해 지원할 실천 분야를 일곱 가지 서비스 분야로 제안하고자 한다. 구체적인 서비스 내용은 6~12장에 소개되어 있다. 간략히 그 영역만 제시하면 다음과 같다.

- 보육아동 보호서비스
- 빈곤아동 보호서비스
- 장애아동 보호서비스
- 학대아동 보호서비스
- 입양아동 보호서비스
- 사회적 아동 보호서비스
- 다양한 가족 유형 보호서비스

2) 아동복지실천 종사자

아동복지시설은 「아동복지법」 제54조아동복지시설의 종사자 규정에 의거 필요한 전문인력을 배치하고 있으며, 아동복지 관련 법의 규정에 의해서도 다양한 직종의 아동복지 종사자를 배치하고 있다. 「아동복지법」에 명시된 종사자로는 아동복지지도원, 시설장, 사무국장, 보육사, 생활복지사, 상담지도원, 직업훈련교사, 임상심리상담원, 자립지원전담요원 등이 속하며, 「영유아보육법」에 명시된 종사자에는 어린이집 원장, 어린이집교사, 보육교직원의사, 간호사, 사회복지사, 사무원, 관리인, 위생원, 운전기사, 치료사 등, 보육정보센터장, 보육지도원 등이 포함된다. 그 밖에 유관단체에서 관련 자격을 득한 아동상담사, 놀이치료전문가, 아등발달전문가, 부모교육전문가 등이 아동복지 종사자에 해당된다(박인전 외, 2015).

아동복지 종사자는 공식적, 비공식적으로 다양한 분야에서 아동복지 증진을 위해 물심양면으로 애쓰는 복지실천가로서, 국제화・산업화가 고도화되면서 더욱더 요구되는 직업 분야라 할 수 있다. 아동복지 종사자가 갖추어야 할 자질에 대해 살펴보면 다음과 같다(김호년 외, 2011 ; 박인전 외, 2015).

- 아동복지사는 모든 아동을 사랑하는 마음과 타인을 돕는 정신을 갖추어야 하며, 아동을 사랑하고 돌보는 것, 도와주는 것 자체를 좋아하는 사람이어야 한다.
- 부정적인 상황은 누구에게나 발생할 수 있는 일이라고 생각하고 받아들이는 자세가 필요하다. 최근 들어 아동복지는 선택적 복지가 아닌 보편적 복지로 모든 정책이 이루어지고 있으며, 복지의 대상은 모든 아동이다.
- 아동복지실천의 중요성을 깨닫고 이를 행동으로 옮기는 자세가 중요하다. 아동복지는 아동을 위한 사회적 서비스를 의미하므로 복지실천은 매우 중요하다.
- 아동복지사는 전문적이고 효과적인 서비스 제공을 위해 다양한 전문기술을 갖추어야 한다. 아동에 대한 전반적인 이해, 효과적인 면접과 의사소통 기술, 사정기술, 다양한 개입기술과 프로그램 개발 및 평가능력, 자원 발굴기술 등이 필요하다.

끝으로, 「아동복지법 시행령」 제52조 관련 아동복지시설 종사자의 자격기준을 제시하면 다음의 표 5-2와 같다(보건복지부, 2020.5.19).

표 5-2 아동복지시설 종사자의 자격기준(제52조 관련)

직종별	자격기준
아동복지시설의 장	• 「사회복지사업법」에 따른 사회복지사 2급 이상의 자격 취득 후 아동과 관련된 사회복지사업에 3년 이상 또는 사회복지사업에 5년 이상 종사한 경력이 있는 사람 • 학대아동보호사업과 관련된 기관에서 3년 이상 근무한 경력이 있는 사람 • 7급 이상 공무원으로서 국가나 지방자치단체에서 사회복지사업에 관한 행정업무에 5년 이상 종사한 경력이 있는 사람 • 「의료법」에 따른 의사 · 한의사 또는 치과의사 면허 취득 후 3년 이상 진료 경력이 있는 사람 • 「정신보건법」에 따른 정신보건전문요원 자격 취득 후 사회복지사업에 5년 이상 종사한 경력이 있는 사람 • 「영유아보육법」에 따른 보육교사 1급 자격 취득 후 사회복지사업에 5년 이상 종사한 경력이 있는 사람 • 유치원, 초등학교 또는 중등학교 교사 자격증 취득 후 사회복지사업에 5년 이상 종사한 경력이 있는 사람 • 직업훈련교사, 간호사, 영양사 자격 취득 후 사회복지사업에 5년 이상 종사한 경력이 있는 사람
사무국장	• 「사회복지사업법」에 따른 사회복지사 2급 이상의 자격 취득 후 아동과 관련된 사회복지사업에 1년 이상 또는 사회복지사업에 3년 이상 종사한 경력이 있는 사람 • 학대아동보호사업과 관련된 기관에서 1년 이상 근무한 경력이 있는 사람 • 9급 이상 공무원으로서 국가나 지방자치단체에서 사회복지사업에 관한 행정업무에 3년 이상 종사한 경력이 있는 사람 • 「정신보건법」에 따른 정신보건전문요원 자격 취득 후 사회복지사업에 3년 이상 종사한 경력이 있는 사람 • 「영유아보육법」에 따른 보육교사 1급 자격 취득 후 사회복지사업에 3년 이상 종사한 경력이 있는 사람 • 유치원, 초등학교 또는 중등학교 교사 자격증 취득 후 사회복지사업에 3년 이상 종사한 경력이 있는 사람 • 직업훈련교사, 간호사, 영양사 자격 취득 후 사회복지사업에 3년 이상 종사한 경력이 있는 사람
보육사	• 「사회복지사업법」에 따른 사회복지사 3급 이상 자격이 있는 사람 • 「영유아보육법」에 따른 보육교사 자격이 있는 사람 • 유치원, 초등학교 또는 중등학교 교사 자격이 있는 사람
생활복지사 또는 상담지도원	• 「사회복지사업법」에 따른 사회복지사 2급 이상 자격이 있는 사람 • 유치원, 초등학교 또는 중등학교 교사 자격이 있는 사람 • 「영유아보육법」에 따른 보육교사 1급 자격이 있는 사람
직업훈련 교사	• 「근로자직업능력 개발법」에 따른 직업능력개발훈련교사 자격이 있는 사람 • 「학원의 설립 · 운영 및 과외교습에 관한 법률」에 따른 학원강사 자격이 있는 사람

직종별	자격기준
임상심리 상담원	•「고등교육법」 제2조에 따른 학교, 「평생교육법」 제32조 또는 제33조에 따라 교육부장관의 인가를 받아 전문대학 또는 대학졸업자와 동등한 학력 · 학위가 인정되는 평생교육시설(이하 이 표에서 "대학등"이라 한다)의 심리 관련 학과를 졸업한 사람 •「국가기술자격법 시행령」 제12조의 2 제1항 및 별표 1에 따른 임상심리사 2급 이상의 자격이 있는 사람
자립 지원 전담요원	•「근로자직업능력 개발법」에 따른 직업능력개발훈련교사 자격이 있는 사람 •「사회복지사업법」에 따른 사회복지사 2급 이상의 자격이 있는 사람 • 초등학교 또는 중등학교 교사 자격이 있는 사람 • 대학 등 졸업자(법령에 따라 이와 같은 수준의 학력이 있다고 인정되는 사람을 포함한다)로서 아동복지 또는 사회복지 관련 학과를 졸업하고 1년 이상 아동복지업무에 종사한 경력이 있는 사람

추천 영화 및 도서

영화

우아한 거짓말

- 감독 : 이한
- 주연 : 김희애, 고아성, 김유정
- 개봉 : 2014. 3.
- 줄거리 : 어렵게 사는 가족이지만 그 속에서도 웃음 많던 막내딸이 죽음을 맞이하게 되면서 아이의 숨겨진 비밀이 전개되는 이야기이다.

천국의 아이들

- 감독 : 마지드 마지디
- 주연 : 레자 나지, 아미르 파로크 하스미얀
- 개봉 : 2001. 3.(2017. 2. 재개봉)
- 줄거리 : 엄마 심부름을 갔던 아리는 여동생의 구두를 잃어버린다. 그리고 마라톤대회 상품이 운동화라는 사실을 알고 대회에 참가하며 겪게 되는 이야기이다.

열한 번째 엄마

- 감독 : 김진성
- 주연 : 김혜수, 김영찬
- 개봉 : 2007. 11.
- 줄거리 : 가난, 엄마 없는 아이, 폭력, 화류계 출신의 젊은 여성, 짧은 행복 뒤의 병, 죽음에서 사랑으로 맺어진 인연의 소중함을 일깨우는 이야기이다.

도서

꿈꾸는 카메라

- 지은이 : 고현주
- 출판사 : 흔들의자
- 출간일 : 2017. 5.
- 줄거리 : 사진작가인 저자가 소년원의 아이들과 함께 사진 수업을 하면서 사물에 대해 알아가는 기쁨의 메시지를 담은 이야기로, 자녀를 키우는 부모, 방황하는 청소년, 교사와 함께 나누고 싶은 자기성찰의 이야기이다.

우리는 빈곤세대입니다

- 지은이 : 후지타 다카노리 (박성민 역)
- 출판사 : 시공사
- 출간일 : 2016. 9.
- 줄거리 : 저성장시대에 사는 빈곤청년의 문제를 통해 평생 가난할 운영에 놓인 청년들을 위해 어떤 삶을 살아야 하고 어떤 지원이 있어야 하며, 어떤 문제해결의 방안이 있는지를 제안하고 있는 이야기이다.

가족을 잃은 아이의 슬픔

- 지은이 : 윌리암 워든 (전석균, 임승희 공역)
- 출판사 : 시그마프레스
- 출간일 : 2008. 11.
- 줄거리 : 부모의 죽음으로 인해 삶의 모습이 변한 가족을 잃은 아동에 대한 이해와 이들을 도울 수 있는 방법을 다루고 있으며, 개입의 명확하고 통찰력 있는 접근과 치료적 아이디어를 제공하고 있다.

본 장을 정리하며 : 생각수업 2

인도에 가면 도비가트(Dhobi Ghat)가 있어요

인도 뭄바이에 있는 야외 빨래터

인도는 아직 카스트제도가 남아 있다. 인도 정부는 공식적으로 카스트제도를 없애려고 노력하고 있지만 아직까지 인도인들의 삶에서는 삭제되지 않는 사회문제이다.

옆의 사진은 인도 뭄바이에 있는 빨래를 하는 곳인데, 빨래를 통해 삶을 유지하는 사람들이 살고 있는 곳을 도비가트(Dhobi Ghat)라고 부른다. 뭄바이의 도비가트는 약 180년 동안 이어진 장소이며 판잣집들이 다닥다닥 붙어 있고 빨래를 생업으로 하고 있어, 빨래터는 일터이자 삶의 터전이다. 이곳에서 빨래를 하는 사람들은 인도 카스트제도의 최하 신분인 수드라에도 미치지 못하는 사람들로 취급된다. 인도에서 신분차별은 법적으로 금지되어 있지만 아직도 신분차별제도는 남아 있다. 도비가트에서 빨래를 하는 사람들을 '도비왈라(빨래꾼)'라고 부르며 도비왈라의 빈곤한 삶과 빈곤환경은 그들의 자녀에게 고스란히 대물림되는 경우가 많다. 도비왈라는 성인만 있는 것이 아니라 아이들도 많다. 어린 아이들이 자신의 키보다 훨씬 더 큰 빨래를 해야 하는 모습은 가슴을 먹먹하게 한다.

인도 뭄바이의 도비가트는 관광지로도 인기가 높다. 최근 도비가트는 도시 재개발로 인해 점차 사라지고 있으며 도비왈라들은 별다른 정부 지원을 받지 못한 채 거리로 내몰려 우려를 낳고 있다.

출처 : https://www.doopedia.co.kr/mv.do?id=110214001175570(두산백과사전)

◆ 우리는 어린 도비왈라를 생각하면서 빈곤과 빈곤의 대물림에 대해 다시 한번 생각해 볼 필요가 있다. 빈곤의 대물림을 해결하기 위해 우리가 지원할 수 있는 아동복지실천 방안에 대해 각자 생각해 봅시다.

참고문헌

길귀숙, 강희숙, 이재호, 천덕희, 김상곤, 오영훈, 현영렬, 임승희(2012). **사회복지실천론**. 양서원.

김순옥, 박은주, 배은영, 원명순, 주현경, 최종구(2014). **아동복지론**. 동문사.

김윤재, 강영숙, 김진환, 박주은(2015). **아동복지론**. 동문사.

김주아, 류현수, 최용득(2014). **아동복지론**. 동문사.

김호년, 김성재, 김현정, 박윤, 양진희, 우수경, 이순자, 이시진, 장정애, 이인원(2011). **아동복지론**. 양서원.

박인전, 권성민, 전혜경, 김보민(2015). **아동복지론**. 교문사.

보건복지부(2019.9.27). 아동복지법 시행규칙. 보건복지부령 제672호.

보건복지부(2019.12.3). 아동복지법. 법률 제16737호.

보건복지부(2020.5.19). 아동복지법 시행령. 대통령령 제30683호.

서보준, 김우호, 박선태, 이정미(2013). **아동복지론**. 공동체.

이상욱, 정희영, 김종명, 김미애(2016). **아동의 행복한 생활을 드높이는 아동권리와 복지**. 파워북.

이순형, 민하영, 이소은, 이완정, 황혜신(2001). **아동복지 이론과 실천**. 학지사.

이영실, 나임순, 정명희, 황희숙, 최정자(2011). **사회복지실천론**. 양서원.

PART 2

아동복지실천 영역

Chapter

06

보육아동 보호서비스

조부모에게 의존하는 맞벌이 가정의 가정양육

육아정책포럼 2016년 가을호(육아정책연구소 발간) '맞벌이 가구의 가정 내 보육 실태 및 정책보고서'에서는 맞벌이 가정의 양육형태를 중복 선택하도록 하여 조사하였다. 이에 맞벌이 가정 아동의 조부모 및 친인척 보호가 63.6%로 61.8%의 어린이집 이용률보다 높았으며, 유치원 26.9%, 개별/그룹지도 20.5%, 사설기관 14.5%보다 현저히 높은 수치로 나타났다. 그리고 연령이 어릴수록 주 양육자가 조부모로 나타났다. 본 조사에서는 이런 조부모 육아현상을 강한 가족주의가 지배하는 사회라는 데서 그 원인을 찾는다. 그러나 이전의 가족주의는 서로를 지지하고 지원하는 끈끈한 가족주의였다면, 현대의 가족주의는 소통과 친밀성의 기능은 약화된 반면 도구적인 기능이 더 강화되었다고 볼 수 있다. 즉, 다른 사람이나 기관보다 더 신뢰로운 가족이 사회에서 제공하여야 할 복지 형태를 대신하여 제공하고 있는 셈이다.

손자녀를 돌보는 조부모들을 대상으로 한 조사에서는 많은 조부모들이 건강상의 문제와 육아스트레스를 경험하고, 양육관의 차이로 가정불화를 경험하기도 하는 등 10명 중 7명은 상황이 된다면 육아를 그만두고 싶어하는 것으로 나타났다(news1, 2016. 1. 27). 이에 육아종합지원센터 등에서는 손자녀를 보육하는 조부모를 대상으로 아동발달 프로그램, 양육스트레스 관리에 대한 교육을 계획하여 실시하였다. 가정양육이 증가한다면 이에 대한 현실성 있는 지원정책이 이루어져야 한다. 하지만 이런 형태의 가정양육은 공보육이 충분히 제공되지 않고 공보육에 대한 낮은 신뢰감에서 기인하는 것은 아닌지 생각해 보아야 할 문제이다.

◆ 맞벌이 가정의 바람직한 양육형태에 대해 생각해 봅시다.
조부모의 손자녀 양육을 지원할 수 있는 방법에 대해 생각해 봅시다.

Chapter 06

전통적으로 아동은 그들의 가정에서 1차적으로 양육 · 교육되는 것이 일반적인 모습이었다. 그러나 현대사회의 핵가족화 현상, 여성의 사회진출 활성화, 자녀양육에 대한 가치 변화, 저출산 현상 등으로 인하여 자녀를 보호하고 교육하는 가정 고유의 역할을 이제는 국가와 사회가 공유하고, 자녀양육서비스를 정책적으로 보충 및 보완하여야 할 필요가 있다. 초기 보육사업은 저소득층 또는 맞벌이가정 아동을 위해 가정의 양육역할을 보완해주는 서비스로 시작되었다. 그러나 최근 보육사업은 모든 가정의 아동에게 보편적으로 제공되는 서비스로 수혜자 중심의 맞춤형 서비스를 제공하는 형태로 변모해가고 있다.

현대의 보육서비스는 가정의 복리 증진뿐 아니라 아동발달의 충실화와 아동교육을 위해 제공되어야 한다. 즉, 아동권리를 존중하는 차원에서 아동 중심의 보육복지서비스가 제공되어야 한다는 것이다. 본 장에서는 현대적 아동복지관점에서 아동보육서비스의 개념과 현황, 그리고 그 과제에 대해 알아보도록 하겠다.

1. 보육아동의 개념

1) 보육의 개념

보육이란 종전의 탁아 개념에서 출발하였다. '탁아(託兒)'란 '아동을 위탁한다'는 의미로 아동이 그의 가정에서 정상적인 양육을 받기 어려운 경우 하루 중 일정 시간 동안 타인이나 기관에서 보호와 양육을 제공받는 것이다(이순형 외, 2008).

보육이란 용어를 보편적으로 사용하게 된 것은 1991년 「영유아보육법」 제정이 그 계기가 되었다. 「영유아보육법」에서는 영유아의 보호와 교육을 동시에 중시하는 것으로, 기존의 탁아라는 용어를 보육으로 대치하였다(김종해 외, 2005).

우리나라에서 현재 사용되는 보육이라는 용어는 영어의 'care'와 'education' 양쪽 모두를 의미하는 것으로서, care는 보호·양육으로 해석되고, education은 교육으로 해석되어 사용되고 있다(한미현 외, 2014). 즉, 'educare'라는 용어는 영유아기에 교육과 보호·양육, 양 측면이 영유아에게 제공되는 서비스에 반드시 포함되어야 한다는 것에 기초한다(김경희 외, 2013).

Educare = Education + Care

그리고 「영유아보육법」상 실질적 의미의 보육은 다음과 같이 정의된다(황보영란, 2014).

첫째, 보육은 대상에 제한 없이 원칙적으로 6세 미만의 취학 전 아동인 영유아를 대상으로 한다.

둘째, 보육은 영유아의 이익을 최우선으로 고려하여 제공되어야 하고, 영유아가 안전하고 쾌적한 환경에서 건강하게 성장할 수 있도록 하여야 하며, 영유아는 자신이나 보호자의 성, 연령, 종교, 사회적 신분, 재산, 장애, 인종 및 출생 지역 등에 따른 어떠한 종류의 차별도 받지 아니하고 보육되어야 한다는 것을 이념으로 한다.

셋째, 보육은 일차적으로는 영유아를 건강한 사회구성원으로 육성하고 이차적으로는 보호자의 경제적·사회적 활동이 원활하게 이루어지도록 하여 영유아 및 가정의 복지 증진에 이바지하는 수단이다.

넷째, 보육에 관한 책임은 모든 국민이 지고, 국가와 지방자치단체는 보호자와 더불어 책임과 이에 필요한 재원을 안정적으로 확보하여야 할 책무가 있다.

다섯째, 개념으로서의 보육은 '영유아의 심신을 보호하는 것', 즉 '영유아를 건강하고 안전하게 보호 · 양육하는 것'인 보호와 '영유아를 건전하게 교육하는 것', 즉 '영유아의 발달특성에 맞게 교육하는 것'인 교육을 구성요소로 한다.

여섯째, 국가와 지방자치단체에 의해 보장되는 제도로서의 보육은 보육전문기관인 어린이집을 통해 제공되는 것과 국가와 지방자치단체가 지원하는 가정양육을 말한다.

일곱째, 보육은 사회적 위험으로부터 모든 국민을 보호하고 국민 삶의 질을 향상시키는 데 필요한 사회보장의 하나인 사회서비스이며 그 중에서도 국가 · 지방자치단체 및 민간부문의 도움을 필요로 하는 모든 국민에게 정상적인 사회생활이 가능하도록 제도적으로 지원하기 위해 제공되는 사회복지서비스의 하나이다.

2) 보육의 필요성

현대사회에서 보육은 사회적으로 매우 중요하고 민감한 문제로 대두되고 있다. 이는 우리 사회에서 보육서비스의 필요성을 이전보다 절실하게 체감하기 때문이다. 보육서비스의 필요성 문제는 가족 형태 변화에 따른 가정의 자녀보호기능 약화, 기혼여성의 경제활동 참여로 인한 맞벌이 가정 증가, 가정의 자녀양육에 대한 가치관 변화, 미래사회에 대한 투자로서의 인식 증대, 저출산현상의 심화에서 기인한다.

(1) 가정의 자녀보호기능의 약화

우리나라의 가족 형태는 부부와 미혼자녀 중심으로 구성된 핵가족이 주를 이루고 있다. 핵가족의 경우 자녀양육을 조력하거나 대신할 인원이 없고, 자녀양육에 대한 조언을 구하고 실제적인 도움을 줄 수 있는 자원도 희박하다. 그리고 배우자의 사망, 부재, 그리고 가정불화로 인한 별거, 이혼 등으로 한부모가족도 증가하는 추세이다. 이렇게 가족 내에서 자녀를 대리양육하고 조력해 줄 인적자원이 부족하기에 이를 보완하는 사회적 지지체계 확립이 절실해지고 있다.

(2) 기혼여성의 사회 진출

여성의 학력수준이 높아짐에 따라, 그리고 생산가능 인구로서 여성의 경제활동에 대한 사회적 필요성이 증가함에 따라 여성의 사회 진출이 증가하고 있다. 우리나라 여성의 경제활동 참가율은 지속적으로 상승하고 있으나2016년도 58.4% 아직 OECD 회원국의 여성 경제활동 참가율의 평균63.6% 대비 낮은 수준이다(조선비즈 2018.3.18.). 2018년 여성의 고용률은 20대 후반이 70.9%로 가장 높고 이어서 40대 후반68.7%, 50대 초반66.8% 순으로 높은 것으로 나타났다(통계청, 여성가족부, 2019). 여성의 고용률은 30대에 결혼 · 임신 · 출산 · 육아 등으로 인한 경력단절 발생으로 감소하고 이후 40대에 재취업으로 증가하는 M자형의 추이를 보인다.이는 기혼여성의 일과 가정의 양립의 어려움을 단적으로 보여 주는 것이다. 여성의 사회참여는 국가의 노동력 확보 및 경제 성장의 원동력이 되고 있어, 선진국에서는 일 · 가정 양립은 물론 보육문제해결 등을 통한 다양한 정책이 추진되고 있다(신영진, 2011).

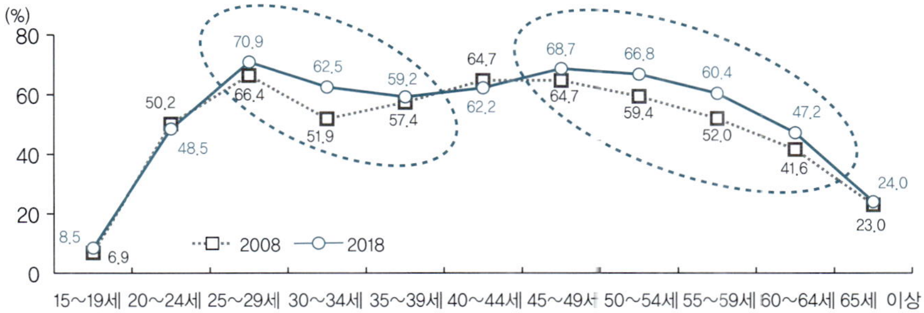

그림 6-1 연령대별 여성 고용률

출처: 통계청, 여성가족부(2019.7.1) 보도자료, "2019 통계로 보는 여성의 삶".

표 6-1 경력단절여성 규모 및 사유

(단위 : 천 명, %)

	15~54세 기혼여성(A)	비취업여성(B)	B/A	사유별 경력단절여성(C)											
				전체	C/A	결혼	비율[1)]	임신·출산	비율[1)]	육아	비율[1)]	자녀교육	비율[1)]	가족돌봄	비율[1)]
2011	9,866	4,081	41.4	1,926	19.5	907	47.1	385	22.0	552	28.7	83	4.3	–	–
2012	9,747	4,049	41.5	2,011	20.6	945	47.0	486	24.2	500	24.9	81	4.0	–	–
2013	9,713	4,063	41.8	1,980	20.4	911	46.0	418	21.1	578	29.2	74	3.7	–	–
2014	9,561	3,894	40.7	2,164	22.6	834	38.5	440	20.3	632	29.2	94	4.3	164	7.6
2015	9,561	3,863	40.4	2,073	21.7	767	37.0	505	24.4	618	29.8	82	4.0	103	5.0
2016	9,376	3,727	39.8	1,924	20.5	668	34.7	505	26.2	578	30.0	81	4.2	93	4.8
2017	9,159	3,574	39.0	1,831	20.0	633	34.6	454	24.8	586	32.0	77	4.2	82	4.5
2018	9,005	3,457	38.4	1,847	20.5	634	34.3	445	24.1	619	33.5	71	3.8	78	4.2

주 : [1)] 각년도 전체 경력단절여성 수 대비 해당 사유 경력단절여성 비율임
출처: 통계청(각 연도). 지역별 고용조사.

표 6-2 연령대별 경력단절여성 규모 및 사유(2018년)

(단위 : 천 명, %)

	15~54세 기혼여성	비취업여성	사유별 경력단절여성											
			전체	비율[1)]	결혼	비율[1)]	임신·출산	비율[1)]	육아	비율[1)]	자녀교육	비율[1)]	가족돌봄	비율[1)]
2018	9,005	3,457	1,847	100.0	634	34.4	445	24.1	619	33.5	71	3.8	78	4.2
15~29세	447	227	139	100.0	47	33.6	50	36.3	40	29.1	1	0.5	1	0.5
30~39세	2,690	1,207	886	100.0	271	30.6	244	27.5	341	38.5	21	2.4	9	1.0
40~49세	3,878	1,373	660	100.0	241	36.5	133	20.1	208	31.4	42	6.3	38	5.7
50~54세	1,991	650	161	100.0	76	46.9	17	10.8	30	18.3	7	4.4	31	19.5

주 : [1)] 각 연령대 전체 경력단절여성 수 대비 해당 사유별 경력단절여성 수 비율
출처: 통계청(2018). 지역별 고용조사.

(3) 가치관의 변화

현대의 부모는 전통적인 부모들과 달리 자녀양육에 많은 시간과 경제적인 투자를 하기보다는 자신들의 행복한 삶과 사생활을 중요시하고 있다. 그리고 자녀양육의 책임이 부모에게 전적으로 있다고 생각하기보다는 국가와 사회가 미래세대 양성에 대한 책무가 있음을 보편적으로 인식하게 되었다. 다라서 국가와 사회는 자녀양육에 대한 책임을 공유하고, 가정의 취약한 자녀양육기능을 보충 및 보완하는 체계를 제공해야 한다는 국민적 인식이 높아졌다.

(4) 미래사회에 대한 투자

아동에 대한 조기투자는 성장과 복지의 선순환 구조를 만들고 사회문제 예방과 사회통합 등 사회적 환원효과가 큰 것으로 알려져 있다.

미국 니어NIEER : National Institute for Early Education Research(2003) 재단은 인적 자본에 대한 투자수익률에 관한 연구를 통해 취학 전 아동에게 각 아동당 1달러를 투자했을 경우 4달러가량의 사회적 환원효과를 가져온다고 보고하였다(정옥분 외, 2013 재인용). 그리고 미국의 랜드연구소(2006)에서는 아동에 대한 1달러의 투자는 16.1달러의 사회적 환원효과가 발생한다고 보고하고 있다(보건복지부, http://www.mohw.go.kr). 이에 따라 선진 각국은 이미 아동에 대한 선제적 투자를 확대해 가고 있는 추세이다. 사회적 환원효과는 다음과 같다(정옥분 외, 2013). 첫째, 어린시절에 충분한 영양을 섭취하고 적절한 지적 자극을 주면 아동의 지능과 학업성적이 향상된다. 둘째, 유급생이나 특수학급을 운영할 필요가 적어져 예산을 절감하는 부수적인 효과를 기대할 수 있다. 셋째, 건강하게 자란 아이들의 흡연 가능성이 감소하고, 이들이 자라서 사회적 지원을 받아야 할 필요도 줄어든다는 것이다. 넷째, 아이를 키우는 부담을 사회가 덜어주면 보호자의 경제활동이 활발해지고 가정소득도 늘어난다는 것이다.

(5) 저출산현상의 대책 마련

2018년 우리나라 합계 출산율여성인구 1명이 평생 동안 낳을 것으로 예상되는 평균 출생아

수은 0.98명으로(통계청, 2018) 최저점을 찍었고, 2020년 6월 30일 발표된 유엔 인구기금UNPFA의 '2020년 세계인구현황보고서State of World Population'에 의하면 한국의 합계출산율은 1.1명으로 조사대상 198개국 중 198위였다(dongA.com, 2020.7.1.). 이러한 추세의 아동인구의 감소는 향후 노동력의 부족, 사회보장비용 부담의 증대로 이어질 것으로 전망된다. 이렇게 우리나라의 출산율이 낮은 것은 여러 가지 이유가 있겠으나, 일과 가정의 양립이 어려운데서 그 원인을 찾을 수 있을 것이다. 2014년 공무원 및 사립학교 교직원을 제외한 육아휴직사용자 중 여성이 73,412명, 남성이 3,421명으로, 전체 육아휴직 사용자 중 남성의 비중은 4.5%로 낮은 수준이다(통계청, 여성가족부 보도자료, 2015.7.2.).

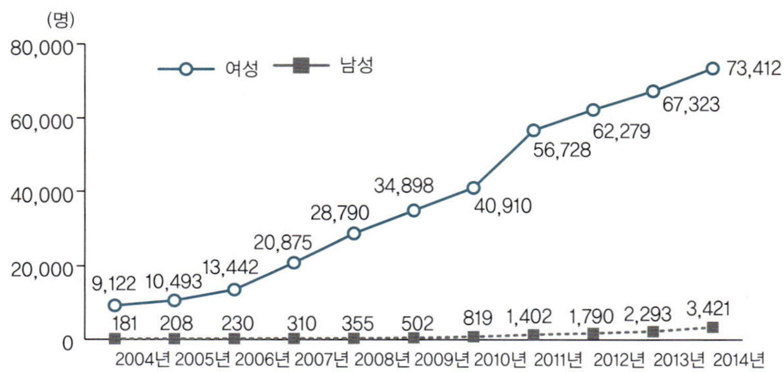

그림 6-2 연도별 육아휴직자 현황

출처: 통계청, 여성가족부 보도자료(2015.7.2.); 한국고용정보원(2015). 고용보험 통계현황.

표 6-3 성별 육아휴직자

(단위 : 명, %)

		2004	2005	2006	2007	2008	2009	2010	2011	2012	2013	2014
전체		9,303	10,701	13,672	21,185	29,145	35,400	41,729	58,130	64,069	69,616	76,833
여성		9,122	10,493	13,442	20,875	28,790	34,898	40,910	56,728	62,279	67,323	73,412
	구성비	98.1	98.1	98.3	98.5	98.8	98.6	98.0	97.6	97.2	96.7	95.5
남성		181	208	230	310	355	502	819	1,402	1,790	2,293	3,421
	구성비	1.9	1.9	1.7	1.5	1.2	1.4	2.0	2.4	2.8	3.3	4.5

주: 연도별 신규 육아휴직자 수치임

출처: 한국고용정보원(각 연도). 고용보험 통계현황.

3) 보육의 대상

1991년 「영유아보육법」이 제정될 당시, 보육사업의 대상은 근로 또는 지병, 기타 사정으로 인하여 보호자가 직접 보육하기 어려운 아동으로서 보호자가 위탁하는 아동을 그 대상으로 하였다. 그러나 현재 「영유아보육법」 2011. 6. 7 개정에서는 영유아를 '만 6세 미만의 취학 전 아동'으로 정의하고 있으며「영유아보육법」 제2조, 보육 대상, 즉 어린이집 이용 대상은 '보육이 필요한 영유아를 원칙'으로 하며, 필요한 경우 만 12세까지 연장하여 어린이집을 이용할 수 있도록 하고 있다「영유아보육법」 제27조. 그리고 보육 대상의 입소 우선순위는 다음과 같이 정하고 있다「영유아보육법」 제28조.

> **영유아보육법**
> 영유아 및 가정의 복지 증진을 위하여 영유아의 보호 및 교육에 관하여 규정한 법률로 1991년 1월 14일 법률 제4328호에 의해 최초로 제정되었다.

- 「국민기초생활 보장법」에 따른 수급자
- 「한부모가족지원법」 제5조에 따른 보호 대상자의 자녀
- 「국민기초생활 보장법」 제24조에 따른 차상위계층의 자녀
- 「장애인복지법」 제2조에 따른 장애인 중 보건복지부령으로 정하는 장애 정도에 해당하는 자의 자녀
  - 「장애인복지법」 제2조에 따른 장애인 중 보건복지부령으로 정하는 장애 정도에 해당하는 자가 형제자매인 영유아
- 「다문화가족지원법」 제2조제1호에 따른 다문화가족의 자녀
- 「국가유공자 등 예우 및 지원에 관한 법률」 제4조제1항에 따른 국가유공자 중 제3호의 전몰군경, 제4호 · 제6호 · 제12호 · 제15호 · 제17호의 상이자로서 보건복지부령으로 정하는 자, 제5호 · 제14호 · 제16호의 순직자의 자녀
- 제1형 당뇨를 가진 경우로서 의학적 조치가 용이하고 일상생활이 가능하여 보육에 지장이 없는 영유아
- 그 밖에 소득수준 및 보육수요 등을 고려하여 보건복지부령으로 정하는 자의 자녀
  - 「아동복지법」 제52조에 따른 아동복지시설에서 생활 중인 영유아
  - 부모가 모두 취업 중이거나 취업을 준비(보건복지부장관이 인정하는 경우로 한정한다) 중인 영유아

- 자녀가 3명 이상인 가구의 영유아 또는 영유아인 자녀가 2명 이상인 가구의 영유아
- 산업단지 입주기업체 및 지원기관 근로자의 자녀로서 산업단지에 설치된 어린이집을 이용하는 영유아
- 법인 · 단체 등이 어린이집을 국가 또는 지방자치단체에 기부채납하여 국공립어린이집으로 전환된 경우 해당 법인 · 단체 등의 근로자 자녀로서 그 어린이집을 이용하는 영유아
- 「주택법」 제2조제2호에 따른 공동주택에 설치된 민간어린이집이 국공립어린이집으로 전환된 경우 해당 공동주택의 거주자 자녀로서 그 어린이집을 이용하는 영유아

4) 보육서비스의 유형

보육서비스는 설립 주체별로 어린이집 유형을 나누어 볼 수 있고, 프로그램에 따른 특수어린이집 유형을 나누어 볼 수 있다.

(1) 설립 주체별 어린이집 유형

「영유아보육법」의 설립 주체에 따른 어린이집 유형은 다음과 같다.

- 국공립어린이집 : 국가나 지방자치단체가 설치 · 운영하는 어린이집
- 사회복지법인 어린이집 : 「사회복지사업법」에 따른 사회복지법인이 설치 · 운영하는 어린이집
- 법인 · 단체 등 어린이집 : 각종 법인이나 단체 등이 설치 · 운영하는 어린이집으로 대통령령으로 정하는 어린이집
- 직장어린이집 : 사업주가 사업장의 근로자를 위하여 설치 · 운영하는 어린이집(국가나 지방자치단체의 장이 소속 공무원 및 국가나 지방자치단체의 장과 근로계약을 체결한 자로서 공무원이 아닌 자를 위하여 설치·운영하는 어린이집을 포함한다)

• 가정어린이집 : 개인이 가정이나 그에 준하는 곳에 설치·운영하는 어린이집
• 협동어린이집 : 보호자 또는 보호자와 보육교직원이 조합(영리를 목적으로 하지 아니하는 조합에 한정한다)을 결성하여 설치·운영하는 어린이집
• 민간어린이집 : 위 어린이집에 해당하지 않는 어린이집

(2) 특수어린이집 유형

어린이집의 특수 프로그램 운영에 따른 어린이집 유형은 다음과 같다.

• 영아전담 어린이집 : 2004년 이전 영아전담 어린이집으로 지정받았거나 국고보조금으로 영아전담 신축비를 지원받은 어린이집
• 장애아전문 어린이집 : 「장애아동 복지지원법」 제32조에 따라 요건을 갖추고, 상시 12명 이상의 장애아(단, 미취학장애아 9명 이상 포함)를 보육하는 어린이집
• 장애아통합 어린이집 : 정원의 20% 내에서 장애아종일반을 편성·운영하거나 장애아종일반을 별도로 편성하지 않은 채 미취학장애아를 3명 이상 통합 보육하고 있는 어린이집
• 시간연장 어린이집 : 기준보육시간(7 : 30~19 : 30)을 경과하여 최대 24시까지 시간을 연장하여 보육하는 어린이집
• 24시간 어린이집 : 24시간 동안 보육서비스를 제공하는 어린이집
• 휴일 어린이집 : 일요일 및 공휴일에 보육하는 어린이집
• 방과 후 어린이집 : 초등학생을 대상으로 방과 후 보육서비스를 제공하는 어린이집

2. 보육사업의 현황

1) 역사

우리나라 보육사업의 역사는 1921년 서울 태화기독교사회관에서 탁아 프로

그램을 개설한 것으로 시작되었고, 1991년 「영유아보육법」 제정으로 본격적으로 활성화되었다고 할 수 있다. 우리나라 보육사업의 변천과정을 살펴보면 다음과 같다.

(1) 구빈적 성격의 보육사업

우리나라의 보육사업은 1921년 태화기독교사회복지관에서 처음으로 탁아프로그램을 개설하면서 시작되었다. 이는 빈민아동 구제사업의 일환으로 진행되었다.

한국전쟁 이후, 빈민층가정 자녀 보호를 위해 증가한 탁아시설들을 합리적으로 지도 · 감독의 필요에 따라 1952년 10월 '후생시설 운영 요령'이 마련되었다. 이는 임시구호적이며 사후처리적인 복지정책이었다.

(2) 아동복리 성격의 보육사업

1961년 「아동복리법」이 제정되면서 보다 아동의 복리를 증진시키는 방향의 보육사업이 시작되었다고 할 수 있다. 「아동복리법」이 제정 공포됨에 따라 '탁아시설'이라는 용어와 탁아시설의 설치기준, 직원 배치기준, 탁아기간, 보호 내용 등이 구체적으로 규정되었다. 그리고 1968년 '미인가 탁아시설 임시조치령' 공포에 따라 법인 외에도 보육시설의 운영 주체가 될 수 있게 되면서 이후 어린이집이 양적으로 확산된 반면 질적 수준의 문제가 발생하게 된 계기가 되었다. 이에 1977년부터는 어린이집의 질적 저하를 막기 위해 탁아시설의 법인화가 추진되었고, 이는 보육시설이 다시 수적으로 위축되는 결과가 초래되었다. 그리고 1978년 정부는 보육시설 이용 아동의 증가에 따라 어린이집이 중산층 위주의 시설로 전환되는 계기를 마련한 '탁아시설 운영개선 방안'을 발표하였다.

1981년에는 「아동복리법」이 폐지되고, 「아동복지법」으로 전면 개정되면서 탁아사업도 이를 근거로 실시되었다.

(3) 사회복지적 성격의 보육사업

5공화국이 출범되면서 유아교육의 중요성을 강조하는 '유아교육진흥 종합계획'이 수립되었고, 「유아교육진흥법」도 제정되었다. 이를 근거로 여러 부처에서 관장하던 보육 관련 시설어린이집, 새마을 협동유아원, 농번기탁아소 등들이 '새마을 유아원'으로 흡수·통합하였다. 그러나 새마을 유아원은 급격히 증가하는 보육수요를 충족하기에는 그 수가 적었으며, 운영 내용이 기존의 유치원과 유사하여 저소득층 맞벌이 가정 자녀를 교육한다는 원래의 설치목적에 부합하지 못하였다. 그리고 1987년 제정된 「남녀고용평등법」에 따라 직장탁아의 법적인 근거가 마련되었다.

이 시기의 보육사업은 사업관장 부서가 다원화되어 예산의 중복투자로 보육예산이 비효율적으로 집행되었고, 시설 종사자 기준의 차이 등 관리감독이 일관되게 진행되지 못하였다.

(4) 보육사업의 법적 근거 마련

1991년 「영유아보육법」이 제정됨에 따라 다원화되었던 보육사업의 주관부서를 통합·일원화하고, 탁아에서 '보육'이라는 용어로 보호와 교육을 통합한 진일보된 개념의 보육사업이 시작되었다. 「영유아보육법」에서는 부모와 함께 영유아를 건전하게 보육할 국가와 사회의 책임을 명시하였고, 저소득층 자녀의 보육비용에 대해서도 정부부담을 명시하는 등 보육사업의 발전과 도약의 전기를 마련하였다고 할 수 있다.

(5) 보편적 보육사업

① 양적 팽창기

1990년대 이후 급속한 경제성장으로 여성의 사회참여가 증가하고, 아동의 양육과 교육에 대한 사회와 국가의 책임에 대한 인식이 높아지면서, 보육수요도 꾸준히 증가하였다. 이에 정부에서는 '보육시설 확충 3개년 계획'을 수립하여 1995~1997년까지 보육시설을 인가제에서 신고제로 전환하고, 민간어린이집을 크게 확대하였다.

② 질적 향상기

2001년 보건복지부는 '보육사업 중・장기 종합발전계획'을 발표하였다. 참여정부는 보육시설의 양적 팽창에 이어 질적 제고에 대한 사회적 각성이 촉구되면서 2004년 보육사업 주관부서를 보건복지부에서 여성가족부로 이관하였고, 보육시설 신고제는 다시 인가제로 전환하였다. 그리고 「영유아보육법」을 전면 개정하여 보편주의적 보육을 표방하며, 보육서비스의 다양화와 질적 수준 향상을 위한 다양한 사업을 전개하였다. 이 시기에 보육교사 국가자격증제 도입, 보육과정의 기틀 마련, 어린이집평가인증제도를 도입하였다. 그리고 공보육 강화를 위한 '새싹플랜'을 발표하고, 보육시설 영아 기본 보조금을 확대 지원하였으며, 보육시설 차등보육료 지급 대상자의 범위를 확대하였다.

> **새싹플랜**
> 2006~2010년까지의 5개년 보육중장기 계획으로 보육의 공공성 강화와 양질의 보육서비스 제공이라는 목표 아래 수립된 육아정책 보장서비스이다.

(6) 무상교육 도입과 수요자 중심의 보육사업

2008년에는 보육업무가 여성가족부에서 다시 보건복지부 보육정책관으로 이관되었다. 이 시기에는 수요자 중심의 보육정책으로 전환하여 '아이사랑플랜'을 수립 시행하였다. '아이사랑플랜'은 '제1차 중장기 보육계획인 '새싹플랜'을 보완・수정한 것으로 보육에 대한 국가책임을 강화하고, 어린이집 이용자들에 대한 보육료를 확대 지원하며, 시설 미이용 가구에 대해서는 양육수당을 도입하였다. 그리고 보육전자 바우처인 아이사랑카드를 도입하였으며, 보육서비스 품질제를 제고**보육 프로그램, 아동의 건강・영양・안전**하였고, 3~5세 누리과정을 도입하였다. 또한 공공형 어린이집 사업을 시작하였다.

> **아이사랑플랜**
> 새싹플랜의 수정・보완된 보육정책으로 보육료 지원 확대, 양육수당 강화, 다문화 아동 지원, 안전공제회 설립, 보육교사 처우개선, 지도 감독 개선 등이 추가되었다.

그리고 2013년부터는 제2차 중장기보육 기본계획을 수립하여, 수요자 맞춤형 보육・양육 지원, 공공성 확대와 품질관리 강화, 양질의 안심보육 여건 조성, 보육서비스 재정 및 전달체계 개선 사업을 시행하고 있다.

(7) 공공성 제고와 보육서비스 질 강화 방안

2017년 12월 발표된 제3차 중장기보육 기본계획(2018~2022)에 따르면, '영유아의 행복한 성장을 위해 함께하는 사회'라는 비전으로 보육의 공공성 강화, 보육체계 개편, 보육서비스 품질 향상, 부모양육지원 확대라는 4대 목표를 설정하였다(보건복지부, 2017). 정부는 보육서비스 지원에 대한 부모 체감도를 더욱 높일 수 있도록 보육 및 양육에 대한 사회적 책임을 강화하는데, 특히 보육의 공공성을 제고하고 보육서비스의 질 강화 방안을 집중하여 추진하기로 하였다. 이에 우수한 보육서비스를 제공하고, 어린이집의 공급성과 신뢰를 증진하고, 부모의 양육역량을 강화하는 방향으로 정책을 실현하고자 한다.

보육의 공공성은 국공립어린이집을 확충하여 2022년까지 국공립어린이집 이용률 40%까지 확대하고자 하며, 직장어린이집 의무이행률을 90%까지 확대하고, 열린어린이집도 5,750개소로 확충을 목표로 하고 있다.

보육체계 개편은 보육지원 시간을 다양화하고, 표준보육과정을 개정 보육하며, 이에 따른 표준보육비용을 재계측하고자 한다.

보육서비스의 품질 향상에서는 보육교사 양성을 학점제에서 학과제로 개편하고, 현재 보육교사의 보수교육을 시 · 도별로 관리하던 것을 총괄관리기관을 만들어 운영하게 하고, 보조 대체교사를 2022년까지 28만 명을 확충하며, 보육교사의 처우개선비를 보육료 인상과 연계하여 개선하고자 하였다. 그리고 평가인증제도를 모든 어린이집이 평가받도록 하는 평가제도로 개선하도록 하였다.

부모양육지원 확대를 위해 부모교육 실시인원을 확대하고, 육아종합지원센터를 전체 설치 지원을 계획하고 있으며, 시간제 보육반을 점진적으로 확대하고자 하고 있다.

2) 보육사업의 현황

2004년부터 어린이집 현황 및 이용실태를 파악하여 보육정책 수립의 기초자료로 활용하고자 실시하는 보육실태조사 자료인 보육통계 2018년 자료를 기초로, 우리나라 보육사업의 현황을 살펴보면 다음과 같다. 영유아보육법에 의해 보육실태조사의 주기는 매 3년으로 정하고 있다(제1장 총칙 제9조).

전국에 운영되고 있는 어린이집은 1990년대 중반 9,085개소에서 2013년

43,770개소로 약 5배 정도의 양적인 확대가 이루어져 왔다. 그리고 2018년 12월 31일 현재, 영유아인구 감소 등의 원인으로 전국에 39,171개소 어린이집이 운영되고 있다. 그러나 1995년 전국에 설치. 운영되고 있는 어린이집 중 국 · 공립어린이집의 비율은 11.3%였으나, 2014년 전체 어린이집 중 국 · 공립어린이집 비율은 5.7%로 나타났고, 이후 국공립어린이집 확대정책으로 2018년 현재, 전체 어린이집 중 국 · 공립어린이집 비율은 9.2%로 소폭 증가하였다. 이는 우리나라 보육사업은 민간에 의존하여 추진. 발전되고 왔음을 보여주는 결과이다.

표 6-4 어린이집 연도별 설치 · 운영 현황(2018. 12. 31. 현재)

(단위: 개소)

구분	계	국 · 공립 어린이집	사회복지 법인 어린이집	법인 · 단체등 어린이집	민간 어린이집	가정 어린이집	부모협동 어린이집	직장 어린이집
2018	39,171	3,602	1,377	748	13,518	18,651	164	1,111
2017	40,238	3,157	1,392	771	14,045	19,656	164	1,053
2016	41,084	2,859	1,402	804	14,316	20,598	157	948
2015	42,517	2,629	1,414	834	14,626	22,074	155	785
2014	43,742	2,489	1,420	852	14,822	23,318	149	692
2013	43,770	2,332	1,439	868	14,751	23,632	129	619
2012	42,527	2,203	1,444	869	14,440	22,935	113	523
2011	39,842	2,116	1,462	870	14,134	20,722	89	449
2010	38,021	2,034	1,468	888	13,789	19,367	74	401
2009	35,550	1,917	1,470	935	13,433	17,359	66	370
2008	33,499	1,826	1,458	969	13,306	15,525	65	350
2007	30,856	1,748	1,460	1,002	13,081	13,184	61	320
2006	29,233	1,643	1,475	1,066	12,864	11,828	59	298
2005	28,367	1,473	1,495	979	12,769	11,346	42	263
2004	26,903	1,349	1,537	966	12,225	10,583	미분류	243
2003	24,142	1,329	1,632	787	11,225	8,933	미분류	236
2002	22,147	1,330	1,633	575	10,471	7,939	미분류	199
2001	20,097	1,306	1,991	313	9,490	6,801	미분류	196
2000	19,276	1,295	2,010	324	8,970	6,473	미분류	204

구분	계	국 · 공립 어린이집	사회복지 법인 어린이집	법인 · 단체등 어린이집	민간 어린이집	가정 어린이집	부모협동 어린이집	직장 어린이집
1999	18,768	1,300	1,965	266	8,327	6,703	미분류	207
1998	17,605	1,258	1,927	227	7,468	6,541	미분류	184
1997	15,375	1,158	1,634	150	6,388	5,887	미분류	158
1996	12,098	1,079	1,280	69	4,688	4,865	미분류	117
1995	9,085	1,029	928	22	3,175	3,844	미분류	87

출처: 보건복지부(2018). 보육통계.

1995년에 어린이집을 이용하는 전체 아동(293,747명) 중 국 · 공립어린이집에서 보육되는 아동의 비율은 26.8%(78,831명)였다. 이후 매년 어린이집 보육아동 수는 증가추세에 있었으나, 국 · 공립어린이집에서 보육되는 아동의 비율은 현재까지도 10%대에 그치고 있다(2018년 현원 기준, 14.2%). 2017년 문재인 정부에서는 임기 내 국 · 공립어린이집 등 이용 아동비율을 40%로 확충하겠다는 공약한 바 있다.

표 6-5 어린이집 연도별 보육아동 현황(2018. 12. 31. 현재) (단위: 명)

구분		계	국 · 공립 어린이집	사회복지 법인 어린이집	법인 · 단체등 어린이집	민간 어린이집	가정 어린이집	부모협동 어린이집	직장 어린이집
2018	계	1,415,742	200,783	92,787	41,298	711,209	302,674	4,360	62,631
	남	731,498	103,444	48,702	21,633	367,436	155,682	2,272	32,329
	여	684,244	97,339	44,085	19,665	343,773	146,992	2,088	30,302
2017	계	1,450,243	186,916	96,794	43,404	738,559	321,608	4,508	58,454
	남	749,266	96,611	50,741	22,625	381,384	165,414	2,308	30,183
	여	700,977	90,305	46,053	20,779	357,175	156,194	2,200	28,271
2016	계	1,451,215	175,929	99,113	45,374	745,663	328,594	4,240	52,302
	남	750,122	91,124	52,038	23,638	385,046	168,970	2,197	27,109
	여	701,093	84,805	47,075	21,736	360,617	159,624	2,043	25,193
2015	계	1,452,813	165,743	99,715	46,858	747,598	344,007	4,127	44,765
	남	750,621	85,961	52,333	24,279	385,507	177,103	2,166	23,272
	여	702,192	79,782	47,382	22,579	362,091	166,904	1,961	21,493

구분		계	국·공립 어린이집	사회복지법인 어린이집	법인·단체등 어린이집	민간 어린이집	가정 어린이집	부모협동 어린이집	직장 어린이집
2014	계	1,496,671	159,241	104,552	49,175	775,414	365,250	3,774	39,265
	남	773,987	82,306	55,049	25,478	400,579	188,152	2,012	20,411
	여	722,684	76,935	49,503	23,697	374,835	177,098	1,762	18,854
2013	계	1,486,980	154,465	108,834	51,684	770,179	364,113	3,226	34,479
	남	768,523	79,934	57,048	26,670	397,270	187,899	1,735	17,967
	여	718,457	74,531	51,786	25,014	372,909	176,214	1,491	16,512
2012	계	1,487,361	149,677	113,049	51,914	768,256	371,671	2,913	29,881
	남	769,573	77,321	59,562	26,867	397,021	191,722	1,572	15,508
	여	717,788	72,356	53,487	25,047	371,235	179,949	1,341	14,373
2011	계	1,348,729	143,035	112,688	50,676	706,647	308,410	2,286	24,987
	남	699,806	73,850	59,408	26,341	366,164	159,878	1,248	12,917
	여	648,923	69,185	53,280	24,335	340,483	148,532	1,038	12,070
2010	계	1,279,910	137,604	114,054	51,126	671,891	281,436	1,898	21,901
	남	665,305	71,195	60,124	26,846	348,844	146,009	1,051	11,236
	여	614,605	66,409	53,930	24,280	323,047	135,427	847	10,665
2009		1,175,049	129,656	112,338	52,718	623,045	236,843	1,655	18,794
2008		1,135,502	123,405	113,894	53,818	615,647	210,438	1,491	16,809
2007		1,099,933	119,141	118,211	55,906	612,484	177,623	1,444	15,124
2006		1,040,361	114,657	120,551	58,808	582,329	148,240	1,238	14,538
2005		989,390	111,911	125,820	56,374	552,360	129,007	933	12,985
2004		930,252	107,335	135,531	48,414	507,398	119,787	미분류	11,787
2003		858,345	103,474	140,994	37,911	461,640	103,935	미분류	10,391
2002		800,991	103,351	142,035	30,289	425,647	90,939	미분류	8,730
2001		734,192	102,118	161,419	16,483	369,044	77,247	미분류	7,881
2000		686,000	99,666	157,993	15,949	336,625	67,960	미분류	7,807
1999		640,915	99,866	151,652	13,195	301,630	67,294	미분류	7,278
1998		556,957	91,260	141,616	9,290	250,000	58,968	미분류	5,823
1997		520,959	89,002	123,567	6,727	227,951	68,467	미분류	5,245
1996		403,001	85,121	99,119	2,735	153,990	58,440	미분류	3,596
1995		293,747	78,831	77,187	591	92,634	42,116	미분류	2,388

출처: 보건복지부(2018). 보육통계.

어린이집 개소와 어린이집을 이용하는 아동 수가 증가하고, 보육시간별로 보육교사를 배치하게 함에 따라 어린이집에 근무하는 보육교직원 수도 큰 폭으로 증가하였는데, 2001년 전국 어린이집에 근무하는 보육교직원 수가 103,924명이었는데, 2018년 12월 현재는 333,420명이었다. 보육교직원의 성별은 대다수가 여성인데, 보육교직원의 성별을 구분하여 통계조사한 2011년도 이래 남성 보육교직원의 비율은 3.4%에서 2010년에는 소폭 증가하였고, 2018년 현재 3.9% 수준이다.

표 6-6 어린이집 연도별 보육교직원 현황(2018. 12. 31. 현재) (단위: 명)

구분		계	국·공립 어린이집	사회복지 법인 어린이집	법인·단체등 어린이집	민간 어린이집	가정 어린이집	부모협동 어린이집	직장 어린이집
2018	계	333,420	41,122	19,139	8,259	146,386	100,987	1,051	16,476
	남	12,956	971	1,882	668	8,118	1,100	26	191
	여	320,464	40,151	17,257	7,591	138,268	99,887	1,025	16,285
2017	계	330,217	36,098	18,845	8,254	146,920	104,176	1,066	14,858
	남	13,648	954	1,895	691	8,644	1,260	28	176
	여	316,569	35,144	16,950	7,563	138,276	102,916	1,038	14,682
2016	계	321,766	32,937	18,920	8,436	145,609	101,891	979	12,994
	남	14,124	941	1,928	726	9,013	1,330	29	157
	여	307,642	31,996	16,992	7,710	136,596	100,561	950	12,837
2015	계	321,067	30,823	18,933	8,637	145,724	105,124	970	10,856
	남	14,447	942	1,908	725	9,226	1,470	29	147
	여	306,620	29,881	17,025	7,912	136,498	103,654	941	10,709
2014	계	311,817	28,977	19,045	8,749	141,977	102,947	856	9,266
	남	14,270	884	1,878	729	9,117	1,527	25	110
	여	297,547	28,093	17,167	8,020	132,860	101,420	831	9,156
2013	계	301,719	26,750	18,765	8,703	136,180	102,731	730	7,860
	남	13,182	806	1,768	672	8,304	1,534	18	80
	여	288,537	25,944	16,997	8,031	127,876	101,197	712	7,780
2012	계	284,237	23,725	18,011	8,094	126,239	101,273	614	6,281
	남	10,496	643	1,492	556	6,255	1,475	17	58
	여	273,741	23,082	16,519	7,538	119,984	99,798	597	6,223

구분		계	국 · 공립 어린이집	사회복지 법인 어린이집	법인 · 단체등 어린이집	민간 어린이집	가정 어린이집	부모협동 어린이집	직장 어린이집
2011	계	248,635	22,229	17,491	7,724	112,779	82,911	485	5,016
	남	8,663	501	1,364	496	5,076	1,161	14	51
	여	239,972	21,728	16,127	7,228	107,703	81,750	471	4,965
2010		229,084	20,980	17,368	7,708	104,531	73,895	398	4,204
2009		206,912	19,397	17,042	7,988	95,668	62,863	348	3,606
2008		175,729	17,132	16,145	7,653	84,140	47,348	298	3,013
2007		169,585	15,628	16,020	7,687	83,088	44,167	345	2,650
2006		156,306	14,910	16,226	8,206	78,960	35,425	252	2,327
2005		136,916	13,656	15,922	7,220	70,384	27,492	267	1,975
2004		125,147	13,145	16,797	6,519	63,319	23,621	미분류	1,746
2003		125,931	14,957	24,666	5,212	59,400	19,946	미분류	1,750
2002		117,572	15,180	25,866	3,103	53,982	17,896	미분류	1,545
2001		103,924	14,500	23,155	2,147	49,065	13,675	미분류	1,382

출처: 보건복지부(2018). 보육통계.

보육정책 환경의 변화를 보다 즉각적으로 파악할 수 있도록 하는 보육실태조사 2018 자료에 의하면, 2018년 12월 현재 우리나라에는 39,171개소의 어린이집이 설치 운영되고 있으며, 본 기관들에서는 총 1,732,324명의 아동이 보육 가능하나, 1,415,742명의 아동들이 어린이집을 이용하고 있어 정원 대비 81.7%의 아동이 어린이집을 이용하고 있다. 그리고 333,420명의 보육교직원이 보육사업에 종사하고 있으며 보육교직원 1인당 아동 수는 4.2명이다. 보육교직원 1인당 아동 수는 직전 보육실태조사가 실시되었던 2014년에 4.8명이었던 것에 비해 소폭 줄어들었다.

표 6-7 어린이집 일반 현황(2018.12.31. 현재)

(단위: 명)

구 분		계	국 · 공립 어린이집	사회복지 법인 어린이집	법인 · 단체등 어린이집	민간 어린이집	가정 어린이집	부모협동 어린이집	직장 어린이집
어린이집수	개소(A)	39,171	3,602	1,377	748	13,518	18,651	164	1,111
	(비중)	100.0	9.2	3.5	1.9	34.5	47.6	0.4	2.8

구분			계	국·공립 어린이집	사회복지법인 어린이집	법인·단체등 어린이집	민간 어린이집	가정 어린이집	부모협동 어련이집	직장 어린이집
아동수	정원(B)		1,732,324	230,508	128,810	54,900	886,818	344,412	5,451	81,425
	(비중)		100.0	13.3	7.4	3.2	51.2	19.9	0.3	4.7
	현원(C)	계	1,415,742	200,783	92,787	41,298	711,209	302,674	4,360	62,631
		남	731,498	103,444	48,702	21,633	367,436	155,682	2,272	32,329
		여	684,244	97,339	44,085	19,665	343,773	146,992	2,088	30,302
	(비중)		100.0	14.2	6.6	2.9	50.2	21.4	0.3	4.4
	이용률		81.7	87.1	72.0	75.2	80.2	87.9	80.0	76.9
보육교직원수	인원(D)	계	333,420	41,122	19,139	8,259	146,386	100,987	1,051	16,476
		남	12,956	971	1,882	668	8,118	1,100	26	191
		여	320,464	40,151	17,257	7,591	138,268	99,887	1,025	16,285
	(비중)		100.0	12.3	5.7	2.5	43.9	30.3	0.3	4.9
어린이집1개당 아동수(C/A)			36.1	55.7	67.4	55.2	52.6	16.2	26.6	56.4
보육교직원 1인당 아동수(C/D)			4.2	4.9	4.8	5.0	4.9	3.0	4.1	3.8

출처: 보건복지부(2018). 보육통계.

우리나라 취약보육의 대상은 영아, 장애아, 다문화가정의 아동들이라 할 수 있다. 그리고 이에 특수보육어린이집 현황과 다문화 보육에 대한 현황을 살펴보면 다음과 같다.

2018년 12월 현재, 전국에 영아전담어린이집은 426개소이며, 영아전담어린이집에서 보육 중인 영아들은 14,991명이며, 3,086명의 영아반 보육교사가 근무하고 있다. 전국에 장애아전문어린이집은 177개소가 운영중에 있으며, 6,239명의 아동을 보육하고 있고, 특수교사와 치료사 등을 포함하여 2,671명의 보육교직원이 근무하고 있다. 장애통합어린이집은 1,000개소 운영 중이며, 이중 국공립어린이집이 768개소이다. 그리고 초등학생을 대상으로 하는 방과후 보육을 하는 어린이집은 전국에 247개소 운영 중이며, 이는 학교에서 방과후 돌봄교실 운영을 확대함에 따라 그 수가 줄어들고 있는 추서이다. 시간연장보육을 하는 어린이집은 전국에 8,104개소이며, 31,069명의 영유아들이 이용하고 있다. 휴일 어린이집은 전국에 309개소 운영 중이며, 이 중 157개소 어린이집이 국공립어린이집이다. 24시간어린이집은 전국에 234개소이며, 583명의 아동이 보육되고 있으며, 211명의 보육교직원이 근무하고 있다.

표 6-8 특수보육 어린이집 현황(2018.12.31. 현재)

(단위 : 개소, 명)

구분			설립주체별							
			총 계	국 · 공립 어린이집	사회복지 법인 어린이집	법인 · 단체 등 어린이집	민간 어린이집	가정 어린이집	협동 어린이집	직장 어린이집
영아전담	어린이집	어린이집수	426	57	77	15	234	43	0	0
	아동	아동정원	18,496	2,835	4,210	639	9,952	860	0	0
		영아아동 현원	14,991	2,432	3,170	471	8,090	828	0	0
	보육교직원	영아반보육교사	3,086	495	627	98	1,684	182	0	0
장애아전문	어린이집	어린이집수	177	44	102	6	24	1	0	0
	아동	아동정원	8,433	1,782	5,438	270	925	18	0	0
		장애아동 현원	6,239	1,340	3,953	203	727	16	0	0
	보육교직원	장애아반 보육교사 특수교사, 치료사	2,671	565	1,703	85	311	7	0	0
장애아통합	어린이집	어린이집수	1,000	768	37	34	139	12	2	8
	아동	아동정원	90,431	68,422	3,712	3,114	13,371	235	57	1,520
		장애아동 현원	4,189	3,138	170	192	645	18	4	22
	보육교직원	장애아반 보육교사 특수교사, 치료사	1,491	1,148	63	63	202	3	3	9
방과후	어린이집	어린이집수	247	55	46	53	83	7	1	2
	아동	아동정원	20,788	4,354	5,071	3,399	7,455	138	77	294
		방과후아동 현원	2,443	819	188	918	459	5	24	30
	보육교직원	방과후반 보육교사	142	53	5	45	34	0	2	3

구분			설립주체별							
			총 계	국 · 공립 어린이집	사회복지 법인 어린이집	법인 · 단체 등 어린이집	민간 어린이집	가정 어린이집	협동 어린이집	직장 어린이집
시간연장	어린이집	어린이집수	8,104	2,116	334	157	2,268	3,068	9	152
	아동	아동정원	411,700	148,292	30,958	1,622	147,696	55,723	516	16,893
		시간연장 아동현원	31,069	5,265	1,359	708	10,704	11,432	43	1,558
	보육 교직원	시간연장 보육교사	7,468	1,422	331	176	2,693	2,390	9	447
휴일	어린이집	어린이집수	309	157	41	15	55	33	0	8
	아동	아동정원	22,067	12,570	3,846	1,341	2,965	617	0	728
		휴일아동 현원	200	41	36	26	62	22	0	13
	보육 교직원	휴일반보육 교사	144	34	27	23	42	8	0	10
24시간	어린이집	어린이집수	234	77	15	4	69	65	0	4
	아동	아동정원	12,908	5,786	1,124	443	4,012	1,230	0	313
		24시간아동 현원	583	56	48	10	287	179	0	3
	보육 교직원	24시간보육 교사	211	24	10	3	94	74	0	6

출처: 보건복지부(2018). 보육통계.

3. 보육지원정책 및 복지서비스

1) 영유아 보육료 지원

보육료는 대한민국 국적을 가진 자로, 주민등록법에 의해 주민등록번호를 정상적으로 부여받은 만 0~5세 전체 영유아 중 영유아보육법 제10조에 의한 국공립, 사회복지법인, 법인. 단체등, 직장, 가정, 협동, 민간어린이집을 이용하는 영유아에게 지원된다. 난민은 예외적으로 보육료 지원대상에 포함된다. 가계의 소득과 재산 수준과 무관하게 만 0~2세 보육료, 만 3~5세는 누리공통과정으로, 그리고 취약계층으로는 다문화가정의 영유아와 장어아 보육료를 일정수준으로 지원하고 있다. 보육료의 신청은 아동의 보호자로서 친권자와 후견인, 그 밖에 영유아를 사실상 보호하고 있는 사람이 하도록 하고 있다. 정부지원보육료는 결재권자가 아이행복카드를 결재하면 해당 어린이집으로 입금되도록 하고 있다. 보육료는 어린이집 출석일수를 기준으로 차등 지원된다.

보육료는 보건복지부의 가정양육수당, 교육부의 유아학비, 여성가족부이 종일제아이돌봄서비스, 특수교육(특수교육 관련서비스 포함)을 지원받는 아동에 대해서는 중복지원하지 않는다. 보육료는 0~2세반 보육료, 3~5세반 보육료(누리공통과정), 연장 보육료, 장애아 보육료, 다문화 보육료, 방과후 보육료, 야간연장 보육료, 야간12시간 보육료, 24시간 보육료, 휴일(토요일 제외) 보육료가 있다. 기본보육시간은 오전 9시부터 16시까지 이며, 연장보육 시간은 16시부터 19시 30분까지이며, 야간연장보육은 19시 30분부터 24시까지이며, 야간 12시간 보육은 19시 30분부터 익일 7시 30분까지이며, 24시간보육은 오전 7시 30분부터 익일 7시 30분까지이다. 휴일보육은 일요일과 공휴일 오전 9시부터 16시까지이다.

3~5세 보육료는 유치원과 어린이집 등에서 교육부장관과 보건복지부장관이 협의하여 정하는 공통과정을 제공받는 유아에 대한 무상보육에 대한 지원이므로, 이는 3년을 초과할 수 없고, 유아교육지원특별회계에서 전액 부담한다.

그리고 연장보육을 이용하는 아동들의 연장보육료는 이용시간에 따라 시간당 단가로 지원한다. 출결시스템 상 17시 이후 하원하는 아동을 대상으로 매일 시분 단위로 기록하여 매일 30분 단위로 보육료를 생성하여 산정하도록 한다.

※ 출석일수별 보육료 지원기준

- 출석일수가 11일 이상: 월 정부지원보육료 단가의 100%
- 출석일수가 6~10일: 월 정부지원보육료 단가의 50%
- 출석일수가 1~5일: 월 정부지원보육료 단가의 25%

출처: 보건복지부(2020).

표 6-9 2020년 보육료 지원단가(2020.3.1.~)

(월 기준, 단위: 원)

자격구분	지원대상	지원비율	연령	지원단가		
				기본보육	야간	24시
영유아	어린이집 이용 만 0~5세	100%	만 0세반	470,000	470,000	705,000
			만 1세반	414,000	414,000	621,000
			만 2세반	343,000	343,000	514,500
			만 3세반	240,000	240,000	360,000
			만 4세반	240,000	240,000	360,000
			만 5세반	240,000	240,000	360,000

출처: 보건복지부(2020).

표 6-10 2020년 연장보육료 지원 단가

(월 기준, 단위: 원)

구 분	1:3 (0세반)	1:5 (영아반)	1:15 유아반)	장애아
지원 단가	3,000	2,000	1,000	3,000

출처: 보건복지부(2020).

2) 가정양육수당 지원

가정양육수당의 대상은 어린이집, 유치원(특수학교 포함), 종일제 아이돌봄 서비스 등을 이용하지 않고 가정에서 양육되는 영유아로서 초등학교 미취학 86개월 미만 전 계층의 아동을 대상으로 한다. 가정양육수당은 가정 양육하는 부모, 친권자. 후견인, 그 밖에 아동을 사실상 보호하고 있는 사람이 신청하고 지원금을 수급받을 수 있다.

가정양육수당은 양육수당, 장애아 양육수당, 농어촌양육수당이 있다. 양육수당은 보호자가 양육수당지원을 신청하고, 어린이집, 유치원, 종일제 아이돌봄서비스 등을 이용하지 않는 조건에 부합하여 시. 군. 구가 양육수당 지원을 결정한 영유아를 대상으로 하고, 장애아 양육수당은 위의 조건에 충족하고 장애인으로 등록된 영유아를 대상으로 하며, 농어촌양육수당은 위의 조건을 충족하면서 농어촌지원자격 요건(농어촌지역에 거주하며, 농어업인가구의 가정 양육 아동)을 충족한 영유아를 대상으로 한다.

가정양육수당은 아동 출생후 60일 이내에 양육수당을 신청하고 이에 대하여 시 · 군 · 구가 양육수당 지원을 결정한 경우, 출생일이 속한 달부터 소급하여 현금으로 지급된다. 그러나 90일 이상 해외에 장기체류하고 있는 영유아의 경우에는 해당기간동안 양육수당지급이 정지되고, 재 입국시, 입국기록을 확인하여 재지원된다.

표 6-11 2020년 가정양육수당 지원 단가

(월 기준, 단위: 원)

<table>
<tr><th>연령(개월)</th><th>양육수당</th><th>연령(개월)</th><th>농어촌양육수당</th><th>연령(개월)</th><th>장애아
양육수당동</th></tr>
<tr><td>0~11</td><td>200천원</td><td>0~11</td><td>200천원</td><td rowspan="3">0~35</td><td rowspan="3">200천원</td></tr>
<tr><td>12~23</td><td>150천원</td><td>12~23</td><td>177천원</td></tr>
<tr><td>24~35</td><td>100천원</td><td>24~35</td><td>156천원</td></tr>
<tr><td rowspan="4">36개월 이상
~
86개월 미만</td><td>100천원</td><td>36~47</td><td>129천원</td><td rowspan="4">36 개월 이상
~
86개월 미만</td><td rowspan="4">100천원</td></tr>
<tr><td>100천원</td><td rowspan="3">48개월 이상
~
86개월 미만</td><td>100천원</td></tr>
<tr><td>100천원</td><td>100천원</td></tr>
<tr><td>100천원</td><td>100천원</td></tr>
</table>

출처: 보건복지부(2020).

3) 시간제보육 서비스 실시

국가나 지방자치단체는 무상보육 및 「유아교육법」 제24조에 따른 무상교육지원을 받지 않는 6개월에서 36개월 미만의 영유아에 대하여 필요한 경우 시간제보육서비스를 지원할 수 있도록 하고 있다. 시간제 보육서비스는 2013년 가정양육지원의 의미로 종일제 보육서비스를 이용하지 않는 영유아에 대하여 지정된 제공기관에서 시간단위로 보육서비스를 지원하면서 '일시보육 서비스'라는 명칭으로 시작되었고, 2018년 '시간제보육 서비스'로 명칭을 정비하였다. 특별자치시장, 특별자치도지사, 시장, 군수, 구청장은 육아종합지원센터, 어린이집, 그 밖에 시간제보육 서비스 제공이 가능한 시설로서 보건복지부령이 정하는 시설을 시간제보육 서비스를 제공하는 기관으로 지정할 수 있도록 하고 있다. 시간제 보육의 대상은 6개월에서 36개월 미만 영아이며, 36개월이상부터 5세 미만의 유아반의 경우 일부에서 시범운영 중이다. 시간제보육 제공기관의 관리는 시. 도 육아종합지원센터가 총괄하도록 한다.

시간제보육은 시간당 4,000원의 보육료가 책정되어 있으며, 월 80시간까지 지원 가능하다. 월 80시간까지 시간제보육 서비스 비용의 75%는 정부지원금으로 충당되며, 25%는 부모부담금이다. 단 보육료 및 유아학비를 지원받는 아동의 경우 시간제 보육료는 100% 부모가 부담하도록 하고 있다. 시간제보육은 월요일부터 금요일까지 오전 9시부터 18시까지 운영되며, 이용 1일 전이나 당일 15시까지 온라인이나 전화신청을 통해 이용할 수 있다.

시간제 보육교사는 보육교사 자격 소지자로서 경력 3년 이상이며, 영아보육 특별직무교육 기 이수자여야 한다, 교사대 영아 비율은 1:3으로 시간제 보육반은 탄력편성을 인정하지 않는다.

시간제보육의 질 관리를 위해서 시간제보육담당자(시간제보육 참여 지역의 담당공무원, 관리기관, 제공기관)을 대상으로 질 관리를 위한 교육을 실시해야 하며, 시간제보육 모니터링(관리기관 컨설팅 및 결과보고서 제출, 지역별 간담회 실시, 제공기관자체점검 및 결과보고서제출, 보건복지부 및 한국보육진흥원의 수시방문 모니터링 점검 및 결과보고서 제출)을 실시하고 있다.

4) 어린이집 평가제 실시

어린이집 평가제는 2004년 「영유아보육법」을 개정하면서 어린이집의 질적 수준에 대한 보장과 인증을 위하여 어린이집 평가인증제로 출발하였다. 어린이집평가제도는 보육 · 양육에 대한 사회적 책임 강화와 실현 및 안심보육환경 조성을 위해 국가 차원에서 모든 어린이집을 주기적으로 평가하여 상시적인 보육서비스 질을 확보하고자 하는 제도로서 「영유아보육법」 제30조에 근거하여 한국보육진흥원에서 평가사업을 실시하고 있다.

어린이집 평가인증제는 2005년 시범 운영하여 2006년부터는 제 1차 어린이집 평가인증을 실시하였고, 2010년 제 2차 어린이집 평가인증을 실시하였고, 2014년부터는 제 3차 평가인증지표를 시범적용하였고, 2017년 11월부터는 제 3차 어린이집평가인증을 통합지표를 사용하여 실시하였고, 2019년 6월부터는 어리이집평가제가 시행되고 있다.

어린이집평가인증제도가 어린이집 운영자의 자발적 신청에 따라 시행됨에 따라 질 관리의 사각지대가 존재함에 따라 평가대상을 어린이집 전체로 확대하고 평가결과를 공개하여 평가의 효과성을 제고하고자 2018년 「영유아보육법」을 개정하여 어린이집 평가를 정기적인 의무평가제로 변경하여 2019년 6월부터 어린이집평가제로 시행하게 되었다.

평가대상은 평가주기에 따라 선정하여 통보되며, 평가대상자가 선정 확정되면, 자자체는 평가대상 어린이집에 대한 기본사항(사전점검사항 및 위반이력사항)을 확인하고, 어린이집은 자체점검보고서를 작성하여 제출한다. 2020 어린이집 평가지표는 보육과정 및 상호작용, 보육환경 및 운영관리, 건강안전, 교직원의 4개 영역, 18개 지표, 59항목으로 구성되었다. 기본사항 및 자체점검보고서를 제출 완료한 어린이집에 대해서는 현장평가를 실시한다. 현장평가는 1주간의 현장평가 주간을 지정하여 어린이집에 통보하고, 해당 주간 중 사전고지 없이 평가자를 어린이집에 파견한다. 현장평가 이후, 학계전문가, 현장전문가, 보육담당공무원으로 구성된 종합평가위원회에서 소위원회를 거친 안건을 심의한 후 어린이집이 최종등급 및 평가주기를 확정한다. 어린이집 평가등급은 4등급(A, B, C, D)으로 구분하며, A, B등급은 3년, C, D등급은 2년의 평가주기를 부여하고 있다. 평가결과는 어린이집지원시스템 등을 통해 통보되고, 평가받은 어린이집은 결과에 대한 소명신청이 가능하다. 이후 최종결과를 공표하게 된다. 전체 어린이집에 대한 평가 이력정보는 통합정보공시 홈페이지(www.childinfo.go.kr)를 통해 공지된다. 「영유아보육법」 제 30조 제 2항에 따라 평가결과에 따라 어린이집 보육서비스 관리와 보육사업에 대한 재정적 · 행정적 지원 등 필요한 조치를 할 수 있다.

평가 후에도 확인점검 및 연차별 자체점검 및 보고서 또는 자체개선보고서를 제출하도록 하고 있다. A, B등급 어린이집은 평가주기(3년) 동안 자체점검위원

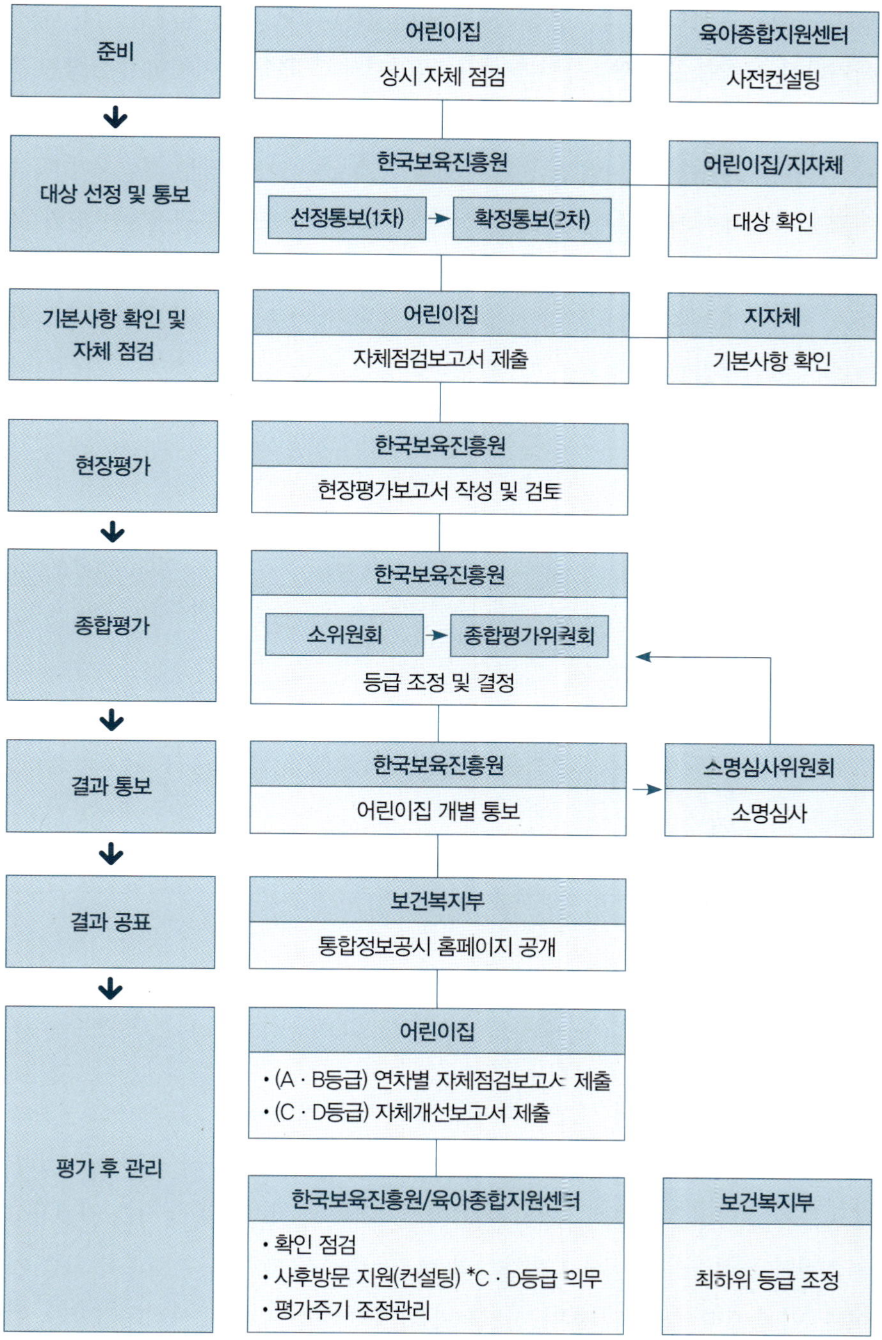

그림 6-3 어린이집 평가 운영체계

출처: 보건복지부(2020).

회를 구성하고, 연차별 자체점검보고서를 작성하여 매년 1회 정해진 기간 내에 어린이집 시스템으로 제출하여야 한다. 평가결과 C, D등급 어린이집은 평가결과 개선이 필요한 지표, 보육과정 운영 등 어린이집 운영 전반에 대한 방문 지원자(컨설팅), 교육 및 정보 제공 등의 지원을 받게 된다. 이는 방문 지원자가 어린이집을 방문하여 평가결과에 대한 개선사항 피드백과 향후 질 유지방안 수립 및 실행과정 지원을 하고, 어린이집은 질 유지관리를 위한 자체개선보고서를 제출하고, 한국보육진흥원으로부터 컨설팅과 교육 및 정보를 제공받는다. 그리고 평가받은 어린이집에서 법 위반 및 행정처분 등이 발생한 경우, 기존 평가등급에서 최하위등급(D등급)으로 조정된다.

표 6-12 평가등급의 기준 및 평가주기

등급 구분(정의)		등급 부여기준	평가주기
A	국가 평가에서 제시하고 있는 기준을 모든 영역에서 충족함	4개 영역 모두 '우수'인 경우(필수 지표 및 요소 충족)	3년
B	국가 평가에서 제시하고 있는 기준을 대부분 충족함	'우수' 영역이 3개 이하이며 '개선 필요' 영역이 없는 경우	
C	국가 평가에서 제시하고 있는 기준 대비 부분적으로 개선이 필요함	'개선 필요' 영역이 1개 있는 경우	2년
D	국가 평가에서 제시하고 있는 기준 대비	상당한 개선이 필요함 '개선 필요' 영역이 2개 이상인 경우	

출처: 보건복지부(2020).

5) 공공형 어린이집 확충

정부에서는 부모들이 신뢰할 수 있는 수준 높은 보육서비스를 제공하는 보육 인프라를 구축하기 위하여 공공형어린이집 사업을 2011년부터 추진하고 있다. 공공형 어린이집은 우수한 민간, 가정 어린이집을 선정하여 운영비를 지원하고 지속적인 품질관리를 실시하여 양질의 보육서비스를 제공할 수 있도록 하는 것이다. 이에 보육사업안내에 따라 인건비를 지원받는 '국공립, 사회복지법인, 법인. 단체 등, 영아전담, 장애아전문 어린이집', 그리고 고용보험기금으로부터 운영비를 지원받는 '직장어린이집 및 국가. 지자체가 설치하거나 운영비를 지원하는 직장어린이집'은 그 대상에서 제외된다.

평가 및 평가인증 유효기간 내의 등급 또는 점수가 A등급 또는 2, 3차 지표 시범사업인 경우 90점 이상인 어린이집 중 시도별 사업계획 공고일이 속한 월 이전 6개월간 해당 어린이집별 정원 충족률이 평균적으로 80.0% 이상(농어촌지역은 50.0% 이상)을 유지하는 어린이집이 공공형어린이집 선정 참여의 기본요건이다. 그리고 세부 선정기준에 따라 점수화하여 고득점 순으로 그림 6-4의 절차를 거쳐 선정되도록 하고 있다.

공공형어린이집으로 선정된 어린이집은 어린이집의 교사 수, 학급 수, 아동현원 등을 토대로 운영비를 산정하여 지원받게 된다. 공공형어린이집은 공공형어린이집 선정기준과 운영시간을 준수하고, 보육고사의 월 급여를 국공립어린이집 1호봉 이상으로 지급하여야 하고, 열린어린이집을 운영해야 하며, 공공형어린이집 운영현황조사 등에 협조하며, 공공형어린이집 사업실적을 보고하도록 하고 있으며, 한국보육진흥원 주관 공공형어린이집 품질관리에 의무적으로 참여하여야 한다.

공공형어린이집은 어린이집 품질관리를 위해서 운영관리사업(품질관리 컨설팅, 재무회계교육, 정보공시관리), 보육교직원 전문성 강화사업(원장연수, 교사연수, 상설특강, 공모전), 운영지원사업(관계기관관리, 전문정보 제공, 전문가 인프라 운용, 홈페이지 및 업무지원 시스템 관리)을 하도록 하고 있다.

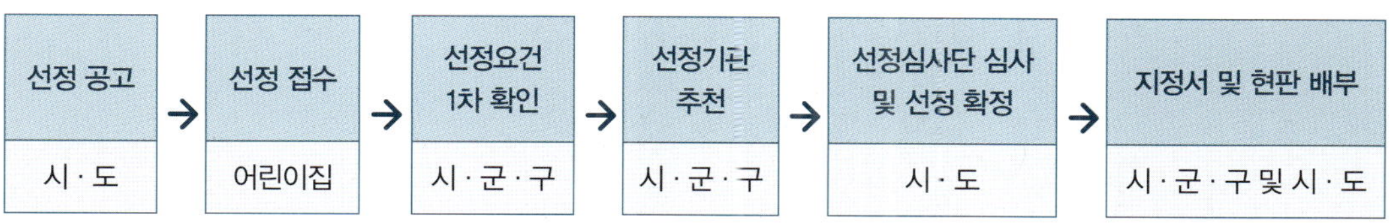

그림 6-4 공공형 어린이집 선정 절차

6) 어린이집 정보공시

2013년부터 어린이집 원장은 어린이집이 보유 · 관리하는 사항에 대해 매년 1회 이상 공시하도록 하였다. 어린이집 정보공시는 어린이집 전반의 주요정보를 객관적이고 투명하게 공개하는 제도로, 부모들이 보다 쉽고 편리하게 어린이집 정보를 이용할 수 있도록 하는데 그 목적이 있다. 정보공시의 범위는 어린이집 시설, 설치 · 운영자, 보육교직원 등 기본현황, 어린이집 보육과정에 관한 사항, 보육료와 그 밖에 필요 경비에 관한 사항, 어린이집 예산 · 결산 등 회계에 관한 사항, 영유아의 건강 · 영양 및 안전관리에 관한 사항, 그 밖에 보육 여건 및 어린이집 운영에 관한 사항으로서 대통령령으로 정하는 사항 등으로 7개 항목 20개 범위이다. 공시횟수는 항목별 변경주기에 따라 연, 매월, 수시로 공시된다. 어린이집 정보공시 내용은 '어린이집 정보공개 포털(http://info.childcare.go.kr)'을 통해 확인할 수 있으며, 정보를 확인하고자 하는 어린이집의 정보뿐 아니라 어린이집과 유치원 정보를 비교검색 가능하다. 이는 어린이집 전반의 주요정보를 투명하게 공개하여 학부모 등 이용자들의 이용기관에 대한 알 권리를 충족할 뿐만 아니라 보육정책 수립, 학술연구 진흥, 통계 작성에도 활용된다. 어린이집 관련 정보의 보유와 관리, 그리고 공시 횟수에 맞게 공시하고 관리하는 역할과 책임은 어린이집 원장에게 있다. 보건복지부 장관은 정보를 공개하지 않거나 거짓으로 공개하는 어린이집 원장에게 시정 또는 변경하도록 명령할 수 있다. 정보공시는 지도 · 점검 등과 연계하여 정보공시에 관한 사항을 위반하여 시정 또는 변경명령을 받았으나 이를 위반한 경우에 운영정지 처분을 내릴 수 있다.

7) 열린어린이집

어린이집의 아동학대범죄의 잇다른 발생으로 이에 대한 대책으로 2015년 폐쇄회로 텔레비전CCTV 설치를 의무화하고, 아동학대자에 대한 제재 및 보육교직원이 자격기준을 강화와 인성 함양에 대한 교과목을 보수교육을 추가하는 등 2015년 「영유아보육법」을 개정하였다. 동시에 부모가 안심하고 자녀를 맡길 수 있는 근본적인 보육환경 개선을 위해 부모에게 활짝 열려있는 '열린어린이집' 확산을 핵심개혁과제로 추진하기로 하였다(보건복지부 보도자료, 2015.4.27.). 보건복지부에서는 부모가 원하는 경우 자녀가 어린이집을 이용하는 모습을 언제든지 확인할 수 있고, 어린이집 운영에 참여할 수 있는 "열린어린이집 조성"을 보육정책의 핵심 목표로 선정하고 어린이집 운영, 보육프로그램 등을 부모에게 투명하게 공개하고 부모가 직접 보육과정에 참여하는 프로그램을 확산하는 등 기존 보육환경의 변화를 유도하고자 하였다.

초장기에는 국공립, 공공형 등 정부지원어린이집을 중심으로 우선 적용하였으나, 이후 어린이집의 전반적인 어린이집 문화를 변화시키고자 자발적 개방을 적극 유도하였다. 열린어린이집의 우수사례를 적극 홍보하고, 지자체별로 우수 열린어린이집을 선정하고, 선정된 어린이집은 정부포상 수여, 공공형어린이집 신규 선정 또는 국공립어린이집 재위탁 심사 시 가점을 부여하고, 보조교사 지원요건에 해당하는 경우 우선 지원하는 등 인센티브를 제공하고 있다. 그리고 부모의 적극적인 관심과 참여 유도를 위해 '열린어린이집 부모참여사례 공모전' 등도 실시하여 우수사례를 발굴하고 홍보하고 등 열린어린이집 확산을 유도하고 있다. 열린어린이집은 공간 개방성, 참여성, 지속 가능성, 다양성, 그리고 지방자치단체 자체 선정기준에 의해 선정된다.

4. 보육사업 정책의 개선방안

1) 보육사업의 아동중심성 강화

보육사업은 영유아의 이익을 최우선으로 고려하여 제공되어야 하고, 영유아가 안전하고 쾌적한 환경에서 건강하게 성장할 수 있도록 하여야 한다는 이념하에 보육사업의 일차적 목적은 영유아를 건강한 사회구성원으로 육성하는 것이다. 따라서 보육사업의 일차적 대상은 영유아가 되어야 하고 영유아의 권리존중과 안전, 발달 증진을 위한 보육정책이 수립되어야 한다. 우리나라의 보육사업의 구빈정책의 일환으로 시작되었고, 주로 저소득층을 위한 사회적 서비스 차원에서 전개되어 왔다. 그리고 최근에는 저출산 · 고령화 현상을 타개하고자 하는 목적이 보육사업에서 두드러진 경향이다. 정책이나 제도에 대한 논의는 성인의 관점에서 이루어지기 쉽다. 특히 영유아들은 그들의 권익을 위한 의견을 직접적으로 개진할 통로가 거의 없기 때문에 더욱 그들의 부모나 이해관계자의 입장과 필요에 의해 정책과 사업이 진행되기 쉽다. 따라서 보육복지정책과 사업은 아동중심적 관점에서 아동권익을 최우선으로 보장하는 방향에서 논의되고 전개되어야 할 것이다.

2) 수요자 중심의 보육정책 지향(가정양육 지원 강화)

최근 보육정책은 수요자 중심의 보육사업에 초점을 맞추고 진행되고 있다. 2013년 보육정보센터 기능에 가정양육지원 기능을 추가하여 그 명칭을 육아종합지원센터로 변경하였다영유아보육법. 이에 육아종합지원센터에서는 부모교육 및 상담 등 양육지원 서비스를 제공하고, 임신 · 출산 · 육아 관련 사이트도 통합 운영하고, 양육수당과 보육료 신청 시 교육 관련 정보를 제공하며, 보호자 교육의 법적 근거를 마련하였다. 그러나 육아종합지원센터를 통한 부모상담과 교육 등의 지원 수준은 육아종합지원센터에서 기관보육을 지원하는 수준에 비해서 낮으며, 육아종합지원센터 역시 모든 시 · 군 · 구에 설치되어 있는 것이 아니므로, 보육정책이 기관보육 중심으로 지원되고 있는 것도 사실이다.

이에 가정양육수당을 현실화하고, 현행 농촌마을에 지원하고 있는 이동식 놀이교실과 같은 탄력적인 보육서비스와 같이 이동형의 다양한 부모교육 및 양육지원 서비스 제공이 고려되어야 할 것이다. 또한 일반 아동의 양육뿐 아니라, 장애아, 다문화아동 등 양육과정에서 보다 취약한 특성을 가진 아동의 부모를 위한 지원방안도 강구되어야 할 것이다.

3) 보육의 공공성 확보

법률을 통해 보육에 대한 국가와 지방자치단체의 책무감 명시하고 공적자금의 투자라는 측면에서 우리나라는 표준보육과정 지정, 무상보육, 어린이집평가제 도입 등으로 보육의 공공성을 실현해 나가고 있다. 그러나 우리나라의 보육사업은 민간 주도로 이루어져 국공립어린이집 시설 수와 보육아동 분담률을 살펴보았을 때, 국공립어린이집의 비중이 여전히 취약하며, 지역 간 국공립어린이집의 불균형도 여전하다. 농어촌지역의 경우 인구의 고령화와 아동인구의 감소 등으로 인하여 보육시설의 설치기준 및 보육시설 종사자의 배치기준에 있어 도시지역보다 완화된 기준을 적용받을 수 있는 지역에 도서 · 벽지 이외에 농어촌 지역을 포함시켜 보육시설을 설치하고 보육여건을 개선을 도모하는 것은 2005년「영유아보육법」을 개정하면서 꾸준히 진행되어온 정책이다. 시설별 보육아동 분담률과 지역에 따른 편차를 보이는 것은 보육서비스 이용과 선택에 제한을 받는다는 차원에서 불공평하다. 현 정부에서는 국공립어린이집 이용률을 2020년까지 40%를 목표로 하는 바, 국공립어린이집의 균형있는 배치와 증대를 위해서는 중앙정부가 이에 대해 적극적인 관여가 이루어져야 할 것이다. 그러나 국공립어린이집 확충이 단기간에 이루어지는 것이 아니므로, 공공형어린이집 사업 확대와 서울형어린이집, 수원형어린이집과 같이 지자체의 지원 및 인증 어린이집 사업을 활성화할 필요가 있을 것이다.

4) 보육인력의 전문성 향상

「영유아보육법」에 기반하여 보육교사와 원장의 자격 관리체계를 갖추어 양성하고 있으며, 보육교직원의 자질 향상을 위해 정기적인 직무교육과 승급교육을 정하고 있다. 보육교사, 원장, 장기 미종사자 등을 나누어 일반직무(기본과정, 심화과정), 특별직무교육(영아보육 직무교육, 장애아보육 직무교육, 방과후보육 직무교육), 그리고 급수에 따른 승급교육(2급 보육교사 승급교육, 1급 보육교사 승급교육)에 따라 교과목과 이수시간 등을 정해두고 주기적으로 또 필요에 따라

이수하도록 하고 있다. 보육교사의 교육이수 여부에 대한 확인과 점검은 있으나, 교육내용과 이수과정에서의 수준 차이에 대한 검증은 부재한 상황이다. 보육교직원 교육에 대한 인적 · 물적 지원이 이루어지는 만큼 효과적이고 효율적인 보수교육이 이루어져 양질의 보육실제에 기여하는지에 대한 검토가 있어야 할 것이다. 특히 인터넷 방식에 의한 온라인 보수교육의 경우, 철저한 본인 확인과 양질의 컨텐츠 구성 및 학습방법으로 구축되어야 할 것이다.

그리고 아동권리와 교사의 역할과 윤리에 대한 교육이 교사 인성 · 소양영역 교과목으로 제시되어 있으나, 보육교사는 단순 반복 또는 기술적인 직무가 아니고 미래세대를 양성하는 주요 업무를 수행하며, 영유아의 발달과 교육에 대한 지식과 기술을 가진 전문직임을 교사 스스로가 인식하여 직업적 책무감과 직업윤리를 갖도록 하며, 직업적 인식과 위상을 높일 수 있도록 해당 영역의 교육을 더 강화하고, 기관 내에 자체적인 교육과 교사들 스스로 각성할 수 있도록 하는 노력이 필요하다.

최근 보육교사의 적정 근로시간 및 휴게시간 보장, 대체 및 보조교사 지원 등 보육교사의 처우와 근무환경 등이 크게 개선되었으나, 직무특성상 여전히 신체적인 부분이나 심리적으로 고된 직업임은 틀림없다. 이에 보육교사들은 영유아의 건강뿐 아니라 자신의 신체적, 심리적 소진을 예방하기 위한 활동들을 보수교육 외에도 계발해야 할 것이다. 그리고 육아종합지원센터의 상담전문요원을 확충하고 보육교직원 상담활동을 더욱 확대하여 보육교사들의 심리 · 정서적 지원을 활성화해야 할 것이다.

추천 영화 및 도서

영화

미씽 : 사라진 여자

- 감독 : 이언희
- 주연 : 엄지원, 공효진
- 개봉 : 2016. 11.
- 줄거리 : 이혼 후 딸의 양육권 소송 중인 지선은 어린 딸의 양육을 위해 입주 육아도우미 조선족 한매와 함께 살게 되는데, 어느날 딸 다은이가 사라졌다는 사실을 알게 되며 딸을 찾는 과정을 그리고 있다.

인크레더블 2(Incredibles 2)

- 감독 : 브래드 버드
- 주연 : 크레이그 T. 넬슨, 홀리 헌터, 사로 보웰, 헉 밀너, 사무엘 L. 잭슨
- 개봉 : 2018. 7.
- 줄거리 : 아빠 밥은 미스터 인크레더블로 히어로이지만 정부에서 히어로 활동을 불법으로 규정하면서 생계의 문제를 겪게 되고, 엄마 일라스티걸이 취업을 하게 되면서 독박육아를 하게 된다. 아빠는 홀로 3남매를 돌보고 끝이 없는 집안일에 아빠는 아이들과 고군분투하게 된다.

툴리(Tully)

- 감독 : 제이슨 라이트만
- 주연 : 샤를리즈 테론, 맥켄지 데이비스, 론 리빙스턴
- 개봉 : 2018. 11.
- 줄거리 : 3남매 육아를 도맡아 하는 마를로는 점점 지쳐간다. 출산과 양육과정에서 신체변화와 정신적인 변화로 점차 피폐해 가던 중 완벽한 야간 보모 툴리를 만나게 된다. 마를로는 툴리의 도움으로 잊고 있었던 자신을 찾아가게 된다.

도서

0~7세 판타스틱 그림책 육아

- 지은이 : 박지현
- 출판사 : 위즈덤하우스
- 출판일 : 2016. 11.
- 줄거리 : 유아기 부모가 알아야 할 그림책에 대한 내용을 담았다. 자녀의 연령에 적합한 그림책과 책 읽어주기 방법과 책고르는 방법 등을 저자가 자신의 경험을 통해 제시하였다.

0~3세, 아빠 육아가 아이 미래를 결정한다

- 지은이 : 리처드 플레서(김양미 역)
- 출판사 : 글담출판
- 출판일 : 2012. 9.
- 줄거리 : 아빠가 아이 성장에 미치는 영향에 대한 연구결과를 정리하여 엄마 이상으로 아이의 발달에 영향을 미치는 아빠와의 상호작용과 아빠 양육의 중요성에 대한 내용을 담았다.

아이의 작은 인생은 어린이집에서 시작된다

- 지은이 : 최경애
- 출판사 : 포북
- 출간일 : 2013. 7.
- 줄거리 : 전직 어린이집 교사가 어린이집 생활에 대한 궁금증을 해결해 주는 책이다. 부모들이 잘 모르는 아이들의 어린이집 생활, 부모와 교사의 교감, 문제 발생 시 대처방법 등을 다루고 있다.

본 장을 정리하며 : 생각수업 2

어린이집 학대사건 왜 끊이지 않는가?

2015년 9월 개정 「영유아보육법」에 따라 전국 어린이집들은 CCTV를 의무적으로 설치하였다. 어린이집의 보육실, 공동놀이실, 놀이터, 식당, 강당마다 1대 이상의 CCTV가 설치되어 매일 일과를 녹화하고, 촬영분은 최소한 60일 동안 보관하여야 한다.

어린이집 CCTV는 아동학대와 안전사고 예방 및 증거자료 마련을 위하여 설치를 의무화하였다. 어린이집 CCTV 설치 의무화를 법제화하였지만 CCTV는 하루가 멀다하고 터지는 어린이집 아동학대 예방의 해결책은 되지 못하였다. 오히려 CCTV 열람권과 관련하여 보육교사와 학부모의 불신과 갈등을 야기하는 사례들이 심심치 않게 나타나고 있는 실정이다. 그리고 언론에서는 아동학대의 주범을 보육교사인 것처럼 보도하고 있는 것도 현실이다.

이에 정부는 이런 미봉책보다는 더 근본적인 보육교사의 인성교육과 처우개선을 위한 노력을 기울여야 하고, 보육현장에서는 기관과 학부모 간 소통 및 신뢰회복을 위한 노력에 정진해야 할 것이다.

출처 : 세계일보 (뉴스잇슈) 어린이집 "CCTV가 불신 키웠다"(2016.10.13).

◆ 1. 어린이집 영유아 학대사건의 원인이 무엇인지 생각해 봅시다.
2. 어린이집 영유아 학대 예방을 위해서 무엇이 필요한지 생각해 봅시다.

참고문헌

경향신문(2016.10.12.). 18만명에 돌린 '맞춤형 보육'설문..긍정적 응답 유도 논란.(http://www.khan.co.kr)

김경희, 문혁준, 김선영, 김신영, 김지은, 김혜금, 서소정, 안선희, 안효진, 이희경, 정선아, 황혜원(2013). **보육학개론**(제3판). 서울: 창지사.

김종해, 백선희, 이미정, 이원영, 임재택(2005). 한국 유아교육. 보육 관련법과 제도의 역사와 미래. 한국유아교육과 보육의 자리매김. 한국유아교육학회 정기학술대회 자료집, 39-85.

뉴시스(2016.10.9.). 〔맞춤형 보육 100일〕 오후 6시 이전 문닫는 어린이집 30%…정착까지 시간필요(http://www.newsis.com)

dongA.com(2020.7.1.). 애 안낳는 한국, 합계출산율 198개국중 198위.(https://www.donga.com/news/article/all/20200701/101760889/1_

보건복지부 보도자료(2015.4.27.) "부모에게 활짝 열려있는 어린이집 만든다.

보건복지부(2017). 제3차 중장기보육 기본계획(2018-2022).

보건복지부(2018). 보육통계.

보건복지부(2020). 2020년도 보육사업안내.

신영진(2011). 우리나라 보육지원 정책의 개선방안에 관한 연구. **공공정책과 국정관리** 제5권 제2호, 85-110.

이순형, 민하영, 이소은, 이완정, 황혜신, 이강이, 이영미, 이혜승, 한유진, 이옥경, 권혜진, 성미영(2008). **아동복지-이론과 실천**. 서울: 학지사.

정옥분, 정순화, 손화희, 김경은(2013) **아동복지론**. 서울: 학지사.

정책브리핑(2016.10.14.). 맞춤형 보육 100일…종일반, 맞춤반 모두 '만족' http://www.korea.kr

조선비즈(2018.3.18.). 30대 후반 '경단녀' 급증....여성 경제활동 참가율 OECD 평균 이하. https://biz.chosun.com/site/data/html_dir/2018/03/18/2018031800602.html

통계청 (2018). 2018년 출생통계(확정), 국가승인통계 제101003호 출생통계.

통계청, 여성가족부(2015.7.2.) 보도자료. 2015 통계로 보는 여성의 삶.

통계청, 여성가족부(2019.7.1) 보도자료. 2019 통계로 보는 여성의 삶.

한미현, 문혁준, 강희경, 공인숙, 김상희, 안선희, 안효진, 양성은, 이경열, 이경옥, 이진숙, 천희영(2014). **아동복지**. 서울: 창지사.

황보영란(2014). 실질적 의미의 영유아보육법과 그 법원에 관한 연구. **유아교육연구, 34**(6), 489-508.

보건복지부 http://www.mohw.go.kr

어린이집정보공개포털 http://info.childcare.go.kr

(재)한국보육진흥원 https://www.kcpi.or.kr/

Chapter

07

빈곤아동 보호서비스

가난이 아이들 두뇌발달 저해… 빈곤의 악순환

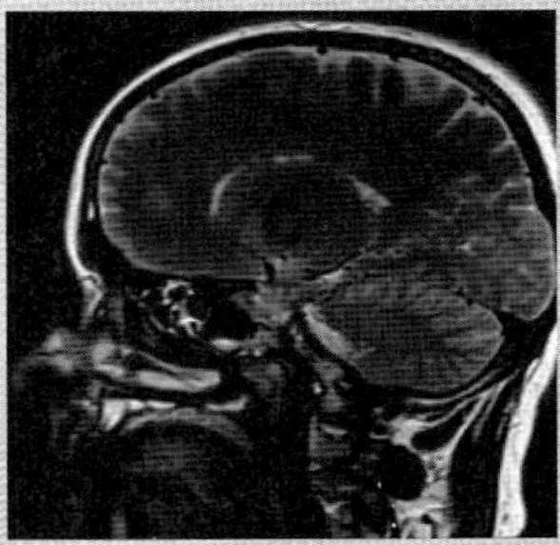

'빈곤이 영유아의 뇌발달을 저해한다'는 연구논문이 최근 발표되어 주목된다. 이 연구논문은 빈곤가정 아동의 두뇌는 제대로 성장하지 못해 결국은 빈곤의 악순환이 불가피하다는 속설을 뒷받침하는 의학적 증거라고 할 수 있다.

미국의학협회저널 〈소아과학(JAMA Pediatrics)〉지에 발표된 '아동빈곤과 두뇌발달 · 학업성취도의 관계'라는 논문에서 4~22세 398명을 대상으로 소속가정의 소득수준과 두뇌상태를 조사했다. 미국 연방정부 설정 빈곤선(FPL)에 미달하는 빈곤층의 아동은 두뇌 MRI검사 결과 대뇌 신경세포가 모인 부분인 회백질이 또래 평균보다 8~10% 적은 것으로 나타났다. 이들 아동의 대뇌에서 회백질의 양이 적은 곳은 주로 행동과 학습을 관장하는 전두엽과 측두엽이었다. 빈곤선 바로 상위에 있는 가정의 자녀는 회백질이 평균보다 3~4% 적은 것으로 조사되었다. 4인 가족기준 연소득 2,800만 원 이하의 빈곤층 아동은 표준화된 검사에서 학업성취도가 다른 어린이들보다 20% 정도 뒤처진다는 사실도 발견하였다. 또한 1~4세 영유아 77명을 대상으로 두뇌발달과 빈곤과의 관계를 조사하였다. 그 결과 출생 시는 빈곤층과 고소득층 영유아의 두뇌에 의미 있는 차이가 발견되지 않았으나 성장과정을 거치면서 소득수준이 빈곤선 200% 미만인 가정의 자녀는 고소득층의 자녀보다 회백질의 양이 적게 나타났다. 중산층의 영유아는 고소득층 영유아와 두뇌에 큰 차이는 나타나지 않았다. 이러한 결과는 빈곤이 영유아의 두뇌발달에 부정적인 영향을 미친다는 것을 입증하는 것이다.

그렇다면 빈곤이 두뇌발달을 저해하는 요인은 무엇일까? 아직 밝혀지지 않았지만 두뇌발달에 필요한 자극을 가정에서 덜 받게 되거나 교재가 부족하다는 점 등이 막연하게 거론되고 있다. 빈곤한 가정은 납이 든 페인트 같은 유해물질을 많이 사용하므로 가정보건 차원에서 그 원인을 찾으려고 노력하기도 한다.

출처 : 헤럴드 경제(2015. 8. 9).
http://news.heraldcorp.com/view.php?ud=20150809000031&md=20150810003418_BL

◆ 빈곤이 아동의 두뇌발달을 저해하는 주요 원인에 대해 생각해 봅시다.

Chapter 07

아동기 빈곤은 아동의 신체 · 사회성 · 정서 · 인지발달에 매우 부정적인 영향을 미치고 이후에 아동의 전 생애까지 심각한 문제를 유발시킬 뿐만 아니라 사회 전반에 여러 가지 문제를 야기하는 위험요소로 작용하게 된다.

이 장에서는 빈곤 및 빈곤아동의 개념을 알아보고, 우리나라 빈곤아동 현황 및 복지서비스에 대해 살펴보고자 한다. 또한 이를 바탕으로 빈곤아동을 위한 향후 복지서비스 개선방안을 제시해 보고자 한다.

1. 빈곤 및 빈곤아동의 개념

1) 빈곤의 개념

빈곤이란 매우 일상적으로 많이 사용되는 용어이지만 빈곤이 무엇인가에 대해 정의하는 것은 매우 어려운 문제이다. 그 이유는 빈곤이 시대적 · 사회적 상황에 따라 다양하게 정의되어 왔으며, 학자들 간에도 서로 다른 의미로 이해되어 왔기 때문이다. 예를 들어, 하루 세 끼를 다 먹지 못하는 사람이 빈곤한 것인가, 자동차를 소유하지 않은 사람이 빈곤한가, 하루 세 끼를 다 먹지 못하지만 자기 생활에 만족해한다면 빈곤하다고 할 수 있는가, 집과 자동차를 모두 소유하고 있으나 자기는 여전히 가난하다고 느낀다면 빈곤하다고 볼 수 있는가 등 빈곤은 다양한 개념을 포함하고 있다고 볼 수 있다(김미곤 외, 2010). 이러한 논의를 바탕으로 빈곤은 '절대적 빈곤', '상대적 빈곤', '주관적 빈곤'의 세 가지 개념으로 주로 정의된다.

(1) 절대적 빈곤

절대적 빈곤absolute poverty이란 최저생활을 유지할 수 없는 수준, 즉 인간의 생존욕구를 충족시키고 최소한의 생활을 유지하는 데 자원이나 생계비가 절대적 빈곤선에 못 미치는 상태를 말한다(학습용어사전). 즉, 인간이 삶을 살아가는 데 절대적으로 필요한 최소한의 자원인 의식주를 해결하지 못한 상태를 의미한다(서보준 외, 2013).

절대적 빈곤
인간이 생존하는 데 절대적으로 필요한 의식주를 해결하지 못한 상태를 말한다.

절대적 빈곤은 최소한 유지되어야 할 '일정한 생활수준'을 설정하고, 이러한 생활수준을 충족시키기 위한 '일정한 욕구needs'를 규정하며, 욕구 해결에 필요한 필수품 구입을 위해서 '일정한 소득수준'을 산정한다. 소득 수준이 이 기준에 미달하면 절대적 빈곤으로 규정하는 것이다(김미곤 외, 2010). 따라서 절대적 빈곤으로 규정하기 위해서는 그 수준을 산정하기 위한 빈곤에 대한 객관적이고 과학적인 기준이 마련되어야 한다. 그 기준이 바로 빈곤선poverty line으로서 빈곤 여부를 판정하는 데 준거가 되는 기준선이다.

그림 7-1 절대적 빈곤

출처 : https://www.google.co.kr

우리나라는 절대적 빈곤의 기준을 최저생계비로 정하고 있다. 보건복지부장관은 매년 국민의 소득수준과 물가상승률 등을 감안하여 다음 연도의 최저생계비를 산출하여 결정한다아동의 빈곤예방 및 지원 등에 관한 법률.

빈곤선 선정방식
- 전물량방식 : 생활필수품 구입 비용의 합 = 최저생계비
- 반물량방식 : 최소한의 식료품지출비 ×3 = 최저생계비

빈곤선은 전물량방식과 반물량방식으로 계측하여 선정한다. 첫째, 전물량방식기본적 욕구방법은 1899년 라운트리Rowntree가 영국 요크시 비숙련노동자 세대를 기준으로 빈곤을 추정한 방법이다. 인간생활의 필수품인 식품, 의복, 주거 등의 욕구를 해결하는 데 들어가는 최저한의 수준을 정하고 이를 화폐가치로 환산해서 최저생계비를 산출한다. 따라서 전물량방식에 의해 최저생계비를 계측하기 위해서는 먼저 생활필수품 목록을 선정하고, 선정된 필수품에 대한 가격 및 사용량을 결정해야 한다. 그 이후에 이것들을 구입하는 데 필요한 비용을 계산하여 추계된다. 이 방식은 사치품 및 고가품을 배제한 필수품만 선택하지만 필수품의 선택에 있어서 계측자의 가치관이 작용할 여지가 있다. 예컨대, 계측자의 가치관에 따라 카메라, 휴대폰 등이 필수품에 포함될 수도 있고 포함되지 않을 수도 있다. 그러므로 어떤 물품을 필수품으로 선정해야 하는지에 대한 검토가 먼저 이루어져야 할 필요성이 제기된다. 둘째, 반물량방식음식비 비율방법은 1965년 미국 농무성에서 전물량방식을 간소화하여 제시한 방식으로 저소득층의 최소한 식료품지출비에 3을 곱한 화폐액을 빈곤선으로 선정하는 것이다. 이 방식은 소득 대비 식표품비의 비율을 산정하는 엥겔방식과 유사한 방식이다. 반물량방식은 각 생필품에 대한 지출비를 모두 합산하는 전물량방식보다 간편하게 추계

하여 사용할 수 있지만 누구를 저소득층으로 선정하는가의 문제점과 식료품비를 많이 지출하는 가구는 빈곤가구로 전락하는 문제점을 유발하게 된다(김미곤 외, 2010).

(2) 상대적 빈곤

1970년 타운센드Townsend는 생존에 필요한 생활필수품은 절대적이라기보다 상대적인 개념이라고 보고 절대적 빈곤의 개념에 대해 비판하면서 상대적 빈곤의 개념을 제안하였다.

그림 7-2 상대적 빈곤

상대적 빈곤
한 사회에서 다른 사람(집단)에 비해 상대적으로 자원을 덜 가지게 된 상태를 말한다.

상대적 빈곤relative poverty은 동일한 사회 내에서 다른 사람들과 비교했을 때 상대적으로 생활수준이 떨어지는 상태를 말한다(학습용어사전). 즉, 한 사회에서 일부 구성원들이 기본적 욕구를 충족하였더라도 상대적으로 다른 집단에 비해 자원을 덜 가지게 되는 경우 상대적 빈곤감을 느끼게 되는 것이다(노명희 외, 2014). 최근에는 절대적 빈곤보다 상대적 빈곤의 개념을 더 많이 사용하는 경향이 있다.

상대적 빈곤을 측정하는 방식은 평균소득이나 중위소득의 40%, 50%다수설, 60%를 중심으로 이 수준 이하인 경우를 빈곤으로 정의하거나 전체 소득분포의 하위 10%, 20%를 기준으로 이 이하인 경우 빈곤선으로 정의한다(김미곤 외 2010). 상대적 빈곤은 국가와 국제기구에 따라 다르게 측정되는데, OECD국가들은 중위가구소득의 40~60% 미만, EU국가들은 평균가구소득의 40~60% 미만, 세계은행은 선진국의 경우에 평균가구소득의 50% 이하, 개발도상국은 평균가구소득의 1/3 이하인 경우에 상대적 빈곤으로 규정하고 있다(한미현 외, 2016).

(3) 주관적 빈곤

주관적 빈곤subjective poverty이란 자신이 처한 상황에서 자신의 빈곤 여부를

주관적 빈곤
개인의 주관적 평가에 기초하여 빈곤 여부를 규정한다.
주관적 빈곤 측정
- 여론조사방법
- 라이덴방법

가장 잘 평가할 수 있는 것은 바로 자기 자신이라는 전제에서 출발하는 것으로 개인의 주관적 평가에 기초하여 빈곤 여부를 규정하는 것이다(김미곤 외, 2010). 절대적 빈곤과 상대적 빈곤은 객관적인 수준을 통해 빈곤을 정의하는 반면 주관적 빈곤은 빈곤에 처한 당사자가 체감하는 수준에서 빈곤을 정의한다. 따라서 주관적 빈곤은 상대적 박탈감이나 행복감 등 개개인이 느끼는 욕구에 기반을 두고 있으며 따라서 각 개인이 느끼는 빈곤감은 다양하게 나타날 수 있다(여유진 외, 2005).

주관적 빈곤을 측정하는 방법은 여론조사방법과 라이덴Leyden방법이 가장 많이 사용된다. 첫째, 여론조사방법은 한 가구4인 가족 기준 : 부부와 자녀 2인가 한 지역사회에서 살아가는 데 필요한 최소비용이 얼마인지를 설문조사하여 나온 금액을 평균으로 산출하고 이 금액을 빈곤선으로 결정한다(정은희 외, 2013). 둘째, 라이덴방법은 사람들에게 각자 자신의 개인적 상황을 고려하여 생활하는 데 필요한 최소한의 소득minimum income이 얼마인지를 묻고 이에 응답한 최소 소득과 그 사람의 실제소득actual income 간의 관계를 분석하여 두 가지 소득이 일치하는 지점을 빈곤선으로 규정하는 것이다. 이 방법은 개인들의 실제소득이 높아지면 그 개인들이 주관적으로 인식한 최소소득도 함께 높아진다는 전제에서 비롯된다(김태성, 손병돈, 2002 ; 도미향 외, 2019).

2) 빈곤아동의 개념

빈곤아동이라는 용어는 '빈곤'과 '아동'이 합쳐진 합성어로서 '만 18세 미만의 빈곤한 아동'으로 정의할 수 있다. 우리나라의 경우 「아동의 빈곤예방 및 지원 등에 관한 법률」 제3조 제3호에서 '빈곤아동이란 생활여건과 자원의 결핍으로 인한 복지 · 교육 · 문화 등의 격차를 해소하기 위하여 지원이 필요한 아동을 말한다'고 규정하고 있다. 또한 동법 제3조 제2호에서 '아동빈곤이란 아동이 일상적인 생활여건과 자원이 결핍하여 사회적 · 경제적 · 문화적 불이익을 받는 빈곤한 상태를 말한다'로 정의하고 있다.

2. 빈곤아동 현황

우리나라 빈곤아동과 빈곤가정에 대한 현황을 살펴보면 다음과 같다.

1) 아동 빈곤율

우리나라 가구의 상대적 빈곤율과 아동빈곤율을 살펴보면 그림 7-3과 같다. 우리나라 아동빈곤율은 2006년부터 2016년까지 지속적으로 하락하는 추세를 나타내고 있다. 2016년 중위소득 40% 기준 아동빈곤율은 3.5%이고, 중위소득 50% 기준 6.7%, 중위소득 60% 기준 11.9%를 나타내고 있다. 이처럼 아동의 빈곤율 수준은 전체 인구 빈곤율에 비해 6~7.1%의 아동이 빈곤 상태에 놓여 있는 것으로 추정된다.

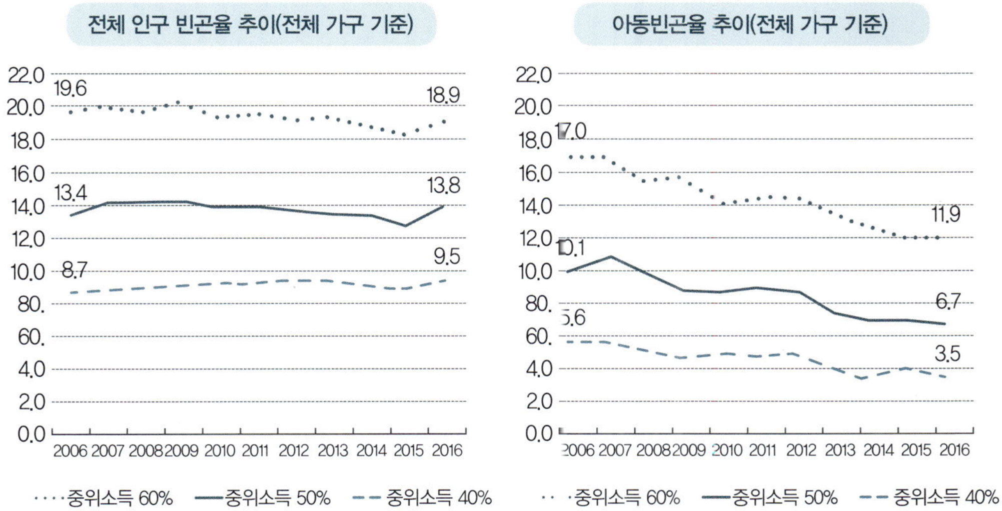

그림 7-3 전체 인구 빈곤율과 아동빈곤율 추이(균등화된 가처분소득 기준)

*전체빈곤율은 개인균등화된 가처분소득이 중위소득 50% 미만인 인구의 비율이다. 아동빈곤율은 동일한 기준을 활용해 전체 아동 대비 빈곤 아동의 수를 계산한 것이다.

*자료 : 통계청.(각연도). 가계동향조사 원자료

출처 : 여유진(2018). 아동빈곤의 현황과 정책과제.

통계청 인구추계 결과에 따르면, 2016년 기준 18세 미만 아동수는 약 867만 명으로 그림 7-3에서 산출한 아동빈곤율로 빈곤아동의 수를 추계해 보면 중위소득 40% 기준으로 약 30만 1,000명, 중위소득 50% 기준으로 58만 2,000명, 중위소득 60% 기준으로 103만 4,000명의 아동이 빈곤상태에 처해있다고 볼 수 있다. 1인 균등화된 가처분소득 10분위**전체 인구**를 기준으로 하위 10% 32만 3,000명, 하위 20%에 113만 6,000명으로 예상된다. 따라서 빈곤 또는 저소득으로 분류될 수 있는 아동은 30만 명**중위소득 40% 기준**에서 114만 명**하위 20%**으로 추정해 볼 수 있다(여유진, 2018).

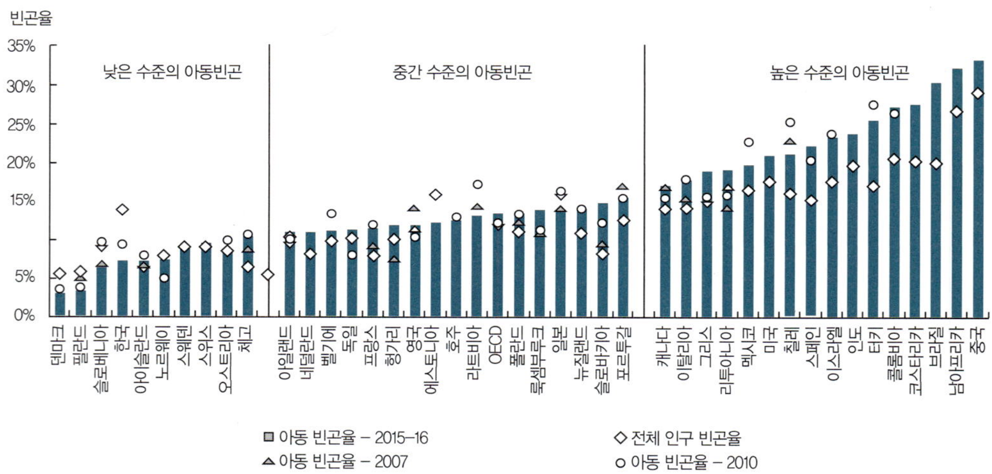

그림 7-4 아동의 상대적 빈곤율 국제비교(2014-2015년)

* 아동빈곤율은 17세 미만의 아동 중 가처분 중위소득의 50% 미만인 가정의 아동 비율을 기준으로 함.
* 2016년 이후 우리나라의 공식 통계 자료로 활용되고 있는 가계금융복지조사를 기준으로 산출함.
출처: 류정희(2020).

2016년 기준 우리나라 아동가구의 상대적 빈곤율**가처분소득, 중위소득 50% 미만**을 선진국과 비교해 보면, 우리나라 아동 빈곤율은 7.1%로 OECD 회원국과 비교해 보면 덴마크, 핀란드, 아이슬란드, 슬로베니아 다음으로 다섯 번째로 낮게 나타났고, 다른 선진국들과 비교했을 때에도 낮은 수준이며 계속적으로 하락하는 추세를 나타내고 있다.

표 7-1의 아동 가구 유형별 시장소득과 경상소득 기준 빈곤율을 살펴보면 전체 아동가구의 빈곤율은 시장소득 중위 50% 기준으로 2007년 10.6%로 가장 높았다가 2016년 기준으로 빈곤율은 6.8%로 나타나 10년간 3% 이상 감소하는 경향을 보이고 있다. 아동가구 유형 중 조손가구 및 소년소녀 가구의 빈곤율이 특히 높게 나타났고, 한부모아동 가구 역시 전체 아동가구나 기타 아동가구에 비해 빈곤율이 높게 나타났다. 연도별 등락 차이는 있지만 한부모 부자가구보다 한부모 모자가구의 빈곤율이 더 높은 것으로 나타났다(김태완, 이주미, 2017).

표 7-1 아동가구 유형별 (상대)빈곤율 추이(중위 50% 기준)

(단위 : %)

시장소득	2006년	2007년	2008년	2009년	2010년	2011년	2012년	2013년	2014년	2015년	2016년
모자가구	25.4	24.2	19.9	19.1	25.6	25.0	21.3	17.3	15.2	18.1	17.9
부자가구	18.7	21.9	32.1	29.5	16.6	14.8	24.1	25.5	22.3	17.6	17.8
조손 및 소년소녀 가구	54.8	70.3	70.2	84.4	73.9	74.6	66.5	66.0	64.5	76.6	87.1
기타가구	8.5	8.4	7.9	7.9	8.0	7.4	6.5	5.5	4.8	4.7	4.8
전체아동 가구	10.2	10.6	9.7	9.5	9.7	9.3	8.1	7.0	6.2	6.4	6.8
경상소득	**2006년**	**2007년**	**2008년**	**2009년**	**2010년**	**2011년**	**2012년**	**2013년**	**2014년**	**2015년**	**2016년**
모자가구	22.2	22.4	18.3	16.7	22.3	22.5	18.6	16.9	13.2	15.8	15.6
부자가구	21.9	17.8	30.0	28.5	16.6	2.8	24.1	25.9	20.9	16.1	12.7
조손 및 소년소녀 가구	51.2	59.9	66.3	60.1	76.3	70.5	59.5	57.8	57.0	65.1	75.8
기타가구	7.0	7.5	6.6	6.6	6.0	6.2	5.8	5.0	4.4	4.3	4.2
전체아동 가구	8.7	9.5	8.4	7.9	7.7	7.9	7.3	6.5	5.6	5.8	5.9

*1인 가구 포함, 농어가 제외
*가구가중치를 적용하여 계산함
출처 : 김태완, 이주미(2017).

표 7-2의 2018년 4,039명을 대상으로 조사한 아동종합실태조사(보건복지부, 2019)의 가구처분가능소득에 대해 살펴보면, 전체 아동가구 평균은 356.3만 원이었고, 아동의 연령이 높아질수록 소득은 높아졌으며 농어촌이 중소도시, 대도시에 비해 상대적으로 낮게 나타났다. 가처분소득이 가장 낮은 가구는 소득 50% 미만의 빈곤가구로 116만 원이었고 소득 150% 이상의 가구623.4만 원와 비교해 500만 원 이상 낮은 수준이었다(보건복지부, 한국보건사회연구원, 2019).

표 7-2 가구처분가능소득

(단위 : 만 원)

		가구처분가능소득		
		평균	SD	계(명)
전체		356.31	157.10	4,023
아동 성별	남자	361.65	165.93	2,079
	여자	350.64	146.99	1,944
아동 연령	0~2세	317.48	122.18	378
	3~5세	333.79	134.84	491
	6~8세	335.57	135.92	653
	9~11세	355.25	158.99	767
	12~17세	387.57	176.07	1,734
표본	일반	365.26	154.41	2,535
	수급	171.43	78.67	1,488
소득 수준	중위소득 50% 미만	116.00	30.96	970
	중위소득 50~100% 미만	261.88	48.68	1,647
	중위소득 100~150% 미만	397.46	55.02	1,043
	중위소득 150% 이상	623.38	143.81	363
지역	대도시	357.20	156.22	1,746
	중소도시	362.66	156.06	1,937
	농어촌	286.84	158.32	340
가구유형	양부모	366.04	152.39	3,065
	한부모 · 조손	235.93	164.59	958
맞벌이 여부	외벌이	331.08	142.16	2,267
	맞벌이	399.14	163.74	1,411
	기타	173.35	99.33	345

출처 : 보건복지부, 한국보건사회연구원(2019).

3. 지원기관 및 복지서비스

1) 아동통합서비스 지원(드림스타트)

드림스타트Dream Start는 취약계층 아동에게 맞춤형 통합서비스를 제공하여 아동의 건강한 성장과 발달을 도모하고 공평한 출발기회를 보장함으로써 건강하고 행복한 사회구성원으로 성장할 수 있도록 지원하기 위해 실시하는 서비스이다(보건복지부, 2020a).

(1) 사업추진체계

드림스타트 사업은 보건복지부가 드림스타트 정책을 총괄하고 시·도는 관할 시·군·구의 사업계획을 총괄 및 지원·관리하며, 시·군·구는 아동통합서비스 지원기관인 드림스타트를 설치·운영한다. 아동권리보장원은 사업운영 지원을 위해 모니터링하고 홍보, 후원 개발 및 연계 등의 업무를 담당한다(보건복지부, 2020a).

드림스타트의 추진 배경

- 가족해체에 따른 가족의 기능 약화
- 사회 양극화 등에 따른 아동 빈곤문제의 심각성 대두
- 빈곤은 아동발달에 악영향을 유발
- 부적절한 양육환경과 기회 불평등을 야기
- 빈곤아동에 대한 사회투자 가치의 중요성 강조
  ※ 빈곤아동에 대한 사회적 투자는 취업률, 소득 수준, 교육 성취, 복지 수급 등의 측면에서 $1 투자에 대해 최대 $16.1의 환원효과 발생(美 란드연구소, 2006)
- 아동과 가족에 초점을 둔 통합사례관리를 통해 모든 아동에게 공평한 출발 기회 보장 필요

출처: 드림스타트 홈페이지 https://www.dreamstart.go.kr

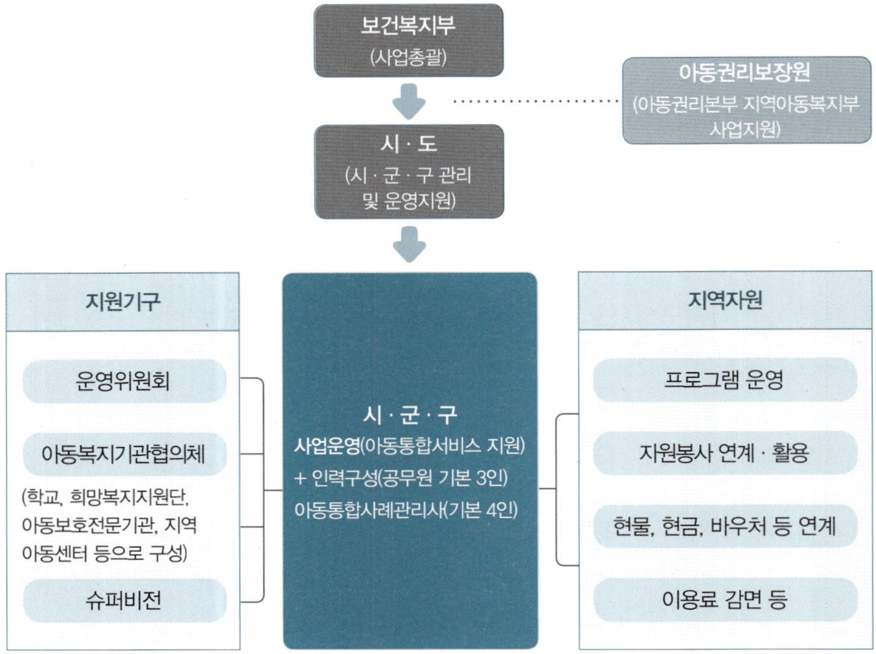

그림 7-5 드림스타트 추진체계

출처 : 드림스타트 홈페이지 https://www.dreamstart.go.kr

연도별로 사업지역 현황을 살펴보면, 다음 표 7-3과 같다. 2007년 '희망스타트 사업'의 명칭으로 16개 지역에서 시작해 2008년 '드림스타트'로 명칭을 변경하고 사업지역이 확대되어 2019년 229개소에서 사업이 이루어졌다. 향후 취약계층아동 밀집 지역부터 순차적으로 사업영역 및 지원대상을 계속 확대할 계획이다.

표 7-3 연도별 드림스타트 사업지역 현황

(단위: 개소)

연도	2007	2008	2009	2010	2011	2012	2013	2014	2015~2019
시 · 군 · 구 (사업시설 단위)	16	32	75	101	131	181	211	219	229

출처: 보건복지부(2020a).

(2) 지원대상

드림스타트 사업의 지원대상은 0세임산부부터 만 12세 이하초등학생 이하 취약계층 아동 및 가족이며, 만 13세 이상의 초등학교 재학 아동을 포함한다. 연령도래 종결시점만 12세 이후의 위기 개입, 집중사례관리 아동 중 지속사례관리 필요아동사례회의 및 지방자치단체장의 승인하에 최대 만 15세까지 연장 가능, 보호대상아동은 원칙적으로 제외하나, 해당지역 내 적절한 전달체계가 없는 경우는 지원대상으로 추가 가능하다(보건복지부, 2020a), 국민기초생활 수급자 및 차상위계층 가정, 법정 한부모 가정조손가정 포함, 학대 및 성폭력피해아동 등에 대한 우선 지원이 원칙이다(드림스타트 홈페이지).

(3) 아동통합사례관리

아동의 양육환경, 아동의 발달영역신체/건강, 인지/언어, 정서/행동 및 발달연령을 고려한 전문화된 서비스 지원을 통한 전인적 발달을 도모하고 지역사회 내의 다양한 기관 간의 팀 접근을 통해 취약계층 가족 전체의 문제 해결능력 향상을 위해 아동통합사례관리를 실시한다.

아동통합사례관리의 특징을 살펴보면, 첫째, 예방적 사례관리를 진행한다. 취약계층 아동과 가족의 위기상황과 문제에 대한 조기발견 및 개입을 통해 예방적 사례관리 체계를 구축한다. 사례관리 개입을 하지 않는다면, 장차 상황이 더 악화되어 더 큰 사회적 비용이 발생할 수 있기 때문에 사례관리는 사례에 대한 예방 효과가 있다. 둘째, 맞춤형 서비스를 제공한다. 수요자인 아동 중심의 개별화된 접근을 통해 각 아동의 욕구와 가구여건에 따른 지속적인 관리 및 맞춤형 서비스 제공한다. 셋째, 통합체계를 구축하여 운영한다. 대상아동 및 가족의 복합적인 문제를 해결하기 위해 단편적인 접근에서 벗어나 서비스의 통합, 방법론의 통합, 전달체계의 통합 등 다각적인 분야에서 통합 체계를 구축하여 지원한다. 넷째, 지역사회 서비스를 연계하고 조정하여 서비스가 이루어진다. 개별기관 중심의 서비스 제공방식이 아닌 관련 공공 · 민간 기관들 간의 밀접한 연계와 조정을 통해 서비스가 체계적으로 제공된다. 다섯째, 능동적으로 사례관리한다.

대상아동 및 가족의 자발적이고 적극적인 참여를 유도한다(보건복지부, 2020a).

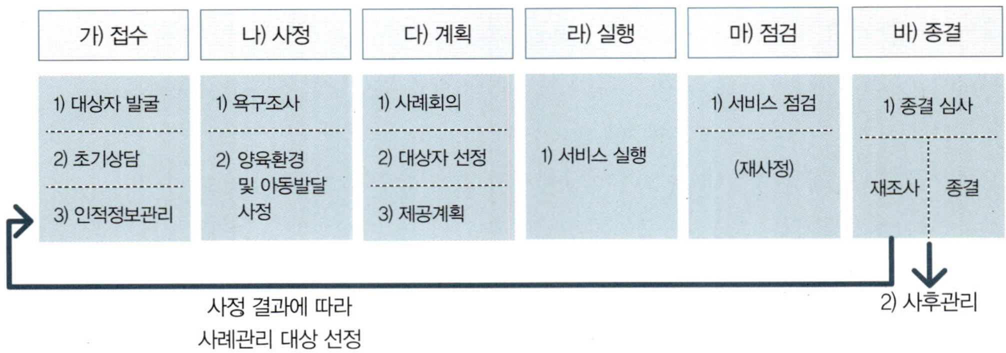

그림 7-6 드림스타트 아동통합사례관리 과정

출처 : 보건복지부(2020a).

대상자의 욕구에 따른 서비스를 통합적으로 지원하기 위해 지역사회 내 다양한 자원과 연계하여 지원한다. 지역자원 연계방식을 원칙으로 하되, 지역사회 내 자원분포 현황 등을 고려하여 드림스타트 예산만으로 서비스를 제공하는 직접 방식으로도 지원 가능하다.

서비스 유형을 기본서비스, 필수서비스, 맞춤서비스로 구분하여 운영한다. 첫째, 기본서비스는 드림스타트 사업의 고유기능인 아동통합사례관리의 기초로 모든 드림스타트 사례관리 대상에게 반드시 직접 제공하는 서비스로 가정방문을 통해 주기적으로 면담하여 대상아동을 발굴하고 현황을 조사하는 서비스이다. 둘째, 필수서비스는 아동의 전인적 발달을 지원하기 위하여 아동발달 영역별신체/건강, 인지/언어, 정서/행동, 부모/가족로 필수적인 핵심 프로그램을 말한다. 사례관리대상의 발달단계임산부, 영아, 유아, 초등 저학년, 초등 고학년 내에서 모든 필수서비스를 각 1회 이상 제공하고 부모에 대한 필수서비스부모교육는 대상자선정 시점을 기준으로 1년 이내 제공한다. 필수서비스를 제공할 때 유관기관을 활용할 수 있고 관련서비스 기관에 연계하여 프로그램을 실시하거나 서비스 기관의 강사를 드림스타트 또는 특정장소가정, 어린이집 등에 파견하여 실시한다. 셋째, 맞춤서비스는 사정결과에 따라 대상자별로 지원하며 기본 및 필수서비스 외에 제공되는 서비스이다. 지역자원 대상 아동의 사정 결과로 나타난 문제나 욕구를 고려하여 대상아동 및 가족에 대한 맞춤 지원이 이루어진다.

표 7-4 드림스타트 필수서비스 유형

대상	대상별 서비스 내용	
아동 (총 8종)	• 건강검진(성장발달스크리닝 포함) • 예방접종 • 영양교육 • 응급처치교육	• 아동권리교육 • 인터넷 중독 및 예방교육 • 소방 및 안전교육 • 학대 및 (성)폭력 예방교육
임산부 (총 2종)	• 산전 및 산후 검진 • 예비부모 교육	
부모 (총 1종)	• 자녀발달 및 양육교육	

* 영아(생후 36개월 미만)의 경우 프로그램 참여가 어려운 점을 고려하여 영양교육, 응급처치교육, 아동권리 교육, 인터넷 중독 및 예방교육, 소방 및 안전교육, 학대 및 (성)폭력 예방교육은 부모교육으로 대체 가능

* 사정 시 파악한 대상자의 문제 및 욕구와 관계없는 필수서비스의 경우 별도의 장 · 단기목표 설정 불필요

출처: 보건복지부(2020a).

표 7-5 서비스 영역별 지원내용

서비스 구분	서비스 내용	프로그램(예시)
신체 · 건강	• 아동의 건강한 성장과 신체발달 증진 • 건강한 생활을 위한 건강검진 및 예방, 치료 • 아동발달에 필요한 신체/건강 정보 제공	• 건강검진, 예방접종, 건강교육, 영양교육 등
인지 · 언어	• 아동의 의사소통 및 기초학습 능력 강화 • 맞춤형 인지/언어 서비스를 통한 아동의 강점 개발	• 기초학력검사, 기초학력배양, 경제교육, 독서지도
정서 · 행동	• 자아존중감 및 긍정적 성격 형성을 위한 정서발달 서비스 제공 • 사회성 발달 및 아동 권리 신장을 위한 교육	• 사회성발달프로그램, 아동학대예방, 심리상담 및 치료, 돌봄기관 연계

서비스 구분	서비스 내용	프로그램(예시)
부모 · 가족	• 부모자녀 상호작용 및 적합한 교육환경을 위한 부모 역량 강화 • 부모의 유능감 및 자존감 강화 • 부모의 양육기술 지원 • 임산부의 건강한 출산 및 양육 지원	• 부모교육, 가족상담 및 치료, 부모취업지원, 산전산후관리 등

출처 : 아동권리보장원 홈페이지 http://www.ncrc.or.kr

(4) 인력 구성 및 업무

드림스타트의 운영 책임은 시장, 군수, 구청장에게 있으며, 드림스타트를 운영하기 위해서 전담공무원 최소 3인과 사회복지, 보건간호, 보육교육의 전문분야에서 활동할 아동통합사례관리사를 기본 4인 배치하여 구성한다.

표 7-6 인력구성 및 업무

구성	전문분야	인원	담당업무
공무원 (6급 이상, 팀장)	행정, 사회복지, 보건(간호)	최소 3인	• 운영 및 관리 총괄 • 시군구 드림스타트 사업운영 및 행정예산관리 총괄 • 취약계층 아동가구 조사, 서비스 기획조정 및 서비스 제공 총괄 • 지역사회자원 발굴 연계 및 행복e음 승인 등 자원 총괄 관리 • 담당자 대상 주 1회 이상의 사례회의 주관 • 조직구성원의 역량 강화 및 사례관리 협력체계 관리 • 수행인력 관리 • 월 1회 기본서비스(가정방문) • 업무 관련 협의회 참석 등
공무원 (팀장 외)	사회복지		• 지역 내 복지 자원 발굴 및 연계망 구축 ※ 지역자원 발굴 등은 반드시 공무원 인력이 담당 • 맞춤형 정서 및 사회성 발달 서비스 기획 및 운영 • 자원봉사자 및 학교연계 프로그램 관리 등 • 취약계층 아동가구 조사 • 월 1회 기본서비스(가정방문)
	보건(간호)		• 지역 내 보건 자원 발굴 및 연계망 구축 • 보건소 연계 프로그램 관리 등 ※지역자원 발굴 등은 반드시 공무원 인력이 담당 • 맞춤형 보건프로그램 기획 및 운영 • 의료 개입 및 응급 지원 서비스 등 • 취약계층 아동가구 조사 • 월 1회 기본서비스(가정방문)

구성	전문분야	인원	담당업무
공무원 (팀장 외)	행정 (보육)	최소 3인	• 지역 내 보육(교육) 자원 발굴 및 연계망 구축 ※ 지역자원 발굴 등은 반드시 공무원 인력이 담당 • 맞춤형 보육(교육) 프로그램 기획 및 운영 • 취약계층 아동가구 조사 • 월 1회 기본서비스(가정방문)
아동통합사례관리사	사회복지	기본 4인	• 아동통합사례관리 • 정서 및 사회성 발달 프로그램 지원
	보건 (간호)		• 아동통합사례관리 • 건강, 영양 등 방문 보건프로그램 지원
	보육 (교육)		• 아동통합사례관리 • 보육/조기교육 프로그램 지원 • 가정방문 조기교육 수행/관리 등

출처 : 보건복지부(2020a).

2) 디딤씨앗통장

빈곤아동은 성인기까지 발달에 부정적 영향을 받으며, 성인으로 사회에 진출할 때 필요한 자립자산 부족으로 여러 가지 어려움에 처하게 된다. 이러한 취약계층 아동들이 자립자금을 마련하여 건전한 사회인으로서 사회에 진출할 수 있도록 도움을 주고자 아동발달지원계좌CDA: Child Development Account사업을 2007년 4월부터 시행하고 있다.

'디딤씨앗통장'이라는 명칭은 국민에게 쉽게 다가가기 위해 명칭 공모전을 거쳐 아동발달지원계좌의 대국민 브랜드로 2009년부터 사용되고 있다(보건복지부, 2020b).

디딤씨앗통장
- 디딤씨앗통장은 아동의 새 희망과 큰 꿈을 실현하는데 디딤이 되는 종자돈(Seed Monney)이 됨을 의미한다.
- 디딤씨앗통장은 아동발달지원계좌의 대국민 브랜드

(1) 목적

디딤씨앗통장은 취약계층 아동의 사회진출 시 학자금 · 취업 · 주거마련 등에 소요되는 초기비용 마련을 위한 자산형성을 적극적 · 장기적으로 지원하기 위한 사업이다(보건복지부, 2020b).

아동의 건전한 육성과 발달을 실현하고 아동의 완전한 경제적 자립 및 빈곤의 대물림을 예방하며 아동에게 보다나은 사회출발 여건을 제공하기 위한 자산형성 지원한다. 개인 및 기업을 통한 효과적인 자원개발과 우리 사회의 기부문화 정착시키는데 일조를 하고 있다.

(2) 지원대상

디딤씨앗통장의 지원대상은 만 18세 미만 보호대상아동으로서 아동복지시설 아동양육시설, 공동생활가정 보호아동, 가정위탁 보호아동, 장애인생활시설 아동, 소년소녀가정 아동이다. 또한 중위소득 40% 이하의 국민기초생활수급가구생계, 의료급여의 만 12세부터 17세까지 아동 중 신규로 선정하여 만 18세 미만까지 지원하고, 가정회복으로 중도에 가정으로 복귀하는 아동과 기초생활수급가구 아동의 해당 가정이 디딤씨앗통장 가입 후 중위소득 40%를 초과하게 되더라도 계속적으로 지원한다(보건복지부, 2020b; 복지로 홈페이지; 아동권리보장원 홈페이지).

(3) 지원내용

디딤씨앗통장은 저소득층 아동의 자산형성 지원사업으로 대상 아동이 후원자 또는 보호자의 도움 등으로 월 5만 원 내에서 일정 금액을 적립하면 국가지자체가 월 5만 원 내에서 동일한 금액으로 1:1 매칭 지원한다. 5만 원 적립 후 월 45만원연간 540만 원내에서 추가 적립 가능하며, 추가 적립액에 대한 국가 매칭은 없으며, 지원기간은 보호대상아동 및 기초생활수급가구 아동의 경우 가입 시부터 만 18세 미만까지 지원한다. 단 아동계좌는 만 24세까지 저축이 가능하다.

디딤씨앗통장의 적립금은 아동이 만 18세만기 이후 학자금, 기술자격 및 취업훈련비용, 창업지원금, 주거마련 지원 등 자립을 위한 용도에 한하여 사용 가능하며 만 24세까지 학자금 · 기술자격 취득 · 주거 마련 등 자립 사용 용도가 발생하지 않은 경우에는 만 24세 도달 시 사용 용도 제한 없이 아동적립금 및 정부매칭지원금의 지급이 가능하다(보건복지부, 2020b; 복지로 홈페이지; 아동권리보장원 홈페이지).

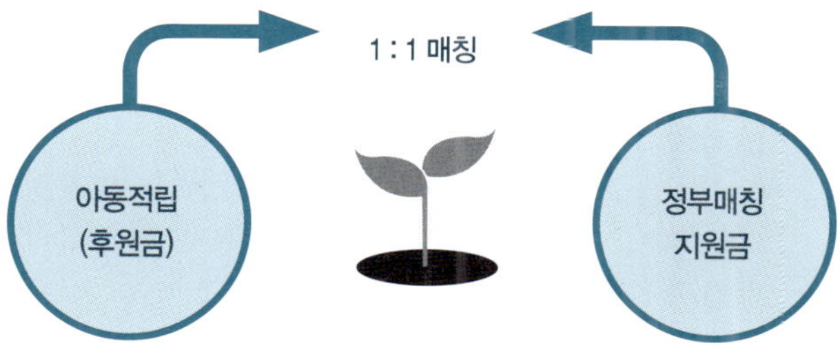

그림 7-7 디딤씨앗통장

출처 : 아동권리보장원 홈페이지 http://www.ncrc.or.kr

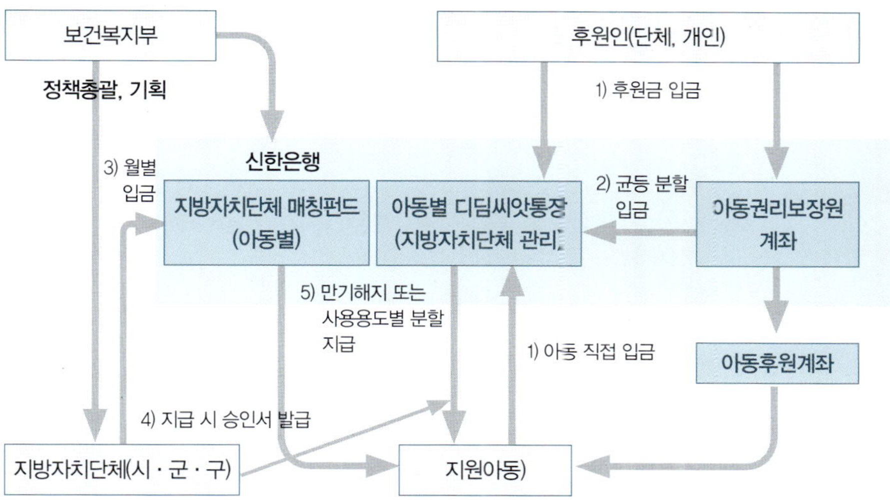

그림 7-8 디딤씨앗통장(CDA) 계좌 운영절차

출처 : 아동권리보장원 홈페이지 http://www.ncrc.or.kr

표 7-7 디딤씨앗통장 적립금 세부 사용 용도

구분	사용항목	사용조건
① 학자금	• 전문학사 학위인정기관* • 2(3)년제 대학 • 4년제 대학 • 대학원	• 입학금, 등록금, 대학 기숙사비 • 대학(대학원) 수학 관련 주요 비용 • 대학 생활지원비(대학합격증, 재학증명서 등 증빙) – 생활비는 디딤씨앗 적립예금의 인출에 한함(정부 매칭금 제외)

구분	사용항목	사용조건
② 기술자격 및 취업훈련 비용	• 국가자격증 • 국제자격증 • 국가고시 • 학원등록금	• 민간자격증은 제외하되 관련 법령에 의한 민간자격증은 가능 ※ 한국직업능력개발원 민간자격 정보서비스 참조 (http://www.pqi.or.kr 접속 후 공인민간자격 검색) • 취업관련 자격증에 한함 • 학원등록금은 운전면허증 등 기술자격 취득 및 취업훈련을 위한 경우 • 온라인 강의 수강료 사용 가능 ※ 아동의 특성에 따라 회수 제한이 필요한 경우 제한 가능
③ 창업 지원금	• 사무실 보증금 • 장비구입비 • 시설 설치비	• 창업전문기관 등의 의견청취 및 확인 등을 통해 사업 타당 여부 검토
④ 주거마련 지원	• 임대아파트 보증금 • 전세금, 주택구입자금 • 월세	• 주거공간 마련 관련 주요 비용에 한함 • 월세는 6개월 이상의 계약기간 요구
⑤ 의료비 지원	• 진료비, 입원비 • 재활치료비 • 기타 의료비	• 질병이 있는 아동의 경우 완쾌 시까지 지원 가능
⑥ 결혼지원	• 결혼 및 결혼생활 비용 지원	• 안정된 결혼(가정)생활 유지를 위해 지원 ※ 혼인신고서류 등 결혼증명 서류 제출(사후 지원가능)
⑦ 기타	• 아동 자립지원을 위해 적립금 사용이 필요하다고 시 · 군 · 구청장이 인정하는 경우 ※ 시 · 군 · 구청장은 사용 승인 전에 필요한 경우 관련 전문가, 아동복지시설 · 장애인시설(기관)장, 아동위원 및 보호자 등의 의견을 들을 수 있음	

*전문학사 학위 인정 기관 : 「학점인정 등에 관한 법률」에 의거하여 교육부 장관이 대통령령으로 정하는 평생교육시설, 직업교육훈련기관 등

출처 : 보건복지부(2020b); 아동권리보장원 홈페이지 http://www.ncrc.or.kr

(4) 디딤씨앗통장 현황

디딤씨앗통장 개설 아동 유형별 현황을 살펴보면, 다음 표 7-8과 같다. 2019년 12월을 기준으로 총 8만 770명이 디딤씨앗통장을 개설하여 지원받는 것으로 나타났다. 이 중 기초생활수급가정 아동이 5만 5,728명으로 가장 많이 개설하였고, 다음으로 시설보호아동이 1만 1,424명, 가정위탁아동이 6,844명, 가정복귀아동 2,934명, 공동생활가정아동 2,553명, 장애인시설아동 1,103명, 일시보호아동 148명, 소년소녀가정아동 36명 순으로 개설하였다(아동권리보장원 홈페이지).

표 7-8 디딤씨앗통장 개설 아동 유형별 현황(2019년 12월 기준)

(단위: 명, %)

구분	합계	시설보호아동	일시보호아동	가정위탁아동	소년소녀가정아동	공동생활가정아동	장애인시설아동	가정복귀아동	기초생활수급가정아동
지원아동	80,770 (100%)	11,424 (14%)	148 (1%)	6,844 (2%)	36 (0%)	2,553 (3%)	1,103 (1%)	2,934 (4%)	55,728 (69%)

출처 : 아동권리보장원 홈페이지 http://www.ncrc.or.kr

디딤씨앗통장 2020년 기준 총 저축액은 5,396억 원정부지원 2,218억 원을 달성하였다. 아동저축액은 2012년 670억 원, 2018년 2,223억 원으로 증가하였고 정부매칭지원금도 2012년 527억 원, 2018년 1,624억 원으로 증가하였다.

표 7-9 디딤씨앗통장 저축금액

(단위 : 억 원)

구분	2012년	2013년	2014년	2015년	2016년	2017년	2018년
아동 저축액	670	854	1,061	1,246	1,563	1,861	2,228
정부 매칭 지원금	527	660	807	970	1,150	1,369	1,624
합계	1,197	1,514	1,868	2,216	2,713	3,230	3,852

출처 : 아동권리보장원 홈페이지 http://www.ncrc.or.kr

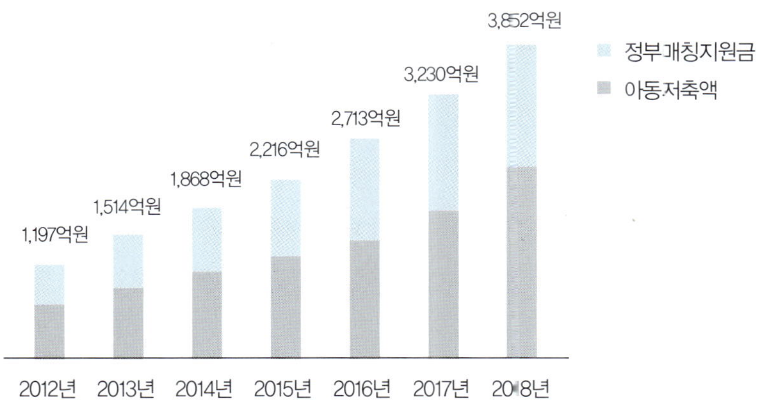

그림 7-9 디딤씨앗통장 저축금액

출처 : 아동권리보장원 홈페이지 http://www.ncrc.or.kr

아동권리보장원의 후원모금액과 지급액을 표 7-10에서 살펴보면, 2008년 후원모금액 9억 원, 지급액 7억 7,000만 원에서 2019년 각각 53억 원, 47억 5,000만 원으로 약 6배 정도 증가한 것으로 나타났다. 디딤씨앗통장으로 개인 및 기업의 효과적인 자원개발과 더불어 우리 사회의 새로운 기부문화를 정착시키는데 중요한 역할을 하고 있다고 평가할 수 있다.

표 7-10 아동권리보장원 디딤씨앗지원사업후원금 모금 및 배분 현황

(단위: 억 원)

구분	2008년	2010년	2012년	2014년	2016년	2018년	2019년
후원 모금액	9.0	22.4	30.3	41.5	51.4	59.5	53.0
후원금 지급액	7.7	22.6	32.4	40.5	49.9	55.0	47.5

출처: 아동권리보장원 홈페이지 http://www.ncrc.or.kr

3) 지역아동센터

지역아동센터는 1984년부터 민간에서 운영하던 '공부방'의 명칭을 변경한 것으로 방과 후 돌봄이 필요한 지역사회 아동의 건전육성을 위하여 보호·교육, 건전한 놀이와 오락의 제공, 보호자와 지역사회의 연계 등 종합적인 복지서비스를 제공하기 위한 것이다(보건복지부, 2020c).

(1) 이용아동

지역아동센터 이용아동은 지역 내 방과 후 돌봄서비스를 필요로 하는 18세 미만의 돌봄취약아동이 그 대상이다. 돌봄취약아동은 선정기준에 따른 소득기준, 가구특성기준, 연령기준을 모두 만족하는 경우의 아동 또는 돌봄특례에 해당하는 아동을 의미한다. 연령기준을 만족하는 일반아동도 지역아동센터를 이용할 수 있고 3명 이상 다자녀 가족의 아동 및 맞벌이 가정의 아동도 포함된다. 다만 동시 입소신청 시 가구특성기준에 해당하는 아동은 연령기준만 만족하는 아동보다 이용순위를 우선한다.

이용대상 아동의 선정기준은 소득기준, 가구특성기준, 연령기준, 돌봄특례기준에 따라 가구원수별 기준 중위소득 100% 이하이고 만 18세 미만의 초등학교 및 중학교 재학 중인 아동을 지원한다, 국민기초생활수급자 아동, 차상위계층아동, 다문화가족의 아동, 등록장애인이 있는 가족의 아동, 조손가족 아동, 한부모가족의 아동, 3명 이상 다자녀가족의 아동, 맞벌이 가정의 아동 등이다(보건복지부, 2020c; 복지로 홈페이지).

지원대상 아동 선정 기준

가구원수별 기준 중위소득 100% 이하이고 만 18세 미만의 초등학교 및 중학교에 재학중인 아동을 지원

- **(소득기준)** 중위소득 100% 이하
- **(가구특성기준)** 국민기초생활(생계, 의료, 주거, 교육급여) 수급권자, 차상위계층 가정의 아동 일부, 다문화가족의 아동, 등록장애인이 있는 가족의 아동, 조손가족의 아동, 한부모가족의 아동, 3명이상 다자녀가족의 아동, 맞벌이 가정의 아동 등
- **(연령기준)** 초등학생 및 중학생 연령대 중심으로 선정, 이용 중 아동이 고등학교 진학 시에 이용 가능

출처: 보건복지부(2020c).

(2) 운영 및 예산 지원

지역아동센터 운영시간은 월요일부터 금요일까지 주 5일, 1일 8시간 이상을 상시 운영하여야 하고, 학교의 학기 중 오후 2시부터 7시까지, 방학기간에는 오후 12시부터 5시까지 필수적으로 운영하여야 한다. 정부는 기본운영비를 개소별 아동정원 및 법정종사자 수에 따라 월 488~719만 원까지 차등적으로 지원한다.

표 7-11 기본운영비 지원

정원구분		법정종사자 수	월 기준액
10~19인 이하	동 지역	2명	4,880천 원
	읍면 지역	2명	5,040천 원
20~29인 이하	동 지역	2명	5,160천 원
	읍면 지역	2명	5,320천 원
30인 이상		3명	7,190천 원

* 10인 미만 시설은 2,940천 원의 범위 내에서 지자체가 결정
* 시도 또는 시군구청은 지역별 특성 또는 상황에 맞는 운영비 추가지원 권고
* 법정종사자란 아동복지법 시행령 [별표14]에 따라 반드시 배치해야 하는 종사자인 시설장과 생활복지사를 말함
출처: 보건복지부(2020c).

(3) 지원서비스 내용

아동보호**안전한 보호, 급식 등**, 교육 기능**일상생활 지도, 학습능력 제고 등**, 정서적 지원**상담, 가족지원**, 문화서비스**체험활동, 공연** 등으로 지역사회 내 아동돌봄에 대한 사전예방적 기능 및 사후 연계를 제공한다(아동권리보장원 홈페이지).

프로그램은 기본프로그램과 특화프로그램으로 구성되고, 기본프로그램은 보호 · 교육 · 문화 · 정서지원 · 지역사회연계 영역으로 구성되며, 특화프로그램은 지역사회 특수성 및 주요대상의 특성을 고려하여 맞춤형 운영프로그램으로 운영한다.

표 7-12 지역아동센터 프로그램

영역 (대분류)	세부영역 (중분류)	세부프로그램 (소분류)	프로그램 예시 (시설별 선택 운영)
보호	생활	일상생활관리	센터생활적응지도, 일상생활지도, 일상예절교육, 부적응아동지도 등
		위생건강관리	위생지도, 건강지도 등
		급식지도	급식지도, 식사예절교육 등
	안전	생활안전지도	저녁돌봄 등
		안전귀가지도	안전귀가지도, 생활안전지도 등
		5대 안전의무교육	교통안전, 실종유괴예방, 약물오남용예방, 재난대비, 성폭력예방 등

<table>
<tr><th>영역
(대분류)</th><th>세부영역
(중분류)</th><th>세부프로그램
(소분류)</th><th>프로그램 예시
(시설별 선택 운영)</th></tr>
<tr><td rowspan="6">교육</td><td rowspan="2">학습</td><td>숙제지도</td><td>숙제지도, 학교생활관리 등</td></tr>
<tr><td>교과학습지도</td><td>수준별 학습지도, 온라인교육(IPTV학습 등), 학습부진아 특별지도 등</td></tr>
<tr><td rowspan="2">특기적성</td><td>예체능활동</td><td>미술, 음악, 체육지도 등</td></tr>
<tr><td>적성교육</td><td>진로지도, 적성교육(독서, 요리, 과학 등) 등</td></tr>
<tr><td rowspan="2">성장과
권리</td><td>인성 · 사회성 교육</td><td>인성교육, 사회성교육 등</td></tr>
<tr><td>자치회의 및 동아리 활동</td><td>자치회의, 동아리 활동 등</td></tr>
<tr><td rowspan="4">문화</td><td rowspan="2">체험활동</td><td>관람 · 견학</td><td>공연 및 연극 관람, 박물관 등 견학 등</td></tr>
<tr><td>캠프 · 여행</td><td>체험활동, 캠프 및 여행 등</td></tr>
<tr><td rowspan="2">참여활동</td><td>공연</td><td>공연 등</td></tr>
<tr><td>행사(문화/체육 등)</td><td>전시회, 체육대회 등</td></tr>
<tr><td rowspan="5">정서
지원</td><td rowspan="3">상담</td><td>연고자 상담</td><td>부모 및 가족상담, 연고자 상담 등</td></tr>
<tr><td>아동 상담</td><td>아동상담 등</td></tr>
<tr><td>정서지원 프로그램</td><td>정서지원 프로그램 등</td></tr>
<tr><td rowspan="2">가족지원</td><td>보호자교육</td><td>보호자교육 등</td></tr>
<tr><td>행사 · 모임</td><td>부모소모임, 가정방문 등</td></tr>
<tr><td rowspan="3">지역
사회
연계</td><td>홍보</td><td>기관홍보</td><td>기관홍보 등</td></tr>
<tr><td rowspan="2">연계</td><td>인적연계</td><td>자원봉사활동, 인적결연후원,
후원자관리 등</td></tr>
<tr><td>기관연계</td><td>지역조사와 탐방, 전문기관 연계
복지단체 연계 등</td></tr>
</table>

출처 : 보건복지부(2020c).

(4) 지역아동센터 현황

2018년 기준으로 신고 · 운영 중인 전국의 지역아동센터는 총 4,211개소, 이용 아동수는 10만 9,610명으로 조사되었다. 2004년 395개소로 시작하여 지역아동센터 수가 점차 증가하고 있다.

표 7-13 연도별 지역아동센터 시설 현황

(단위: 개소)

년도	2004	2007	2010	2013	2016	2017	2018
전체	895	2,618	3,690	4,061	4,107	4,189	4,211

출처: 보건복지부(2019).

표 7-14에서 2018년 12월 말 기준 총 4,211개소의 지역아동센터를 이용한 아동 수는 10만 9,610명으로 나타났으며, 2017년 10만 8,578명에 비해 1,032명 1.0% 증가하였다. 2004년 2만 3,000여 명이었던 지역아동센터 이용 아동이 2018년에 약 4.7배 정도가 증가한 것으로 나타났다. 2018년 기준으로 한 센터당 평균 26.5명의 아동이 이용하고 있는 것으로 조사되었다.

표 7-14 연도별 지역아동센터 이용 아동현황

(단위: 명)

년도	2004	2007	2010	2013	2016	2017	2018
전체	23,347	76,229	100,233	109,066	106,668	108,578	109,610

출처: 보건복지부(2019).

2018년 12월 말 기준 성별에 따라 지역아동센터 이용아동 현황에 대해 알아보면, 남학생이 5만 5,873명, 여학생 5만 3,737명으로 여학생보다 남학생이 더 많이 이용한 것으로 나타났다. 학년별 이용 아동 수는 초등학교 고학년 남학생 2만 2,427명, 여학생 2만 1,636명, 총 4만 4,063명으로 가장 많았고, 다음으로 초등학교 저학년 남학생 2만 2,214명, 여학생 2만 1,224명, 총 4만 3,438명으로 나타났다. 초등학생은 전체 이용 아동 수의 79.8%를 차지하는 것으로 나타났고 전년 대비 초등학생 수가 증가한 것은 2017년부터 일반아동의 이용 기준을 확대하였기 때문인 것으로 볼 수 있다(보건복지부, 2019).

4) 빈곤아동 복지서비스의 개선 방안

빈곤아동을 위한 다양한 복지서비스가 적절한 시기에 적합한 수준으로 이루어지는 것은 매우 중요하다. 최근 「아동의 빈곤예방 및 지원 등에 관한 법률」이 시행되어 빈곤아동에 대한 법률적 보호망과 서비스 확대가 이루어졌다. 그러나 빈곤아동을 위한 복지서비스가 미치지 않는 사각지대가 여전히 존재하고 있고, 현실적인 지원을 위하여 더 적극적이고 체계적인 대책이 마련되어야 할 것이다.

(1) 아동수당제도 확대

현재 정부는 국민기초생활보장제도 수급가정 아동, 소년소녀가정 아동, 한부모가정 아동, 조손가정 아동 등에게 매월 생계급여, 교육급여 등 다양한 경제적 지원을 하고 있다. 또한 아동양육에 따른 경제적 부담을 경감하고 아동의 건강한 성장 환경을 조성하여 아동의 기본적 권리와 복지 증진을 위해 2018년 아동수당제도가 도입되었고 2019년 9월부터 만 7세 미만의 모든 아동에게 월 10만원씩 지급하고 있다(아동수당 홈페이지). 그러나 현실적으로 이러한 지원이 빈곤아동이 건강한 삶을 살아가기 위해서는 부족한 브분이 많다고 볼 수 있으며 아동이 인간답고 건강한 생활을 할 수 있도록 수당금액이 상향조정되어 현실적인 지원이 이루어져야 할 필요가 있다.

한편 0~5세 영유아가구는 누리과정 수당 및 양육수당, 아동수당 등이 지원되고 있지만 대부분의 지원이 어린 영유아에게 초점이 맞추어져 있어 청소년은 상대적으로 많은 부분 지원에서 제외되고 있는 실정이다. 따라서 현재 만 7세 미만 아동에게 지원되는 아동수당을 만 18세 미만의 모든 아동에게 지원할 수 있도록 아동수당제도의 지원 연령범위를 확대할 필요가 있고, 아동수당의 지원수준이 아동의 기본생활이 보장될 수 있도록 현실성 있게 상향조정되어야 할 것이다.

(2) 조기 개입 및 투자 확대

아동기가 신체, 정서, 사회성, 인지 발달에 있어 결정적 시기라는 점에서 아동기 때의 빈곤경험은 매우 심각한 부정적 영향을 미친다. 빈곤아동은 비빈곤아동보다 건강상태가 나쁘고 저체중, 잦은 질병을 앓을 확률도 높으며, 정서행동상의 문제나 충동성, 우울증을 더 많이 경험하게 된다. 또한 아동이 빈곤을 경험한 시기가 더 어릴수록, 오랫동안 빈곤을 경험할수록, 빈곤수준이 더 심각할수록 아동빈곤의 결과는 더 부정적인 영향을 미칠 수 있다. 또한 아동빈곤은 발달 및 기회의 박탈을 초래하고 이러한 기회박탈이 성인기 과업과 결과물에까지 장기적인 영향을 미치며 빈곤의 악순환을 초래한다(김효진, 2008). 따라서 아동빈곤을 최대한 예방할 수 있는 지원책을 마련하여 시행해야 한다. 즉, 아동빈곤을 예방하기 위해 빈곤아동에 대해 조기 개입 및 투자를 실시하여 통합적인 서비스를 지원하는 것이다. 대표적인 지원책으로는 빈곤아동에게 보건, 복지, 교육서비스를 통합적으로 제공하는 드림스타트가 있다. 유엔아동권리위원회의 권고에 의해 취약계층 아동의 건강한 성장과 발달을 도모하고 공평한 출발기회를 보장하여 빈곤의 대물림을 방지하기 위한 드림스타트 사업을 추진하고 있다. 따라서 기존의 드림스타트 사업을 확대 실시하여 서비스의 사각지대가 발생하지 않도록 하여야 할 것이다.

지역아동센터의 경우에도 지역사회 내 돌봄취약계층 아동을 발굴하여 양질의 돌봄을 제공함으로써 빈곤으로 인한 발달의 악영향을 예방할 수 있도록 하며 지역아동센터의 재원을 충분히 확보할 수 있는 방안을 마련해야 할 것이다.

또한 빈곤아동을 각종 정책의 지원대상으로 발굴할 수 있도록 노력하고 다양한 지원기관 간 차별성 있는 서비스 제공으로 연계성 있고 통합적인 지원이 보장되어야 한다(허선, 2016).

(3) 빈곤가정의 부모 지원방안 확대

빈곤아동을 감소시키기 위한 원천적인 방법은 빈곤가정의 소득을 보충해주는 것이 중요하다. 따라서 정부는 빈곤아동 가정의 소득증대를 위해 아동가정의 가족구성원이 소득을 증대할 수 있도록 경제활동 참여를 촉진하는 노동시장정책을 실시하며, 여성을 위한 일자리 창출에 대해서도 적극적으로 지원해야 한다.

또한 차상위 아동에 대한 급여 확대와 선정기준에서 차상위기준의 상향 조정이 검토될 필요가 있다. 차상위기준에서 전반적인 박탈이 발생하는 비율이 높게 나타나고 있으므로 아동 빈곤 관련 많은 정책과 제도가 효과성을 발휘하도록 하기 위해 차상위기준의 상향 조정이 추진될 필요가 있다(여유진, 2018). 사각지대 빈곤아동 모두에 대해 지원하기 위해서 아동급여아동부조의 도입을 검토해야 할 필요성이 제기된다. 아동급여아동부조는 빈곤가구의 아동 모두에게 학교를 다니는 것과 상관없이 부가급여로서 현금을 제공하는 제도이다. 이는 교육급여 수급자가 아닌 빈곤아동까지 지원하는 것이므로 복지사각지대에 있는 아동에게도 매우 유용한 지원책이 될 것이다.

그러나 한편으로는 현재의 주요한 빈곤정책은 빈곤선을 기준으로 부족한 부분만큼 소득을 보충하는 방식으로 제공되고 있지만 소득을 보충하는 방식이 생활상의 필요한 기본적인 욕구들을 채울 수 있는 소비로 연결되지 않는 경우가 많다. 예를 들어, 가구원의 수가 많거나 가족 중 의료서비스를 받아야 하는 가구원이 존재할 경우 국가로부터 다양한 지원을 받더라도 소득이 그 가구의 기본적인 욕구를 충족시켜줄 수 없다. 즉, 빈곤가구마다 소득에 대한 지출 상황이 다르기 때문에 빈곤상황이 개선될 여지가 없을 수도 있는 것이다. 따라서 소득을 보충하는 방식의 빈곤정책보다는 각 영역과 관련한 현물이나 서비스를 제공하는 프로그램들로 지원되는 것이 빈곤가정의 생활을 개선하는 데 더 효과적이라고 할 수 있다(정은희 외, 2013).

이를 종합해 볼 때, 빈곤가정에 대해 소득 보충과 함께 현물이나 서비스를 제공하는 상호 보완적 방식으로 지원이 이루어진다면 그 효과가 극대화 될 수 있을 것이다. 정부는 빈곤가정을 효율적으로 지원할 수 있는 다양한 방안을 마련하여 빠른 시일 내에 지원이 이루어질 수 있도록 법과 제도를 개선 · 보완하여야 할 것이다.

추천 영화 및 도서

영화

바람을 길들인 풍차소년

- 감독 : 치웨텔 에지오포
- 주연 : 치웨텔 에지오포, 맥스웰 심바
- 개봉 : 2019. 1.
- 줄거리 : 아프리카 말라위에 가뭄이 들어 마을 주민들이 가난에 시달리는 것을 보게 된 소년 캄팜바, 가난한 마을에 전기를 공급하겠다는 꿈을 키우며 풍차를 만들게 된다. 풍차로 가난과 굶주림을 이겨내려 했던 소년의 실화를 바탕으로 만든 영화이다.

어느 가족

- 감독 : 고레에다 히로카즈
- 주연 : 릴리 프랭키, 안도 사쿠라, 마츠오카 마유, 키키 키린
- 개봉 : 2018. 7.
- 줄거리 : 할머니의 연금과 물건을 훔치며 가난하지만 행복하게 살아가는 어느 가족. 우연히 길에서 한 소녀를 발견하게 되어 함께 살게 된다. 뜻밖의 사건으로 가족이 뿔뿔이 흩어지게 되면서 각자의 숨겨진 사연이 소개된다. 이들은 원래 가족이 아니었지만 가족이 되었다. 가족의 의미를 되새겨 보게 하는 영화이다.

플로리다 프로젝트

- 감독 : 션 베이커
- 주연 : 윌렘 데포, 브루클린 프린스, 브리아 비나이트
- 개봉 : 2018. 3.
- 줄거리 : 미국 디즈니월드 맞은편 모텔에서 장기 숙박하며 정부보조금으로 가난하게 생활하는 엄마 핼리와 6살 무니. 무니는 친구들과 모텔촌 곳곳을 돌아다니며 위험한 장난과 행동을 하게 되고 부모님의 보살핌을 받지 못하고 자라는 아이들의 생활모습을 보여준다. 아름다운 영화의 장면 및 색감과는 대비되는 모녀의 아픈 현실을 그려내고 있다.

도서

지하세계 아이들

- 지은이 : 프랑수아즈 제(최장수 역)
- 출판사 : 자음과 모음
- 출간일 : 2012. 4.
- 줄거리 : 부모님을 잃은 17세 이리엘과 5살 조드는 버려진 비행기에서 살고 있다. 빈곤과 폭력이 난무한 세상에서 절대 삶을 포기하지 않는 아이들과 배움을 통해 극복하고자 하는 아이들의 의지가 돋보이는 영화이다.

산체스네 아이들

- 지은이 : 오스카 루이스(박현수 역)
- 출판사 : 이매진
- 출간일 : 2013. 8.
- 줄거리 : 멕시코시티의 빈민가에서 살아가는 어느 가족의 실제 이야기를 인터뷰하고 기록한 책이다. 산체스네 가족의 이야기 속에서 빈곤의 사회적 조건, 구조의 문제, 욕망, 기대 좌절을 그대로 보여준다.

빈곤의 광경

- 지은이 : 소노 아야코(오근영 역)
- 출판사 : 리수
- 출간일 : 2014. 11.
- 줄거리 : 저자가 직접 NGO 구호활동을 체험하면서 기록한 NGO와 빈곤에 관한 보고서로 우리의 상식으로 이해할 수 없는 빈곤의 처참한 모습들을 그대로 보여주고 있다. 빈곤이 낳은 또 다른 빈곤의 반복 속에서 우리가 빈곤한 아동들을 도와야 하는 이유를 밝히고 있다.

본 장을 정리하며 : 생각수업 2

곰팡내 나는 방 한 칸에 네 식구가...9.5평에 갇힌 슬픈 아이들

경기도의 어느 영구임대주택. 할아버지, 할머니, 중학생, 초등학생 손자가 9.5평의 집에서 살고 있다. 4식구에 방이 하나이다. 지적장애가 있는 큰손자가 할아버지와 갈등이 심해 일주일에 3일 정도는 친한 이웃집에서 잠을 자고, 혹여 지방에서 대학을 다니는 막내딸이 집에 오면 집이 꽉 차버린다. 이처럼 국가가 정한 사람답게 살기 위한 최소한의 주거기준에도 미치지 못하는 공간에서 하루하루를 버티며 살아가는 아이들이 많다.

서울시와 한국도시연구소의 '서울시 아동주거빈곤 가구 주거실태조사 연구'에서, 서울 내 주거빈곤을 겪는 254개 아동가구 중 최저주거기준 미달 가구 비율은 55.5%(136가구)였다. 면적 미달이 45.7%로 가장 높게 나타났고, 시설 또는 방수 미달이 36.7%, 부엌 · 화장실 · 목욕실 등 시설 미달이 10.6%로 나타났다. 또한 아동의 건강과 안전을 위협하는 요소로 습기 · 곰팡이와 비좁음이 가장 많이 꼽혔다. 조사가구의 75%가 주거환경으로 인해 아동에게 알레르기 · 비염(64.9%), 감기 · 천식이 57.8%, 아토피 · 피부질환 45.4% 순으로 질병이 생겼다고 답했다. 이러한 주거환경은 아이들의 성장과 정서에 악영향을 미친다.

▶ 최저주거기준 미달 가구 비율

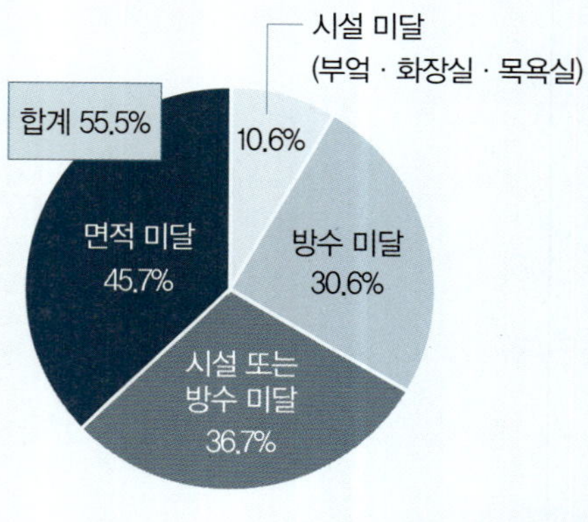

▶ 아동건강을 위협하는 주거 요소(복수 응답)

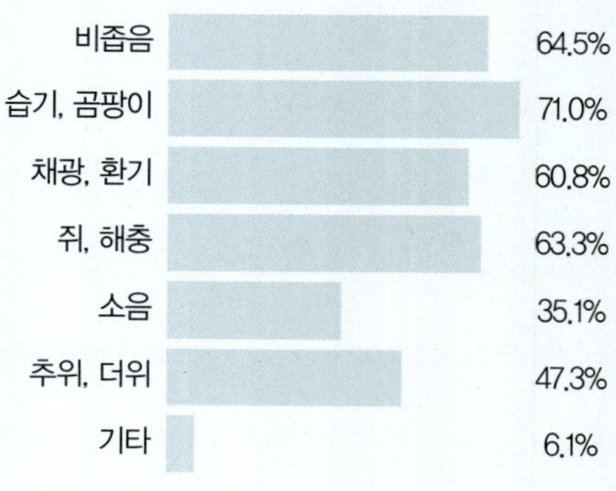

서울시 아동주거빈곤 아동가구 254개 설문조사 결과

출처 : 서울신문(2020.6.22)
https://www.seoul.co.kr/news/newsView.php?id=20200623008005&wlog_tag3=daum

따라서 정부도 2019년 10월 범정부차원에서 논의된 최초의 아동주거복지 정책인 아동주거권 보장을 위한 주거지원 강화 대책을 발표했다. 아동의 건강한 성장과 발달을 위하여 주거빈곤 아동의 주거권 보장이 하루빨리 이루어져야 할 것이다.

1. 빈곤한 주거환경이 아동 성장에 미치는 부정적 영향에 대해 생각해 봅시다.
2. 빈곤의 유형에 따라 빈곤아동에 대한 복지서비스가 달라질 수 있다. 빈곤의 유형에 따라 어떤 복지대책이 마련되면 좋을지 생각해 봅시다.

참고문헌

김미곤, 여유진, 김태완, 손창균, 최현수, 이선우, 김계연, 송치호, 오지현, 이서현(2010). 2010년 최저생계비 계측조사 연구. 정책보고서 2010-58. 보건복지부, 한국보건사회연구원.

김미숙, 전진아, 정익중, 노충래, 최은진, 하태정(2013). 2014 아동정책 기본계획 수립지원 연구. 정책보고서 2013. 한국보건사회연구원.

김미숙, 전진아, 하태정, 김효진, 오미애, 정은희, 최은진, 이봉주, 김선숙(2013). 아동종합실태조사. 정책보고서 2013-92. 보건복지부, 한국보건사회연구원.

김성경, 김혜영, 최현미(2014). **아동복지론**. 양서원.

김태성, 손병돈(2002). **빈곤과 사회복지정책**. 청목출판사.

김태완, 이주미(2017). 아동빈곤의 특성과 청년기의 영향. **보건복지포럼, 12**(통권 제254호), 95-110.

김효진(2008). 빈곤이 아동에게 주는 영향 분석. **보건복지포럼, 5**(통권 제139호), 33-42.

노명희, 윤은종, 이재경, 김광석, 최금희, 이상미(2014). **아동복지론**. 파주: 정민사.

도미향, 남연희, 이무영, 변미희(2014). **아동복지론**. 경기: 공동체.

류정희(2020). 우리나라 아동의 다차원적 빈곤 실태와 정책과제. **보건복지포럼, 5**(통권 제283호), 8-21.

보건복지부(2019). 2018년 말 기준 전국 지역아동센터 통계조사보고서, 보건복지부.

보건복지부(2020a). 2020년도 드림스타트 사업안내.

보건복지부(2020b). 2020 아동분야 사업안내 2.

보건복지부(2020c). 2020년 지역아동센터 지원 사업안내.

보건복지부, 한국보건사회연구원(2019). 2018 아동종합실태조사. 정책보고서 2019-17.

서보준, 김우호, 박선태, 이정미(2013). **아동복지론**. 경기: 공동체.

여유진(2018). 아동빈곤의 현황과 정책과제. **보건복지포럼, 5**(통권 제259호), 25-39.

여유진, 김미곤, 김태완, 양시현, 최현수(2005). 빈곤과 불평등의 동향 및 요인분해. 한국보건사회연구원.

정은희(2015). 아동빈곤 현황과 정책방향. **보건복지포럼, 2**(통권 제220호), 47-55.

정은희, 최새은, 이상균, 하태정(2013). 우리나라 아동빈곤의 특성. 연구보고서 2013-30. 한국보건사회연구원.

한미현, 문혁준, 강희경, 공인숙, 김상희, 안선희, 안효진, 양성은, 이경열, 이경옥, 이진숙, 천희영(2016). **아동복지**. 서울: 창지사.

허선(2016). 아동빈곤의 현황과 정책과제: 기초보장 사각지대 빈곤아동을 중심으로. **보건복지포럼, 3**(통권 제233호), 19-30.

드림스타트 https://www.dreamstart.go.kr

디딤씨앗통장 https://www.adongcda.or.kr

보건복지부 http://www.mohw.go.kr

복지로 http://www.bokjiro.go.kr

아동권리보장원 http://www.ncrc.or.kr

아동수당 http://www.ihappy.or.kr

지역아동센터 중앙지원단 https://www.icareinfo.go.kr

학습용어사전 http://100.daum.net

Chapter

08

장애아동 보호서비스

장애아동도 함께 노는 놀이터, 여러분 마을엔 있나요?

양지말 통합놀이터 사진

놀이터에서 많은 아이들이 웃고 떠들며 뛰어놀고 있지만 보이지 않는 아이들이 있다. 바로 장애아동이다. 이 아이들은 어디에서 놀고 있을까?

장애아동도 함께 놀 수 있게 만든 놀이터를 '무장애 통합놀이터'라고 부른다. 최근 우리나라에서도 무장애 통합놀이터를 많이 조성하고 있는 중이다. 2016년 서울어린이대공원에 한국 최초의 무장애 통합놀이터를 개장했고, 2019년 서울 영등포구 당산공원에 휠체어를 타고 이용할 수 있는 무장애 통합놀이터도 조성되었다. 우리나라에는 2016년 기준 6만여 개의 놀이터가 있지만 그 중 장애아동이 함께 놀 수 있는 곳은 10곳도 되지 않았다. 지금은 통합놀이터가 조금 더 증가했겠지만 전국 6만여 개의 놀이터 중 100여개가 될까? 같은 아파트 단지에 살아도 장애아동 부모들이 아이를 데리고 단지 내 놀이터에 가는 일이 쉽지 않은데 하물며 몇 개 되지 않는 통합놀이터에 장애가 있는 아동을 데리고 가는 일은 더 힘든 일일 것이다.

브라질에서는 2017년 공공 공원의 놀이시설에 장애아동을 위한 놀이기구를 최소 5%는 설치해야 한다는 법안을 마련했다. 5%라는 수치 자체는 무척 적어 보일지는 몰라도 공공 공원 모든 곳에 5%라도 설치한다는 것은 장애아동이 접근 가능한 놀이터가 많아진다는 것을 의미한다. 또한 장애아동의 부모들은 이제 장애아동을 위한 '특정 놀이터'를 찾는 고생을 좀 덜어도 된다는 의미이기도 하며, 나아가 장애아동과 비장애아동이 같이 어울릴 가능성도 커진다는 것을 의미한다.

처음부터 무장애 통합놀이터를 조성하는 것도 물론 중요하지만 기존 일반 놀이터에 장애아동을 위한 놀이시설을 조금씩이라도 설치하고, 놀이터에 접근하는데 걸림돌이 되는 부분을 바꿔준다면 장애아동도 신나게 놀 수 있는 기회가 더 많아지지 않을까? 그렇게 되면 장애아동의 놀 권리도 보장될 뿐만 아니라 비장애아동들과 장애아동이 같이 어울려 놀면서 서로에 대한 인식도 자연스러워질 수 있을 것이고 나아가 어렸을 때부터 서로에게 익숙해진 이 아이들이 성장하여 사회생활을 함께 하게 되더라도 서로를 어려워하지 않고 잘 어울릴 수 있을 것이다.

출처 : 베이비뉴스(2020.2.13).
https://www.ibabynews.com/news/articleView.html?idxno=82291

◆ 장애아동의 권리를 침해하거나 차별하는 것에 무엇이 있는지 찾아보고 어떻게 개선하면 좋을지 생각해 봅시다.

Chapter 08

최근 인구의 노령화, 각종 산업 재해 증가, 교통사고 증가, 환경오염, 약물남용 등 우리 주변 환경의 변화로 인하여 선천적인 장애뿐만 아니라 후천적인 장애도 급속히 증가하고 있고, 장애의 유형도 매우 다양해지고 있는 추세이다. 이에 따라 장애아동에 대한 여러 가지 지원책이 논의되고 시행됨으로써 장애아동에 대한 종합적인 서비스가 이루어지고 있는 점은 바람직하다고 하겠다. 앞으로 우리 사회가 장애에 대해 더 많은 관심을 기울여야 하고 장애예방사업과 복지서비스를 체계적이고 통합적으로 실시하여 장애아동들이 행복한 삶을 살아갈 수 있도록 더 노력해야 할 것이다.

이 장에서는 장애아동 및 장애의 개념, 유형, 장애아동 현황, 장애아동을 위한 지원기관 및 복지서비스에 대해 알아봄으로써 장애아동 복지서비스에 대한 향후 과제를 제시하고자 한다.

1. 장애아동의 개념

1) 장애와 장애아동의 개념

장애아동이란 '장애'와 '아동'의 합성어로 '장애를 가지고 있는 아동'을 의미하지만 좀 더 구체적이고 명확한 개념을 정의하기가 쉽지 않다. 그 이유는 장애에 대한 정의나 아동을 규정하는 정의가 법에 따라 다르기도 하고 시대적 · 사회적 · 경제적 · 정치적 상황에 따라 지속적으로 변화해 왔기 때문이다.

장애의 개념은 협의의 개념과 광의의 개념으로 구분된다. 먼저 협의의 개념은 장애를 신체 · 정신의 기능 저하, 상실 또는 신체 일부 훼손 등 의학적 측면에 초점을 둔 개념이라고 볼 수 있다. 광의의 개념은 의학적 측면과 더불어 이로 인해 발생되는 사회적 측면의 불리함까지 포괄하는 의미를 가지고 있다.

1980년 세계보건기구WHO는 국제장애분류ICIDH : International Classification of Impairments, Disabilities, and Handicaps를 통해 장애의 개념을 '기능장애', '능력장애', '사회적 불리' 세 측면으로 구분하여 규정하였다. 첫째, 기능장애impairment는 심리적 · 생리적 · 해부학적 구조나 기능의 상실과 비정상적인 상태를 뜻하며, 미국의학협회American Medical Association에서는 전문가가 판단한 아동의 증상, 증후, 검사소견, 심리적 검사를 근거로 기능적 이상이나 의미 있는 행동상의 변화가 나타나는 것으로 정의하고 있다. 둘째, 능력장애disability는 기능장애에서 야기된 것으로 인간에게 정상적인 것으로 간주되는 범위 내에서 또는 정상적인 활동을 수행하는 능력이나 일상적인 활동에서 제약받는 2차적인 장애를 뜻한다. 셋째, 사회적 불리social handicap는 기능장애나 능력장애에 의해 유발되는 사회적 차원의 장애개념으로 개인의 손상이나 기능의 제약 때문에 사회생활에 참여하는 문제에 있어서 제한을 받거나 지장을 초래하는 것을 뜻한다.

1997년 세계보건기구WHO는 국제장애분류ICIDH를 개정하여 새로운 국제장애분류ICIDH-2를 제시하였다. ICIDH-2에서는 개인적인 요인과 사회적인 요인을 동시에 고려하여 장애개념을 '손상', '활동', '참여'로 수정하여 제시하였는데, 이는 이전의 국제장애분류ICIDH에서 규정된 '기능장애', '능력장애', '사회적 불리'의 장애개념이 부정적 의미를 주로 함축하고 있었으므로 이를 중립적 의미의 장애개념으로 변환시킨 것이다. 2001년 세계보건기구WHO는 ICIDH-2의 '손상', '활동', '참여'를 토대로 긍정적이고 환경 지향적인 측면의 장애개념으로 확대하여 ICFInternational Classification Functioning, Disabilities and health라고 명명하였다(김성경, 김혜영, 최현미, 2013).

'손상impairment'은 신체구조나 기능 혹은 심리적 · 정신적 기능의 손상이나 비정상을 의미한다. 기능의 손상은 기본적인 정신기능, 소화 및 신진대사기능, 면역 및 내분비기능, 비뇨생식기능, 신경근육 및 운동기능, 기타 내부 및 관련 기능의 손상을 말한다. 구조의 손상은 뇌, 척수 및 관련 구조, 음성 · 언어 및 관련 구조, 귀 및 청력체계의 구조, 눈 및 관련 구조, 순환계 구조 및 호흡기체계, 면역 및 내분비체계 및 관련 구조, 비뇨기체계, 성욕 및 생식 관련 구조, 운동 관련 구조, 피부 및 관련 구조의 손실 및 비정상을 뜻한다.

'활동activity'의 제한은 개인 기능의 본질이나 정도의 수준을 나타내며 활동의 지속성이나 질의 제한을 가진 자를 말한다. 활동제한의 범위는 시력, 청력 및 감각활동의 제한, 학습, 응용능력이나 수행능력 제한, 의사소통활동의 제한, 운동활동의 제한, 이동활동의 제한, 일상생활활동의 제한, 가정활동 및 개인활동의 제한, 대인관계행동의 제한, 특별한 상황에 대한 반응이나 대처의 제한, 보조기구 재활용품 및 기타 관련 용품 사용의 제한으로 규정하고 있다.

'참여participation'는 손상, 활동, 건강상태와 상황적 요인과 관련된 생활 상황의 참여의 정도와 본질을 나타내며, 참여의 지속성이나 질의 제한을 가진 자를 의미한다. 참여 제한의 범위는 개인적 관리에 있어 참여의 제한, 이동력 참여의 제한, 정보교환 참여의 제한, 사회적 관계 참여의 제한, 교육 · 작업 · 여가 및 종교 참여의 제한, 경제적 참여 제한, 시민 및 지역사회 생활참여의 제한으로 규정하고 있다.

우리나라의 경우 「장애인복지법」 제2조제1호에서 '장애인이란 신체적 · 정신적 장애로 오랫동안 일상생활이나 사회생활에서 상당한 제약을 받는 자를 말한다'고 규정하고 있다.

2) 장애 유형

우리나라는「장애인 등에 대한 특수교육법」제15조**특수교육 대상자의 선정** 제1항에서 '교육장 또는 교육감은 다음 각 호의 어느 하나에 해당하는 사람 중 특수교육을 필요로 하는 사람으로 진단 · 평가된 사람을 특수교육 대상자로 선정한다. ① 시각장애, ② 청각장애, ③ 지적장애, ④ 지체장애, ⑤ 정서 · 행동장애, ⑥ 자폐성장애, ⑦ 의사소통장애, ⑧ 학습장애, ⑨ 건강장애, ⑩ 발달지체, ⑪ 그 밖에 대통령령으로 정하는 장애' 등으로 장애아동의 유형을 구분하여 규정하고 있다. 이에 따라「장애인 등에 대한 특수교육법 시행령」제10조**특수교육 대상자 선정기준**에서 장애아동의 장애범주를 구체적으로 명시하고 있다.

표 8-1 특수교육 대상자 선정기준을 중심으로 본 장애아동의 유형

장애범주	정의
시각장애	시각계의 손상이 심하여 시각기능을 전혀 이용하지 못하거나 보조공학기기의 지원을 받아야 시각적 과제를 수행할 수 있는 사람으로서 시각에 의한 학습이 곤란하여 특정의 광학기구 · 학습매체 등을 통하여 학습하거나 촉각 또는 청각을 학습의 주요 수단으로 사용하는 사람
청각장애	청력 손실이 심하여 보청기를 착용해도 청각을 통한 의사소통이 불가능 또는 곤란한 상태이거나, 청력이 남아 있어도 보청기를 착용해야 청각을 통한 의사소통이 가능하여 청각에 의한 교육적 성취가 어려운 사람
지적장애	지적 기능과 적응행동상의 어려움이 함께 존재하여 교육적 성취에 어려움이 있는 사람
지체장애	기능 · 형태상 장애를 가지고 있거나 몸통을 지탱하거나 팔다리의 움직임 등에 어려움을 겪는 신체적 조건이나 상태로 인해 교육적 성취에 어려움이 있는 사람
정서 · 행동장애	장기간에 걸쳐 다음 각 목의 어느 하나에 해당하여, 특별한 교육적 조치가 필요한 사람 • 지적 · 감각적 · 건강상의 이유로 설명할 수 없는 학습상의 어려움을 지닌 사람 • 또래나 교사와의 대인관계에 어려움이 있어 학습에 어려움을 겪는 사람 • 일반적인 상황에서 부적절한 행동이나 감정을 나타내어 학습에 어려움이 있는 사람 • 전반적인 불행감이나 우울증을 나타내어 학습에 어려움이 있는 사람 • 학교나 개인 문제에 관련된 신체적인 통증이나 공포를 나타내어 학습에 어려움이 있는 사람
자폐성장애	사회적 상호작용과 의사소통에 결함이 있고, 제한적이고 반복적인 관심과 활동을 보임으로써 교육적 성취 및 일상생활 적응에 도움이 필요한 사람

장애범주	정의
의사소통장애	다음 각 목의 어느 하나에 해당하여 특별한 교육적 조치가 필요한 사람 • 언어의 수용 및 표현능력이 인지능력에 비하여 현저하게 부족한 사람 • 조음능력이 현저히 부족하여 의사소통이 어려운 사람 • 말 유창성이 현저히 부족하여 의사소통이 어려운 사람 • 기능적 음성장애가 있어 의사소통이 어려운 사람
학습장애	개인의 내적 요인으로 인하여 듣기, 말하기, 주의집중, 지각(知覺), 기억, 문제해결 등의 학습기능이나 읽기, 쓰기, 수학 등 학업 성취 영역에서 현저하게 어려움이 있는 사람
건강장애	만성질환으로 인하여 3개월 이상의 장기입원 또는 통원치료 등 계속적인 의료적 지원이 필요하여 학교생활 및 학업 수행에 어려움이 있는 사람
발달지체	신체, 인지, 의사소통, 사회 · 정서, 적응행동 중 하나 이상의 발달이 또래에 비하여 현저하게 지체되어 특별한 교육적 조치가 필요한 영아 및 9세 미만의 아동

* 학습장애와 발달지체는 「장애인 등에 대한 특수교육법」에서만 장애범주로 인정된다.

출처 : 「장애인 등에 대한 특수교육법 시행령」 별표(제15조 관련)

학습장애와 발달지체는 「장애인 등에 대한 특수교육법」에서만 장애범주로 인정받지만 「장애인복지법」 상에서는 장애범주로 인정되지 않는다.

한편, 「장애인복지법」 제2조제2항**장애인의 정의 등**에서 '이 법을 적용받는 장애인은 제1항에 따른 장애인 중 다음 각 호의 어느 하나에 해당하는 장애가 있는 자로서 대통령령으로 정하는 장애의 종류 및 기준에 해당하는 자를 말한다. ① 신체적 장애란 주요 외부 신체기능의 장애, 내부기관의 장애 등을 말한다. ② 정신적 장애란 발달장애 또는 정신 질환으로 발생하는 장애를 말한다고 규정하고 있다. 이에 따른 「장애인복지법 시행령」 제2조**장애인의 종류 및 기준**에서는 장애 유형을 15가지로 구분하여 정의하고 있다. 앞서 설명했던 「장애인 등에 대한 특수교육법」과 장애 유형 분류기준에서 다소 차이가 있지만 장애인의 종류 및 기준을 좀 더 세분화하여 제시하고 있다.

표 8-2 장애의 종류 및 기준에 따른 장애인

장애 종류	진단기준	특수교육법의 장애
지체장애인	• 한 팔, 한 다리 또는 몸통의 기능에 영속적인 장애가 있는 사람 • 한 손의 엄지손가락을 지골(指骨 : 손가락 뼈) 관절 이상의 부위에서 잃은 사람 또는 한 손의 둘째 손가락을 포함한 두 개 이상의 손가락을 모두 제1지골 관절 이상의 부위에서 잃은 사람 • 한 다리를 가로발목뼈관절(lisfranc joint)이상의 부위에서 잃은 사람 • 두 발의 발가락을 모두 잃은 사람 • 한 손의 엄지손가락 기능을 잃은 사람 또는 한 손의 둘째 손가락을 포함한 손가락 두 개 이상의 기능을 잃은 사람 • 왜소증으로 키가 심하게 작거나 척추에 현저한 변형 또는 기형이 있는 사람 • 지체(肢體)에 위 각 목의 어느 하나에 해당하는 장애 정도 이상의 장애가 있다고 인정되는 사람	지체장애
뇌병변장애인	뇌성마비, 외상성 뇌손상, 뇌졸중(腦卒中) 등 뇌의 기질적 병변으로 인하여 발생한 신체적 장애로 보행이나 일상생활의 동작 등에 상당한 제약을 받는 사람	지체장애
시각장애인	• 나쁜 눈의 시력(공인된 시력표에 따라 측정된 교정시력을 말한다. 이하 같다)이 0.02 이하인 사람 • 좋은 눈의 시력이 0.2 이하인 사람 • 두 눈의 시야가 각각 주시점에서 10도 이하로 남은 사람 • 두 눈의 시야 2분의 1 이상을 잃은 사람 • 두 눈의 중심 시야에서 20도 이내에 겹보임[복시(複視)]이 있는 사람	시각장애
청각장애인	• 두 귀의 청력 손실이 각각 60데시벨(dB) 이상인 사람 • 한 귀의 청력 손실이 80데시벨 이상, 다른 귀의 청력 손실이 40데시벨 이상인 사람 • 두 귀에 들리는 보통 말소리의 명료도가 50% 이하인 사람 • 평형기능에 상당한 장애가 있는 사람	청각장애
언어장애인	음성기능이나 언어기능에 영속적으로 상당한 장애가 있는 사람	의사소통장애
지적장애인	정신 발육이 항구적으로 지체되어 지적 능력의 발달이 불충분하거나 불완전하고 자신의 일을 처리하는 것과 사회생활에 적응하는 것이 상당히 곤란한 사람	지적장애
자폐성장애인	소아기 자폐증, 비전형적 자폐증에 따른 언어 · 신체표현 · 자기조절 · 사회적응기능 및 능력의 장애로 인하여 일상생활이나 사회생활에 상당한 제약을 받아 다른 사람의 도움이 필요한 사람	자폐성장애

장애 종류	진단기준	특수교육법의 장애
정신장애인	다음 각 목의 장애·질환에 따른 감정조절·행동·사고 기능 및 능력의 장애로 일상생활이나 사회생활에 상당한 제약을 받아 다른 사람의 도움이 필요한 사람 • 지속적인 양극성 정동장애(情動障碍, 여러 현실 상황에서 부적절한 정서 반응을 보이는 장애), 조현병, 조현정동장애(調絃情動障碍) 및 재발성 우울장애 • 지속적인 치료에도 호전되지 않는 강박장애, 뇌의 신경학적 손상으로 인한 기질성 정신장애, 투렛장애(Tourette's disorder) 및 기면증	정서·행동장애
신장장애인	신장의 기능장애로 인하여 혈액투석이나 복막투석을 지속적으로 받아야 하거나 신장기능의 영속적인 장애로 인하여 일상생활에 상당한 제약을 받는 사람	건강장애
심장장애인	심장의 기능부전으로 인한 호흡곤란 등의 장애로 일상생활에 상당한 제약을 받는 사람	건강장애
호흡기장애인	폐나 기관지 등 호흡기관의 만성적 기능부전으로 인한 호흡기능의 장애로 일상생활에 상당한 제약을 받는 사람	건강장애
간장애인	간의 만성적 기능부전과 그에 따른 합병증 등으로 인한 간기능의 장애로 일상생활에 상당한 제약을 받는 사람	건강장애
안면장애인	안면 부위의 변형이나 기형으로 사회생활에 상당한 제약을 받는 사람	건강장애
장루·요루 장애인	배변기능이나 배뇨기능의 장애로 인하여 장루(腸瘻) 또는 요루(尿瘻)를 시술하여 일상생활에 상당한 제약을 받는 사람	건강장애
뇌전증장애인	뇌전증에 의한 뇌신경세포의 장애로 인하여 일상생활이나 사회생활에 상당한 제약을 받아 다른 사람의 도움이 필요한 사람	건강장애

출처 :「장애인복지법 시행령」 별표 1(제2조 관련).

2. 장애아동 현황

우리나라「장애인복지법」제31조에서 '보건복지부 장관은 장애인 복지정책의 수립에 필요한 기초자료로 활용하기 위하여 3년마다 장애 실태조사를 실시하여야 한다'고 규정되어 있다. 따라서 2017년 장애인 실태조사(보건복지부, 한국보건사회연구원, 2017)를 토대로 장애아동 현황에 대해 살펴보면 다음과 같다.

1) 장애아동 출현율

우리나라 전국 장애인 추정 인구수는 표 8-3과 같다. 2017년 장애인 실태조사에 의하면, 2017년도 우리나라 장애인구수는 총 266만 8,411명이고 장애인 출현율(인구 100명당 장애인 수)은 5.39%인 것으로 추정된다. 이러한 장애인 출현율은 2011년 5.61%, 2014년 5.59%, 2017년 5.39%로 지속적인 감소 추세를 나타내고 있다.

표 8-3 전국 장애인 추정 수

(단위 : 명, %)

구분		재가장애인	시설장애인	전체
2017년	장애인 수	2,580,340	88,071	2,668,411
	출현율	5.21	–	5.39
2014년	장애인 수	2,646,064	80,846	2,726,910
	출현율	5.43	–	5.59
2011년	장애인 수	2,611,126	72,351	2,683,477
	출현율	5.47	–	5.61

출처: 보건복지부, 한국보건사회연구원(2017).

2017년 장애인 수와 출현율을 2014년 실태조사 결과와 비교해 보면, 장애인 수는 5만 8,499명 정도가 감소하였고, 출현율도 0.20%가 감소한 것으로 나타났다. 이처럼 출현율이 감소한 것은 인구증가폭보다 장애인 증가율이 낮기 때문인데, 이는 의료기술이 발달하여 질환이나 사고와 같은 후천적 원인 발병 감소에 따른 것으로 유추해 볼 수 있다.

2017년 재가장애인의 성별 및 연령별 장애출현율은 남자의 경우 전체 재가장애인의 57.2%인 147만 7,193명, 남자 인구 100명당 6.0명이었고, 여자는 42.8%인 110만 3,146명, 여자 인구 100명당 4.4명으로 남자의 장애출현율이 여자보다 더 높게 나타났다. 또한 장애출현율은 연령이 증가함에 따라 함께 증가하였으며, 65세 이상 노인층은 장애출현율이 청장년층에 비해 훨씬 더 높게 나타났다. 이는 고령화 사회로 변화되면서 노인인구 증가로 인한 장애노인의 증가를 의미한다.

19세 이하 등록장애인 장애 유형별 · 연령별 출현율을 살펴보면 표 8-4와 같다. 보건복지부의 2017년 장애인 실태조사에서 0~9세 장애인 수는 2만 9,569명으로 이 연령대의 장애 출현율은 0.66%이다. 지적장애의 출현율이 0.23%로 가장 높게 나타났고, 그 다음으로 순으로 자폐성장애가 0.15%로 나타났다. 10~19세의 경우 장애인 수는 7만 794명, 1.31%의 출현율을 나타냈다. 이 연령대도 지적장애가 0.68%로 가장 높게 나타났으며, 뇌병변장애가 0.21%, 자폐성장애 0.13%로 나타났다. 다른 연령대와 비교해보면 지적장애와 자폐성장애는 주로 낮은 연령대에 더 많이 출현하는 것으로 나타났다.

표 8-4 2017년 19세 이하 장애 유형별 · 연령별 재가장애아동 출현율

(단위 : 명, %)

구분	0~9세			10~19세		
	추정 수	구성비	출현율	추정 수	구성비	출현율
지체장애	1,915	6.5	0.04	4,850	6.9	0.09
뇌병변장애	4,757	16.1	0.11	11,308	16.0	0.21
시각장애	1,716	5.8	0.04	3,180	4.5	0.06
청각장애	106	0.4	0.00	5,177	7.3	0.10
언어장애	3,914	13.2	0.09	1,423	2.0	0.03
지적장애	10,305	34.9	0.23	36,632	51.7	0.68
자폐성장애	6,672	22.6	0.15	6,860	9.7	0.13
정신장애	0	0.0	0.00	188	0.3	0.00
신장장애	0	0.0	0.00	0	0.0	0.00
심장장애	0	0.0	0.00	463	0.7	0.01
호흡기장애	0	0.0	0.00	0	0.0	0.00
간장애	0	0.0	0.00	113	0.2	0.00
안면장애	0	0.0	0.00	0	0.0	0.00
장루요루장애	184	0.6	0.00	0	0.0	0.00
뇌전증장애	0	0.0	0.00	600	0.8	0.01
계	29,569	100.0	0.66	70,794	100.0	1.31

출처: 보건복지부, 한국보건사회연구원(2017).

2) 장애 발생 현황

장애가 발생하는 원인은 선천적 원인, 출산 시 원인, 후천적 원인**질환, 사고**, 원인불명으로 구분된다. 연도별 장애 발생 원인을 조사한 결과는 표 8-5와 같다.

표 8-5 연도별 장애 발생 원인

(단위 : %)

구분		2011년	2014년	2017년
선천적 원인		4.6	4.7	5.1
출산 시 원인		0.9	1.3	1.4
후천적 원인	질환	55.1	56.2	56.0
	사고	35.4	32.7	32.1
원인불명		4.0	5.1	5.4
계		100.0	100.0	100.0

출처 : 보건복지부, 한국보건사회연구원(2017).

2017년 장애인 실태조사에 의하면, 2017년 장애 발생 원인으로 '질환'에 의한 장애가 56.0%, '사고'로 인한 장애가 32.1%로 후천적 원인에 의해 장애가 발생한 경우가 전체의 88.1%를 차지하고 있는 것으로 나타났다. 2014년 결과와 비교해 보면, 질환과 사고에 의한 후천적 원인은 다소 감소하고 있는 추세를 나타내고 있지만 여전히 가장 높은 비율을 차지하고 있다. 또한 선천적 원인, 출산 시 원인, 원인 불명은 2011년 이후 계속 증가하고 있는 경향을 보이고 있다. 이러한 결과를 통해 후천적 장애가 발생하지 않도록 사전에 예방하는 장애예방사업에 중점을 두고 지원이 이루어져야 함을 시사받을 수 있다.

장애유형별 장애 발생 원인에 대해 알아보면 표 8-6과 같다. 2017년 장애인 실태조사에서, 대부분 장애는 후천적 요인 중 질환에 의해 발생한 비율이 대부분 높게 나타났다. 그러나 자폐성 장애와 지적장애는 선천적 요인이 각각 38.6%, 31.1%로 다른 장애 유형과 달리 이 요인에 의해 장애가 발생한 비율이 높게 나타났고, 원인불명으로 발생하는 비율이 지적장애가 48.9%, 자폐성장애가 46.9%로 높게 나타났다. 지체장애의 경우에는 후천적 요인 중 '사고'로 발생

장애의 발생원인은 후천적 원인(질환, 사고)에 의해 가장 많이 발생한다.

한 경우가 49.5%로 질환48.3%보다 더 높은 것으로 나타났다. 안면장애도 후천적 요인후천적 요인 중 사고에 의한 비율이 48.5%로 질환10.5%보다 높게 나타났다.

표 8-6 장애 유형별 장애 발생 원인

(단위 : %, 명)

구분	선천적 원인	출생 시 원인	후천적 원인		원인 불명	계	전국 추정 수
			질환	사고			
지체장애	1.5	0.2	48.3	49.5	0.5	100.0	1,261,555
뇌병변장애	2.5	5.4	81.9	9.5	0.6	100.0	2,86,600
시각장애	5.1	0.1	52.6	39.5	2.7	100.0	262,381
청각장애	3.7	0.7	79.7	13.1	2.8	100.0	282,255
언어장애	28.8	2.2	48.8	7.8	12.4	100.0	20,700
지적장애	31.1	6.6	5.0	8.4	48.9	100.0	197,182
자폐성장애	38.6	10.8	3.7	–	46.9	100.0	22,972
정신장애	0.9	–	83.8	12.3	3.1	100.0	103,628
신장장애	1.3	–	97.4	1.3	–	100.0	83,583
심장장애	17.5	–	71.9	–	10.6	100.0	6,174
호흡기장애	–	–	94.9	5.1	–	100.0	14,033
간장애	3.0	–	97.0	–	–	100.0	11,042
안면장애	27.0	–	10.5	48.5	13.4	100.0	3,173
장루요루장애	1.4	–	97.6	1.1	–	100.0	15,542
뇌전증장애	4.5	2.2	47.8	24.1	21.4	100.0	9,520
전체	5.1	1.4	56.0	32.1	5.4	100.0	2,580,340

출처 : 보건복지부, 한국보건사회연구원(2017).

3) 장애아동 보육 · 교육 현황

장애아동들은 장애유형과 발달특성에 따라 적절한 보육과 교육이 이루어져야 한다. 보육 · 교육을 통해 장애아동의 성장과 발달을 촉진하고 가정의 기능을 정상화하며 장애아동에게 적절한 지원을 할 수 있다.

(1) 장애아동 보육 현황

장애아동 보육서비스는 장애아전문 어린이집과 장애아통합 어린이집에서 이루어진다. 장애아전문 어린이집은 「장애아동복지지원법」 제32조에 따라 요건을 갖추고, 상시 12명 이상의 장애아동단, 미취학 장애아동 9명 이상 포함을 보육하는 어린이집이다. 장애아통합 어린이집은 정원의 20% 내에서 장애아종일반을 편성·운영하거나 장애아종일반을 별도로 편성하지 않은 채 미취학 장애아동을 3명 이상 통합 보육하고 있는 어린이집을 말한다(보건복지부, 2019).

2019년 보육통계(보건복지부, 2020)에 따르면, 장애아전문 어린이집은 전체 176개소가 있고, 이 중 사회복지법인 어린이집이 101개소로 설립주체 중 가장 많았다. 장애아통합 어린이집의 경우에는 전체 1,100개소가 있으며 설립주체 중 국공립 어린이집이 876개소로 가장 많은 것으로 나타났다. 장애아전문 어린이집의 장애아동 현원은 6,301명, 보육교직원은 2,700명이었고, 장애아통합 어린이집의 장애아동 현원은 4,568명, 보육교직원은 1,628명으로 나타났다. 장애아

표 8-7 2019년 장애아동 보육 일반 현황(2019.12.31. 기준)

(단위 : 개소, 명)

구분			설립 주체별							
			총계	국공립	사회복지법인 어린이집	법인·단체 등 어린이집	민간 어린이집	가정 어린이집	부모협동 어린이집	직장 어린이집
장애아전문	어린이집	어린이집 수	176	45	101	5	24	1	0	0
	아동	아동 정원	8,444	1,827	5,425	249	925	18	0	0
		장애아동 현원	6,301	1,396	3,988	185	716	16	0	0
	보육 교직원	장애아반보육교사 특수교사, 치료사	2,700	588	1,721	79	305	7	0	0
장애아통합	어린이집	어린이집 수	1,100	876	37	32	134	11	2	8
	아동	아동 정원	97,770	76,230	3,607	2,877	13,264	215	57	1,520
		장애아동 현원	4,568	3,470	182	212	656	22	4	22
	보육 교직원	장애아반보육교사 특수교사, 치료사	1,628	1,272	64	67	209	4	3	9

출처: 보건복지부(2020).

전문 어린이집이 장애아통합 어린이집보다 더 많은 장애아동에게 보육서비스를 제공하고 있음을 알 수 있다.

장애 유형별 현재 다니고 있는 보육시설 형태(2017년)를 알아본 결과는 표 8-8과 같다. 현재 다니고 있는 보육시설 형태는 일반보육시설 3.6%, 장애아통합 어린이집 12.2%, 장애아전문 어린이집 12.2%순으로 나타났다. 장애 유형별로 살펴보면, 일반어린이집에는 시각장애아동18.5%, 청각장애아동13.8%, 자폐성장애아동6.0%이 상대적으로 많이 다니고 있고, 장애아통합 어린이집은 언어장애아동31.4%, 자폐성장애아동15.5%이 주로 보육서비스를 받고 있는 것으로 조사되었다. 장애아전문 어린이집에서는 지적장애아동23.1%과 뇌병변장애아동15.6%의 비중이 더 높은 것으로 나타났다.

표 8-8 장애 유형별 현재 다니고 있는 보육시설 형태(2017년)

(단위 : %, 명)

구분	일반 어린이집	장애아통합 어린이집	장애아전문 어린이집	다니지 않음	계	추정 수
지체장애	0.0	0.0	0.0	100.0	100.0	2,645
뇌병변장애	0.0	10.4	15.6	74.0	100.0	7,299
시각장애	18.5	0.0	0.0	81.5	100.0	1,716
청각장애	13.8	0.0	0.0	86.2	100.0	767
언어장애	0.0	31.4	0.0	68.6	100.0	4,416
지적장애	3.4	9.8	23.1	63.6	100.0	14,838
자폐성장애	6.0	15.5	4.2	74.3	100.0	8,649
정신장애	–	–	–	–	–	–
신장장애	–	–	–	–	–	–
심장장애	–	–	–	–	–	–
호흡기장애	–	–	–	–	–	–
간장애	–	–	–	–	–	–
안면장애	–	–	–	–	–	–
장루요루장애	0.0	0.0	0.0	100.0	100.0	184
뇌전증장애	–	–	–	–	–	–
전체	3.6	12.2	12.2	72.0	100.0	40,514

출처: 보건복지부, 한국보건사회연구원(2017).

(2) 장애아동 교육 현황

장애아동 교육서비스는 「장애인 등에 대한 특수교육법」을 근거로 하여 특수학교, 일반학교특수학급, 일반학급 통합, 특수교육지원센터를 통해 이루어지고 있다(교육부 홈페이지). '특수교육기관은 특수교육대상자에게 유치원, 초등학교, 중학교 또는 고등학교전공과를 포함의 과정을 교육하는 특수학교 및 특수학급'을 말하고 '특수학급이란 특수교육대상자의 통합교육을 실시하기 위하여 일반학교에 설치된 학급'을 의미한다. '특수교육지원센터'는 특수교육대상자의 조기발견, 특수교육대상자의 진단평가, 정보관리, 특수교육 관련서비스 지원, 순회교육 등을 담당하고 있다. 만 3세부터 만 17세까지 특수교육대상자는 의무교육을 받을 권리를 가지고, 전공과와 만 3세 미만의 장애영아교육은 무상으로 제공된다(장애인 등에 대한 특수교육법).

특수교육 주요 현황에 대해서는 표 8-9에 제시하였다. 2020 특수교육 통계(교육부, 2020)에 의하면, 2020년 특수교육대상자 수는 9만 5,420명이고, 이 중 특수학교의 학생 수는 2만 6,299명, 일반학교 내 특수학급의 학생 수는 5만 2,744명, 일반학교 내 일반학급은 1만 6,061명, 특수교육지원센터 316명으로 나타났다. 따라서 일반학교 특수학급에서 교육받는 장애아동 수가 특수학교에서 교육받는 장애아동 수보다 더 많은 것으로 나타났고, 학교과정별 학생 수를 비교해 보면, 초등학교에 4만 3,205명으로 가장 많고, 다음으로 고등학교 2만 655명, 중학교 1만 9,140명, 유치원 6,536명, 전공과 5,445명 순으로 나타났다. 장애영역별로는 지적장애 5만 693명, 자폐성장애 1만 3,917명, 지체장애 9,928명, 발달지체 8,434명 순으로 파악되었다.

표 8-9 2020년 특수교육 주요 현황(2020.6.30. 기준)

(단위 : 명, 개소)

<table>
<tr><th colspan="3" rowspan="2">배치별</th><th rowspan="2">특수학교</th><th colspan="2">일반학교</th><th rowspan="2">특수교육
지원센터</th><th rowspan="2">계</th></tr>
<tr><th>특수학급</th><th>일반학급
(전일제통합학급)</th></tr>
<tr><td colspan="3">특수교육 대상자 수</td><td>26,299</td><td>52,744</td><td>16,061</td><td>316</td><td>95,420</td></tr>
<tr><td rowspan="19">학생 수</td><td rowspan="11">장애 영역별</td><td>시각장애</td><td>1,188</td><td>252</td><td>464</td><td>4</td><td>1,908</td></tr>
<tr><td>청각장애</td><td>647</td><td>710</td><td>1,760</td><td>15</td><td>3,132</td></tr>
<tr><td>정신지체</td><td>14,230</td><td>31,880</td><td>4,561</td><td>22</td><td>50,693</td></tr>
<tr><td>지체장애</td><td>3,751</td><td>3,649</td><td>2,432</td><td>96</td><td>9,928</td></tr>
<tr><td>정서행동장애</td><td>69</td><td>1,317</td><td>607</td><td>–</td><td>1,993</td></tr>
<tr><td>자폐성장애</td><td>5,727</td><td>7,302</td><td>887</td><td>1</td><td>13,917</td></tr>
<tr><td>의사소통장애</td><td>148</td><td>1,350</td><td>904</td><td>2</td><td>2,404</td></tr>
<tr><td>학습장애</td><td>12</td><td>783</td><td>431</td><td>–</td><td>1,226</td></tr>
<tr><td>건강장애</td><td>13</td><td>117</td><td>1,655</td><td>–</td><td>1,785</td></tr>
<tr><td>발달지체</td><td>514</td><td>5,384</td><td>2,360</td><td>176</td><td>8,434</td></tr>
<tr><td>계</td><td>26,299</td><td>52,744</td><td>16,061</td><td>316</td><td>95,420</td></tr>
<tr><td rowspan="8">학교 과정별</td><td>장애영아</td><td>123</td><td>–</td><td>–</td><td>316</td><td>439</td></tr>
<tr><td>유치원</td><td>918</td><td>3,866</td><td>1,752</td><td>–</td><td>6,536</td></tr>
<tr><td>초등학교</td><td>8,143</td><td>27,713</td><td>7,349</td><td>–</td><td>43,205</td></tr>
<tr><td>중학교</td><td>5,430</td><td>10,327</td><td>3,383</td><td>–</td><td>19,140</td></tr>
<tr><td>고등학교</td><td>6,453</td><td>10,625</td><td>3,577</td><td>–</td><td>20,655</td></tr>
<tr><td>전공과</td><td>5,232</td><td>213</td><td>–</td><td>–</td><td>5,445</td></tr>
<tr><td>계</td><td>26,299</td><td>52,744</td><td>16,061</td><td>316</td><td>95,420</td></tr>
<tr><td colspan="1" style="display:none"></td></tr>
<tr><td colspan="3" rowspan="2">학교 및 센터 수</td><td>182</td><td>8,523</td><td>7,830</td><td>197</td><td>11,927</td></tr>
<tr><td>182</td><td colspan="2">11,548</td><td>197</td><td>11,927</td></tr>
<tr><td colspan="3">학급 수</td><td>4,968</td><td>11,661</td><td>15,314</td><td>50</td><td>31,993</td></tr>
<tr><td colspan="3">특수학교(급) 교원 수</td><td>9,161</td><td>12,079</td><td>–</td><td>905</td><td>22,145</td></tr>
<tr><td colspan="3">특수교육 보조인력 수</td><td>4,856</td><td>8,590</td><td>282</td><td>–</td><td>13,728</td></tr>
</table>

출처: 교육부(2020).

3. 지원기관 및 복지서비스

1) 지원기관

(1) 장애인 복지시설

장애아동을 지원하기 위한 기관은 장애유형에 따라 구분하여 설치되지만 종합장애인복지관은 장애유형을 포괄하여 종합적인 서비스를 지원하기 위한 기관이라고 할 수 있다.

「장애인복지법」 제58조 '장애인복지시설'에서 장애인에게 서비스를 제공하기 위한 여러 시설들을 규정해 놓고 있다. 장애인 복지시설은 표 8-10에서 제시한 바와 같이 장애인 거주시설, 장애인 지역사회재활시설, 장애인 직업재활시설, 장애인 의료재활시설, 장애인 생산품 판매시설로 구분할 수 있다.

표 8-10 장애인 복지시설의 종류

지원기관	시설의 기능 및 종류
장애인 거주시설	• 거주공간을 활용하여 일반가정에서 생활하기 어려운 장애인에게 일정 기간 동안 거주 · 요양 · 지원 등의 서비스를 제공하는 동시에 지역사회생활을 지원하는 시설 • 장애유형별 거주시설, 중증장애인 거주시설, 장애영유아 거주시설, 장애인 단기거주시설, 장애인 공동생활가정
장애인 지역사회 재활시설	• 장애인을 전문적으로 상담 · 치료 · 훈련하거나 장애인의 일상생활, 여가활동 및 사회참여활동 등을 지원하는 시설 • 장애인복지관, 장애인 주간보호시설, 장애인 체육시설, 장애인 수련시설, 장애인 생활이동지원센터, 한국수어 통역센터, 점자도서관, 점자도서 및 녹음서 출판시설, 장애인 재활치료시설
장애인 직업재활시설	• 일반 작업환경에서는 일하기 어려운 장애인이 특별히 준비된 작업환경에서 직업훈련을 받거나 직업생활을 할 수 있도록 하는 시설 • 장애인 보호작업장, 장애인 근로사업장, 장애인 직업적응훈련시설
장애인 의료재활시설	• 장애인을 입원 또는 통원하게 하여 상담, 진단판정, 치료 등 의료재활서비스를 제공하는 시설 • 장애인 의료재활시설
장애인 생산품 판매시설	• 장애인 생산품의 판매활동 및 유통을 대행하고 장애인 생산품이나 서비스 · 용역에 관한 상담, 홍보 판로 개척 및 정보제공 등 마케팅을 지원하는 시설

출처: 「장애인복지법」 제58조 ; 「장애인복지법시행규칙」 제41조 관련 [별표5].

2) 복지서비스

우리나라는 「장애아동복지지원법」에서 장애아동에게 의료비지원, 보조기구 지원, 발달재활서비스지원, 보육지원, 가족지원, 돌봄 및 일시적 휴식지원서비스 지원, 지역사회 전환 서비스 지원, 문화 · 예술 등 복지지원의 다양한 지원 사항을 규정하고 있다. 여기에서는 소득 지원서비스, 의료 지원서비스, 발달재활서비스, 교육 · 보육 지원서비스, 장애아가족 양육 지원서비스, 문화여가 지원서비스 등으로 구분하여 살펴본다.

(1) 소득지원서비스

① 장애아동수당 및 아동수당

장애아동을 보호 · 양육하는 가정은 장애아동의 부양에 따른 경제적 어려움이 많다. 장애아동은 주로 의료 및 교육을 위해 추가되는 비용이 가중되기 때문이다. 이에 장애로 인하여 생활이 어려운 장애아동의 생활안정 지원과 복지 증진 및 사회통합을 도모하기 위하여 보호자의 경제적 수준 및 장애아동의 장애 정도를 고려하여 매월 일정 금액을 수당으로 지급하는 장애아동수당을 지원하고 있다(표 8-11). 장애아동수당은 18세 미만의 등록 장애인 중 「국민기초생활보장법」에 의한 기초생활수급자 및 차상위 계층을 대상으로 지급한다. 금액은 기초생활수급자 중 생계 또는 의료급여 수급자의 경우 중증장애아동은 매월

표 8-11 장애아동수당

구분	생계 또는 의료급여 수급자		주거 또는 교육급여 수급자		차상위계층		보장시설 수급자 (생계 또는 의료)	
	중증	경증	중증	경증	중증	경증	중증	경증
지원금 (1인/월)	20만 원	10만 원	15만 원	10만 원	15만 원	10만 원	7만 원	2만 원

* 중증장애인 : 장애인연금법 상 중증장애인에 해당하는 자(종전 1급, 2급 및 3급 중복)
* 경증장애인 : 장애인연금법 상 중증장애인에 해당하지 않는 자(종전 3~6급)
출처 : 복지로 홈페이지 (https://www.bokjiro.go.kr/).

20만 원, 경증장애아동은 매월 10만 원을 지급한다. 기초생활수급자 중 주거 또는 교육급여 수급자의 경우 중증장애아동은 매월 15만 원, 경증장애아동은 매월 10만 원을 지급한다.

장애아동수당을 지급받은 수급자 수를 알아보면 표 8-12와 같다. 2016년 장애아동수당은 총 1만 9,934명에게 제공되었다. 기초생활수급자 1만 652명, 보장시설 3,511명, 차상위계층 5,771명에게 지원된 것으로 나타났다.

표 8-12 장애아동수당 수급자 수(가구 종류별, 장애 정도별, 연도별)

(단위 : 명)

구분	전체	기초			보장시설			차상위		
		소계	중증	경증	소계	중증	경증	소계	중증	경증
2010	23,057	12,637	7,982	4,665	4,112	3,231	881	6,308	4,229	2,079
2011	23,586	12,493	7,833	4,660	4,120	3,216	904	6,973	4,670	2,303
2012	22,813	11,541	7,104	4,437	4,182	3,186	996	7,090	4,664	2,426
2013	22,819	11,172	6,782	4,390	4,520	3,267	1,253	7,127	4,677	2,450
2014	21,181	10,818	6,511	4,307	3,975	2,941	1,034	6,388	4,158	2,230
2015	20,543	10,993	6,466	4,527	3,869	2,778	1,091	5,681	3,675	2,006
2016	19,934	10,652	6,197	4,455	3,511	2,500	1,011	5,771	3,668	2,103

* 국민기초생활보장법에 의한 수급자 및 차상위 계층의 18세 미만 재가 등록 장애아동이 지원대상임
* 중증 : 장애등급이 1급 또는 2급인 자(3급 지적 또는 자폐성장애인으로서 다른 장애가 중복된 자)
* 경증 : 장애등급이 3~6급인 자
* 시설 수급자의 경우 2009년도까지 장애수당 지급(2010년부터 장애아동수당 지급)
출처: 고용노동부, 한국장애인고용공단고용개발원(2018). 2018 장애인 통계.

아동수당은 아동의 건강한 성장환경을 조성하여 아동의 기본적 권리와 복지 증진에 기여하기 위해 도입된 것으로, 0~7세 미만0~83개월에 해당하는 모든 아동에게 지급하며 아동 1인당 매월 10만원씩 지급된다. 지급금액은 매월 25일 아동 또는 부모 명의의 통장에 현금으로 입금된다.

② 세제혜택

장애아동 가정이 장애인용 차량 구입 시 취득세, 자동차세, 개별소비세를 면제해 주고, 소득세를 공제해 주며, 장애인용 수입물품 구입 시 관세 등을 감면해

준다. 또한 국민건강보험 지역가입자 보험료를 경감시켜 주는 등 장애아동 가정이 경제적인 어려움을 극복할 수 있도록 각종 세금 감면과 공제혜택을 제공하여 지원한다(보건복지부 홈페이지).

③ 요금 할인

일상생활에서 사용되는 각종 요금을 할인해 줌으로써 장애아동 가정을 지원한다. 유선전화 요금, 이동통신 요금 및 초고속인터넷 요금을 할인해 주고, 교통요금과 공공시설 등의 요금 할인, 장애인 차량에 대한 고속도로 통행료 50% 할인, 공영주차장 주차요금 할인, 장애인 자동차 검사수수료를 할인해 준다. 또한 TV 수신료 면제, 전기요금 월 최대 1만 6천 원6~8월 하계 2만 원 한도 할인, 도시가스 요금 할인 등 다양한 분야에서 장애아동을 위한 요금 할인이 이루어진다. 공공요금전기요금, 통신요금, TV수신료 감면・할인서비스 신청 시 읍・면・동에서 행복e음을 통하여 One-Stop으로 처리된다.

(2) 의료지원서비스

① 장애인 등록진단 및 검사비 지원

장애진단을 받고 장애인 등록을 할 수 있도록 관련 업무에 대한 서비스를 제공하고 또한 장애아동수당 신청을 위한 장애진단서를 제출할 때 장애검사비와 장애진단서 발급비용을 지원한다. 장애인 등록진단비의 경우 국민기초생활보장법상의 수급자로서 신규 등록 장애인 및 재판정 시기가 도래한 장애인이 지원대상이 되고 진단서 발급 비용을 지원한다. 장애검사비는 기존 등록장애인 중 장애인연금, 활동지원 및 중증장애아동수당 신청 및 의무 재판정 등으로 재진단을 받아야 하는 기초생활수급자 및 차상위계층에게 차등적으로 지원된다(복지로 홈페이지).

② 의료비 지원

장애아동의 의료적 욕구에 따라 그에 따른 의료비를 지원한다. 특히 저소득 장애인에게 의료비 본인부담금의 일부나 전액을 지원하고 미숙아 및 선천성 이상아에 대한 의료비를 지원하여 과다한 의료비 부담으로 치료를 포기하지 않도록 한다.

장애인 의료비 지원은 의료급여 2종 수급권자인 등록장애인과 차상위본인부담 경감대상 등록장애인만성질환자, 18세 미만 장애아동 포함이 지원대상이다(복지로 홈페이지).

표 8-13 의료급여법에 의한 장애인 진료, 검사, 조제 관련 지원 내용

<table>
<tr><th>구분</th><th colspan="2">의료급여기관</th><th>구분</th><th>본인부담금</th><th>장애인 의료비 지원 내용</th></tr>
<tr><td rowspan="7">외래</td><td colspan="2" rowspan="2">제1차 의료급여기관
(의원, 보건의료원)</td><td>원내 직접 조제</td><td>1,500원</td><td>750원</td></tr>
<tr><td>그 이외의 경우</td><td>1,000원</td><td>750원</td></tr>
<tr><td rowspan="4">제2차 의료 급여기관</td><td rowspan="3">제17조 만성질환자</td><td>원내 직접 조제</td><td>1,500원</td><td>전액</td></tr>
<tr><td>그 이외의 경우</td><td>1,000원</td><td>전액</td></tr>
<tr><td>특수 장비 촬영
(CT, MRI, PET)</td><td>특수 장비 총액의 15%
(차상위 14%)
(등록 암환자 5%)</td><td>전액</td></tr>
<tr><td>만성질환자 외</td><td colspan="2">의료(요양)급여비용 총액의 15%
(차상위 14%)</td><td>전액</td></tr>
<tr><td colspan="2">제3차 의료급여기관</td><td colspan="2">의료급여비용 총액의 15%
(차상위 14%)</td><td>전액</td></tr>
<tr><td rowspan="2">입원</td><td colspan="2" rowspan="2">제1 · 2 · 3차 의료급여기관</td><td colspan="2">의료급여비용 총액의 10%
(차상위 14%)</td><td>전액</td></tr>
<tr><td colspan="2">본인부담 식대</td><td>없음</td></tr>
<tr><td rowspan="2">약국</td><td colspan="2" rowspan="2">약국에서 의약품을 조제하는 경우</td><td>처방조제</td><td>500원</td><td rowspan="2">없음
없음</td></tr>
<tr><td>직접조제</td><td>900원</td></tr>
</table>

* 「의료급여법」에 의한 의료급여 2종 수급권자인 등록장애인
* 건강보험 차상위 본인부담 경감 대상자인 등록 장애인(만성질환 및 18세 미만 장애인)

출처: 「의료급여법 시행령」 제13조 의료급여기금에서 부담하는 급여비용의 범위 〔별표 1〕

미숙아 및 선천성이상아에 대한 의료비 지원은 장애 및 영아 사망을 예방하고 적기에 치료받지 못하여 미숙아 및 선천성이상의 장애발생으로 사회적 비용

이 증가하는 것을 예방하고자 하는 목적에서 추진되고 있다. 지원대상은 기준 중위소득 180% 이하 가구와 다자녀2명 이상 가구에서 출생한 미숙아 및 선천성이상아이다.

표 8-14 미숙아 및 선천성 이상아에 대한 의료비 지원 내용

구분	지원 내용
미숙아	• 출생 후 24시간 내 긴급한 수술 또는 치료가 필요하여 신생아중환자실에 입원한 미숙아에 한함(미숙아라고 할지라도 일반 신생아실 입원시는 대상에서 제외) • 요양기관에서 발급한 진료비 영수증(약제비 포함)에 기재된 의료비의 급여 중 일부 본인부담의 본인부담금을 제외한 전액본인부담금 및 비급여 • 지원 금액: 출생 시 체중별 지원(미숙아 최고 1,000만 원)/의료비 금액별 지원율 차등 적용
선천성 이상아	• 출생 후 28일 이내 의료기관에서 질병코드가 Q로 시작하는 선천성 이상으로 진단 받은 환아로서, 출생 후 6개월 이내 선천성이상을 치료하기 위하여 입원하여 수술한 의료비(반드시 입원하여 치료를 위한 수술을 시행하고 그에 따른 치료비용에 한하여 지원 • 최고 5백만 원 지원 / 의료비 금액별 지원을 차등 적용
중복 지원 (미숙아+선천성 이상아)	미숙아 출생 체중별 최고 지원 금액+선천성 이상아 최고 지원금액

출처: 복지로 홈페이지 http://www.bokjiro.go.kr

③ 보장구 및 보조기구

2015년 7월부터 장애인 보장구휠체어, 보청기, 돋보기, 교정용 신발 등 구입 본인부담금이 전액 건강보험의료급여으로 지원되고, 대상 장애유형에 적합한 장애인보조기구31개 품목를 기준액 내에서 무상교부하여 사용할 수 있도록 지원한다.

장애인 보조기기 교부는 국민기초생활보장법상 수급자 및 차상위 계층을 대상으로 장애유형별로 보조기기를 교부하고 교부 시 교부 우선순위에 따라 교부한다.

④ 검사 · 검진 · 예방접종

만 6세 미만 모든 영유아를 대상으로 영유아 건강검진 7회, 구강검진 3회를 무상 실시하고, 영유아 건강검진 결과 '정밀평가 필요' 판정을 받은 의료급여 수급권자 및 건강보험료 하위 30% 이하인 자의 피부양자인 영유아에게는 '발달장

애 정밀 진단비'를 연간 1인당 1회 지원한다. 의료급여 수급권자, 차상위계층은 최대 40만 원 이내, 건강보험가입자 중 하위 30% 이하차상위 제외는 최대 20만 원 이내로 지원한다. 또한 난청조기진단 검사비 지원과 전 신생아를 대상으로 6종의 '선천성대사이상' 검사를 무료로 실시하여 지원한다(복지로 홈페이지).

만 12세 이하의 모든 아동에게 국가필수예방접종17종 백신비와 시행비용 전액을 지원한다.

(3) 발달재활서비스

성장기 장애아동의 인지, 의사소통, 적응행동, 감각 · 운동 등의 정신적 · 감각적 기능 향상과 행동발달을 위한 적절한 발달재활서비스를 지원한다(보건복지부, 2020b). 발달재활서비스는 장애아동의 장애 유형, 장애 정도, 가족의 경제적 능력 등을 고려하여 지원대상 및 내용을 결정하고(장애아동복지지원법 제21조), 언어 · 청능, 미술심리재활 · 음악재활, 행동 · 놀이심리 · 재활심리, 감각발달재활 · 운동발달재활 · 심리운동 등의 서비스를 지원하며(장애아동복지지원법 시행규칙 제8조 별표 1), 장애 조기 발견 및 발달진단서비스와 중재를 위한 부모 상담서비스도 제공한다.

뇌병변장애, 지적장애, 자폐성장애, 청각장애, 언어장애, 시각장애, 중복장애가 있는 만 18세 미만 등록 장애아동에게 지원되지만 6세 미만인 경우 등록 장

표 8-15 발달재활서비스 지원 내용

소득기준	바우처 지원액	본인부담금
기초생활수급자 (다형)	월 22만 원	면제
차상위계층 (가형)	월 20만 원	2만 원
기준중위소득 65%이하 (나형)	월 18만 원	4만 원
기준중위소득 120% 이하 (라형)	월 16만 원	6만 원
기준중위소득 180% 이하 (마형)	월 14만 원	8만 원

* 장애 유형 : 뇌병변, 지적, 자폐성, 청각, 언어, 시각, 중복장애 아동 대상
* 바우처를 이용하여 서비스 대상자가 제공기관에 직접 사전 납부
* 지원금액 : 월 8회, 주 2회 실시 기준. 서비스단가는 2만 7,500원/1회, 총 22만 원

출처: 사회서비스 전자바우처 홈페이지 http://www.socialservice.or.kr

애아동이 아니더라도 장애가 예견되어 재활치료가 필요하다는 발달재활서비스 의뢰서와 검사 자료로 등록기준을 대체할 수 있다. 소득 기준은 기준중위소득의 180% 이하이며, 소득별로 차등 지원된다(보건복지부, 2020b).

(4) 교육 · 보육 지원서비스

「장애인 등에 대한 특수교육법」은 장애인 및 특별한 교육적 요구가 있는 사람에게 통합된 교육환경을 제공하고 생애주기에 따라 장애유형 · 장애정도의 특성을 고려한 교육을 실시하여 이들이 자아실현과 사회통합을 하는데 기여함을 목적으로 2007년에 제정되었다(장애인 등에 대한 특수교육법).

① 장애아 보육료 지원

장애아동에게 보육을 지원하고 장애아동 가정의 경제적 부담을 경감시키기 위하여 장애아동 보육료를 지원한다. 지원대상은 만 12세 이하의 미취학 장애아동으로서 장애아반 편성 아동의 경우에는 50만 2,000원, 만 3~5세 누리과정에 편성된 장애아동도 50만 2,000원, 일반아동반 편성 장애아동은 시 · 도지사가 고시한 연령별 보육료 수납한도액을 지원한다.

취학한 장애아동이 방과 후에 1일 4시간 이상 보육시설을 이용하는 경우 보육료는 50% 감면된 25만 1,000원이 지원된다. 만약 방학 중에 종일제 보육을 실시한 경우에는 장애아동 보육료 100%가 지원된다.

② 장애아 양육수당 지원

장애아동 양육수당은 어린이집이나 유치원특수학교 포함, 종일제 아이돌봄서비스를 이용하지 않고 가정에서 장애아동을 양육하는 부모의 양육비용 부담을 덜어주기 위하여 지원된다. 12개월 미만 20만 원, 24개월 미만 15만 원, 24~86개월 미만 장애아동은 10만 원이 지원된다(영유아보육법).

③ 장애아 무상교육 실시

「장애인 등에 대한 특수교육법」은 장애인 및 특별한 교육적 요구가 있는 사람에게 통합된 교육환경을 제공하고 생애주기에 따라 장애 유형 · 장애 정도의 특성을 고려한 교육을 실시하여 이들이 자아실현과 사회통합을 하는데 기여함을 목적으로 제정되었다. 「장애인 등에 대한 특수교육법」 제3조에 따라 만 3세부터 17세까지의 특수교육대상자는 유치원, 초등학교, 중학교 및 고등학교 과정의 교육을 의무교육으로 하고 전공과와 만 3세 미만의 장애영아교육은 무상으로 실시한다. 장애영유아의 장애 중증화 예방과 적합한 발달을 이끌어내기 위해서 특수교육대상자로 선정된 만 3세 미만의 영아, 특수교육대상자로 선정된 만 3~5세의 유아, 만 6세 초등학교 취학의무 유예자 중 특수교육 대상 아동을 포함하여 무상교육을 실시한다. 특수학교의 유치원 과정, 영아학급, 특수교육지원센터에서 교육을 제공하고 발달 특성에 맞는 개별화된 교육서비스를 지원하며, 입학금・수업료・교과용 도서대금, 학교급식비 등을 면제해 준다. 국가 및 지방자치단체는 그 외 소요경비학교운영지원비, 통학비, 현장・체험학습비 등를 예산의 범위 내에서 지원한다(장애인 등에 대한 특수교육법 시행령 제3조).

④ 특수교육대상자 치료지원서비스

특수교육대상자의 효과적인 교육을 위해 다양한 서비스를 제공한다. 특수교육대상자가 치료지원을 희망하면, 진단 평가를 실시하여 치료지원대상자를 선정하여 지원한다. 치료사 채용, 바우처, 치료지원 제공기관병・의원, 장애인복지관, 사설치료실 등을 통해 물리치료, 작업치료 등의 서비스를 제공한다. 시・도 교육청에서 특수교육대상자 치료지원 서비스에 대해 상담하고 자격여부를 심사한 후 서비스를 결정하며 해당 서비스를 제공한다(장애인 등에 대한 특수교육법).

(5) 장애아가족 양육지원

장애아가족 양육지원은 장애아 가족의 일상적인 양육부담을 경감하고 보호자가 정상적인 사회활동을 할 수 있도록 장애아동의 가정에 일정한 자격을 갖춘 돌보미를 파견하여 돌봄 및 일시적 휴식지원 서비스를 제공하는 것이다(보건복지부, 2020b).

① 장애아 돌봄서비스

이웃과 함께하는 가족 돌봄 문화를 정착하고 장애아동에 대한 인식의 전환을 위해 지역사회의 자원봉사자가 장애아 돌보미 서비스를 제공한다. 만 18세 미만 장애아동을 양육하는 가정 중 장애 정도가 심한 장애아와 생계·주거를 같이하는 기준중위소득 120% 이하인 가정에 지원한다. 다른 법령에 따라 장애아가족 양육지원사업과 유사한 재가서비스장애인 활동보조지원서비스 등 기타 이에 준하는 서비스를 받고 있는 경우에는 선정 대상에서 제외된다. 1아동당 연 840시간 범위 내에서 지원하고 월 70시간 기준 제공하는 것이 원칙이다(보건복지부, 2020b). 대상가정에게 일상생활 지원, 치료 동반 지원, 외출 산책 지원, 학습 및 놀이 지원 등을 파견 지원하며 가사 지원은 제외한다.

② 휴식 지원 프로그램

휴식 지원 프로그램은 장애아가족이 가족관계를 회복하고 돌봄노동을 경감시키기 위하여 실시하는 프로그램이다. 소득기준에 상관없이 만 18세 미만의 모든 장애아 가족으로 돌봄서비스를 받지 않는 가정도 참여 가능하고, 돌봄서비스를 받는 가정을 우선적으로 지원하여 가급적 돌봄서비스 대상가정 50% 이상에 휴식 지원 프로그램을 제공한다. 장애아 가족 문화·교육프로그램, 가족캠프 등의 휴식 지원 프로그램을 운영하고 돌보미를 통하여 장애아가족 상담서비스, 생활지도 등을 제공하며 자조모임 결성을 지원한다(보건복지부, 2020b).

표 8-16 장애아가족 양육지원사업의 종류 및 내용

구분	지원내용
돌봄 서비스	• 양육자의 질병, 사회활동 등 일시적 돌봄서비스 필요 시 일정한 교육과정을 수료한 돌보미를 파견하여 장애아동 보호 및 휴식지원 • 아동의 가정 또는 돌보미 가정 등에서 돌봄서비스 제공 • 1아동당 연 840시간 범위 내 지원(특별한 경우 연장 가능)하며 선정 가정이 사용하지 않은 잔여시간은 추가 선정하여 지원 • 특별한 경우의 예 : 한부모가정, 조손가정, 장애부모가정, 다자녀(자녀 3인 이상)가정, 출산모가정(출산 직후 1년), 맞벌이가정, 양육자 질병 및 사고로 인한 입원 가정 등 지자체별 다양하게 적용 가능

구분	지원내용
휴식 지원 프로그램	• 가족관계 회복 및 돌봄노동 분담을 위해 장애아가족 문화 · 교육프로그램, 휴식 박람회, 가족 캠프 등 휴식지원 프로그램 운영 • 돌보미를 통한 장애아가족 상담서비스, 생활지도 등 제공 및 자조모임 결성지원 등을 통해 양육의 어려움 경감, 정보 공유 등 • 가족 휴식 지원 및 가족역량 강화 프로그램 확대: 가족상담(치료) 프로그램, 가족교육 프로그램(부모교육, 비장애형제자매교육, 가족관계개선 등)

출처: 보건복지부(2020b).

(6) 발달장애인 가족휴식지원사업

발달장애인 가족의 양육 부담을 경감하고 가족의 정서적 안정을 돕기 위해 마련된 것으로 발달장애인지적 · 자폐성 장애인 및 발달장애인의 가족을 지원한다. 힐링캠프가족캠프, 인식개선캠프, 동료상담캠프 및 테마여행을 지원하며, 소요경비로 1인당 최대 24만원을 지원하며 초과할 경우 이용자가 실비를 부담한다. 발달장애인 자녀의 생애주기별 부모교육을 지원한다(복지로 홈페이지).

(7) 발달장애인 부모상담지원사업

발달장애를 가진 자녀를 양육하고 부양하는 부모의 심리적 부담을 덜어주고, 가족관계가 더 좋아질 수 있도록 전문 심리상담을 지원한다. 지원대상은 발달장애인지적 · 자폐성 장애인 자녀를 둔 부모 및 보호자, 지적장애 또는 자폐성 장애를 부장애로 가진 경우, 발달장애인 자녀의 부모 동시에 지원한다.

발달장애 자녀를 양육 중인 부모에게 개인 심리상담 바우처16만 원를 12개월 동안 제공한다. 우울척도 판정결과 우울증이 의심되는 수준이거나 기준 이하인 경우라도 스트레스 등 다른 심리 · 정서 검사 후 지원연장이 필요하다고 판단되는 경우 1회최대 12개월에 한하여 지원 연장이 가능하다(복지로 홈페이지).

(8) 문화여가 지원서비스

① 문화누리카드

장애아동은 경제적, 사회적인 여건 때문에 문화생활을 향유하기 힘들다. 따라서 장애아동의 삶의 질 향상과 문화 격차 완화를 위해 문화예술, 국내여행, 체육활동을 할 수 있는 기회를 제공하는 문화누리카드 서비스를 제공한다. 이 서비스는 기초생활수급자 및 차상위계층 장애아동수당을 지원받는 장애아에게 1인당 연간 10만 원의 개인카드를 지원하여 문화여가를 선용할 수 있도록 하는 제도이다.

표 8-17 문화누리카드 사용처

구분	이용 분야
문화	• 도서 : 서점, 만화콘텐츠사이트, 전자책구독사이트 등 • 음악 : 음반판매점, 음원콘텐츠사이트, 악기점 • 영상 : 영화관, 영상콘텐츠사이트, 영화제, 케이블TV, 위성방송 • 공연 : 공연장, 극단, 아트홀, 공연축제 • 미술 : 전시(미술관, 박물관, 화랑, 비엔날레), 공예(미술관, 박물관 내 아트숍, 공예품점), 사진관 • 문화체험 : 문화예술 체험공간(문화센터, 공방), 문화재체험, 한복점 및 한복대여점, VR 체험, 방탈출체험, 온라인취미클래스, 문화예술 분야 직업체험 등
여행	• 교통수단 : 철도, 고속버스, 시외버스, 국내항공, 여객선, 렌트카 • 여행사 : 관광여행사 • 관광지 : 관광명소, 휴양림, 캠핑장, 동물원, 식물원, 온천, 지역축제, 체험관광, 테마파크 등 • 숙박 : 호텔, 리조트, 콘도, 모텔, 게스트하우스, 민박
체육	• 스포츠관람 : 국내 4대 프로스포츠(축구, 농구, 야구, 배구), 국내개최 국제스포츠경기 입장권 • 체육용품 : 체육사 및 체육용품점, 경기장 내 응원용품점, 자전거판매점 • 체육시설 : 수영, 헬스, 볼링, 요가, 복싱, 탁구, 사격, 레저스포츠 등 스포츠 이용시설, 체육시설이용 예약플랫폼, 스크린체육시설 등

출처: 문화누리카드 홈페이지 https://www.mnuri.kr

② 책나래 서비스

책나래 서비스는 도서관 방문 이용이 어려운 장애인 등을 위하여 이용자가 필요로 하는 도서관 자료를 우체국 택배를 이용하여 무료로 대출·반납하는 서비스로서 보건복지부 등록 장애인이 이용할 수 있다. 희망도서자료 대출 및 반납을 자택에서 이용할 수 있도록 지원하고 제공 도서관 소장자료 중 관외 대출이 가능한 일반도서, 비도서, 장애인 대체자료 등을 대출해 주고 대출권수와 기간은 제공 도서관의 관외대출 규정에 따라 실시된다. 가능한 모든 도서관 자료가

주지 공공도서관를 파악해 대출해 주는 서비스이다(책나래 홈페이지).

3) 장애아동 복지서비스의 개선 방안

(1) 장애아동과 가정에 대한 경제적 지원 강화

장애아동을 보호・양육하는 가정은 장애아동의 양육에 따른 경제적 어려움이 많다. 장애아동의 부모는 장애아동을 돌보느라 직업 활동에 제약이 따르며 비장애아가구에 비해 의료 및 교육비로 지출되는 비용이 가중되기 때문에 지속적인 경제적 지원을 필요로 한다. 특히 한부모가정은 양부모가정보다 장애아동을 양육하는데 있어 경제적 부담이 더 커진다. 이를 위해 정부는 저소득층 장애아동 가정에 장애아동수당을 매월 지급하고 있으나 실질적 소요비용에는 매우 부족한 실정이다. 따라서 장애아동수당을 현행보다 현실성 있게 상향 조정하고 수당지급대상을 더욱 더 확대하며 장애유형별로 부담금액의 편차를 고려하여 지원액을 차등적으로 상향조정해야 할 것이다(김태완, 김성아, 2015; 정옥분 외, 2020).

(2) 의료 및 발달재활서비스 확대

장애아동은 의료 및 발달재활서비스를 지속적으르 지원받아야만 한다. 그러나 현재 장애아동의 발달에 적합한 의료 및 발달재활서비스가 제대로 이루어지고 있지 않다. 장애아동을 위한 의료 및 발달재활서비스를 제공하는 의료지원시설 및 의료 및 전문인력 등이 대도시와 같은 일정한 지역에 편중되어 있어 이러한 서비스에 접근하는 문제부터 해결되지 않은 경우가 많다. 따라서 장애아동이 의료 및 발달재활서비스를 쉽게 제공받을 수 있도록 의료기관을 증설하고 장애아동의 발달적 욕구에 맞게 초기 응급진료, 조기재활, 퇴원 후 의료서비스, 지역사회에서의 발달재활프로그램 등의 연속적인 서비스를 제공해야 할 것이다. 제5차 장애인정책종합계획에서는 '장애인의 자립생활이 이루어지는 포용사회'를 비전으로 하여 수요자 중심의 장애인 지원체계를 구축하는 정책을 마련하여 진행하고 있다. 기존의 장애등급제를 폐지하고 대신 '장애 정도가 심한 장애인'과 '심하지 않은 장애인'으로 구분하여 건강보험료를 경감시키고, 건강보험 장애인 보장구 및 장애인 보조기기 품목을 단계적으로 확대하여 지원하는 방안을 추진 중이다. 이처럼 장애아동이 질 높은 의료 및 발달재활서비스를 제공받을 수 있도록 더 적극적이고 체계적인 지원 대책 마련이 이루어져야 할 필요성이 제기된다.

또한 의료서비스와 발달재활서비스를 편리하게 지원받을 수 있도록 교통 편의체제를 구성하는 것이 중요할 것이다. 제5차 장애인정책종합계획에서도 장애인 이동권 보장을 위한 광역이동지원센터 및 저상버스 도입 의무화를 추진하는 등의 정책을 실천하고 있지만(보건복지부, 2018), 이러한 서비스 제도에서도 제외되는 장애아동이 여전히 많다는 점에서 추가적인 보완대책이 마련되어야 할 것이다.

(3) 장애아동 가족지원 서비스 확대

현재 우리나라에서는 발달재활서비스, 언어발달지원사업, 장애아가족 양육지원 사업 등으로 구성된 장애아동 가족지원 사업이 이루어지고 있다(보건복지부, 2020b). 그러나 장애아동 가족지원 서비스 대상 선정 기준이 대부분 소득기준별로 대상자 등급을 결정하여 지원하기 때문에 모든 장애아동 가족에게 서비스 기회가 주어지지는 않는다. 장애아동 가족지원 서비스 혜택을 받지 못하는 복지사각지역의 장애아동 가족이 존재하기 때문에 장애아동 가족지원 서비스가 모든 장애아동 가족에게 적절하게 이루어질 수 있도록 확대되어야 할 것이다.

또한 장애아동 부모는 장애아동에 대한 양육스트레스뿐만 아니라 경제적인 문제, 사회적 활동이 사실상 매우 곤란하며, 여가활동을 거의 하지 못하는 상태이다. 더구나 장애아동에 대한 부담이 정서적 어려움과 이혼, 별거 등 가정해체까지 초래하는 양상으로 나타나고 있다(보건복지부, 2020c). 현재 장애아동 부모나 가족을 대상으로 하여 부모교육, 상담, 형제캠프 등의 다양한 정서지원 서비스 프로그램이 일부 저소득층 장애아동 가족에게 제공되고 있지만 모든 장애아동 부모나 가족에게 이루어지고 있지는 않다(김성경 외, 2014). 따라서 과중한 돌봄 부담을 가지고 있는 장애아동 부모나 가족 모두에게 집중적인 심리·정서적 상담서비스를 제공하여 우울감 등 부정적 심리상태를 완화시키고 궁극적으로 장애아동 가족의 기능 및 삶의 질 향상을 도모할 수 있도록 정서적 지원서비스를 확대하여 실행해야 한다(보건복지부, 2020c).

(4) 서비스 전달체계 재정비

장애아동을 지원할 수 있는 서비스 전달체계에 대한 재정비가 이루어져야 한다. 장애아동이 주로 이용하는 시설이 장애인복지관인 것으로 나타났는데 지역적으로 농어촌의 장애아동의 경우에는 서비스 접근에 제약이 많다. 따라서 취약지역 장애아동들이 서비스 시설에 쉽게 접근하여 서비스를 받을 수 있도록 구체적인 방안이 마련되어야 한다. 또한 모든 장애유형의 장애아동이 이용할 수 있는 서비스 시설이 제대로 마련되어 있지 않기 때문에 지역 간 연계를 통해 장애아동들이 각각의 장애유형에 적합한 서비스를 받을 수 있도록 협력 체제를 구축해야 할 것이다(김태완, 김성아, 2015). 또한 서비스 기관에서의 초기 면접으로 인한 시간과 인력의 낭비를 막고 장애아동에 대한 정보를 공유할 수 있도록 관련기관 간의 네트워크 형성이 필요하며 정책에 대한 직접적인 홍보와 기관연계를 지원해야 한다(정옥분 외, 2020).

장애복지서비스 전달체계로 발달재활서비스는 보건복지부에서, 특수교육대상자 치료지원서비스는 특수교육업무를 담당하는 교육부에서, 직업재활은 장애인 고용과 관련한 고용노동부에서 이루어지고 있어 장애아동이 서비스를 이용하는 데 다양한 서비스 전달체계로 인해 혼란이 있을 수 있다. 따라서 장애아동을 위한 서비스 전달체계가 통합되어 편리하게 이루어질 수 있도록 원스톱one stop 서비스 전달체계를 마련하는 것이 시급하다.

(5) 장애예방 사업 강화

장애발생 원인 중 질병이나 사고 등 후천적인 원인에 의해 장애가 발생하기 때문에 장애예방사업의 강화가 요구된다(이순형 외, 2013). 장애예방은 장애가 발생하기 전에 장애를 미연에 예방하는 것으로 장애발생 사후대책보다 효과적이고 비용면에서도 효율적이라고 할 수 있다. 현재 우리나라 장애인을 위한 복지정책은 주로 장애발생 이후 치료중심 사후처리에 초점을 두고 진행되어 왔고, 여러 행정기관이 서비스에 대해 서로 연계없이 중복적으로 제공해왔기 때문에 장애예방 사업이 미흡했다고 볼 수 있다. 또한 이미 국가적 장애예방체계를 구축하고 장애예방센터 마련을 위한 노력에도 불구하고 제도적인 장치 마련이 미흡하였다. 특히 장애발생예방교육 프로그램을 개발하고 교육하며 실시하고 있지만 관련 인력이나 인프라가 매우 부족한 실정이다(보건복지부, 2018). 따라서 장애발생예방 교육 및 홍보를 확대하는 등 장애예방 사업 활성화가 이루어져야 한다.

이를 위해서 첫째, 선천적 장애나 출생 시 장애예방을 위하여 모자보건사업을 강화해야 할 것이다(한미현 외, 2016). 출생 전 원인으로 인한 장애를 예방하기 위해 의료기관과 교육기관을 통해 장애발생 요인과 정기적인 산전검사의 필요성에 대한 교육을 강화한다. 또한 출생 전 경제적인 부담없이 장애아를 쉽게 판정할 수 있도록 지원하여야 할 것이다. 지역별 특수교육지원센터, 특수학교학급, 지자체, 병의원, 보건소 등 유관기관 간 장애아 조기진단 연계체계를 강화하도록 한다(교육부, 2019). 둘째, 정기적인 건강검진을 실시하여 장애를 조기에 발견할 수 있도록 하며, 다양한 장애를 유발하는 풍진 예방 접종 등 예방접종사업을 강화한다. 셋째, 장애는 대부분 질병이나 사고 등 후천적 원인에 의해 더 많이 발생하고 있다. 따라서 후천적 장애 발생이 일어나지 않도록 질병과 사고를 예방하고 각종 지원체계를 구축하여야 할 것이다.

추천 영화 및 도서

영화

원더

- 감독 : 스티븐 크보스키
- 주연 : 제이콥 트렘블레이, 줄리아 로버츠, 오웬 윌슨
- 개봉 : 2017. 12.
- 줄거리 : 안면기형 장애를 가진 10살 어기의 사회 적응기를 다룬 영화이다. 자신의 기형적인 얼굴을 감추고 싶어 우주헬멧을 쓰고 살았던 어기가 처음으로 헬멧을 벗고 용감하게 학교로 가게 되지만 사람들의 시선에 크게 상처받는다. 어기의 긍정적인 성격으로 다시 용기를 내게 되고 주변 사람들도 어기에 대한 편견을 버리게 되면서 함께 성장해가는 모습을 보여준다.

증인

- 감독 : 이한
- 주연 : 정우성, 김향기
- 개봉 : 2019. 2.
- 줄거리 : 대형 로펌 변호사 순호가 살인사건 용의자의 변호를 맡게 되고 그 사건의 유일한 목격자인 자폐 소녀 지우를 증인으로 세우려고 한다. 자기만의 세계에 집중하고 소통이 서툴렀던 지우가 사건의 증인이 되어 세상과 소통하려는 용기를 가지게 되며 지우를 통해 신뢰와 소통의 가치를 깨닫게 되는 영화이다.

모두의 천사 가디

- 감독 : 아민 도라
- 주연 : 조르주 카바즈, 라라 레인, 이마누엘 카이랄라
- 개봉 : 2015. 5.
- 줄거리 : 자폐 스펙트럼 장애를 안고 태어난 소년 가디의 문제행동 때문에 이웃들이 가디를 마을에서 쫓아내려고 한다. 아들 가디를 보호하기 위해 아빠 레바는 가디를 천사로 둔갑시키는 작전을 펼치게 되고 마을 사람들의 편견이 사라지며 결국 가디를 수용하게 된다는 내용이다.

도서

우산을 잃어버린 아이

- 지은이 : 고정욱
- 출판사 : 에코북스
- 출간일 : 2007. 11.
- 줄거리 : '잃어버린 우산'을 부른 가수 우순실 씨가 뇌수종 장애를 가진 아들 병수를 13년간 키우다 하늘나라로 보낸 이야기를 동화로 재구성한 책이다. 우순실 씨의 딸의 시선에서 장애아 오빠를 가진 어린이의 순진한 마음, 엄마의 사랑을 오빠에게 뺏겼다는 질투, 오빠에 대한 연민과 안타까움을 보여준다.

시간을 삼킨 아이

- 지은이 : 최석윤
- 출판사 : 미지북스
- 출간일 : 2010. 4.

• 줄거리 : 출생 후 2개월째 세균성 뇌수막염을 앓게 된 한빛이는 99.9% 살아날 가능성이 없었지만 부모님의 헌신으로 살아났다. 대신 중증 장애를 가지게 된 한빛이를 돌보면서 아버지가 겪게 된 좌충우돌 이야기를 소개하고 있다. 우리 사회의 장애인에 대한 차별과 편견을 다시 한 번 생각해 보게 한다.

가방 들어주는 아이

• 지은이 : 고정욱
• 출판사 : 사계절
• 출간일 : 2014. 6.
• 줄거리 : 장애 때문에 아이들에게 따돌림 받는 영택이와 영택이의 가방을 들고 다닌다는 이유로 놀림당하는 석우, 선생님의 부탁으로 어쩔 수 없이 가방을 들고 다니게 된 석우가 여러 가지 사건을 경험하게 되면서 영택이의 입장을 이해하게 되고 영택이와 우정을 쌓게 된다는 이야기이다.

본 장을 정리하며 : 생각수업 2

모두에게 평등한 교육? 장애도(島)에 고립된 아이들의 현실은 다르다

"아이들이 이 나라의 미래라고 하지 않았나요? 장애가 있는 아이라고 해서 예외일 수도 있나요? 국가는 분명 포용이라는 말을 쓰면서 편견 없이 인간으로 태어나 누릴 수 있는 모든 권리를 동등하게 보장하겠다고 약속했습니다. 그런데요, 우리 가족은 아직도 여전히 장애도(島)에 삽니다" 어느 발달장애아 보호자의 이야기이다.

대한민국 현행법 상 만 3세 이상의 장애아동들은 모두 의무교육을 받을 수 있다. 그러나 장애유아의 경우 실제 13.5%만이 의무교육에 따른 혜택을 받고 있고, 나머지 80%이상은 유치원이 아닌 어린이집에 다니거나 사설 치료시설을 오가는 것으로 나타났다. 이러한 현상이 지속되는 이유는 장애유아 4명이 모이면 특수학급을 개설해야 하고 특수교사 1명 이상이 배치되어야 하는데 인력부족으로 이를 진행할 수 없기 때문이다. 전체 2/3에 달하는 5만 6천여 명 가량의 장애아동들은 유아교육기관의 이용을 거부당하거나 이용할 수 있는 기관이 없어 부모들이 모든 책임을 지고 있는 실정이다. 따라서 교육부는 통합유치원을 1개에서 17개로 늘리고 특수학급을 현 731개에서 1,131개로 확대할 예정이라고 발표했지만 부모들은 어린이집을 의무교육기관으로 만들어 장애영유아의 의무교육권 보장을 요구하고 있다.

한편, 취학연령 장애아동의 경우에는 특수학교와 일반학교의 특수학급 수가 턱없이 부족하여 장애아동은 기본적인 학습권조차 보장받지 못하고 있다. 현재 대한민국 내 특수학교는 175개가 전부이고 수도권인 서울과 경기도는 특수학교 수의 비중이 전국 평균보다 훨씬 낮다. 이는 특수학교를 혐오시설로 보고 신규 학교 건립에 해당 지역주민이 반대하기 때문이다. 이에 대해 장애아동의 부모들은 특수학교의 신설은 비장애학생과 장애학생을 원천적으로 격리하는 것과 동시에 차별을 오히려 강화시킨다고 보고 성별, 연령, 국적, 장애 여부 등과 관계없이 모든 학생들이 한 교실에서 모여 교육을 받는 학교를 꿈꾼다고 밝혔다. 즉, 통합교육을 받을 수 있기를 요구하고 있다.

출처 : 서울복지신문(2019.4.22.).
http://www.swnews.kr/news/articleView.html?idxno=24150
베이비뉴스(2020.3.24.).
https://www.ibabynews.com/news/articleView.html?idxno=83667

◆ 장애아동 통합교육에 대해 알아보고 성공적인 통합교육 실시 방안을 토론해 봅시다.

참고문헌

고용노동부, 한국장애인고용공단 고용개발원(2018). 2018 장애인 통계. 조사통계연구 2018-01, 한국장애인고용공단 고용개발원.

교육부(2019). 2019 특수교육연차보고서. 2019년 정기국회 보고자료. 교육부.

교육부(2020). **2020 특수교육 통계**. 교육부.

김성경, 김혜영, 최현미(2013). **아동복지**론. 양서원.

김태완, 김성아(2015). 장애아동 · 청소년 지원제도의 현황 및 한계. **보건복지포럼,** 1월호, 통권 219, 64-74, 한국보건사회연구원.

보건복지부(2018). 제5차 장애인정책종합계획 2018-2022.

보건복지부(2020a). 2019년 보육통계.

보건복지부(2020b). 2020년 장애아동가족지원 사업안내.

보건복지부(2020c). 2020년 발달장애인지원 사업안내.

보건복지부, 한국보건사회연구원(2017). 2017년 장애인 실태 조사. 정책보고서 2017-90.

정옥분, 정순화, 손화희, 김경은(2020). **아동권리와 복지**. 학지사.

한미현, 문혁준, 강희경, 공인숙, 김상희, 안선희, 안효진, 양성은, 이경열, 이경옥, 이진숙, 천희영(2016). **아동복지**. 창지사.

교육부 https://www.moe.go.kr

문화누리카드 https://www.mnuri.kr

보건복지부 http://www.mohw.go.kr

복지로 http://www.bokjiro.go.kr

사회서비스 전자바우처 http://www.socialservice.or.kr

책나래 http://cn.nl.go.kr

메모

Chapter

09

학대아동 보호서비스

자녀 체벌 금지 법으로 만든다

최근 발생한 아동학대 사건들은 우리 사회에 크나 큰 충격과 파장을 주고 있다. 충청남도 천안시에서 9살 남자 아이가 계모에 의해 약 7시간 동안 여행가방 속에 감금되었다가 사망한 사건에 국민 모두가 분개하였다. 계모는 아이가 거짓말을 일삼는다고 이를 고쳐주기 위해 체벌의 의미로 여행용 가방에 들어가게 했다고 진술했다. 그러나 검찰은 계모가 가방 위에 올라가 수차례 뛰고 숨쉬기 힘들다고 아이가 호소한 상태에서도 가방 안으로 헤어드라이기의 뜨거운 바람까지 넣었다며 살인혐의를 적용했다. 또한 경상남도 창녕군에서는 9살 여자아이가 친모에 의해 쇠사슬에 묶인 채 베란다에 감금되고 계부는 뜨겁게 달군 프라이팬에 아이의 손가락을 지지고 실리콘을 아이의 발등과 배에 떨어뜨려 화상을 입혔으며 쇠막대기 등으로 신체를 때리는 등 상습적인 학대를 한 것으로 밝혀졌다. 심지어 손발을 묶어 욕조에 가두고 얼음을 쏟아 부었으며 물 속에 머리를 집어넣는 등의 잔혹한 학대를 일삼았다. 부모의 감시가 소홀한 틈을 타 지붕을 타고 옆집을 통해 탈출한 아이는 인근을 지나던 주민에게 발견되어 아동학대의 굴레에서 벗어나게 되었다.

2018 아동학대 주요 통계에 따르면, 2018년 아동학대로 판명된 사건 중 피해아동의 부모가 학대행위자인 경우가 전체 사례의 약 78%를 차지하고 있다. 이렇게 부모가 학대행위자로서 높은 비율을 차지하고 있는 이유는 부모가 자녀에 대한 소유의식을 가지고 있고 현행 민법에서 '친권자에게 보호 · 교양의 권리 · 의무가 있고 이를 위해 필요한 징계를 할 수 있다'고 규정한 조항이 있기 때문이다. 따라서 정부는 부모의 자녀 체벌을 법률로 금지하는 방안을 추진하기로 했고 부모의 자녀 체벌권을 삭제할 방침이다. 이번 대책으로 부모에 의한 아동학대 사건이 대폭적으로 감소하기를 기대해 본다.

출처: 베이비뉴스(2020.6.17)
https://www.ibabynews.com/news/articleView.html?idxno=86388

- 부모 체벌 금지법을 제정하면 아동학대 발생을 실제로 감소시킬 수 있을지에 대해 생각해 보고 아동학대를 감소시킬 수 있는 다른 방안에 대해서도 생각해 봅시다.
- 지금 여러분 주위에 학대받고 있는 아동은 없는지 살펴보고, 만약 있다면 어떻게 행동해야 할지 생각해 봅시다.

Chapter 09

아동은 성인의 소유물이 아닌 한 인격체로서 타인으로부터 존중받아야 하며, 행복할 권리를 가진 존재이다. 그러나 최근 우리 사회에서 발생한 심각한 아동학대사건들을 통해서 아직도 많은 아동들이 아동으로서 누려야 할 권리와 자유를 박탈당하고 있다는 사실을 실감하게 된다. 이러한 아동학대사건은 과거부터 현재에 이르기까지 동양과 서양을 모두 아우르며 지속적으로 발생하고 있고, 아동학대사건 발생건수도 매년 증가하고 있다. 아동학대는 아동의 건강한 발달과 성장을 위협하고, 아동의 신체적 · 정신적 · 심리적 발달에 지속적으로 부정적인 영향을 미치며, 차후에 학대받은 아동이 성장해 각종 범죄를 저지르는 심각한 사회문제를 초래하므로 반드시 근절되어야 한다. 따라서 아동학대 예방에 대한 우리의 관심과 노력이 그 무엇보다도 절실히 필요하다고 하겠다.

이 장에서는 아동학대의 개념과 발생 원인 및 유형, 아동학대 현황 등을 살펴보고, 학대받은 아동을 위한 지원기관 및 복지서비스에 대해 알아봄으로써 학대 피해아동을 위한 아동보호사업의 향후 과제를 제시하고자 한다.

1. 아동학대의 개념

1) 아동학대 개념

미국에서 아동학대라는 용어를 처음 사용한 이래로 아동학대의 개념은 매우 다양하게 정의되어 왔다. 아동학대의 개념은 학대 범위기준에 따라 협의의 정의와 광의의 정의로 구분할 수 있다. 먼저 협의의 정의로서 아동학대는 '부모나 양육자의 행위 또는 태만에 의해 초래되는 비우발적인 신체적 상해'를 의미한다. 이러한 정의는 켐프 등(Kempe et al., 1962)이 '피학대증후군the battered child syndrome'이라는 용어를 처음 사용하면서 제시했던 개념으로(한미현 외, 2015 재인용), 신체적 학대 행위에만 초점을 맞추고 있다. 따라서 이 정의는 신체적 상해 부위와 정도에 따라 학대를 판별할 수 있는 기준이 명확하여 신체적 학대 유무에 대한 증거를 제시하는 데 유용한 개념이지만, 아동을 돌보지 않거나 신체적 상해가 겉으로 표출되지 않는 정서적 학대의 경우 및 방임에 대해서 설명하지 못한다는 한계를 가지고 있다. 광의의 정의로서 아동학대는 아동의 발달과 욕구를 충족시켜 주지 못하는 모든 환경을 뜻한다. 대표적으로 길(Gil, 1970)은 아동학대를 '아동의 평등한 권리와 자유를 박탈하거나 아동의 적절한 발달을 저해하는 행위, 방임상태, 그리고 개인이나 제도, 사회의 행위나 태만'이라고 정의하였다. 이는 신체적 학대뿐만 아니라 정서적 학대, 방임, 아동의 발달을 저해하는 가정의 내 · 외적 환경을 모두 포함하는 포괄적인 개념으로(김성경 외, 2013) 아동학대를 규정하고, 아동의 권리를 옹호하며 학대를 유발하는 환경적 조건을 함께 명시함으로써 아동학대에 대한 예방적 개입까지 지지하는 광범위한 정의라고 할 수 있다.

우리나라의 경우 「아동복지법」 제3조제7호에서 '아동학대란 보호자를 포함한 성인이 아동의 건강 또는 복지를 해치거나 정상적 발달을 저해할 수 있는 신체적 · 정신적 · 성적 폭력이나 가혹행위를 하는 것과 아동의 보호자가 아동을 유기하거나 방임하는 것을 말한다'고 규정하고 있다. 이 정의를 통해서 볼 때 아동학대는 직접적인 신체적 가해 행위뿐만 아니라 소극적 아동학대 행위인 방임까지 모두 포괄하는 광의의 정의임을 알 수 있다.

2) 학대 발생 원인

아동학대가 발생하는 원인은 매우 다양하고 복잡하다. 아동학대 발생 원인을 이론적 접근방법에서 볼 때, 부모나 아동의 개인적인 특성으로 보는 정신병리학적 관점과 발달론적 관점, 부모와 아동을 둘러싼 사회환경적 특성으로 보는 사회 상호작용적 관점, 부모와 아동 및 사회환경적 모든 요인들의 복합적인 상호작용으로 보는 생태학적 관점 등으로 분류해 볼 수 있다(노명희 외, 2014).

(1) 정신병리학적 관점

정신병리학적 관점은 아동학대 원인을 아동학대 행위자의 정신병리에 초점을 두고 있다. 즉, 아동학대 행위자의 과거 경험, 정서상태, 성격적인 결함, 알코올과 약물중독, 분노조절 문제 등의 정신병리적인 특성을 아동학대 행위의 주요 요인이라고 보는 입장이다. 특히, 아동학대 행위자들은 과거 어린 시절에 부모나 보호자로부터 심각한 학대를 경험하였고, 이러한 경험에 의해 신체적 · 심리적 · 정서적 발달에 부정적인 영향을 받았으며, 학대에 의한 상처와 분노를 지속적으로 내면에 쌓아두었다가 자신이 어린 시절 학대받은 것처럼 자신의 자녀에게 학대를 가하게 된다는 점을 강조하고 있다.

(2) 발달론적 관점

발달론적 관점은 아동이 신체적 · 정신적 장애를 소유하고 있을 경우 혹은 까다롭거나 느린 기질적 특성을 나타내는 경우 등 아동 자체의 발달적 특성 때문에 학대가 유발된다고 보는 입장이다. 예를 들어, 신체장애아, 발달지체아, 미숙아 등은 부모나 보호자의 지속적인 돌봄을 필요로 하기 때문에 부모가 양육에 부담을 느끼게 되고 이것이 학대로 이어지게 되는 경우라고 믿는다. 또한 자주 울고, 공격적이며, 충동적인 행동을 일삼는 등 까다로운 기질을 가진 아동은 부모나 보호자의 양육스트레스를 증가시키게 됨으로써 부모의 학대를 유발시키는 주요 요인이라고 본다. 그 외, 부모가 원하지 않았던 출생이었거나 부모가 원하지 않은 성별의 아동, 출생 당시 분만 진통이 심했던 아동, 미혼모의 자녀, 자녀수가 많은 가정의 아동 등 아동 자체의 개인적 특성에 의해 학대가 유발될 수 있다고 본다.

(3) 사회 상호작용적 관점

사회 상호작용적 관점은 부모의 양육태도, 가정의 경제사정, 실직, 가족 간의 역기능적인 상호작용, 사회 문화적 특성 등이 학대를 유발하는 요인이라고 보는 입장이다. 부모의 양육지식과 능력 부족, 자녀양육 거부 및 포기, 잦은 부부갈등, 별거, 이혼, 부모의 사회적 고립, 대인관계 결함문제 등은 가족구성원 간의 관계에 악영향을 미치고, 가정 내 스트레스 요인을 증가시켜 아동학대를 유발할 수 있다(노명희 외, 2014).

가정의 경제적 빈곤은 가정의 불화를 유발하고 아동학대를 발생시키는 요인이 된다. 이는 저소득층 가정이 고소득층 가정에 비해 아동학대 발생률이 더 높게 나타나는 것을 통해 입증이 된다. 더 나아가서 폭력이 매우 빈번하게 발생하는 지역사회 환경, 폭력에 대한 민감성이 낮거나 체벌이 허용되는 사회문화적 환경 역시 아동학대를 유발시키는 사회문화적 요인으로 볼 수 있다(김성경 외, 2013).

(4) 생태학적 관점

최근에 아동학대 발생요인으로 가장 주목받고 있는 생태학적 관점은 아동의 여러 가지 특성, 아동을 둘러싼 가족환경, 가족구성원의 사회적 환경, 아동이 속한 사회, 문화, 제도, 정치까지 통합하여 이 모든 것들이 복합적으로 상호작용한 결과로 아동학대가 발생하게 된다고 보는 입장이다(드미향 외, 2019).

아동학대의 생태체계 영역을 가족특성 영역, 이웃의 지원체계 영역, 아동학대의 지역사회환경 영역으로 구분하여 살펴볼 수 있다. 먼저, 가족특성은 가족

표 9-1 아동학대 원인

학대요인	내용
부모요인	• 부모의 미성숙(부모의 나이가 어리고 안정되지 못했을 때) • 아동양육에 대한 지식 부족 • 지나친 기대(부모들은 종종 자신의 자녀가 가진 능력 이상으로 부모의 기대수준에 맞게 행동해 주기를 원함) • 잦은 가정의 위기(경제적 어려움, 실직, 잦은 병치례, 가정불화 등) • 정서적 욕구불만(부모의 욕구가 충족되지 못하거나 스트레스 받을 때) • 사회적 고립(아동양육 부담을 도와줄 수 있는 친척, 이웃이 없음) • 어릴 적 학대받은 경험(아동을 학대하는 부모들 중 30~60% 정도는 자신들이 어릴 때 부모로부터 학대받은 경험이 있음) • 알코올 중독 · 약물 중독 • 부모의 그릇된 아동관 및 양육관(아동을 소유물로 생각함) • 부모의 낮은 자아존중감, 낮은 감성, 의기소침 • 부모의 분노, 좌절 혹은 성적 욕구와 같은 충동과 감정조절의 무능력 • 원치 않는 아동 • 부모의 불안 우울증, 기타 정신질환
가정적 · 사회적 요인	• 가족관계의 문제(가족구성원 간에 갈등 존재, 가족상호작용 약함) • 가족구조의 문제(미성년가족, 한부모가족, 이혼가족 등의 구조적 특성) • 사회적 고립 및 사회적 지지체계가 결여 • 신체적인 체벌에 대해 허용적인 문화 • 아동을 존중하지 않는 문화 / 자녀에 대한 소유의식 • 폭력에 대한 가치와 규범(체벌, 훈육의 의미가 포함된 폭력은 필요하고 정당하다는 관념이 존재한다)

출처 : 아동권리보장원 http://www.korea1391.go.kr

의 스트레스, 가족구성원의 적응이나 변화를 요구하는 특별한 삶의 사건, 가족구성원의 욕구, 사회경제적 및 인구학적 요인, 가족 삶에서의 중요한 사건들의 시기 등의 요인을 포함하고 있다. 둘째, 이웃의 지원체계 영역은 가족에 대한 보육과 의료 등의 이용 가능성, 이웃과의 관계 및 상호작용 등이 해당된다. 셋째, 지역사회환경 영역은 사회경제적 요인, 이데올로기 요인, 역사적 요인 등이 해당된다(노명희 외, 2014). 이는 사회문화의 가치와 신념체계, 문화적 특성 등이 반영되는 것이다. 예를 들어, 우리나라는 아동을 엄격히 훈육하는 유교문화의 영향을 지속적으로 받아왔기 때문에 훈육을 목적으로 하는 아동에 대한 신체적 체벌을 당연한 것으로 여기고, 자녀를 매로 다스려야 한다는 가치체계를 형성해

왔다. 따라서 우리나라는 부모에게 훈육으로서 가해지는 체벌에 대해서는 아동학대로 인정하지 않는 입장을 취해왔기 때문에 아동학대에 대한 민감성이 매우 낮다고 볼 수 있다.

3) 아동학대 유형

우리나라 「아동복지법」 제3조제7호에서는 아동학대 유형을 신체학대, 정서학대, 성학대, 방임의 4가지로 구분하고 각각의 개념에 대해 정의하고 있다.

아동학대 유형
- 신체학대
- 정서학대
- 성학대
- 방임

(1) 신체학대

신체학대physical abuse란 '보호자를 포함한 성인이 아동에게 우발적인 사고가 아닌 상황에서 신체적 손상을 입히거나 또는 신체손상을 입도록 허용한 모든 행위를 말한다(아동복지법).

신체학대는 아동에게 행하는 신체적 폭력 및 가혹행위를 뜻하지만 흔히 훈육을 목적으로 하는 체벌과 구별하기 어려워 논란의 대상이 되기도 한다. 그렇지만 심각한 체벌은 훈육을 위한 목적으로 행한 것이라 하더라도 신체적 학대 행위라고 할 수 있다. 신체학대의 구체적인 예를 들면 다음과 같다.

신체학대의 구체적인 예

- 직접적으로 신체에 가해하는 행위(손이나 발로 때리기, 꼬집기, 할퀴기, 물어뜯기, 조르고 비틀기 등)
- 도구를 사용하여 가해하는 행위(자, 빗자루, 허리띠와 같은 도구로 때리기, 흉기나 바늘, 송곳과 같이 날카롭고 뾰족한 도구로 위협하거나 상해 입히기 등)
- 신체에 유해한 물질로 신체에 가해지는 행위(화학물질, 약물 등으로 신체에 상해 입히기, 뜨거운 물이나 불로 화상 입히기, 전기충격주기 등)
- 완력을 사용하여 신체를 위협하는 행위(멱살잡기, 떠밀기, 던지기, 강하게 흔들기, 거꾸로 매달기, 신체부위를 묶기, 물에 빠뜨리기, 좁은 공간에 가두어 놓기 등)

출처 : 아동권리보장원 http://www.korea1391.go.kr

(2) 정서학대

정서학대emotional abuse란 '보호자를 포함한 성인이 아동에게 행하는 언어적 모욕, 정서적 위협, 감금이나 억제, 기타 가학적인 행위를 말하며(아동복지법), 언어적·정신적·심리적 학대라고도 한다(아동권리보장원 홈페이지).

정서학대는 신체학대와 달리 겉으로 잘 드러나지 않는 특성을 가지고 있고 정서학대 행위를 명확히 규정짓기가 어렵다. 따라서 정서학대를 받는 아동들을 발견하는 것이 쉽지 않다. 아동의 발달수준에 적합하지 않은 비현실적인 기대로 아동에게 스트레스를 주는 경우나 아동에게 정서적 안정을 주는 애정을 주지 않는 것도 정서학대에 포함된다. 정서학대로 간주되는 구체적인 행위를 살펴보면 다음과 같다.

정서학대의 구체적인 예

- 원망적 · 거부적 · 적대적 또는 경멸적인 언어적 폭력을 하는 행위(욕설하기, 비난하기 등)
- 잠을 재우지 않는 것
- 벌거벗겨 내쫓는 행위
- 형제나 친구 등과 비교 · 차별 · 편애하는 행위
- 가족 내에서 왕따시키는 행위
- 아동이 가정폭력을 목격하도록 하는 행위
- 아동을 시설 등에 버리겠다고 위협하거나 짐을 싸서 쫓아내는 행위
- 미성년자 출입금지 업소에 아동을 데리고 다니는 행위
- 아동의 정서발달 및 연령상 감당하기 어려운 것을 강요하는 행위(아동의 연령에 힘든 노동을 강요하는 것)
- 다른 아동을 학대하도록 강요하는 행위

출처 : 아동권리보장원 http://www.korea1391.go.kr

(3) 성학대

성학대sexual abuse란 '보호자를 포함한 성인이 자신의 성적 충족을 목적으로 18세 미만의 아동에게 행하는 모든 성적 행위를 말한다(아동복지법). 가족 내 성학대는 가족이나 친인척 등에 의해 발생하는 형태이고, 가족 외 성학대는 아동

과 안면이 있는 사람이나 낯선 사람에게서 발생하는 형태를 말한다(아동권리보장원 홈페이지). 성학대로 간주되는 구체적인 행위를 살펴보면 다음과 같다.

성학대의 구체적인 예

- 자신의 성적 만족을 위해 아동을 관찰하거나 아동에게 성적인 노출을 하는 행위(옷을 벗기거나 벗겨서 관찰하는 관음적 행위)
- 성관계 장면을 노출, 나체 및 성기 노출, 자위행위 노출 및 강요, 음란물을 보도록 하는 행위
- 아동을 성적으로 추행하는 행위(구강추행, 성기추행, 항문추행, 기타 신체 부위를 성적으로 추행하는 행위 등)
- 아동에게 유사성행위를 하는 행위(드라이성교 등)
- 성교를 하는 행위(성기삽입, 구강성교, 항문성교 등)
- 성매매를 시키거나 성매매를 매개하는 행위 등

출처 : 아동권리보장원 http://www.korea1391.go.kr

(4) 방임

방임neglect이란 보호자가 아동에게 위험한 환경에 처하게 하거나 아동에게 필요한 의식주, 의무교육, 의료적 조치 등을 제공하지 않는 행위를 말한다(아동복지법).

방임은 물리적 방임, 교육적 방임, 의료적 방임, 유기의 4가지 유형으로 다시 구분된다.

방임의 유형

① 물리적(신체적) 방임

- 기본적인 의식주를 제공하지 않는 행위
- 불결한 환경이나 위험한 상태에 아동을 방치하는 행위
- 아동의 출생신고를 하지 않는 행위
- 보호자가 아동들을 가정 내에 두고 가출한 경우

- 보호자가 친족에게 연락하지 않고 무작정 아동을 친족 집 근처에 두고 사라진 경우

② 교육적 방임
- 보호자가 아동을 특별한 사유 없이 의무교육으로 지정된 학교(6년의 초등학교 교육, 3년의 중학교 교육)에 보내지 않는 행위
- 정당한 사유 없이 7일 이상을 학교에 무단결석하도록 하는 행위

③ 의료적 방임
- 아동이 생명과 건강을 유지할 수 있도록 아동에게 필요한 의료적 처치 및 개입을 하지 않는 행위
- 아동에게 필요한 예방접종을 실시하지 않는 행위
- 6세 이하의 영유아에게 의무적으로 실시되는 영유아 건강검진을 실시하지 않는 행위
- 아동이 아픈 경우에 적절한 진료 및 치료 조치를 실시하지 않는 행위 등

④ 유기
- 아동을 보호하지 않고 버리는 행위
- 보호자가 아동을 시설 근처에 두고 사라진 경우

출처 : 아동권리보장원 http://www.korea1391.go.kr

4) 아동학대 유형별 후유증

학대를 받은 아동은 이후에 자신이 받았던 학대 유형에 따라 여러 가지 후유증을 나타낸다. 아동학대 유형별 후유증은 표 9-2에 제시되어 있다.

표 9-2 아동학대 유형별 후유증

학대 유형	후유증
신체학대	• 정서적 문제, 행동상의 문제, 학습문제 등을 야기함 • 타인을 신뢰하지 못하고 버려질 것에 대해 불안해하며, 타인과의 관계에서 긴장이나 공격성 보임 • 성인기 자아 개념에 부정적인 영향을 미침 • 자신의 자녀를 학대할 가능성을 높임 • 성인기의 분노와 공격성, 수면장애, 약물중독, 자살충동에 영향을 미침

학대 유형	후유증
정서학대	• 유아기의 정서학대는 치명적인 후유증을 겪게 함 • 낮은 자아존중감, 의존성, 우울증, 도벽, 거짓말, 낮은 학업 성취, 타인에 대한 공격성 등과 같은 문제행동과의 관계가 입증되고 있음 • 가정폭력, 성인기 정신건강문제, 약물중독이 가정에서 빈번하게 나타남
성학대	• 신체적 상해 이외의 자해, 우울증, 자아존중감 상실, 성충동 조절의 문제 등의 심각한 정신적 후유증을 유발할 수 있음 • 아동의 나이, 지속기간, 학대수준, 고의성, 위협이나 강압의 정도 등에 따라 성학대 후유증의 심각성이 좌우됨
방임	• 수동적이며 사회적으로 위축된 모습을 보이는 경향이 있음 • 방임이 지속되면 사회적 기능, 대인관계, 학업성취 등에서 심각한 손상을 초래함 • 영유아기 주 양육자와 안정적인 애착관계를 형성하지 못하면 이후 발달상의 문제를 초래함 • 저학년기 학습준비도가 떨어짐 • 고학년기 심각한 학습장애를 보임

출처 : 아동권리보장원 http://korea1391.go.kr

2. 아동학대 현황

아동학대를 예방하고 효율적으로 개입하기 위해서는 아동학대 현황을 파악하는 것이 매우 중요하다. 아동학대 현황은 '2018 아동학대 주요 통계'(보건복지부, 중앙아동보호전문기관, 2019)의 내용을 근거하여 아동학대 연도별 현황, 아동학대 사례유형, 피해아동 현황, 아동학대행위자 현황, 아동학대 발생장소, 아동학대 사례 조치 결과, 아동학대 사례에 대한 서비스 제공 현황 등에 대해 제시하였다.

최근 아동학대 발생 사례 유형 중 정서학대가 가장 많이 발생한 것으로 나타났다.

1) 아동학대 연도별 현황

우리나라 아동학대 연도별 신고접수, 아동학대의심사례 및 사례판단 건수에 대해 살펴보면, 그림 9-1과 같다. 2004년부터 아동학대 신고접수 및 학대의심사례, 사례판단건수는 지속적으로 증가하고 있는 추세이다. 아동학대 신고접수, 학대의심사례, 사례판단건수 모두 2004년부터 완만하게 증가하다가 2015년을 기점으로 급속히 증가하고 있다. 2015년부터 아동학대 신고접수가 급증한 이유는 2014년 「아동학대처벌법」 제정을 계기로 국민들의 아동학대에 대한 사회적 관심과 아동학대가 범죄라는 인식이 확산되었고, 욕설이나 협박, 위협 등의 정서학대나 방임도 명백한 학대라는 인식이 증가하였으며(보건복지부, 2017.11.24. 보도자료), 2015년 다수의 아동학대 사건이 발생하여 사회적 경각심이 그 어느 때보다도 더 고조되었기 때문이라고 유추해 볼 수 있다.

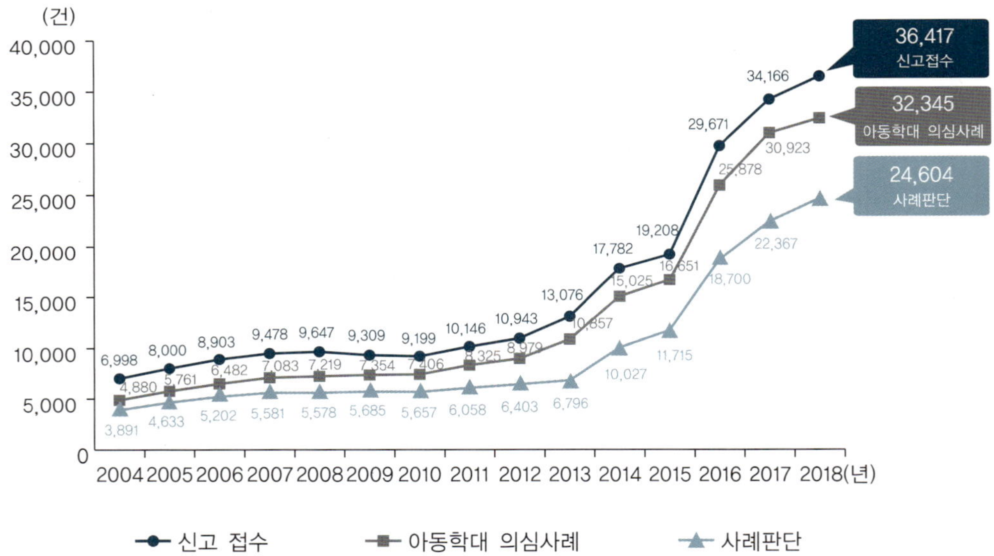

그림 9-1 연도별 신고접수 및 사례판단 건수

출처: 보건복지부, 중앙아동보호전문기관(2019).

2) 아동학대 사례 유형

2014년 이후부터 최근까지 아동학대 사례를 살펴보면, 표 9-3처럼 2014년 1만 27건, 2015년 1만 1,715건, 2016년 1만 8,700건, 2017년 2만 2,367건, 2018년 2만 4,604건으로 아동학대 사례가 계속 증가하는 경향을 나타내고 있다.

표 9-3 연도별 아동학대 유형(중복학대 별도 분류)

(단위 : 건, %)

기간 \ 유형	신체학대	정서학대	성학대	방임	중복학대	계
2014년	1,453 (14.5)	1,582 (15.8)	308 (3.1)	1,870 (18.6)	4,814 (48.0)	10,027 (100.0)
2015년	1,884 (16.1)	2,046 (17.5)	428 (3.7)	2,010 (17.2)	5,347 (45.6)	11,715 (100.0)
2016년	2,715 (14.5)	3,588 (19.2)	493 (2.6)	2,924 (15.6)	8,980 (48.0)	18,700 (100.0)
2017년	3,285 (14.7)	4,728 (21.1)	692 (3.1)	2,737 (12.5)	10,875 (48.6)	22,367 (100.0)
2018년	3,436 (14.0)	5,862 (23.8)	910 (3.7)	2,604 (10.6)	11,792 (47.9)	24,604 (100.0)

출처: 보건복지부, 중앙아동보호전문기관(2019).

2018 아동학대 주요 통계에 따르면, 여러 학대유형이 중복하여 발생하는 중복학대를 별도로 분류하여 2018년 아동학대 유형을 분석하여 본 결과는 표 9-4와 같다. 아동학대 유형 중 정서학대가 5,862건23.8%으로 가장 많았고, 다음으로 신체학대 3,436건14.0%, 방임 2,604건10.6%, 성학대 910건3.7% 순으로 나타났다.

표 9-4 아동학대 사례 유형(2018년, 중복학대 별도 분류)

(단위 : 건, %)

유형	건수(비율)
신체학대	3,436(14.0)
정서학대	5,862(23.8)
성학대	910(3.7)
방임	2,604(10.6)
중복학대	11,792(47.9)
계	24,604(100.0)

출처: 보건복지부, 중앙아동보호전문기관(2019).

2018년 아동학대 유형별 피해아동의 연령은 표 9-5에 제시하였다. 중복학대를 포함시켰을 경우, 1세 미만의 아동들에게서는 방임이 313건으로 가장 높게 나타났고, 1세 미만 아동을 제외한 모든 연령대의 아동들은 모두 정서학대가 가장 많이 나타났다. 특히 1세 미만의 아동은 방임에 의해서 생명과 발달에 치명적인 결과를 초래할 수 있으므로 아동학대를 조기에 발견하는 것이 무엇보다 중요하다고 할 수 있다.

표 9-5 아동학대 사례유형별 피해아동 연령(2018년)

(단위 : 건, %)

학대유형 연령(만)	신체학대	정서학대	성학대	방임	계
1세 미만	133(0.9)	177(1.0)	2(0.1)	313(7.2)	625(1.7)
1~3세	930(6.6)	1,433(8.3)	8(0.5)	770(17.8)	3,141(8.4)
4~6세	1,400(10.0)	1,938(11.2)	42(2.6)	807(18.6)	4,187(11.2)
7~9세	2,430(17.3)	3,052(17.6)	134(8.3)	847(19.5)	6,463(17.3)
10~12세	3,067(21.9)	4,035(23.3)	452(28.1)	782(18.0)	8,336(22.3)
13~15세	4,042(28.8)	4,408(25.4)	575(35.7)	581(13.4)	9,606(25.8)
16~17세	2,021(14.4)	2,291(13.2)	397(24.7)	236(5.4)	4,945(13.3)
계	14,023(100.0)	17,334(100.0)	1,610(100.0)	4,336(100.0)	37,303(100.0)

* 중복학대 포함

출처: 보건복지부, 중앙아동보호전문기관(2019).

3) 피해아동 현황

(1) 피해아동 성별 및 연령별 발생 현황

2018년에 발생한 아동학대 발생건수별 피해아동의 성별을 살펴보면 표 9-6과 같다. 2018년 아동학대 사례 2만 4,604건 중 남아가 1만 1,867건48.2%, 여아는 1만 2,737건51.8%으로 여아의 학대 발생 건수 비율이 조금 높게 나타났다.

표 9-6 피해아동의 성별(2018년)

(단위 : 건, %)

구분	남아	여아	계
건수(비율)	11,867(48.2)	12,737(51.8)	24,604(100.0)
명수(비율)	9,707(48.5)	10,311(51.5)	20,018(100.0)

* 아동학대사례 24,604건에 동일한 아동이 한 번 이상 신고되어 아동학대로 판단된 경우이거나 혹은 동일한 아동이 한 명 이상의 학대행위자에게 학대를 받은 경우가 포함되어 있으므로 피해아동 특성값의 건수와 명수는 일치하지 않을 수 있음.
출처: 보건복지부, 중앙아동보호전문기관(2019).

2018년에 발생한 아동학대 피해아동의 연령을 살펴보면 표 9-7과 같다.

표 9-7 피해아동 연령(2018년)

(단위 : 건, %)

연령(만)	건수(비율)	명수(비율)
1세 미만	503(2.0)	366(1.8)
1~3세	2,287(9.3)	2,070(10.3)
4~6세	2,870(11.7)	2,230(11.1)
7~9세	4,309(17.5)	3,479(17.4)
10~12세	5,450(22.2)	4,466(22.3)
13~15세	6,072(24.7)	5,090(25.4)
16~17세	3,113(12.6)	2,683(13.4)
계	24,604(100.0)	20,018(100.0)

* 아동학대사례 24,604건에 동일한 아동이 한 번 이상 신고되어 아동학대로 판단된 경우이거나 혹은 동일한 아동이 한 명 이상의 학대행위자에게 학대를 받은 경우가 포함되어 있으므로 피해아동 특성 값의 건수와 명수는 일치하지 않을 수 있음.
출처: 보건복지부, 중앙아동보호전문기관(2019).

2018년 아동학대 사례 2만 4,604건 중 13~15세 아동이 6,072건24.7%으로 가장 높은 비율을 나타내었고, 다음으로 10~12세 아동이 5,450건22.2%, 7~9세가 4,309건17.5% 순으로 나타났다. 이처럼 학령기 아동의 학대 발생비율이 높게 나타나는 이유는 이 아동들이 영유아들보다 학교, 학원 등 외부환경에 상대적으로 많이 노출되어 학대가 발견될 가능성이 더 높기 때문이라고 할 수 있다. 마찬가지로 만 6세 미만의 영유아들의 경우 학령기 아동들보다 학대 발생비율이 낮게 나타났는데, 이는 영유아들이 학령기 아동들보다 외부환경에 노출되는 시간이 적고, 자기 방어능력이 부족하며 의사표현이 제한적이기 때문에 학대 사실이 쉽게 발견되지 않을 가능성이 높다고 유추해 볼 수 있다.

(2) 피해아동 가족 유형

2018년 아동학대 사례 2만 4,604건 중 학대 피해아동의 가족 유형을 표 9-8에서 살펴보면 친부모가족이 1만 3,546건55.1%, 친부모 가족 외 형태는 8,682건35.3%, 대리양육형태는 258건1.0%, 기타는 2,118건8.6%으로 나타났다. 친부모 가족 외 형태를 자세히 살펴보면 부자가정 2,997건12.2%, 모자가정 2,865건11.6%, 재혼가정 1,435건5.8%, 동거 490건2.0% 순으로 나타났다.

한부모가족은 부모의 역할을 혼자 수행해야 하므로 양부모가족보다 자녀양육에 대한 어려움과 부담이 더 크다고 볼 수 있다. 특히, 부자가정이 모자가정보다 아동학대 비율이 더 높게 나타난 것을 볼 때, 부자가정이 아동양육에 더 많은 어려움이 내재하고 있음을 알 수 있다. 이처럼 가족 유형은 아동학대 발생 요인으로 작용할 수 있으므로 한부모가 자녀를 잘 양육할 수 있도록 지속적인 지원이 필요하다.

표 9-8 피해아동 가족유형(2018년)

(단위 : 건, %)

친부모가족	친부모가족 외 형태								대리양육형태				기타	계
	부자가정	모자가정	미혼부모가정	재혼가정	친인척보호	동거(사실혼포함)	소년소녀가정	소계	가정위탁	입양가정	시설보호	소계		
13,546 (55.1)	2,997 (12.2)	2,865 (11.6)	404 (1.6)	1,435 (5.8)	483 (2.0)	490 (2.0)	8 (0.0)	8,682 (35.3)	27 (0.1)	44 (0.2)	187 (0.8)	258 (1.0)	2,118 (8.6)	24,604 (100.0)

* 기타는 지인에 의한 일시적 보호, 성인이 된 형제에 의한 보호, 아동만 구성된 가정, 파악불가 등이 포함됨

출처: 보건복지부, 중앙아동보호전문기관(2019).

4) 아동학대행위자 현황

(1) 아동학대행위자 성별 및 연령

2018년 발생한 아동학대 사례 2만 4,604건을 중심으로 학대행위자 성별을 분석해 본 결과는 표 9-9와 같다. 아동학대행위자로서 남성은 1만 4,404건58.5%, 여성은 1만 200건41.5%으로 나타나 아동학대 행위자로 남성이 여성보다 17.0% 더 많은 것으로 나타났다. 아동학대행위자 연령 분포를 살펴보면, 40대가 1만 1,065건45.0%으로 가장 많이 학대한 것으로 나타났고, 다음으로 30대가 6,520건26.5%, 50대가 3,926건16.0%, 20대가 1,866건7.6%으로 나타났다. 아동학대행위자의 70% 이상이 30~40대로서, 이 시기는 주로 학령기 자녀를 양육하는 연령대이므로 학령기 아동의 학대 비율이 높게 나타났던 것과 연관이 있다.

표 9-9 아동학대 행위자 성별 및 연령(2018년)

(단위 : 건, %)

학대행위자	구분	학대 발생건수
성별	남	14,404(58.5)
	여	10,200(41.5)
	계	24,604(100.0)
연령(만)	19세 이하	86(0.3)
	20대(20~29세)	1,866(7.6)
	30대(30~39세)	6,520(26.5)
	40대(40~49세)	11,065(45.0)
	50대(50~59세)	3,926(16.0)
	60대(60~69세)	577(2.3)
	70세 이상	245(1.0)
	파악불가	319(1.3)
계		24,604(100.0)

출처: 보건복지부, 중앙아동보호전문기관(2019).

(2) 아동학대행위자와 피해아동과의 관계

아동학대행위자와 피해아동과의 관계를 표 9-10에서 살펴보면, 2018년에 아동학대 사례 2만 4,604건 중 부모가 아동학대행위자로 나타난 경우가 1만 8,919건으로 전체 학대 사례의 76.9%를 차지하고 있다. 따라서 아동학대가 주로 부모에 의해서 발생하고 있다는 사실을 알 수 있다. 이 중 친부에 의해 발생한 사례는 1만 747건43.7%으로 가장 많았고, 다음으로 친모에 의해 발생한 사례가 7,337건29.8%이었으며, 계부 480건2.0%, 계모 297건1.2% 순으로 나타났다. 대리양육자의 경우에 초·중·고교 직원은 2,060건8.4%, 보육교직원 818건3.3% 순으로 나타났다.

표 9-10 아동학대행위자와 피해아동과의 관계(2018년)

(단위 : 건, %)

관계	구분	건수(비율)
부모	친부	10,747(43.7)
	친모	7,337(29.8)
	계부	480(2.0)
	계모	297(1.2)
	양부	36(0.1)
	양모	22(0.1)
	소계	18,919(76.9)
친인척	친조부	147(0.6)
	친조모	229(0.9)
	외조부	74(0.3)
	외조모	118(0.5)
	친인척	352(1.4)
	형제, 자매	194(0.8)
	소계	1,114(4.5)
대리양육자	부모의 동거인	270(1.1)
	유치원 교직원	189(0.8)
	초·중·고교 직원	2,060(8.4)
	학원 및 교습소 종사자	176(0.7)

관계	구분	건수(비율)
대리양육자	보육교직원	818(3.3)
	아동복지시설 종사자	313(1.3)
	기타시설 종사자	27(0.1)
	위탁부	7(0.0)
	위탁모	2(0.0)
	베이비시터	11(0.0)
	소계	3,906(15.9)
타인	이웃	145(0.6)
	낯선 사람	215(0.9)
	소계	360(1.5)
기타		305(1.2)
계		24,604(100.0)

* 기타는 이웃, 낯선 사람, 부모의 지인, 인터넷을 통해 알게 된 사람, 강사, 파악불가 등이 포함됨
출처: 보건복지부, 중앙아동보호전문기관(2019).

5) 아동학대 발생장소

아동학대 발생장소에 대해 살펴본 결과는 표 9-11과 같다. 2018년 발생한 전체 아동학대 사례 중 가정 내에서 발생한 사례는 1만 9,748건80.3%으로 가장 많이 나타났고, 이 중에서 아동의 가정 내에서 발생한 사례는 1만 9,365건78.7%으로 나타났다. 또한 학교가 2,086건8.5%, 어린이집 811건3.3%, 유치원 187건0.8%으로 나타나 아동을 돌보고 교육하는 기관에서 아동학대 발생율이 높게 나타나고 있으므로 이에 대한 대책 마련이 필요하다.

표 9-11 아동학대 발생장소(2018년)

(단위 : 건, %)

발생장소		건수(비율)
가정 내	아동 가정 내	19,365(78.7)
	학대행위자 가정 내	383(1.6)
소계		19,748(80.3)

<table>
<tr><th colspan="2">발생장소</th><th>건수(비율)</th></tr>
<tr><td colspan="2">집 근처 또는 길가</td><td>352(1.4)</td></tr>
<tr><td colspan="2">친척집</td><td>143(0.6)</td></tr>
<tr><td colspan="2">이웃집</td><td>30(0.1)</td></tr>
<tr><td colspan="2">어린이집</td><td>811(3.3)</td></tr>
<tr><td colspan="2">유치원</td><td>187(0.8)</td></tr>
<tr><td colspan="2">학교</td><td>2,086(8.5)</td></tr>
<tr><td colspan="2">학원</td><td>154(0.6)</td></tr>
<tr><td colspan="2">병원</td><td>58(0.2)</td></tr>
<tr><td rowspan="2">복지시설</td><td>아동복지시설</td><td>357(1.5)</td></tr>
<tr><td>기타복지시설</td><td>60(0.2)</td></tr>
<tr><td colspan="2">소계</td><td>417(1.7)</td></tr>
<tr><td colspan="2">숙박업소</td><td>94(0.4)</td></tr>
<tr><td colspan="2">종교시설</td><td>31(0.1)</td></tr>
<tr><td colspan="2">기타</td><td>493(2.0)</td></tr>
<tr><td colspan="2">계</td><td>24,604(100.0)</td></tr>
</table>

* 기타 : 수영장, 차량 안, 상점, 노상, 파악불가 등이 포함됨
출처: 보건복지부, 중앙아동보호전문기관(2019).

6) 아동학대 사례 조치 결과

아동학대 사례 발견 이후 현장조사를 통해 피해아동을 보호・치료하고, 학대행위자의 재학대를 예방하기 위해 피해아동과 학대행위자에게 여러 가지 조치를 취하게 된다.

피해아동의 상황은 아동의 초기조치와 최종조치를 포함한 전체 상황을 의미하며, 2018년 발생한 아동학대 사례 2만 4,604건에 대한 피해아동의 상황을 표 9-12에 제시하였다. 아동이 주 양육자에게 계속 보호를 받을 수 있도록 하는 원가정보호가 지속적으로 이루어진 사례가 2만 164건82.0%으로 가장 많았다. 다음으로 분리조치 된 경우는 3,287건13.4%, 가정복귀 된 경우는 1,020건4.1%으로 나타났다. 이처럼 피해아동에 대한 원가정보호 비율이 가장 높은 이유는 아동학대

가 가정 내에서 발생하였더라도 학대의 위험도 수준이 낮거나 보호자의 학대재발 위험이 낮다고 판단될 경우 피해아동을 원가정에 보호하도록 하여 가족의 기능을 회복시키기 위해서이다. 그러나 이러한 원가정보호 조치를 취하기 위해서는 학대재발 위험도에 대한 정확한 사정이 이루어져야 한다는 전제조건에 부합해야만 한다.

만약 피해아동의 보호자가 아동을 보호할 능력과 의지가 없어 재학대의 위험성이 있거나 재학대 위험성이 높은 학대행위자를 가정에서 분리하기 어려울 경우에 분리보호 조치가 이루어지게 된다.

표 9-12 피해아동 상황(2018년)

(단위 : 건, %)

피해아동 상황		건수(비율)
원가정보호 지속		20,164(82.0)
가정복귀	원가정보호–가정복귀	101(0.4)
	분리조치–가정복귀	888(3.6)
	기타–가정복귀	31(0.1)
	소계	1,020(4.1)
분리조치	분리조치 지속	2,841(11.5)
	원가정보호–분리조치	394(1.6)
	분리조치–분리조치	46(0.2)
	기타–분리조치	6(0.0)
	소계	3,287(13.4)
기타		101(0.4)
사망		32(0.1)
계		24,604(100.0)

출처: 보건복지부, 중앙아동보호전문기관(2019).

7) 아동학대 사례에 대한 서비스 제공 현황

2018년 한 해 동안 피해아동, 학대행위자, 부모 및 가족에 대한 서비스를 제공한 내용에 대하여 표 9–13에 제시하였다. 피해아동에게 제공한 서비스 횟

수는 총 46만 1,891회가 제공되었고, 상담서비스 29만 5,312회63.9%로 가장 높게 나타났다. 심리치료지원서비스 5만 2,661회11.4%, 가족기능강화서비스 3만 3,932회7.3% 순으로 제공된 것으로 나타났다. 학대행위자에게 제공된 서비스는 총 20만 6,419회로 집계되었으며, 상담서비스 14만 3,896회69.7%, 심리치료지원서비스 1만 8,859회9.1%, 행위자수탁프로그램 1만 5,538회7.5% 순으로 제공되었다. 피해아동의 비가해 부모 또는 가족 대상 서비스는 총 13만 7,127회가 제공되었고, 상담서비스 10만 5,996회77.3%, 가족기능강화서비스 1만 2,188회8.9%, 심리치료지원서비스 1만 594회7.7% 순으로 제공된 것으로 나타났다. 피해아동, 학대행위자, 부모 및 가족에게 제공된 서비스 중 대부분이 상담서비스에 치중되어 있고, 반면 심리치료지원서비스나 가족기능강화서비스 등의 비중이 낮게 나타났다. 아동학대 사례에 대한 서비스 제공의 최종목적은 아동이 원가정 내에서 학대받지 않고 행복한 삶을 살 수 있도록 지원하기 위한 것이므로 가족기능강화서비스에 대한 지원이 더욱 더 활성화될 필요가 있다.

표 9-13 피해아동, 학대행위자, 부모 및 가족에 대한 서비스 제공(2018년, 중복 포함) (단위: 회, %)

구분	아동	학대행위자	부모 및 가족
상담	295,312(63.9)	143,896(69.7)	105,996(77.3)
의료지원	6,937(1.5)	1,864(0.9)	757(0.6)
심리치료지원	52,661(11.4)	18,859(9.1)	10,594(7.7)
가족기능강화	33,932(7.3)	8,519(4.1)	12,188(8.9)
학습 및 보호지원	18,353(4.0)	1,930(0.9)	1,043(0.8)
사건처리지원	31,977(6.9)	10,961(5.3)	1,982(1.4)
행위자수탁프로그램	429(0.1)	15,538(7.5)	359(0.3)
피해아동수탁프로그램	5(0.0)	6(0.0)	4(0.0)
기타	22,285(4.8)	4,846(2.3)	4,204(3.1)
계	461,891(100.0)	206,419(100.0)	137,127(100.0)

출처: 보건복지부, 중앙아동보호전문기관(2019).

'흔들린 아이 증후군'도 아동학대!

최근 8개월 된 아기가 울고 보챈다는 이유로 친부가 아기를 심하게 흔들어 사망하게 하여 아동학대로 판명된 사건이 있었다. 이 아기를 사망하게 한 원인은 바로 '흔들린 아이 증후군(shaken baby syndrome)'이다. '흔들린 아이 증후군'은 대개 2세 이하의 영아를 심하게 흔들어서 생기는 질환으로 미국에서는 매년 1,000명 정도가 이 질환으로 사망하는 것으로 알려져 있으며 중대한 아동학대로 보고 있다.

주로 돌 이전의 영아들에게서 많이 발생하는데 이 시기의 영아들은 몸에 비해 머리가 크고, 목 근육과 뇌의 혈관이 발달되어 있지 않기 때문에 머리와 목을 바치지 않고 심하게 흔들면 머리에 손상을 주게 된다. 영아를 무릎 위에 올려놓고 심하게 흔들거나 유모차를 심하게 몰고 어깨에 목말을 태워 조깅을 하는 경우에 뇌출혈, 뇌부종, 망막출혈, 늑골의 골절 등 복합적인 손상이 동반될 수 있다. '흔들린 아이 증후군'이 발생했을 때 약 30%가 사망하고 약 60%가 영구적인 후유증으로 실명, 사지마비, 지적장애, 성장장애, 간질 등 치명적인 질병을 겪을 수 있다.

'흔들린 아이 증후군'은 아이를 달랠 때 가볍게 흔드는 정도로는 발생하지 않는다. 주로 아기를 돌보던 사람이 아기가 울면 본인의 감정을 추스르지 못하고 화를 참지 못해서 아기를 심하게 흔들어 이러한 손상이 생기는 경우가 많다고 한다. 따라서 '흔들린 아이 증후군'은 외상이 없는 신체학대로 볼 수 있으며 '영아돌연사 증후군'과도 관련 있을 수 있다. 따라서 아기를 돌보는 사람은 아기의 울음에 민감하게 반응해 주고 아이의 요구에 즉각적으로 대응해 줄 수 있도록 하며 사랑으로 돌보아야 할 것이다.

출처: 뉴스인(2018.10.4.),

http://www.newsin.co.kr/news/articleView.html?idxno=71560

3. 지원기관 및 복지서비스

1)아동학대보호서비스 지원기관

(1) 아동권리보장원

아동권리보장원은 아동정책에 대한 종합적인 수행과 아동복지 관련 사업의 효과적인 추진을 위하여 필요한 정책의 수립을 지원하고 사업평가 등의 업무를 수행할 수 있도록 「아동복지법」 제10조2에 근거하여 설립된 기관이다. 아동권리보장원의 주요 업무는 아동정책 수립, 아동보호서비스에 대한 기술지원, 아동학대 예방과 방지, 가정위탁사업 활성화, 지역아동복지사업 및 아동복지시설의 원활한 운영을 위한 지원, 국내 입양 활성화 및 입양 사후관리 등이다. 이 중 「아동복지법」 제22조에 따라 아동보호전문기관에 대한 지원, 아동학대예방사업과 관련된 연구 및 자료 발간, 효율적인 아동학대예방사업을 위한 연계체계 구축, 아동학대예방사업을 위한 프로그램 개발 및 평가, 아동보호전문기관 및 학대피해아동쉼터 직원 직무교육, 아동학대예방 관련 교육 및 홍보, 아동보호전문기관 전산시스템 구축 및 운영 등 아동학대예방사업의 활성화 등의 업무를 총괄적으로 수행한다.

(2) 시 · 도/시 · 군 · 구

「아동복지법」 제22조에 의하면, 지방자치단체는 아동학대의 예방과 방지를 위한 각종 정책을 수립 · 시행하고 아동학대 예방과 방지를 위한 연구 · 교육 · 홍보 및 아동학대 실태조사를 실시하며, 아동학대에 관한 신고체제를 구축 · 운영하여야 한다. 또한 피해아동의 보호와 치료 및 피해아동의 가정에 대해 지원해야 한다. 이를 위하여 지방자치단체는 아동학대를 예방하고 수시로 신고를 받을 수 있도록 긴급전화를 설치하여야 하고, 사회복지사 자격을 가진 아동학대전담공무원을 두어 아동학대 신고접수, 현장조사 및 응급보호, 피해아동과 피해아동의 가족 및 아동학대행위자에 대한 상담 · 조사 등의 업무를 수행하여야 한다.

아동학대전담공무원을 통해 아동학대 사례에 대응함으로써 국가의 책임을 강화하고 아동학대 근절을 위한 강력한 의지를 보여주고 있다.

(3) 아동보호전문기관

아동학대 관련 아동보호서비스를 제공하는 대표적인 기관은 아동보호전문기관이다. 아동보호전문기관은 아동학대예방 및 학대받은 아동의 발견, 보호, 치료에 대한 처리와 서비스 제공을 목적으로 「아동복지법」 제45조에 근거하여 설립된 기관이다.

「아동복지법」 제45조 제2항에 의하면, '지방자치단체는 학대받은 아동의 발견, 보호, 치료에 대한 신속처리 및 아동학대예방을 담당하는 아동보호전문기관을 시 · 도 및 시 · 군 · 구에 1개소 이상 두어야 한다. 다만, 시 · 도지사는 관할 구역의 아동 수 및 지리적 요건을 고려하여 조례로 정하는 바에 따라 둘 이상의 시 · 군 · 구를 통합하여 하나의 아동보호전문기관을 설치 운영할 수 있다'고 명시하고 있다. 이에 근거하여 2021년 전국 각지에 아동보호전문기관이 73개소가 설치 · 운영되고 있으며, 전국 아동보호전문기관 설치 현황은 다음 표 9-14에 제시되어 있다.

아동보호전문기관은 아동학대 피해아동, 피해아동의 가족 및 아동학대행위자를 위한 상담 · 치료 및 교육, 피해아동 가정의 사후관리, 아동학대 예방 및 홍보 등의 업무를 수행한다.

표 9-14 전국 아동보호전문기관 설치 현황

(단위: 개소)

경기(16)	서울(9)	부산(4)	대구(3)	인천(4)	광주(2)	대전(2)	울산(2)	세종(1)
	강원(4)	충북(3)	충남(4)	전북(5)	전남(4)	경북(4)	경남(4)	제주(2)
전체(73개소)								

출처: 아동권리보장원 홈페이지 https://www.ncrc.or.kr/

아동학대보호서비스 지원기관과 그 업무를 소개하면 그림 9-2와 같다. 「아동복지법」 개정에 따라 2020년 10월 1일부터 시 · 도 및 시 · 군 · 구에 아동학대 전담공무원을 배치하여 아동학대 관련 업무를 수행하도록 함으로써 아동학대에 대한 국가 책임을 강화하고, 아동보호전문기관은 아동학대 사례 관리 업무를 강화하여 수행하도록 한다.

아동권리보장원 (제10조2항, 제22조6항)	시도/시군구 (제22조3항, 제22조4항)	아동보호전문기관 (제45조2항)
• 아동학대예방과 방지를 위한 업무 • 아동보호전문기관에 대한 지원 • 아동학대예방사업과 관련된 연구 및 자료발간 • 효율적인 아동학대예방사업을 위한 연계체계 구축 • 아동학대예방사업을 위한 프로그램 개발 및 평가 • 아동보호전문기관 · 학대피해아동쉼터 직원 및 아동학대전담공무원 직무교육 • 아동학대예방 관련 교육 및 홍보 • 아동보호전문기관 전산시스템 구축 및 운영	시도/시군구에 배치된 "아동학대전담공무원"이 아래의 업무를 실시 • 신고접수 • 현장출동 및 조사, 응급보호 • 피해아동 및 가족, 행위자에 대한 상담 및 조사 • 피해아동보호계획 수립	• 피해아동 가족 및 아동학대행위자를 위한 상담, 치료 및 교육(사례관리계획 수립 및 시행) • 아동학대예방 교육 및 홍보 • 피해아동 가정의 사후관리 • 아동학대예방사업과 관련된 업무

그림 9-2 아동학대보호서비스 지원기관

출처: 보건복지부, 아동권리보장원(2020).

2) 아동보호서비스 체계

아동보호서비스란 부모나 양육자가 아동에 대한 양육자로서의 역할을 수행할 수 없거나 혹은 역할 수행을 거부함으로써 아동이 그 부모나 양육자로부터 학대, 방임, 거부되고 결과적으로 아동의 권리가 침해되는 상황에서 이루어지는 서비스이다. 즉, 학대로 인한 위험으로부터 아동을 안전하게 보호하고 아동이 건전하게 성장할 수 있도록 돕기 위한 것이다(김성경 외, 2013 재인용).

아동학대 신고가 접수되면 아동학대 여부를 조사하고 아동학대로 판별되면

피해아동보호계획을 수립하고 필요한 아동보호서비스를 제공하게 된다. 이때 각 사례에 대한 평가를 통해 사례종결이 이루어지는 일련의 과정으로 아동보호서비스가 이루어진다.

(1) 신고접수

학대 피해아동은 자신이 학대를 당하더라도 학대사실을 외부에 알리는 데 많은 어려움을 가지고 있어 학대 사실이 잘 노출되지 않는다. 따라서 아동학대 사례는 무엇보다도 아동학대 신고가 잘 이루어져야 한다. 아동학대 신고의무자를 포함하여 누구든지 아동학대를 목격했거나 학대가 의심되는 사례를 발견했을 경우에는 지체 없이 112로 신고하여야 한다.

신고 시에는 학대에 관한 많은 정보아동의 현거주지, 행위자와의 관계 등를 알려주는 것이 조사에 도움이 된다.

지방자치단체는 24시간 아동학대 신고전화112를 운영하여야 하며, 아동학대 의심사례 접수 후에 경찰과 아동학대전담공무원에게 상호 통보하여 아동학대 조사가 실시될 수 있도록 준비하여야 한다.

아동학대 신고의무자

아동학대 신고의무자란 직무를 수행하면서 아동학대범죄를 알게 된 경우나 그 의심이 있는 경우에는 아동보호전문기관 또는 수사기관에 즉시 신고하여야 하는 직업군들을 의미한다(아동학대처벌법 제10조제2항)

법률명(약칭)

아동학대 신고의무 직업군	신고의무자	법률명 (약칭)	신고의무자
아동복지법	• 아동권리보장원, 가정위탁지원센터의 장과 종사자 • 아동복지시설의 장과 종사자 • 아동보호전문기관	영유아 보육법	• 육아종합지원센터의 장과 종사자 • 어린이집의 장 등 보육교직원

아동학대 신고의무 직업군	신고의무자	법률명 (약칭)	신고의무자
아동복지법	• 아동복지전담공무원 • 취약계층 아동에 대한 통합서비스 지원수행인력	유아교육법	• 유치원 장과 종사자
가정폭력 방지법	• 가정폭력 관련 상담소 • 가정폭력피해자 보호시설의 장과 종사자	초 · 중등 교육법	• 학교의 장과 종사자
건강가정 기본법	• 건강가정지원센터의 장과 종사자	학원법	• 학원의 운영자 · 강사 · 직원 • 교습소의 교습자 · 직원
다문화가족 지원법	• 다문화가족지원센터의 장과 종사자	의료법	• 의료기관의 장과 의료인 • 의료기사
한부모가족 지원법	• 한부모가족복지시설의 장과 종사자	청소년 기본법	• 청소년시설 • 청소년단체의 장과 종사자
사회보장 급여법	• 사회복지전담공무원	청소년 보호법	• 청소년 보호 · 재활센터의 장과 종사자
사회복지 사업법	• 사회복지시설의 장과 종사자		• 청소년 보호 · 재활센터의 장과 종사자
성매매피해자 보호법	• 9조에 따른 지원시설 • 성매매피해상담소의 장과 종사자	장애인 복지법	• 장애인복지시설의 장과 종사자로서 시설에서 장애아동에 대한 상담 · 치료 · 훈련 또는 요양 업무를 수행하는 사람
성폭력방지법	• 성폭력피해상담소 및성폭력피해자 보호시설의 장과 종사자 • 성폭력피해자통합지원센터의 장과 종사자	정신건강증진 및 정신질환자복지서비스 지원에 관한법률	• 정신건강복지센터, 정신의료기관, 정신요양시설 • 정신재활시설의 장과 종사자
119구조구급법	• 119구급대의대원	아이돌봄 지원법	• 아이돌보미
응급의료에 관한법률	• 응급의료기관 등에 종사하는 응급구조사	입양특례법	• 입양기관의 장과 종사자

출처: 보건복지부, 아동권리보장원(2020).

아이지킴콜 112 앱

아동학대 신고의무자의 범위 확대, 신고의무 강화 및 아동학대 예방에 대한 정보를 보다 쉽게 알리고 국민의 인식향상 도모를 목적으로 보건복지부와 아동권리보장원에서 함께 제작한 모바일 앱이다.

출처: 아동권리보장원 홈페이지 http://korea1391.go.kr

아동학대 신고 접수가 이루어지면 경찰이 우선 현장에 출동하거나 아동학대전담공무원과 경찰이 함께 출동하여 학대 발생지나 관련 장소 내에서 아동학대 여부를 조사한다. 피해아동과 학대행위자에 대해 필수적으로 조사하고 신고자, 목격자, 이웃 등 관련인 조사가 이루어져야 하며, 아동 학대 여부와 관련된 충분한 자료와 정보를 수집하여 아동학대 혐의와 위험 상황에 대해 판단하여야 한다.

(3) 조치결정

아동학대전담공무원은 현장조사 시에 피해아동의 안전을 위허 행위자 범죄행위를 제지하고 아동을 격리시키며, 보호시설이나 의료기관으로 인도하여 피해아동 보호조치 등의 응급조치를 실시한다. 또한 피해아동에 대한 보호명령 청구**아동보호위탁, 아동치료위탁, 아동가정위탁**와 후견인 권한 제한 및 정지에 대하여 보조인 후견인 선임을 통해 아동보호를 실시한다.

한편, 학대행위자에 대한 아동학대 재위험도를 평가하여 임시조치로 퇴거 등 격리, 접근금지, 전기통신 금지, 행위자의 친권 또는 후견인으로서 권리 행사를 제한하고 정지시킬 수 있다. 또한 학대행위자가 상담 및 교육을 받을 수 있도록 관련 기관에 위탁하거나 의료기관에 위탁하여 치료받을 수 있도록 조치를 하며, 구치 등을 집행한다. 아동학대전담공무원은 학대행위자 임시조치 결정에 관한 의견서를 제출하고 학대행위자를 고소 · 고발하는 등의 조치를 결정할 수도 있다.

(4) 사례관리

학대로 인한 아동에게 보호서비스를 제공하는 아동보호전문기관은 아동학대로 판단되는 경우에는 서비스 지원을 위한 사례회의를 실시하고, 개입 계획을 수립하여 서비스를 제공한다. 그 후 재학대 여부와 아동치료 상황 등을 종합적으로 고려하여 서비스를 종결하는 일련의 과정으로 업무를 진행한다.

피해아동에게 개별적인 상담, 의료적인 지원, 심리치료, 학습지원, 사회복지서비스 등을 제공하여 학대로 인한 신체적 · 심리적 상처를 치료하고 그에 따른 부정적인 영향을 최소화시키며 피해아동이 건강한 발달을 이룰 수 있도록 지원한다.

학대행위자에게 보호처분을 실시하거나 임시조치 등의 결과에 대해 상담하고 교육프로그램을 운영하여 심리치료, 의료지원을 통해 학대행위에 대한 근본적인 치료 접근과 더불어 치료시기 동안 경제 및 가사 등의 가정지원 등을 함으로써 학대유발요인을 감소시키며 재학대 발생을 예방한다.

피해아동 가족에게는 상담, 가족치료, 가정지원경제 및 가사 지원, 원가정복귀를 위한 가족기능강화프로그램 등을 제공한다.

(5) 사례종결 및 사후관리

사례종결은 사례개입의 목표가 달성되어 피해아동의 안전이 보장되어 장기적인 조치가정위탁, 입양, 장기보호시설 등에 입소 등가 실시되었거나 아동이 긍정적 행동을 지속적으로 나타냈을 때, 아동학대의 재발 위험요소가 감소되어 더 이상 사례개입이 필요없다고 판단될 때 이루어질 수 있다. 사례종결된 이후에도 아동학대의 재발을 방지하고 아동의 안전을 위하여 3개월 이상 전화상담과 직접 방문을 통해서 사후관리를 하게 된다.

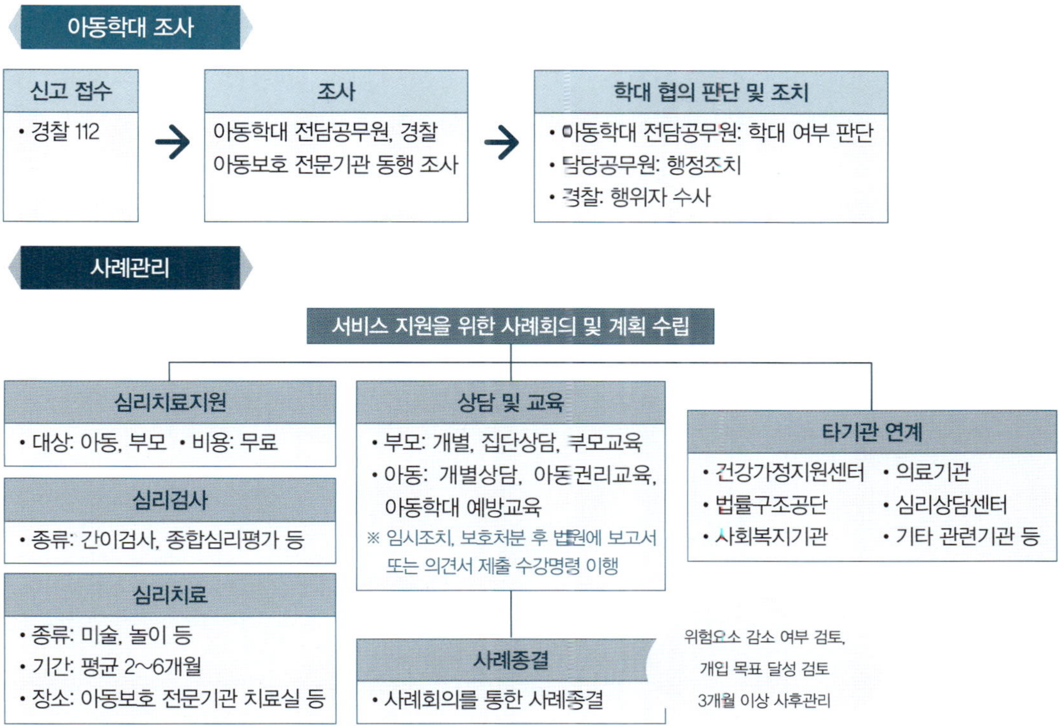

그림 9-3 아동학대사례 개입과정

출처: 보건복지부, 아동권리보장원(2020).

3) 아동학대 보호서비스의 개선 방안

최근 우리 사회는 많은 아동학대 사건을 경험하면서 아동학대에 대한 관심이 증가하였고, 이를 기반으로 하여 학대받은 아동을 위한 법적 · 제도적 장치를 마련하기 위해 노력하고 있다. 여기서는 2017년 전국 아동학대현황보고서와 2018년 아동학대 주요 통계를 분석하여 아동학대 보호서비스의 개선 방향을 제안하고자 한다.

(1) 아동학대 관련법과 제도 개선

2016년 정부는 '아동학대대책추진협의회'를 발족하여 아동학대 방지대책을 마련하고, '아동학대 근절 시스템'을 구축하였다. 그동안 아동학대 사건이 발생한 후 사후처리에 급급했으나 이 제도를 통해 아동학대를 사전에 예방하고 아동학대를 조기에 발견하도록 하며 아동학대가 발생했을 시에 신속하게 대응하고 처벌을 강화하여 학대를 당한 아동을 보호 지원하며 재학대 방지를 위해 체계적으로 대처하게 되었다.

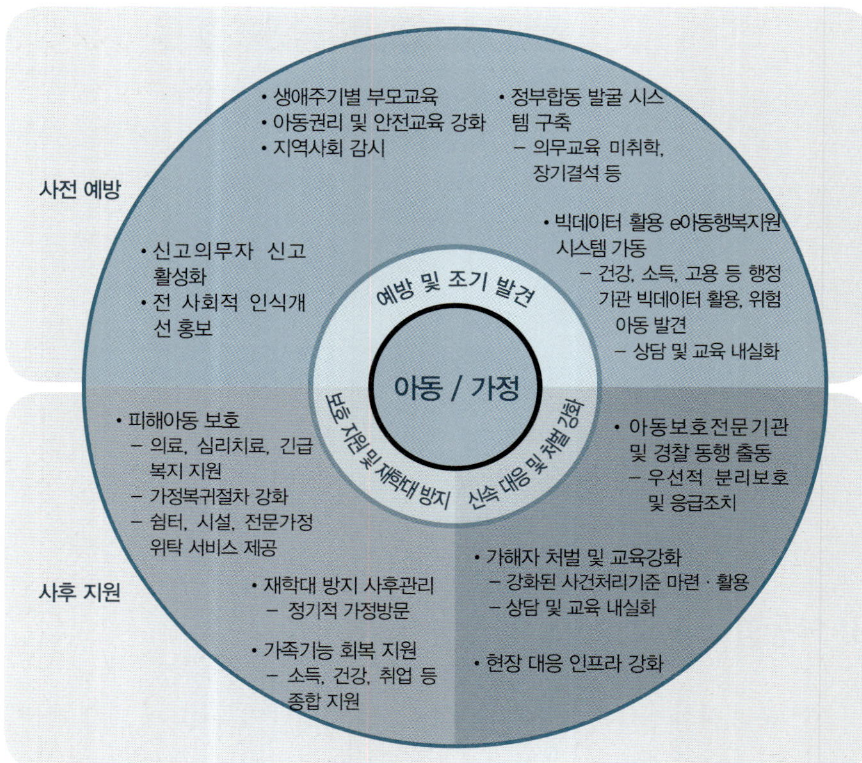

그림 9-4 아동학대 근절 시스템 추진도

출처: 보건복지부, 중앙아동보호전문기관(2016).

최근 지역아동보호전문기관과 학대피해아동 쉼터 지원 및 관리, 직무교육, 정책연구 등 아동학대 방지 및 예방업무를 담당하던 중앙아동보호전문기관의 운영을 종료하고(2019.12.31.) 아동권리보장원을 설립하여(2019.7.1.) 중앙아동

보호전문기관의 해당 업무를 이관하여 담당하는 것으로 변경되었고(아동복지법 제10조의2에 근거), 지역아동보호전문기관의 명칭을 아동보호전문기관으로 변경하였으며, 국가아동학대정보시스템 운영 위탁기관을 2020년 1월 1일부터 중앙아동보호전문기관에서 사회보장정보원으로 변경하여 운영하고 있다. 또한 사회보장 빅데이터 분석을 통해 보호가 필요한 위기 아동을 조기에 발견하고 학대 신고 및 복지서비스 연계를 지원하는 e아동행복지원시스템 운영을 내실화하여 위기아동 발굴의 적중률을 강화시키는 방향으로 제도를 개선하였다. 또한 가정양육 중인 만 3세 아동의 소재와 안전 확인을 위한 전수조사를 추진하여 아동보호 강화를 추진하기도 하였다.

이러한 노력에도 불구하고 여전히 아동학대는 증가하고 있고 아동학대 관련 법과 정책에 대한 실효성이 요구된다. 또한 관련부처 간의 아동학대 근절시스템에 따른 업무협력이 원활하게 이루어질 수 있도록 법적 · 제도적 정비가 이루어져야 할 것이다.

2020년 7월 17일 개최된 제14차 아동정책조정위원회에서는 '제2차 아동정책기본계획(2020~2024)'에 대하여 '아동이 행복한 나라'라는 비전을 제시하고, '권리주체 아동권리 실현', '건강하고 균형 있는 발달 지원', '공정한 출발 국가책임 강화', '신종 코로나바이러스 감염증코로나19 대응 아동정책 혁신' 등을 추진하는 방향으로 합의하였다(대한민국 정책브리핑 홈페이지). 이러한 정책방향에 보조를 맞추어 학대피해 아동이 권리주체로서 자신의 권리를 실현하고 건강하고 균형 있는 발달을 이룰 수 있도록 관련 제도 개선과 아동중심의 정책 마련이 필요하다.

(2) 아동학대 예방교육과 홍보 강화

우리나라는 과거부터 체벌과 엄격한 훈육에 대해 허용적인 인식과 태도를 형성해 왔다. 또한 주변의 아동학대에 대해서도 관심을 가지기보다 자신과 관련 없는 일이라고 여기는 경향이 많으며 아동학대에 대해 민감하지 못한 사회적인 분위기를 가지고 있다. 따라서 아동학대에 대한 국민의 인식과 태도를 개선시키는 것이 아동학대를 예방하는 가장 근원적인 대책이 될 것이다. 이를 위해서 아

아동학대 예방의 날
아동의 건강한 성장을 도모하고, 범국민적으로 아동학대의 예방과 방지에 관한 관심을 높이기 위하여 매년 11월 19일을 아동학대 예방의 날로 지정하고, 이 날부터 1주일을 아동학대 예방주간으로 한다.

동학대 예방 교육을 각급 교육기관에서 정기적으로 실시하고 대중매체를 통해 아동학대 예방 캠페인을 지속적으로 실시하며, 이러한 교육이 형식적인 교육이 아니라 실제적인 교육이 될 수 있도록 생애주기별 교육내용과 방법을 마련해서 실시해야 할 것이다. 특히 아동관련 직업 전문 인력의 인성교육도 체계적으로 실시하고 아동학대의 예방 및 아동학대 신고의무자에 대한 의무교육도 더 강화해 나가야 할 것이다.

(3) 아동학대 보호서비스의 질적 향상 도모

아동학대 사례가 발생하게 되면 아동보호전문기관이 주축이 되어 아동보호서비스를 제공하게 된다. 이 과정에서 경찰, 사법기관, 행정기관, 의료기관, 상담기관 등의 관련 전문 인력들이 모두 적극적으로 협력하여야만 원활하고 질적인 서비스가 이루어질 수 있다. 만약 관련 기관 간 협력이 제대로 이루어지지 않는다면 질적이고 효과적인 서비스가 이루어지지 않을 가능성이 높다. 따라서 관련 기관 간의 통합적, 체계적, 연계적인 협력이 이루어질 수 있도록 지원프로그램을 마련해야 할 것이다.

피해아동의 연령이나 학대의 유형에 따라 지원서비스 내용과 방법을 다양화할 필요가 있다. 즉, 피해아동에게 최적화된 맞춤형 지원프로그램을 제공하는 방안을 모색해야 한다.

또한 아동학대는 재학대의 위험성이 높기 때문에 아동학대 사례 관리 시에 다양하고 효율적인 프로그램을 마련하고, 아동보호서비스의 질적인 향상을 도모하며, 지속적인 모니터링을 통한 사후관리를 하여 아동의 행복한 삶을 보장할 수 있도록 노력해야 할 것이다.

(4) 아동학대 보호서비스 제공 전문 인력의 확충 및 근무여건 개선

2017년 아동보호전문기관 상담원의 1인당 총 업무량은 약 3,853시간, 연간 가용 근무시간은 245일1,960시간이 추정되었고, 임상심리치료 전문 인력의 경우 1인당 총 업무량은 6,370시간, 실질적인 연간 가용 근무시간 231일1,852시간로 추정되었다. 2017년 아동보호전문기관 연간 업무처리 소요시간 및 1인당 실질 연간 가용 근무시간을 적용하여 현실 타당한 아동보호전문기관 적정 인력규모를 추정한 결과, 2017년 12월 1일 기준 아동보호전문기관 실제 배치 상담원 수는 749명이었으나 2017년 기준 아동보호전문기관 상담업무 수행에 필요한 상담원 적정인원을 산출해 본 인원은 1,472명으로 나타났고, 임상심리치료전문인력의 경우 2017년 12월 1일 기준 65명이 실제 근무하였지만 이 업무 수행에 236명이 필요인력 인원 수로 산정되었다. 이를 통해 상담원 수는 2배 정도 브족했고 임상심리치료전문인력 수는 3배 이상 부족했던 것으로 나타났다(보건복지부, 중앙아동보호전문기관, 2018). 최근 아동학대 신고접수 및 아동학대사례 건수가 꾸준히 증가하고 있는 추세이기 때문에 아동보호전문기관의 전문 인력들이 과중한 업무를 수행하고 있음을 알 수 있다. 이처럼 상담원과 임상심리치료 전문인력이 많은 양의 업무를 담당하게 되면 아동보호 업무에 부정적인 영향을 미칠 수 있으며 아동학대 사례개입의 질적 저하와 전문성을 발휘할 수 없는 요인으로 작용하게 된다(보건복지부, 중앙아동보호전문기관, 2017).

따라서 아동보호전문기관 전문 인력의 과중한 업구 부담을 감소시키고 효과있게 업무를 수행하도록 하기 위해서는 전문 인력을 추가로 확충하고 아동보호전문기관의 지역적 실정에 따라 업무량의 편차가 있기 때문에 업두량을 고려한 적정 인원이 배치되어야 할 것이다. 또한 아동보호전문기관 수가 절대적으로 부족하여 상담원의 과도한 업무량이 생성될 수 있다. 다라서 업무량이 많은 지역부터 우선적으로 아동보호전문기관을 추가로 개소하여 아동보호전문기관 전문인력의 업무량을 감소시키는 방안이 마련되어야 할 것이다.

추천 영화 및 도서

영화

미쓰 백

- 감독 : 이지원
- 주연 : 한지민, 김시아, 이희준
- 개봉 : 2018. 11.
- 줄거리 : 고등학생 때 성폭행을 당할 상황에서 자신을 지키고자 했었지만 억울하게 전과자가 된 백상아가 아동학대로 상처 입은 지은이를 만나 자신과 같은 처지임을 알게 되고 연대감을 느끼게 되면서 지은이를 구하는 과정을 보여주고 있다. 영화감독이 직접 겪은 일화를 모티브로 한 영화로 아동학대와 방임을 다루고 있으며 아동학대의 실상이 복잡한 양상이라는 현실을 고발하고 있다.

어린 의뢰인

- 감독 : 장규성
- 주연 : 이동휘, 유선, 최명빈, 이주원
- 개봉 : 2019. 5.
- 줄거리 : 10살 다빈이가 자신이 7살 남동생 민준이를 죽였다고 변호사 정엽에게 자백을 하지만 그 사실을 믿지 않은 정엽이 계모의 숨겨진 진실을 밝혀내는 과정을 그리고 있다. 이 영화는 2013년 경북 칠곡군에서 발생한 '칠곡 계모 아동학대 사건' 실화를 바탕으로 재구성하여 제작되었고 우리 사회에 만연한 아동학대에 대한 무관심과 불합리한 법체계에 대해 다시 한 번 일깨워 준다.

가버나움

- 감독 : 나딘 라바키
- 주연 : 자인 알 라피아, 요르다노스 쉬페라우, 보루와티프 트레저 반콜
- 개봉 : 2019. 1.
- 줄거리 : 12세 소년 자인은 부모 대신 동생들을 돌보고 돈벌이를 하며 힘겹게 살고 있다. 집주인이 자인의 어린 여동생을 신부로 사가게 되자 항의했고 이에 부모로부터 욕설과 폭행을 당해 가출하게 된다. 몇 년 후 여동생이 임신 후 사망했다는 소식을 접하고 분노한 자인은 집주인을 칼로 찌르고 재판을 받으면서 아동학대로 부모를 고소하고 아동학대 문제를 세상에 널리 알리게 된다.

도서

벽장속의 아이

- 지은이 : 오틸리 바이(진민정 역)
- 출판사 : 아름드리미디어
- 출간일 : 2007. 4.
- 줄거리 : 5살 장이 엄마와 계부의 침대에 오줌을 쌌다는 이유로 벽장 속에 9개월 동안 갇혀 지낸 이야기이다. 아이의 내면적인 시선에서 아이의 고통과 절망을 그려내고 있다. 이 소설은 1982년 프랑스 전역을 충격에 휩싸이게 했던 다비드 비송의 실화를 바탕으로 재구성해낸 것으로 아동학대를 태연하게 일상화한 부모의 모습에 충격과 분노를 자아낸다.

해바라기 아이들의 눈물

- 지은이 : 사이
- 출판사 : 의담
- 출간일 : 2017. 4.
- 줄거리 : 독백으로 이루어진 연작 단편소설로 주인공은 어린 시절부터 가정폭력, 성적학대, 유기, 다른 형제들과 구별되는 차별 등을 받게 되고 결혼해서 아이를 갖게 되지만 자신의 불행했던 어린 시절의 가정사가 다시 반복되는 것을 발견하게 된다. 살기 위해 자신을 되돌아보게 되고 결국 희망을 향해 나아간다는 내용이다.

악의 뿌리

- 지은이 : 장수영
- 출판사 : 북랩
- 출간일 : 2020. 2.
- 줄거리 : 남아선호사상으로 인해 일매는 딸이라는 이유로 집에서 구박받고 남동생들의 성공을 위해 희생해야 했다. 가정폭력을 일삼는 아버지를 보고 자란 주원은 자신도 결국 아버지처럼 폭력을 휘두르게 된다. 부모에게 받은 학대가 자녀의 인생에 지속적으로 악영향을 미치고 대물림된다는 점을 보여주며 아동학대의 심각성을 알려준다.

본 장을 정리하며 : 생각수업 2

아동 성학대 : 온라인 그루밍

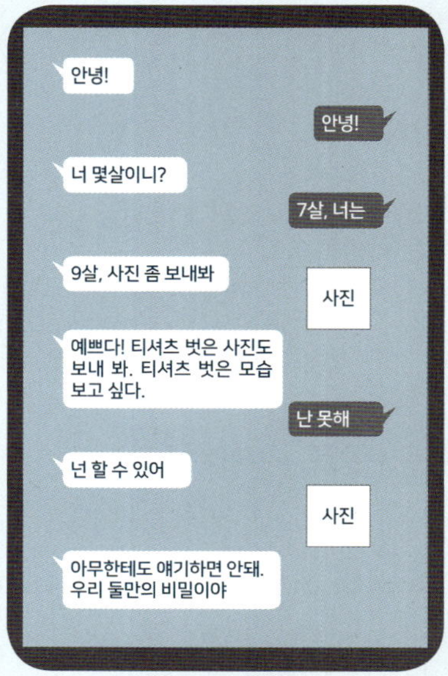

최근 7살 딸을 둔 미국의 한 아빠는 딸이 누군가와 온라인에서 나눈 대화 내용을 소셜미디어에 공개했다. 노래와 춤을 공유하는 앱에 접속한 7살 딸에게 누군가 반갑게 인사를 하고 나이를 묻더니 대화는 점점 이상한 방향으로 흘러갔다.

아이는 처음에 사진전송을 거절했지만 간곡하게 다시 부탁하자 옷을 벗은 사진을 전송했고 상대방은 둘만의 비밀이라는 말로 안심시킨다. 하지만 대화 속에서 불편함을 느낀 아이는 곧장 아빠에게 알렸고 아빠의 개입으로 위험을 막을 수 있었다. 아빠가 공개한 대화 내용은 온라인상에서 급격하게 증가하고 있는 아동대상 신종 성범죄, 온라인 그루밍을 시도하는 상황이었다.

온라인 그루밍이란 온라인 대화를 통해 접근한 아동에게 친절을 베풀며, 호감과 신뢰를 쌓은 뒤, 아동과 성적인 대화를 하거나 누드사진을 얻어내 유통하고 때로는 직접 만남까지 시도하는 성범죄이다. 온라인 그루밍은 채팅과 댓글기능이 있는 소셜미디어와 애플리케이션, 게임 중에 이루어진다. 많은 아이들은 위험한 대화를 부모들에게 숨긴다. 그러나 온라인 그루밍 피해에서 벗어날 수 있는 가장 중요한 행동 요령은 디지털 기기를 사용하다 이상한 상황을 만나면 부모님이나 믿을 만한 어른에게 이야기하는 것이다.

"아이들에게 말해주세요. 아이들이 알게 해 주세요. 부모와 가족에게 이야기해도 괜찮다는 것을."

출처: EBS 뉴스G(2019.3.22.). 부모님에겐 절대 말하면 안돼! 온라인 그루밍
https://www.youtube.com/watch?v=fBoDX7tqgns

◆ 최근 증가하고 있는 온라인 그루밍 성범죄를 예방할 수 있는 방법에 대해 생각해 봅시다.

참고문헌

교육부, 보건복지부(2016). 유치원 어린이집 아동학대 조기발견 및 관리대응 매뉴얼.

김성경, 김혜영, 최현미(2013). **아동복지론**. 파주: 양서원.

노명희, 윤은종, 이재경, 김광석, 최금희, 이상미(2014). **아동복지론**. 파주: 정민사.

뉴스인(2018.10.4). 위험천만 '흔들린 아이 증후군', 결코 해서는 안 될 행동은? http://www.newsin.co.kr/news/articleView.html?idxno=71560

도미향, 남연희, 이무영, 변미희(2019). **아동복지론**. 경기: 공동체.

대한민국 정책브리핑(2020.7.17.). 14차 아동정책조정위원회. http://www.korea.kr/

베이비뉴스(2020.6.17.). '쇠사슬로 묶고, 여행가방에 감금하고'...자녀 체벌금지, 법으로 만든다. https://www.ibabynews.com/news/articleView.html?idxno=86388

보건복지부 보도자료(2017.11.24.). 빅데이터와 통계로 보는 우리사회의 아동학대 인식. http://www.mohw.go.kr/upload/viewer/skin/doc.html?fn=1511392332633_20171123081213.hwp&rs=/upload/viewer/result/202007/

보건복지부, 중앙아동보호전문기관(2017). 지역아동보호전문기관 2016년 업무량 분석.

보건복지부, 중앙아동보호전문기관(2018). 2017 전국 아동학대 현황보고서.

보건복지부, 중앙아동보호전문기관(2019). 2018 아동학대 주요 통계.

보건복지부, 아동권리보장원(2020). 아동학대 신고의무자가 꼭 알아야 하는 아동학대 예방 요령(PPT교육자료).

한미현, 문혁준, 강희경, 공인숙, 김상희, 안선희, 안효진, 양성은, 이경열, 이경옥, 이진숙, 천희영(2016). **아동복지**. 서울: 창지사.

EBS 뉴스G(2019.3.22.) 부모님에겐 절대 말하면 안돼! 온라인 그루밍. https://www.youtube.com/watch?v=fBoDX7tqgns

Gil, D. G. (1970). *Violence against children: physical child abuse in the United States*. Cambridge, MA: Harvard University Press.

Kempe, C. H., Silverman, F. N., Steele, B., Droegemueller, F. W., & Silver, H. K. (1962). The battered child syndrome. *Journal of the American Medical Association*, 181, 17–24.

아동권리보장원 http://korea1391.go.kr

Chapter

10

입양

본 장을 시작하며 : 생각수업 1

우리 사회에 존재하는 입양에 대한 편견

우리나라 차인표-신애라 부부와 할리우드 안젤리나 졸리-브래드 피트 커플의 공통점은 무엇일까?

이들은 유명인이라는 공통점이 있지만, 자신의 자녀가 있으면서 자녀를 입양했다는 공통점을 가지고 있다. 외국에서는 유명인은 물론 일반인들 사이에서도 공개입양, 유자녀 입양 등은 드문 일이 아니지만 우리나라 문화에서는 자녀가 있는 가정에서 입양을 하는 일이나, 입양을 했다고 알리는 일이 흔한 일은 아니다. 그러나 최근에는 국내 유명인들도 그들의 입양사실을 공개하고 있다. 디자이너 고 앙드레김, 연극배우 윤석화, 배우 송옥숙, 방송인 이아현 등은 자녀를 입양했음을 공개하였고, 차인표, 신애라 부부는 자녀가 있음에도 두 딸을 공개입양하였다. 그리고 배우 김정은은 입양에 대한 의지를 방송에서 밝히기도 하였고 입양 활성화를 위해 입양을 홍보하는 유명인들도 많이 볼 수 있다. 차인표 씨는 한 방송에 나와서 "입양은 축하받아야 할 일이지 칭찬받을 일이 아니다"라는 말을 했는데, 그의 말처럼 우리 사회도 곧 입양을 편견 없이 받아들이는 그런 사회가 되기를 기대해본다.

◆ 우리 사회에 존재하는 입양 또는 입양가족에 대한 편견에 대해 생각해 봅시다.

Chapter 10

우리나라에는 법률적으로 두 가지 형태의 입양이 있다. 하나는 호적이 있는 아동의 친부모와 양부모 사이에서 이루어지는 「민법」에 의한 입양이고, 다른 하나는 친부모로부터 유기되거나 친부모가 친권을 포기한 요보호아동을 대상으로 한 「입양특례법」에 의한 입양이다. 1970년 이전까지는 민법상의 입양이 절대적으로 많은 수를 차지하였으나, 1970년대 이후부터는 「특례법」상의 입양의 수가 「민법」상의 입양보다 많아졌다(정옥분, 정순화, 손화희, 김경은, 2013). 그리고 「민법」상의 입양은 법적으로 이미 양부모와 한가족 또는 친족관계이기 때문에 요보호아동의 입양과는 차이가 있다. 따라서 본 장에서는 친부모의 가정에서 성장할 수 없어 아동의 복지를 심각하게 위협받는 상황의 아동에게 국가와 사회가 대리양육서비스를 제공하는 「입양특례법」에 의해 실시되는 입양사업을 중심으로 입양을 알아보고자 한다.

1. 입양의 개념

입양은 생물학적 과정에 의해서가 아니라 법적 · 사회적 과정에 의해서 친자관계가 형성되는 행위를 말한다(한미현 외, 2014), 위키백과https://ko.wikipedia.org에서는 입양을 '혈연관계와 상관없이 인위적으로 친자관계를 맺는 것'이라고 정의하고 있고, 사회복지 용어사전에서는 '입양은 혈연관계가 아닌 일반인들 사이에서 법률적으로 친자관계를 맺는 행위(서강훈, 2013)'로 정의하고 있다. 입양은 친부모가 자녀를 양육할 능력이 없거나 원하지 않을 때, 또는 법적으로 어떤 관계에서 벗어나게 될 때, 아동에 대한 친권과 양육권을 포기하고, 아동을 위한 영원한 대리적 보호자를 마련해 주는 것으로 아동의 출생 후 법적, 사회적으로 맺게 되는 관계이다. 즉, 입양이란 대리보호의 한 형태로서 혈연관계가 아닌 사람과 사회적 또는 법적 관계에 의해서 부모-자녀 관계를 형성하는 것을 말하는 것으로 생물학적 과정이 아닌 법적인 그리고 사회적인 과정을 통해 친권관계를 창조하는 행위를 말한다(김선경, 2005).

입양의 목적은 사회 문화적 배경에 따라 변화해 왔다. 과거의 입양은 가문계승, 재산관리, 노후봉양, 사후제사 등을 위한 가계 중심, 부모 중심으로 이루어져 왔다. 그러나 최근에는 가정을 상실한 요보호 아동에게 영구적인 가정을 제공하기 위해서, 특정한 아동에 대한 관심과 책임감으로 인해 영구적이며 안정적인 보호를 제공하고자 하는 동기에서 입양이 이루어지고 있어 이전보다 아동 중심적인 취지에서 입양이 이루어지고 있다.

우리나라 입양사업의 목적은 보호가 필요한 아동 등에게 건강한 가정을 영구적으로 제공하여 건강하게 보호 · 육성될 수 있도록 하는 것이다(보건복지가족부, 2009). 아동에게 영구적인 가정을 제공한다는 것은 생물학적 가족과 친족 등과 같은 '심리적 영속성psychological permanency'과 '가족지속성family continuity'을 제공해야 함을 강조하고 있다(Barth, 1999). 이와 관련하여 입양서비스의 실천수칙은 다음과 같다(보건복지부, 2020).

1) 아동의 권리보장과 아동이익 최우선의 원칙

입양은 아동의 건정한 성장과 발달을 보장하기 위하여 아동의 권리를 최대한 보장해야 하며, 아동은 안정적이고 영구적인 가정에서 성장하는 것이 바람직하므로, 가정생활을 할 권리 최대한 보장하여야 한다. 이에 아동보호에 관한 의사결정을 할 때에는 친생부모, 입양부모, 조부모, 친인척, 후견인보다 아동의 이익이 최우선적으로 고려되어야 한다.

2) 사생활 존중 및 비밀보장의 원칙

입양서비스에서는 입양아동, 친생부모, 입양부모 등 입양 삼자의 사생활을 존중하고 보호하며, 직무 수행과정에서 얻은 정보에 대해 철저하게 비밀을 유지해야 한다.

3) 개별 욕구 존중의 원칙

아동의 이익을 최우선으로 고려하는 것을 전제로 입양과정에서 입양아동, 친생부모, 입양부모 등 입양 삼자의 신체적, 정신적, 사회적 특성과 욕구를 존중하고 보호하여야 한다.

4) 자발적 의사결정존중의 원칙

입양아동, 친생부모, 입양부모 등 입양 삼자가 입양에 관한 의사결정을 할 때, 자발적 의사결정 및 자기결정권을 보장해야 한다.

2. 입양의 역사

입양의 역사는 매우 오래되어, 고대사회에서도 어떤 형태로든 입양이 이루어져 왔다. 우리나라의 입양 역사를 보면, 전쟁이나 흉년같은 재해로 생긴 고아들을 민간 차원에서 노비나 양자로 입양을 허용하였으며, 친척 등이 거두는 등의 고아에 대한 구제가 있었다.

고려는 불교국가로 전쟁과 흉년으로 생긴 고아를 사찰에서 위탁보호하여 승려 또는 사역승으로 양성하는 일이 성행되었다. 이런 풍습은 민간으로 확산되어 불우한 아동을 거두어 은혜를 베풀려는 목적으로 입양제도가 시행되었으며, 이에 따라 성이 다른 이성異姓 양자도 당연한 것으로 수용되었다(김주수, 김사용, 2008). 이 과정에서 고아입양을 빌미로 한 인신매매, 유괴, 약탈 등의 폐단이 출연하기도 했다(주정일, 이소희, 1985). 고려 5대 광종 때에는 민가입양을 빙자한 악습을 제거하기 위해 노비안검법을 실시하였다(김선경, 2005).

조선시대로 넘어오면서 입양제도는 유교를 바탕으로 철저히 가계를 승계하기 위한 목적으로 실시되었다. 조선시대에는 아들만이 제사를 주재할 수 있게 하였고, 제사의 승계를 통해서 가계가 승계되는 가족제도를 확립하였다. 그래서 양반계층의 입양은 양자와 양친에 대한 엄격한 제한을 적용하였다. 반면, 일반 서민층은 이성 양자를 입양하여 양친의 성을 따르도록 하고 양친을 봉양하며 양친의 사후에 재산을 상속하고 제사를 모시도록 하는 풍습이 있었다(김주수, 김사용, 2008).

일제 강점기에는 친족 및 사속의 영역에서 일본의 민법이 아닌 조선의 관습을 원칙적으로 적용한 조선민사령에 의해 이성양자 입양을 인정하였다. 이는 일본인 가정에 조선인 아이를 입양할 수 있도록 함으로써 조선과 일본의 동화를 촉진하는데 있었다(김주수, 김사용, 2008).

이와 같은 입양은 제사와 혈육의 결속, 가계 계승 노동력 확보 등을 도모하기 위한 남아 중심으로 이루어진 가계와 부모를 위한 양자제도이지 아동의 권익을 보호하는 차원의 입양제도로 보기 어렵다. 우리나라에서 현대적 의미의 입양이 활성화된 배경은 한국전쟁 이후이다. 한국전쟁 이후 우리나라의 입양제도를 알아보면 다음과 같다.

1) 1950년대의 아동입양

우리나라에서 현대적 의미의 입양이 활성화된 배경에는 한국전쟁이 있다. 한국전쟁을 통해 많은 전쟁고아와 혼혈아가 생겨남에 따라 정부는 전쟁고아 및 미망인 등을 위한 시설보호의 필요성 때문에 1950년 후생시설 설치기준을 제정하고 1952년 '후생시설 운영요령' 수립하여 후생시설에 수용된 아동을 일정한 절차에 따라 원하는 사람에게 위탁하여 양육할 수 있도록 이에 대한 지도 및 감독권을 시, 군, 면장에게 일임하는 위탁형식으로 국내입양이 이루어졌다(김선경, 2005). 그리고 초기 해외입양은 주로 경제적 빈곤을 극복하고자 하는 생계형 입양으로 일가친척에게나 혹은 한 다리 건너 아는 사람에게 보내는 경우가 대부분이었다(한승희, 2011).

1954년에는 전쟁고아대책을 수립하여 이 대책에 따라 국외입양이 시작되었다. 1954년에는 한국아동양호회가 설립되었고, 이후 가톨릭구제회(1955), 안식교성육양자회(1955), 홀트양자회(1956), 국제사회봉사회(1957) 등의 외국 민간원조단체가 차례로 설치되었다. 이런 기관이 설립되면서 기관을 통한 국외입양이 이루어졌다. 당시에는 국외입양이 기아 또는 혼혈아에 대한 대책으로 모색되고 있던 때라 입양기관들은 국내입양에 관해서는 전혀 관심이 없었으며, 사회에서도 입양에 대한 관심은 거의 보이지 않았다(김명숙, 1998). 해외입양 초기에는 절대빈곤으로 인하여 기초적인 생명의 위협을 피하기 위한 해결책으로서의 입양이었다면, 점차 혼혈인에 대한 사회적 편견과 차별을 피하기 위한 입양이 이루어졌다.

2) 1960년대의 아동입양

1960년대 초에는 현재의 아동복지 관련 법령의 대부분이 제정되었다. 1961년에는 국외입양의 법적 근거가 된 「고아입양특례법」을 제정되었다. 이를 「보호시설에있는고아의후견인직무에관한법률」과 함께 전쟁고아와 혼혈아동의 해외입양을 합법적으로 시킬 수 있게 되었다. 「고아입양특례법」 제 1조 제 1항은 "외국인이 대한민국 국민인 고아를 양자로 함에 있어서 간이한 조치를 취함으로써 고아의 복리증진을 도모함"이라고 법률의 목적을 밝히고 있다.

「고아입양특례법」은 1966년 개정되었는데 주요 개정내용은 보건사회부장관의 허가를 받은 자가 아니면 고아의 입양 알선에 관한 업무를 취급할 수 없도록 하고**제5조**, 입양 알선기관을 두고 감독조항을 추가함으로써 개인입양이나 사적 입양으로 빚어지는 폐단으로부터 국외로 입양된 아동을 보호하고자 규제하는 것이 주요 목적이었다**제8조**(안재진, 2011).

3) 1970년대의 아동입양

입양특례법이 1976년 12월 31일 제정되면서 「고아입양특례법」은 폐지되었다. 「고아입양특례법」이 전쟁 고아의 국외입양을 원활히 하기 위한 목적으로 제정된 것과 달리, 「입양특례법」은 국내입양을 활성화하기 위한 목적으로 제정되었다(안재진, 2011). 1961년 「고아입양특례법」이 제정된 이래 전쟁고아 및 혼혈아뿐 아니라, 급속한 산업화와 더불어 생긴 요보호 아동의 대부분이 국외로 입양되었다. 1970년대부터 유럽을 중심으로 해외입양의 급격한 증가와 해외입양의 남용 그리고 해외입양의 빈번한 실패가 국내에 알려지면서 사회적인 관심이 커지게 되었다(박순호, 2007). 이에 대한민국 정부는 국내입양을 활성화시키기 위한 시책으로 '요보호아동에 대한 입양 및 가정위탁 5개년 계획'을 수립하였다. 국내입양을 늘리기 위해 해외입양 알선기관별로 일정 건 수의 국내입양을 의무부과하며 그 실적에 따라 해외입양을 할당하는 쿼터제를 도입하여 점차 국내입양을 늘리기 시작하였다. 그리고 보호시설에 있는 아동의 국내외 입양을 촉진하고 양자로 되는 자의 안전과 복리증진을 도모하기 위하여 입양절차를 간소화하고 양자로 되는 자는 양친의 성과 본을 따를 수 있도록 법적인 제도를 마련하였다(김선경, 2005).

4) 1980년대의 아동입양

1970년대의 고도성장기 이후에도 국외입양은 계속되었다. 1980년대에는 '이민 확대 및 민간외교'의 차원에서 국외 입양을 완전 개방한다는 입장을 취하였다(김선경, 2005). 이에 따라 입양아동수가 급증하였고 계속적인 해외입양아들의 증가로 미국 내 한국 출신 입양아의 수치는 전체 한국 출신 이민자들의 약 13%까지도 차지한 적이 있었다(한승희, 2011).

그러나 1988년 서울 올림픽을 전후로 우리나라의 국외입양 문제가 세계 언론에 보도되기 시작하면서 우리나라는 '고아수출국'이라는 비난을 받게 되었다. 이에 따라 정부는 1989년 '입양사업 개선지침'을 발표하여 국외입양을 줄이고 가정위탁제를 도입하여 국내입양을 늘리고자 하였다. 이 지침은 해외입양을 점차적으로 줄여 1996년까지는 혼혈아나 장애아 등을 제외하고는 국외입양을 전면적으로 중단하고자 하는 것이었다. 그러나 자신의 혈통으로 일가를 이루려는 우리나라 사람들의 강한 의식으로 인하여 자녀가 없는 가정에서 부모를 필요로 하는 아동을 양자로 입적하는 것은 극히 일부에 지나지 않았다(이순형 외, 2008). 국내입양이 저조함에 따라 국외입양 중단 조치는 결국 보호를 필요로 하는 아동을 시설에 집단 수용하게 함으로써 아동의 가정양육 원칙, 즉 아동이 건전한 가정에서 성장할 권리를 박탈한다는 비판이 제기(김명숙, 1998)되었고, 이에 1995년 이 정책은 중단되었다.

5) 1990년대의 아동입양

1995년 정부는 국내입양을 활성화하는 한편, 입양아동의 권익보호를 위하여 「입양촉진 및 절차에 관한 특례법」으로 이전의 입양특례법을 개정하고 개칭하였다. 「입양촉진 및 절차에 관한 특례법」은 아동에 대한 국가 책임과 입양기관 서비스의 의무를 명시했다는 점에서 입양특례법보다 한층 진일보한 것으로 평가받는다(안재진, 2003). 「입양촉진 및 절차에 관한 특례법」은 입양특례법상의 미비점을 보완하여 국내입양을 저해하는 요인들을 제거하고, 요보호아동 발생의 사전예방, 입양가정에 대한 사전교육과 사후관리 서비스 제공, 장애아동에 대한 양육보조금에 대한 국가의 책임도 명시하고 있다.

1997년 복지부는 '해외입양 감축정책'을 발표하여 국외입양아 수를 전년도

보다 매년 3~5%씩 줄여나가겠다고 발표하였다. 그러나 IMF 이후 기아가 증가하면서 해외입양 감축정책을 보류하게 되었다. 그리고 1999년 국내입양 촉진을 위해 입양절차 간소화하는 '입양절차 및 촉진에 관한 특례법 시행령과 시행규칙'을 개정하였다. 개정된 주요 내용은 입양 관련 절차의 간소화와 국내입양을 활성화 하는 것이었다. 즉, 입양 동의 시 동의자의 인감증명서를 제출하도록 하던 것을 서명, 날인만으로 가능하게 하는 등 입양 관련 절차를 간소화하였다. 그리고 요보호아동의 국내입양을 활성화하는 방안으로 양부모의 연령 상한을 폐지하였다. 기존에는 양부모의 자격에 연령을 25세 이상에서 55세 미만으로 제한하였다. 그러나 연령 상한은 폐지하였고, 그 대신 양자와 양부모의 연령 차를 50세 미만으로 제한하였다.

6) 2000년대 이후의 아동입양

2000년 이후 시행된「입양촉진 및 절차에 관한 특례법」에서는 입양아동의 건전한 양육을 위하여 지급되는 양육보조금의 범위를 양육보조수당, 의료비 그 밖에 필요한 양육보조금으로 확대하였고, 장애아동의 범위를 장애인법의 장애아동과 일치시키고, 의료비의 범위에 상담, 재활치료비 등도 포함시켜 장애아동의 입양을 촉진하기 위한 제도를 강화하였다(2004.9.4 시행). 그리고 입양기관은 입양 의뢰된 아동의 부모에게 충분한 입양상담을 제공하고 부모를 알 수 없는 경우에는 우선 부모 등 직계존속을 찾는 노력을 다하도록 하는 등 의무사항을 구체적인 내용으로 정하였다(2005.10.1. 시행). 또 건전한 입양문화 정착과 국내입양 활성화를 위하여 5월 11일을 '입양의 날'로 제정하고 입양의 날로부터 1주일을 입양주간으로 정하였으며, 입양취소 청구소송 제한기한을 1년에서 6개월로 단축하여 양부모가 법적 보호를 통해 안심하고 입양아동을 양육할 수 있도록 하였다. 2006년 개정된 '입양촉진 및 절차에 관한 특별법 시행규칙'에서는 독신자 가정의 입양수요를 고려하여 독신자 가정도 입양이 가능하도록 하였고, 입양가정 아동 수를 5명 이내로 제한하던 규정도 삭제하였다.

2007년부터 정부는 국내입양을 우선하여 아동 인수 후 5개월간은 국내입양만을 추진하고 이후 국외입양을 고려하도록 하였고 해외입양인의 모국 방문 및 고충 상담 사업 등을 추진하였다. 보건복지부는 입양 활성화를 위해 2009년 중앙입양정보원을 설립하여 국내입양관리와 입양인 사후서비스를 시행하도록 하였다. 2012년 중앙입양정보원은 중앙입양원으로 명칭을 변경하였다

2000년대 이후 국내 입양활성화를 위해 정부는 그에 대한 지원을 확대하였다. 그리고 다문화국가로 변모함에 따라 혼혈인에 대한 인식도 달라지고 국가의 세계적 위상이 높아짐에 따라 해외 원조도 늘리는 방향으로 사회문화가 성숙되었다고 할 수 있다. 그러나 2009년 통계에 의하면 우리나라는 중국, 에티오피아, 러시아에 이어 4번째로 많은 아이들을 해외입양 보내는 나라이다(한승희, 2011).

2012년 개정된 「입양특례법」(2012.8.5. 시행)은 입양아동의 복리를 위하여 아동학대 등 범죄경력이 있는 사람은 양친이 될 수 없게 하는 등 양부모의 요건을 강화하고, 입양아동이 입양된 가정에 잘 적응할 수 있도록 입양기관이 사후서비스를 제공하도록 하며, 국외로 입양된 아동을 위한 사후서비스로 모국방문사업, 모국어 연수 지원, 모국에 관한 자료 제공, 친생부모 찾기사업, 국적회복 지원 등을 포함시켰다. 그리고 입양된 사람이 자신과 관련된 입양정보의 공개를 청구할 수 있도록 하는 등 입양정보 공개제도의 절차와 방법을 정하였다. 그리고 장애아동 등 양육보조금 지급의 실효성을 높이기 위하여 지급대상 및 절차를 구체화하였다.

반면, 「입양특례법」 제11조에 의하면 입양을 하기 위해서는 양자가 될 자의 출생신고 증빙서류를 제출하도록 되어 있다. 그러나 입양아동 친모의 상당수는 미혼모로, 이들은 자녀의 출생을 정식으로 신고하기 어려운 경우가 많다. 자신의 출산 사실을 알리고 싶지 않고, 입양 시에 자신의 신분 노출을 꺼리는 미혼모들은 출생신고 대신 아기를 유기하는 사례가 늘었다. 2009년 처음 아동이 길에 버려지는 것을 방지하기 위해서 '베이비박스'를 설치한 한 공동체에서는 입양특례법 시행 이전과 이후를 비교하였을 때, 설치 이후 3년 기간보다 입양특례법 시행이후 1년 동안 베이비박스를 통해서 들어오는 아동의 수가 몇 배나 늘었다고 한다(윤진숙, 2014).

2015년 국외로 입양된 아동의 권익을 보호하기 위하여 국외입양 사후관리에

관한 내용 및 방법 등을 정하도록 하는 내용으로 '입양특례법 시행령'을 일부 개정하였다. 국외 입양 사후관리 내용에는 입양아동의 신체, 정서 발달 및 양친과의 유대관계 등 입양 후 입양아동에 관한 현황이 포함되도록 하고, 국외입양 사후관리 방법에는 한국 입양아동에 특화된 사후 관리 방안을 포함되도록 하였다.

2018년 12월 27일 아동권리보장원 설립과 관련하여 「아동복지법」이 국회를 통과하고, 2019년 1월 아동권리보장원 설립에 대한 「아동복지법」 개정안이 공포되어 「아동복지법」 제10조의2(아동권리보장원의 설립 및 운영)에 근거하여 아동정책에 대한 종합적인 수행과 아동복지 관련 사업의 효과적인 추진을 위하여 필요한 정책의 수립을 지원하고 사업평가 등의 업무를 수행하는 아동권리보장원이 출범하였다. 아동권리보장원에서는 「입양특례법」에 따른 국내입양 활성화 및 입양 사후관리를 위한 업무(가. 입양아동・가족정보 및 친가족 찾기에 필요한 통합데이터베이스 운영, 나. 입양아동의 데이터베이스 구축 및 연계, 다. 국내외 입양정책 및 서비스에 관한 조사・연구, 라. 입양 관련 국제협력 업무)를 담당하게 되었다.

표 10-1 시기별 입양 관련 정책 및 법적 근거

시기	입양 관련 정책 및 법적 근거	내용
한국전쟁 직후	• 후생시설 운영요령(1952)	• 전쟁고아 및 혼혈아 등 기아와 사회적 편견에 대한 보호 정책으로 국외입양 추진
1960년대	• 고아입양특례법(1961)	• 전쟁고아와 혼혈아동 해외입양의 합법화 • 외국인의 입양절차의 간이화 • 입양 알선기관 허가
1970년대	• 입양특례법(1976)	• 국내입양 활성화 • 요보호아동에 대한 입양 및 가정위탁 5개년 계획
1980년대	• 국외입양 전면 개방 • 국외입양 단계적 축소(1989)	• 이민 확대 및 민간외교 활성화 • 입양사업개선지침–가정위탁제 도입
1990년대	• 입양촉진 및 절차에 관한 특례법(1995) • 해외입양 감축정책(1997) • 입양촉진 및 절차에 관한 특례법 일부 개정(1999)	• 아동에 대한 국가책임과 입양기관 서비스 의무를 명시화 • 매년 3~5% 해외입양 감축 • 입양절차 간소화 • 양부모 연령 상한 제한 폐지 • 불법입양 방지를 위한 처벌 강화

시기	입양 관련 정책 및 법적 근거	내용
2000년대 이후	• 입양촉진 및 절차에 관한 특례법(2004, 2005) • 국내입양 활성화 추진(2007) • 입양특례법(2012) • 입양특례법 일부개정(2015)	• 입양아동에 대한 양육보조금 및 의료비 지급 • 입양의 날 제정(5월 11일) • 국내입양 우선 추진 • 중앙입양정보원 설립 • 양부모 조건 강화, 입양가정 사후서비스 • 입양 전 출생신고 • 국외입양 사후관리 의무화

3. 입양의 유형

입양은 입양부모와 입양될 아동의 관계가 친족 여부에 따라 친족입양과 비친족입양, 입양 성립의 주체에 따라 독립입양과 기관입양, 입양 사실을 당사자 및 주변인들에게 공개 여부에 따라 비밀입양과 공개입양, 그리고 입양되는 국가에 따라 국외입양과 국내입양으로 구분할 수 있다.

1) 친족입양과 비친족 입양

아동을 입양하는 입양부모가 아동과 혈연관계가 있는지 여부에 따라 친족입양과 비친족입양으로 분류할 수 있다.

친족입양은 혼인과 혈연을 기초로 하여 상호간에 관계를 가지는 사람들 간에 이루어지는 입양이다. 친족은 관계의 개념으로 민법**민법 제777조**상의 친족은 8촌 이내의 혈족, 4촌 이내의 인척, 배우자**단, 혼인신고를 하지 않은 이른바 '사실혼' 관계의 배우자는 여기에 포함하지 않음**이다(현암편집부, 2015). 친족 내의 입양제도는 민법상의 일반입양과 친양자 입양, 그리고 「입양특례법」에 의한 입양 세 가지로 구분되고 있는데, 이처럼 입양의 목적에 따라 관련 법을 여러 가지로 규정하는 것은 어느 국가에서도 찾아보기 힘든 사례다(안재진, 2011). 친족입양은 친인척의 혈연관계의 자원 속에서 아동이 양육될 수 있고, 아동은 생물학적, 가족문화적 동질성과 정서적 유대감으로 어려움을 덜 겪을 수 있다(김명희, 2006)는 장점이 있다.

한편 비친족입양은 입양되는 아동과 입양부모가 혈연관계나 가족관계를 갖지 않는 사이에서 이루어지는 입양이다.

2) 독립입양과 기관입양

입양 성립을 주도하는 주체에 따라, 또는 입양의 전달체계에 따라 독립입양과 기관입양으로 구분할 수 있다.

독립입양은 입양기관을 거치지 않고 친부모와 양부모 간의 협의를 통해 입양이 이루어지는 형태이다. 직접입양, 회색시장입양gray market adoption, 암시장입양black market adoption의 세 가지 형태가 있다(Downs, Moore, McFadden, & Costin, 2000; 한미현 외, 2014, 재인용). 직접입양은 친부모가 잘 아는 사람에게 자녀를 입양시키는 것으로, 우리나라 전통적인 양자제도와 같은 것이다. 이는 부모의 동의와 민법에서의 절차를 거쳐 입양이 성립되며 합법적이다. 회색시장입양은 선의를 목적으로 입양을 원하는 친부모와 양부모 혹은 아는 사람을 통해 이루어지는 입장이다. 회색시장 입양은 금전을 목적으로 하지 않으며, 친부모와 입양부모 간에 오가는 금전은 친모의 의료비나 법적 서비스 절차에 소요되는 비용 정도이다. 암시장 입양은 금전적 이익을 목적으로 아동의 입양이 이루어지는 경우이다. 이는 아동의 이익과 욕구와는 상관없이 아동을 매매하는 것으로, 불법적인 인신매매의 형태라고 할 수 있다. 독립입양은 입양기관에 의한 공식적인 절차를 피하여 입양 사실을 비밀에 붙이고자 선호되며, 또 입양기관을 통한 공식적인 입양절차에 소요되는 시간과 비용문제, 복잡한 서류절차 등의 문제로 선택하는 경우가 있다. 그러나 독립입양의 경우는 양친의 자격요건에 대한 검증이 어려우며, 친부모를 위한 사전교육, 사후서비스, 입양에 따른 다양한 사회적 혜택을 누리기 어렵다. 그리고 입양에 관한 정보보관이 어렵다. 무엇보다도 입양의 과정에서 아동의 이익이 최우선이 되기보다는 친부모와 입양부모의 요구에 의해 진행될 가능성이 있다.

기관입양은 요보호아동에게 적당한 가정을 결연시키고 입양과정에서 양부모와 친부모를 조력하는 것을 목적으로 하는 입양기관에 의해 입양이 이루어지는 것이다. 기관입양은 기관이 입양과정에서 모든 법적 대리인이 되어 입양을 진행하게 된다. 입양기관의 상담원은 모두 사회복지사 자격을 소지하고 있으며, 아동보호와 양육, 입양에 대한 전문지식을 갖춘 전문인력을 보유하고 있어 입양아동, 친부모, 양부모 모두에게 입양과 관련된 제반사항을 조력할 수 있도록 하고 있다. 그리고 기관입양은 입양과 관련된 공식적인 기록과 아동의 유전적 정보 등을 보관하고 있어 이후 입양인에게 자신의 입양정보를 제공할 수 있다. 기관입양은 제반서류의 검토와 요건 검증 등 입양의 절차가 약간 복잡하여 입양을 기다리는 시간이 긴 단점이 있다.

3) 비밀입양과 공개입양

입양 시, 입양사실의 공개 여부에 따라 비밀입양과 공개입양으로 분류할 수 있다.

비밀입양은 아동의 입양 사실을 아동을 비롯한 타인에게 비밀로 하고, 입양사실을 알 수 없도록 하는 것이다. 국내입양은 이러한 비밀입양이 주류를 이루어왔으며, 국내입양기관은 입양부모들의 비밀유지에 사실상 협조해 주는 폐쇄적인 입양을 담당해 왔다(배태순, 1998). 우리나라의 혈연 중심 가족주의 문화는 입양부모가 입양아동을 출산한 것처럼 가장하여 입양을 하고, 이것이 입양아동과 입양부모 모두가 우리사회의 불임, 입양에 대한 편견과 부정적인 인식을 경험하지 않고 무리없이 적응하는 데 도움이 될 것이라고 기대했기 때문이었다. 그러나 비밀입양은 입양아동에게 자신의 유전적 배경을 알 수 있는 인간의 기본적 권리를 차단할 뿐만 아니라 양부모의 친생자로 성장함에 따라 후일 이러한 사실을 알게 되었을 때 심한 혼란을 겪게 될 수도 있다(김선경, 2005). 또한 양부모는 자녀에게 사실을 말하지 않은 죄책감과 예기치 않은 상황에서 입양사실을 알게 되어 어려움을 겪지는 않을까 항상 염려하는 마음으로 지내게 된다(김선경, 2005).

공개입양은 입양사실을 입양아동 본인에게는 물론 주위 모든 사람들에게 공개하는 것이다. 미국이나 유럽에서의 공개입양은 친부모와 양부모, 그리고 아동이 협의하여 접촉하기도 하고, 출산 전 아동에 대한 정보부터 지속적인 소통을 하기도 하고, 정기적인 방문을 하는 등 우리나라의 공개입양과는 아주 다른 의미로 사용된다. 우리나라의 공개입양은 입양사실을 비밀에 붙이지 않는다는 소극적인 형태이다. 공개입양은 비밀입양에서 문제가 되었던 입양아동이 자신의 유전적 배경에 대해 알고자 하는 욕구를 충족하고, 입양가족이 경험하는 어려움에 대해서도 도움을 받을 수 있는 장점이 있다. 그리고 '친부모에 대한 양부모의 긍정적인 태도', '학령기 이전에 양부모로부터 입양사실을 알게 되는 것', '자신에 대한 자세한 배경정보를 알고 있을 때', '입양 사유를 이해하고 수용할 때' 등이 입양아동에게 긍정적인 자아 형성에 도움을 주고 있다는 것이다(김선경, 2005).

4) 국외입양과 국내입양

입양아동이 출생한 나라와 입양되는 나라의 차이에 따라 국내입양과 국외입양으로 구분할 수 있다.

국내입양은 아동이 출생한 그 나라에서 입양을 하는 형태이며, 국외입양은 아동이 출생한 나라가 아닌 다른 나라로 입양되는 것이다. 국외입양은 국내에서 발생한 요보호아동을 해당국가에서 보호하지 못하고 외국으로 내보내는 것에 대해 국가 위신을 실추시키고 입양된 아동이 이질적인 문화와 관습의 외국가정에 적응하는 데 어려움을 겪는 등 부정적인 면이 있다. '아동의 권리에 관한 국제협약'에서는 입양은 아동의 이익을 최우선적으로 고려해야할 것을 보장해야 하며, 국외입양은 아동이 어떠한 적절한 방법으로도 국내에서 양육될 수 없는 경우에만 그 대체 수단으로 고려되어야 함을 명시하고 있다(이순형 외, 2008). 그리고 '국가 간 입양에 관한 아동보호와 협력에 관한 헤이그 협약'에서는 국외입양은 아동 출신국의 국내입양이 우선적으로 고려된 뒤에 이루어져야 하며, 아동의 입양동의는 요식화된 법적 서식에 의해 표현되고 서면으로 증명되어야 하며, 입양 당사국은 아동의 신원 확인, 배경, 사회적 환경, 가족사 등과 같은 아동 관련 보고서 작성을 의무화하고 적절한 법적 절차에 의해 아동을 국외로 이송된 후에도 양부모의 위탁이 아동의 최선의 이익을 위배하거나 최종적으로 아동의 이익에 불필요하다고 판정된 경우 아동의 출신국으로 되돌려 보내기 위한 조치를 취해야 할 것을 규정하고 있다(이순형 외, 2008). '국가 간 입양에 관한 아동보호와 협력에 관한 헤이그 협약'은 1993년 5월 29일 채택되어 1995년 5월 1일에 발표되었으며, 전 세계 90개국이 가입되어 있다. 우리나라는 2013년 5월에 헤이그 협약에 서명하였고(연합뉴스, 2013.5.24.), 당시 2년 안에 비준절차를 바치고 관련 입법을 추진하겠다고 하였으나, 2016년 현재 가입 3년이 넘도록 비준하지 못하고 있는 실정이다(세계일보, 2016.8.2.).

4. 입양의 구성 요소 및 방법

1) 입양의 구성요소

입양의 구성요소는 입양되는 아동, 이 아동을 입양하는 입양부모, 그리고 입양아동의 친권과 양육권을 포기하는 친부모로 이루어진다. 입양사업은 이 삼자의 권익이 균형있게 반영되어야 하고, 이들의 생활에 영속적으로 영향을 주는 과정이므로 아동, 입양부모, 친부모의 권익 보호는 매우 중요하다.

(1) 입양 대상 아동

입양아동은 18세 미만으로, 「입양특례법」에 따라 입양된 아동을 말한다. 아동이 입양이 되기 위해서는 친부모의 동의를 받아야 하며, 친부모가 친권상실 선고를 받은 경우 후견인의 동의가 있어야 한다. 그리고 13세 이상인 아동을 입양하고자 할 때에는 친부모 또는 후견인의 동의 외에 본인의 동의가 있어야 한다. 이때 아동에게는 입양의 효과 등에 대한 자세한 상담이 반드시 제공되어야 한다. 입양은 아동의 이익이 최우선이 되도록 한다는 원칙이 있다. 양자가 될 사람은 「아동복지법」 제3조제4호에 따른 보호대상 아동으로 「입양특례법」 제9조의 조건 어느 하나에 해당하는 사람이어야 한다.

① 보호자로부터 이탈된 사람으로서 특별시장 · 광역시장 · 도지사 및 특별

자치도지사이하 '도지사'라 함 또는 시장 · 군수 · 구청장이 부양의무자를 확인할 수 없어 「국민기초생활보장법」에 따른 보장시설이하 '보장시설'이라 함에 보호 의뢰한 사람

② 부모부모가 사망 또는 기타 사유로 동의할 수 없는 경우에는 다른 직계 존속을 말함 또는 후견인이 입양에 동의하여 보장시설 또는 제20조에 따른 입양기관에 보호 의뢰한 사람

③ 법원에 의해 친권상실의 선고를 받은 사람의 자녀로서 시 · 도지사 또는 시장 · 군수 · 구청장이 보장시설에 보호 의뢰한 사람

④ 기타 부양의무자를 알 수 없는 경우로서 시 · 도지사 또는 시장 · 군수 · 구청장이 보장시설에 보호 의뢰한 사람

(2) 입양부모

입양부모는 사회적, 법적 절차에 의해 부모가 된 사람들이다. 양부모가 될 사람은 다음의 요건을 모두 갖추어야 한다(보건복지부, 2020).

① 양자를 부양하기에 충분한 재산이 있을 것

② 양자에 대하여 종교적 자유를 인정하고 사회의 구성원으로서 그에 상응하는 양육과 교육을 할 수 있어야 함

③ 아동학대 · 가정폭력 · 성폭력 · 마약 등의 범죄나 알코올 등 약물 중독의 경력이 없어야 함

④ 양자가 될 아동의 복리에 반하는 직업이나 그 밖에 인권침해의 우려가 있는 직업에 종사하지 아니하도록 하여야 함

⑤ 대한민국 국민인 경우, 양친이 될 사람의 나이는 25세 이상으로서 양자가 될 사람과의 나이 차이가 60세 이내여야 함. 대한민국 국민이 아닌 경우에는 25세 이상 45세 미만인 자이어야 함

⑥ 양친이 되려는 사람은 입양의 성립 전에 입양기관 등으로부터 보건복지부령으로 정하는 소정의 교육을 마쳐야 함

(3) 친생부모

친생부모는 출생에 의해 혈연적으로 맺어진 친자관계이다. 친생부모는 출생과 동시에 아동에 대한 친권과 양육권을 가지게 된다. 입양에서 친생부모는 자녀에 대한 모든 법적 권리를 포기하고 입양을 의뢰하는 당사자이다.

친생부모가 입양을 의뢰하는 경우는 합법적인 혼인관계에서 입양을 의뢰하는 경우, 미혼부모가 의뢰하는 경우가 있다. 그리고 친생부모가 심각한 아동학대와 유기 등으로 법적으로 친권을 상실하였을 때도 아동은 입양의 대상이 되기도 한다. 혼인관계에 있는 친생부모가 자녀의 입양을 의뢰할 경우에는 가정불화, 빈곤, 배우자의 사망, 이혼 등의 이유로 더 이상 자녀를 보호·양육이 어렵다고 판단되는 때이다. 그리고 미혼인 상태에서 부모가 된 미혼부모 역시 자녀양육의 능력 또는 의사가 없어서 본인의 친권을 포기하고 입양을 의뢰하는 경우가 있다. 우리나라의 경우, 입양을 의뢰한 친부모의 상당수가 미혼모이며, 국내·외로 입양되는 아이들의 친부모의 대부분이 미혼모이며, 미혼모의 연령도 점차 낮아지는 추세이다. 친부모는 자신이 낳은 아동의 양육을 포기하였다는 사실 때문에 평생 도덕적인 질책감을 갖게 된다(이순형 외, 2008)는 점에서 친부모에게도 입양은 평생 지속적인 과정이라고 할 수 있다.

2) 입양절차

「입양특례법」에 의한 국내외 입양절차는 요보호아동, 즉 입양아동의 발생을 시작으로 아동의 친권과 양육권을 포기하고 입양시키고자 하는 친부모의 입장에서의 절차와 입양을 원하는 입양부모의 입장에서의 절차, 입양기관에서의 절차로 나누어 볼 수 있다.

(1) 친부모의 입장에서 입양절차

① 요보호아동의 발생

2015년 11월부터 시행된 「입양특례법」에 의하면, 아동의 입양을 위해서는 아동의 출생이 증빙되어야 하고 동법 제9조의 자격을 갖추어야 한다.

② 입양동의 전 상담

• 친생부모 상담

입양기관은 입양을 결정하기 전, 입양에 관한 충분한 상담으로 입양과 양육 및 정부지원 등에 대한 정보친생부모 양육지원, 입양절차에 관한 안내 및 상담, 입양동의의 요건 및 철회에 관한 사항, 입양의 효과 및 파양 등에 관한 사항, 입양정보 공개청구 및 친생부모의 동의에 관한 사항를 친생부모에게 제공하여 입양 외 다른 양육 대안을 충분히 고려한 후 자발적으로 입양 결정이 이루어지도록 한다.

• 입양아동 상담

입양기관은 13세 이상인 아동을 입양하고자 할 때에는 친생부모 또는 후견인 외에 입양될 아동의 동의를 받아야 하며, 입양 동의 전 입양될 아동에 대한 상담을 제공하여야 한다입양의 법률적 효력 및 파양, 입양동의의 요건 및 철회, 입양절차, 입양정보공개청구, 양친이 도리 사람에 관한 정보.

③ 입양동의

입양의 동의는 친부모 또는 후견인으로부터 아동의 출생일로부터 1주일숙려기간 지난 후에 이루어져야 하며, 숙려기간 동안에는 친생부모가 아동을 보호하는 것을 원칙으로 한다. 13세 이상인 아동을 입양하고자 할 때에는 친부모 또는 후견인 외에 입양될 아동의 동의를 받아야 한다.

④ 입양동의 및 입양 대상 아동 확인

보호자가 입양의뢰하고 입양에 동의를 하게 되면, 지자체는 입양 대상 아동이 양자될 자격을 갖추었음을 증명하는 서류를 발급한다.

⑤ 아동인수 및 보호조치

• 아동인수: 입양기관의 장은 보장시설의 장이나 부모 등으로부터 양자될 아동을 인도받는 날부터 입양이 완료될 때까지 그 아동의 후견인이 되며, 아동보호일로부터 2주 이내에 입양정보통합관리시스템ACMS에 아동정보를

등록하고 번호를 발급받는다.

- 입양 대상 아동 보호조치: 입양기관은 입양대상 아동의 안전 등 권익을 보호하여야 하며, 지자체는 입양기관에 대한 지도 및 감독 등을 통해 입양 대상 아동의 안전 및 권리 보호를 위해 필요한 조치를 취한다.

(2) 입양부모의 입장에서의 입양절차

① 입양 상담 및 신청

입양을 원하는 가정에서는 입양기관을 방문하거나 전화를 통해 상담 및 입양 신청을 한다. 입양기관은 입양동기, 부모의 연령, 직업, 경제적 여건, 불임 여부, 가족사항, 희망하는 아동의 특성 등에 대한 면담을 실시한다. 입양을 원하는 가정은 입양 신청 전, 입양에 대해 가족들 간의 충분한 논의와 합의가 선행되어야 한다.

② 양친 가정조사 및 가정방문

입양 신청을 받은 조사기관은 양부모이 될 사람의 범죄경력**아동학대, 성폭력, 가정폭력, 마약 등**을 조회하고, 가정을 조사하여 신청인이 양부모가 될 자격을 인정되는 경우에는 신청한 입양부모에게 양친가정조사서를 발급하도록 한다. 조사기관은 신청인의 가정 · 직장 · 이웃 등을 2회 이상 방문 · 조사하여야 하며, 그중 1회 이상은 미리 알리지 않고 방문 · 조사하여야 한다. 이런 조사과정에서 입양에 대한 가족들의 합의사항, 입양부모로서 법률적 조건을 만족하는지, 입양에 적합한 가정환경이 있는지 등이 확인되어야 한다.

③ 입양부모교육

아동을 입양하여 양친이 될 사람들은 입양기관이 실시하는 "보건복지부령으로 정하는 소정의 교육"을 8시간 이상 이수하여야 한다. 교육의 내용은 다음과 같다.

- 입양과 파양의 요건 · 절차 및 효과
- 입양가정 지원에 관한 정보

- 자녀의 양육방법
- 입양아동의 심리 및 정서에 관한 정보
- 입양 사후 서비스에 관한 정보
- 그 밖에 보건복지부장관이 필요하다고 인정한 사항

④ 입양정보통합관리시스템 등록 및 조치

입양기관은 양친가정조사서 발급일로부터 2주 이내에 예비양부모의 정보를 입양정보통합관리시스템에 등록하도록 한다.

(3) 입양기관에서의 입양절차

① 결연

입양기관의 장은 입양 의뢰된 아동의 양친을 찾기 위해 예비입양부모정보를 검색하여 적합한 예비입양부모와 결연되도록 하여야 한다. 입양정보통합관리시스템을 활용하여도 국내입양이 어려운 아동의 경우, 국외입양을 추진하도록 한다.

② 가정법원 입양허가

입양부모는 가정법원에 입양서류를 구비하여 입양허가 신청서를 제출하고, 입양은 가정법원의 인용심판 확정으로 효력이 발생한다. 가정법원의 입양허가는 친부모의 친권과 양육권이 법적으로 종료되고, 아동에 대한 모든 법적 권리와 의무는 입양부모에게 이양되는 것이다. 양부모는 가정법원의 허가서를 첨부하여 「가족관계의 등록 등에 관한 법률」에서 정하는 바에 따라 신고하여야 한다. 입양이 성립되면 입양된 아동은 「민법」상 친양자와 동일한 지위를 가진다.

③ 입양부모교육 아동의 인도는 입양기관 또는 친생부모에 의해 법원의 입양허가 결정 후 입양될 아동을 양친이 될 사람에게 인도한다.

④ 아동의 인도와 보고

입양기관의 장 또는 보장시설의 장은 가정법원이 입양을 허가하는 경우에는 입양아동과 그에 관한 기록 및 소유물품을 즉시 양친될 사람에게 인도하여야 하고, 그 소재지를 관할하는 특별자치도지사 · 특별자치시장 · 시장 · 군수 · 구청장에게 입양아동의 인도결과를 보고하여야 한다.

⑤ 사후관리

사후관리는 아동의 법적인 입양절차가 마무리된 후 입양과 관련된 사람들에게 제공하는 서비스이다. 입양기관의 장은 입양성립 1년까지 입양부모와 입양아동의 상호 적응상태에 대해 관찰 및 필요한 서비스를 제공하고, 입양가정에서의 아동양육에 필요한 정보를 제공하고, 입양가정이 수시로 상담할 수 있는 창구를 개선하고 상담원을 배치하는 것이다. 성공적인 입양을 위해서는 입양아동과 입양부모, 친부모를 위한 심리적 · 사회적 지원이 지속적으로 이루어져야 한다.

(4) 국외 입양절차

국외 입양절차는 국내에서 국외입양을 진행하는 경우와 외국에서 국외입양을 진행하는 경우로 나누어 살펴볼 수 있다.

① 국내에서의 국외입양

국내에서 양자가 될 자격을 갖춘 아동을 양자로 하려면 외국인은 후견인과 함께 양자로 할 사람의 등록지 또는 주소지를 관할하는 가정법원에 보건복지부령이 정하는 서류를 첨부하여 입양허가를 신청하여야 한다.

② 외국에서의 국외입양

국외에 거주하는 외국인이 국내에 거주하는 아동을 입양하기 위해서는 입양기관을 통하여 입양절차를 진행하여야 한다. 외국인으로부터 입양알선을 의뢰받은 입양기관의 장은 입양알선을 하려면 보건복지부 장관이 발행한 해외이주허가서를 첨부하여 입양허가를 신청하여야 한다. 양자가 될 사람이 해외이주허가를 받고 출국하여 그 국가의 국적을 취득하였을 때에는 입양기관의 장은 보건복지부령으로 정하는 바에 따라 지체없이 그 사실을 법무부장관에게 보고하고 법무부장관은 직권으로 그의 대한민국 국적을 말소할 것을 등록기준지 관할 가족관계등록관서에 통지하여야 한다.

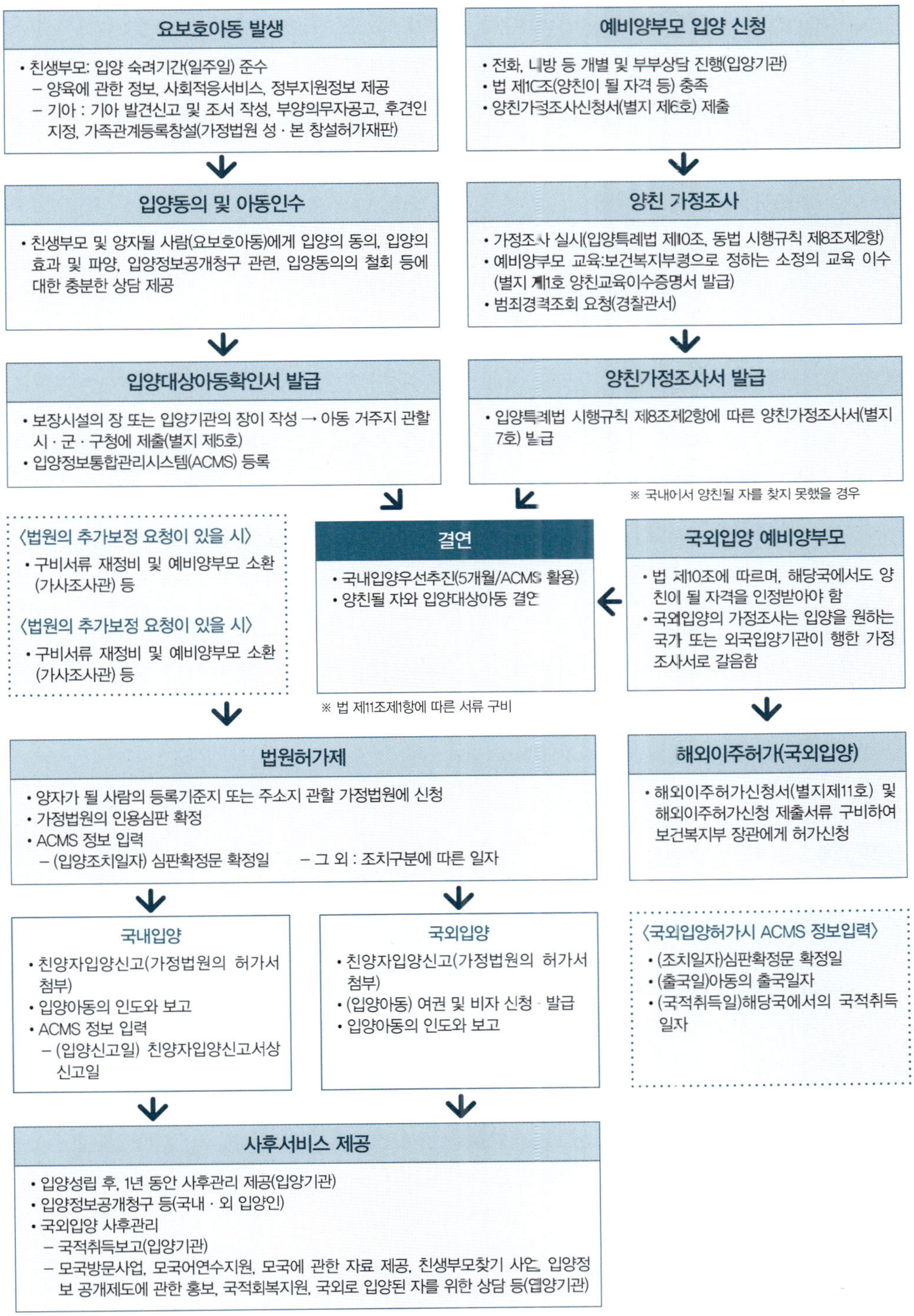

그림 10-1 입양절차

출처: 보건복지부(2020).

국외 입양절차의 사후관리는 입양이 된 국가의 국적을 취득할 때까지로 규정되어 있었으나, 국외입양을 위해 입양기관의 장은 모국에 관한 자료를 제공하고, 입양된 아동이 성년이 되었을 때도 이들을 위한 상담을 제공하고, 모국방문사업을 진행하며, 모국어 연수와 국적 회복을 지원하고, 친생부모찾기를 지원하도록 하였다.

5. 입양복지서비스의 현황

우리나라의 입양복지는 전쟁고아 및 혼혈아 국외입양을 중심으로 발달하였다. 국내입양은 혈연 중심의 전통과 입양에 대한 부정적 사회적 인식으로 다소 부진한 편이었다. 그러나 최근 정부가 국내입양 활성화 정책을 추진하고, 입양에 대한 국민인식 개선을 위해 지속적으로 노력한 결과 2007년 처음으로 국외입양의 비율을 앞질렀고(표 10-2, 그림 10-2 참조), 2013년에는 국내입양이 국외입양에 비해 약 3배가량 높은 편이었다. 그러나 최근 입양 건수가 전반적으로 줄어드는 추세이며, 국내입양 건수가 국외입양 건수보다 높은 비율은 차지하고 있다.

표 10-2 국내외 입양 현황

(단위: 명, %)

구분	2006	2007	2008	2009	2010	2011	2012	2013	2014	2015	2016	2017	2018	2019
국내	1,332 (41.2)	1,388 (52.3)	1,306 (51.1)	1,314 (53.9)	1,462 (62.8)	1,548 (59.8)	1,125 (59.8)	686 (74.4)	637 (54.4)	683 (64.6)	546 (62.0)	465 (53.9)	378 (55.5)	387 (55.0)
국외	1,899 (58.8)	1,264 (47.7)	1,250 (48.9)	1,125 (46.1)	1,013 (37.2)	916 (40.2)	755 (40.2)	236 (25.6)	535 (45.6)	374 (35.4)	334 (38.0)	398 (46.1)	303 (44.5)	317 (45.0)
계	3,231	2,652	2,556	2,439	2,475	2,464	1,880	922	1,172	1,057	880	863	681	704

출처: 국가통계포탈 http://kosis.kr

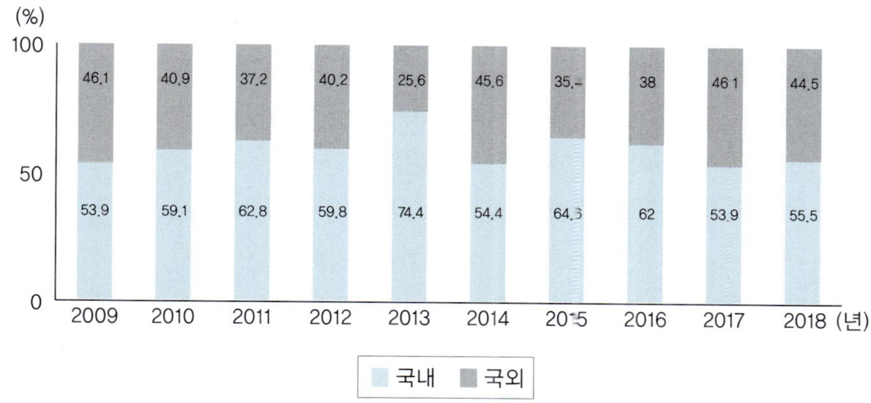

그림 10-2 입양아동 비율

출처: 국가통계포탈 http://kosis.kr

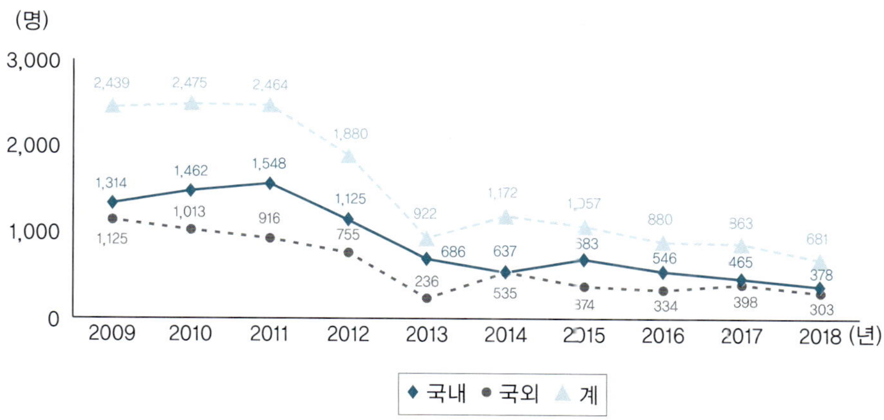

그림 10-3 국내외 입양아동 수 추이

출처: 보건복지부 보도자료(2019.5.10.).

2013년부터 2018년 기간까지 입양을 기다리는 아동 수 대비 입양을 하고자 가정조사를 신청한 양친가정의 수를 살펴보면 그림 10-4와 같다. 입양 대기 아동과 입양의사를 밝힌 양친가정 신청자 수는 매해 줄어들고 있는 실정이며, 입양 대기 아동에 비해 입양을 원하는 가정은 현저히 차이를 보이고 있다.

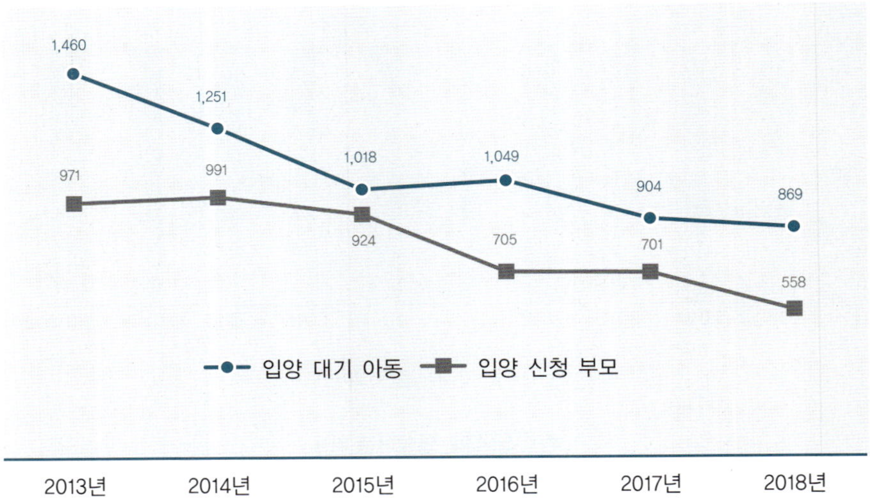

그림 10-4 입양 대기 아동 및 양친가정조사 신청자 수 현황

출처: 보건복지부 보도자료(2019.5.10.).

요보호아동의 발생은 경제적인 영향을 많이 받는 것으로 알려져 있다. 2010년 이후 요보호아동의 발생은 점차 줄어들고 있는 실정이나, 2019년 현재 소폭 증가하였다(표 10-3 참조). 요보호아동의 보호는 혈연 중심의 가족문화와 비밀입양 위주의 우리나라의 입양문화로 인하여 입양이나 가정위탁보다는 아동시설보호를 위주로 이루어져 왔다.

2000년 가정위탁사업이 시작되었고, 국내입양 활성화를 통해 가정 중심의 아동보호로 정책 변화를 추진해 나가고 있는 실정이나, 요보호아동의 보호유형 중 입양의 비율은 다소 줄어들고 있는 편이다. 전체 입양아동수는 2011년을 기점으로 다소 줄어들고 있는 추세이다(표 10-3 참조).

표 10-3 보호유형별 요보호아동 현황

(단위: 명)

구분	2006	2007	2008	2009	2010	2011	2012	2013	2014	2015	2016	2017	2018	2019
시설보호	4,366	3,245	4,964	4,767	4,842	3,752	3,748	3,257	2,900	2,682	2,887	2,421	2,449	2,739
가정위탁	2,101	3,378	2,838	2,734	2,124	2,350	2,289	2,265	1,688	1,582	1,447	1,417	1,294	1,199

구분	2006	2007	2008	2009	2010	2011	2012	2013	2014	2015	2016	2017	2018	2019
입양* (%)	1,259 (13.9)	1,191 (13.4)	1,304 (12.3)	1,314 (12.9)	1,393 (16.2)	1,253 (16.7)	772 (11.1)	478 (7.9)	393 (7.8)	239 (5.3)	243 (5.4)	285 (6.9)	174 (4.4)	104 (2.6)
소년 소녀 가정	308	247	178	213	231	128	117	20	13	0	6	2	1	5
계	9,034	8,861	10,534	10,153	8,590	7,483	6,926	6,020	4,994	4,503	4,583	4,125	3,918	4,047

* 입양은「입양촉진 및 절차에 관한 특례법」에 의해 요보호아동만을 대상으로 하므로, 민법상의 입양은 미포함되었음
출처: 국가지표체계 http://www.index.go.kr

2015년부터 2019년까지 국외입양 대상 국가별 현황을 보면, 미국에 입양되는 아동의 비율이 압도적으로 높았고, 이어서 스웨덴, 캐나다 순으로 나타났다. 독일의 경우는 2018년 1명으로 2002년 이후 재진입되었고, 영국의 경우는 2019년 1명으로 1990년 이후 재진입되었다.

표 10-4 국가별 입양아동 수

연도	계	미국	스웨덴	캐나다	노르웨이	호주	룩셈부르크	덴마크	프랑스	이탈리아	영국	독일
2015	374	278 (74.3%)	36 (9.6%)	22 (5.9%)	10 (2.7%)	6 (1.6%)	6 (1.6%)	5 (1.3%)	– –	11 (3.0%)	–	–
2016	334	222 (66.4%)	31 (9.3%)	23 (6.9%)	23 (6.9%)	10 (3.0%)	3 (0.9%)	5 (1.5%)	3 (0.9%)	14 (4.2%)	–	–
2017	398	274 (68.8%)	25 (6.3%)	28 (7.0%)	20 (5.0%)	24 (6.0%)	5 (1.3%)	6 (1.5%)	5 (1.3%)	11 (2.8%)	–	–
2018	303	188 (62.0%)	28 (9.2%)	22 (7.3%)	19 (6.3%)	14 (4.6%)	5 (1.7%)	7 (2.3%)	7 (2.3%)	12 (4.0%)	–	1 (0.3%)
2019	317	232 (73.2%)	13 (4.1%)	23 (7.3%)	12 (3.8%)	10 (3.2%)	3 (0.9%)	3 (0.9%)	5 (1.6%)	15 (4.7%)	1 (0.3%)	–

출처: 보건복지부 보도자료(2018.5.11.); 보건복지부 보도자료(2020.5.11.).

국내외 입양아동의 성별, 건강상태, 연령별 특성을 알아보면 다음과 같다.

국내에 입양되는 아동들의 성별을 국외로 입양되는 아동들과 비교해서 보면 국내 입양에서는 여자아이 선호가 뚜렷함을 알 수 있다(표 10-5 참조). 국내에서 여아의 입양은 남아에 비해 2배수 정도 더 높은 수치를 보이고 있다. 반면 국외로 입양되는 아이들은 남자아이의 비율이 훨씬 높음을 확인할 수 있다. 국내외로 입양되는 남녀아의 비율은 해를 거듭할수록 그 차이가 심화되고 있다.

국내외 입양 아동의 건강상태는 표 10-6과 같다. 전체 국내입양아 중 건강이상을 보이는 아동의 입양비율은 해외로 입양되는 건강이상 아동의 비율에 비해 현저히 낮음을 알 수 있다. 건강이상은 미숙아, 저체중아 등 다양한 유형으로 진단되고 있으나, 연령이 너무 낮아 장애등록으로 이어지는 경우는 전체 입양아동의 0.1%이다(보건복지부, 2020.5.11). 국내로 입양되는 건강이상 아동

표 10-5 국내외 입양아동의 성별 (단위: 명)

구분 / 연도	국내입양			국외입양		
	계	남	여	계	남	여
2019	387	125	262	317	233	84
2018	378	110	268	303	221	82
2017	465	150	315	398	302	96
2016	546	191	355	334	269	65
2015	683	222	462	374	287	87
2014	637	223	414	535	438	97
2013	686	203	483	236	194	42
2012	1,125	410	715	755	590	165
2011	1,548	482	1,066	916	629	287
2010	1,462	479	983	1,013	675	338
2009	1,314	459	855	1,125	722	403
2008	1,306	469	837	1,250	773	477
2007	1,388	541	847	1,264	722	542
2006	1,332	485	847	1,899	1,253	646

출처: e-나라지표 http://www/index.go.kr

의 비율은 꾸준히 증가하고 있다. 2019년에는 국내입양아 수에 10%를 상회하는 비율을 차지하기도 하였다13.2%. 그러나 국외로 입양되는 아동의 30, 40% 이상이 건강에 이상이 있는 아동이라는 점을 감안해 볼 때, 국내입양의 경우는 아동의 성별 못지 않게 입양아동의 건강상태에 대한 선호와 변별이 뚜렷함을 알 수 있다.

그리고 국내입양의 특징 중 또 다른 하나는 연소아 선호 현상이다. 국내에서 입양되는 아동의 연령은 국외로 입양되는 아동들에 비해 매우 낮은 특성이 있다. 국내에 우선 입양이 되는 60~70%의 아동들이 1세 미만의 영아들이다. 반면, 국외로 입양되는 아동들은 대부분 1세 이상 3세 미만의 아동들이다. 이는 연장아동이 국내입양이 어려움을 보여주는 현상이다. 연소자 선호현상은 국내 대부분의 입양부모가 아동 입양 시 아동의 혈액형을 가장 중요시하고 다음으로 아이의 나이, 즉 신생아를 선호하는 것은 많은 수의 입양부모가 입양아동의 특수성을 인정하지 않고 입양아동을 자신의 친자식인 양 가장하여 비밀입양하고 있음을 반영한다(이순형 외, 2008).

표 10-6 국내외 입양아동의 건강상태

연도	국내입양			국외입양		
	계	건강양호	건강이상	계	건강양호	건강이상
2015	683	659 (96.5%)	24 (3.5%)	374	275 (73.5%)	99 (26.5%)
2016	546	526 (96.3%)	20 (3.7%)	334	211 (63.2%)	123 (36.8%)
2017	465	439 (94.4%)	26 (5.6%)	398	287 (72.1%)	111 (27.9%)
2018	378	355 (93.9%)	23 (6.1%)	303	168 (55.5%)	135 (44.5%)
2019	387	336 (86.8%)	51 (13.2%)	317	205 (64.7%)	112 (35.3%)

출처: 보건복지부 보도자료(2018.5.11.); 보건복지부 보도자료(2020.5.11.).

「입양특례법」제7조, 동법 시행규칙 제3조에 의해 입양기관의 장은 입양의뢰된 아동의 양친을 국내에서 찾기 위하여 입양을 원하는 양친의 조사 및 상담 등의 조치를 하여야 하며 이러한 조치에도 불구하고 양친을 찾지 못한 경우 입양정보통합관리시스템을 활용하여 관련 기관과의 정보공유를 통하여 국내입양을 추진하여야 한다. 입양정보통합관리시스템을 활용하여도 국내입양이 어려운 아동의 경우, 입양기관에서 해당 아동의 국외입양을 추진하게 된다. 국외입양을 추진하려면, 국내입양 추진을 위한 마지막 상담일이 입양동의일로부터 5개월 이상 경과된 후 가능하다. 즉, 입양을 기다리는 양친가정에서 선호하지 않는 성별, 건강상태, 연령의 아동들이 해외입양이 된다는 것이다.

표 10-7 국내외 입양아동의 연령

연도	국내입양					국외입양			
	계	연령				계	연령		
		3월 미만	3월~1세 미만	1~3세 미만	3세 이상		1세미만	1~3세 미만	3세 이상
2015	683	29	394	215	45	374	–	338	36
		(4.2%)	(57.7%)	(31.5%)	(6.6%)			(90.4%)	(9.6%)
2016	546	33	336	142	35	334	62	250	22
		(6.1%)	(61.5%)	(26.0%)	(6.4%)		(18.6%)	(74.8%)	(6.6%)
2017	465	4	281	150	30	398	–	382	16
		(0.9%)	(60.4%)	(32.2%)	(6.5%)			(96.0%)	(4.0%)
2018	378	3	246	88	41	303	–	294	9
		(0.8%)	(65.1%)	(23.3%)	(10.8%)			(97.0%)	(3.0%)
2019	387	6	270	83	28	317	–	303	14
		(1.6%)	(69.8%)	(21.4%)	(7.2%)			(95.6%)	(4.4%)

출처: 보건복지부 보도자료(2018.5.11.); 보건복지부 보도자료(2020.5.11.).

국내외 입양아동의 발생유형은 미혼모미혼부, 유기, 결손가정 등으로 분류되며, 이들의 입양 전 보호유형은 시설보호와 가정위탁보호가 있다. 국내외 입양아동 발생원인은 미혼부 또는 미혼모의 자녀인 경우가 가장 많고, 이들은 입양 전 가정위탁보호를 받고 있는 것으로 나타났다. 이는 유기아동이나 결손가정의 부모에 비해 미혼부모들은 더 이른 시기에 확실하게 입양동의 의사를 보이기 때문인 것으로 보인다.

표 10-8 국내외 입양 발생 유형

<table>
<tr><th rowspan="2">연도</th><th colspan="4">국내입양</th><th colspan="4">국외입양</th></tr>
<tr><th>계</th><th>미혼모 아동</th><th>유기 아동</th><th>결손가정 등</th><th>계</th><th>미혼모 아동</th><th>유기 아동</th><th>결손 가정</th></tr>
<tr><td>2015</td><td>683</td><td>618
(90.5%)</td><td>54
(7.9%)</td><td>11
(1.6%)</td><td>374</td><td>358
(95.7%)</td><td>16
(4.3%)</td><td>–</td></tr>
<tr><td>2016</td><td>546</td><td>481
(88.1%)</td><td>18
(3.3%)</td><td>47
(8.6%)</td><td>334</td><td>327
(97.9%)</td><td>2
(0.6%)</td><td>5
(1.5%)</td></tr>
<tr><td>2017</td><td>465</td><td>417
(89.7%)</td><td>23
(4.9%)</td><td>25
(5.4%)</td><td>398</td><td>397
(99.7%)</td><td>–</td><td>1
(0.3%)</td></tr>
<tr><td>2018</td><td>378</td><td>315
(83.3%)</td><td>47
(12.5%)</td><td>16
(4.2%)</td><td>303</td><td>302
(99.7%)</td><td>1
(0.3%)</td><td>–</td></tr>
<tr><td>2019</td><td>387</td><td>329
(85.0%)</td><td>51
(13.2%)</td><td>7
(1.8%)</td><td>317</td><td>317
(100%)</td><td>–</td><td>–</td></tr>
</table>

출처: 보건복지부 보도자료(2018.5.11.); 보건복지부 보도자료(2020.5.11.).

국내에서 입양을 하는 가정들은 친자가 없는 경우가 대부분이었으나, 점차 유자녀 가정이 입양을 하는 경우가 증가하고 있다. 그리고 표 10-9에서 보는 바와 같이 입양가정의 소득 수준을 살펴보면, 2019년 입양가정 중 47.8% 전년도 도시근로자 가구당 월평균 소득이 120% 이하이며, 52.2%는 전년도 도시근로자 가구당 월평균소득이 120%월 714만 원, 4인 가구 기준 이상이었다(보건복지부, 2020.5.11.). 그리고 홀트아동복지회, 대한사회복지회, 동방사회복지회, 성가정입양원 4개 주요 입양기관 현황에 따르면 2명 이상을 입양한 경우도 2017년 기준 82가정으로 입양가정의 17.6%에 달했다(보건복지부, 2018.5.11.).

표 10-9 국내 입양부모 소득별 친자 유무

경제상황	친자 유무								
	2017			2018			2019		
	계	유	무	계	유	무	계	유	무
계	465	160 (34.4)	305 (65.6)	378 378	149 (39.4)	229 (60.6)	387 387	155 (40.1)	232 (59.9)
기준 중위소득 30% 이하	–	–	–	–	–	–	–	–	–
기준 중위소득 30% 초과~50% 이하	14 (3.0)	9	5	8 (2.1)	7	1	5 (1.3)	2	3
기준 중위소득 50% 초과~전년도 도시근로자 가구당 월평균소득 이하	140 (30.1)	71	69	131 (34.7)	73 73	58	128 (33.1)	63	65
전년도 도시근로자 가구당 월평균 소득 초과~전년도 도시근로자 가구당 월평균소득 120% 이하	70 (15.1)	26	44	51 (13.5)	15	36	52 (13.4)	21	31
전년도 도시근로자 가구당 월평균소득 120% 초과	241 (51.8)	54	187	188 (49.7)	54 54	134	202 (52.2)	69	133

출처: 보건복지부 보도자료(2020.5.11.).

표 10-10 재입양(2명 이상 입양) 현황

구분	계	홀트아동복지회	대한사회복지회	동방사회복지회	성가정입양원
2015	72	19	24	20	9
2016	83	17	33	27	6
2017	82	33	13	28	8

출처: 보건복지부 보도자료(2018.5.11.).

6. 입양아동을 위한 복지사업과 문제점

1) 경제적인 지원

(1) 입양비용 지원

정부에서는 입양 알선에 소요되는 인건비, 아동양육비, 입양 알선절차에 소요되는 비용, 입양기관의 운영비 및 홍보비, 입양철회비용**입양 대상 아동 인수부터 철회 시까지 아동보호 소요비용**, 사후관리 등에 대한 비용을 정부와 지방자치단체에서 지원하고 있다. 이는 입양가정의 경제적 부담을 경감하고, 입양수수료로 인해 아동을 금전으로 매매한다는 부정적 인식을 개선하기 위해서이다. 입양되기까지 아동보호기간에 따라 아동보호에 소요되는 비용과 입양 숙려기간 동안 아동가족에 대한 보호비용도 지급하고 있다. 2020년 현재, 보건복지부 허가기관은 270만 원, 시도 허가기관은 100만 원의 입양비용을 지원하고 있다.

(2) 입양수당 지급

2007년 정부는 국내입양 활성화정책에 따라 입양가정에 입양아동수당을 지급하기 시작하였다. 입양아동수당은 「입양특례법」상 허가를 받은 입양기관에 의해 국내입양된 아동을 대상으로 입양아동이 만 17세가 될 때까지 정기적으로 지급하는 수당이다. 처음에는 월 10만 원씩 지급하다가 2020년 현재 기준, 월 15만 원이 지급되고 있다.

(3) 장애아동 양육보조금 및 의료비 지원

「입양특례법」상 허가를 받은 입양기관에 의해 입양된 장애아동을 국내입양한 가정에는 장애아동 양육보조금을 지급하고 있다. 입양 당시에 「장애인복지법」 제32조제1항에 따라 장애인 등록을 한 아동, 분만 시 조산, 체중 미달, 분만장애, 유전 등으로 인한 질환을 앓고 있는 아동, 입양 당시에는 장애 또는 의료적 문제가 없었으나 선천적 요인 등으로 인해 장애 또는 질환이 발생한 아동, 그리고 기타 양육지원이 필요하다고 인정하는 가정에 입양된 아동을 대상으로 지원하고 있다. 장애아동 양육보조금은 만 18세까지 지원하며, 고등학교 재학 중일 때에는 만 18세를 초과하더라도 졸업 시까지 지원 가능하다. 장애로 인한 질환이 완치된 경우 지급을 중단한다. 양육보조금은 장애의 정도가 심한 장애아의 경우는 627,000원, 장애의 정도가 심하지 않은 장애인 등 그 외 지원대상은 551,000원이 지급된다.

그리고 의료비는 연간 260만 원 한도 내에서 본인이 부담한 진료 · 상담 · 재활 및 치료에 소요되는 비용을 지원한다.

장애아동 양육보조금 및 의료비는 입양아동 양육수당과 동시 지급 가능하다.

(4) 의료급여 지원

입양아동은 만 18세 전까지 의료급여 1종 혜택을 부여하고 있으며, 이는 사전 지원방식과 사후지원방식이 있다. 각 시 · 군 · 구에서는 해당 소재 의료기관에 입양아동의 건강보험증 기재방식 및 의료급여 증명서 발급에 대한 안내를 1년에 1회 이상 실시하여 입양아동이 의료기관 이용 시 불편함이 없도록 해야 하며, 양부모가 입양사실 공개를 원하지 않을 경우, 비밀보장에 각별히 유의하여야 한다.

그리고 만 2세 이상 18세 이하의 심리정서치료비와 검사비를 지원하고 있다. 놀이치료, 미술치료, 인지치료 등 기타 아동의 심리정서 회복을 위한 치료가 필요한 경우 월 20만 원 이내1회로 지원되고, 교통비 월 2만 원 이내로 지원된다.

2) 입양휴가제 실시

정부는 2007년부터 공무원을 대상으로 입양 시에 유급휴가를 사용할 수 있도록 하였다. 2006년 도입 초기에는 14일이었으나, 2010년 20일로 확대하였다. 이는 입양아동과 부모의 심리적 적응을 위한 시간이 필요하다는 취지이다. 입양을 제2의 출산이라고 보는 복지선진국인 스웨덴과 노르웨이 등에서는 출산휴가와 동일한 입양휴가를 주고 있으며, 덴마크는 47주, 벨기에는 15주, 독일과 일본은 14주의 입양휴가제를 실시하고 있다. 생후 바로 입양되지 않는 경우, 아동은 이전의 보호시설의 보육사와 애착관계를 형성하고 있기에 입양부모가 입양아동과 애착을 형성하고 입양아동이 입양가정에 적응하기 위해서는 더 많은 시간과 노력이 요구되므로 입양휴가가 더 절실하다고 할 수 있다(안재진, 2011). 정부는 현재 공무원을 대상으로 제한적으로 실시되고 있는 입양휴가제를 향후 일반기업체를 포함한 전체근로자로 확대할 계획이다.

3) 사전교육 및 사후서비스 지원

입양을 희망하는 부모와 가정에 대한 자격과 가정환경조사는 서류와 입양기관의 복지사 등을 통해 충분히 면담 조사되고 있다. 이후 입양기관에서는 입양에 대한 신중한 결정과 입양가정의 안정된 적응을 위해서 소정의 사전교육을 제공한다. 교육내용은 입양과 파양의 요건 · 절차 및 효과, 입양가정 지원에 관한 정보, 자녀의 양육방법, 입양아동의 심리 및 정서에 대한 정보, 입양 사후서비스에 대한 정보 등이다. 그러나 입양 후 적응에 다소 어려움을 보이는 연장아에 대한 내용은 거의 없어, 연장아를 입양하는 가정에서의 어려움을 조력하고, 이들이 학대 가능성을 낮추기 위한 교육도 필요하다.

입양은 입양절차가 끝나고 입양 효력이 발생하는 순간부터 시작이라고 할 수 있다. 입양기관은 양부모와 아동이 서로를 잘 이해하도록 조력하고 가족을 강화하는데 그 목적을 두고 1년간 사후관리를 의무화하고 있다. 이렇게 기관입양의 경우 1년에 4번 사회복지사 등이 불시에 가정을 방문해 아동상태 등을 점검하고 입양가정에 문제에 대해 상담이나 지원을 받을 수 있다. 그러나 민간입양의 경우 법원의 사후관리가 의무도 아닐 뿐더러 거의 이루어지지 않고 있어 아동학대와 가정불화 예방과 해결을 위한 사후지원이 거의 없다고 할 수 있다.

국내 · 외 입양인을 위한 사후서비스 사업은 2010년 복지부, 외교부, 문광부, 행안부 4개 부처가 추진해 온 '국외입양인 사후서비스 사업'을 복지부로 이관하였고, 2012년부터는 국내입양인까지 그 대상을 확대하였다. 그리고 2014년부터는 아동권리보장원 위탁사업으로 전환하였다. 사후서비스 지원사업은 국외입양인의 모국방문 및 정착한국문화 체험, 입양인 및 입양가족 자조모임 지원, 한국어 교육, 시민권 미취득 입양인 지원, 모국 방문 및 모국어 연수, 모국생활 지원 등, 국내입양인의 입양 후 양부모와 상호적응을 위한 입양 사후서비스 프로그램 지원입양가족교육 및 심리상담 지원, 연장아 등 특수욕구 입양가족 지원, 입양가족 자조모임 지원, 고위험위기 입양가정 지원 등 등이다.

4) 입양 인식 개선활동

정부에서는 2006년부터 5월 11일을 입양의 날로 제정하였고 입양의 날부터 일주일간을 입양주간으로 정하였다. 매년 5월 11일 입양의 날 행사를 통해 입양에 대한 사회적 관심을 유도하고 건전한 입양문화를 정착하고자 한다. 보건복지부에서는 매년 국내입양 활성화를 위하여 기여한 유공자를 발굴하여 포상 격려한다. 포상은 국민훈장, 대통령표창, 국무총리표창, 장관표창 등이 있다. 그리고 입양슬로건 및 우리가족 그림그리기 대회 공모전을 개최하는 등 입양아동의 권익향상과 입양에 대한 긍정적인 이미지를 제고하고자 한다.

또 유명인들은 공개입양을 하여 입양에 대한 부정적 사회인식을 개선하고, 모범적 입양가정에 대한 사례를 홍보하여 입양가정에 대한 편견을 불식하는 노력을 하고 있다.

5) 입양숙려제

입양숙려제는 피치 못할 사정으로 입양을 고려할 때, 친생부모는 아동 최선의 이익을 위해 원가정 보호를 우선적으로 고려할 수 있도록 아동의 출생 후 1주일의 숙려기간을 두는 것이다. 즉, "입양동의는 아동의 출생일로부터 1주일이 지난 후에 이루어지도록"입양특례법 제13조제1항 2011년 「영유아보육법」이 개정되면서 도입되었다.

이 제도는 미혼 또는 이혼 한부모가 출산 전·후 정서적으로 불안정한 상태로 자녀의 입양에 동의하는 것을 방지하고 입양과 양육에 대해 충분히 생각해 볼 시간을 가지게 하는 데 그 의의가 있다. 즉, 친생부모가 출산 후, 아동과 일정 시간1주일을 보내면서 아동과 부모 자신의 미래에 대해 숙고하고 입양 또는 양육의 결정이 옳은지에 대해 다시 한 번 생각할 수 있는 시간을 확보하는 것이다. 이에 정부에서는 입양 숙려기간 동안 모자지원사업을 통해 출산 후 아이와 함께할 거처가 없거나 혼자 아이를 양육하기 어려운 미혼 한부모와 아동을 지원하는 입양 숙려기간 모자지원사업을 하고 있다. 입양 숙려기간 모자지원사업의 대상은 출산예정일로부터 40일 전 또는 출산 후 7일 이내에 입양 동의 사실이 없는 출산 예정 또는 출산한 그리고 혼인관계증명서상 혼인관계가 없는 미혼 또는 이혼한 한부모와 아동이다.

숙려기간 모자지원사업은 가정 내 보호 지원, 미혼모 가족복지시설 내 입소자 지원, 산후조리원 보호 지원으로 나뉘어 지원된다. 산후지원인력 인건비와 아동생필품비 등이 지원되며 최대 70만 원이 지원된다. 이 지원금은 온라인 신청이 불가능하며 직접 관할 시 · 군 · 구청을 방문하여 신청하여야 한다. 또한 이는 산모 · 신생아건강관리지원사업, 해산급여 등 출산후 돌봄지원 관련 유사사업과 중복지원되지 않는다.

6) 입양기록 전산화 및 입양정보공개청구제도

입양기관의 장은 입양아동과 가족에 관한 정보를 보건복지부령으로 정하는 바에 따라 아동권리보장원에 제공하여야 하고, 아동권리보장원은 입양기관으로부터 입양아동과 가족정보 및 친가족 찾기에 필요한 입양정보를 제공받아 입양정보통합관리시스템ACMS을 활용하여 국가차원에서 입양정보를 보존하고 입양정보공개와 가족찾기 등 국내외 사후 서비스를 제공하고 있다.

국가기관, 즉 아동권리보장원과 입양기관은 입양인이 입양 관련 정보의 전부 또는 일부 공개를 청구하면 이에 관한 정보를 투명하게 공개하여 입양인의 알 권리를 보장하고 출생배경 정보 획득을 통한 입양인의 정체성 확립을 조력하고 있다. 이것이 입양정보공개청구제도이다. 아동권리보장원과 입양기관은 입양인의 권익을 보호하면서 친생부모의 정보보호도 고려해야 하며친생부모의 입양정보공개 동의 여부 확인, 이들은 '입양정보통합관리시스템'을 활용하여 정보를 제공하도록 하고 있다. 문서 및 파일의 원본은 기관 내 열람만 가능하고 외부로 유출되지 않도록 하며, 담당 사회복지사의 동의없이 사진 및 비디오 촬영은 불가하다.

7. 우리나라 입양정책의 과제

1) 입양 대상자 발생 예방

보호를 필요로 하는 아동이 발생하면 아동의 이익을 최선으로 하는 입양서비스도 중요하지만 무엇보다도 입양 대상 아동이 발생하지 않도록 미연에 방지하는 것이 더욱 중요하다(한미현 외, 2014). 우리나라 입양 대상 아동의 주요 발생 원인과 입양되고 있는 아동의 친부모의 대부분이 미혼모라는 점을 고려하면, 미혼모 발생을 방지하고, 미혼모가 자녀를 직접 양육할 수 있는 복지제도가 마련되어야 한다. 최근 성윤리와 가치가 급격하게 변화됨에 따라 미혼모의 수도 증가하였고, 미혼모의 연령도 낮아지고 있는 추세이다. 십대 미혼모의 발생을 예방하기 위해서는 청소년기에 올바르고 실제적인 성교육 및 피임교육이 이루어져야 할 것이다. 그리고 미혼모가 직접 자녀를 양육하려는 경향이 늘어가고 있지만 사회적 편견과 지원 미흡으로 양육을 포기한다(한미현 외, 2014). 미혼모들이 자녀를 스스로 양육할 수 있도록 정부가 지원하는 것에 대해 고려해야 할 필요가 있다, 따라서 미혼모가정의 양육환경을 개선하고 이들의 자립기반을 마련할 수 있는 정책적 노력이 있어야 할 것이다.

2) 입양문화 개선

국내에서 이루어지는 입양은 혈연 중심의 가족주의 가치관과 입양에 대한 부정적 인식 때문에 건강한 신생아 중심으로 비밀리에 이루어지고 있다. 강한 혈연의식은 아버지와 혈연으로 맺어지지 않은 자녀에게 가계계승이나 자녀로서의 정당성에 의문을 제기하고, 입양 사실이 밝혀지면 입양된 자녀는 자녀로서의 정당한 대우를 받지 못하는 경우가 많아 국내의 입양부고들은 대부분 비밀입양을 하게 되고, 특히 불임여성의 경우 이름 모를 미혼모가 낳은 신생아를 자신이 출산한 것처럼 주변에 알리는 경우가 많아서(정옥분 외, 2013) 우리나라에서는 3개월 미만의 장애를 가지지 않은 여자 신생아를 비밀리에 선별적으로 입양하고 있다. 이런 경향은 장애아, 연장아, 남아들의 국내입양이 해외입양에 비해 저조하게 하고 있다. 이는 입양이 아동의 권익을 최선으로 하기보다는 여전히 가계를 위해, 그리고 입양부모의 만족을 위해 이루어진다고 할 수 있다.

비밀입양의 경우 공식적인 입양기관을 통한 입양이 아닌 불법입양인 경우가 많이 있다. 이는 「입양특례법」에 의한 입양이라기보다 「민법」에서의 입양이라고 할 수 있다. 기관을 통한 입양이 아닌 민간을 통한 이용은 아동의 착취 및 학대와 연계될 수 있다. 최근 입양으로 아파트 다자녀 특별공급 혜택을 받고 파양해도 법적인 책임이 없는지 묻는 글이 온라인상에 올라오기도 하였고(머니투데이, 2016.3.29.), 갓난 아기를 불법입양해 보험사기에 이용한 일가족이 법적 처벌을 받는 경우(연합뉴스, 2013.12.23)도 있었다. 그리고 개인 간의 합의로 입양된 아이들은 입양기관을 통해 입양된 아이들에 비해 더욱 많은 수의 아이들이 양부모에 의해 쉽게 파양되는 것으로 나타났다. 특히 2014년에서 2015년까지 전문기관을 통해 입양됐다가 되돌아온 사례는 총 3건에 블과했다는 점이다(Chosun.com, 2016.10.11.).

국내입양을 활성화하려면 무엇보다도 입양에 대한 국민의 의식과 태도가 전환되어야 한다(한미현 외, 2014). 이를 위해서는 TV, 라디오, 인터넷 등의 다양한 매체를 통한 홍보활동이 적극적으로 전개되어야 한다. 그리고 어렸을 때부터 입양가족도 가족의 한 종류라는 것을 자연스럽게 받아들일 수 있도록 유아들의 그림책이나 교과서에서도 입양에 대한 논의가 꾸준히 다양하게 이루어져야 할 것이다.

3) 사후관리서비스 강화

입양후 사후관리서비스는 「입양특례법」 제25조제1항에 의해 가정법원의 입양허가 친양자 입양신고일로부터 1년 동안 입양기관의 담당자가 양친과 양자의 상호 적응상태에 관하여 관찰하고 필요한 서비스를 제공함으로써 아동의 입양가정에 적응을 지원하도록 되어 있다. 입양기관 종사자는 1년 이내에 4회 이상 사후관리보고서를 작성하도록 되어 있는데, 이 중 최소한 2번은 가정방문 후 보고서를 작성하도록 되어 있다. 입양은 입양의 직접적인 가담자에게 영속적인 과정으로, 입양부모와 입양아뿐 아니라 입양가정과 그 친척들까지도 영향을 미치는 부분이므로, 이들의 안정된 적응과 건강한 가정생활적응을 위하여 보다 지속적이고, 실효를 거둘 수 있는 지원체계가 요구된다.

특히 국외입양자의 경우, 보다 적극적으로 한국 입양아동에 특화된 사후관리가 이루어져야 할 것이다. 현재 국외입양인을 위한 사후서비스는 양자와 양친 간의 적응상태를 국내입양과 마찬가지로 1년간 4회 이상 보고하도록 되어 있으며, 한국역사 · 문화 등과 관련된 양부모 교육, 한인 입양가정과의 네트워킹 또는 멘토링 프로그램 운영하고 입양가족이 입양아동의 시민권을 취득할 수 있도록 지원하고 있다. 2019년 출범한 아동권리보장원에서는 입양인의 친생부모찾기 서비스, 모국 방문 및 모국어 연수 지원, 국적 회복 지원, 국외입양인 상담 등을 국내 입양기관 및 국외 현지 입양인 단체들과 함께 입양사후관리를 위한 업무를 진행하고 있다. 그러나 기존의 해외입양, 즉 비자발적 국제이주 아동들의 경우 최소한의 안전권이 확보되지 않는 조건들이 발생하였다. 1953년부터 2017년까지 한국에서 해외로 입양된 165,305명 중 국적 취득 미확인자는 26,822명이며, 이들 중 미국으로 입양된 이들은 19,429명이다(프레시안, 2019.11.5.). 이는 미국과 한국의 허술한 국제입양 관련 법 때문에 기인한 일이며, 미국으로 입양된 입양인들중 미국 국적 취득 여부가 확인되지 않은 입양인은 전체 한인 입양인의 약 18%에 이른다(프레시안, 2019.11.5.). 이는 과거 우리나라의 국외입양의 사후관리에 대한 문제로 우리 정부는 이에 대한 철저한 진상규명과 해결을 위한 노력을 해야할 것이다.

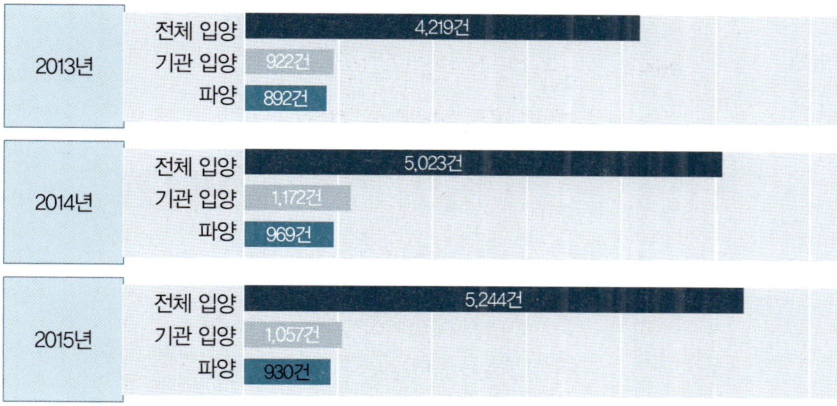

그림 10-5 입양과 파양 현황

출처: Chosun.com(2016.10.11.)

4) 가정위탁보호서비스 확대

가정위탁보호는 아동이 자신의 가정에서 양육될 수 없을 때 대리가정에서 계획된 일정기간 동안 주어지는 아동복지 서비스의 하나이다(한미현, 2014). 여전히 혈연 중심 가치가 팽배한 우리나라 실정에서 입양의 사전단계로서 위탁양육 프로그램 활성화를 제안하고 있다. 가정위탁보호서비스는 혈연관계가 없는 아동과 법적인 가족이 된다는 부담감을 가지지 않고 아동을 보호 · 양육하면서 아동과 정을 쌓을 수 있게 하고, 이들과 가족이 됨을 자연스럽게 받아들일 수 있게 한다. 입양에 대한 개방성이 비교적 높은 미국과 같은 나라에서도 입양에 대한 부담을 덜고자 일단 위탁양육을 경험하는 경우가 많다고 한다. 미국 통계에 의하면 2003년 공적 입양기관을 통하여 입양된 아동의 62%가 위탁부모에 의해서 이루어졌다(AFCARS, 2005; 한미현 외, 2014 재인용). 따라서 가정위탁 서비스를 활성화하고 정착될 수 있도록 위탁가정 서비스에 많은 사람들이 참여할 수 있도록 가정위탁서비스에 대한 홍보를 활성화하고, 이에 지급되는 양육보조금도 현실화할 필요가 있다.

그림 10-6 입양의 날 기념행사 포스터

출처: 보건복지부(2020.5.11).

추천 영화 및 도서

영화

주노(Uuno)

- 감독 : 제이슨 라이트만
- 주연 : 엘렌 페이지, 마이클 세라, 제니퍼 가너, 제이슨 메이트먼
- 개봉 : 2008. 2.
- 줄거리 : 교내 밴드에서 기타를 치고, 하드코어 락과 공포영화를 좋아하는 주노는 친한 친구 블리커와 첫 성경험을 하게 되고, 아이를 가지게 되었다. 주노는 차마 수술은 하지 못하고, 벼룩신문 등에서 아이를 잘 키워줄 입양부모를 찾기 시작한다.

블라인드 사이드(The Blind Side)

- 감독 : 존리 행콕
- 주연 : 산드라 블록, 팀 맥그로, 퀸튼 아론, 제이헤드
- 개봉 : 2010. 4.
- 줄거리 : 어린 시절 약물중독인 엄마와 헤어진 후 여러 가정을 전전하던 마이클은 건장한 체격과 운동신경으로 미식축구로 상류 사립학교로 전학하게 되지만, 이전 학교에서의 성적 미달로 더 이상 운동을 할 수 없게 된다. 우연히 이런 마이클을 만나게 된 리앤은 갈 곳 없는 마이클을 보살피고, 가족으로 받아들이게 된다.

트윈스터즈(Twinsters)

- 감독 : 서맨사 푸터먼, 라이언 미야모토
- 주연 : 서맨사 푸터먼, 아나이스 보르디에
- 개봉 : 2016. 3.
- 줄거리 : 2013년 창립 10주년을 맞은 페이스북이 이용자들이 감동이야기를 선정하였는데, 그 중 사만다와 아나이스가 페이스북을 통해 25년만에 재회한 사건을 영화한 것이다. 태어나자마자 미국과 프랑스로 입양되어 서로의 존재를 모른채 살아가던 쌍둥이 자매가 우연히 페이스북과 유튜브를 통해 재회하게 된다.

도서

사랑이 톡톡

- 지은이 : 정석영
- 출판사 : 밥북
- 출간일 : 2018. 5.
- 줄거리 : 건강한 입양가족 모임이 기획한 입양동화 시리즈로 아이가 입양을 통해 가족이 되는 과정을 아이의 시점에서 그려내는 내용이다.

아빠 왜 이제 왔어요

- 지은이 : 김종엽, 김정남
- 출판사 : 더 클
- 출간일 : 2018. 4.
- 줄거리 : 두 아이를 입양한 공무원 부부가 입양 후 10년간의 생활과 느낀 점을 일기형식으로 기록한 책이며, 입양을 준비하는 예비부모들에게 현실적인 조언을 한다.

가족이 되었어요

- 지은이 : 임정진
- 출판사 : 중앙입양원
- 출간일 : 2017.
- 줄거리 : 까끌이와 푸실이는 높은 곳을 오르는 곳을 좋아하는 친구이다. 어느날 두 친구가 높은 곳을 오르다 다치게 되는데 까끌이의 가족은 병원에 오지만 푸실이는 돌봐줄 사람이 없다. 까끌이의 부모는 푸실이를 집에 데려오고, 푸실이는 까글이 가족과 금세 정이 든다.

본 장을 정리하며 : 생각수업 2

베이비박스를 아시나요?

베이비박스는 아이를 키울 수 없게 된 부모들이 아기를 안전하게 두고 갈 수 있도록 만들어진 상자이다. 이는 길거리나 화장실 등에 아이들이 버려져서 생명을 잃을 것을 염려하여 영유아들의 생명을 구하고자 만들어진 것이다. 베이비 박스는 호주, 벨기에, 헝가리, 일본 등에서 운영되고 있으며, 우리나라에도 서울에 주사랑공동체 교회에서 2009년부터 운영하고 오고 있으며, 군포시 새가나안교회에서 두 번째 베이비박스를 운영하고 있다.

베이비박스는 영유아의 생명을 구하는 긴급구호의 일종으르 운영되고 있으나, 한편으로는 베이비박스가 아이를 안전하게 버릴 수 있는 환경이 되어 영아 유기를 조장한다는 우려의 시선도 있다. 2011년 유엔아동권리위원회는 베이비박스가 아동의 친부모와의 관계 유지를 어렵게 만든다는 점에서 베이비박스의 철거를 권고한 바도 있다.

2012년 「입양특례법」이 시행된 이후, 베이비박스를 통해 들어오는 영유아들이 증가하였는데, 이는 「입양특례법」상에 입양을 하기 위해서는 출생신고를 의무화하기 때문이다. 그래서 출생신고를 하지 못한 미혼모들의 아기들은 입양기관으로 갈 수 없어서 베이비박스에 더 많이 버려지고 있다는 것이다.

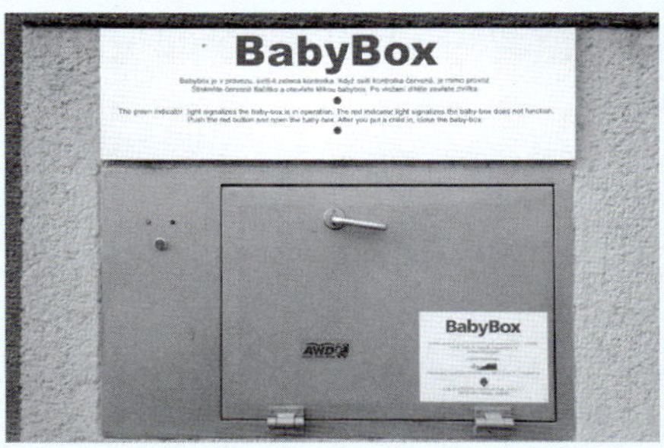

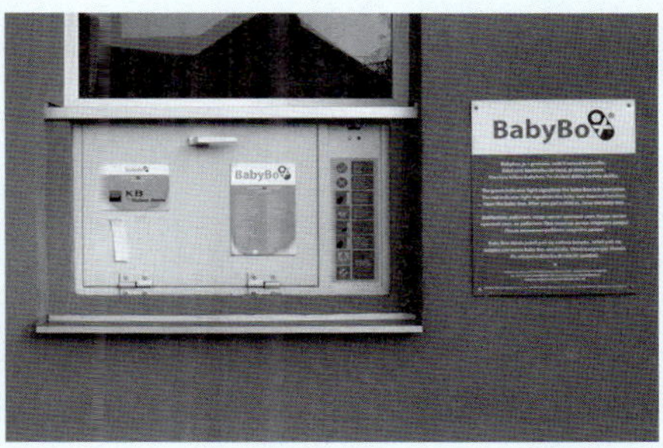

◆ 베이비박스 운영을 어떻게 해야 할까? 같이 생각해 봅시다.

참고문헌

김선경(2005). 국내입양제도의 개선방안. 동아대학교 사회복지대학원 석사학위논문.

김명숙(1998). 국내입양실태와 관련된 입양사회연구. 서강대학교 대학원 석사학위논문.

김명희(2006). **아동복지론**. 서울: 교문사.

김주수, 김상용(2008). **친족상속법** 제9판. 서울: 법문사.

머니투데이(2016.3.29.). 입양 뒤 다자녀 분양혜택 받고 파양해도…"사후 검증 없다" (http://www.mt.co.kr)

문선화, 구차순, 박미정, 김현옥(2005). **한국사회와 아동복지**. 서울: 양서원.

박순호(2007). 한국입양아의 유럽내 공간적 분포 특성. **한국지역지리학회지, 13**(6), 695-711.

배태순(1998). 국내입양발전을 위한 입양 관련 프로그램 개발 및 입양법 개정 제안. **한국아동복지학, 7**, 127-155.

보건복지가족부(2009). 아동복지사업안내.

보건복지부 보도자료(2018.5.11.).

보건복지부 보도자료(2019. 5.10.).

보건복지부 보도자료(2020.5.11.).

보건복지부(2020). 2020 입양업무 메뉴얼.

서강훈(2013). **사회복지 용어사전**. 경기: 아담북스.

세계일보(2016.8.2.). 입양 한인 권익 강화한다더니…뒷방 처박힌 '헤이그 협약". http://www.segye.com

안재진(2011). 국내법에 나타난 입양제도의 변천과정 분석: 아동권리의 관점에서. **한국가족복지학, 16**(4), 71-95.

연합뉴스(2013.5.24.). 진영 복지부 장관, 헤이그국제아동입양협약 서명. http://www.yonhapnews.co.kr

연합뉴스(2013.12.23.). 갓난아기 불법 입양해 보험사기, 일가족 붙잡혀. http://www.yonhapnews.co.kr

윤진숙(2014). 현행 입양특례법에 대한 소고-미국 입양법과 비교를 통한 미혼모와 입양아의 인권 보호. **법학연구, 24**(4), 159-184.

이순형, 민하영, 이소은, 이완정, 황혜신, 이강이, 이영미, 이혜승, 한유진, 이옥경, 권혜진, 성미영(2008). **아동복지-이론과 실천**. 서울: 학지사.

프레시안(2019.11.5.). 미국입양된 '무국적 한국인' 2만명 구제 법안 통과될까. https://www.pressian.com/pages/articles/263813?no=263813&utm_source=daum&utm_medium=search

정옥분, 정순화, 손화희, 김경은(2013). **아동복지론**. 서울: 학지사.

주정일, 이소희(1985). **아동복지학**. 서울: 교문사.

한미현, 문혁준, 강희경, 공인숙, 김상희, 안선희, 안효진, 양성은, 이경열, 이경옥, 이진숙, 천희영(2014). **아동복지**. 서울: 창지사.

한승희(2011). 한국의 해외입양에 관한 연구. 해외입양 관련 국제 협약을 중심으로. 숙명여자대학교 국제관계대학원 석사학위논문.

허명숙(2003). 공개입양 활성화를 위한 국내입양제도 개선방안: 민법과 입양촉진 및 절차에 관한 특례법을 중심으로. 부산대학교 행정대학원 석사학위논문.

현암편집부(2015). **법률용어사전**. 서울: 현암사.

Barth, R. P. (1999). Risks and rates of disruption. In W. Pierce & C. Maeshner(Eds.), *Adoption factbook 3*(pp.381-392). Washington, D.C. : National Committee on Adoption.

Chosun.com(2016.10.11.). '가슴으로 낳은' 입양아들에게 왜 이런 일이.... http://www.Chosun.com

국가지표체계 http://www.index.go.kr

보건복지부 통계포털 http://stat.mohw.go.kr

입양특례법(시행 2015.5.18.) http://www.law.go.kr

Chapter

11

사회적 아동 보호서비스

미혼부 자녀 아동양육비 신청이 가능해졌다!

2015년 '가족관계등록 등에 관한 법률' 개정 이후 미혼부도 일정한 요건을 충족할 경우 가정법원의 확인으로 자녀의 출생신고가 가능해졌으나, 미혼부의 출생신고가 쉽지 않으며, 출생신고가 없으면 한부모가족으로 인정되지 않아 한부모가족 아동양육비를 받지 못하는 등 복지 사각지대에 놓여있었다.

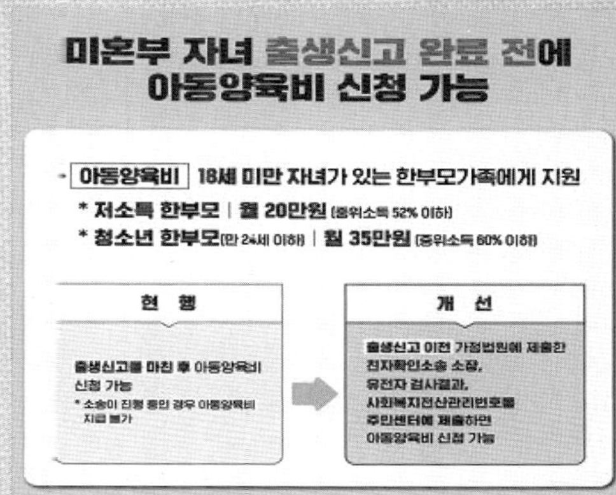

변화된 미혼부 아동양육비 신청

출처: 여성가족부(2020).

그러나 2020년 8월부터 미혼부는 자녀의 출생신고 이전에도 가정법원에 제출한 '친생자 출생신고 확인신청서(소장 사본)', '유전자 검사결과' 및 '사회복지전산관리번호'를 주민센터에 제출하면 신청한 시점까지 소급하여 아동양육비를 받을 수 있다. 저소득 한부모에게 월 20만 원(중위소득 52%), 청소년 한부모에게는 월 35만 원(만 24세 이하)을 지급하고 있다. 이번 제도 개선으로 출생신고 전에도 한부모가족 아동양육비를 지급하고 건강보험 적용기간을 확대하는 등 미혼부의 자녀양육 부담을 덜어주어 안정적으로 자녀를 키울 수 있는 환경을 마련하게 되었다.

여성가족부는 또한 자녀출생신고 소송으로 어려움을 겪고 있는 미혼부에게 법률 상담과 유전자 검사비용 지원 등 다양한 지원을 하고 있다(문의: 더한법률구조공단 132, 한부모가족 상담전화 1644-6621)(여성가족부, 2020).

◆ 미혼부의 자녀양육 환경을 긍정적 부정적 관점에서 자유롭게 생각해 봅시다.

Chapter 11

시설보호사업은 혈연적으로 관련이 없는 아동들이 24시간 동안 보호서비스를 받는 아동복지 사업이다. 그동안 시설보호사업은 수차례 개정되어 오면서 2000년대 이후 시설보호사업의 기본 방침은 소규모 가정단위의 보호방식으로 변화되고 있다.

가정위탁사업은 「아동복지법」에 기초하여 부모의 별거 및 이혼, 질병, 학대 등으로 인하여 보호자가 일시적으로 또는 장기적으로 아동을 양육할 수 없거나 양육환경이 적합하지 못할 때 일정한 기간 동안 아동을 대리 양육하는 아동복지서비스이다.

본 장에서는 시설보호아동 및 가정위탁아동에 대한 이해를 토대로 하고 시설보호사업과 가정위탁사업 현황 및 서비스 지원체계에 대해 살펴보도록 한다.

1. 시설보호의 개념 및 현황

1) 기본 개념

(1) 시설보호의 개념

시설보호institutional care는 지역보호community care 내지 재가보호home care에 대비되는 개념으로 복지욕구를 가진 사람을 시설에서 보호·양육하는 것이다. 따라서 아동복지시설에서의 시설보호는 혈연관계가 없는 타인이 부모역할을 대리하여 일시적 또는 장기적으로 24시간 여러 아동들과 함께 사회적으로 보호하는 시설의 보호서비스이다(Kadushin & Martin, 1988)

시설보호의 목적은 선진국과 마찬가지로 과거에는 주로 고아들을 집단으로 장기간 보호하되 단순히 수용하고 보호하는 수준에 그쳤다. 그러나 현대사회의 시설보호는 단순보호가 아닌 아동의 문제를 분석하고 적절한 해결책 혹은 치료 등으로 아동문제를 근본적으로 해결하려는 목적과 내용으로 전환되고 있다(임종운, 2002). 이에 대해 미국아동복지연맹(CWLA, 2004)에 따르면 치료 공동체인 주거시설이 대안가정으로서 자신의 원 가정에서 양육 받지 못하는 아동을 24시간 보호하며 아동을 개별화하여 치료서비스, 교육서비스, 집단보호서비스를 제공하는 서비스로 설명되고 있다(김성경, 김혜영, 최현미, 2013).

아동복지 보장수준에서 친가정이 제1차 방어선, 대리가정이 제2차 방어선의 역할을 한다고 보면, 시설보호는 제3차 방어선의 역할, 즉 아동의 생활권을 보장하는 최후의 역할을 수행하게 된다. 한편, 이러한 시설보호는 아동의 생활권 보장이라는 점에서 의의는 있으나, 성장기 아동을 집단수용으로 보호한다는 점에서 아동의 인권뿐만 아니라 성장발달 및 복지상의 효과성에 대한 논의가 끊임없이 제기되기도 한다. 따라서 오늘날 위탁가정 또는 입양과 같이 대리보호를 권장하고 있지만 아직도 그 비중은 크게 줄어들지 못하고 있는 실정이다. 시설보호를 통해 보호아동은 기본적 욕구충족과 사회화 및 교육 등과 같은 지도를 받고, 나아가 자립을 도모할 수 있는 능력을 키울 수 있다(주수길, 성상곤, 주명국, 2016).

(2) 시설보호아동의 개념

① 보호가 필요한 아동 발생

우리나라는 해마다 다양한 원인에 의해 보호대상아동이 발생한다. 2018년 한 해만 4,538명의 보호대상 아동이 발생했다. 이들 아동의 약 86% 이상이 아동양육시설이나 위탁가정과 같은 가정 외 보호체계로 보호조치된다(김선숙, 박호준, 2020).

보호가 필요한 아동이 발생하는 경우는 다양하며 다음 4가지 상황을 우선으로 한다.

첫째, 시·도지사 또는 시장·군수·구청장은 보호가 필요한 아동을 발견하거나 보호자의 의뢰를 받은 때에는 아동복지심의위원회 심의를 거쳐 필요한 보호조치를 해야 한다(아동복지법 제15조제1항). 둘째, 보호가 필요한 아동이 발견되어 아동과 보호자에 대한 상담·지도, 보호자 가정 복귀, 연고자 가정 대리양육, 가정위탁 등에 의한 가정보호가 어렵거나 적합하지 않으면 시설 보호대상아동이 된다(아동분야 사업안내 1, 2020).

① 아동발견 또는 보호자 의뢰 → ② 아동과 보호자 상담 · 지도 → ③ 보호자 가정 복귀 또는 연고자 가정에 대리양육 → ④ 아동 보호 희망 가정에 위탁 → ⑤ 적합한 아동복지시설 입소, 전문치료기관 · 요양소 입원 · 입소

셋째, 관할 구역 안에서 약물 및 알코올 중독, 정서·행동·발달장애 등의 문제를 일으킬 가능성이 있는 아동의 가정에 대하여는 예방차원의 적절한 보호조치를 강구한다(법 제15조제6항). 넷째, 유기아동 등 성본 미창설 아동을 발견한 경우에는 아동 소재지**보호시설 소재지** 시·군·구 아동복지담당은 아동을 보호 한 후 즉시 성본 미창설 아동에 대한 성본 창설 절차 및 후견인 지정 등 보호절차를 진행한다(아동분야 사업안내 1, 2020).

② 보호대상아동(아동복지법 제3조)

보호대상아동이란 보호가 필요한 아동 발생을 배경으로 하여 보호자가 없거나 보호자로부터 이탈된 아동 또는 보호자가 아동을 학대하는 경우 등 그 보호자가 아동을 양육하기에 적당하지 아니하거나 양육할 능력이 없는 경우의 아동을 말한다(아동복지법, 2020).

단, 보호조치가 고려되어야 할 사항이 있다. 시 · 도지사 또는 시장 · 군수 · 구청장은 보호조치를 하려는 경우 보호대상아동의 개별 보호 · 관리 계획을 세워 보호하여야 하며, 그 계획을 수립할 때는 해당 보호대상아동의 보호자를 참여시킬 수 있다(법 제15조제3항).

2) 시설보호의 특성

(1) 시설보호서비스의 목적과 원리

시설보호서비스의 목적에 대해 장인협과 오정수(2001)는 다음 세 가지로 설명하였다. 첫째, 아동의 건강한 성장과 발달 지원, 둘째, 과거 부정적 경험으로 인한 문제치료 및 변화, 셋째, 아동의 인격발달이나 기능에 장애를 가져오게 한 사회 · 정서적 문제치료이다. 이러한 목적을 달성하기 위해 미국 아동복지연맹(CWLA, 2004)에서는 다음 여섯 가지 원리를 제시하였다. 시설보호의 원리는 질적으로 우수한 서비스를 제공하기 위한 아동복지의 방향성을 나타낸다(김성경, 김혜영, 최현미, 2013).

- 시설보호서비스는 반드시 아동의 가정 진단 후에 제공한다. 시설보호서비스의 결정에 앞서 가정을 유지하기 위한 충분한 노력이 있어야 하며, 시설보호서비스의 결정은 전문가에 의해 이루어져야 한다.
- 시설보호서비스는 안전하고 양육적 · 보호적이며, 치료적인 환경에서 제공되어야 한다. 즉, 시설에서 아동의 개별화된 욕구인 교육적 · 발달적 · 의료적 · 정서적 욕구가 충족될 수 있어야 한다.
- 아동을 시설에 위탁할 수밖에 없었던 친부모의 문제를 해결하는 데 지원하며, 친부모의 강점을 강화시키는 데 지원한다.
- 가족의 재결합을 위해 아동과 부모관계를 회복시키는 데 지원한다.
- 아동과 원 가족의 재결합이 불가능한 경우에는 대안으로 장기간 시설보호보다는 아동의 입양 등 새로운 가족을 찾도록 노력한다.
- 연장아동의 경우 앞으로 자립생활을 할 수 있도록 경제적 · 정서적 · 사회

적 지원을 통해 시설퇴소를 준비하도록 한다.

(2) 시설보호의 서비스 사업

아동의 시설보호서비스는 아동복지서비스 체계에서의 위치를 보면, 가정 외 보호서비스out-of-home care service의 일부이다. 오늘날 시설에서 보호받는 아동의 대부분은 단순히 수용하는 차원을 넘어 아동의 성장과 발달을 지원하고 모색하는 것을 목적으로 하여 소규모집단 보호를 중점으로 사업이 전개되고 있다(정미현, 김태동, 박주현, 전영록, 2015).

① 아동복지시설의 종류

우리나라에서 아동을 보호하는 대표적인 시설은 아동양육시설이다. 과거에 아동양육시설은 '고아원' 또는 '보육원'이라 하였는데, 2000년 「아동복지법」이 개정되면서 아동양육시설로 통합하였다. 과거에는 사회적 보호가 필요한 아동 발생 시 가정위탁보호나 입양보다는 시설보호에 배치되는 비율이 상대적으로 높았다. 그러나 최근 들어 시설보다는 가정에서 아동을 양육하는 것이 바람직하다는 인식이 확산됨에 따라 시설보호로 배치되는 아동의 비율이 점차 감소하는 추세이기는 하지만 아직도 그 비중은 크게 줄어들고 있지 못한 실정이다.

제27조의3 중 "보장원 또는 아동보호전문기관의 직원"을 "아동학대전담공무원"으로 한다.

「아동복지법」 제52조 아동복지시설의 종류는 다음과 같다(개정 2016.3.22., 2017.10.24., 2019.1.15.).

표 11-1 아동복지시설의 종류와 내용

유형	시설기능
아동양육시설	보호대상아동을 입소시켜 보호, 양육 및 취업훈련, 자립 지원서비스 등을 제공하는 것을 목적으로 하는 시설
아동 일시보호시설	보호대상아동을 일시보호하고 아동에 대한 향후의 양육대책 수립 및 보호조치를 행하는 것을 목적으로 하는 시설

유형	시설기능
아동 보호치료시설	• 불량행위를 하거나 불량행위를 할 우려가 있는 아동으로서 보호자가 없거나 친권자나 후견인이 입소를 신청한 아동 또는 가정법원, 지방법원소년부 지원에서 보호위탁된 19세 미만인 사람을 입소시켜 치료와 선도를 통하여 건전한 사회인으로 육성하는 것을 목적으로 하는 시설 • 정서적 · 행동적 장애로 인하여 어려움을 겪고 있는 아동 또는 학대로 인하여 부모로부터 일시 격리되어 치료받을 필요가 있는 아동을 보호 · 치료하는 시설
공동생활가정	보호 대상 아동에게 가정과 같은 주거여건과 보호, 양육, 자립 지원서비스를 제공하는 것을 목적으로 하는 시설
자립 지원 시설	아동복지시설에서 퇴소한 자에게 취업기간 또는 취업 후 일정기간 보호함으로써 자립을 지원하는 것을 목적으로 하는 시설
아동상담소	아동과 그 가족의 문제에 관한 상담, 치료, 예방 및 연구 등을 목적으로 하는 시설
아동전용시설	어린이공원, 어린이놀이터, 아동회관, 체육 · 연극 · 영화 · 과학실험전시시설, 아동휴게숙박시설, 야영장 등 아동에게 건전한 놀이 · 오락, 그 밖의 각종 편의를 제공하여 심신의 건강유지와 복지 증진에 필요한 서비스를 제공하는 것을 목적으로 하는 시설
지역아동센터	지역사회아동의 보호 · 교육, 건전한 놀이와 오락의 제공, 보호자와 지역사회의 연계 등 아동의 건전육성을 위하여 종합적인 아동복지서비스를 제공하는 시설
아동 보호전문기관 (제45조)	• 지방자치단체는 학대받은 아동의 치료, 아동학대의 재발 방지 등 사례관리 및 아동학대예방을 담당하는 아동보호전문기관을 시 · 도 및 시 · 군 · 구에 1개소 이상 두어야 한다. • 다만, 시 · 도지사는 관할 구역의 아동 수 및 지리적 요건을 고려하여 조례로 정하는 바에 따라 둘 이상의 시 · 군 · 구를 통합하여 하나의 아동보호전문기관을 설치 · 운영할 수 있다. 〈개정 2014.1.28., 2019.1.15., 2020.4.7.〉
가정 위탁지원센터 (제48조)	• 지방자치단체는 보호대상아동에 대한 가정위탁사업을 활성화하기 위하여 시 · 도 및 시 · 군 · 구에 가정위탁지원센터를 둔다. • 다만, 시 · 도지사는 조례로 정하는 바에 따라 둘 이상의 시 · 군 · 구를 통합하여 하나의 가정위탁지원센터를 설치 · 운영할 수 있다. 〈개정 2019.1.15.〉
보장원 (제10조의2)	⑥ 보장원은 가정위탁사업의 활성화 등을 위하여 다음 각 호의 업무를 수행한다. 〈신설 2019.1.15.〉 1. 가정위탁지원센터에 대한 지원 2. 효과적인 가정위탁사업을 위한 지역 간 연계체계 구축 3. 가정위탁사업과 관련된 연구 및 자료발간 4. 가정위탁사업을 위한 프로그램의 개발 및 평가 5. 상담원에 대한 교육 등 가정위탁에 관한 교육 및 홍보 6. 가정위탁사업을 위한 정보기반 구축 및 정보 제공 7. 그 밖에 대통령령으로 정하는 가정위탁사업과 관련된 업무

출처 : 아동복지법 제52조(2020) 필자 재구성.

② 아동복지시설의 통합 설치

2020년 「아동복지법」 제52조제1항에 따른 아동복지시설은 통합하여 설치할 수 있으며, 각 시설 고유의 목적사업을 해치지 아니하고 시설별 설치기준 및 운영기준을 충족하는 경우 다음 각호의 사업을 추가로 시행할 수 있다. 표 11-2는 이에 관한 내용이다.

표 11-2 통합 설치 · 운영 가능한 추가 아동복지시설

구분	내용
아동가정지원사업	지역사회아동의 건전한 발달을 위하여 아동, 가정, 지역주민에게 상담, 조언 및 정보를 제공하여 주는 사업
아동주간보호사업	부득이한 사유로 가정에서 낮 동안 보호를 받을 수 없는 아동을 대상으로 개별적인 보호와 교육을 통하여 아동의 건전한 성장을 도모하는 사업
아동전문상담사업	학교부적응아동 등을 대상으로 올바른 인격 형성을 위한 상담, 치료 및 학교폭력 예방을 실시하는 사업
학대아동보호사업	학대아동의 발견, 보호, 치료 및 아동학대의 예방 등을 전문적으로 실시하는 사업
공동생활가정사업	보호 대상 아동에게 가정과 같은 주거여건과 보호를 제공하는 것을 목적으로 하는 사업
방과 후 아동지도사업	저소득층 아동을 대상으로 방과 후 개별적인 보호와 교육을 통하여 건전한 인격 형성을 목적으로 하는 사업

(3) 시설보호 입 · 퇴소 관리

보호아동의 입소와 퇴소 절차 및 귀가조치에 대해 보건복지부 '2020 아동분야 사업안내'에 소개된 내용을 정리하면 다음과 같다(보건복지부, 2020).

① 입소절차(아동복지법 제15조)

시 · 도지사 또는 시 · 군 · 구청장은 보호조치가 적합하지 않은 보호대상아동에 대해, 먼저 일시보호시설 또는 일시위탁**베이스박스 영아 등을 다른 시설에 임시 보호조치 불가 원칙**을 통해 보호한다. 보호기간에는 상담, 건강검진, 심리검사 및 가정환경

에 대해 조사한다. 그리고, 시설 입소가 필요하다 생각되면, 아동의 신상카드와 '복지대상자 시설입소이용 신청서'를 아동복지시설의 장에게 의뢰한다.

각 지방자치단체의 장은 요보호아동이 발생하면, 「실종아동 등의 보호 및 지원에 관한 법률」에 따라 경찰신고체계로 제출한다. 만약, 보호시설의 장 또는 정신의료기관의 장이 보호자가 확인되지 않은 아동 등은 시 · 도지사 또는 시 · 군 · 구청장과 아동권리보장원의 장에게 각각 신청서를 제출해야 한다. 또한 시설장이 버려진 아동을 발견하고 긴급히 보호가 필요 할 경우는, 우선 보호한 후 24시간 이내에 관할 시 · 도 및 시 · 군 · 구에 보고한다. 그리고, 장애인 등록 아동의 경우는 장애인복지전달체계에서 보호하도록 하며 불가피 할 경우에는 임시보호를 한다.

② 퇴소조치(아동복지법 제16조)

2020년 「아동복지법」 제16조에 의하면, 보호조치 중인 보호대상아동의 연령이 18세에 달하였거나 보호의 목적을 달성했다고 인정되면, 시 · 도지사, 시장 · 군수 · 구청장은 대통령령으로 정하는 절차와 방법에 따라 그 보호 중인 아동의 보호조치를 종료하거나 해당 시설에서 퇴소시킨다.

또한 보호조치 중인 보호대상아동의 친권자, 후견인 등 보건복지부령으로 정하는 자는 관할 시 · 도지사 또는 시장 · 군수 · 구청장에게 해당 보호대상아동의 가정 복귀를 신청할 수 있다. 그리고 시 · 도지사 또는 시장 · 군수 · 구청장은 가정 복귀 신청을 받으면 아동복지시설 장의 의견을 들은 후 보호조치의 종료 또는 퇴소 조치가 보호대상아동의 복리에 반하지 않는다고 인정되면 해당 보호대상아동을 가정으로 복귀시킬 수 있다.

단, 시 · 도지사, 시장 · 군수 · 구청장은 해당 아동의 보호기간을 연장할 수 있다(아동복지법, 2020). 다음 내용은 보호기간 연장이 가능한 내용을 정리한 것이다.

보호기간 연장이 가능한 경우

1. 대학 이하의 학교(대학원은 제외함)에 재학 중인 경우(고등교육법 제2조)
2. 아동양육시설 또는 「근로자직업능력 개발법」(제52조제1항제1호), 직업능력개발훈련시설에서 직업 관련 교육 · 훈련을 받고 있는 경우(제2조제3호)
3. 그 밖에 위탁가정 및 각종 아동복지시설에서 해당 아동을 계속하여 보호 양육할 필요가 있다고 대통령령으로 정하는 경우

출처: 아동복지법(2020.6.4. 시행).

③ 사후관리(아동복지법 제16조의2)

시 · 도지사 또는 시장 · 군수 · 구청장은 전담공무원 등 관계 공무원에게 보호조치 종료를 하도록 한다. 사후관리는 가정으로 복귀한 보호대상아동의 가정을 방문하여 해당 아동의 복지 증진을 위하여 필요한지도 · 관리를 한다.

3) 시설보호의 현황

(1) 보호대상아동 입소 현황

표 11-3은 아동복지시설 유형별 보호아동 현황을 나타낸 것이다. 2018년 12월 현재 전체 아동복지시설은 279개소이며 보호아동은 12,193명이다. 2015년도에 비해 전체 시설수와 보호아동 인원이 줄어들고 있다는 것을 알 수 있다.

표 11-3 아동복지시설 유형별 보호아동 현황

(2018.12.31. 현재, 단위: 개소,명)

구분	계(현원)		양육시설		보호치료시설		자립지원시설		일시보호시설		종합시설		아동상담소	전용시설	개인양육시설	
	시설	인원	시설	인원	시설	인원	시설	인원	시설	인원	시설	인원			시설	인원
2018	279	12,193	241	11,100	11	447	12	227	12	272	3	147	7	7	14	83
2015	281	14,001	243	12,821	11	447	12	243	12	350	3	140	6	4	20	181

출처 : 보건복지부(2019).

표 11-4는 아동복지시설 보호아동 성별 · 취학 현황을 나타낸 것이다. 2018년 현재 보호아동은 12,193명이며 남아 6,886명 여아 5,307명으로 남자 아동이 많다. 다만, 2015년도와 다른 것이 있다면 3~6세 미만의 아동이 늘어났고, 고등학교 진학률이 높아졌다는 것을 알 수 있다.

표 11-4 아동복지시설 보호아동 성별·취학 현황

(2018.12.31. 현재, 단위: 개소,명)

연도	시설수	종사자 수	정원	입소인원			취학아동							
								미취학		초등재	중재	고등재학	대학	기타
				계	남	여	계	0~3세 미만	3~6세 미만					
2018	279	6,321	17,624	12,193	6,886	5,307	12,193	1,212	1,994	3,092	2,309	2,503	636	447
2015	281	6,047	18,430	14,001	8,106	5,895	14,001	1,395	1,711	3,388	2,891	3,324	710	582

출처 : 보건복지부(2019).

(2) 보호대상아동 퇴소현황(아동복지법 제16조)

보호조치 중인 보호대상아동의 연령이 18세에 달하였거나, 보호 목적이 달성되었다고 인정되면 해당 시 · 도지사, 시장 · 군수 · 구청장은 대통령령으로 정하는 절차와 방법에 따라 그 보호 중인 아동의 보호조치를 종료하거나 해당 시설에서 퇴소시켜야 한다. 표 11-5는 2016년부터 2018년까지 전국에서 보호가 종결되어 퇴소한 아동 현황이다. 시설수와 입소자, 퇴소자 아동 수가 모두 줄어들고 있다.

표 11-4 전국 퇴소아동 현황(2016~2018)

(단위: 개소, 명)

구분	2016	2017	2018
시설수	281	280	279
입소자	4,462	5,543	3,707
퇴소자	4,774	6,325	4,365

출처: 통계청(2019); 보건복지부, 아동복지시설 보호아동 및 종사자 현황보고.

2018년도 기준 복지부 산하 아동복지시설 중 양육시설, 공동생활시설, 위탁가

정 내 보호아동16세부터 연장아동까지 포함은 총 11,565명이며, 한 해 보호종료된 아동은 2,606명이다. 시설별로 살펴보면, 보호아동과 보호종료아동 모두 가정위탁, 아동양육시설, 공동생활가정 순으로 많다(나눔문화연구소, 2020).

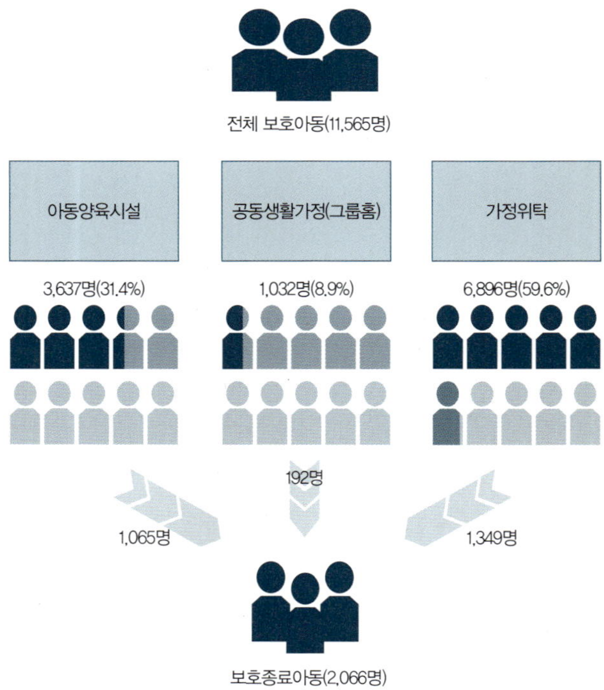

그림 11-1 시설별 아동보호 현황

출처: 나눔문화연구소(2020).

퇴소대상 아동은 획일적으로 보호종료를 맞이하며 보호 단절로 인한 경제적 · 심리적 어려움에 직면하게 된다. 퇴소아동은 시설 퇴소 후 사회에서 초기 정착에 실패할 경우 '가난의 대물림' 문제를 경험하게 된다. 따라서 실질적 지원과 공평한 출발을 보장하는 사회적 투자가 필요하다. 우리나라 보호종료 아동의 경우, 자립 후 시간이 지날수록 불안 및 우울 정도가 높아지는 것으로 조사되므로 이에 대한 대책 마련이 필요하다(허민숙, 2018).

2. 가정위탁아동 개념 및 현황

1) 가정위탁의 기본 개념

(1) 가정위탁보호 개념

"가정위탁"이란 보호대상아동의 보호를 위하여 성범죄, 가정폭력, 아동학대, 정신질환 등의 전력이 없는 보건복지부령으로 정하는 기준에 적합한 가정에 보호대상아동을 일정 기간 위탁하는 것을 의미한다**아동복지법 제3조**. 가정위탁보호는 보호대상아동**요보호아동**을 보호 · 양육하기를 희망하는 가정에 위탁 양육함으로써, 가정적인 분위기에서 건전한 사회인으로 자랄 수 있도록 지원한다. 특히 2세 미만 영아의 경우는 가정보호를 우선시하는 것을 원칙으로 한다(2020 아동분야 사업안내 1, 2020).

> 2004년부터 5월 22일을 가정위탁의 날로 지정함

가정위탁보호를 위해서는 4가지 주체과 6가지 실천원칙을 이해할 필요가 있다(아동권리보장원, 2020).

① 가정위탁보호 추진경과

가정위탁보호사업은 2016년 3월 개정된 「아동복지법」에 따라 가정위탁지원센터가 아동복지시설에 포함되었다. 그리고 최근 2020년 1월 중앙가정위탁지원센터가 아동권리보장원으로 업무가 이관되었다. 가정위탁사업의 추진경과는 다음과 같다.

- 1990년 : 가정위탁사업 시범 실시
- 2003년 : 가정위탁지원센터 전국 확대(16개 시 · 도, 총 17개소)
- 2006. 1월 : 가정위탁아동 상해보험료 지원
- 2010. 1월 : 입양 및 가정위탁 아동 심리치료비 지원
- 2012. 8월 : 「아동복지법」 개정(시 · 군 · 구 가정위탁지원센터 설치근거 규정, 가정위탁보호 아동 자립지원 근거 규정)
- 2016. 3월 : 「아동복지법」 개정(가정위탁지원센터를 아동복지시설에 포함)
- 2020. 1월 : 중앙가정위탁지원센터가 아동권리보장원으로 업무 이관

② 가정위탁보호 4가지 주체

가정위탁보호가 이루어지기 위해서는 위탁아동, 친가정부모, 위탁가정부모, 가정위탁지원센터 등 4가지 주체가 필요하다.

- 위탁아동 : 보호가 필요한 아동 중 가정위탁으로 보호조치된 아동
- 위탁부모가정 : 일정기간 동안 친가정부모의 역할을 대신해 위탁아동을 보호, 양육하며 친가정 복귀를 돕는 부모가정
- 친부모가정 : 위탁아동의 친권을 갖고 있는 친부모로 아동의 정상적인 보호, 양육이 어렵게 되어 일정기간 가정위탁보호를 요청한 부모
- 가정위탁지원센터 : 시 · 도 및 시 · 군 · 구의 가정위탁보호 업무를 지원, 협력하며 위탁아동이 건강하고 안정적인 가정 내에서 보호, 양육될 수 있도록 지원하는 기관

③ 가정위탁보호 6가지 실천원칙

가정위탁보호의 실천원칙 6가지가 지닌 의미는 다음과 같다.

첫째, 아동 중심의 원칙은 아동의 건전한 인격 형성을 최우선으로 고려한다.

둘째, 가족보존의 원칙은 친가정의 가족기능을 회복시켜 아동이 친가정으로 복귀하는 것을 돕고, 친가정 유지가 어려운 경우에는 대리가정을 발굴하여 건강한 위탁가정을 유지하는 것이다.

셋째, 친인척 가정 우선 배치의 원칙은 친인척가정에 특별한 결격사유가 없는 한 아동의 문화적, 정서적 충격을 최소화하고자 아동 본인의 의사를 고려하여 친인척가정에 우선 배치한다.

넷째, 연계성의 원칙은 아동의 건강한 성장과 친가정의 가족기능 회복을 위해 지역사회 협력기관과 네트워크 체계를 구축하여 맞춤 서비스를 제공한다.

다섯째, 적절성의 원칙은 아동 및 위탁가정의 특성이 고려된 적합한 위탁가정에 아동을 배치하고 사례 개입에 요구되는 적절한 서비스를 제공한다.

여섯째, 전문성의 원칙은 위탁보호 과정에서 발생하는 다양한 문제에 효과적으로 대처하기 위해 분야별 전문적인 서비스를 제공하고 지속적인 교육을 통한 전문성을 향상한다.

(2) 가정위탁 보호대상아동

가정위탁 대상 아동은 2000년 「아동복지법」 제3조에 따라 18세 미만의 아동18세 이상인 경우에도 고등학교 재학 중인 아동은 포함으로, 보호자가 없거나 보호자로부터 이탈된 아동이 된다. 또한 아동을 학대하는 경우 등 그 보호자가 아동을 양육할 능력이 없는 경우의 아동이 해당한다. 주의할 것은 아동이 2세 미만이면 가정위탁으로 우선 배치하고, 소년・소녀가정도 가정위탁보호 대상 아동으로 전환한다. 소년소녀가정에 대해서는 우리나라의 소년・소녀가정보호 제도가 아동에게 위험을 초래할 수 있다는 UN 등에서의 폐지 권고의 영향이 크다.

(3) 가정위탁보호의 중요성

우리나라는 부모에 의한 아동양육이 불가능할 경우 시설보호를 주요 보호법으로 전개해 왔다. 그러나 2000년부터 UN 아동권리위원회의 반복적 권고와 시설보호 내에서의 문제점이 지적되면서 가정위탁 보호가 확대・강화되었다(이주연, 조경욱, 최지훈, 2019). 이처럼 가정위탁보호가 중요한 것은 주 양육자의 양육태도는 아동의 행복에 영향을 미친다고 한 것과 같이, 가정 밖 보호아동에게도 동일하게 적용된다고 한다. 즉, 양육시설의 생활복지사와 좋은 관계를 형성한 아동이 일상생활에서의 만족도가 높고 자존감도 높게 나타난다고 한다(김정화 외, 2014; 김선숙, 박호준, 2020). 따라서 가정과 가장 유사한 환경이라 할 수 있는 가정위탁보호가 적극적으로 이루어지기 위한 사회적 합의가 필요하다고 본다.

2) 가정위탁보호의 특성

(1) 가정위탁보호 유형

① 혈연・비혈연 관련 가정위탁보호

가정위탁보호 유형 중 잘 알려진 것이며, 위탁부모의 특성에 따라 대리양육가정위탁, 친・인척가정위탁, 일반가정위탁으로 분류하고 있다. 대리양육은 부모가 아닌 부양의무자에 의한 양육을 의미하며, 생활능력이 없는 조부모가 아동을 양육하는 경우이다. 아동의 보호를 위하여 대리양육가정으로 선정하고 양육비를 지원한다. 친인척가정위탁의 경우는 부양의무자가 아닌 큰아버지, 이모 등의 친인척이 아동을 양육한다. 친인척의 경제적인 능력과 관계없이 부모의 형편에 따라 위탁아동으로 선정하여 양육한다. 일반인에 의한 가정위탁은 혈연관계가 없는 일반인이 양육하는 경우이다.

- 대리양육 가정위탁 : 친조부모, 외조부모에 의한 양육
- 친 · 인척 가정위탁 : 친조부모, 외조부모를 제외한 친 · 인척에 의한 양육민법에 의한 8촌 이내의 혈족 등에 의한 양육
- 일반 가정위탁 : 일반인에 의한 가정위탁

※ 지방자치단체에서 전문가정위탁, 일시가정위탁 등 추가 유형에 대해 예산 편성하여 운영 필요

② 비용 유 · 무료 관련 가정위탁보호

가정위탁보호는 비용 지불과 관련하여 유 · 무료가정위탁, 특수위탁가정, 치료적 가정위탁과 고용위탁가정이 있다. 무료위탁가정은 한국수양부모협회 회원의 가정이며, 유료위탁가정은 대가를 지급하며 가장 많이 활용되는 유형이다. 특수위탁가정도 장애아동을 위탁하는 것으로 주로 유료이다. 치료적 가정위탁은 특정 행동상의 장애가 있거나 정서장애가 있는 아동을 위탁하는 유형이다. 그리고 고용위탁가정은 도제제도처럼 양육과 관련된 기술을 제공하는 경우이다(구혜영, 염경혜 외, 2018).

③ 전문 · 일시 가정위탁보호

전문 · 일시가정위탁보호는 전문화된 가정위탁과 일시가정위탁이며 각각은 위탁부모의 자격이 요구된다.

먼저, 전문가정위탁의 경우 대상아동은 2세 이하의 아동을 비롯하여 학대피해아동, 경계선지능아동종합심리검사 결과 경계선지능아동으로 진단받은 아동이 된다. 그 외, 시 · 군 · 구청장이 전문적이고, 특별한 보살핌이 필요하다고 인정하는 경우도 전문가정위탁보호를 받을 수 있다.

전문가정위탁부모 양육수당은 아동 1인당 월 100만 원 이상 지급 권고하고

있으며, 양육보조금과 「국민기초생활보장법」에 따른 생계비 등은 일반가정위탁 지원내용과 동일하게 지원된다. 전문위탁부모 양성교육은 20시간이며, 보수교육을 매년 5시간 이상 이수해야 한다. 보호종료시점은 아동의 연령이 2세를 초과36개월부터하는 경우 일반가정위탁 등으로 전환하고, 친가정에 복귀하는 경우 종료된다. 전문위탁부모는 일반위탁부모의 선정요건을 충족하고, 가정위탁지원센터의 전문가정위탁부모교육과정을 이수한 사람으로서 다음과 같은 요건을 한 가지 이상 구비하면 된다.

전문위탁부모 자격요건

- 가정위탁부모 경험이 3년 이상인 자
- 「사회복지사업법」 시행령 제2조 제1항에 따른 사회복지사의 자격
- 「영유아보육법」 제21조제2항에 따른 보육교사의 자격
- 「유아교육법」 제22조에 따른 교사의 자격
- 「초 · 중등교육법」 제21조에 따른 교사의 자격
- 「의료법」 제2조제1항에 따른 의료인의 자격
- 「청소년기본법」 제22조제1항에 따른 청소년상담사의 자격
- 대학에서 심리 관련학을 전공하고 아동 · 청소년 심리치료 경력이 3년 이상인 자
- 기타 학대피해아동이나 장애아동 양육에 관한 교육과정을 이수하였거나 그동안의 활동 상황 이나 경험에 비추어볼 때 전문위탁부모로서 적합하다고 시 · 도지사, 시 · 군 · 구청장이 인정한 자

출처: 2020 아동분야 사업안내 1(2020).

다음은 일시가정위탁보호를 받는 대상아동은 만 18세 미만의 보호대상아동 중 「아동복지법」 제15조제5항, 「아동복지법 시행령」 제19조에 따라 긴급보호조치가 필요한 아동이 된다. 일시위탁 양육수당은 일시위탁 보호조치일로부터 보호일수를 산정하여 위탁부모에게 하루 3만 원 이상 지급을 권고하고 있다. 또한 「국민기초생활보장법」에 따른 생계비가 일반가정과 동일한 조건으로 지원되고, 일시위탁아동의 질병 및 안전사고 발생에 대비하여 가정위탁아동 상해보험이

지원된다. 위탁부모 양성교육은 5시간 이상을 받고 매년 보수교육 5시간 이상 이수한다일반위탁부모교육과 동일.

(3) 위탁가정의 조건

다음 위탁가정의 조건에 모두 부합하고, 가정위탁을 희망하는 사람은 반드시 예비위탁부모교육을 받아야 한다(아동권리보장원, 2020).

① 위탁가정의 선정기준(아동복지법 시행규칙 제2조)

- 위탁된 보호대상아동이하 "위탁아동"을 양육하기에 적합한 수준의 소득이 있을 것
- 위탁아동에 대하여 종교의 자유를 인정하고 건전한 사회 구성원으로 자랄 수 있도록 양육과 교육을 할 수 있을 것
- 가정위탁보호를 하려는 사람은 25세 이상부부인 경우에는 부부 모두 25세 이상으로서 위탁아동과의 나이 차이가 60세 미만일 것. 다만, 특별시장 · 광역시장 · 도지사 · 특별자치도지사이하 "시 · 도지사"라 한다 또는 시장 · 군수 · 구청장자치구의 구청장을 말함. 이하 같음이 위탁아동을 건전하게 양육하기에 위탁가정의 환경이 적합하다고 인정하는 경우에는 그러하지 아니하다.
- 자녀가 없거나 자녀18세 이상인 자녀는 제외한다의 수가 위탁아동을 포함하여 4명 이내일 것
- 가정에 성범죄, 가정폭력, 아동학대, 정신질환 등의 전력이 있는 사람이 없을 것
- 그 밖에 보건복지부장관이 필요하다고 인정하는 기준

② 위탁가정 교육(아동복지법 시행규칙 제2조제6호)

가정위탁을 희망하는 사람위탁부모 중 1명 이상은 반드시 기본 5시간 이상 위탁부모 양성 교육을 이수해야 한다. 가정위탁을 하고 있는 '일반위탁부모', '대리양육 및 친 · 인척 위탁부모'는 반드시 매년 5시간 이상의 보수교육을 이수할 필요가 있다. 보수교육을 통해 위탁모는 위탁양육에 대한 이해를 비롯하여 위탁아동의 특성 및 좋은 부모의 역할 등을 교육받는다. 만약, 교육 이수 대상자가 노령, 질병 등 기타 사유로 불가피한 경우에는 직접 가정을 방문하여 교육을 할 수 있다. 시 · 군 · 구는 대리양육 · 친 · 인척 가정위탁보호를 책정할 때 위탁부모에게 가

정위탁지원센터를 통해 부모교육을 이수하도록 적극 안내하고, 교육을 진행시 인원 모집, 장소 제공 등 협조를 해야 한다.

※ 대리양육 및 친·인척 위탁가정의 경우 반드시 교육을 이수해야 하는지에 대해서는 점검 예정 중

(4) 가정위탁 유형별 선정절차

가정위탁 선정절차가 유형별로 다르다. 그림 11-2는 '대리양육·친인척 가정위탁 절차'이며 그림 11-3은 '일반 가정위탁 절차'이다.

신청	아동 및 위탁가정 환경조사	가정위탁보호 결정·통보	사례관리	가정위탁보호 종결
보호 필요아동 의뢰	읍·면·동	① 시·군·구	읍·면·동&시·군·구 & 가정위탁지원센터	시·군·구 가정위탁지원센터
• 신청 친권자, 후견인, 아동을 보호·양육·교육하거나 그러한 의무가 있는 자 또는 업무·고용 등의 관계로 사실상 아동을 보호·감독하는 자가 관할 아동거주시 시·군·구 또는 읍·면·동에 신청	**• 조사 상담** 아동과 위탁보호 희망자 (조부모, 친·인척 등) **• 서식 작성** 가정위탁보호(대리양육) 신청서(시행규칙 별지 1호) 가정위탁보호(대리양육) 신청인 가정 조사서 (시행규칙 별지 2호) 보호대상 아동 조사서 (시행규칙 별지 3호) 아동카드 (시행규칙 별지 4호)를 작성 가정위탁 보호 동의서 (지침 서식 2호) 가정위탁 가족 동의서 (지침 서식 3호) 범죄경력 조회 동의서 (시행규칙 별지 9호) **• 서식 제출** 시·군·구에 제출	**• 위탁보호 결정** 조사 결과를 토대로 결정 **• 결정 통보 및 관련 서류 발송** 관할 가정위탁지원센터 통보 관할 센터에 관련 서류 (시행규칙 별지 1~2호) 7일 이내 발송	**• 아동카드 관리** 아동카드 기재·관리 **• 상담 및 관리** 위탁아동, 위탁가정, 친가정 상담 **• 업무지원** 복지서비스 제공 등 업무지원 **• 교육** 공무원, 종사자, 위탁부모교육	**• 서식 작성** 시·군·구에 아동 귀가 신청서 (시행규칙 별지 5호) 제출 **• 종결 또는 연장** 시·군·구는 종결 또는 보호기간 연장 **• 통보** 가정위탁지원센터에 통보 **• 사후관리**
위탁 보호 희망자	② 시·군·구			
• 신청 관할 아동 거주지시·군·구 또는 읍·면·동에 신청	**• 위탁부모 범죄경력 조회** 위탁부모 거주 소재지 관할 경찰관서의장에게 범죄경력 조회 **• 서식 작성** 범죄경력 조회 요청서 (시행규칙 별지 8호) 범죄경력 조회 동의서 (시행규칙 별지 9호) 범죄경력 조회 회신서 (시행규칙 별지 10호)			

그림 11-2 대리양육·친인척 가정위탁 절차

출처: 아동권리보장원(2020), http://ncrc.or.kr/

※ 그 외 '일반(전문) 가정위탁절차'와 '일시가정위탁 책정 절차'는 2020년 아동분야 사업안내 1에 상세히 언급되어 있음.

신청 → 아동 및 위탁가정 환경조사 → 가정위탁보호 결정 · 통보 → 사례관리 → 가정위탁보호 종결

신청

보호 필요아동 의뢰

• 신청
친권자, 후견인, 아동을 보호 · 양육 · 교육하거나 그러한 의무가 있는 자 또는 업무 · 고용 등의 관계로 사실상 아동을 보호 · 감독하는 자가 관할 아동거주시 시 · 군 · 구 또는 읍 · 면 · 동에 신청

위탁 보호 희망자

• 신청
관할 아동 거주지시 · 군 · 구 또는 읍 · 면 · 동에 신청

아동 및 위탁가정 환경조사

읍 · 면 · 동

• 조사 상담
의뢰된 아동
• 서식 작성
보호대상 아동 조사서
(시행규칙 별지 3호)
아동카드
(시행규칙 별지 4호)
가정위탁 보호 동의서
(지침 서식 2호)
가족관계부 첨부
• 서식 제출
시 · 군 · 구에 제출

읍 · 면 · 동

• 위탁부모 의뢰
센터에 관계서류 첨부하여 의뢰

① 가정위탁지원센터

• 위탁부모 선정
시 · 군 · 구에서 의뢰된 아동에 맞는 위탁부모를 찾아 선정
• 서식 작성
가정위탁보호(대리양육)
(시행규칙 별지 1호)
가정위탁보호(대리양육) 신청인 가정 조사서
(시행규칙 별지 2호)
일반위탁부모 추천서
(지침 서식 1호)
가정위탁 가족 동의서
(지침 서식 3호)
• 서식 제출
시 · 군 · 구에 제출

② 시 · 군 · 구

• 위탁부모 범죄경력 조회
위탁부모 거주 소재지 관할 경찰관서의장에게 범죄경력 조회
• 서식 작성
범죄경력 조회 요청서
(시행규칙 별지 8호)
범죄경력 조회 동의서
(시행규칙 별지 9호)
범죄경력 조회 회신서
(시행규칙 별지 10호)

가정위탁보호 결정 · 통보

시 · 군 · 구

• 위탁보호 결정
조사 결과를 토대로 결정
• 결정 통보 및 관련서류발송
관할 가정위탁지원센터 및 위탁가정 소재 시 · 군 · 구 (또는 시 · 도)
관할 센터에 아동카드 등 관련서류(시행규칙 별지 3, 4호) 7일 이내발송

사례관리

읍 · 면 · 동 & 시 · 군 · 구 & 가정위탁지원센터

• 아동카드 관리
아동카드 기재 · 관리
• 상담 및 관리
위탁아동, 위탁가정, 친가정 상담
• 업무지원
복지서비스 제공 등 업무지원
• 교육
공무원, 종사자, 위탁부모교육

가정위탁보호 종결

시 · 군 · 구 가정위탁지원센터

• 서식 작성
시 · 군 · 구에 아동 귀가 신청서
(시행규칙 별지 5호) 제출
• 종결 또는 연장
시 · 군 · 구는 종결 또는 보호기간 연장
• 통보
가정위탁지원센터에 통보
• 사후관리

그림 11-3 일반 가정위탁 절차

출처: 아동권리보장원(2020), http://ncrc.or.kr/

(5) 가정위탁보호 종결

① 친가정 복귀

보호아동의 보호자가 직접 아동을 양육친가정 복귀하려는 경우 아동의 친권자 및 후견인, 가정위탁지원센터장은 시 · 도지사 또는 시 · 군 · 구청장에게 아동 가정복귀 신청서시행규칙 별지 제10호의4를 제출한다. 시 · 도지사 또는 시 · 군 · 구청장은 아동복지심의위원회 심의를 거쳐 아동의 귀가 조치 여부 결정한다. 친가정 복귀 시 사례관리 담당자가정위탁지원센터, 시 · 군 · 구 및 읍 · 면 · 동는 친가정에 대한 충분한 점검 및 준비시간을 확보해야 한다. 복귀 전, 위탁아동, 친가정, 위탁가정, 사례관리 담당자 간 만남을 반드시 필수로 한다.

② 보호종료

보호대상아동이 18세 이상이 되면 시 · 군 · 구청장은 해당 아동의 보호조치를 종료한다. 형제 · 자매가 한 가정에서 위탁보호를 받다가, 형제 · 자매 중 1인이 18세 이상 등의 사유로 가정위탁보호가 종료되더라도 동생나머지 형제 · 자매은 계속해서 가정위탁보호를 유지한다.

※ 유의사항
- 구청장은 가정위탁이 종결된 사실을 가정위탁보호자, 가정위탁지원센터의 장에게 7일 이내에 통보한다.
- 구청장은 위탁가정이 위탁아동 양육에 따른 혜택의 부정수혜 방지를 위해 가정위탁보호종료 사실을 관련기관(부서)에 통보한다.

(6) 가정위탁보호 연장

「아동복지법」 제16조제4항에 따라 보호기간이 연장 가능하다. 18세 이상이지만 고등학교에 재학 중인 아동은 연장보호대상이 아니며, 대학에 입학한 경우에 보호기간 연장이 가능하다. 단, 단순휴학은 종결사유이지만, 질병, 사고로 인한 휴학은 휴학기간 동안 보호기간이 연장된다. 그리고 연장기간 동안 기존의 양육보조금, 상해보험료, 심리치료비 지원 등 재정지원은 지속된다. 이외 상세내용은 '2020 아동분야 사업안내 1'을 참조할 수 있다.

3) 가정위탁보호서비스 현황

(1) 가정위탁보호 현황

국가의 보호조치는 시설보호, 가정위탁, 입양, 소년소녀가정의 유형이 있으며, 이 중 시설보호와 가정위탁의 비중은 2008년부터 2017년까지 각각 47.1%와 26.9%에서 58.7%와 34.3%로 증가하고 있다(강민주, 2018).

표 11-8은 우리나라 전국 가정위탁보호 현황이다. 2018년 기준 24%인 가정위탁 보호율이 시설보호 아동의 비율63%보다 아주 낮은 수준이다.

아동 최선의 이익과 최우선을 고려한다면 가정위탁보호 비율을 높일 수 있는 노력이 필요하다.

표 11-8 전국 가정위탁보호 현황

시도	보호필요아동 보호조치(2018.12월기준)			
	계(명,%)	시설보호(명,%)	가정위탁(명,%)	기타(명,%)
계	3,918(100)	2,449(62.5)	937(23.9)	532(13.6)

출처: 보건복지부(2020). 위탁유형별 아동보호.

표 11-9 위탁유형별 보호 현황

연도	계(명)	일반가정	대리양육	친인척	비고
2017	11,975	937	7,942	3,096	
2018	11,111	913	7,412	2,786	
2019	10,334	905	6,871	2,558	

(2) 가정위탁보호 활성화

보건복지부는 아동권리 관련 국제규범과 국내 법령·정책에 따른 선先 가정보호정책 강화를 위해 2018년 기준 아동 24%937명인 가정위탁 보호율을 2024년까지 37%1,500여 명으로 끌어올리기 위해 6대 과제를 중점 추진하고 있다. 그림 11-3에 나타난 6대 과제에서 강조하고 있는 것은 기존의 친족 중심의 가정위탁을 벗어나 예비 일반위탁 부모를 대폭 양성하고, 가정위탁에 대한 대국민 인식 제고를 위한 민관합동 공공캠페인을 전개하고, 전문가정위탁제도를 보편적 위탁유형으로 도입한다. 그리고 위탁아동·위탁가정의 복리향상을 위해 정책 보완과 법률서비스 지원 등을 강화하고, 아동의 원가정 조기복귀를 위해 아동과 가족 간의 정기적 면접교섭을 위한 지원근거를 마련한다. 마지막으로 서비스 이용의 접근성·형평성을 고려하여 전국 17개 가정위탁지원센터의 인력 충원 및 분소 설치 등 가정위탁 인프라를 확대해 나가는 것이라 할 수 있다.

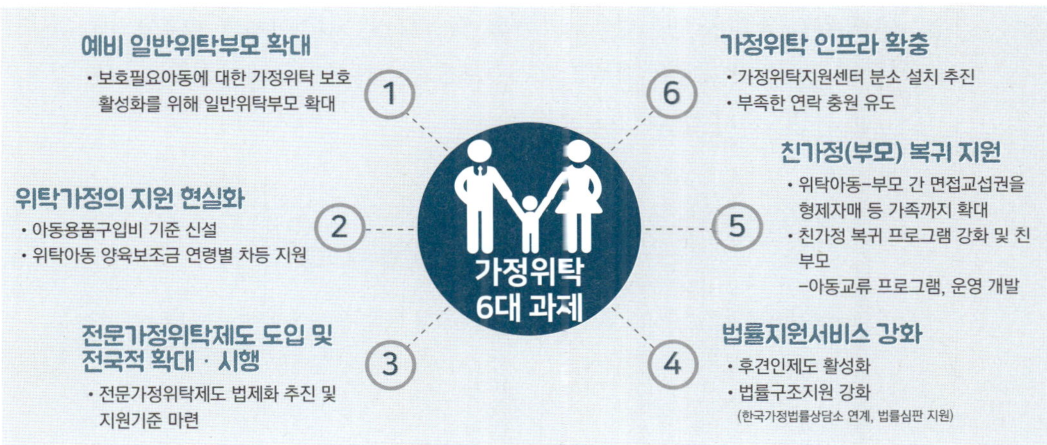

그림 11-4 가정위탁 6대 과제 주요 내용

3. 지원기관(시설) 및 복지서비스

1) 보호아동 자립지원

(1) 자립지원 의미

자립이란 타인에게 의지하지 않고 스스로 독립적인 생활을 하는 것이다(김정연 외, 2011). 시설보호아동에게 있어 자립은 지역사회 자원을 활용하여 타인에게 의존하지 않고 대인관계를 맺음으로써 심리정서적, 사회적, 경제적인 독립을 이루어 가는 것이다. 따라서 자립에 관한 연구는 경제적인 자립의 의미가 강하다. 대부분 어려운 과정을 경험하고 극복해야 하는 '홀로서기의 과정'이다(유영림 외, 2015). 시설 아동들의 자립준비를 높여주기 위해서는 자립능력에 영향을 미치는 요인이 무엇인지 파악하고 이를 강화시킬 수 있는 방안 등이 필요하다.

해외 퇴소아동 자립 지원정책에서 중요한 관점을 5가지로 요약하면 다음과 같다(송이은, 손정연, 2019). 첫째, 주거공간이다. 주거는 자립에 있어 가장 중요한 위치에 둔다. 둘째, 안정적인 일자리를 얻는 것이다. 셋째, 낮은 자존감 또는 공격성, 불안 및 고립감과 같은 외로움을 염려한 정신건강의 문제이다. 마지막으로 자립하는 데 필요한 정보를 습득할 수 있는 사회적 관계망이나 연대감이다. 이러한 내용을 배경으로 시설보호가 종료된 아동에 대한 자립지원 정책은 매우 중요하다 할 수 있다.

아동복지법 시행령 제38조

- 자립에 필요한 주거 · 생활 · 교육 · 취업 등을 지원
- 자산 형성 및 관리 지원(자산 형성 지원)과 자립에 관한 실태조사 연구
- 대상아동의 사후관리체계 구축 · 운영
- 보호대상아동의 자립생활 역량강화 프로그램 개발
- 아동복지시설 및 가정위탁지원센터의 종사자에 대한 자립지원 관련 교육 및 주거비 등을 지원하기 위한 자립정착금을 지급
- 생활비 등을 지원하기 위한 자립수당 정기적 지급

출처 : 보건복지부(2020). 2020 아동분야 사업안내 2, 일부 내용 저자 생략.

(2) 자립지원 대상 아동(시행령 제38조)

자립지원 대상 아동은 대리양육 또는 가정위탁보호 중인 아동, 아동복지시설에서 보호 중인 아동, 아동복지시설에서 퇴소 또는 가정위탁 보호종료 후 5년이 지나지 않은 아동이다.

(3) 자립지원 단계

다음 그림 11-5는 보호대상아동 자립 지원단계이다.

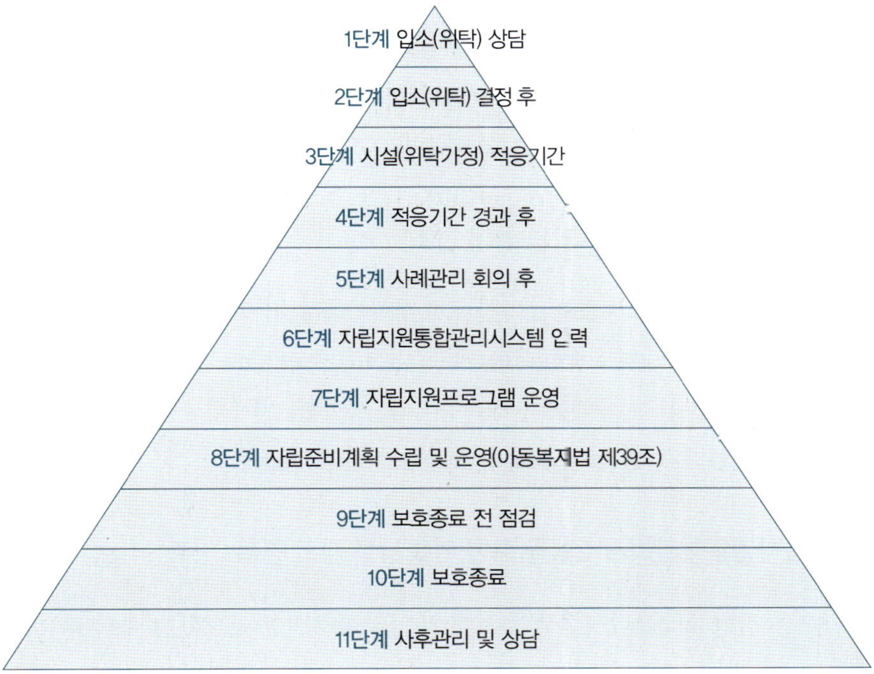

그림 11-5 보호대상아동 자립 지원단계

출처 : 보건복지부(2020). 2020 아동분야 사업안내 2.

2) 보호종료아동 소득지원체계

(1) 자립정착금

「아동복지법」 제38조제2항에 의해 만 18세 이후 보호가 종료된 아동복지시설 및 가정위탁 보호종료아동 모두에게 자립정착금을 지원하도록 되어있다. 자립정착금은 보호 종료가 이루어진 당해 연도 지급을 원칙으로 한다.

단, 보호종료 후 아동 본인의 주거공간 마련 비용보증금 등으로 자립정착금 조기 지급이 필요한 경우에는 아동복지시설장 또는 가정위탁부모가 보호종료아동의 동의를 받아 조기 지급을 신청하는 경우에 한하여, 보호종료일 30일 전부터 아동 본인명의 계좌로 지급 가능하다. 자립정착금은 행복e음퇴소아동자립정착금지급관리을 통해 아동에게 지급하여야 한다.

지급대상 모두에게 자립정착금 1인당 최소 500만 원 이상 되도록 지급하며, 신청 접수일로부터 30일특별한 사유가 있는 경우 60일 이내 연장 가능 이내 지급한다. 중요한 것은 아동이 계획에 맞게 사용하도록 아동복지시설 등 자립업무 담당자들이 사전 교육을 실시하도록 하고, 정착금을 지급 후 사후관리를 하도록 한다.

(2) 대학등록금, 전세자금 지원 확대 협조

- 일부 시 · 도에서 보호종료아동에게 대학등록금, 장학금, 전세자금 등 지원을 한다사례: 부산대학교 아동복지시설 퇴소아동은 최소 성적을 유지할 경우 전액 장학금 지원.
- 장학금은 모든 지자체에서 대학등록금, 장학금, 전세자금 등 지원을 하도록 권고한다소년소녀 등 전세주택지원 사업에 대한 안내도 강화됨.

(3) 자립지원통합관리시스템을 통한 관할시설 지도 감독

- 자립지원통합관리시스템을 통하여 아동복지시설아동양육시설, 공동생활가정, 가정위탁지원센터의 자립지원계획서 등의 자립지원 사후관리 및 지도 · 감독한다.

3) 자립지원 표준화 프로그램(Ready? Action!)

자립지원 표준화 프로그램은 'Ready?'와 'Action!'에 그 의미가 담겨있다. 즉, 미취학에서 보호종료 전까지 아동의 단계별, 학년별, 수준별로 교육을 실행하여, 보호가 종료된 이후 안정적인 자립생활을 할 수 있도록 지원하는 프로그램이다. 자립준비 전체 지원 흐름도는 그림 11-3과 같다.

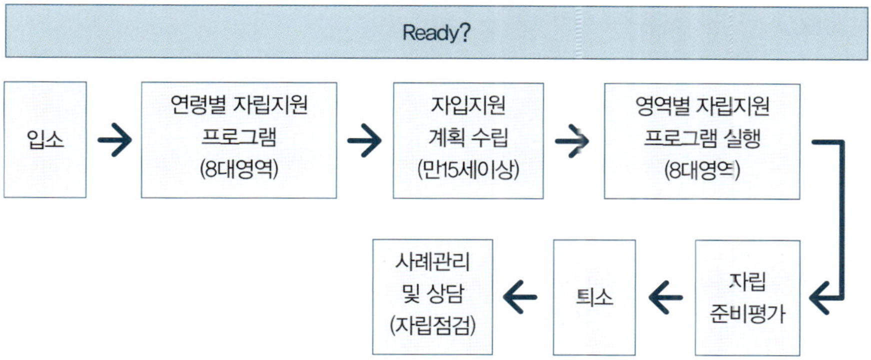

그림 11-6 자립 지원 흐름도

출처 : 한국보건복지인력개발원 아동자립지원관(2017.4).

Ready? Action! 프로그램은 2007~2010년간의 시범사업 결과를 바탕으로 아동의 연령별·시설별 상황 등을 고려하여 자립준비를 할 수 있도록 개발한 자립 지원 표준화 프로그램이다. 표 11-15, 표 11-16을 통해 프로그램 구성을 알 수 있다(보건복지부 아동분야사업, 2017).

- Ready? : 미취학~보호종료 전까지, 보호종료 후 대비 자립준비 프로그램
- Action! : 보호종료 후 자립생활 정착까지 필요 서비스 지원 프로그램

표 11-15 Ready? 프로그램

구분 \ 단계별	Level 1	Level 2	Level 3	Level 4
대상자	미취학~초 2	초 3~6년	중 1~3	고 1~보호 종료 전
해당영역*	1, 2, 3, 5	1, 2, 4, 5, 6	1, 2, 3, 4, 5, 6	8개 전 영역
중점 프로그램	기초학습-독서지도, 원가족 유대강화 집단 프로그램	심리-정서지지체계, 학습지도, 경제교육	진로적성검사, 자립예비 사정 및 계획, 체크리스트	자립 사정, 취업 및 진학상담, 체크리스트

* 보호아동 자립준비 프로그램 매뉴얼의 8대 자립기술 영역

표 11-16 Action! 프로그램

대상자	보호 종료 후~자립생활 정착까지	
서비스 지원	• 취업형과 진학형으로 구분 • 상담 및 사후관리 • 긴급생활자금 지원 및 의료 지원	• 사회 초기적응 및 자립기반 구축 • 진로지도 및 인턴십 프로그램 • 심리정서 지원

표 11-17 자립기술의 8대 영역

구분		내용
1	일상생활기술	일상생활에 필요한 세탁, 청소, 예의범절, 요리하기 등 기술 습득
2	자기보호기술	개인위생관리, 응급처치방법, 성교육, 스트레스 다스리기 등
3	지역사회자원활용기술	지역 내 활용 가능한 서비스, 사회자원 방문조사 및 활용
4	돈관리기술	교육을 통한 올바른 경제관념을 형성, 효율적인 용돈 관리기술 습득
5	사회적 기술	긍정적인 대인관계 기술 습득, 효과적인 의사소통기술 등
6	진로탐색 및 취업기술	적성검사를 통한 상급학교 진학 및 직업 탐색
7	직장생활기술	이력서 작성법, 면접방법, 대처방법 등 직장생활기술 습득
8	다시 집 떠나기	집구하기, 계약, 이사 등의 거주지 마련방법 습득

출처: 보건복지부(2020). 2020 아동분야 사업안내 2.

4) 가정위탁아동의 지원체계

(1) 가정위탁 소득 지원체계

가정위탁지원정책은 가정위탁 아동이 건전한 사회인으로 자랄 수 있도록 위탁아동 및 위탁부모에 대한 경제적 · 사회적 지원을 확대하기 위함이다. 목적은 보호아동을 보호양육하기를 희망하는 가정에 위탁양육함으로써 가정적인 분위기에서 건전한 사회인으로 자랄 수 있도록 한다. 표 11-19는 가정위탁 지원정책의 일부 내용이다.

표 11-19 가정위탁지원 정책

정책	내용
양육보조금 매월 20일 지급	• 만 7세 미만(83개월까지) : 월 300천 원 이상 • 만 7세부터 만 13세 미만(84~155개월) : 월 400천 원 이상 • 만 13세 이상(156개월부터) : 월 500천 원 이상 *연장보호아동 포함
아동용품구입비	• 신규 가정위탁보호 책정 아동 • 아동 1인당 100만 원 지급(지방이양) 권고 • 양육보조금 지급 개시 시 위탁부모 계좌로 1회 지급 • 초기 아동 적응 및 양육 물품 구입 등 소요비용

<table>
<tr><th>정책</th><th>내용</th></tr>
<tr><td>국민기초생활보장법에 의한 생계비 등</td><td>• 신청은 위탁보호 신청과 동시에 처리(※ 유의사항 (양육보조금 및 국민기초생활보장 · 수급 신청 : 위탁아동발생 소재지 / 지급 : 위탁가정 소재지)</td></tr>
<tr><td>가정위탁아동에 대한 자립정착금 지원(시행령 제38조제1항제3호)</td><td>• 18세 이상의 가정위탁보호 종결아동(연장보호종결아동 포함)
• 자립정착금(지방이양) 아동 1인당 5,000천 원 이상 지급</td></tr>
<tr><td>대학진학자금 등 지원 권고</td><td>• 아동 1인당 5,000천 원 이상 지급을 권고</td></tr>
<tr><td>상해보험료</td><td>• 위탁아동 및 부양자 1인의 후유장해, 위탁아동 입원 · 통원 의료비 등 지원 (*일시위탁보호, 연장보호아동 포함)
• 보험료 : 1인당 연 68,500원 이내</td></tr>
<tr><td>심리치료비</td><td>• 위탁아동(18세 이상 고등학교 재학 중인 아동 및 연장보호아동 포함)의 심리정서치료비, 검사비, 교통비
• 심리정서치료비 월 20만원 이내, 심리검사비 20만 원(1회), 교통비 월 2만 원 이내
* 단, 종합심리검사(Full Battery검사): 30만원 이내
* 치료가 심한 아동의 위탁부모: 양육상담비 월 20만 원 이내(※ 시 · 군 · 구청장 인정: 치료 · 검사 · 상담 지원금액을 각 10만 원 이내 초과지급 가능)
• 12개월 이내(단, 필요 시 연장 가능)</td></tr>
<tr><td>전세주택(국토교통부)</td><td>• 대출대상 주택 : 임차전용면적 85㎡ 이하인 주택
• 일반주택 전세자금 및 공공임대주택 임대보증금 지원
• 지원대상 : 양육자가 무주택세대구성원으로서 해당 가구의 월평균소득이 전년도 도시근로자 가구당 월평균소득 이하인 소년소녀가정 · 대리양육가정 · 친인척위탁가정 · 일반가정위탁
• 가구당 지원한도액
<table>
<tr><th colspan="2">구분</th><th>호당 지원한도</th><th>비고</th></tr>
<tr><td rowspan="3">일반 주택</td><td>수도권</td><td>9,000만 원</td><td rowspan="3">전세보조금이 지원한도 이하인 경우 전세보증금으로 한다.</td></tr>
<tr><td>광역시</td><td>7,000만 원</td></tr>
<tr><td>그 외 지역</td><td>6,000만 원</td></tr>
</table></td></tr>
</table>

출처: 보건복지부(2020). 2020 아동분야 지원사업안내 1, pp.77–80.

(2) 가정위탁보호사업

① 가정위탁지원센터 설치운영 및 역할

2020년 「아동복지법」에 따라 시 · 도에서는 지역 면적 및 인구수에 따른 시 · 군 · 구 가정위탁지원센터의 설치 운영을 한다(제48조제2항). 각 지방자치단체는 보호대상아동에 대한 가정위탁사업을 활성화하기 위하여 시 · 도 및 시 · 군 · 구에 가정위탁지원센터를 둔다. 다만, 시 · 도지사는 조례로 정하는 바에 따라 둘 이상의 시 · 군 · 구를 통합하여 하나의 가정위탁지원센터를 설치 · 운영할 수 있다(개정 2019.1.15.).

가정위탁지원센터는 가정위탁사업을 홍보하거나 가정위탁을 하고자 하는 가정을 발굴하는 것을 비롯하여 아동상담 및 위탁가정 부모교육 등을 실시한다. 아동권리보장원이하 보장원이 출범하면서 가정위탁센터의 역할은 다음의 업무를 수행한다.

② 가정위탁지원센터 역할(아동복지법 제49조, 아동복지법 시행령 제50조)

기관의 역할은 친가정 내 보호가 어려운 아동에게 위탁가정을 제공하여 건강한 성장과 발달을 돕고 위탁부모를 발굴, 교육하고 가정위탁보호 아동의 전문적인 관리와 지원을 한다(아동권리보장원, 2020).

- 가정위탁사업의 홍보 및 가정위탁을 하고자 하는 가정의 발굴
- 가정위탁을 하고자 하는 가정에 대한 조사 및 가정위탁 대상 아동에 대한 상담
- 가정위탁을 하고자 하는 사람과 위탁가정 부모에 대한 교육
- 위탁가정의 사례관리
- 친부모 가정으로의 복귀 지원
- 가정위탁 아동의 자립계획 및 사례관리
- 관할 구역 내 가정위탁 관련 정보 제공
- 관할 구역의 가정위탁 아동에 대한 지역사회의 후원 장려 및 연계

보장원의 가정위탁사업의 활성화 업무 〈신설 2019.1.15.〉

- 가정위탁지원센터에 대한 지원
- 효과적인 가정위탁사업을 위한 연계체계 구축
- 가정위탁사업과 관련된 연구 및 자료 발간
- 가정위탁사업을 위한 프로그램의 개발 및 평가
- 상담원에 대한 교육 등 가정위탁에 관한 교육 및 홍보
- 가정위탁사업을 위한 정보기반 구축 및 정보 제공
- 가정위탁지원센터에 대한 평가
- 가정위탁통합 전산시스템의 운영
- 가정위탁아동에 대한 기업 · 단체 등의 후원 장려 및 연계
- 가정위탁지원센터의 업무의 흐름도

출처: 아동권리보장원 https://www.fostercare.or.kr

③ 가정위탁지원센터의 업무의 흐름도

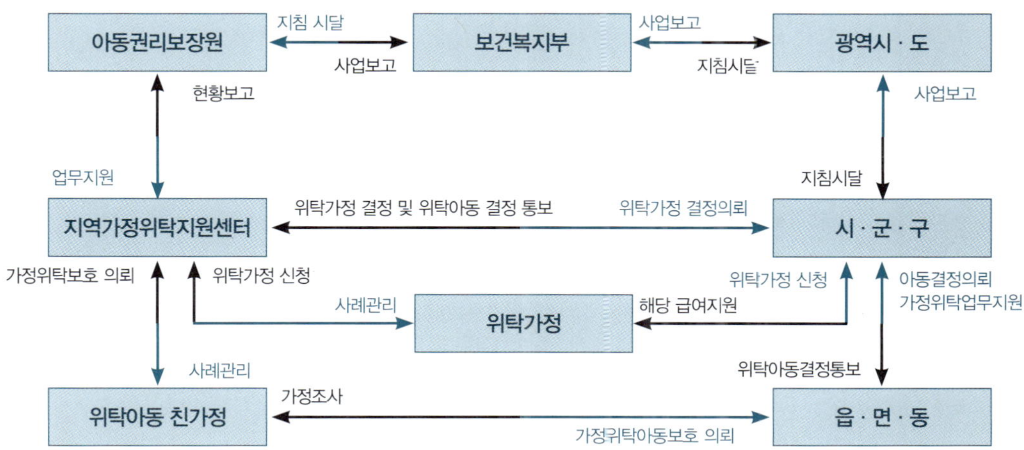

출처: 아동권리보장원 https://www.fostercare.or.kr

추천 영화 및 도서

영화

블라인드 사이드

- 감독 : 존 리 행콕
- 주연 : 산드라 블록
- 개봉 : 2010. 4.
- 줄거리 : 위탁가정에서도 내몰린 마이클은 집을 나와 학교체육관에서 생활한다. 이후 변모되어 가는 모습을 그리고 있다.

문라이즈 킹덤

- 감독 : 웨스 앤더슨
- 주연 : 브루스 윌리스, 빌 머레이, 에드워드 노튼, 틸다 스윈튼
- 개봉 : 2013. 1.
- 줄거리 : 가족을 잃고 위탁가정을 전전하는 샘과 부유한 가정의 친구 하나 없는 외톨이 수지의 이야기를 그리고 있다.

그렇게 아버지가 된다

- 감독 : 고레에다 히로카즈
- 주연 : 후쿠야마 마사하루, 오노 마치코, 마키 요코
- 개봉 : 2013. 12.
- 줄거리 : 6년간 기른 아이가 사실은 다른 사람의 아이라는 사실을 듣게 된 아버지, 료타의 이야기이다.

도서

얘들아, 우리집으로 와

- 지은이 : 리오 호가티(공경희 역)
- 출판사 : 예문사
- 출간일 : 2015. 10.
- 줄거리 : 아이 140명을 가정위탁한 리오 할머니의 유쾌한 실화를 바탕으로 한 유머러스한 이야기이다.

고아열차

- 지은이 : 크리스티나 베이커 클라인(이은선 역)
- 출판사 : 문학동네
- 출간일 : 2016. 12.
- 줄거리 : 미국의 1854~1929년도에 도시에서 농촌으로 버려진 아이들이 입양되거나 노예나 다름없는 상황에 내몰리는 고난과 극복을 그리고 있으며 예기치 못한 우정을 그린 이야기이다.

하치와 리틀 B

- 지은이 : 웬딘 홀든(이윤혜 역)
- 출판사 : 예문
- 출간일 : 2014. 10.
- 줄거리 : 다리가 셋인 개 하치는 학대당한 유기견에서 사람을 돕는 치유견으로 운명을 극복하고 희귀병 소년은 하치로 인해 행복을 되찾는 감동적인 우정 이야기이다.

본 장을 정리하며 : 생각수업 2

美 · 英 보호아동 10명 중 9명 가정위탁.....

자료는 국가별 보호대상 아동의 시설보호 비중에 대한 것이다.

국가별 보호대상아동의 시설보호 비중

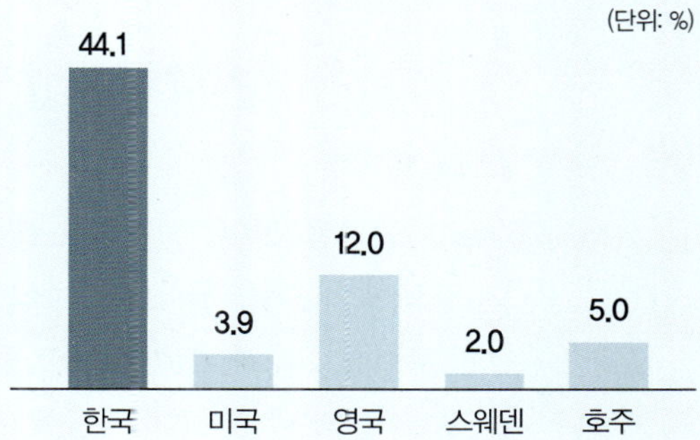

※한국, 영국 2017년, 스웨덴 2016년, 미국 2014년, 호주 2012년 기준

그래프를 보면 우리나라와 영국의 보호대상 아동이 대규모 양육시설(보육원)에 맡겨지는 비중이 높게 나타났다. 그러나 영국의 경우 이미 19세기부터 시설보호를 제한하기 시작해 대규모 시설에 맡겨지는 보호대상 아동의 비중이 12%에 불과하다. 그나마도 대부분은 1~2년 안에 보호조치를 완료하고 가정을 찾을 수 있도록 국가가 책임지고 친부모 접촉 또는 입양에 나서고 있다. 해외 주요 선진국은 보호대상 아동의 90%가량을 가정위탁 보호하고 있다. 아동보호의 최우선 목표가 '원가정으로의 복귀'로 일정 기간 이후 친부모에게 돌아갈 수 있도록 돕거나 또는 입양을 권장한다.

비교대상 국가와의 시기별 차이는 있지만, 우리나라 아동보호 체계가 다른 선진국과 가장 큰 차이를 보이는 부분이란 보육원 같은 대규모 시설보호 비중이 지나치게 높다는 점이다. 세계 각국은 아동이 안정적으로 가정생활을 누릴 권리를 규정한 유엔 아동권리협약에 따라 부모 · 가정을 잃고 사회적 보호가 필요한 아동에 대해 소규모 가정식 보호를 우선하고 있다.

국제기구도 가정식 보호를 권하고 있다. 유엔 아동권리협약은 가족과 분리된 아이라도 가능한 한 가정과 유사한 환경에서 보호하는 것이 아동에게 이롭다고 보고 가정식 보호를 권고해왔다. 전 세계 90여개국이 비준한 헤이그 국제아동입양협약 또한 아동보호의 원칙으로 "시설보호는 마지막 수단으로 고려해야 한다"고 명시하고 있다.

출처: 네이버뉴스(2018.8.13.), https://news.naver.com

◆ 보호대상 아동에 대한 선진국과 우리나라의 차이가 무엇인지 생각해 봅시다.

참고문헌

강민주(2018). 가정위탁보호아동의 친가정복귀-실태조사 및 개선방안연구, 중앙가정지원센터.

구혜영, 염경혜, 이은화, 한주빈(2018). **아동복지론**, 신정.

김선숙, 박호준(2020). 가정밖 보호체계 유형에 따른 아동의 삶의 만족도 비교: 가정탁보호와 시설보호를 중심으로, *Journal of Life-span Studies*, Vol. 10 No. 1, pp.1-18.

김정연, 하지서, 김인숙(2011). 시설 십대 청소년의 '자립'척도개발: 십대 여성 지원 시설입소 및 이용자를 중심으로, **청소년복지연구, 13**(2), pp.23-53.

김정화, 강현아, 노충래, 전종석, 정익중, 우석진(2014). 주양육자의 양육태도가 가정외보호 청소년의 친사회적 행동에 미치는 영향: 자아존중감, 또래특성의 매개효과를 중심으로. **청소년상담연구, 22**(2), pp.313-335.

네이버뉴스(2018.8.13). 美・英 보호아동 10명 중 9명 가정위탁.. 韓, 보육원 등 시설보호 비중 44% 달해, https://news.naver.com

보건복지부(2020). 2020 아동분야 사업안내 1, 2.

송이은, 손정연(2019). 양육시설 퇴소아동 자립지원 방안연구, 서울시여성가족재단.

유영림, 양영미, 박미현(2015). 아동양육시설 퇴소 자립청소년의 자립에 대한 이해: 생애 사적관점으로, **아동과 권리, 19**: pp.509-550.

허민숙(2018.9.21.). 보호종료 청소년 자립지원 방안. 국회입법조사처.

메모

Chapter

12

다양한 가족유형 보호서비스

다문화가정이 겪는 어려움

우리 사회는 최근 다문화가정이 급증하고 있다. 여러 가지 어려움이 있지만, 그중에서도 이주여성의 어눌한 한국어로 인해 아이들의 한국어 습득이나 학교교육에도 영향을 미치기도 한다. 남편들이 밖에서 일하는 시간이 길다보니 집에 돌아와서 아이를 교육시킬 여유가 적은 경우가 많다.

출처 : http://home.ebs.co.kr/globalfamily/main EBS 글로벌가족 정착기 – 한국에 산다

한 마디, 두 마디 정도로 이루어진 말들을 하다 보니 자기 감정을 다양하게 표현하지 못하고, 그런 것으로 인한 사회적 생활의 문제와, 자기표현을 액션으로 자꾸 취하려다 보니 다문화가정 아이들이 ADHD 증상이 아닌가 의심을 받는 경우도 많다.

출처 : YTN 수도권 투데이(2016. 12. 6). http://radio.ytn.co.kr/program/?f=2&id=46638&s_mcd=0201&s_hcd=09

경기도의회 교육위원회 명상욱 의원은 다문화학생 수는 전국 9만 9,186명으로 지난해 대비 20.2%나 급증했고 전체 학생 대비 1.7%에 이른다며, 이에 맞는 지속적 다문화정책사업 추진 및 다문화교육 지원 강화 대책을 당부했다.

특히, 다문화학생의 학습부진은 13.3%에 달하며, 이는 일반학생의 학습부진 비율인 5.3%에 세 배 가까이 이르고, 대부분은 우리말과 글이 익숙지 않은 부모나 한부모에 의해 양육되고 있고, 경제적 가정환경 여건이 좋지 않은 탓에 학습부진으로 이어지고 있음을 지적했다.

또 상급학교로의 진학포기율도 일반학생보다 적게는 3.8%, 많게는 19.1%나 높고, 이에 대해 지방자치단체와 기관, 단체 등의 다문화가정 학생을 위한 종합적이고 체계적인 지원관리 시스템을 활성화를 요구했다.

출처 : 일요서울(2016. 11. 9). http://www.ilyoseoul.co.kr/news/articleView.html?idxno=152146

◆ 위의 사례들과 같이 우리 사회에서 다문화가정이 겪을 수 있는 다양한 문제들이나 어려움들을 찾아보고 복지적 지원/접근방안 등을 생각해 봅시다.

Chapter 12

최근 우리 사회에는 다양한 가족환경에서 생활하는 아동이 증가하고 있다. 현대사회의 산업화는 전통적 개념의 가족 유형에서 벗어나 새로운 가족 구조의 축소와 분화를 포함한 다양한 가족 구조와 유형의 변화를 가져왔고, 이로 인해 현대사회는 다양한 가족 유형들 속에서 살아가고 있다. 이 · 재혼, 별거, 한부모 · 조손 · 다문화가정 등 가족 형태의 다양성이 증가(보건복지부, 2016)되었으며 또한 외국인 노동자들의 대거 입국과 2000년 이후 급격히 증가한 결혼이주여성의 유입으로 인해 우리 사회는 단일민족에서 다문화사회로 변화되고 있다.

이 장에서는 현대사회의 다양한 가족 유형인 다문화가정, 한부모가정, 조손가정의 개념과 유형, 현황과 문제점 등을 살펴보고, 다양한 현대사회의 가족 유형 아동을 위한 복지서비스에 대해 알아봄으로써 우리 사회의 과제와 개선방향을 제시하고자 한다.

1. 다문화가정

1) 다문화가정 개념 및 현황, 서비스

(1) 다문화가정의 개념

최근 한국사회는 다문화, 다인종사회로 진행되고 있으며, 이러한 추세는 점점 가속화되고 있다. 「다문화가족지원법」(2011)에서 다문화가족의 정의란 다음의 항목 중 어느 하나에 해당되는 가족을 말한다. 「재한외국인 처우 기본법」의 결혼이민자와, 「국적법」제2조에 따라 출생 시부터 대한민국 국적을 취득한 자로 이루어진 가족, 「국적법」제4조에 따라 귀화 허가를 받은 자와 「국적법」제2조에 따라 출생 시부터 대한민국 국적을 취득한 자로 이루어진 가족, 다문화가정의 구성원으로서 「재한외국인 처우 기본법」제2조의 결혼이민자, 「국적법」제4조에 따라 귀화 허가를 받은 자를 말한다.

다문화가족지원법 제2조(정의)

1. "다문화가족"이란 다음 각 목의 어느 하나에 해당하는 가족을 말한다.
   가. 「재한외국인 처우 기본법」 제2조 제3호의 결혼이민자와 「국적법」 제2조부터 제4조까지의 규정에 따라 대한민국 국적을 취득한 자로 이루어진 가족
   나. 「국적법」 제3조 및 제4조에 따라 대한민국 국적을 취득한 자와 같은 법 제2조부터 제4조까지의 규정에 따라 대한민국 국적을 취득한 자로 이루어진 가족

출처 : 여성가족부(2015).

2011년 4월 「다문화가족지원법」이 개정됨에 따라, 2012년부터는 결혼이민자와 출생한국인으로 구성된 가족 이외에 인지, 귀화에 의한 한국인과 결혼이민자, 인지, 귀화에 의한 한국인으로 이루어진 가족도 다문화가족에 포함되었다. 이에 따라 부부 모두 인지나 귀화를 통해 한국인이 된 가족, 즉 국적은 한국이나

출생 한국인이 아닌 사람들이 만나 가족을 이룬 경우가 다문화가족의 한 유형으로 자리 잡게 되었다.

(2) 다문화가정의 유형

교육부에서는 광의의 다문화가정의 개념을 적용하여 다문화가정의 아동은 국제결혼가정 자녀**국내출생자녀, 중도입국자녀**, 외국인가정 자녀로 유형을 구분하여 적용한다. 그러나 다문화가족 지원과 관련된 주된 정책 대상이 결혼이민자와 그 자녀로 자리 잡고 있는 실정에서 다문화가정의 아동은 결혼이민자 가정이나 인지 및 귀화를 통한 가정의 아동으로 국한된다(도미향 외, 2015 : 351). 즉, 다문화가족이란 「다문화가족지원법」 제2조 제1호에 따라 결혼이민자·귀화자와 대한민국 국적취득자로 이루어진 가족이다.

표 12-1 다문화가정 인구 현황

(단위 : 명)

주민등록인구 (A)	소계(B) =(C+D)	비율(%) (B/A)	결혼이민자 (C)	한국국적 취득한 자(D)	
				혼인귀화자	기타 사유
10,103,233	74,629	0.74	28,707	17,751	28,171

* 2015년 행정자치부 외국인 주민 현황통계(2015.1.1. 기준)
출처 : 여성가족부(2016).

표 12-2 외국인과의 혼인 추이

(단위 : 건, %)

구분	2007	2008	2009	2010	2011	2012	2013	2014
총혼인건수	343,559	327,715	309,759	326,104	329,087	327,073	322,807	305,507
외국인과의 혼인	37,560	36,204	33,300	34,235	29,762	28,326	25,963	23,316
(총혼인 중 비중)	(10.9)	(11.0)	(10.8)	(10.5)	(9.0)	(8.7)	(8.0)	(7.6)
한국남성+외국여성	28,580	28,163	25,142	26,274	22,265	20,638	18,307	16,152
한국여성+외국남성	8,980	8,041	8,158	7,961	7,497	7,688	7,656	7,164

* 혼인·이혼통계(2015.4.), 통계청
출처 : 여성가족부(2015).

2) 다문화가정의 현황 및 문제점(특성)

(1) 다문화가정의 현황

2002년 이후 도시 저소득층 · 농촌 지역 남성의 결혼문제와 결부되어 결혼이민자 중심으로 급속히 증가되었고, 그중에서도 국제결혼을 통해 형성된 다문화가족이 78.5%로 대다수 차지하고 있으며, 이외에 일반귀화자를 중심으로 형성된 다문화가족이 21.5%로 되어 있다.

최근 들어 국제결혼 증가세가 다소 감소하였으나, 세계화 추세 속에서 일정 수준 지속될 것으로 전망되며, 그에 따라 국내 다문화가족도 지속적으로 증가할 것으로 예측된다.

2015년 실태조사 결과, 전체 다문화가구는 27만 8,036가구로 추정된다. 다문화가구의 76.4%는 도시 지역에 거주하고 있으며, 16개 시 · 도별로는 전체 다문화가구의 절반(49.4%)이 서울과 경기권에 집중적으로 분포하고 있다.

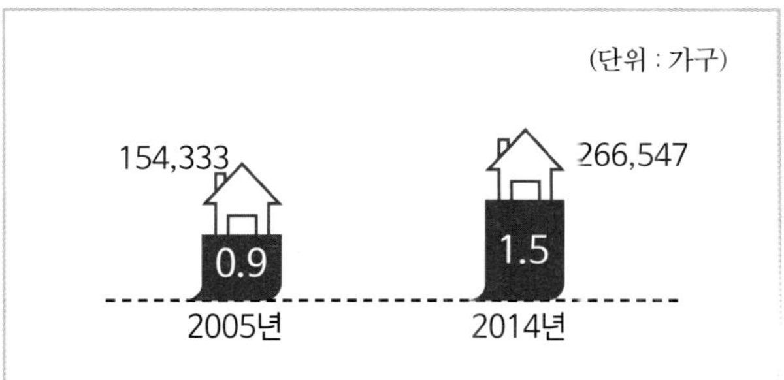

그림 12-1 다문화가구 수

출처 : 보건복지부(2016).

그림 12-2에서 보는 바와 같이, 다문화가정의 자녀는 현재 대다수 미취학아동이나, 학령기 자녀가 점차 늘어나 학교 적응력 및 진학률에 대한 제고 또한 요구된다. 다문화 학생 수는 2012년 4만 6,954명 → 2013년 5만 5,780명 → 2014년 6만 7,806명 → 2015년 8만 2,536명으로 지속적인 증가 추세이다**2012년 대비 75% 증가**(교육기본통계, 교육부).

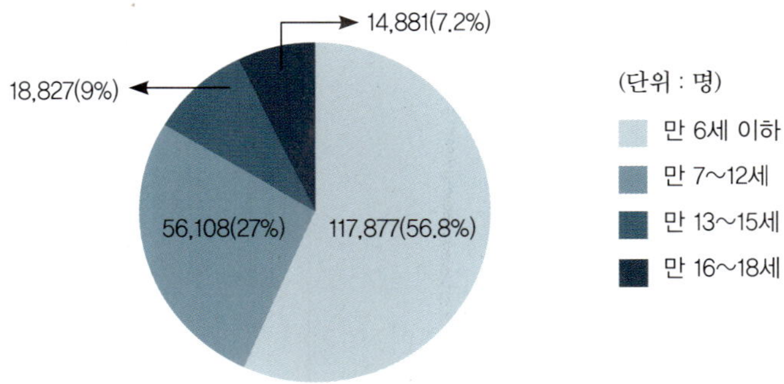

그림 12-2 다문화－결혼이민자 및 귀화자 자녀의 연령별 현황(2015.1.1. 기준, 행정자치부)

출처 : 다문화가족지원포털 다누리 http://www.liveinkorea.kr/homepage/kr/multidata/statisticsFamily.asp?language=KR&mc=M0031

(2) 다문화가정아동이 겪는 문제(특성)

① 가족관계

다문화가정의 자녀들은 한국어에 미숙한 외국인 어머니와 자녀로 이루어진 경우가 많은데, 이로 인해 가족 내의 이중문화의 존재 및 경제적 어려움, 학교교육에 대한 지원의 어려움을 겪는 경우가 많다(윤매자 외, 2015 ; 설동훈 외, 2006).

다문화가정의 특성을 보면, 저소득 · 고령의 남성 배우자가 다수로 가구소득이 일반가구에 비해 전반적으로 낮은 편이며, 2012년에 비해 2015년 월평균 가

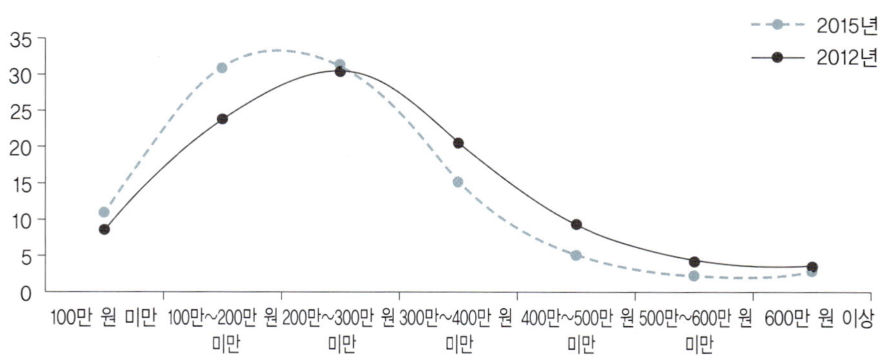

그림 12-3 다문화가구의 소득수준별 분포(2012, 2015)

출처 : 한국여성정책연구원(2016).

구소득은 다소 개선되었으나 200만 원 미만이 32.6%에 달하며, 가정 내의 자녀 교육이 어머니에 의해 주로 이루어지다보니, 한국말이 서툴고 한국 풍습에 익숙하지 못함으로 인한 어려움을 겪기도 한다.

② 학교생활

다문화가구 자녀의 취학률은 의무교육단계인 초등학교는 97.6%, 중학교 93.5%, 고등학교 89.9%, 고등교육기관 53.3%로, 학교급이 높아질수록 취학률이 낮아지는 것으로 나타났다.

학교급이 올라갈수록 취학률 격차가 커지는 경향을 보이며, 특히 고등교육단

표 12-3 다문화가구 자녀의 학교급별 취학률

(단위 : 명, %)

학교	다문화가구 자녀					국민 전체 취학률(NER)
	취학적령 인구 A	총취학 아동 B	해당연령대 취학아동 C	GER(B/A)	NER(C/A)	
초등학교	5,762	5,699	5,622	98.9	97.6	98.5
중학교	1,744	1,702	1,631	97.6	93.5	96.3
고등학교	1,203	1,163	1,082	96.7	89.9	93.5
고등교육기관	580	401	309	69.1	53.3	68.1

출처 : 한국여성정책연구원(2016) ; http://kess.kediure.kr/index.

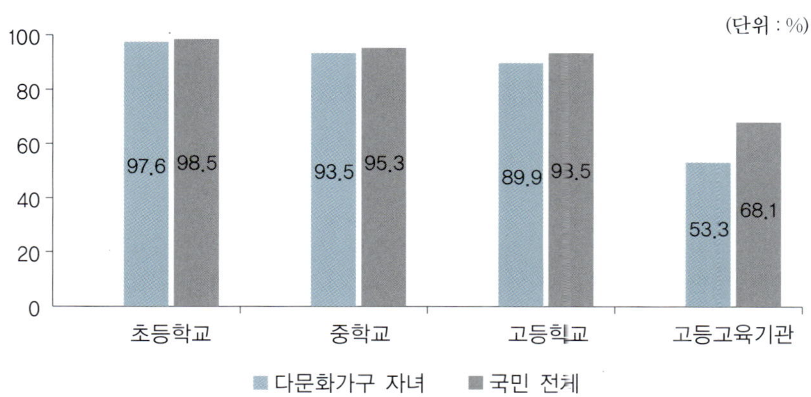

그림 12-4 다문화가구 자녀의 학교급별 취학률

출처 : 한국여성정책연구원(2016).

계에 이르면 그 격차가 14.8%p로 확대되었다. 중등교육단계까지 국민 전체와 다문화가족 자녀 간의 취학률 격차가 크지 않음에도 고등교육단계에 이르러 취학률 격차가 15%p가량으로 확대되는 것은 다문화가족 자녀의 고등교육기회 확대를 위한 정책적 관심이 필요함을 보여 준다(한국여성정책연구원, 2016). 또한 학령기 자녀가 있는 경우 76.8%가 학부모로서 어려움이 있다고 응답하였고 그 중에서도 가장 큰 어려움은 자녀가 배우는 교과목이나 학교생활을 잘 알지 못해서29.6%이며, 그 다음으로는 경제적 지원12.9%, 다른 학부모와의 대화나 정보 습득의 어려움12.4%으로 나타났다.

③ 사회적 편견

다문화가정아동들은 주위의 편견과 차별, 소외감을 호소하고 있으며, 특히 외국인 어머니에 대한 사회적 편견을 경험하며 정신적인 스트레스를 겪기도 한다(남윤주 외, 2009). 이는 전통적 한국사회가 순혈주의, 피부나 생김새가 다른 다문화가정의 아동에 대해 배타적인 태도를 보이기도 하는 데서 비롯되기도 한다.

표 12-4 집단따돌림을 당한 이유

집단따돌림을 당한 이유	비율(%)
엄마가 외국인이기 때문에	34.1
의사소통이 잘 안 되어서	20.7
특별한 이유 없이	15.9
태도와 행동이 달라서	13.4
외모가 달라서	4.9
기타	22.0

출처 : 설동훈 외(2005) ; 노명희 외(2014) 재인용.

④ 심리사회적 적응

다문화가정아동은 고학년이 될수록 심리사회적 적응에 어려움을 경험하며, 특히 일부 아동의 경우 언어발달 지체 및 문화부적응으로 인해 지나치게 소극적이거나 반대로 폭력성과 같은 정서장애를 보이기도 한다(보건복지부, 2005 ; 윤매자 외, 2015 재인용).

3) 다문화가정아동의 복지서비스

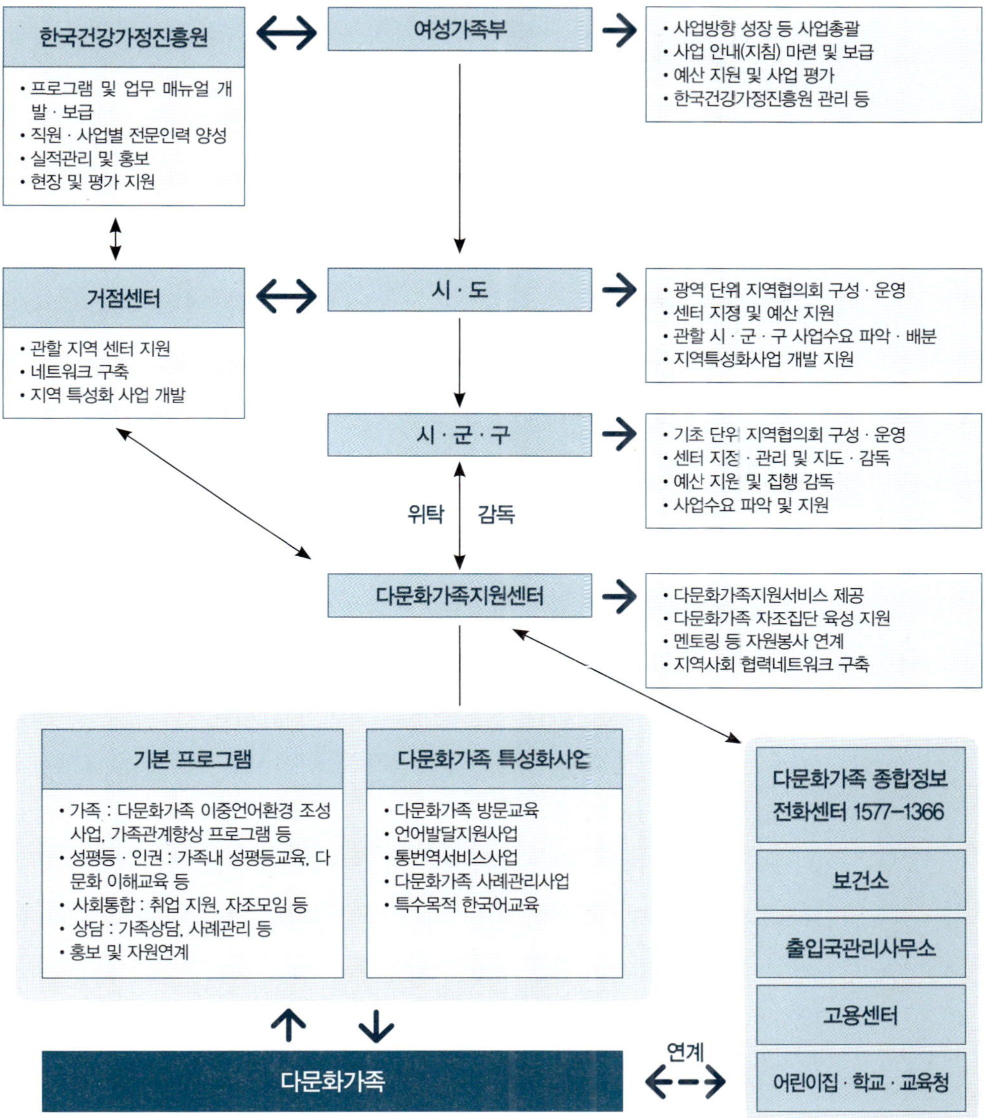

그림 12-5 다문화가족지원사업 추진체계

출처 : 여성가족부(2020).

(1) 센터 중심 지원체제

다문화가정에 대한 지원체제는 국가나 지방의 기관과 단체를 중심으로 운영되는 형태로, 중앙관리기관, 전국 다문화가정지원센터, 그리고 거점센터를 들 수 있다.

- 한국건강가정진흥원 : 전국 다문화가족지원센터에서 시행하는 사업에 대한 프로그램 및 매뉴얼 개발 · 보급, 인력 양성, 사업 관리 및 평가지원 등 전국 사업 관리 기관
- 다문화가족지원센터이하 "센터"라 함: 「다문화가족지원법」 제12조 제1항, 제2항에 의해 설치·운영되는 시 · 군 · 구 단위 센터
  - 다문화가족지원센터일반형 : 「다문화가족지원법」 제12조다문화가족지원센터의 설치 · 운영 등에 따라 다문화가족지원사업을 수행하는 기관
  - 다문화가족지원센터확대형 : 「다문화가족지원법」 제12조다문화가족지원센터의 설치 · 운영 등에 따라 다문화가족지원사업 및 기타 법령건강가정기본법, 한부모가족지원법 등에 의한 가족 지원사업을 수행하는 건강가정 · 다문화가족지원 통합서비스 운영기관 195개소
- 거점센터: 센터 설치지역을 광역단위로 구분하여 센터·관련기관 간 네트워크 구축, 방문교육지도사 교육, 관할지역 센터 사업지원 등을 수행하기 위해 지정 · 관리하는 센터
- 다문화가족지원센터 회원: 다문화가족지원센터를 이용하는 결혼이민자혼인귀화자 포함, 일반 귀화자, 배우자, 시부모, 자녀중도입국자녀 포함, 친인척, 외국인근로자, 외국인유학생, 북한이탈주민, 기타 등(2020 가족사업안내 I, 2020)

(2) 다문화가족지원센터

① 지원체제

센터장(1명)

교육(2명)	상담(1명)	문화(1명)
• 가족 : 다문화가족 이중언어환경 조성사업 가족관계 향상 프로그램 등 • 성평등 · 인권 : 배우자부부 교육 등 • 다문화이해교육 등 • 방문교육, 언어발달지원사업	• 개인 및 가족상담 • 집단상담 프로그램 • 전화 및 면접, 방문상담 • 사례관리 사업	• 사회통합 : 취업지원, 자조모임, 결혼이민자 정착단계별 지원패키지 프로그램(=결혼이민자 자립지원 프로그램) 등 • 홍보 및 자원연계 ※ 센터 행정 및 회계 (센터장 비상근 시 별도 채용)

※ 직원 중 1명을 반드시 취업지원담당자로 지정하여야 함

※ 건가 · 다가 통합서비스 운영기관에서는 결혼이민자 정착단계별 지원패키지 프로그램(=결혼이민자 자립지원 프로그램) 담당자 1인을 지정하여야 함

출처: 여성가족부(2020).

② 센터 프로그램

구분	공통필수	선택(예시)	비 고
가족	• 다문화가족 이중언어 환경조성프로그램 (연간 10시간) • 다문화가족 학령기 자녀 입학 및 입시 정보 제공 (부모 대상, 연간 4시간) ※ 상 · 하반기 각 1회	• 가족의사소통프로그램 • 가족관계향상 프로그램 • 결혼과 가족의 이해 • 가족의 의미와 역할 • 아버지교육 • 부모–자녀관계 및 자긍심향상프로그램 • 자녀교육프로그램 • 부모역할교육, 자녀건강지드 • 자녀생활지도 • 자녀성장지원사업 등	연간 필수 14시간, 선택 26시간 이상 (이중언어코치 배치 센터는 공통필수 중 이중언어환경조성 프로그램 160시간 이상)
성평등 · 인권	• 가족 내 성평등 교육 • 다문화이해교육 • 인권감수성 향상교육 • 이주여성과 한국인 배우자 · 부모 대상 프로그램(多함께 프로그램) 등(2시간) • 폭력피해 대처 및 예방교육	• 이주여성 대상 프로그램 • 다문화가족 관련법과 제드 • 이주민과 인권 • 찾아가는 폭력예방교육	20시간 이상 실시

구분	공통필수	선택(예시)	비 고
사회통합	• 취업기초소양교육 • 구직자 발굴시 e새일시스템과 연계된 워크넷 등록 및 새일센터로 적극 연계 • 새일센터의 결혼이민자 대상 직업 교육훈련 개설 시 적극 협조(교육과정 설계 · 모집 등)	-	e새일시스템과 연계된 워크넷 등록 및 새일센터 연계 (10건 이상)
	• 다문화가족 나눔봉사단 소양교육(4시간 이상) • 다문화가족 나눔봉사단 활동	• 한국사회적응교육 • 소비자 · 경제교육 • 학업지원반 운영 및 연계 • 다문화가족 자조모임 • 다문화인식개선 • 결혼이민자 멘토링프로그램 • 결혼이민자 정착단계별 지원 패키지프로그램(=결혼이민자 자립지원 패키지 프로그램) 등 – (미래찾기, 길찾기 등 미래설계 프로그램 중 선택) * 건가 · 다가 통합서비스 운영기관은 공통 필수 사업으로 실시 • 재난안전교육 • 다문화가족 교류 • 소통 공간 • 선거교육	15시간 이상 실시 (봉사자 소양교육 필수 4시간 포함)
상담	가족상담	• 개인상담 • 집단상담 • 사례관리 • 위기가족 긴급지원 • 외부상담기관 연계 등	연간 80회기 이상

구분	세부프로그램 영역	비고
홍보 및 자원연계	• 지역사회 홍보 • 지역사회네트워크 • 찾아가는 결혼이주여성 다이음 • 홈페이지운영 등	센터 홈페이지 프로그램 안내 게시판에 익월 프로그램에 대한 안내글 게시(매월 30일까지)

출처 : 여성가족부(2020).

2. 한부모가정

1) 한부모가정의 개념 및 현황, 서비스

(1) 한부모가정의 개념

한부모가정은 부모 중 한부모와 자녀가 생활하는 가정의 형태를 말하는데, 한부모가족지원법제14조에 의하면, 한부모가정은 배우자와 사별 혹은 이혼하거나 배우자로부터 유기된 자, 정신이나 신체의 장애로 장기간 노동능력을 상실한 자, 미혼자가 세대주로 18세 미만의 자녀와 함께 생활하는 가정으로 정의된다.

2007년 「한부모가족지원법」으로 개정되면서 조부·모와 그의 손자녀만으로 이루어진 가구인 조손가정 또한 지원 대상에 포함이 되었으며, 특히 부모가 다음과 같은 사항에 해당되어 사실상 부양을 받지 못하는 18세 미만 아동과 그 아동을 양육하는 조부 또는 조모로 이루어진 가정으로 조부모 중 1인이 심신장애 등으로 근로능력을 상실하였거나 연령이 65세 이상인 경우 보호 대상으로 지원한다(서보준 외, 2005 : 318).

- 부·모가 사망하거나 생사가 분명하지 아니한 아동
- 부·모가 정신 또는 신체의 장애, 질병으로 장기간 노동능력을 상실한 아동
- 부·모의 장기복역 등으로 부양을 받을 수 없는 아동
- 부·모가 이혼하거나 유기하여 부양을 받을 수 없는 아동
- 부·모가 불화 등으로 가출하여 부양을 받을 수 없는 아동
- 그 밖에 부·모가 실직 등으로 장기간 경제적 능력을 상실하여 부양을 받을 수 없는 아동

(2) 한부모가정의 유형

한부모가정의 유형에는 이혼에 의한 한부모가정, 부와 모의 사망에 의한 한부모가정, 유기에 의한 한부모가정, 미혼에 의한 한부모가정, 조손가정, 청소년 한부모가정 등이 있다(서보준 외, 2015).

2) 한부모가정의 현황 및 문제점(특성)

(1) 한부모가정의 현황

표 12-5와 같이 2014년 추산 한부모가족 수는 55만 9,000가구이며 이 중에서도 모자가구가 26만 4,000가구로 가장 많은 비중을 차지하고 있었다.

표 12-5 2014년 한부모가족 수 추산

(단위 : 가구)

구분	전체 한부모가족	모자가구	모자 기타 가구	부자가구	부자 기타 가구
추산 가구 수	559,000	264,000	99,000	110,000	85,000

출처 : 여성가족부(2015).

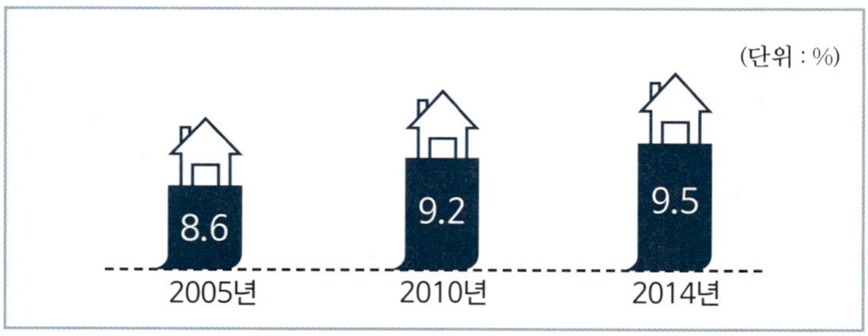

그림 12-6 한부모가구 비율

출처 : 보건복지부(2016).

그림 12-7에서 보는 바와 같이, 한부모가정의 현황 조사응답자의 혼인상태는 이혼이 77.1%, 사별이 15.8%, 기타가 7.1%로 대부분이 이혼상태인 것으로 나타났다. 2012년에는 이혼 76.4%, 사별 18.2%, 기타 5.3%로 2012년에 비해 2015년에는 사별이 다소 줄고 미혼모부 등 기타 혼인상태가 다소 증가한 것으로 나타났으나 이혼이 가장 큰 비중을 차지하는 것에 있어 변화는 없었다(여성가족부, 2015).

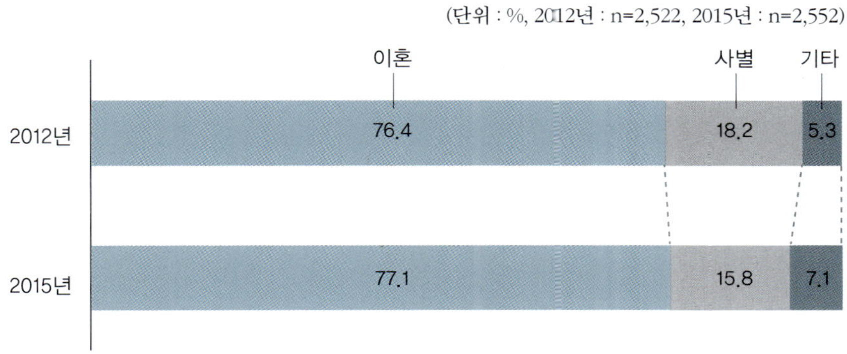

그림 12-7 한부모 혼인상태

출처 : 여성가족부(2015).

(2) 한부모가정아동의 복지서비스

① 지원 대상 가구

- 한부모가족모자가족 및 부자가족
- 조손가족
- 부모로부터 사실상 부양을 받지 못하는 아동이혼, 유기, 행방불명, 실종, 사망, 경제적 사유 등을 외조부 또는 외조모가 양육하는 가족
- 청소년 한부모가족
- 한부모가족으로서, 모母 또는 부父의 연령이 만 24세 이하인 가족

② 지원 대상 가구원

- 한부모가족 및 청소년 한부모가족의 '모母' 또는 '부父'와 만 18세 미만취학 시 만 22세 미만의 자녀
- 조손가족의 경우 외조부 또는 외조모와 만 18세 미만취학 시 만 22세 미만의 손자녀
- 지원기간은「한부모가족지원법」에 의한 지원 대상자를 가구단위로 선정
- 지원가구에 대한 복지급여는 급여 내용에 따라 가구 또는 개인단위로 지급

표 12-6 지원사업별 지급 기준

구분	지급기준	내용
한부모가족 양육비 등 지원사업	가구단위	생활보조금
	개인단위	아동양육비, 추가 아동양육비, 학용품비
청소년한부모 자립지원사업	가구단위	자립촉진수당
	개인단위	아동양육비, 검정고시학습비, 고교생 학비

출처 : 여성가족부(2020).

「한부모가족지원법」 지원 대상자 연령기준

1. 한부모가족 자녀연령 관련
   - 만 5세 이하(추가아동양육비) : 만 6세가 되는 생일이 도래하는 달의 전 달까지
     예) 2020년 01월분 아동양육비 = 2014.02 출생아까지 지급
   - 만 18세 미만(취학 시 지원대상자녀) : 만 18세가 되는 생일이 도래하는 달의 전 달까지
     예) 2020년 01월분 아동양육비 = 2002년 02월 출생아까지 지급
2. 한부모가족 모 또는 부 연령 관련
   - 만 24세 이하(청소년한부모) : 만 25세가 되는 생일이 도래하는 달의 전 달까지

표 12-7 한부모가족 지원사업 및 복지서비스

구분	사업명 및 개요	사업 대상	수행기관
한부모가족자녀 양육비 등 지원	• 아동양육비 : 만 13세 미만 자녀, 월 20만 원 • 추가아동양육비 : 조손 및 만 25세 이상 미혼한부모가족 5세 이하 자녀, 월 5만 원 • 학용품비 : 중학생 · 고등학생 자녀, 연 5.41만원 • 생활보조금 : 시설 입소가구, 월 5만 원	소득인정액 기준 중위소득 52% 이하 한부모 및 조손가족	지방자치단체
청소년한부모 자립 지원	• 아동양육비 : 월 35만 원 • 검정고시학습비, 고등학생교육비, 자립촉진수당 등	소득인정액 기준 중위소득 60% 이하 만 24세 이하 한부모가족	지방자치단체
	권역별 미혼모 · 부자 지원기관 운영 * 미혼모 · 부의 임신 · 출산 · 자녀양육을 위한 초기 지원, 교육 · 문화프로그램, 자조모임, 상담 및 정보제공 등	미혼모 · 부자가족	지방자치단체 17개 지원 기관

구분	사업명 및 개요	사업 대상	수행기관
한부모가족복지 시설 지원	• 시설기능보강 : 신축, 개보수, 기자재 구입 등 • 시설 입소자 상담 · 의료 지원 • 시설 아이돌봄서비스 지원 • 공동생활가정형(매입임대주택) 주거 지원 • 한부모가족복지단체 지원 • 시설배치 사회복무원 인력경비 지원	저소득 한부모가족 등	지방자치단체 한부모가족 관련 시설 · 단체
한부모가족 무료법률구조	한부모가족 대상 법률상담, 소송대리, 기타 법률사무 등 무료법률구조 지원	「한부모가족지원법」 제5조, 제5조의 2 제2항 한부모가족	대한법률 구조공단

출처 : 여성가족부(2020).

표 12-8 2017년도 「한부모가족지원법」 지원 대상 가구 소득인정액 기준 (단위 : 원/월)

구분		2인	3인	4인	5인	6인
2020년 기준 중위소득		2,991,980	3,870,577	4,749,174	5,627,771	6,506,368
〈참고〉 생계급여 수급자 (기준 중위소득 30%)		897,594	1,161,173	1,424,752	1,688,331	1,951,910
한부모 및 조손가족	(기준 중위소득 52%)	1,555,830	2,012,700	2,469,570	2,926,441	3,383,311
	(기준 중위소득 60%)	1,759,188	2,322,346	2,849,504	3,376,633	3,903,821
청소년 한부모 가족	(기준 중위소득 60%)	1,759,188	2,322,346	2,849,504	3,376,633	3,903,821
	(기준 중위소득 72%)	2,154,226	2,786,815	3,419,405	4,051,995	4,684,585

출처 : 여성가족부(2020).

표 12-9 복지급여액 및 지원 대상자의 범위

구분	개정 사유	2017년 개정사항
복지급여액 및 지원 대상자	한부모가족의 생활안정을 위해 복지급여액 증액 및 아동 지원 연령 상향	• 저소득 한부모가족 (2018년) 아동양육비 월 13만 원 아동지원 연령 만 14세 미만 (2019년) 아동양육비 월 20만 원 아동지원 연령 만 18세 미만

출처 : 여성가족부(2020).

한부모가족 지원을 위한 신청은 주민등록상 세대주보호자의 주소지 관할 읍 · 면 · 동 주민센터 및 복지로bokjiro.go.kr 홈페이지에서 연중 신청 가능하며, 신청 접수 후 해당 시 · 군 · 구청에서 지원대상자의 소득 · 재산 조사 등 지원결정 및 복지급여 자격 여부 등을 판단하기 위한 조사 실시하여 자격여부를 결정하게 된다(여성가족부 홈페이지 http://mogef.go.kr; 한부모상담전화 1644-6621).

3. 조손가정

1) 조손가정의 개념 및 현황, 서비스

(1) 조손가정의 개념

조손가정은 가족해체가 급증하고 가족안정성이 약화됨에 따라 만들어진 변형된 가족구조로(김혜선, 2004 재인용), 조부모와 손자녀만으로 세대를 구성하여 함께 생활하는 가족을 말한다.「한부모가족지원법」에서는 "부모의 유기 등으로 인해 65세 이상의 조부모가 18세 미만의 아동을 양육하는 가정"으로 정의하고 있다(이재연 외, 2015 : 358).

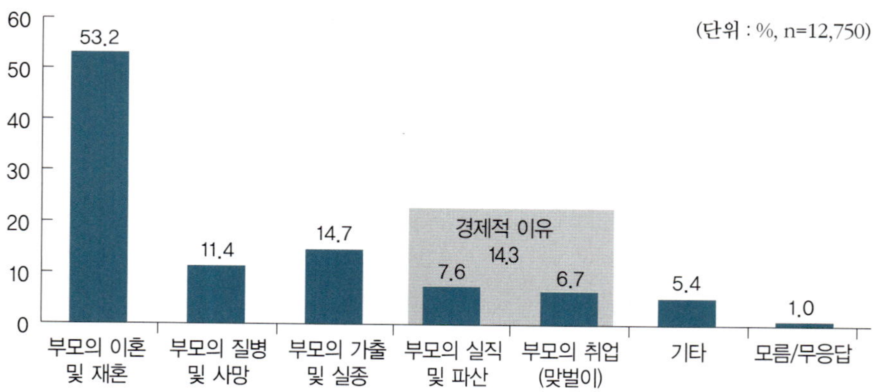

그림 12-8 손자녀양육 이유

출처 : 여성가족부(2010).

(2) 조손가정의 유형

조손가정 실태조사에 따르면, 우리나라 조손가족의 절반 이상53.2%이 손자녀 친부모의 '이혼 및 재혼'에 의해 조부모가 손자녀를 양육하게 됨으로써 형성되었고, '부모의 가출이나 실종' 등에 의한 경우가 14.7%, '부모의 실직과 파산'7.6% 혹은 '부모의 취업'6.7% 등의 경제적 이유로 인해 손자녀를 양육하게 된 경우는 14.3%였으며, '부모의 질병과 사망' 등의 이유는 11.4%였다. 이런 현상은 우리나라의 이혼율이 해마다 증가하는 추세라는 점을 고려할 때, 향후 조손가족의 증가 가능성이 상대적으로 높을 수 있다는 점을 시사하고 있다(여성가족부, 2010).

이와 더불어 맞벌이 부부의 증가나 잦은 근무지 이동 등으로 인해 안정적인 자녀양육환경을 마련할 수 없는 가구의 증가로 인하, 이러한 가정의 자녀들이 조부모에 의해 양육될 가능성이 많다는 점에서 다양한 조손가족의 증가는 앞으로도 더욱 가속화될 수 있다고 예상할 수 있다.

2) 조손가정의 현황 및 문제점(특성)

(1) 조손가정의 현황 및 유형

통계청에 따르면 우리나라 조손가정규모는 2010년 인구주택총조사 결과 11만 9,294세대로 전체일반가구의 0.7%를 차지하는 것으로 나타났으며, 특히 조손가정 아동은 11만 6,930명으로 일반가구아동의 1.1%를 차지하고 있는 것으로 나타났다(경기도가족여성연구원, 2012 ; 송정애, 2015 재인용).

조손가정의 유형으로는, 표 12-10의 실태조사(여성가족부, 2010) 결과, 응답자 중 손자녀의 양육을 주로 책임지고 있는 조부모의 성별로 남성은 17.3%, 여성은 82.7%였으며, 이들 중 배우자와 동거하며 손자녀를 양육하는 양조부모가족은 17.1%에 불과하였고, 나머지 82.9%는 조부 또는 조모 혼자서 한조부모가정으로 손자녀를 양육하고 있는 형태로 조사되었다. 또한 이러한 한조부모가족일 경우, 90% 이상이 조모와 손자녀로 이루어져 있음을 알 수 있었다.

표 12-10 조손가구 유형

구분		응답자 수(명)	남자(%)	여자(%)	합계(%)
		12,750	17.3	82.7	100.0
가구 유형	양조부모가족	2,176	55.4	44.6	100.0
	한조부모가족	10,574	9.5	90.5	100.0
응답자 연령	70세 미만	4,003	15.3	84.7	100.0
	70~74세	4,517	17.7	82.3	100.0
	75세 이상	4,230	18.7	81.3	100.0

출처 : 여성가족부(2010).

(2) 조손가정의 문제점(특성)

조손가정의 생활상의 애로사항으로 '경제적 어려움'이 76.7%로 가장 높게 나타났다. 이들의 소득수준이 최저생계비 수준에 머문다는 점을 고려할 때, 가장 시급한 것은 소득 증대라고 할 수 있으나, 생계 책임자가 65세 이상의 노령으로 노동시장에서 소외될 수밖에 없는 상황이며, 손자녀들 역시 아직 본격적으로 생계를 담당할 연령에 이르지 못하고 있다는 점에서 어려움이 있다(여성가족부, 2010).

조손가족이 겪는 대표적인 문제로 노동력 약화에 따른 경제적 어려움, 손자손녀와의 세대차이로 인한 양육의 어려움 그리고 노화로 인한 건강 악화 등이 드러났다.

이들이 지적한 애로사항 중 두 번째로 많은 것은 '손자녀의 학업 및 장래에 대한 걱정'으로 53.7%가 지적하였고, '자신과 배우자의 건강'에 대한 걱정 역시 44.8%로 많았다.

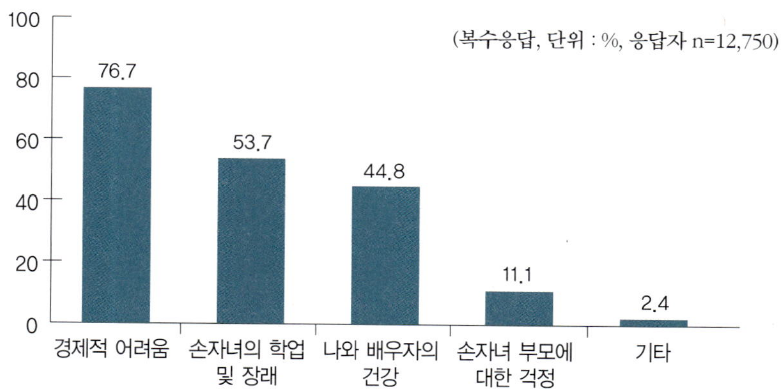

그림 12-9 조손가족 생활상의 애로사항

출처 : 여성가족부(2010).

① 경제적 문제

조손가족 실태조사(여성가족부, 2010)에서 전체 응답자의 66.2%가 손자녀를 양육하며 부딪히게 되는 가장 어려운 문제로 '아이 양육교육에 따른 경제적 문제'를 언급하였고, 11.5%는 '아이의 생활 및 학습지도 문제'를 지적하였다. 조손가족의 월평균 소득이 59만 7,000원에 불과하고, 손자녀의 친부모로부터 정기적으로 양육비 지원을 받는 경우가 30%에도 미치지 못하는 상황에서 결국 손자녀의 양육교육비는 조부모의 노후생활에 큰 부담이 됨이 조사되었다(여성가족부, 2010).

표 12-11에서 보는 바와 같이, 조손가족에서 가구주나 배우자인 조부모가 생계를 주로 책임지고 있는 가구는 39.1%에 불과하였고, 정부나 공공기관의 지원금에 의존하는 가구가 46.7%였다. 조손가족은 경제활동이 힘든 연령의 조부모와 미성년 손자녀로 이루어져 있기 때문에, 외부의 가계 지원이 없다면, 그 생활이 힘들 수밖에 없다.

또한 그림 12-11에서 보는 바와 같이, 응답 가족 중 25.9%만이 손자녀의 친부로부터 정기적으로 또는 부정기적으로 양육비를 지원받고 있는 것으로 나타났다(여성가족부, 2010). 이는 조부모의 손자녀 양육 시 대부분 소득이 없는 상태에서 손자녀의 교육비와 양육비 및 생활비가 가중됨으로써 이에 따른 경제적 어려움을 예상할 수 있다.

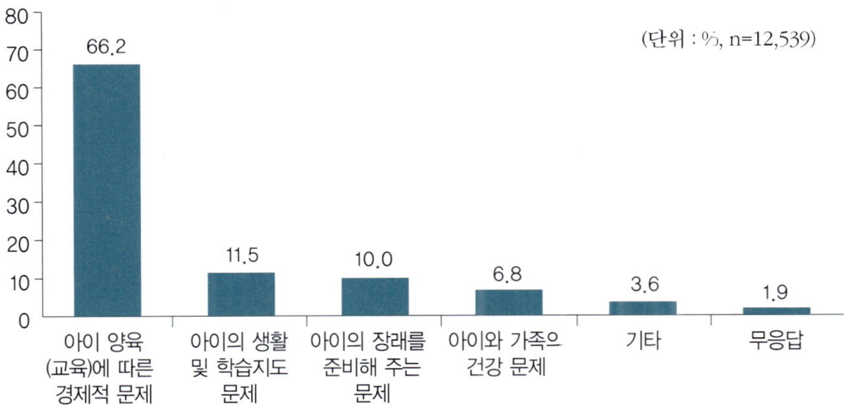

그림 12-10 손자녀 양육상의 애로사항

출처 : 여성가족부(2010).

표 12-11 가족 생계 책임자

(단위 : %)

구분		응답자 수(명)	나 혹은 배우자	함께 살고 있는 손자 손녀	부동산/연금 등 재산소득	정부나 공공 기관 지원금	따로 사는 자녀	합계
전체		12,750	39.1	2.4	3.9	46.7	7.9	100.0
가구 유형	양조부모가족	2,176	52.3	2.2	5.2	34.2	6.2	100.0
	한조부모가족	10,574	36.4	2.5	3.6	49.2	8.2	100.0
지역 크기	대도시	5,181	36.2	3.1	5.0	45.3	10.4	100.0
	중소도시	5,131	37.3	2.4	3.6	49.3	7.4	100.0
	농어촌(군)	2,437	49.3	1.1	2.3	43.9	3.4	100.0

출처 : 여성가족부(2010).

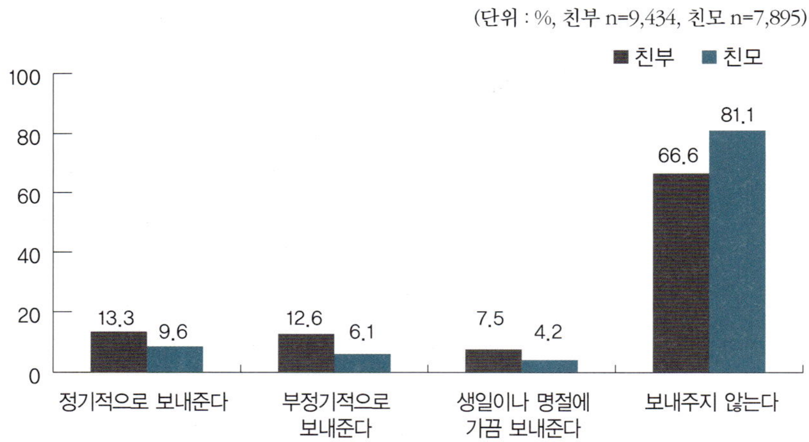

그림 12-11 친부모의 양육비 지원 여부

② 손자녀 학업 및 생활지도문제

조손가정의 손자녀들은 부모의 실질적 역할부재 상황에서 다른 아동들보다 더 빨리 성인역할 수행을 요구받기도 한다. 자신의 발달과 연령에 맞지 않는 과도한 성인역할을 수행하면서 발생하는 정신적 스트레스를 경험하기도 하며 부모역할의 부재로 인한 학업이나 생활에도 영향을 받기도 한다. 학교생활 적응과 친구관계 형성에 어려움을 겪기도 하고 고령의 조부모와의 관계에서 적절한 학업 지원이나 생활지도를 받기 어려운 상황이다(송정애, 2015).

③ 신체적 문제

조부모의 건강상태 관련 응답자 1만 2,750명 중 6개월 이상 만성질환을 앓고 있는 경우가 40.8%로 가장 많았고, 크고 작은 잦은 질병에 시달리는 경우가 33.1%로 질병으로 인해 건강하지 못한 경우가 73.9%에 달했다(여성가족부, 2010). 이러한 노년기의 만성질환과 신체능력 저하로 인한 신체적 문제는 손자녀 양육에 있어서 부담으로 작용할 수 있으며, 특히 어린 연령의 손자녀를 양육하는 경우에는 그 신체적 부담이 더욱 클 수밖에 없다(이재연 외, 2015).

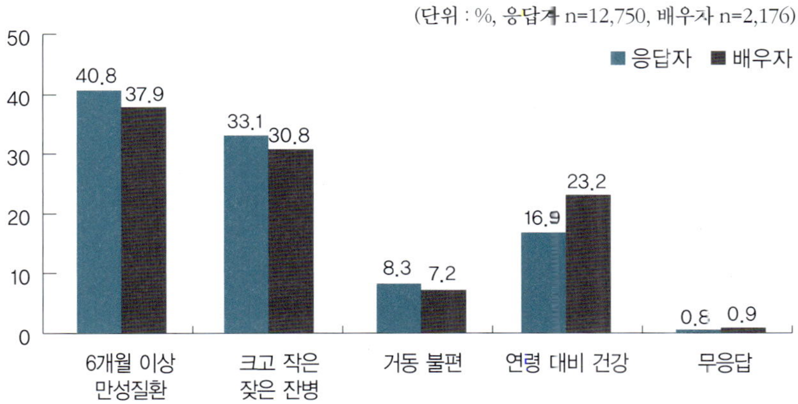

그림 12-12 응답자 및 배우자 건강상태

출처 : 여성가족부(2010).

3) 조손가정 아동의 복지서비스

(1) 지원 대상

조손가족 지원은 다음의 사유로 부모로부터 부양을 받지 못하는 아동을 양육하는 외조부 또는 외조모를 지원 대상으로 한다.

- 아동의 부모가 사망하거나 생사가 분명하지 아니한 경우 : 생사가 분명하지 않은 경우란 실종선고 절차가 진행 중이거나, 관할 시 · 군 · 구청장이 가출

또는 행방불명 사실을 확인한 경우거주불명등록자, 주민등록 직권말소 등를 의미

- 아동의 부모가 정신 또는 신체의 장애 · 질병으로 장기간 근로노동능력을 상실하여 부양을 받을 수 없는 아동
- 아동의 부모가 6개월 이상 장기복역 등으로 부양을 받을 수 없는 아동
- 아동의 부모가 이혼하거나 유기하여 부양을 받을 수 없는 아동
- 아동의 부모가 불화 등으로 가출하여 부양을 받을 수 없는 아동
- 그 밖에 부모가 실직 등으로 장기간 경제적 능력을 상실하여 부양을 받을 수 없는 아동
  ※ 부모의 소득인정액이 기준 중위소득 52%를 초과할 경우, 경제적 능력을 회복한 것으로 인정하여 지원 중지

한부모가족 지원가능 조손가족은 부모로부터 사실상 부양을 받지 못하는 아동이혼, 유기, 행방불명, 실종, 사망, 경제적 사유 등을 (외)조부 또는 (외)조모가 양육하는 가족을 의미한다. (외)조부 또는 (외)조모 중 1인이 손자녀를 양육할 경우 지원하는 것이 원칙이며, 단 (외)조부와 (외)조모가 함께 손자녀를 양육하는 경우, (외)조부 또는 (외)조모 중 1인이 심신장애 · 질병으로 장기간 근로능력을 상실하거나, (외)조부 또는 (외)조모 중 1인이 65세 이상이면 지원 가능하다.

조손가구의 소득인정액 산정 시, 한부모가족증명서 발급대상 선정기준은 기준 중위소득 60% 이하인 경우에 한하며, 아동양육비 등의 복지급여 지급기준은 기준 중위소득 52% 이하인 경우에 지급하고 있다(여성가족부, 2020).

(2) 지원 내용(한부모가족지원법 참조)

- 표 12-8과 표 12-9를 참조한다.
- 아동양육비 지원 : 만 18세 미만 자녀, 1인당 월 20만 원
- 추가아동양육비 지원 : 조손 및 만 25세 이상 미혼한부모가족 5세 이하 자녀 1인당 월 5만 원 추가 아동양육비 지원
- 자녀 학용품비 지원 : 중 · 고등학생 자녀 1인당 연 5.41만 원
- 한부모가족 복지시설 입소 및 생활보조금 : 월 5만 원(여성가족부, 2020)

(3) 아동복지 서비스 및 프로그램

① 건강가정지원센터의 프로그램

경제적 어려움 외에도 조손가정의 애로사항인 조부모의 손자녀 양육문제, 생활 및 학습 지도문제, 학교적응문제 등의 부분을 지원하기 위해 건강가정지원센터에서는 손자녀 양육상담을 비롯하여 학습문제 지원 등의 서비스 및 프로그램을 운영하고 있다. 조손가정을 비롯하여, 한부모가정, 다문화가정, 맞벌이가정을 위한 지원 사업이 다양하게 이루어지고 있다(고인숙 외, 2017).

② 결연사업

도움이 필요한 가정의 아동들과 지역사회단체 및 인사와의 결연으로 물질적 · 정신적 지원을 제공하고 이를 바탕으로 조손가정 및 다양한 가정의 아동들의 양육에 도움이 되는 복지 서비스를 지향한다.

추천 영화 및 도서

영화

완득이

- 감독 : 이한
- 주연 : 김윤석, 유아인
- 개봉 : 2011. 10.
- 줄거리 : 고등학생 완득이의 청소년기를 담은 영화면서 그 안에 우리 사회의 다문화가정에 대한 시각, 외국인 이주 노동자들에 대한 편견 및 사회문제에 대한 내용을 담은 영화이다.

마이 리틀 히어로

- 감독 : 김성훈
- 주연 : 김래원, 이성민, 조안
- 개봉 : 2013. 1.
- 줄거리 : 음악 감독 아버지를 찾아 공개 오디션 프로그램에 참가한 다문화가정 아이의 이야기를 다루고 있다. 재능이 뛰어나지만 필리핀 혼혈아여서 겪는 다문화가정 아이들의 차별 등에 대한 내용을 담고 있다.

집으로

- 감독 : 이정향
- 주연 : 김을분, 유승호
- 개봉 : 2002. 4.
- 줄거리 : 집안형편이 어려워진 상호는 시골 외할머니 댁에서 지내게 되고, 외할머니와 지내면서 겪는 이야기들을 따뜻하게 풀어낸 영화이다. 조손가정 속의 모습도 살펴볼 수 있다.

다문화 가정 관련 주제 추천 도서

살아 있는 다문화교육 이야기

- 지은이 : 손소연, 이륜
- 출판사 : 즐거운학교
- 출간일 : 2016. 12.
- 줄거리 : 학교 다문화교육을 위한 다문화가정과 학생에 대한 이해를 현장지식과 실제 사례를 바탕으로 담은 책이다. 특히, 교실 속 다문화가정과 학생들의 다양한 어려움에 대해 교육적으로 접근하였다는 점에서 의의가 있다.

노인이 스승이다

- 지은이 : 윤용섭, 김미영, 장윤수, 정재걸, 최효찬, 장정호, 이창기
- 출판사 : 글항아리
- 출간일 : 2015. 10.
- 줄거리 : 한국 전통가족제도 속의 조부모의 존재와 현대사회의 다양한 가족 형태의 변화 속에서 조부모의 역할에 대해 생각해 볼 수 있는 책이다.

한부모 어머니들의 취업과 복지 : 빈곤한 미국 한부모 어머니들의 삶

- 지은이 : 캐슬린 에딘, 라우라 레인 외(김은정, 진미정 공역)
- 출판사 : 신정
- 출간일 : 2007. 1.
- 줄거리 : 미국의 한부모 어머니들의 경제적 빈곤상황과 그들의 자녀양육 및 취업을 통한 생존의 방식 및 모습을 보여줌으로써 국가의 한부모가정의 복지와 연관해서 생각해보게 하는 책이다.

본 장을 정리하며 : 생각수업 2

조손가정의 어려움… '양육 · 건강 · 경제력 삼중고'

출처 : http://www.hankookilbo.com/v/10d0975d1d764218805dd9c1ac2f669f

부모의 가출로 조손가정에서 자란 강(15 · 가명)양은 최근 할머니에게 자주 학업을 중단하고 빨리 취업을 해서 생계에 도움이 되고 싶다고 말을 한다. 학부모가 된 병든 조부모에게 죄송스러움에 하루 빨리 돈을 벌어 할머니와 할아버지께 도움이 되고 싶다는 생각이 한층 더 간절하다.

부모의 이혼이나 가출 또는 경제적 사정으로 인해 조부모에게 맡겨진 아이들이 지속적으로 늘어나고 있다. 통계청에 따르면 1995년 3만 5,000여 가구이던 조손가정의 수가 2011년에는 6만 9,000여 가구로 2배 가까이 증가했다. 조손가구의 월평균 소득은 60만 원이 채 안 되고 최저생계비 이하의 생활을 하고 있는 가구도 전체의 3분의 2나 된다.

상황이 이렇다 보니 최근 조손가정과 관련된 사건사고도 잇따르고 있다.

지난 22일 목포에서 이혼한 자식을 대신해 손자를 키우던 70대 노인이 손자를 살해하고 스스로 목숨을 끊은 사건이 발생했다.

부모도 힘들다는 자녀양육의 고통은 물론 여러 질환에 시달리는 조부모들 그리고 경제적 문제까지 삼중고에 조손가정은 시달리고 있다는 것이다.

어린이재단 관계자는 "계속 늘고 있는 조손가정의 경제적 지원은 중요한 문제"라며 "현재 해외 아동 후원에 대한 관심이 증가하고 있지만 조손가정 등 국내 저소득층 아동에 대한 관심과 나눔은 부족하다"고 말했다.

출처 : 뉴시스(2011.8.27).
http://news.naver.com/main/read.nhn?mode=LSD&mid=sec&sid1=102&oid=003&aid=0004044700

◆ 우리 사회에서 손자녀를 양육하는 조부모가 겪을 수 있는 문제점들을 생각해 보고 지원방안에 대해 토론해 봅시다.

참고문헌

고인숙, 류현수(2017). **아동권리와 복지**. 동문사.

김성경, 김혜영, 최현미(2013). **아동복지론**. 양서원.

김혜선(2004). 조손가족 조부모의 양육태도와 양육스트레스가 손자녀 적응에 미치는 영향 연구. **한국아동복지학, 18**, 85-117.

경기도가족여성연구원(2012). 경기도조손가족지원방안연구.

노명희, 윤은종, 이재경, 김광석, 최금희, 이상미(2014). **아동복지론**. 정민사.

도미향, 남연희, 이무영, 변미희(2014). **아동복지론**. 공동체.

보건복지부(2016). 제1차 아동정책 기본계획.

서보준, 김우호, 박선태, 이정미(2014). **아동복지론**. 공동체.

설동훈 외(2005). 국제결혼 이주여성 실태조사 및 보건 복지 지원 정책방안. 보건복지부.

송정애(2015). **아동복지론**. 양서원

송효진, 김소영, 안소영, 김연재(2015). 다문화가족의 자녀 보호를 위한 법. 제도 개선방안 연구 연구보고서-25. 한국여성정책연구원.

여성가족부(2010). 조손가정 실태조사보고서.

여성가족부(2015). 한부모가족 실태조사.

여성가족부(2016). 2016년 다문화 가족정책 시행계획.

여성가족부(2017). 2017년 다문화가족 지원사업 사업안내.

여성가족부(2017). 2017년 한부모가족지원사업안내.

여성가족부(2020). 2020 가족사업안내 (Ⅰ).

여성가족부(2020). 2020 가족사업안내 (II).

여성가족부(2020). 2020년 한부모가족지원사업 안내.

이재연, 박은미, 황옥경, 김형모, 이은주, 강현아(2015). **아동복지론**. 학지사.

통계청(2016). 2015 전국다문화가족 실태조사.

한국여성정책연구원(2012). [8월]미혼모 자녀양육 및 자립 지원을 위한 정책과제(이미정).

한국여성정책연구원(2016). 2015년 전국다문화가족 실태조사분석.

한국여성정책연구원(2016). 다문화가족의 자녀 보호를 위한 법 · 제도 개선방안 연구. 휴먼컬처아리랑.

한미현, 문혁준, 강희경, 공인숙, 김상희, 안선희, 안효진, 양성은, 이경열, 이경옥, 이진숙, 천희영(2013). **아동복지**. 창지사.

한성심, 송주미(2015). **아동복지론**. 창지사.

다문화가족지원포털 다누리 http://www.liveinkorea.kr/homepage/kr/multidata/statisticsFamily.asp?language=KR&mc=M0031

보건복지부 http://www.mohw.go.kr.

행정자치부 http://www.moi.go.kr/frt/bbs/type001/commonSelectBoardArticle.do?bbsId=BBS MSTR_000000000014&nttId=46327

Chapter

13

아동권리와 아동복지 미래

숫자로 보는 '빼앗긴 아동기'

국제구호개발 NGO 세이브더칠드런은 '2017년 세계 아동기 보고서(End of Childhood Report, 2017)'에서 다음의 충격적인 자료를 발표하였다.

1. 매일 1만 6,000명의 아동이 다섯 번째 생일을 맞기 전에 사망한다. 앙골라, 중앙아프리카공화국, 차드 등에서는 10% 이상이 5세 이전에 사망한다.
2. 5세 미만 아동의 4분의 1인 1억 5,600만 명은 영양실조로 신체적 · 정신적 성장 및 발달 지연을 경험한다.
3. 분쟁으로 세계 아동 약 80명 중 한 명이 집을 떠나 피난했다. 세계적으로 아동 약 2,800만 명이 강제 이주해야만 했다.
4. 전 세계 취학 연령 아동 6분의 1인 2억 6,300만 명은 현재 학교에 다니지 못한다.
5. 말리의 아동 중 절반을 넘는 56%가 노동을 하고 있다. 세계아동노동 인구는 1억 6,800만 명으로, 유럽 전체 아동 수보다 많다.
6. 7초마다 15세 이하 여아 한 명이 결혼한다. 매년 400만 명이다. 18세 이전에 결혼하는 여아는 매년 1,500만 명이 넘는다.
7. 2초에 한 명, 매년 1,700만 명의 여아가 아이를 낳는다. 출산임신 합병증은 15~19세 여아 사망원인 2위이다.
8. 매일 200명이 넘는 아동이 살해당한다. 2015년 7만 5,000명이 넘는 20세 이하 아동이 살해당했다.

출처 : 베이비뉴스(2017. 6. 2). http://www.ibabynews.com/News/NewsView.aspx?CategoryCode=0010&NewsCode=201706111615361410008628

◆ 위의 보고서에서 밝힌 데이터는 한국에 살고 있는 우리에게는 매우 충격적인 팩트이다. 아동의 인권이 무시된 채, 삶의 도구로서 인식되고 취급받는 그들에게 우리는 무엇을 해 줄 수 있을까? '빼앗긴 아동기'를 되찾아주기 위해 우리는 어떤 노력을 해야 할까? 아동권리 증진을 위해 우리는 어떤 의식의 전환이 필요할까? 비참한 현실에 놓여 있는 세계의 아동을 위해 그리고 그들보다는 조금 낫지만 여전히 인간으로서의 권리를 존중받고 있지 못한 우리의 아이들을 위하, 우리가 할 수 있는 일에 대해 생각해 봅시다.

Chapter 13

급변하는 세계정세와 제4차 산업혁명의 시대를 맞이하면서 우리의 삶은 불확실성과 새로운 가치 창조의 과업을 이루어야 하는 시점에 와 있다. 21세기를 살아가는 우리의 자녀들을 위해 가장 우선시해야 할 아동의 권리보장의 문제와 복지 분야는 무엇이어야 하고 그에 따른 해결과제는 무엇이어야 하나? 우리는 이에 대한 깊은 성찰과 함께 지속적인 논의과정을 통해 아동권리 증진을 위한 정책 수립과 실천을 이루어야 하며 아동복지 분야에 대해서도 같은 노력을 경주해야 한다. 이제 아동복지 구현을 위해 가족, 지역사회, 국가의 역할 재정립과 함께 다양한 관점에서 재정비가 필요하다. 지금까지 우리는 아동권리와 아동복지에 대한 개념, 정책, 실천방법, 실천 분야별 아동복지 등에 대해 구체적으로 살펴보았는데, 이 장에서는 지금까지의 내용을 토대로 아동권리와 아동복지에 대한 미래전망과 추후 과제를 다루어보고자 한다.

1. 아동권리 전망과 과제

1) 아동권리의 현황 및 전망

인권은 인간이면 누구나 누려야 하는 당연한 권리이며, 인권의 주체로서 인간 개개인의 삶 또한 존중받아야 한다. 그러나 대부분의 아동 · 청소년은 이미 성별, 학교성적, 연령에 의해 차별적 경험을 하고 있어, 아동 · 청소년의 인권문제에 직면하고 있다. 인권은 누구를 위한 것이 아닌 인간으로서 당연히 보장받아야 한다. 이제 우리는 아동 · 청소년의 인권 보장을 위해 개인적 · 사회적 · 국가적으로 무엇을, 어떻게 하고 있는지 점검해보고자 한다.

(1) 유엔 아동권리위원회 권고의 이행

우리나라는 1991년 '유엔 아동권리협약' 비준 후, 1994년 1차 보고서 제출을 시작으로 유엔 아동권리위원회로부터 1996년, 2003년, 2011년에 이어 2019년 9월까지 네 번의 심의를 받았다. 이에 우리 정부는 심의 결과에 따른 권고사항을 충실히 이행해 오고 있으며, 이행 현황, 아동 · 청소년정책의 변화 내용, 권고사항에 대한 이행 현황 등 꾸준히 국가보고서를 작성해 오고 있다. 이 과정에서 아동의 권리를 보다 실질적으로 보장하기 위해 법적으로, 정책적으로 많은 노력을 경주하고 있다. 가장 최근의 권고 및 이행사항으로는 2011년 유엔 아동권리위원회의 3 · 4차 권고안과 2017년 12월 아동권리위원회에 제출한 제5 · 6차국가보고서를 들 수 있는데, 이를 간략히 소개하면 다음과 같다.

2011년 제3 · 4차 유엔 아동권리위원회 권고안은 아동권리인식개선 등 98개의 권고사항이 포함되어 있는데(보건복지부, 09.10), 이 위원회에서는 우리나라 정부의 아동복지 예산 지출이 OECD 회원국들 중 최하위임을 지적하며 경제발전수준에 맞는 예산 확충을 권고하였고, 다문화, 이주자, 탈북자 출신의 아동에 대한 차별, 정부 지원에서 난민아동, 장애아동, 미혼모, 특히 청소년 미혼모의 배제 등을 포함하여 차별의 복합적인 형태에 대한 우려를 표명하였다. 그리고 2008년 이후로 아동정책조정위원회가 단 한 차례도 개최되지 않았다는 점, 아동 · 청소년 관련 정책이 각 부처에 흩어져 있다는 점, 국가인권위원회 내에 아동권리 소위원회가 구성되어 있지 않았다는 점이 지적되었으며 아동정책조정위원회를 복구하거나 강화하고 충분한 권위와 인적 · 기술적 · 재정적 지원을 갖춘 기구를 설립할 것을 권고하였다. 또한 위원회에서는 정부부처 간, 전국 및 지역 지방자치단체 기구들 간에 아동권리 관련 업무와 관계를 명확히 할 것을 권고하였고 한국아동권리모니터링 센터 설립과 충분한 독립적 · 인적 · 기술적 · 재정적 지원을 제공할 것을 권고하였다(민진홍, 2010).

2017년 12월에 제출된 제5 · 6차 국가보고서에는 2011년 이후의 국내 아동권리분야와 성과 및 한계 등의 내용이 포함되어 있는데, 이 보고서에 대한 유엔 아동권리위원회의 심의 결과에 따르면, 난민법 제정(2012), 아동학대처벌법 제정(2014) 및 학대방지 예산의 확대, 입양허가제 도입 등에 따른 관련 유보조항 철회(2017), 아동수당 도입(2018), 아동정책영향평가 체계 수립(2019), 아동 성범죄의 처벌 강화, 남성 육아휴직 및 한부모 가정 지원 확대 등 우리나라의 정책적 노력에 대해 긍정적으로 평가하였다. 반면에, 아동 관련 예산 규모가 국내총생산GDP에 비해 여전히 낮은 점, 경제적으로 소외된 아동 · 장애아동 · 이주아동 등이 차별을 경험하고 있는 점, 높은 아동 자살률과 가정 내 아동학대 발생률, 지나치게 경쟁을 부추기는 교육 환경, 형사 미성년자 연령을 만 13세 미만으로 낮추려는 제안 등에 대하여는 우려의 의견을 표하였다(보건복지부, 2019.10.4. 재인용).

아울러 유엔 아동권리위원회에서는 2024년 12월까지 제7차 국가보고서에 담을 후속조치 등의 권고사항으로 아동 관련 예산의 증액, 차별금지법의 제정, 아동 자살의 근본 원인을 제거하기 위한 노력 강화, 모든 체벌의 명시적 금지, 교육시스템 경쟁완화, 형사 미성년자 연령의 만 14세 미만 유지 등을 주문하였고, 그 외에 가습기 살균제 피해자들을 위한 충분한 구제 · 배상, 보편적 아동등록제의 도입, 베이비박스 금지와 그 대안으로 익명 출산제의 검토, 성매매 연관 아동에 대한 보호 처분 폐지 및 피해자 대우, 아동의 이민자 수용소 구금 금지,이주아동에 대한 자료수집 및 지원보육, 교육, 보건, 건강보험, 주거, 여가, 학대보호 등 사회서비스 지원 강화 등을 권고하였다(보건복지부, 2019.10.4. 재인용).

(2) 아동권리 증진을 위한 정책적 노력

보건복지부에서는 2015년 5월 12일 '아동의 삶과 대한민국의 미래를 바꾸는 제1차 아동정책 기본계획2015~2019'을 수립 · 발표하였고 이에 관한 보도자료를 배포하였다. 제1차 아동정책기본계획은 2012년 개정된 「아동복지법」에 의해 수립된 중기계획이며, 2013년 아동종합실태조사 결과**우리나라 아동정책의 취약부분을 근본적으로 개선**의 반영이며, '유엔 아동권리협약' 및 유엔 아동권리위원회의 권고사항을 정책으로 구현하기 위함이었다. 이에 보건복지부는 아동정책조정위원회를 활성화하고 아동영향평가를 도입하고, 각종 실태조사 및 통계의 체계적인 관리방안을 마련하고, 영유아 가정방문서비스 도입을 검토하는 등 아동친화도시 확산을 적극 지원할 계획을 밝혔다(보건복지부, 2015.5.13.).

2015년 11월 19일 보건복지부에서는 우리나라 아동의 학습-놀이 간 불균형 문제를 해결하고, 2011년 유엔 아동권리위원회의 '협약 제31조 여가, 문화 및 오락활동에 대한 아동의 권리를 보장하라는 권고'에 의거, 민 · 관 합동 추진단을 구성하고 아동 놀이 헌장 제정 및 놀이정책 수립을 위한 논의를 시작하였다고 보도하였다(보건복지부, 2015.11.19). 우리나라의 아동 · 청소년15~24세의 학습시간은 OECD 국가 중 최고 수준으로 7시간 50분인 것으로 나타났으며, '삶의 만족도'는 OECD 국가 중 최하위이며 아동 중 52.8%가 정기적인 여가활동**취미생활, 스포츠, 동아리활동 등**을 하지 않는 것으로 나타났다. 이에 보건복지부에서는 교육부, 문화체육관광부, 여성가족부 등 관계부처와 함께 시 · 도 교육감협의회, 아동단체, 학계 전문가 등으로 구성된 추진단을 구성하여 2015년 11월 20일 민 · 관 합동추진단 1차 협의회를 개최하였다. 또한, 2016년 5월 2일 보건복지부에서는 제94회 어린이날을 맞이하여 「아동권리헌장」 선포식을 개최하였다.

> 아동권리헌장은 아동이 스스로 자신의 권리를 알고 지킬 수 있으며 어른도 아동들의 권리를 이해하고 존중하여야 한다는 약속이다. 아동권리헌장은 9개 조항으로 이루어졌으며, 유엔 아동권리협약의 조항들을 함축적으로 정리하여 아동들이 겪고 있는 위기에 주목해 학대 등으로부터 보호받을 권리, 놀 권리, 표현의 자유와 참여, 상상과 도전, 창의적 활동 등을 비중있게 다루었다(보건복지부, 2016.4.29.).

그 밖에 2017년 아동학대 방지를 위한 예산의 확대, 2018년 아동수당의 도입, 2019년 아동정책영향평가 체계 수립 등 많은 정책적 노력을 해오고 있으며, 2019년 5월부터 '포용국가 아동정책' 수립을 통해 정책 및 제도 개선의 노력을 하고 있다. 또한 보건복지부(2019.10.4.)에서는 아동보호 전담요원 및 학대조사 공무원을 배치하는 등 아동보호체계를 대폭 개선하고, 출생통보제 및 보호출산제 도입 검토, 체벌에 대한 인식 전환을 위한 제도 개선, 정부정책 결정과정에 아동의 참여 확

아동권리 증진을 위한 우리의 자세와 역할

1. 아동권리 증진을 위한 국제적 수준과 국제 간 협약 내용을 정확히 반영해야 한다. 유엔 아동권리협약의 기본 정신은 아동을 존엄성과 권리를 지닌 주체로 인식하며, 18세 미만 아동의 생명권, 의사표시권, 고문 및 형벌 금지, 불법해외이송 및 성적 학대금지 등 각종 '아동기본권' 보장을 규정하고 있으며, 이에 따른 입법, 사법, 행정적 조치를 의무화하고 있으므로 이를 실천해야 한다.

2. 유엔 아동권리협약에 명시된 네 가지 기본권리(생존권, 보호권, 발달권, 참여권)를 보장해야 한다. 네 가지 기본권 보장을 위해서 뿐만 아니라 아동 및 청소년 관련 모든 신체적 · 심리적 · 정서적 · 관계적 지원에서는 네 가지 주요 원칙(아동의 차별금지의 원칙, 아동의 이익최우선의 원칙, 아동의 생명존중 및 발달보장의 원칙, 아동의 의사존중의 원칙)을 지켜야 한다.

3. 아동 및 청소년이 주도할 앞으로의 미래사회를 예측하고, 아동 및 인간의 인권이 최우선시되는 문화와 사회분위기를 조성해야 한다. 국가 전체의 이익보다는 개인의 인권이 존중받는 사회를 구현해야 하며, 인간의 기본권 보장과 함께 주요 원칙이 지켜지는 그런 사회를 구현해야 한다.

대, 아동의 놀이권 확대를 위한 노력을 강화해 나갈 계획임을 밝힌 바 있다.

특히 2019년 유엔 아동권리위원회 권고를 계기로, 보건복지부는 관계부처와의 협의를 통해 각 분야별로 제도 개선 및 아동권리 증진을 위한 사회적 논의, 아동권리 토론회포럼, 분야별 전문가 및 NGO 단체의 의견 수렴 등의 행보가 이어졌고, 제2차 아동정책기본계획(2020~2024)을 수립 · 추진하기에 이르렀다.

(3) 아동권리 증진을 위한 전망

우리 정부는 2015년부터 '행복한 아동, 존중받는 아동'의 비전을 가지고, 가장 행복한 아동기를 구현하고자, 보건복지부에서는 5월 '아동의 삶과 대한민국의 미래를 바꾸는 제1차 아동정책기본계획(2015~2019)'을 발표하였고, 모든 영역에서 아동이 권리의 주체자이며, 아동의 권리가 온전히 실현될 수 있는 사회를 만들자는 슬로건을 제시하였다. 이를 위해 보건복지부에서는 OECD 국가 중 최하위인 아동의 '삶의 만족도'와 '주관적 행복지수'를 10년 내 OECD 국가 평균수준으로 향상시키고, 유엔 아동권리협약의 중요 원리인 '아동 최우선의 원칙'을 실현시킬 수 있는 기반을 조성하는 것을 핵심 목표로 설정하였으며, 기본계획으로 미래를 준비하는 삶, 건강한 삶, 안전한 삶, 함께하는 삶의 4개 영역, 기본계획 실행기반 조성 등 총 5개 부문에 걸쳐 16개의 중점과제와 158개의 세부과제를 제시한 바 있다(보건복지부, 2015.5.13). 각 부문별 주요 정책과제를 요약하여 제시하면 다음과 같다.

- 미래를 준비하는 삶 : 아동의 성장·발달과정에 영향을 미치는 사안에 대해 아동 스스로 의견을 충분히 표현할 수 있는 권리를 보장하고, 학업과 놀이·여가 간 불균형을 해소할 수 있도록 놀 권리 헌장을 선포하며, 제1차 놀이정책 마련
- 건강한 삶 : 아동이 가장 많은 시간을 보내는 생활공간가정, 어린이집·유치원, 학교을 기반으로 아동건강을 통합관리하는 체계를 구축하고, 아동의 발달주기에 따른 예방형 건강관리대책 마련
- 안전한 삶 : 가정·학교 등 아동의 주된 생활공간에서 위해요인을 줄이고, 안전한 환경 조성을 위한 지역사회의 적극적 실천 유도
- 함께하는 삶 : 빈곤, 장애, 범죄, 가출, 다문화가정, 이주아동 등 다양한 사유로 사회적 보호나 지원이 필요한 아동에 대해 종합적인 보호대책 수립 및 이행관리

2017년 보건복지부에서는 아동인권 증진을 위한 지원사업을 제시한 바 있으며(보건복지부, 2017.1.21), 현재까지 지속적으로 사업을 추진해 오고 있다.

- 아동인권 증진사업의 목적 : 어린이날 및 어린이주간, 대한민국 아동총회 등 아동 관련 행사의 개최와 아동권리교육사업의 추진을 통해 아동이 존중받고 안전하게 양육될 수 있는 사회적 분위기를 조성하기 위한 것

표 13-1 제1차 아동정책기본계획의 권리 유형별 주요 정책과제

생애 분야	영유아(0~5세)	초등학생(6~11세)	중학생(12~14세)	고등학생(15~17세)
생존권	어린이집 · 유치원 건강 관리체계 마련	건강 증진 학교 확대 방안(검토)/학교체육 활성화		
	모유수유 증진			
	예방접종률, 건강검진율 제고	학교 건강검진제도 개선		
	생활습관형 질병 예방 · 관리방안 마련			
	아동기 다빈도 질병 대응전략 수립			
		학생 자살 예방대책, 적정 수면시간 보장		
	아동전용 보건 인프라 확충/건강보험 보장성 강화			
발달권	영유아 가정방문서비스 도입(검토)			
	부모교육 활성화/양육정보 통합 제공			
	육아서비스 종합 제공			
	시간제보육			
	영유아 보육 · 교육 통합 플랜	'꿈과 끼를 살려주는 교육과정' 내실화, 공교육 정상화 이행		
	아동기 핵심역량 반영전략 수립, 아동역량지수 개발			
		인성교육 강화(인성교육진흥계획 수립, 언어문화 개선방안 마련)		
	문화예술교육 활성화 및 문화인프라(아동도서관, 숲교육 공간 등) 확충			
	놀이 · 여가 권리 보장(놀권리 헌장 제정, 제1차 놀이정책 수립)			
		맞춤형 진로교육(직업교육 현장성 강화, 학습부진아동 지원 등)		
	장애아동지원체계 구축(조기발견 · 예방 및 재활치료)			
		학교 밖 청소년 지원체계 구축		
			청소년 한부모 서비스 전달체계 통합 구축	
보호권	가정방문 안전점검 실시(검토)			
	보육 · 교육기관 안전교육 · 안전실습 제도화			
	카시트, 안전벨트 착용률 제고			
		홀로 방치되는 아동에 대한 돌봄서비스 종합 연계체계 구축		
	학대아동 보호 인프라 확충			

<table>
<tr><th>생애
분야</th><th>영유아(0~5세)</th><th>초등학생(6~11세)</th><th>중학생(12~14세)</th><th>고등학생(15~17세)</th></tr>
<tr><td rowspan="10">보호권</td><td>어린이집 · 유치원 학대 예방 및 신속 대응</td><td colspan="3"></td></tr>
<tr><td></td><td colspan="3">학교폭력 예방 및 대책 기본계획 이행관리</td></tr>
<tr><td colspan="4">범죄예방환경설계(셉테드) 확산 유도</td></tr>
<tr><td colspan="4">「차별금지법」 제정</td></tr>
<tr><td colspan="4">빈곤아동 지원 5개년 기본계획 수립</td></tr>
<tr><td colspan="4">가정 밖 보호아동 보호체계 구축</td></tr>
<tr><td colspan="4">입양절차의 공공성 강화(헤이그국제아동입양협약 비준)</td></tr>
<tr><td colspan="2"></td><td colspan="2">근로아동보호</td></tr>
<tr><td></td><td colspan="3">소년사법 발전 종합대책</td></tr>
<tr><td colspan="2">아동방치행위에 대한 법적 규제 도입(검토)</td><td colspan="2"></td></tr>
<tr><td rowspan="4">참여권</td><td colspan="4">아동의 의견진술권 보장실태 진단 및 개선방안 마련</td></tr>
<tr><td></td><td colspan="3">아동의견 수렴 창구 상시 운영</td></tr>
<tr><td></td><td colspan="3">학교에서의 참여권 보장(자치활동 활성화, 학교운영위원회 실질적 참여)</td></tr>
<tr><td colspan="2"></td><td colspan="2">아동총회 지역기반 구축</td></tr>
</table>

출처 : 보건복지부 등(2015.5.12). 아동의 삶과 대한민국의 미래를 바꾸는 제1차 아동정책기본계획(2015~2019). 관계부처 합동.

- 아동인권 증진 지원을 위한 주요 사업 : 아동권리교육 실시, 국제적 기준에 부합하는 유엔 아동권리협약 이행 추진, 아동행사 개최, 아동권리 포럼 개최 등의 사업

최근 우리 정부에서는 '아동이 행복한 나라'라는 비전으로 향후 5년간 추진할 제2차 아동정책기본계획을 마련하였고 아동권리의 존중 및 실현, 아동이 현재 행복을 누릴 수 있는 환경 조성을 정책목표로 4대 추진전략, 9개 중점추진과제, 73개 세부과제를 제시하였다(보건복지부, 2020.8.27). 이번 2차 아동정책기본계획에는 아동권리의 실현과 보호 등 실질적으로 아동의 삶을 변화시킬 수 있는 과제들을 포함하고 있으며, 건강하고 균형 있는 발달지원, 공정한 출발, 국가책임 강화 등의 전략을 포함하고 있다.

표 13-2 제2차 아동정책기본계획의 추진전략과 추진과제

4대 추진전략	9개 중점 추진과제	30개 추진과제
권리주체 아동권리 실현	아동권리 실현을 위한 정책추진체계 마련	아동 중심 정책 반영을 위한 법적 기반 마련
		아동정책 영향평가 전면 실시
		지역 아동복지사업 품질 제고
	생활 속 아동권리 실현	행정 · 사법절차상 아동 의견표명권 보장
		아동이 중심에 있는 아동권리 보호
		아동권리 사각지대 해소
건강하고 균형 있는 발달지원	놀이와 학습이 조화로운 학교와 지역사회	아동에게 친숙한 놀이 · 여가 환경 조성
		지역, 연령 등 감안한 맞춤형 놀이 · 여가 지원
		지나친 학습 경쟁 완화, 학생 중심의 맞춤형 교육
	아동 신체와 마음건강관리 강화	아동의 신체건강 관리 강화
		아동의 마음건강 관리 강화
		새로운 건강 위협요인 대응 강화
	폭력과 각종 안전사고로부터 보호	아동 성범죄 예방 및 '유아 성행동 문제' 관리 강화
		교통, 학교, 식품 · 공산품 등 생활 속 안전관리 강화
		정보연계–협력 등을 통한 아동학대 근절
공정한 출발 국가책임 강화	아동 중심 공적보호 · 돌봄체계 구축	공공 중심 아동보호체계 인프라 구축
		입양 · 가정위탁 등 가정형 보호 활성화
		입양 사후서비스 및 실종아동 찾기 · 지원 확대
		아동복지정보 연계 및 통합
		아동 돌봄 확충 및 운영 내실화
		아동복지서비스 제공기관의 공공성 강화
	저소득 가구 등 취약아동 지원 강화	취약아동에 대한 국가책임의 연속성 확보
		다양한 배경의 아동에 대한 지원 강화
		취약계층 교육 등 지원 강화
코로나19 대응 아동정책 혁신	가정의 양육역량 강화	(소득) 아동수당 역할 강화
		(시간) 아동–부모가 함께 할 수 있는 시간 보장
		(양육자 역량 강화) (학)부모 교육 강화
	재난 상황에 대응 가능한 돌봄체계 마련	보호 · 돌봄시설의 감염병 재난 대응 역량 강화
		긴급돌봄지원체계 구축
		비대면 아동보호 서비스 시범사업 실시

출처: 보건복지부 보도자료(2020.8.27.) 아동중심 · 아동권리 실현으로 「아동이 행복한 나라」를 만들어 갑니다.

또한 정부에서는 2019년 5월 '포용국가 아동정책' 발표를 통해 아동권리를 강화하고 제도 개선의 노력을 꾀하고 있으며, 2019년 현재 대한민국 아동의 삶을 재조명해 본 결과, 보호가 필요한 아동에 대해 국가책임의 비중이 매우 낮으며, 아동권리에 대한 인식이 여전히 부족하며, 초등 돌봄 및 부모교육에 대한 수요는 증가추세에 있다는 것이다. 뿐만 아니라, 신체건강, 마음건강 측면에서 위험요인이 증가하고 있으며, 우리의 아동들은 시간이 부족하고 관계에 목마르다는 것이다. 이러한 삶의 재조명을 통해 국가에서는 아동이 현재와 미래에 행복을 누릴 수 있도록 국가 책임을 확대하는 포용국가의 아동정책을 구체화하게 되었고, 그 방안으로 다음의 4가지 정책방향을 설정하였다. 첫째, 부모로부터 제대로 돌봄을 받지 못하는 아동에 대해서는 국가가 확실하게 책임지는 체계 구축, 둘째, 권리주체로서의 아동에 대한 인식을 높이고 아동의 주체적 참여 기반 확대, 셋째, 아동이 건강한 몸과 마음으로 자신의 꿈을 마음껏 펼칠 수 있도록 적극적인 예방과 치료를 국가와 사회적 자원의 집중 투자, 마지막으로 아동의 놀 권리를 위한 가정, 학교, 지역사회의 노력 강화 등이다(보건복지부 등, 2019a). 참고로 보건복지부에서 발표한 포용국가 아동정책의 10대 핵심과제를 정리하여 제시하면 다음의 표 13-3과 같다.

표 13-3 포용국가 아동정책의 10대 핵심과제

아동정책 추진방향	정책방향	10대 핵심과제	과제
보호	보호가 필요한 아동에 대한 국가 책임 강화	보호가 필요한 아동에 대한 보호체계 혁신	요보호아동 전담인력 배치 시설기능 전문화 · 다양화 아동권리보장원 설립 및 아동중심 통합시스템 구축
		아동학대 대응체계 전면 개편	학대조사 공공화
		보호종료 후 자립지원 강화	자립수당 진로지원 소득, 주거, 취업지원 강화
인권 및 참여	아이들의 권리가 보장되도록 법제도 개선	누락없는 출생등록 및 생애초기 건강관리	출생통보제 및 보호출산제 모바일 기반 임산부 지원 서비스 가정으로 찾아가는 생애초기 건강관리
		아동에 대한 체벌금지 노력	민관협동 체벌금지 캠페인 추진 민법상 친권자의 징계권 한계 설정
		아동의 목소리에 귀기울이는 정부	아동총회 아동정책영향평가

아동정책 추진방향	정책방향	10대 핵심과제	과제
건강	생애초기부터 촘촘하게 돌보는 아동건강	아동발달단계에 맞는 예방적 건강지원 강화	영유아 건강검진 강화 학생건강검진 아동건강 3대 시범사업
		마음건강 돌봄지원 강화	마음역량 함양 마음건강 관리 강화
놀이	창의성과 사회성 계발을 위한 놀이 혁신	아동이 마음껏 뛰어놀 수 있는 지역사회	놀이혁신 위원회 놀이혁신 선도지역
		놀이를 통해 잠재력을 키우는 학교	어린이집 · 유치원 초등저학년 프로그램

출처 : 보건복지부(2019b). 포용국가 아동정책 10대 핵심과제.

2) 아동권리 증진을 위한 향후 과제

우리는 지금까지 아동권리의 현황과 전망에 대해 살펴보았다. 아동권리의 문제는 우리나라만의 문제가 아닌 국제사회가 공동으로 대응하는 인간 삶의 중요한 이슈이며, 국가만이 해결해야 할 과제가 아닌 시민사회와 NGO가 협력해서 공동으로 접근해야 할 과제인 것이다. 앞으로 우리 모두가 참여하여 해결해야 할 아동권리증진을 위한 과업으로 다음의 과제를 제안하고자 한다.

(1) 온택트 시대에 적합한 아동 · 청소년 권리보호의 법제적 대안 모색

우리는 급변하고 있는 사회적 · 문화적 변화에 맞춰 권리의 주체로서 아동이 스스로의 욕구를 표명하고 표명된 욕구를 기초로 생존권과 보호권이 보장될 수 있는 정책과 입법, 청소년이나 학생을 중심으로 아동 · 청소년의 신체적 · 심리적 · 사회적 발달권을 통합적으로 보장할 수 있는 정책과 입법, 자신과 관련된 일에 대한 정보를 쉽고 적극적으로 수집할 수 있고 자신의 의사를 자유롭게 표현할 수 있는 참여권을 보장할 수 있는 정책과 입법 등이 마련되어야 한다(최윤영, 2013; 한국청소년정책연구원, 2014).

2020년 전 세계적인 COVID-19로 비대면, 즉 언택트untact의 사회적 변화와 온라인을 통한 외부와의 연결을 일상화하는 문화를 맞이하고 있는데, 이 둘을 합하여 온택트ontact라는 신조어가 생겼다. 비대면 사회에서 우리는 디지털기술을 활용하여 학교, 선생님, 친구와의 물리적 단절을 메꾸고 있으며, 사회망서비스SNS, 검색포탈, 온라인 게임 등은 아동 · 청소년을 사회적으로 연결시켜주는 매개체가 되었다. 얼마 전까지만 해도 우리 사회는 인터넷에서 생성되는 유해한 정보나 온라인에서 발생하는 왕따, 폭력, 범죄 유혹 등으로부터 우리의 아이들을 '소극적으로 보호'하는 데만 초점을 맞추고, 온라인을 활용하여 양질의 정보에 접근하고 차별없이 교육을 받고 생각을 자유롭게 표현하는 기회들을 '적극적으로 보장'하는 것에는 미흡했다(장민영, 2020). 이제 온택트 시대에서는 온라인 환경으로부터 보호받아야 하는 객체로서가 아닌, 디지털 시대에서 권리의 주체로서 자신의 권리를 바르게 행사할 수 있는 아동권리의 패러다임으로 전환해야 한다.

국제사회는 디지털 기술이 아동권리에 미치는 긍정적인 영향들에 주목하고 있다. 우리도 더 늦기 전에 교육권, 건강권, 레저 및 놀이권, 표현의 자유, 의견 표명권 등 아동 · 청소년의 권리들이 온라인에서 보다 다양하고 폭넓게 실현될 수 있도록 구체적인 법제적 방안이 모색되어야 하겠다(장민영, 2020 재인용).

(2) '아동이 행복한 사회'를 향한 정책적 대안 모색

아동이 행복한 사회란, 아동이 한 인간으로서 존중받고 안전하고 안정적인 가정에서 자신의 생각이나 의견을 수용 받고, 자신의 권리를 차별없이 보장받는 사회라 할 수 있다. 2019년 정부에서는 아동이 행복한 사회를 실현하기 위해 '포용국가 아동정책' 등의 정책적 대안을 제안하였고, '보호가 필요한 아동에 대한 국가의 공적 책임 강화'와 모든 가정의 아동양육지원, 그리고 아동중심의 관점이 포함되는 아동정책 및 평가 도입을 시도하고 있으며 지원기관으로 '아동권리보장원'을 설립하였다. 이 정책 제안이 성공하기 위해서는 아동을 '보호가 필요한 존재'로서의 인식에 머물러서는 안되며 '존중받아야 하는 권리의 주체'로의 인식전환이 무엇보다도 중요하며 이에 적합한 법과 제도 및 체계 정비, 그에 상응하는 재원지원의 확충이 뒤따라야 하겠다(윤혜미, 2020).

무엇보다도 우리나라는 1991년 '유엔아동권리협약' 가입 국가로 아동 · 청소년의 인권 상황 개선을 위해 많은 정책 및 제도적 정비를 하고 있다. 소수집단아동에 대한 지원 확대, 체벌 · 학대 및 방임금지, 불평등 해소를 위한 공교육 강화, 아동 · 청소년 권리 반영을 위한 참여 확대, 여가 · 문화 및 오락활동에 대한 권리보장, 변칙적인 노동관행 금지와 아동 성 착취에 대한 기소율 확대 등의 노력을 하고 있으나(김경준, 2015 재인용), 4차 산업혁명시대의 기술혁신과 노동시장의 급변으로 미래가 가변적이고 불확실한 시점에서, 자칫 아동청소년들의 권리가 무시된 채, 무한 경쟁에 내몰릴 수 있음도 간과해서는 안 될 것이다. 모든 아동청소년들에게 '공정한 출발'과 '행복한 아동기 · 청소년기'를 물려줄 수 있도록 총체적인 노력을 경주해야 하겠다.

다행히도 최근 교육부 전국시도교육감협의회(2020)에서는 '모든 학생들을 위한 교육안전망 강화 방안'을 발표하였는데, 핵심은 학생중심의 방역 · 학습 · 돌봄 안전망을 강화한다는 것이다. 방역 안전망 구축으로는 방역물품 지원, 인플루엔자 무료 예방접종, 학교방역지원, 법령 · 지침 개정, 학원방역, 학생 대상별 수용에 맞는 상담 및 심리지원, 학습 안전망 구현을 위해서는 학습격차해소를 위한 맞춤형 지원, 학교수업의 질 제고, 디지털 격차 사전 예방, 교육 취약계층 맞춤형 지원, 돌봄 안전망 구현을 위해서는 돌봄서비스 확대 및 질 제고, 아동학대 근절 등 학생안전 강화 등을 추진한다는 것이다. 이와 더불어 학업중단 아동에 대한 대책과 학교 밖 청소년에 대한 대응 방안도 관계부처 간 협업으로 추진되어야 할 것이다.

(3) 아동의 독립성, 주체성, 자기결정권을 존중하는 사회인식의 필요

유엔 아동권리협약 제정에 주도적인 역할을 했던 국가 중 스웨덴에서는 유엔아동권리협약에 기초하여 교육, 이민, 사회서비스 등 아동과 관련 있는 정책을 펼치고 있는데, 여전히 아동의 권리보호가 모든 영역에서 충분하지 않다는 사회적 공감대가 형성되어 2020년 1월 1일부터 유엔아동권리협약이 스웨덴의 법률과 통합되어, 아동의 권리강화, 법원과 법집행기관이 아동관련 문제를 심의할 때 유엔아동권리협약에 명시된 조항을 고려하도록 의무화 하였으며, 아동권리보호를 위해 중앙 및 지방정부의 책임을 강화하였다. 이는 스웨덴 정부가 아동의 권리를 더 적극적으로 보장하고자 하는 노력의 결과이며, 어린 시기부터 사회구성원으로서 존중받는 안정적인 환경 속에서 성장할 수 있도록 하기 위함이다(이성원, 조수영, 2020). 이러한 점은 우리나라에 시사하는 바가 크다 하겠다.

또한 스웨덴은 세계 최초로 체벌금지법을 제정하고 시행한 국가이기도 하다. 현재 우리정부에서는 부모의 자녀 체벌금지 법제를 둘러싸고 스웨덴과는 다른 양상을 보이고 있다. 여전히 자녀의 체벌을 훈육방법으로 인식하고 있는 부모들이 있어, 사회적 공감대를 얻는데 어려움이 있다. 친부모에 의한 자녀 아동학대 사건이 지속적으로 보도되는 현실에 비추어볼 때, 우리 사회가 아동을 어떤 존재로 인식하고 대우하는지를 재조명해 보아야 하겠다. 아동체벌에 대한 부정적인 사회인식과 아동의 권리를 보호하고 증진시켜야 한다는 사회적 공감대의 형성이 그 어느 때보다도 중요한 시점이며, 이를 위한 사회적 노력도 지속적으로 경주되어야 하겠다. 이에 아동의 인권과 권리보호를 위한 교육이 필요하며, 아동이 건강하고 안전하게 성장할 수 있는 환경 조성, 그들의 권리와 이익을 보장할 수 있는 법, 아동옴부즈맨 같은 제도가 필요하다(이성원, 조수영, 2020).

사실, 우리나라 아동 · 청소년은 자신의 의견을 자유롭게 표출할 수 있는지가 인권과 밀접한 관련이 있는 것으로 인식하고 있다(김영지, 김경준, 2013)는 것이다. 이에 인권에 대한 아동 · 청소년의 인식 강화를 위한 교육과 함께 인식 강화교육에 따른 환경의 변화를 촉진할 수 있는 방법도 모색할 필요가 있으며, 학교 밖 아동 · 청소년을 위해서도 인권교육을 강화해야 하겠다(한국청소년정책연구원, 2014). 이에 정책을 입안하는 국회나 정책을 수립하는 정부관계자를 대상으로 아동 · 청소년 인권교육을 실시하고, 학교 밖 아동 · 청소년 관련 시설 종사자에게 기본 인권교육을 필수화하며, 학교 밖 아동 · 청소년을 대상으로 정기적인 인권교육을 실시하고, 학대 내용을 포함한 부모 및 교사 · 일반인 대상의 대국민 홍보를 강화해야 하겠다. 또한 학교에서의 아동 · 청소년 자치권 활동 및 종교의 자유를 보장하고 청소년 권리 및 참여기구 인지도 확대방안도 모색해야 하겠다(한국청소년정책연구원, 2014).

(4) 아동권리 증진을 위한 유형별 현황 파악 및 예방정책 요구

아동의 권리증진을 위해서는 유엔아동권리협약에서 규정하는 4가지 기본원칙비차별의 원칙, 아동 최선의 이익원칙, 생존과 발달의 권리 원칙, 아동의견존중의 원칙과 4가지 기본권생존권, 발달권, 보호권, 참여권이 실천되어야 한다. 이에 아동권리의 기본원칙과 기본권에 해당하는 유형별 현황 파악이 그 무엇보다도 중요하며, 그에 따른 예방정책도 마련되어야 한다.

한 가지 예로, 성범죄 피해아동의 보호방안은 소년법이나 그 밖의 관련 법에 의하여 대책이 강구되어 왔으나 범죄피해자나 증인이 된 아동의 경우 성인의 형사절차를 따르고 있는데, 형사사법절차의 운영과정에서 피해아동에 대한 권리보호장치의 확대가 필요하며, 보다 적극적인 피해아동정책의 수립을 위한 가이드라인이나 매뉴얼을 만들 필요가 있다(신은식, 신애리, 2015).

또한 아동학대의 경우에도 좀 더 구체적인 법제적 노력이 강구되어야 한다. 독일의 경우에는 부모에 의해 자녀의 안위가 위협받는 경우, 독일 민법 제1666조 등을 통해 정부가 아동을 보호하고 지원하도록 상세한 조항을 두고 있는데, 민법 제1666조는 '아동복지의 위험에 대한 사법적 조치'에 관한 조항으로 부모의 양육권 남용, 자녀의 방임, 부모의 무책임성, 부모가 제3자의 위험 행위에 대해 방지하지 않거나 방지할 수 없을 경우 등을 다루고 있으며 아동학대 발생시 부모의 양육권에 대한 가정법원의 개입권한과 조건 등을 정하고 있다. 이외에도 독일의 최상위법인 기본법을 개정하여 '기본법에 아동권리를'이라는 캠페인이 진행 중에 있는데, 이는 기본법 내에 유엔아동권리협약의 기본원칙인 차별금지, 보호, 지원, 교육, 아동복지의 우선 등을 명시할 것을 주장하고 있는 것이다(배지혜, 2020).

영유아기에 부모로부터 무시되고 학대받은 아동은 성인이 된 뒤에도 원만한 대인관계를 가지는 것이 곤란하고, 만성적인 애정 결핍상태에 놓인다. 그래서 학대로부터 아동을 보호하는 것은 가정뿐만 아니라 우리 사회의 건전한 발전을 위해 매우 중요한 문제이다(최영진, 2015). 이에 우리도 아동의 권리증진을 위해 독일과 같은 개선의 노력이 강구될 필요가 있으며, 보다 적극적인 법적 대응 방안과 예방 정책이 제시되어야 하겠다.

(5) 아동권리보장원을 중심으로 지원체계 강화

2019년 1월 15일 '아동권리보장원' 설립에 관한 「아동복지법」 개정안이 공포됨에 따라 같은 해 7월 16일 '아동권리보장원'이 출범하였고, 2020년 1월 1일까지 기존에 개별적으로 운영된 중앙입양원, 아동자립지원단, 드림스타트사업지원단, 실종아동전문기관, 중앙아동보호전문기관, 지역아동센터중앙지원단, 중앙가정위탁지원센터, 디딤씨앗지원사업단이 통합완료되어 아동권리실현을 위한 통합적 아동중심 서비스가 가능하게 되었다(아동권리보장원 홈페이지, 2020). 아동권리보장원의 업무 범위는 「아동복지법」 제10조의2에 명시되어 있으며, 아동정책에 대한 종합적인 수행과 아동복지 관련 사업의 효과적인 추진을 위하여 필요한 정책의 수립을 지원하고 사업평가 등의 업무를 수행하도록 되어 있다.

그동안 민간에 위탁하여 운영해오던 아동복지사업 지원기관을 통합한 공공기관으로서 그 역할을 다하여 아동권리 실현 및 권리증진은 물론 아동보호를 위한 지원체계로서, 공공성 확보와 전문성을 강화할 필요가 있으며, 아동정책의 핵심기관으로서 법으로 규정한 역할을 제대로 수행할 수 있도록 노력해야 할 것이다.

(6) 유엔아동권리위원회 심의 결과에 따른 아동권리 이행과제의 수행

우리나라는 지난 2019년 9월 유엔아동권리협약에 따른 권고사항에 대해 아동권리위원회로부터 제5 · 6차 국가보고서 심의를 받은 결과, 몇 가지 개선과제의 이행을 권고받았으며, 이행과제에 대한 진전사항은 오는 2024년 12월에 보고서로 제출하도록 되어 있다. 굿네이버스에서 정리한 우리나라의 아동권리 이행을 위한 과제를 소개하면 다음과 같다(굿네이버스, 2020).

첫째, 아동권리이행을 위한 굿거버넌스를 마련해야 한다. 여기서 거버넌스란 의사결정이 이루어지는 과정이나 구조를 의미하는데, 굿거버넌스를 구현하기 위해서는 무엇보다도 입법의 틀과 정책, 관련프로그램, 예산 분배 등이 지원되어야 하며, 합의, 책무성, 투명성, 효과성과 효율성, 공정성 및 포용성, 법치

주의가 뒷받침되어야 한다. 사실상 이 부분에 대한 유엔아동권리위원회의 권고는 지속적으로 반복되고 있는데, 우리나라의 경우 일정부분 개선의 성과를 내고는 있으나, 속도감 있는 굿거버넌스의 구축은 현실적으로 어렵다는 것을 단적으로 보여주는 결과라 하겠다. 이에 지속적인 개선 노력이 필요하며, 정부 내부에 범부처간 협업에 의한 상시적인 이행체계를 가동시킬 수 있어야 할 것이다.

둘째, 누구도 소외받지 않는 아동권리를 보장해야 한다. 유엔아동권리위원회에서는 차별 금지를 위해 특별한 조치가 필요한 아동에 대해 구체적인 개선 이슈를 광범위한 분야에 까지 제시하고 있으며, 특히 대한민국 국적의 모든 아동, 장애여부나 경제적 취약, 거주지역, 가족형태 등에 따라 보편적인 지원과 서비스가 제공되어야 한다는 점과 학업성적에 대한 차별이 존재한다는 점, 표현 및 참여의 권리를 누리는데 장애요인이 존재한다는 점까지 비중 있게 지적되었다. 이에 우리 사회에서 아동이 차별 없이 모든 아동의 권리가 보장되도록 적극적인 조치를 강구해야 할 것이다.

셋째, 아동 최상의 이익원칙의 적용을 강화해야 한다. 아동 최상의 이익원칙은 입법 및 행정, 사법기관의 결정, 그리고 아동에게 영향을 미칠 수 있는 모든 결정과 활동에 적용되어야 하며, 이러한 결정이나 조치가 아동에게 어떻게 영향을 미칠지에 대해서도 평가하고 고려하는 과정이 있어야 한다. 이에 아동영향평가제도를 확대하고 모든 분야에서 아동 최상의 이익을 우선적으로 고려할 수 있는 절차 및 기준을 마련하여, 적용할 수 있도록 해야 할 것이다.

넷째, 아동권리 이행을 위한 시민사회협력을 강화해야 한다. 유엔아동권리협약은 국가와 사회의 전 부문에서 함께 참여하여 이행해야 한다. 시민사회는 협약이행과 관련하여 객관적인 시각을 제공하며 간과되거나 누락된 아동권리의 이슈를 발굴해주는 역할을 하며 NGO와 같은 비정부기구의 참여는 협약 이행 및 모니터링 역할이나 자원 지원까지 가능하게 한다. 이런 관점에서 볼 때 협약의 이행은 정부가 혼자 달성할 수 있는 것이 아니며, NGO 및 시민사회의 참여를 통해 더욱더 추진력을 갖게 되는 것이다. 이에 정부와 NGO 및 시민사회가 소통과 협력을 강화하고 더 많은 시민사회의 참여를 촉구하고 지원할 필요가 있겠다.

다섯째, 지속가능발전목표SDGs 연계를 통해 아동권리를 이행해야 한다. 국제사회는 모든 형태의 빈곤과 불평등을 종식시키기 위해 SDGs를 채택하고 2016~2023년까지 공동의 대응노력을 기울이고 있다. 이 목표들은 아동의 생존, 보호, 발달, 참여의 권리와 직·간접적으로 관련이 있으며, 아동 또한 소외되지 않고 국제사회가 실현하고자 하는 세상의 중심에 있음을 내포하고 있다. 유엔아동권리위원회에서는 우리에게 아동권리이수와 SDGs를 연계하여 아동권리보장의 노력을 촉구하고 있다. 이에 정부에서는 SDGs에 따른 이행계획수립이 필요하며 이와 연계하여 아동권리를 실현하는데 총체적이고 통합적인 이행의 노력을 경주해야 할 것이다.

2. 아동복지 전망과 과제

1) 아동복지의 현황 및 전망

우리가 살고 있는 현실은 아직도 아동을 양육과 훈육의 대상으로 바라보는 관점이 잔존하고 있으며, 보호가 필요한 아동을 위한 복지가 요구되고, 초등 돌봄과 부모교육이 필요하며, 정신건강을 위한 지원이 그 어느 때보다도 절실히 요구된다. 또한 놀 시간이 부족하고 대인관계에서도 어려움을 갖고 있는 아동들이 점점 증가하는 추세여서 이제는 이 모든 것을 포용할 수 있는 국가 중심의 아동복지서비스와 복지정책이 필요한 때이다. 이에 현재 우리나라의 아동복지의 현황과 전망을 살펴보면 다음과 같다.

(1) 아동복지의 통합적 접근

아동복지는 아동의 권리를 보장하는 포괄적인 모든 노력을 의미하며, 자선사업가에 의해 선행적으로 이루어지는 것이 아닌 아동복지 전문가에 의한 적극적인 활동이며 국가정책에서 필수적으로 다루어져야 하는 분야이다.

다만, 아동복지사업이 잔여적 접근방법 혹은 보편적 접근방법 중 어느 하나에 치우치지 않고, 통합적 관점에서 진행되는 것이 중요하다. 잔여적 접근방법을 통해 아동복지 전문직을 양성하는 계기를 마련하였으나, 개인의 심리적 갈등이나 문제에 깊이 관여함으로써 특정 아동에게 국한된 미시적 관점의 복지 형태를 보이게 되었다. 아동복지는 미시적 관점이나 거시적 관점 중 어느 한 가지 접근방법을 선택해야 하는 것이 아니라 두 가지 관점 모두를 취할 수 있는 통합적 형태를 이루어야 한다. 즉, 개인과 집단, 지역을 통합적으로 바라볼 수 있는 정책이 필수적이다.

(2) 아동복지 프로그램의 다양성 및 전문성

아동복지 프로그램은 더욱 세분화되고 전문화되어야 한다. 아동의 신체, 정서, 인지, 언어, 사회성 등 발달의 전 영역을 포함한 안전, 건강, 위생 프로그램을 개발하고, 보건복지, 교육 등 영역에 따라 전문적인 내용을 다룸으로써 아동이 가진 여러 가지 복지문제를 예방하고 해결할 수 있어야 한다.

또한 아동의 개별적 특징 및 아동이 처한 환경에 따라 프로그램을 달리 적용할 수 있다. 현재 다문화가정아동을 위한 겨울철 스키캠프, 한부모가정아동을 위한 푸드카드를 활용한 급식 제공 프로그램 등이 운영되고 있으나 이보다 더 구체적이고 세분화된 복지 프로그램을 개발하고 서비스를 진행하여 환경의 결핍으로 인한 아동의 결핍 경험이 누적적으로 진행되지 않도록 해야 한다.

(3) 지역 중심의 아동복지

복지가 더 이상 중앙집권적으로 운영될 수 없음은 많은 복지정책의 실패에서 드러났다. 개인의 안녕과 행복을 위한 복지가 실현되기 위해서는 중앙정부의 일방적인 운영이 아니라 지역사회와의 상호작용식 양방향 운영이어야 한다. 예를 들면, 개인이 속한 가정에 문제가 발생한 경우 해결방안을 모색하고 지원하고 보충해주는 서비스 제공의 역할은 중앙정부가 아니라 지역사회가 그 역할을 해야 한다. 지역사회는 가정을 기반으로 아동 개개인과 가족의 욕구를 충족시켜줄 수 있는 프로그램과 서비스를 제공해야 한다.

교육과 훈련을 받은 아동복지전문가가 가정에 파견되어 아동과 함께 생활하며 아동의 상담 · 치료 · 교육을 전담할 수 있고, 자원봉사자가 가정의 결핍된 부분을 보충해 줄 수도 있다. 국가가 국민 한 사람 한 사람의 요구를 수용하고 안정된 생활을 보장하기는 힘들지만 개인이 속한 지역사회가 가정단위로 개인의 안녕에 관심을 기울이고 욕구를 수용하는 것은 상호 커뮤니케이션을 통해 충분히 가능하다. 개인이 속한 가정, 가정이 모여 구성한 지역사회가 복지서비스를 구현할 수 있도록 역량을 강화할 수 있는 방안을 모색하여 지원할 수 있어야 한다.

(4) 공공기관과 민간기관의 협력체계

영유아 무상보육, 아동양육수당 등은 국가가 정책적으로 사회보장제도로 제공하는 복지이며 공공적 형태를 띤다. 국가가 이 같은 사업을 주도적으로 추진하고 있는 것은 매우 바람직하다. 다만, 보육료의 비현실화로 운영상의 어려움을 호소하는 민간기관이 증가하고 있으며, 지역아동센터의 재정 지원의 감축으로 운영상 어려움을 호소하고 있다.

복지를 행하는 주체가 공공인지 민간인지는 그다지 중요하지 않다. 복지의 수혜 대상인 아동이 최대한의 복지를 누리고 안녕과 행복감을 느낄 수 있어야 한다. 여성가족부에서 운영하는 건강가정지원센터는 민간아동상담센터의 전문 인력을 활용하여 지역 내 아동의 상담을 더욱 용이하게 진행하고자 공공기관과 민간기관 간 협력체계를 구축 · 운영하고 있다. 공공기관에서 사업을 구상하고 민간기관의 전문인력을 활용하는 운영체계는 공공과 민간의 바람직한 협력체계라고 할 수 있다. 아동복지는 공공이냐 민간이냐를 놓고 갑론을박을 벌이는 것이 아니라 아동 중심의 서비스를 제공할 수 있는 형태로 진행될 수 있도록 공공과 민간이 최대한 협력체계를 구축해 나가야 한다.

(5) 기획–실천–평가과정의 연계성

지금까지 아동복지는 정책, 프로그램, 서비스 방법 및 형태 등을 기획 · 실천 · 평가하는 과정을 거치면서 보다 나은 방향으로 수정되고 보완되어 왔다. 정부가 바뀔 때마다 정책의 수정이 불가피했으며, 프로그램 제공 주체가 바뀌기도 하고, 서비스 제공방법이 달라지기도 하는 등 정부의 정책방향이 비일관되게 운영된 것이 사실이다. 아동의 성장과정은 1년, 2년과 같이 단기적인 과정이 아니라 10년이 넘게 최대 20년에 걸쳐서 꾸준히 진행된다. 때문에 아동복지정책은 아동의 성장과정과 연계성을 두고 일관되게 진행되어야 할 필요가 있다.

아동복지정책을 기획하고 실천하고 평가하는 과정에서 끊임없는 고민이 있어야 하며, 보완도 필요하고, 여러 피드백에 귀기울여야 하는 것도 사실이다. 과정 속에서 정책이 갑자기 사라지거나 정책을 수행하는 주무부서가 바뀐다면 정책을 수행하는 일선에서 겪게 되는 혼란은 매우 크다. 그러므로 아동을 위한 정책은 기획부터 평가까지 아동복지시설 전문가, 아동발달전문가, 아동정책전문가 등이 총체적인 틀을 구상하고 구체적으로 세분화하여 아동의 성장발달과정과 연계된 복지가 이루어질 수 있도록 해야 한다.

(6) 아동인권 강화 노력

현재 아동학대에 대한 관심이 사회적 관심으로 고조되면서 학대의 문제가 아동인권의 문제와 맞물려 가고 있으며 보호 및 처벌이 강화되고 있다. 아동학대의 의심 상황은 신체, 정서, 성, 방임으로 나누어 살펴볼 수 있는데, 신체학대는 사고로 보기에는 미심쩍은 멍이나 상처가 있거나 보호자가 아동의 상처를 숨기거나 설명이 부적절한 경우를 말한다. 정서학대는 아동이 성인에게 언어적 · 정서적 위협을 당하는 경우나 가족 내 따돌림, 집 밖으로 쫓김을 당한 경우 등을 포함한다. 성학대는 아동을 대상으로 한 모든 성적 행동이나 아동의 나이에 맞지 않는 성적 행동 또는 조숙한 성지식을 갖는 아동의 경우 의심 상황이라 할 수 있다. 방임은 기본적인 의식주를 제공하지 않는 행위나 아동에게 필요한 의료적 처치를 행하지 않거나 비위생적인 환경에 노출시키는 경우를 포함한다.

아동학대 의심 상황의 경우에는 즉시 신고해야 하는데, 아동학대 신고는 112로 통합되어 운영되고 있다. 신고받은 112에서는 상담원과 경찰이 출동하여 아동학대 피해아동을 보호시설 및 의료시설로 인도하기도 하고, 치료위탁 및 가정위탁을 통해 피해아동을 보호하는 조치를 취한다. 학대행위자에게는 제지, 격리, 피해아동에 대한 접근금지 등의 명령을 내리거나 친권 등 권한행사를 제한하기도 하고, 상담 및 교육을 받게 하는 등 임시조치가 취해진다. 이러한 조치 이외에 피해아동 및 학대행위자의 사례관리 측면에서 상담, 의료 지원, 심리치료, 교육 프로그램 운영, 사회복지서비스 연계가 이루어질 수 있다. 이때 신고자의 신분은 「아동학대처벌법」 제62조와 「공익신고자보호법」 제30조에 의해 보호된다.

2) 아동복지 증진을 위한 향후 과제

아동복지의 과제는 아동복지의 목적에 입각하여 제시할 수 있는데, 아동복지의 목적은 모든 아동이 건강하게 성장하고 발달할 수 있도록 사회적 체계를 마련하고 이를 바탕으로 아동의 기본적 생활을 보장하고, 신체적 · 사회적 욕구를 충족시켜 사회문제를 예방하는 것이다. 이에 다음과 같은 제도적 · 정책적인 노력이 지속적으로 필요하다.

(1) 부모교육 및 상담 강화

아동복지 중 최우선으로 진행되어야 하는 것 중 하나는 부모가 건강하고 정상적으로 양육할 수 있는 환경을 조성해주는 일이다. 이런 의미에서 부모가 올바른 양육을 할 수 있도록 부모교육이 실시되어야 한다. 자녀를 양육하면서 경험하는 양육스트레스, 양육효능감, 양육태도, 자녀문제행동에 대한 대처방안 등 다양한 주제를 교육 내용으로 다룰 수 있다.

또한 부모 상담을 강화하여 자녀를 양육하면서 겪는 어려움을 해결할 수 있는 기회를 마련해야 한다. 부모들은 자신의 양육방법에 대해 끊임없는 고민과 어려움을 호소한다. 자신과 같은 부모들의 목소리를 듣고 함께 고민할 수 있는 상담의 장이 마련되고 이를 적극 활용하여 부모역량을 강화시키는 것도 매우 필요하다.

각 시 · 도별, 시 · 군 · 구별로 운영되는 여성가족부의 건강가정지원센터, 보건복지부의 육아종합지원센터에서 실시하고 있는 부모교육 및 상담을 보다 적극적으로 활용하는 방법도 모색하고, 이러한 재원을 활용하여 보다 체계적인 부모교육 및 상담 프로그램을 고안할 필요가 있다.

(2) 환경으로 인한 결핍 최소화

빈곤가정, 다문화가정, 조손가정, 한부모가정 등 아동의 가정환경에 따라 그들에게 제공되는 복지서비스의 형태는 달라야 한다. 아동이 자신이 처한 환경에 따라 차별적 자극을 받는 경우 이에 대한 책임은 결국 국가의 몫이 된다. 예방주사가 치료주사보다 경제적 측면에서 훨씬 더 좋은 효과를 가져온다는 사실을 보더라도 결핍에 대한 치료적 접근보다는 복지혜택으로 결핍을 상쇄시키는 예방적 접근이 더 중요하다.

예방적 접근은 결국 가정의 역할을 강화시켜 가정이 제 역할을 할 수 있도록 도우며, 아동 · 청소년으로 하여금 결핍을 최소화할 수 있게 한다. 아동에게 직접적으로 지원하는 혜택이냐 가정에 지원하는 혜택이냐를 놓고 오랫동안 고민해온 것이 사실이나 아동이냐 가정이냐 하는 지원 대상에 대한 논의는 더 이상 에너지 낭비라는 데 의견이 모아지고 있다. 이제는 지원 대상의 논의보다는 가정이 제 역할을 할 수 있도록 방법을 강구해야 한다.

(3) 복지서비스 질 강화

우리나라의 복지서비스는 출생 전부터 시작된다. 지방자치단체별로 산모관리증진센터를 설치하여 출산을 앞둔 임신부를 위한 교육에서부터 출산 시 산후관리전문케어를 받을 수 있는 시스템이 구축되어 있고, 출산에 대한 바우처 지원도 이루어지고 있으며, 보건소에서 접종할 수 있는 신생아 예방접종의 종류도 확대되었다. 임신과 더불어 복지혜택을 누리는 것은 국민 한 사람 한 사람에 대한 복지혜택을 강화하고자 하는 정부의 의지가 엿보이는 부분이다.

또한 수요자 중심의 보육서비스를 제공하기 위해 24시간, 공휴일, 야간 보육서비스를 확대하고 있으며, 상시 여성근로자 300명 또는 상시근로자 500명 이상인 직장에서는 직장 내 어린이집을 의무적으로 설치하도록 하였다. 국공립어린이집 설치를 확대하여 보육의 공공성 실현을 목표로 하고 있으며, 방과 후 어린이집, 방과 후 교실 등을 확충하여 직장여성의 자녀양육과 교육적 측면을 지원해주는 체계를 꾸준히 확충하고 있다.

한편, 아동복지의 질이 아동복지시설종사자의 질을 넘어설 수 없으므로 아동복지시설종사자의 처우를 향상시키고 근무환경을 개선하여 종사자들로 하여금 아동복지에 대한 자부심을 갖고 전문성을 더욱 신장시킬 수 있도록 아동복지의 인력관리도 필요하다.

(4) 아동 · 청소년의 인권 강화

아동·청소년의 인권 강화에서 빼놓을 수 없는 부분은 아동학대 문제이다. 수많은 형태로 아동·청소년에 대한 학대가 발생하고 있으나 아동학대에 대한 명확한 기준, 신고방법, 아동학대의 위험 등에 대한 교육이 부족하며 아동학대가 아동·청소년의 인권과 어떠한 연관성이 있는지에 대한 정보 또한 부족하다. 인권은 인간으로서 당연히 누려야 할 권리이므로 아동이 어리다는 이유로, 또 성인의 보호하에 있다는 이유로 그들의 인권을 침해해서는 안 된다. 그럼에도 불구하고 아동·청소년의 인권은 성인에 의해, 또래에 의해, 제도에 의해 침해당하는 사례가 있어 왔다. 2015년부터 아동학대가 의심되는 경우 112로 신고할 수 있도록 통합체계가 마련되었고, 아동학대 신고의무자를 명시함과 동시에 의무불이행에 대한 제재조치를 명확히 함으로써 아동학대 신고를 강화하여 아동학대를 줄이고자 하는 노력이 제도적으로 시행되고 있다.

그러나 아동보호전문기관과 기관 내 전문 인력이 부족하고, 관련 기관 간 연계가 원활하지 않아 신고에서 치료, 상담 및 위탁보호·자립까지의 과정이 총괄적으로 체계화되어 있지 않다. 예를 들면, 아동학대의 신고, 피해아동에 대한 보호와 상담·치료, 그들이 시설보호를 받거나 위탁가정서비스를 받게 되거나 자립의 형태를 취하게 되는 과정까지 일원화가 되어 있지 않아 각각의 서비스가 결정되는 데 시간 및 노력이 장기화되기도 하고, 전문적 치료 및 상담서비스를 놓치게 되는 경우도 있다.

그러므로 아동복지 관련 종사자들을 대상으로 인권·상담·복지·보건·안전 등 관련 전문지식에 대한 교육 및 연수를 의무화하여 종사자들의 역량을 강화함으로써 아동인권 강화에 관심을 갖도록 해야 한다.

(5) 학교사회사업의 제도화

아동 · 청소년들이 가장 많은 시간을 보내고 가장 많은 또래를 만나는 곳이 학교이지만 학교는 학생들로부터 폭력, 따돌림, 비행, 학업 등 문제의 중심지가 되었다. 학교에서 문제가 발생하면 상담을 통해 학생을 심리적으로 지원하지만 이를 적극적으로 활용하고 문제를 해결해나가는 경우는 미비하다. 학생은 상담에 대한 비밀 보장을 우려하여 외부의 전문상담기관을 이용하는 경우가 많고, 학업의 어려움이 학교교육만으로 해결되지 않는다는 인식으로 학교의 상담보다는 학원의 상담을 이용하는 경우가 더 많다.

학교사회사업은 학생들로 하여금 학교생활을 정상적으로 할 수 있도록 도우며 심리적 문제를 가지고 있거나, 학업에 어려움을 보이는 학생, 문제가 있는 가정환경에 처한 학생 등을 일차적인 대상으로 하여 학교, 가족, 지역사회가 협력해서 문제를 해결해가는 활동이다. 우리나라의 학교사회사업은 사회복지관을 중심으로 학교와 연계하거나 지역사회복지관의 사회복지사가 학교에 파견되어 서비스를 제공하는 형태가 주를 이루고 있다(서보준 외, 2013). 하지만 이러한 방법은 학교의 행정적 지원과 학교 교사들의 관심 및 협조가 있어야 가능하다. 다행히 학교사회사업에 대한 인식의 변화로 많은 학교에서는 학교 내 전문상담사 배치는 물론 전체 학생을 대상으로 가족이나 또래와의 관계에 관심을 가지며, 지역사회와의 협력에 적극적으로 참여 · 변화하고 있다. 특히, 자유학기제 도입, 특성화 도입, 열린학교 등 많은 학교에서 변화의 움직임을 보이고 있다.

(6) 재가복지서비스 강화

재가복지서비스는 아동이 부모를 비롯한 가족구성원과 함께 생활하면서 필요한 양육 및 복지서비스를 제공받는 것이다. 아동복지의 시작은 가정이다. 가정의 중요성을 인식하고 가정의 역할을 강화할 때 아동복지는 제대로 이루어질 수 있다. 가정의 기능 중 결핍된 부분을 지지하거나 보충해 줌으로써 가정이 해체되고 붕괴되는 것을 막을 수 있으며 대상 가정이 가지고 있는 강점을 발견하여 적절한 시점에 위기를 극복할 수 있도록 도울 수 있다.

가정 내 아동을 돌볼 수 있는 성인의 부재 혹은 성인이 제 역할을 할 수 없는 경우구속, 장기입원, 폭력행사 등 다른 시설이나 다른 가정에서 생활하면서 복지서비스를 받을 수 있는 방법도 있으나 원가정에서 복지서비스를 받는 것이 우선시되어야 한다. 즉, 가정의 역기능적인 측면을 지원하거나 보충하여 가정이 순기능을 할 수 있도록 서비스를 제공해야 한다. 한편, 가정 내 보호를 확대시키는 방안 중 하나로 가정위탁제도를 활성화하는 움직임이 있다. 아동이 가정의 테두리 안에서 보호와 양육을 받을 수 있도록 하는 것이다. 다만, 이러한 움직임에 맞게 위탁아동의 권리보호, 가정위탁보호상태라는 특수성을 고려한 개별 규정이 필요하다(최윤영, 2013).

(7) 아동 · 청소년을 위한 놀이환경 개선

우리나라의 아동 · 청소년은 학교와 학원 이외에 지낼 수 있는 공간이 그리 많지 않다. 아동 · 청소년의 놀이문화를 위한 시간적 · 공간적 여유가 없고, 놀이의 기능이나 중요성에 대한 인식이 부족하다. 아동 · 청소년들은 이러한 놀이환경의 부족을 스마트폰이나 PC를 활용한 온라인게임 등으로 충족시키는 현실이다 보니 신체운동 부족으로 인한 과체중, 타인과의 관계 맺기 부족으로 인한 사회적 기술 저하, 전자파 과다노출에 의한 시력저하 등 여러 가지 폐단이 생기고 있다.

아동 · 청소년을 대상으로 한 건전한 놀이문화 형성도 아동복지의 중요한 과제 중 하나이다. 신체적, 심리적으로 한창 성장하는 아동 · 청소년에게 놀이를 위한 시간적 · 공간적 환경을 제공함으로써 정상적인 성장발달을 지원하는 것은 물론, 각종 유해환경에 노출되는 것을 예방할 수 있다. 아동 · 청소년 놀이의 중요성을 인식한 여러 민간단체 및 사회복지단체 등이 사업 및 홍보를 꾸준히 진행해오고 있는데, 만일 국가적 차원에서 아동 · 청소년의 놀이문화를 위한 환경 개선을 선행한다면 학교와 같은 제도권에서의 놀이문화 정착이 훨씬 더 속도를 낼 것이다.

(8) 아동 · 청소년 복지전문가에 대한 처우 개선

우리나라는 복지전문가에 대한 처우가 매우 열악한 편이다. 정책 · 상담 · 교육 · 평가 등 현장에서 복지를 실천하는 전문가들은 아동에게 최상의 복지를 제공하기 위해 많은 노력을 하고 있다. 하지만 높은 이직률, 낮은 급여, 복지에 대한 사회적 인식 부족 등은 복지전문가들의 자존감 및 효능감을 위협하고 있다. 이러한 요인들을 개선하지 않는 한 복지서비스의 전문성 향상은 기대할 수 없다. 프로그램을 제공하는 주체, 프로그램을 실천하고 평가하는 주체가 결국 복지전문가들이기 때문이다. 현장에서 복지를 실천하는 전문가들의 사기를 진작시키고 전문성을 강화할 수 있는 환경 마련과 근무환경개선비와 같은 급여 항목을 추가하여 복지현장의 열악한 근무환경을 보완할 수 있는 장치가 필요하다.

추천 영화 및 도서

영화

어거스트 러쉬

- 감독 : 커스틴 쉐리단
- 주연 : 프레디 하이모어, 케리 러셀, 조나단 리스 마이어스, 로빈 윌리엄스
- 개봉 : 2007. 11.
- 줄거리 : 사랑을 이루지 못하고 헤어진 두 연인의 아들인 '어거스트'는 놀라운 음악적 재능을 가진 특별한 아이로 자라고, 음악의 위대한 힘을 빌어 11년 후 세 사람이 뉴욕에서 다시 만나게 되는 이야기이다.

아메리칸 크라임

- 감독 : 토미 오하버
- 주연 : 캐서린 키너, 엘렌 페이지, 제임스 프랭코, 브래드리 휘트포드, 아리 그레이너
- 개봉 : 2007.
- 줄거리 : 1966년, '배니체프스키 대 인디애나' 사건을 토대로 만들어진 영화로, 서커스단에서 일하는 부모를 둔 실비아와 동생 제니와 함께 한 과부의 집에서 머물면서 6명의 자녀와 함께 학대를 경험하는 이야기이다.

다섯은 너무 많아

- 감독 : 안슬기
- 주연 : 최시형, 조시내, 김도균, 최가현, 이경세, 노정아, 곽대호, 장치선
- 개봉 : 2005. 11.
- 줄거리 : 가족이 없거나 가족이 있어도 가족의 굴레를 견디지 못해 힘겨워하는 이들의 이야기로, 새로운 형태의 가족을 형성해 나가는 과정을 경쾌하고 가벼운 터치로 그려낸 작품이다.

도서

쓰레기 줍는 아이들

- 지은이 : 기타 울프, 아누쉬카 라비샹카르(윤미성 역)
- 출판사 : 거인
- 출간일 : 2011. 7.
- 줄거리 : 열한 살 소년 벨루는 아버지의 학대로 집을 나와 도시의 쓰레기를 줍는 일을 하게 되는데, 신부님과 선생님의 도움으로 위기를 극복하고 미래에 대한 꿈을 꾸게 되는 이야기이다.

불편해도 괜찮아

- 지은이 : 김두식
- 출판사 : 창비
- 출간일 : 2010. 7.
- 줄거리 : 인권문제를 다룬 이야기로, 우리가 올바르게 인식해야 할 인권의 다양한 이미지를 보여 주고 있으며, 나와 다르지만 서로가 친구가 되고, 그대라고 부를 수 있는 우리의 이야기를 담고 있다.

내 아이의 행복할 권리

- 지은이 : 허영림
- 출판사 : 아주좋은날
- 출간일 : 2017. 2.
- 줄거리 : 우리 아이들의 행복한 삶을 위해 이 시대 부모들이 용기 내어 실천해야 할 지식과 의지를 일깨워주는 이야기로, 자율적이고 독립적인 주체로 살아가는 행복의 권리를 시사하는 이야기이다.

본 장을 정리하며 : 생각수업 2

내가 부모니 괜찮아… 내 일 아니니 상관할 바 없어…

2016년 11월 16일자 매일경제에서는 국제구호개발 NGO 굿네이버스에서 발표한 내용을 기사화하였다. 굿네이버스에 의하면, 국내 아동학대 실태조사 결과, 한 달에 1회 이상 학대를 당한 경험이 있다고 대답한 아동이 8,915명 중 2,446명이었다. 이를 환산하면 1,000명당 275명의 아동이 학대를 받는 셈인데, 실제로 신고 피해 아동은 1,000명당 1.59명꼴로 173배나 차이가 난다. 이것이 아동학대의 진실은 아닐까?

동일 기사에서 굿네이버스 아동권리연구소 이부장은 "우리 사회의 아동보호체계 수준은 아직 걸음마 단계이며, 아동보호전문기관 증설과 신고의무자, 부모교육 확충 등 촘촘한 아동보호 체계 구축이 필요하다"고 강조하였으며, 지금 이 순간에도 어른들의 무심함과 무관심으로 우리 아이들이 멍들고 있다고 하였다.

1. 아이에게 '바보'나 '멍청이' 같은 단어를 쓰는 게 아동학대임을 알고 있는가?
2. 아이가 아플 때 병원에 데려가지 않는 것 또한 학대이다.
3. 대부분의 부모는 위의 1과 2는 학대가 아니거나 상황에 따라 다르다고 여긴다.
4. 체벌과 학대에 대한 판단이 부모의 몫으로 여겨지는 만큼 학대피해 아동을 발견하기는 어려운 실정이고, 특히 정서학대를 학대로 인식하는 경우는 더 낮다.
5. 신고에 대한 인식에도 문제가 있다. '신고하면 오히려 아동에게 해가 될까 봐', '부모의 자녀 훈육은 상관할 일이 아니어서' 학대를 발견하고도 지나치는 경우가 83%나 된다.
6. '내가 부모니 괜찮아', '내 일 아니니 상관할 바 없다' 등 무심함과 무관심으로 우리 아이들이 멍들고 있다.

출처 : 매일경제(2016.11.16). http://news.naver.com/main/read.nhn?mode=LSD&mid=sec&sid1=102&oid=009& aid=0003837922

◆ 이 기사는 우리에게 많은 것을 생각하게 한다. 건강한 사회, 행복한 사회를 만들기 위해서는 아동보호를 가장 일선에서 책임지고 실천하고 있는 부모의 인식과 행동이 바로 서야 한다. 다가오는 미래에는 부모도 면허증이나 자격증이 있었으면 좋겠다. 아이들이 행복을 꿈 꿀 수 있는 사회를 만들기 위해 부모와 우리는 무엇을 어떻게 해야 할까? 그리고 아동의 인권존중은 어디까지 존중되어야 할까? 아동의 인권존중과 복지를 위해 어떤 분야에 우선적인 투자가 이루어져야 할지 함께 고민해 보고 해결해 봅시다.

참고문헌

굿네이버스(2019.12). 우리나라의 아동권리 이행을 위한 과제. **아동권리 이슈포커스, 17호**, 1-13.

교육부 전국시도교육감협의회(2020.08.11.). 모든 학생들을 위한 교육안전망 강화방안 마련. 보도자료.

김경준(2015). 한국 아동 · 청소년 인권실태연구 IV. 제1차 2014년도 고유과제 연구성과 발표회, 청소년의 건강한 삶과 성장지원(pp. 87-116).

김영지, 김경준(2013). 한국 · 아동청소년 인권실태결과조사. **2013 아동 · 청소년권리학술대회, 학술대회자료집**, 13-S48(pp.1~41), 한국청소년정책연구소.

민진홍(2010). **아동인권 관련 국제조약이 국내 아동복지제도에 미친 영향 연구**. 서울기독교대학교 대학원 박사학위논문.

보건복지부 보도자료(2016.4.29.). 어린이가 행복한 세상을 위한 우리의 약속 : 2016년 어린이 주간 및 아동권리헌장 선포식.

보건복지부 보도자료(2019.9.10.). 유엔아동권리협약 국가보고서 9월 18일~19일 심의.

보건복지부 보도자료(2019.10.4.). 유엔, 제5 · 6차 국가보고서에 대한 최종견해 전달.

보건복지부 보도자료(2019.8.27.). 아동중심 · 아동권리 실현으로 「아동이 행복한 나라」를 만들어 갑니다.

보건복지부 보도참고자료(2015.11.19.). 아동의 놀이 · 여가 권리 보장을 위한 민 · 관 합동추진단 구성: 놀이 헌장 제정 및 놀이 정책 수입을 위한 논의 시작.

보건복지부 외(2015.5.12). 아동의 삶과 대한민국의 미래를 바꾸는 제1차(2015~2019) 아동정책 기본계획. 관계부처 합동.

보건복지부(2019a). 포용국가 아동정책 "내일만큼 오늘이 빛나는 우리". 관계부처 합동 국정현안점검조정회의 자료.

보건복지부(2019b). 포용국가 아동정책 10대 핵심과제. 보건복지부.

보건복지부 홈페이지(2017). 아동인권 증진 지원. http://www.mohw.go.kr/front_new/policy/index.jsp? PAR_MENU_ID=06&MENU_ID=063804&PAGE=5&page=1(아동인권 증진 지원, 2017년 1월 21일 인출).

서보준, 김우호, 박선태, 이정미(2013). **아동복지론**. 공동체.

신은식, 신애리(2015). **한국경찰연구, 14**(4), 183-212.

아동권리보장원 홈페이지(2020). 아동권리보장원의 연혁, http://www.ncrc.or.kr/ncrc/cm/cntnts/cntntsView.do?mi=1013&cntntsId=1147(연혁, 2020년 7월 30일 인출)

윤혜미(2020). 코로나19 시대, 아동권리를 생각하다. **교육정책포럼**, 교육시론.

이성원, 조수영(2020). 아동이 행복한 나라 스웨덴, 어떻게 가능했나. **교육정책포럼**, 외국교육동향.

장민영(2020.08.19). 온택트 시대에 있어서 아동권리 증진을 위한 법적 과제. **교육정책포럼**, 현안문제진단.

천정웅(2014). **한국 아동 · 청소년 인권실태 연구Ⅳ : 청소년 인권 의식에 관한 구조 분석**. 한국청소년정책연구원.

최영진(2015). **법학연구, 23**(4), 349-378. 경상대학교 법학연구소.

최윤영(2013). **아동복지법제의 개선에 관한 연구 : 권리와 전달체계를 중심으로**. 이화여자대학교 대학원 박사학위청구논문.

한국청소년정책연구원(2014). 아동 · 청소년 인권 정책과제 개발을 위한 전문가 워크숍. **한국청소년정책연구원 워크숍자료집, 14**-S45, 1-22.

찾아보기

저자소개

오미희

일본 메이지(明治)대학교 대학원 정치학박사(아동복지정책전공)

현재 유원대학교 사회복지학부 교수

임명희

성균관대학교 대학원 교육학박사(교육심리/교육과정전공)

현재 동남보건대학교 아동보육복지과 교수

김윤희

부산대학교 대학원 교육학박사(유아교육전공)

현재 수원과학대학교 아동보육과 교수

이세나

성균관대학교 대학원 철학박사(유아교육전공)

현재 장안대학교 유아교육과 교수

강현영

미국 The Ohio State University 철학박사

(Education : Teaching&Learning, 유아교육전공, Ph.D.)

현재 유원대학교 유아교육과 조교수

아동의 행복을 지향하는
아동권리와 복지

2020년 10월 26일 초판 발행
2022년 3월 5일 2쇄 발행

지은이 | 오미희 임명희 김윤희 이세나 강현영
발행인 | 유제구
발행처 | 도서출판 파워북
주 소 | 경기도 고양시 일산동구 호수로 358-25
동문타워2차 529호
전 화 | (02) 730-1412
F A X | (031) 908-1410
등 록 | 1997. 1. 31 제2014-000067호

정가 22,000원
ISBN 978-89-8160-430-1 (93370)

잘못된 책은 바꿔드립니다.